한시란
무엇인가

한시란
무엇인가

황위주 지음

도서 출판 지성人

이 저서는 2013년 정부(교육과학기술부)의 재원으로
한국연구재단의 지원을 받아 수행된 연구임 (NRF-2013S1A6A4016841)

서문

　한시란 무엇인가? 한시에는 어떤 종류가 있는가? 고시란 어떤 시인가? 근체시는 어떻게 등장하였는가? 절구 율시 배율 등의 정확한 개념과 특징은 무엇인가? 압운과 평측의 근거와 적용 방식은 어떤가? 대우는 어떤 종류가 있으며, 정교하고 어설픈 대우를 판별하는 기준은 무엇인가? 한시의 표현은 문장과 어떻게 다른가? 한시의 비유는 어디에서 유래하며, 특히 두드러진 비유법은 어떤 것이 있는가?
　이런 질문은 한시에 입문한 사람이면 누구나 가져보았을 법하고, 따로 공부하지 않아도 대략 알만한 상식일 듯하다. 그러나 조금만 깊이 들어가 보면 그렇게 간단하지 않은 문제임을 바로 알 수 있다. 한시란 한문자로 쓴 시라고 쉽게 말할 수 있겠지만, 여타 언어의 시와 무엇이 어떻게 다른지 구체적으로 따져보면 선뜻 답하기가 곤란하다. 종류 문제도 그렇다. 한시라고 하면 당연히 오언 칠언으로 된 고시 절구 율시 배율 정도를 떠올리지만, 이렇게 말할 수 없는 예가 너무 많다. 사언 육언 장단구 악부 연구 회문 요체 등이 모두 그런 것이다. 다른 문제의 경우도 대개 이와 비슷하다.
　이 책은 바로 이런 문제에 대하여 필자 나름대로 탐색해 온 결과를 정리해본 것이다. 지금까지 한문학계에서는 이런 문제에 특별히 관심을 기울이지 않았다. 그것이 주요 작가나 작품에 대한 본격적인 연구 이전의 문제일 뿐만 아니라, 한국 한문학의 범위를 넘어 중국 일본 등 한자문화권 전체와 일정하게 연동된 보편의 문제이기도 하였기 때문이다. 그리고 20세기 초반 1세대 연구자의 경우 전근대 지식정보를 비교적 충실하게 계승하여 이런 문제에 대한 연구의 필요성을 절박하게 느끼지 않았을 수도 있다. 그래서인지 지금까지 줄곧 이를 중요한 학문적 검토 대상으로 여기지 않았다.

그러나 지금은 상황이 많이 다르다. 한문을 공적 표기 수단으로 사용하지 않은 세월이 100년 이상이고, 급격한 국·한문 교체 과정에 한문 글쓰기와 관련된 주요 지식정보를 대부분 상실하였기 때문이다. 1894년 갑오개혁의 일환으로 과거시험을 폐지하고 국가의 공적 글쓰기를 국문으로 대체한다는 「공문식(公文式)」을 발표한 이후, 국가 차원에서는 한 번도 이전 시대와 같은 높은 수준의 한문교육을 시행한 적이 없다. 20세기 전반 일제 강점기의 경우, 일본어가 국어로 강요받는 엄중한 현실 속에서 한문은 물론 한글까지 정상적인 교육 대상이 될 수 없었고, 광복 이후에는 한글 전용의 도도한 물결에 밀려나 간신히 유지해오던 명맥조차 더 이상 이어가기 어려운 형편이 되었다.

특히 광복 이후 한문에 대한 무조건적인 비판과 배격은 도를 넘었다. 한문은 본래 중국 글이고, 사대사상의 본거지이며, 새 시대 신학문의 발목이나 잡는 구시대의 멍에라는 극단적 언어민족주의가 어문학계 전반에 팽배하였다. 1948년 우리어문학회 발행 『국문학사』에서 '한문으로 기록된 것 따위는 울타리 너머 쓰레기통에 버려야 할 무용지물'이라고 한 것은 당시의 이런 시대분위기를 단적으로 보여준다. 한문시대를 극복하고 한글시대를 앞당기고자 한 조바심의 발로였겠지만, 오랜 세월 한문을 통해 축적해 온 지적자산 일체를 아무런 대책도 없이 함부로 내팽개친 중대한 과오를 범하였다.

이런 시대에 한문의 가치를 설득할 방법은 많지 않았다. 한문이 우리 국자(國字)였고 국어(國語)였음은 아무리 말해도 소용이 없었다. 다만 그 속에 담긴 내용이 한글로 쓴 그 무엇보다 민족적이고 자주적이며 지성적임을 입증할 수밖에 없었다. 지난날 한문학 연구가 시기적으로는 조선후기, 이념적으로는 민족과 민중과 자주, 방법적으로는 내용과 주제 탐색에 그토록 집착한 것은 바로 이런 시대상황의 산물이었다. 한문에 대한 배격 논리에 맞서 민족 자산으로서의 가치를 입증하는 방법적 대안이었던 것이다. 그래서 한시의 형식 운율 대우 표현 등과 같은 보편적인 문제는 관심의 대상이 되기 어려웠고, 이런 분야에 예술적 성취가 뚜렷한 주류 문단의 활동 또한 소홀히 여겼으며, 결과 이제는 이런 문제를 제대로 검증하려고 해도 검증할 능력이 없는 천박한 지적 풍토를 만들었다.

본 저술은 이와 같은 저간의 연구 상황에 대한 비판적 성찰에서 출발하였다. 한시를 문장과 다름없이 적당히 번역해 놓고 내용이나 요약 소개하는 연구가 과연 정상적인가? 민족 민중 자주 등과 같은 일국적 이념에 함몰되어 형식 운율 대우 표현 비유 등과 같은 시적 진술 양식 일체를 도외시하는 것이 과연 한시를 제대로 이해하는 방법일 수 있는가? 한시는 작품이 창작되고 향유된 당대의 문화적 콘텍스트 속에서 이해해야 마땅하지 않은가? 그렇다면 중세 한자문화권 보편의 시적 진술 양식 전반에 대한 폭넓은 이해의 기초 위에서 한국적 적용과 변용의 양상을 검증하는 것이 올바른 방법이 아닌가?

이런 질문은 그 동안 한시 연구자의 일원으로 활동해 온 필자 자신에 대한 뼈아픈 성찰이요 자기고백이기도 하다. 그래서 지금이라도 기본에 충실해야 한다는 생각 끝에 이제 거의 사라져버린 과거의 지식정보를 조금이나마 수습하여 정리해 보기로 하였다. 우선 이 분야에 선구적인 업적을 남긴 몇몇 선배 학자들의 저서를 정독하였고, 한국 한문학의 범위를 넘어 중국과 일본 쪽 연구 성과도 손에 닿는 대로 입수해 보고자 하였으며, 여기에 지난날 한문에 입문하면서 원로 한학자들께 견문한 사항을 부분적으로 추가하는 방식이었다. 이 책은 바로 이런 작업의 결과물이며, 책 내용을 이 정도나마 채워낼 수 있었던 것은 모두 이런 국내외 선배 학자들의 귀한 선행연구가 있었던 덕분이다.

   초고를 작성한 이후 많은 사람들이 도움을 주었다. 대학원 수업 시간에 학생들과 한 문제씩 토론하면서 미처 생각하지 못하였던 사항을 많이 찾아 보완할 수 있었고, 이미진 박사를 비롯한 몇몇 동학들이 마지막까지 세심하게 교정을 도왔으며, 험한 원고가 이렇듯 깔끔한 책이 된 것은 모두 지성인 출판사 엄승진 사장의 헌신 덕분이다. 여러분들께 이 지면을 빌어 진심으로 감사드린다. 그리고 변변치 못한 책 쓴답시고 늘 늦게 귀가해도 언제나 웃음으로 맞아준 아내에게도 함께 고마운 마음을 전한다.

지은이 황 위 주

차례

서문 / 5

Ⅰ. 한시(漢詩)란 무엇인가 ·· 13
  1. 시적 언어로 본 한자·한문의 특징 ································ 15
  2. 한시에 대한 전통적 견해 ·· 28

Ⅱ. 한시에는 어떤 종류가 있는가 ····································· 59
  1. 한시의 분류 기준 ·· 61
  2. 형식별로 본 종류 ·· 68
  3. 제재별로 본 종류 ·· 81
  4. 창작방식별로 본 종류 ·· 94
  5. 기타 흥미로운 잡체시 ·· 122

Ⅲ. 고시란 어떤 시인가 ··· 141
   1. 고시의 개념과 주요 선집 ··· 143
   2. 시경의 형성과 양식적 특징 ··· 156
   3. 초사의 형성과 양식적 특징 ··· 174
   4. 악부시의 개념과 양식적 특징 ······································· 196
   5. 제언체의 형성과 양식적 특징 ······································· 214

Ⅳ. 근체시란 어떤 시인가 ·· 233
   1. 근체시 형성의 배경적 요인 ··· 235
   2. 절구의 개념과 양식적 특징 ··· 249
   3. 율시의 개념과 양식적 특징 ··· 266
   4. 배율의 개념과 양식적 특징 ··· 285
   5. 요체와 요구(拗救)의 적용양상 ······································· 300

Ⅴ. 운율은 어떻게 운용하는가 ··· 319
   1. 운서의 편찬과 활용 ··· 321
   2. 시운의 성질과 운용 방식 ·· 350
   3. 평측(平仄)의 원칙과 적용 ··· 375

Ⅵ. 대우는 어떻게 적용하는가 ········· 391

1. 대우의 개념과 전통 ········· 393
2. 대우의 종류와 적용 방식 ········· 400
3. 대우의 원칙과 기피 ········· 428

Ⅶ. 한시의 표현은 무엇이 다른가 ········· 441

1. 글자의 선택과 적용 : 자법(字法) ········· 443
2. 시구의 구성과 문법 : 구법(句法) ········· 485
3. 전편의 구성 방법 : 편·장법(篇章法) ········· 537

Ⅷ. 한시의 비유 전통은 어떠한가 ········· 561

1. 시경 비(比) 흥(興)의 전통 ········· 563
2. 용사의 유래와 적용 양상 ········· 572
3. 기타 몇 가지 특징적인 비유 ········· 605

참고문헌 / 615

I. 한시(漢詩)란 무엇인가

　한시는 여타 언어와 형태는 물론 표기방식과 언어구조가 전혀 다른 한자와 한문을 활용해서 지은 것이다. 따라서 시가 바로 '언어 예술'이란 사실을 감안할 때, 한자와 한문의 언어적 특징을 고려하지 않고서는 한시의 참 의미를 이해하기 어렵다. 시의 정의도 그렇다. 그 동안 시에 대해서는 '행동하는 사람의 모방(아리스토텔레스)', '아름다움의 리듬스런 창조(앨런 포우)' 등 무수한 추상적 정의가 있어 온 터이다. 그러나 한시에는 이런 서구적 정의로 간단하게 설명하기 어려운, 서구보다 훨씬 오랜 세월에 걸쳐 한자문화권에서 착실하게 축적해 온 시에 대한 전통적 인식이 깊숙하게 녹아있다. 따라서 우리는 한시란 용어가 포괄하고 있는 두 가지 기본 요건, 즉 시적 언어로서 한자 한문이 지니고 있는 특징과 한자문화권의 시에 대한 몇 가지 전통적 견해를 검토함으로써 한시에 대한 보다 깊은 이해에 도달할 수 있을 것이다.

1. 시적 언어로 본 한자·한문의 특징

한자(漢字)는 기본적으로 형태[形]와 소리[音]와 의미[意] 등 세 가지 요소로 구성되어 있다. 예컨데 '日'이란 글자는 형태 상 하늘의 태양을 상징하고[日], 소리는 '일'(il)이며, 의미는 '날' 혹은 '태양'이란 뜻이다. '月'이란 하늘의 달 모양을 상징하고[月], 소리는 '월(uel)'이며, 의미는 '달'이란 뜻이다. 물을 뜻하는 수(水)라는 글자도 물이 흘러가는 모양을 본뜬 것이면서, 소리는 '수(su)'라고 발음한다.

형태	소리	의미
日	일	해

형태	소리	의미
月	월	달

형태	소리	의미
水	수	물

이처럼 모든 한자는 형태와 소리와 의미의 세 가지 요소로 구성되어 있는데, 영어나 한글 같은 표음문자(表音文字)와 달리 형태와 의미의 관계가 상대적으로 긴밀하다는 데 일차적으로 중요한 특징이 있다. 표음문자는 글자 형태가 곧 발음부호의 나열 혹은 조합에 불과하여 형태와 소리의 관계가 긴밀한데 비하여, 한자는 표의문자(表意文字)인 까닭에 글자 형태 자체가 곧 그것이 지시하는 대상물의 모습 혹은 의미를 상징적으로 구현한 것이기 때문이다. 그리고 이 세 가지 요소는 제각각 시적 언어로서 한시의 특징을 구현하는데 깊이 개입하고 있는데, 이 점을 좀 더 세밀하게 살펴보자.

1) 형태의 회화성(繪畫性)

한자의 형태는 대략 상형(象形) 지사(指事) 회의(會意) 형성(形聲) 전주(轉注) 가차(假借) 등 육서(六書)의 원리에 근거하여 형성된 것으로 알려져 있다. 상형은 일(日) 월(月) 산(山) 여(女) 등처럼 구체적 사물의 모양을 본뜬 것이고, 지사1)는 일(一) 이(二) 상(上) 하(下) 등처럼 추상적 의미를 상징적 부호로 제시한 것이다. 회의2)는 명(明) 임(林) 남(男) 등처럼 2개 이상의 글자를 의미로 조합하여 새로운 글자를 만든 것이고, 형성3)은 강(江) 양(洋) 충(忠) 등처럼 2개 이상의 글자를 일부는 의미로[意部] 일부는 소리로[聲部] 조합하여 만든 것이다. 전주는 악(樂) 락(樂) 요(樂) 등처럼 이미 있는 글자를 유사한 다른 의미로 전용한 것이고, 가차는 미국(美國) 독일(獨逸) 등처럼 이미 있는 글자의 소리를 차용하여 다른 대상의 표기에 재활용한 것인데, 전주와 가차는 새로운 글자를 만드는 원리가 아니라 이미 있는 글자를 새롭게 활용한 방식에 불과하다. 따라서 한자 형태는 주로 상형 지사 회의 형성 등 4가지 원리에 근거하고 있다고 할 수 있겠는데, 서개(徐鍇)는 이 점을 주목하여 이 4가지를 형태 창출의 근본이라 하여 체(體)로, 전주와 가차는 이를 재활용한 것이라 하여 용(用)으로 구분하여 설명하기도 하였다.4)

---

1) 指事를 班固의 『漢書』에는 象事, 鄭衆의 『周禮解詁』에는 處事라고 하였다.
2) 會意를 班固의 『漢書』에는 象意라고 하였다.
3) 당초 班固의 『漢書』에서는 象聲이라 하였고, 鄭衆의 『周禮解詁』에서는 諧聲이라 하다가, 許愼의 『說文解字』에서 처음으로 形聲이라 하였다. 이후 衛恒의 『四體書勢』, 顧野王의 『玉篇』 등에서는 허신의 견해를 따라 모두 形聲이라 하였는데, 송나라 때 陳彭年이 『廣韻』에서 이를 다시 諧聲이라고 한 이후 鄭樵의 『通志』, 王應麟의 『困學紀聞』, 張有의 『復古篇』, 趙古則의 『六書本義』, 吳元滿의 『六書正義』, 楊桓의 『六書溯源』, 王應電의 『同文備考』 등 중국 쪽 저술에서는 대부분 諧聲이란 용어를 사용하였다.
4) 徐鍇가 『說文繫傳』에서 주창한 六書三偶說이 바로 그것이다. 육서 가운데 상형과 지사는 그 자체로 독자적인 한 글자가 되는 獨體字(文)라 하였고, 회의와 형성은 기존의 두 글자 이상을 결합시킨 合體字(字)라고 하였으며, 전자의 文과 후자의 字

한자는 이처럼 사물의 모양을 본뜨거나[象形] 추상적 의미를 알기 쉬운 상징적 부호로 구체화시켜 제시한[指事], 혹은 이들을 조합하여 만들어 낸 뜻글자이기 때문에 글자 형태에 표음문자와 비교할 수 없을 정도로 풍부한 회화성(繪畫性)을 함유하고 있다. 주지하다시피 구미어(歐美語)나 한글 같은 표음문자는 글자 형태가 소리의 표기를 위한 음소(音素)의 나열에 불과하다. 예컨대, 영어에서 산을 뜻하는 'mountain'이란 단어는 그 소리를 표기하는 알파벳 8자를 나열한 것일 뿐이고, 한글에서 '산'이란 표기 역시 'ㅅ' 'ㅏ' 'ㄴ' 등 자음과 모음 3음소를 조합한 발음기호의 조합일 뿐, 구체적 지시 대상과 아무 관련이 없다. 그러나 한자의 '山'은 형태 자체가 바로 산의 상징적 모습이며, 이런 현상은 상형과 지사의 원리에 근거한 글자 대부분에 공통되는 특징이기도 하다.

회의와 형성에 근거한 글자도 정도의 차이가 있기는 하지만 이런 회화성을 일정하게 함유하고 있는 것이 분명하다. 예컨대 수풀 임(林) 빽빽할 삼(森) 같은 글자는 나무가 모여 있는 회화적 모습과 직접 연계되어 있고, 물 강(江)이나 바다 양(洋) 같은 글자 또한 부수 부분[氵=水:물]에 대상을 지시하는 회화성이 부분적으로 개재되어 있다. 그래서 글자를 보면 바로 그 형태가 지시하는 대상을 일정하게 연상하게 되는데, 이 때문에 20세기 초 미국의 시인이면서 한시에도 일가견이 있던 패놀로사(Fenollosa. 1853~1908)는 "한 줄의 한시는 그 자체로 천천히 돌아가는 영화와 같다."[5]고 한 바 있다.

는 한자 형태를 창출하는 본체라 하여 體, 기타 전주와 가차는 이를 재활용한 것에 불과하다는 의미에서 用으로 다시 구분한 바 있다.

5) Ernest Fenollosa는 Havard 출신 동경제대 동양미술 전공 교수로 「The Chinese

〈한자 형태의 변천과 회화성〉6)

갑골 (甲骨)	ᨒ	林	史	⿻	⿻	⿻
금문 (金文)	山	𣲖	中	𠂤	𢒉	𩵋
소전 (小篆)	山	江	森	女	馬	魚
예서 (隸書)	山	江	森	女	馬	魚
	산(山)	강(江)	숲(森)	여인(女)	말(馬)	고기(魚)

    이와 같은 형태의 회화성은 물론 분명히 한계가 있다. 비교적 회화성이 풍부한 상형과 지사의 원리에 근거한 한자 자체가 많지 않고, 오랜 세월에 걸쳐 글자 형태가 고도로 정비되고 인습화되어 발생 초기의 회화적 모습을 상실한 경우가 많기 때문이다. 그리고 40세를 불혹(不惑)이라 하고 60세를 이순(耳順)이라 하는 등과 같은 복합어, 성명(姓名) 지명(地名) 등을 표기한 여러 형태의 고유명사, 기타 불타(佛陀:부처) 화성돈(和聲頓:워싱턴) 같은 외국어의 음역(音譯) 표기 등은 실상 글자의 형태와 아무런 상관이 없으며, 오히려 의미나 소리의 유사성에 연계된 경우가 더 일반적이었다. 그래서 한자 형태의 회화성과 그 시적 기능에 대한 기왕의 주장에 의문을 제기하면서

Character as a Medium for Poetry」란 에세이에서 이런 주장을 하였다. 劉若愚저 李章佑역 『중국시학』(범학도서, 1976) 17쪽과 34쪽에 소개된 번역문을 참고하였다.
6) 李樂毅著 朴琪鳳 譯, 『漢字正解』(比峰出版社, 1995) 참고. 도표는 경북대학교 대학원 한문학과 석사과정 권정희 학우의 도움을 받아 작성하였다.

그것이 실상보다 대단히 과장된 것임을 우려하고 비판하는 견해가 나오기도 하였다.7)

그러나 이런 비판에도 불구하고 한자가 여타 표음문자에 비해 상대적으로 회화성이 풍부하다는 점 자체는 아무도 부정하지 않았다. 그리고 그것이 시어로 사용될 때, 비록 제한적이라 할지라도, 표음문자에 비해 훨씬 더 인상적이고 다양한 시적 효과를 야기할 수 있다는 사실 또한 분명하다. 근세 미국의 비평가였던 파운드(Pound. 1885~1972)가 "한자를 시어(詩語)로 활용할 때 적지 않은 함축(含蓄)과 연상(聯想) 작용을 유발시키는 부수적 효과가 있다"고 한 것은 바로 이를 단적으로 지적한 말이다. 그리고 동양화에 어김없이 한시 혹은 한문을 그림의 일부로 기록해 넣고, 한자문화권 전반에 한자 형태의 조형미를 극대화한 서법예술(書法藝術)이 보편화된 현상 또한 이와 관련이 깊다. 한자에 내포되어 있는 회화성과 그 예술적 가치를 특별히 주목한 결과였던 것이다.

2) 소리의 다양성(多樣性)

한문은 고립어(孤立語)이다. 그러므로 영어와 같은 굴절어(屈折語)나 한글 일본어와 같은 교착어(膠着語)와 달리 특정 어휘의 문법적 기능에 따른 형태 변화가 전혀 없다. 예컨대 영어의 경우, 자신을 지칭하는 I(아이) 라는 단어는 그것이 주격인가 소유격인가 목적격인가에 따라 I(아이) my(마이) me(미) 등으로 형태가 완전히 굴절된다.

---

7) William Hung의 『Tu Fu : China's Greatest Poet』(Havard University Press), Achilles Fang의 「Fenollosa and Pound」(Harvard Journal of Asiatic Studies, Vol 20) 등이 그런 예이다. 劉若愚, 『中國詩學』(李章佑譯, 汎學圖書) 33쪽 재인용.

한글이나 일본어의 경우도 '나는' '나의' '나를' 혹은 'わたしは(와타시와)' 'わたしの(와타시노)' 'わたしを(와타시오)' 등처럼 변하지 않는 어근(語根)에 '는' '의' '을(를)' 혹은 'は(와)' 'の(노)' 'を(오)'같은 접사(接辭)를 붙여 문법적 기능을 분명히 하고 있다. 이와 같은 현상은 명사가 아닌 동사나 형용사 등의 변화에서도 마찬가지다.

그러나 한문은 문법적 기능에 따른 이런 형태 변화가 전혀 없다. 아(我) 라는 단어는 그것이 주격이든 소유격이든 목적격이든 언제나 아(我)로만 표기된다. 다만 동사 뒤에 쓰였는가(목적격) 동사 앞에 쓰였는가(주격) 하는 문장 속에서의 위치에 따라 문법적 기능을 개략적으로 판별할 수 있을 따름이다. '아애니(我愛你:나는 너를 사랑해)'에서 아(我)는 동사 애(愛) 앞에 놓여 주격이고, '니애아(你愛我: 너는 나를 사랑해)'에서 아(我)는 동사 뒤에 놓여 목적격이지만 형태가 동일한 것과 같은 예이다. 그리고 수많은 단어가 명사로도 쓰이고 동사로도 쓰이지만 형태상에는 변화가 없다. 개(蓋) 라는 글자는 '덮개' '지붕'같은 명사로 쓰이기도 하고, '덮다' '대개' 같은 동사나 부사로 쓰이기도 하지만, 형태상으로는 구분이 되지 않는다. 여(與) 자는 '더불어 말한다[與言]'고 할 때는 부사이고, '수여하다[與之]' 할 때는 동사이며, '누구의 허물인가[誰之過與]' 할 때는 종결사(終結詞)이다. 그러나 역시 형태상에는 변화가 없다. 이처럼 한문은 문법적 기능에 따른 형태 변화가 전혀 없기 때문에 문장 속에서 정확한 문법적 기능을 파악하는데 어려움이 있다.

한문은 또 한 음절이 한 단어이면서 동시에 한 관념(觀念)을 나타내는 것이 보통이다. 예컨대 '工(공)' '功(공)' '空(공)' '孔(공)' '貢(공)' 등은 모두 1음절이고, 그 자체로 한 단어이며, 동시에 '장인' '공적'

'허공' '구멍' '공헌' 등 각각 다른 관념을 나타낸다. 이와 같은 문자적 특징은 간편하고 편리한 것처럼 보이면서도 사실상 유사한 소리의 어휘를 지나치게 양산하는 결과를 초래했으며, 하나의 발음만으로는 의미 구분이 곤란한 경우가 허다하였다. 그래서 후대로 오면서 점차 1자로 된 단음절어(單音節語)를 2자 이상의 복음절어(複音節語)로 만듦과 동시에 성조(聲調)를 구분하여 문법적 기능과 의미를 분명하게 하려는 경향이 대두하였다. '공장(工匠)' '공적(功績)' '허공(虛空)' '공헌(貢獻)' 등으로 표기한 것은 복음절화의 예이고, '工(공)' '功(공)' '空(공)'은 평성(平聲)으로, '孔(공)'은 상성(上聲)으로, '貢(공)'은 거성(去聲)으로 발음한 것은 성조를 구분한 예이다. 이런 현상은 오늘날 중국어 구어체인 백화문(白話文)에도 그대로 계승되었다. 그래서 복음절어가 백화문 어휘의 절대 다수를 차지하고, 문법적 기능에 따라 동일한 글자의 성조를 달리하게 되었던 것이다.

한문의 또 다른 특징은 그것이 표의문자(表意文字)이기 때문에 새로운 글자를 계속 만들 수밖에 없었다는 점이다. 후한 허신(許愼)이 처음 한자를 설명할 때 그 대상으로 삼았던 글자는 겨우 9323자 정도였다. 그런데 송나라 때 정도(丁度)가 편찬한 『집운(集韻)』에서는 이미 53000여 자를 검토 대상으로 삼았다. 그만큼 글자 수가 많이 늘어났음을 의미한다. 그러나 인간이 표현하고자 하는 의미는 무궁하고 또 끊임없이 새롭게 등장하는데 그에 상응하는 글자를 무제한적으로 계속 만들 수는 없는 노릇이 아닌가? 그래서 나타난 방법 중의 하나가 이미 있는 글자를 재활용하거나 전용하는 것이었다. 악(樂) 자를 '음악' '즐거움' '좋아함' 등으로, 위(爲) 자를 '하다' '된다' '위하여' '때문에' 등으로 확대 전용한 경우와 같은 것이다. 그래서 당초 의미와 여기서 파생된 의미를 구분하기 위하여 성조를 적극적으로 활용하였는데, 악(樂) 자를 '음악'이란 뜻으로 사용할 때는 입성(入聲)으로, '좋아한다'는 뜻으로 사용할 때는 거성(去聲)으로 발음하고, 위(爲) 자를 '하다'는 의미의 동사로 사용할 때는 평성으로, '위하여' '때문에' 등 부사로 사용할 때는 거성으로 발음한 것과 같은 것이 바로 그런 예이다.

한문은 이처럼 특정 글자의 문법적 기능을 분명히 하고, 유사한 다른 어휘와 발음 구분을 도모하며, 동일 어휘에서 파생 전용된 의미를 구별하기 위하여 다른 어떤 언어보다 성조(聲調)가 특별히 발달하였다. 길고 평평한 불변의 소리인 평성(平聲), 낮았다가 높게 변하는 소리인 상성(上聲), 높았다가 낮게 변하는 소리인 거성(去聲), 급하고 짧게 마무리 하는 소리인 입성(入聲) 등 이른바 사성(四聲)이라는 것이 바로 그것이다. 그리고 소리에 대한 관심은 성조에만 그치지 않았다. 특정 글자의 정확한 소리값[音價]을 규명하기 위하여 모든 한자를 발음 부위와 성질에 따라 36개의 성(聲)으로 구분하고, 발음 방법에 따라 다시 106개(당초 206개)의 운(韻)으로 구분하여, 결국 한자에 대략 3600(36×106)여 종에 달하는 소리[聲韻]가 존재함을 밝히기도 하였던 것이다.[8]

한문자에 존재하는 이처럼 다양한 성조(聲調)와 성(聲) 운(韻)은 자연스럽게 한시의 중요한 시적 요소로 활용되었다. 시행(詩行)의 끝부분에 성조와 운(韻)이 모두 동일한 글자를 규칙적으로 반복하는 압운(押韻), 변하는 소리(상성, 거성, 입성)와 변하지 않는 소리(평성)

---

8) 본서 V장 제1절 '운서의 편찬과 활용' 참고.

를 규칙적으로 반복하여 율격적 효과를 극대화시킨 평측(平仄) 등이 바로 그것이다. 그리고 더 나아가 시 전체를 평성 글자로만 구성한 평체(平體), 상성 거성 입성 등 측성(仄聲) 글자로만 구성한 측체(仄體), 각 행 머리글자를 모두 측성(仄聲) 자로 시작하는 측기체(仄起體), 유련(留連) 독대(獨待) 등처럼 성부가 같은 쌍성자(雙聲字)나 적력(滴瀝) 배회(徘徊) 등처럼 운부가 같은 첩운자(疊韻字)를 활용하여9) 쌍성체(雙聲體)와 쌍성대(雙聲對), 첩운체(疊韻體)와 첩운대(疊韻對) 등 참으로 다양한 작품 양식과 표현기법을 개발하기도 하였다. 모든 한문자가 예외 없이 가지고 있는 성조(聲調)와 성(聲) 운(韻)을 적극적으로 활용함으로써 다른 어떤 문화권에서도 찾아보기 어려운 각양의 독특한 작품 양식과 창작 문화를 이룩하였던 것이다.

3) 의미의 다의성(多意性)

한자는 한 글자가 여러 가지 의미를 동시에 나타내는 경우가 많다. 예컨대 생(生) 자는 '출생하다' '낳다'는 의미로 쓰이기도 하고, '생활하다' '살다'는 의미로 쓰이기도 하며, '생생하고 신선하다' '익은 것이 아닌 날것이다' '생소하다' 등의 의미로 활용되기도 한다. 이와 같은 특징은 물론 앞에서 예시한 악(樂) 자나 위(爲) 자처럼 표의문자라는

---

9) 雙聲이란 聲部가 같고 韻部는 다른 글자, 疊韻이란 이와 반대로 성부는 다르지만 운부가 같은 글자를 말한다. 예컨대, 유련(留連)의 유(留. liu)와 련(連. lian)은 성부가 'l'로 동일하고 운부는 'iu'와 'ian'으로 서로 다르며, 독대(獨待)의 독(獨. du)과 대(待. dai)도 성부가 'd'로 동일하고 운부는 'u'와 'ai'로 서로 다른데, 이런 어휘를 쌍성자라고 한다. 그리고 적력(滴瀝)의 적(滴. di)과 력(瀝. li)은 성부가 'd'와 'l'로 서로 다르지만 운부는 'i'로 같고, 배회(徘徊)의 배(徘. pai)와 회(徊. huai)도 성부는 'p'와 'h'로 다르지만 운부는 'ai'로 같은데, 이런 어휘를 첩운자라 하였다.

문자적 특징과 표현해야 할 의미는 무한한데 표현할 수 있는 글자 수가 제한되어 있음으로 해서 나타난 불가피한 의미 전용(轉用)의 결과일 터이다.

한자의 다의성은 소리와 관련해서 나타나기도 하였다. 특정 글자가 다른 글자와 음이 동일함으로 인해서 다른 글자의 의미까지 함께 고려해야 마땅한 이른바 쌍관어(雙關語)라고 하는 것이 바로 그런 예이다. 예컨대 연꽃을 가리키는 연화(蓮花)의 연(蓮. lian) 자는 그리워할 연(戀) 자와 음이 같고, 비단이나 견직물을 가리키는 사주(絲綢)의 사(絲. si) 자는 생각할 사(思) 자와 음이 같으며, 버들이 푸르고 푸르다[楊柳靑靑]고 할 때의 푸를 청(靑. qing) 자는 사랑의 감정을 나타내는 정(情) 자와 음이 같다. 그래서 표면적으로는 연꽃[蓮華] 비단[絲綢] 푸릇푸릇함[靑靑] 등을 가리키지만 이면적으로는 그리움[戀] 사모함[思] 애정[情]을 의미하기도 하였는데,10) 문학작품에서 이런 표현을 쓸 경우 후자에 오히려 더 큰 비중이 있을 때가 많았다. 한 글자가 여러 의미를 갖고 있을 뿐만 아니라, 소리가 유사한 다른 글자의 의미 간섭 현상까지 아울러 존재하였던 것이다.

한문이 격(格, Cases) 시제(時制, Tenses) 법(法, Moods) 등 문법적 표현 기능이 매우 약한 언어라는 점도 다의성(多義性)을 유발시키는 중요한 요소 가운데 하나였다. 중국에 이런 일화가 있다. 어떤 사람이 친구를 찾아 갔는데, 마침 비가 내렸다. 그래서 "비가 오는 날은, 손님을 머물게 하는 날, 나를 머물게 해 주겠는가[下雨天 留客天 留人不留]"라고 하였다. 비가 오니 자고 가도 좋겠냐고 묻는 뜻이다.

---

10) 雙關語는 특정 글자가 유사한 소리의 다른 글자를 연상시킨다는 점에서 諧音字라고도 하였는데, 八과 發, 九와 久, 四와 死, 鍾과 終, 到와 倒 등이 모두 그런 예이다.

그랬더니 주인이 그 말을 한 자도 바꾸지 않고 그대로 다시 사용하여 "비가 내려 하늘이 손님을 머물게 하네. 하늘이 머물게 해도 나는 머물게 하지 않겠네.[下雨天留客 天留人不留]"라고 하였다. 잡지 않을 테니 그냥 돌아가라고 완곡하게 거절하는 뜻이다. 친구 사이에 농담으로 주고받았다는 간단한 일화이지만, 이를 통해 주어와 목적어를 구분해 주는 격(格), 평서문인지 의문문인지를 구분해 주는 법(法) 등의 문법적 표지가 불분명함으로 인하여 똑같은 문장을 두고도 전혀 상반된 해석이 동시에 가능하였음을 알 수가 있다.

이와 유사한 일화는 우리나라에도 적지 않았다. 1910년 일제가 조선을 강점하기 위해 한일합병 조약을 맺고자 할 때였다. 국왕이 급히 대신들을 불러 어전회의를 개최하고 합병의 가부(可否)에 대한 견해를 적어내도록 하였다. 이때 한 대신이 '불가불가(不可不可)'라고 적어 제출하였다. 그런데 그 표현이 참 묘하다. '불가(不可) 불가(不可)'라고 읽으면 '안 됩니다. 안 됩니다'라고 하여 합병을 반대하는 뜻이 되고, '불가불(不可不) 가(可)'라고 읽으면 "어쩔 수 없으니 해야 합니다'라고 하여 합병에 찬성하는 뜻이 되기 때문이다. 일제의 강압에 목숨 걸고 반대할 수도 없고, 그렇다고 대신의 직분으로 나라를 팔아먹는 일에 찬성하기도 어려운 난처한 입장을 이렇게 모면했다는 것인데, 이는 동사(動詞)가 어떤 자인지 불분명하여 서로 다른 해석이 가능했던 예이다.

한문 표현 가운데 이처럼 어휘의 문법적 기능이 불분명하여 다의성을 야기한 예는 고금을 막론하고 허다하게 발견할 수 있다. 공자가 술 마시는 것을 빗대어 "주량은 따로 없지만 어지러운 정도에까지 이르지는 않았다.[唯酒無量, 不及亂]"라는 구절을 희화하여 "주량이 무한하여 계속 가져오지 않으면 난동을 부렸다.[唯酒無量, 不及, 亂]"라고 해석하거나, "칠십 살에 아들을 낳으니 내 자식이 아니다. 재산을 사위에게 물려주니, 다른 사람은 말하지 말라.[七十生男非吾子. 家産傳與胥, 他人莫論]"라고 한 문장을 "칠십에 아들을 낳은들 내 자식이 아니겠나? 내 재산을 물려준다. 사위는 남이니, 말도 말라.[七十生男非吾子? 家産傳與. 胥, 他人. 莫論]"라고 정반대로 풀이했다는 것 등이 다 그런 예이다. 한시에서는 이런 문법적 제약마저 뛰어넘어 아예 주어나 서술어 자체를 생략해버리기도 하고, 주술 관계가 애매한 도치식(倒置式) 표현을 과감하게 구사하기도 하였는데, 이럴 경우 의미는 쉽게 단정하기 어려울 정도로 복잡하고 다층적이 된다.

　이와 같은 의미의 다의성은 설명적 산문에서는 모호성(模糊性)과 애매성(曖昧性)을 유발하는 치명적 약점이라고 할 만하다. 특정한 단어나 문장에 함유된 여러 가지 의미 가운데 문맥상 어떤 것이 가장 적합한지 판단하기 곤란한 경우가 빈번하게 발생할 수 있기 때문이다. 그러나 시에 있어서는 이런 특징이 도리어 장점이 될 수도 있다. 시인은 한 낱말에 한 가지 명료한 뜻만 제한적으로 담아내려고 하지 않는다. 시인의 정서는 관습화된 한 낱말로 표현하기에는 적절하지 않을 정도로 미묘하고 다양하며 개성적이다. 따라서 한자 한문이 지닌 의미의 다의성은 문맥에 가장 적절한 중심적 의미(主意: predominant meaning)와 나머지 다른 부수되는 의미 즉 함의(含意: implication)[11]

---

[11] 主意(predominant meaning)와 含意(implication)의 개념은 James J. Y. Liu가 『The Art of Chinese Poetry』 제1편 제2장에서 제시한 개념이다. 그가 말하는 主意란 특수한 문맥에서 사용자의 마음에 최상의 것으로 보이는 의미를 말하며, 원래 의미를 가리키는 本意(original meaning)나 가장 빈번하게 사용하는 俗意(usual meaning)와는 다른 것으로, Empson 교수가 말하는 chief meaning과 같은 것이라

로 작용하여 말을 최대한 절약하면서도 단순 명쾌하게 말하기 어려운 작자의 미묘한 감흥과 생각을 충실하게 표현해낼 수 있도록 도리어 긍정적으로 작용할 수도 있다는 것이다.

　윌리엄 엠슨(William Ampson. 1906~1984)은 시적 언어와 산문적 언어를 비교하여 "시인은 보통 회화체의 언어가 아닌 말을 시에 쓰게 되고, 그러므로 독자는 그 말과 비슷한 뜻의 여러 가지 회화체의 말을 생각하며, 그것을 모두 종합한 후, 그 비슷한 정도에 비례해서 여러 가지 가능한 뜻을 저울질해 본다. 이래서 시가 산문보다 덜 정확해 보이면서도 더 조밀할 수 있는 것이다."12) 라고 한 적이 있다. 한시는 엠슨(Ampson)의 말처럼 바로 한자 한문이 지닌 이런 의미의 다의성과 애매성을 적절하게 활용하여 명쾌한 산문 보다 덜 정확하면서도 작가의 시적 정취를 더욱 조밀하게 표현할 수 있었다.

　이렇듯 한시는 한자와 한문의 다양한 언어적 특징을 최대한 발휘할 수 있도록 오랜 세월을 두고 가다듬어 온 동양의 대표적인 작품양식이다. 글자 자체에 이미 상대적으로 풍부한 함축과 연상을 야기하는 어원적 회화성(繪畫性)을 갖추고 있고, 다른 어떤 언어 보다 풍부한 음성표지(音聲標識)를 근간으로 더없이 완벽한 정형시인 율시를 비롯하여 참으로 다양한 작품양식과 독특한 표현법을 창출하였으며, 표의문자가 지닌 다의성(多意性)의 한계를 오히려 더 바람직한 시적 표현으로 승화시켰다. 따라서 한시는 한문자의 문자적 특질과 구별해서 생각할 수 없으며, 형태와 소리와 의미상에 나타나는 이런 여러 가지 변별적 특징을 문학적으로 가장 잘 구현한 작품양식

　　하였다. 『중국시학』(범학도서 1976) 24쪽 번역문을 참고하였다.
12) William Ampson, 『Seven Types of Ambiguity』(revised edition, 1947), p.28.

이라고 할 수 있을 것이다.

2. 한시에 대한 전통적 견해

시가 무엇인가 하는 문제는 동·서양 어디서나 중요한 문학적 탐색 대상이었다. 그래서 우주와 자연의 보편적 진리를 재현한다는 모방론을 비롯하여, 시인의 직관으로 주관적 진리를 구현한다는 표현론, 시인이 창조한 정신세계가 깊은 감동을 유발시켜 결국 정서의 뿌리를 튼실하게 해준다는 효용론 등 수많은 견해가 제기되었고[13], 이런 견해 중 일부는 지금도 여전히 문단에 적지 않은 영향력을 행사하고 있다.

그러나 시에 대한 이런 본질적 논의는 시대와 지역에 따라 대단히 다양하고, 지금까지 아무도 완결된 답을 내놓지 못한 미완의 숙제일 뿐이다. 그러므로 이런 논의를 계속해서는 한시의 문학적 특징을 이해하는데 실질적으로 기여하기 어려우며, 아무나 가볍게 거론할 수 있는 성질의 문제도 아니다. 따라서 여기서는 시(詩)라는 용어에 포괄된 몇 가지 언어적 함의(含意)와 지난날 한자문화권에서 가장 널리 인정해 온 전통적 견해의 일단을 검증함으로써 한시에 대한 보다 깊은 이해를 도모해보고자 한다.

1) 시(詩) 자의 언어적 함의

시(詩)라는 글자는 말씀 언(言) 변에 관청 시(寺)자가 결부된 형성

---
[13] 李商燮, 『文學批評用語辭典』(탐구당, 탐구신서57) 157~161쪽 참고.

자(形聲字)이다. 왼 편의 '언(言)'은 뜻을 나타내는 부분이고, 오른편의 '시(寺)'는 소리를 나타내는 부분이다. 후한 때 유명한 문자학자였던 허신(許愼. 30~124)은 『설문해자(說文解字)』에서 "시란 뜻(志)이다. 언(言)은 뜻을 나타내는 부분이고 시(寺)는 소리를 나타내는 부분이다"14) 라고 풀이한 바 있다. 이 글자를 '시'라고 발음하도록 표시하는 기능은 '시(寺)'에 있고, 그것이 언어적 표현 양식의 일종이라는 의미는 '언(言)'에 있으며, 표현의 핵심적 대상은 곧 작자의 '지(志)'라는 것이다. 그러니까 시란 "작자의 뜻과 생각을 언어로 표현하는 양식"이라는 말에 다름 아니다.

시 자의 언어적 함의를 '견지할 지(持)' 혹은 '받들 승(承)' 자로 해석한 경우도 적지 않았다. 송나라 때 성운학자였던 정도(丁度. 990~1053)는 『집운(集韻)』이란 책에서 "시란 견지함(持)이다"15)라고 하였다. 그리고 『설문통훈정성(說文通訓定聲)』에서도 "시 자는 소리를 빌려 표기한 가차(假借) 자인데, 견지함[持]이라는 뜻이다."16) 라고 하였다. 한편 『의례(儀禮)』에는 이와 달리 "시란 받듦[承]과 같은 것이다."17) 라고 하였고, 『예기(禮記)』 주석에도 "시라는 말은 받듦[承]이다." 18)라고 하여 시 자를 받들 승(承) 자로 풀이하였다.

시를 왜 이처럼 '견지함' 혹은 '받듦'으로 풀이하였는지 이유를 정

---

14) 段玉裁, 『說文解字注』(四部刊要, 經部, 小學類, 민국72) 90쪽, "詩 志也 從言 寺聲".
15) 丁度, 『集韻』(중문대사전 詩 조항 재인용), "詩者 持也".
16) 『說文通訓定聲』(中文大辭典 詩 조항 재인용), "詩 假借爲持".
17) 『儀禮集釋』卷26, 「特牲饋食禮」, "詩懷之" 주석, "詩猶承也 謂奉納之懷中" "詩持也 以手維持則承奉之義".
18) 『禮記注疏』卷28, 「內則」 '詩負之' 주석 "詩之言 承也". 하단에 또 "詩者持也 以手維持 則承奉之義"라고 한 풀이를 참고할 수 있다.

확하게 알 수는 없다. 다만 후한 때 정현(鄭玄. 127~200)이 쓴 「시보서(詩譜序)」에 이를 개략적으로 설명한 부분이 있어서 참고할 수 있다. "시에는 3가지 뜻이 있으니, 받듦[承]과 뜻[志]과 견지함[持]이다. 작자는 군왕이 행하는 정치의 좋고 나쁨을 받들어[承], 자기의 뜻[志]을 진술해서 시를 짓고, 그렇게 함으로써 사람다운 행실을 견지하여[持] 실추시키지 않게 한다. 이 때문에 한 가지 명칭에 세 가지 뜻이 있다."19)고 한 것이 그것이다.

이런 풀이는 정현 이후에도 누차 반복된 바 있다. 남북조시대 유협(劉勰. 465~521)은 『문심조룡(文心雕龍)』에서 "시란 견지한다는 뜻이니, 사람다운 정서와 품성을 견지함이다. 『시경』 삼백 편을 한 마디로 말하면 그 뜻이 '생각에 사특함이 없음[思無邪]'으로 귀결되는데, 이 점에서 시를 지(持) 자로 풀이함과 의미가 서로 부합한다."20) 하였고, 청나라 때 주이존(朱彝尊. 1629~1709) 또한 "시란 사람의 마음을 잡음이다.", "시란 견지한다는 뜻이니, 스스로 그 마음을 견지함이다."21)고 한 것이 다 그런 예이다.

이처럼 시가 작가의 뜻[志]을 언어화한 것일 뿐만 아니라 정치의 좋고 나쁨을 받들고[承] 또 이를 통해 작가 자신 혹은 독자가 사람다운 정서 품성 행동 등을 견지하도록 하는 것[持]이란 해석이 얼마나

---

19) 『十三經注疏』(藝文印書館, 中華民國71년), 『毛詩注疏』, 鄭玄의 「詩譜序」, "詩有三訓 承也 志也 持也 作者承君政之善惡 述己志而作詩 爲詩所以持人之行 使不失墜 故一名 而三訓也".
20) 劉勰, 『文心雕龍』(周振甫, 『文心雕龍註釋』, 里仁書局, 中華民國73년), 第六篇 「明詩」, "詩者 持也 持人情性 三百之蔽義歸無邪 持之爲訓 有符焉爾".
21) 朱彝尊, 『曝書亭集』(四庫全書, 集部, 別集) 卷38, 「王先生言遂詩序」, "彝尊嘗聞古之說詩者矣 其言曰 詩之也 志之所之也 言其志 謂之詩 又曰詩者人心之操也 又曰詩持也 自持其心也".

정당한지는 가늠하기 어렵다. 그러나 한시가 문학의 중심적 자리에 있던 시대가 바로 전근대시대였음을 감안한다면 얼마간 이해할 수도 있을 듯하다. 전근대시대는 군왕의 절대 권력이 당연시되는 때였다. 그래서 군왕이 펼치는 정치의 좋고 나쁨[得失]이 보통 사람들의 삶과 정서에 가장 심대한 영향을 끼쳤고, 거기에서 유발된 희노애오(喜怒愛惡)의 마음을 자연스럽게 언어로 표현하였으며, 그렇게 함으로써 인간다운 삶을 추구하는데 중요하게 기여하였을 터이기 때문이다. 어떻든 한자문화권에서는 고전적으로 시(詩) 자를 뜻[志] 받듦[承] 가짐[持] 등 세 가지 측면과 그것의 언어화라는 차원에서 풀이하였음을 알 수 있으며, 시에 대한 전통적인 견해 또한 바로 이런 논리를 확대 심화시켜 지속적으로 가다듬고 구체화하는 방향으로 전개되었다.22)

2) 작자 정지(情志)의 언어화

한시에 대한 수많은 언급 가운데 시대와 지역을 초월하여 가장 큰 공감대를 형성했던 것은 바로 시가 작자의 정서 혹은 의지를 언어화한 양식이란 점이다. 이런 견해는 유가 최고(最古)의 경전인『상서(商書)』「순전(舜傳)」에 이미 "시란 뜻[志]을 언어화 한 것이고, 가(歌)는 그 말을 길게 뽑은 것이다"23) 고 분명하게 언급한 바 있다.

---

22) 이런 풀이는 이후 그대로 한시에 대한 이론 탐색의 핵심적 사유 대상이 되었다. 그래서 志의 측면에서 작자의 情志를 특별히 강조하고, 承의 측면에서 외부 사물과의 상호 交融을 주목하며, 持의 측면에서 작품의 效用과 詩敎를 중시하고, 言語化의 측면에서 言外之意와 含蓄美를 공통적으로 강조하는 경향을 보였는데, 2) 3) 4) 5)절은 바로 이를 검토 대상으로 삼은 것이다.
23)『書傳』(學民文化社, 1989),「舜傳」, "詩言志 歌永言".

그리고 『국어(國語)』에는 "시는 뜻을 이루는 것이고, 가(歌)는 시를 읊조리는 것이다."[24] 라고 하였고, 『모시지설(毛詩指說)』에서도 "시란 생각이면서 또한 말 표현이다."[25]라고 하였다. 모두 시가 작자의 뜻을 언어화하고 생각을 말로 표현한 양식임을 지적한 것이다.

이런 견해를 보다 구체화시켜 드러낸 것은 자하(子夏)의 「시서(詩序)」였다. 자하는 공자 제자 가운데 문학 방면에 특히 명성이 높았던 사람이었다. 공자 제자 3000여 명 중에 가장 탁월한 인물 10명을 가려 네 개의 분과로 구분했을 때[孔門四科], 자하는 자유(子游)와 함께 바로 문학 분과를 대표하는 인물로 지목되었던 것이다. 그리고 그의 「시서(詩序)」는 『시경(詩經)』에 쓴 서문을 가리키는데, 「시경」은 시대와 지역에 상관없이 한자문화권 어디서나 가장 바람직한 시의 전형으로 간주해 온 터였다. 따라서 자하의 「시서(詩序)」는 그만큼 심대한 영향력을 가졌다고 할 수 있겠는데, 여기서 자하는 시와 작자의 정서와의 관계를 이렇게 천명한 바 있다.

> "시란 뜻이 가는 바이니, 마음에 있는 상태에서는 뜻이고, 그것이 언어로 발현되면 시이다. 정서가 마음속에서 움직여 언어로 형상화되고, 언어로는 부족하여 감탄하고 탄식하며, 감탄과 탄식으로 부족하여 길게 노래한다."[26]

---

24) 四庫全書, 史部, 別史類, 『尙史』 卷34에 인용된 『國語』, "詩所以合意 歌所以詠詩也". 동일한 기록이 四庫全書 史部 紀事本末類 『繹史』 卷91과 子部 儒家類 『格物通』 卷38에도 수록된 사실이 확인된다.
25) 『毛詩指說』(中文大辭典 詩 조항 재인용), "詩 思也 詩 辭也".
26) 『十三經注疏』(藝文印書館, 中華民國71년), 『毛詩注疏』, 子夏의 「詩序」, "詩者志之所之 在心爲志 發言爲詩 情動於中而形於言 言之不足故嗟嘆之 嗟嘆之不足故永歌之".

자하는 "시란 작자의 뜻이 움직이는 바이니, 마음속에 있는 정서 상태로서는 뜻[志]이고, 그것이 언어로 발현되면 곧 시가 된다."고 하였다. 시가 작자의 내면적 정서를 언어화한 것임을 명백하게 천명한 것이다. 이처럼 시가 작가의 뜻을 언어화한 양식이란 시언지(詩言志)의 관념은 『상서(商書)』「순전(舜典)」과 자하의 「시서(詩序)」를 거쳐 확립되었으며, 이후 수많은 문인 학자들을 통해 계승 확산되었다. 그 중에도 특히 남북조시대 유협(劉勰. 465~521)과 송(宋) 주희(朱熹. 1130~1200)의 언급이 구체적이다.

"순임금이 말하기를 '시란 뜻을 말로 표현함이고 노래란 말을 길게 뽑음이다'고 하였으니, 순임금이 분석한 바에 시의 뜻이 이미 분명하다. 그러므로 마음속에 있으면 뜻이 되고, 말로 드러내면 시가 된다."27)

"옛 시인의 시는 정서 표현을 위해 글을 지은 것이고, 후대 사인(辭人)의 부(賦)와 송(頌)은 글 표현을 위해 정서를 조작한 것이다. 어떻게 그런 줄을 아는가? 대개 『시경』 풍(風) 아(雅)가 등장하여 뜻과 생각 속에 울분을 축적하여 성정(性情)을 읊조려 윗사람을 풍간(諷諫) 했으니, 이것이 정서를 위해 글을 지음이다. 제자(諸子)의 무리는 마음에 답답할 정도로 축적하지도 않았으면서 구차하게 글을 지어 과장하고 수식해서 명성을 팔아 세상을 낚았으니 이것이 글을 위해 정서를 조작함이다. 그러므로 정서 표현을 위한 자의 글은 요약되면서도 진실을 그려내고, 글 표현을 위한 자의 글은 지나치게 화려하고 번잡하다."28)

---

27) 劉勰, 『文心雕龍』(周振甫, 『文心雕龍註釋』, 里仁書局, 中華民國73년), 第6篇 「明詩」, "大舜云 詩言志 歌永言 聖謨所析 義已明矣 是以 在心爲志 發言爲詩".
28) 劉勰, 『文心雕龍』(周振甫, 『文心雕龍註釋』, 里仁書局, 中華民國73년), 第31篇 「情采」, "昔 詩人什篇 爲情而造文 辭人賦頌 爲文而造情 何以明其然 蓋風雅之興 志思蓄憤 而吟詠性情 以諫其上 此爲情而造文也 諸子之徒 心非鬱陶 苟馳夸飾 鬻聲釣

첫 번째 예문에서 유협은 『상서(商書)』 「순전(舜典)」을 그대로 인용하여 순임금이 언급한 '시언지(詩言志)'란 말에 시의 뜻이 분명히 드러났다고 한 다음, 자하가 「시서(詩序)」에서 "마음속에 있으면 뜻이 되고 말로 드러내면 시가 된다."고 했던 말을 이를 재확인하였다. 그리고 두 번째 예문에서는 정서 표현 자체에 충실한 시와 언어화를 위해 정서를 도리어 조작하기까지 한 부(賦) 송(頌)을 구별한 다음, 정서 표현보다 언어화에 치중하여 과장과 수식을 일삼는 부(賦) 송(頌) 같은 글을 비판하였다. 시가 뜻을 언어화하는 양식임을 강조하면서도 그 본질이 화려한 언어화보다 간략한 표현과 진정(眞情)의 묘사에 있다고 하여 이런 논리를 한 층 구체화시켰던 것이다.

"혹자가 나에게 묻기를 '시는 어떻게 해서 짓습니까?' 하였다. 내가 응답해서 말하기를 '사람이 태어나서 고요함은 천부의 성(性)이고, 외물에 감응하여 움직임은 그 성(性)이 무엇인가를 하고자 함[情]이다. 이미 하고자 하는 정(情)이 있으면 생각[思]이 없을 수 없고, 이미 생각이 있으면 말로 표현하지 않을 수 없으며, 이미 말로 표현하게 되면 말로는 다할 수 없는지라 탄식하고 감탄한 나머지 반드시 자연스러운 음향과 가락이 있게 마련이니, 이것이 시가 지어지는 까닭이다'라고 하였다."29)

송나라 주희(朱熹)가 『시전집주(詩傳集註)』 서문에 적은 글의 일부이다. 주희는 이 글에서 유협과 다른 차원에서 시언지(詩言志)의

世 此爲文而造情也 故爲情者 要約而寫眞 爲文者 淫麗而煩濫"
29) 朱熹, 『詩傳集註』(學民文化社, 1989), 「詩傳序」, "或有問於予曰 詩何爲而作也 予應之曰 人生而靜 天之性也 感於物而動 性之欲也 夫旣有欲矣則不能無思 旣有思矣則不能無言 旣有言矣 則言之所不能盡而發於咨嗟詠嘆之餘者 必有自然之音響節簇而不能已焉 此詩之所以作也".

논리를 구체화시켰다. 그는 우선 지(志)를 사람이 타고난 본래의 천부적인 성(性), 그것이 외부 사물과 감응하여 움직여 나오는 정(情), 정이 한층 무르익어 형성되는 생각[思] 등 3단계로 나누어 보았다. 그것이 언어화되기까지의 내면적 움직임을 보다 체계적으로 설명하였던 것이다. 그리고 언어화에 있어서도 감탄과 탄식, 음향, 절주를 언급함으로써 시가 산문과 달리 일정한 가락을 수반하는 양식임을 아울러 언급하였다. 그러니까 시언지(詩言志)의 논리를 지(志)와 언(言) 두 측면에서 한층 구체화시키고 심화시켰던 셈이다.

이처럼 시가 작자의 정지(情志)를 언어화한 양식이란 시언지(詩言志)의 관념은 『상서(商書)』「순전(舜典)」이래 언제 어디서나 부정된 적이 없으며, 후대로 내려올수록 더욱 다양한 방식으로 구체화되고 심화되는 양상을 보였다. 그래서 시와 관련된 글에서라면 누구나 한 번쯤 시언지(詩言志)를 언급하기 마련이었고, 여기서 한 걸음 더 나아가 시를 작가와 동일시하고, 시를 보면 바로 그 사람을 알 수 있다고도 하였으며[詩如其人], 심지어 시가 그 사람의 미래와 운명을 드러낸다고까지 하였다. 한자문화권 어디서나 찾아볼 수 있는 이른바 시참(詩讖)이라는 것이 바로 그런 예이다.

稼圃功夫進　텃밭에 농사솜씨는 나아지나
烟霄夢寐稀　높은 하늘은 꿈에도 아득하네.
唯殘賈生淚　오직 가생의 눈물만 남아서
夜夜濕寒衣　밤마다 차가운 옷을 적시네.

조선중기에 허균의 형인 허봉(許篈. 1551~1588)이 옥당(玉堂)에서 지었다는 시이다. 시에서 말한 높은 하늘[烟霄]은 국왕이 있는 궁궐을 상징하고, 가생(賈生)은 한나라 때 장사왕 태부(長沙王太傅)로 좌천되었던 가의(賈誼)를 가리킨다. 허봉은 당시 한양에 근무하고 있었다. 그런데 엉뚱하게 시에서 "궁궐에서 멀리 떨어진 곳에서 가의처럼 밤마다 눈물로 옷을 적신다."고 하였다. 그리고 이 시를 지은 해 가을 함경도 갑산(甲山)으로 귀양을 갔으니, 시가 바로 자신의 미래를 나타낸 시참(詩讖)이 되었던 셈이다.30)

이런 일화는 도처에서 찾아볼 수 있다. 이항복(李恒福. 1556~1618)은 북청으로 귀양 갈 때 "요동 성곽은 옛 모습 그대로이나, 영위는 한번 떠나 돌아오지 못하네." 라는 시를 짓더니 결국 유배지에서 세상을 떠났고,31) 인조 때 평안감사 박엽(朴燁. 1570~1623)은 "오늘 밤 달은 알리라, 길이 가련한 밤이 될 것을."이란 시를 짓고는 다음날 바로 처형을 당하였다.32) 한말에 정원용(鄭元容. 1783~1873)은 중국에 사신으로 가면서 "베개 위에는 별들이 움직이고, 침상 곁에는 호랑이 표범이 잠자네."라는 시를 지어 "큰 벼슬을 할 기상이 있다."는 평을 받았는데, 이후 참으로 정승을 역임하였고,33) 이건창(李建昌. 1852~1898)은 서울에서 불과 300리 떨어진 충청도 공주에서 "천리 먼 고향을 머리 들고 바라보네."라는 시를 짓고는 1000리 먼 벽동(碧

---

30) 許筠, 『鶴山樵談』 7면, "仲氏未謫時 在玉堂 夢中作詩曰 稼圃功夫進 煙霄夢寐稀 唯殘賈生淚 夜夜濕寒衣 及秋 謫于甲山 … 前定大數 豈可逃乎".

31) 李瀷, 『星湖僿說』 卷30, 詩文門, 「白沙詩」, "白沙李相 當光海君時 抗疏謫於北青 臨行賦詩曰 白日陰陰晝晦微 北風吹裂遠征衣 遼東城郭應依舊 只恐令威去不歸 果塚於北塞 誦之令人隕淚".

32) 洪直弼, 『梅山集』 卷51, 「朴燁傳」, "燁…被禍前夜 遊營下之法首橋 有詩云 一路關西伯 千年法首橋 知應今夜月 長作可憐宵 盖讖也".

33) 鄭元容, 『經山集』 부록 卷1, 「年譜」, "三十一年辛卯 公四十九歲 … 拜年貢正使赴燕 露宿溫井 有詩云枕上星辰動 床邊虎豹眠 楓皋金太史祖淳曰 有大官氣像".

潼)으로 귀양을 갔다.34) 모두 시가 작가의 운명을 나타낼 수 있다는 다소 황당한 일화이지만35), 이런 데서 시와 작자 정지(情志)의 관계를 특별히 중시해 온 지난날의 보편적인 관념을 확인할 수 있다.

3) 정지(情志)와 외물(外物)의 교융(交融)

한시에 대한 전통적 견해 중 또 하나 유의할 만한 것은 작가의 주관적 내면 정서와 객관적 외부 사물 사이의 상호 교감작용을 특별히 강조하였다는 점이다. 이와 같은 견해는 시가 작가의 정서를 언어로 표현한 것이라는 시언지(詩言志)의 관점을 수용하면서도 정서 그 자체 보다 그것이 형성되고 시적 표현 대상으로 구체화되는 과정과 의미를 더 주목하고자 한 것이라는 점에 중요한 특징이 있다. 그리고 이를 시(詩) 자의 언어적 함의와 관련시켜 본다면 받들 승(承) 자로 풀이한 것에 가깝다고 하겠는데, 그 받듦의 대상이 '군주가 행하는 정치의 좋고 나쁨' 정도에 그치지 않고, 작가와 마음을 교환하는 정치 현실과 자연환경을 비롯한 외부 사물 일체로 확대되었다는 점에 일정한 차이가 있다.

정서와 외부 사물 사이의 상호 교감을 중시하는 견해는 시언지(詩言志)와 달리 한시사의 초창기에는 찾아보기 어렵다. 문학을 역사나 철학과 구별되는 독자적인 한 영역으로 구분하여 새롭게 인식하고,

---

34) 李建昌, 『明美堂集』 卷2, 「重陽登拱北樓」, "江南有此好樓臺 北客初隨鴻雁來 粉堞丹甍逈超忽 白沙翠壁紛縈回 關山千里一翹首 風雨重陽獨擧杯 聖主不知臣不肖 繡衣使者何爲哉".

35) 이런 일화는 『東人詩話』 下 69항과 70항, 『海東野言』 중종 상 63항, 『鶴山樵談』 14항 20항 21항 64항, 『惺叟詩話』 47항, 『西浦漫筆』 下 136항 143항 158항, 『東詩話』 下 8항 등 국내 시화서 도처에서 무수하게 찾아볼 수 있다.

문학다운 표현법을 개발하기 위해 여러 새로운 방법적 장치를 강구하기 시작한 남북조시대에 와서 비로소 등장했던 것이다. 남북조시대의 대표적 문학이론가 중 한 사람이었던 유협(劉勰. 465~521)이 『문심조룡(文心雕龍)』에서 시를 설명하면서 "사람은 칠정(七情)36)을 타고 나서 외부 사물과 반응하여 느끼니, 외부 사물에 감응하여 뜻을 읊음은 자연스럽지 않음이 없다."37) 라고 하여 작가와 외부 사물 사이의 상호 교감작용을 시 창작의 자연스러운 과정이라고 한 것이 대표적인 예이다.

유협을 전후한 시기부터 본격적으로 등장하기 시작한 이런 견해는 당나라 때 저명한 시인 왕창령(王昌齡. 698~756)과 대표적 유학자였던 공영달(孔穎達. 574~648) 등을 통해 보다 정교하고 구체적으로 가다듬어졌다. 왕창령은 시를 지을 때 "마음을 반드시 객관적 대상에 두어야 하고, 객관적 대상을 반드시 마음에서 보아야 한다."38)고 하여 시가 마음과 객관적 대상 사이의 교감 속에서 창작되어야 함을 분명하게 지적하였다. 그리고 공영달은 이를 좀 더 자세하게 관찰하여 다음과 같은 견해를 표명하기도 하였다.

> "온갖 생각을 포괄하여 관장함은 그 이름을 마음[心]이라고 한다. 마음이 외물에 감응하여 움직이면 곧 뜻(志)이 되고, 뜻이 가는 곳에 다시 외물이 감응한다. 기쁘고 즐거운 뜻을 말하면 화평하고 즐거움이

---

36) 사람의 7가지 감정을 가리키는 말로, 기쁨[喜] 노여움[怒] 슬픔[哀] 두려움[懼] 사랑[愛] 미움[惡] 욕심[慾] 등을 가리킨다. 두려움[懼] 대신 즐거움[樂]을 포함시킨 경우도 있으며, 불교에서는 슬픔[哀]을 근심[憂]으로, 미움[惡]을 증오[憎]로 표현하였다.
37) 劉勰, 『文心雕龍』, 第六篇 「明詩」, "人稟七情 應物斯感 感物吟志 莫非自然".
38) 胡震亨, 『唐音癸籤』(四庫全書 集部 詩文評類) 卷2, "處心于境 視境于心".

일어나서 칭송의 시가 지어지고, 근심스럽고 걱정되는 뜻을 말하면 슬프고 아픈 마음이 일어나서 원망과 풍자의 시가 생겨난다.『예문지(藝文志)』에 '슬프고 즐거운 정서가 감응해서 노래와 읊조림의 소리가 발현된다.'고 한 것은 바로 이를 말한다."39)

공영달이『시경정의(詩經正義)』에서 한 말이다. 그는 이 글에서 온갖 생각을 포괄하는 인간 정서의 중심적 개념을 마음[心]으로 설정하고, 마음[心]이 외부 사물에 감응하여 움직이고 발현되는 상태를 뜻[志]이라고 했으며, 그 뜻이 발현되는 곳에 다시 외물이 감응한다고 하여, 마음과 외물의 반복적 상호 교감작용을 특별히 주목하였다. 그리고 이런 과정을 통해 형성된 뜻이 기쁘고 즐거우면 칭송의 시가 지어지고, 근심스럽고 걱정스러우면 원망과 풍자의 시가 생겨난다 하여 시가 바로 이렇게 형성된 정서적 결정(結晶)의 발현체(發現體)임을 아주 간단하고 구체적으로 적시하였다.

이런 논리는 다음 시대 송나라의 주희(朱熹. 1130~1200)와 황간(黃幹. 1152~1221) 등이 거듭 천명하기도 하였다. 주희는「시전집주서(詩傳集註序)」에서 "사람이 태어나서 고요한 부동심(不動心)의 상태를 천성(天性)이라 하고, 천성이 외부 사물과 접촉하여 발현되어 나온 상태를 정(情)이라고 하며, 정이 구체화되면 생각[思]이 되고, 생각이 언어로 표현되어 가락을 갖출 때 시가 된다."40)고 언급한

---

39) 孔穎達,『詩經正義』,「詩序正義」, "包管萬慮 其名曰心 感物而動 乃呼爲志 志之所適 外物感焉 言悅豫之志則和樂興而頌聲作 憂愁之志則哀傷起而怨刺生 藝文志云 哀樂之情感 歌詠之聲發 此之謂也".

40) 朱熹,『詩傳集註』(學民文化社, 1989),「詩傳序」, "或有問於予 曰詩何爲而作也 予應之 曰人生而靜 天之性也 感於物而動 性之欲也 夫旣有欲矣則不能無思 旣有思矣則不能無言 旣有言矣 則言之所不能盡而發於咨嗟詠嘆之餘者 必有自然之音響

바 있다. 자신이 심혈을 기울여 탐색한 심성론(心性論)의 관점에서 천성(天性)과 외부 사물 사이의 감촉을 한시 창작의 근본적인 과정의 일부로 천명했던 것이다. 그리고 황간은 마음과 사물의 관계를 좀 더 집중적으로 탐색하였는데, 『문심조룡찰기(文心雕龍札記)』에서 '신여물유(神與物遊)', 즉 정신과 사물 사이의 어울림을 풀이하면서 제시한 다음 글이 바로 그것이다.

> "이는(신여물유:神與物遊) 내면의 마음[內心]과 외부 세계[外境]가 서로 접촉함을 말한다. 내심과 외경은 한 차례 오고 간다고 해서 서로 부합할 수 없다. 그리고 그 사이가 막히게 되면 귀로 듣고 눈으로 볼 수 있는 가까운 곳에 있어도 마음의 작용이 두루 미치지 못하고, 서로 통하여 기쁘고 편안하게 되면 우주 밖이라 할지라도 그 이치가 흡족하지 않음이 없다. 그러므로 내심으로 외경을 찾으면 외경이 마음을 멋대로 부리고, 외경을 잡아와 내심을 따르게 하면 내심이 외경을 제대로 살펴내기 어려우니, 반드시 내심과 외경이 서로 만족하고, 내심의 견해와 외경의 형상이 서로 융합되도록[交融] 하여야 한다."41)

황간은 이 글에서 문학적 상상력이라고 말할 수 있는 신사(神思)가 내심(內心)과 외경(外境)의 상호작용[神與物遊]임을 전제한 다음, 내심과 외경은 한 두 차례 왕래한다고 서로 부합할 수 있는 것이 아니라고 하였다. 내심이 외경을 지향하고 외경이 또 내심에 다가와 부단히 왕래함으로써 시상이 구체화될 수 있다고 했던 것이다. 그리

節蔟而不能已焉 此詩之所以作也".
41) 周振甫, 『文心雕龍註釋』(里仁書局, 1984), 「神思第二十六」 說明 부분 "黃侃札記 說 此言內心與外境相接也 內心與外境 非能一往相符會 當其窒塞 則耳目之近 神有不周 及其怡懌 則八極之外 理無不愜 然則以心求境 境足以役心 取境赴心 心難於照境 必令心境相得 見相交融".

고 이런 과정이 원만하지 못하면 눈으로 보고 귀로 들을 수 있을 정도로 가까운 데 있는 외경에도 마음의 작용이 두루 미치지 못하고, 원만하기만 하면 볼 수도 없고 들을 수도 없는 아득히 먼 우주 밖의 외경일지라도 마음에 그 이치가 흡족하지 않음이 없다고 하였다. 그러면서 양자 간의 소통이 원만하지 못해서, 마음이 외경에 일방적으로 끌려가면 외경이 마음을 제멋대로 흔들어 교란시킬 것이고, 외경을 억지로 마음에 끌어오면 그 외경의 진면목을 비춰볼 수가 없으니, 내심과 외경이 서로 만족하고 마음속 생각과 외부 세계의 형상이 서로 원만하게 합치되는 정경교융(情境交融)의 상태를 이루어야 한다고 하였다. 마음이 외경과 상호 융합된 경지에 이르러야 비로소 제대로 된 시를 지을 수 있음을 그렇게 말한 것이다.

 이처럼 작가의 주관적 정서와 객관적 외부 세계와의 상호 교감작용을 중시하는 견해는 이후 명·청시대에 이르기까지 광범위한 지지를 받았다. 명나라 때 사진(謝榛. 1495~1575)이 『사명시화(四溟詩話)』에서 "경(景)은 시의 매개체이고, 정(情)은 시가 잉태되는 태반이니, 이 둘을 합쳐야 시가 된다."42)라고 한 것이 그런 예이고, 청나라 말기에 왕국유(王國維. 1877~1927)가 "문학이 안으로 자신의 뜻을 펴고 밖으로 남을 감동시킬 수 있는 것은 의(意)와 경(境) 둘 뿐이다. 최상의 문학은 의(意)와 경(境)이 혼연일체가 된 것이고, 그 다음은 혹 의(意)가 우세하거나 혹 경(境)이 우세한 것인데, 진실로 둘 중 어느 하나가 모자란다면 문학이라고 할 것이 없다"43)라고 한 것

---

42) 謝榛, 『四溟詩話』, "景乃詩之媒 情乃詩之胚 合而爲詩".
43) 王國維, 「人間詞乙稿序」, "文學之事 其內足以攄己而外足以感人者 意與境而已 上焉者 意與境渾 其次或以意勝 或以境勝 苟缺其一 不足以言文學".

이 또 다른 예이다. 유협을 전후한 시기에 이런 견해가 등장한 이후 청나라 말기에 이르기까지 참으로 오랜 세월 동안 부단히 문단에서 광범위한 공감대를 형성해왔던 것이다.

　이와 같은 견해는 공감대가 넓었던 만큼 자연스럽게 한시의 표현 격식 정립에 결정적인 영향을 끼치기도 하였다. 당나라 유학생으로 일본의 대표적 문학이론가이기도 했던 공해(空海. 774~835)는 "시가 오로지 의미만 말하면 청신(淸新)하지 못하며 맛이 없고, 오로지 경물만 말해도 맛이 없다. 시를 짓는 것은 반드시 경(景)과 의(意)를 서로 겸비해야 된다."고 하면서 이를 경물이 이치에 몰입하는 형세, 즉 '경입리세(景入理勢)'로 명명한 바 있다44). 그리고 또 "앞 구에서 뜻을 나타내는 말을 했으면 뒤 구에서는 오로지 경물로 근심을 나타내야 깊은 뜻과 서로 충족되는 지름길이 된다."고 하면서 이를 '함사락구세(含思落句勢)'라 명명하기도 하였다45). 그래서 공해(空海)가 제시한 논리를 적극 활용하여 율시 중간의 4행 즉 3-4행 함련(頷聯)과 5-6행 경련(頸聯) 중 앞 연에서 구체적 사물을 묘사하고 뒤 연에서 추상적 정서를 드러내는 형태를 전실후허격(前實後虛格), 반대로 앞 연에서 먼저 정서를 드러내고 뒤 연에서 이에 상응하는 경물을 묘사하는 형태를 전허후실격(前虛後實格)이라 하여, 율시의 핵심적 표현 격식으로 발전시켰던 것이다.

　오늘날 한시 창작론의 중요한 한 분야로 자리 잡고 있는 정경론(情

---

44) 空海, 『文鏡秘府論』(學海出版社, 臺北, 1974) 地卷, 十七勢, 「第十六景入理勢」, "景入理勢者 詩一向言意 則不淸及無味 一向言景 亦無味 事須景與意相兼始好".
45) 空海, 『文鏡秘府論』(學海出版社, 臺北, 1974) 地卷, 十七勢, 「第十含思落句勢」, "含思落句勢者 每至落句 常須含思 不得令語盡思窮 或深意堪愁 不可具說 卽上句 爲意語 下句以一景物 堪愁與深意相愜 便隨仍須意 出成感人甚好".

景論)도 결국 이런 관점과 논리를 계승한 것에 다름 아니다. 정경론은 작가의 마음과 외부 경물 사이에 교감이 진행되는 과정, 그것이 하나의 독창적인 작품세계[境界]를 구현해 가는 양상과 방법 등을 주요 탐색 대상으로 삼고 있는데, "정감이 경을 따라 생겨난다."는 정수경생론(情隨境生論), "마음을 옮겨 경으로 들어간다."는 이정입경론(移情入境論), "마음과 외물이 융합되고 일체화된다."는 체첩물정론(體貼物情論) 물아정융론(物我情融論) 등은46) 모두 이런 관점의 연장선상에서 제기된 것들이다. 그만큼 작가의 정지(情志)와 외부 사물 사이의 상호 교융(交融) 문제가 주요 관심 대상이었음을 증명하는 것이다.

4) 작품의 효용과 시교(詩敎)

한시에 대한 전통적 견해 가운데 또 하나 중요하게 고려할 가치가 있는 것은 시가 지닌 효용적 가치를 특별히 중시했다는 점이다. 이는 시(詩) 자의 의미를 '견지함[持]'으로 풀이하면서 시란 "사람다운 행실을 견지하여(持) 실추시키지 않게 함이다."47), "사람다운 정서와 품성을 견지하게 함이다."48), "사람의 마음을 잡음이다."49) 라고 한

---

46) 情隨境生論 移情入境論 體貼物情 物我情融論 등의 실상은 袁行霈의 『中國詩歌藝術研究』 제2장 「中國詩歌之意境」 부분에 비교적 자세한 기술이 있다.
47) 『十三經注疏』(藝文印書館, 中華民國71년), 『毛詩注疏』, 鄭玄의 「詩譜序」, "爲詩所以持人之行 使不失墜".
48) 劉勰, 『文心雕龍』(周振甫, 『文心雕龍註釋』, 里仁書局, 中華民國73년), 第六篇 「明詩」, "詩者 持也 持人情性".
49) 朱彝尊, 『曝書亭集』(四庫全書, 集部, 別集) 卷38, 「王先生言遽詩序」, "詩者人心之操也 又曰詩持也 自持其心也".

데서 이미 예견할 수 있는 터이지만, 문헌을 검토해 보면 이런 견해가 예상보다 훨씬 광범위하고 지속적인 영향력을 행사해 왔던 사실을 알 수가 있다.

효용론적 관점은 공자가 활동했던 춘추시대부터 이미 중요한 화두로 등장하였다. 공자가 『논어(論語)』에서 이런 견해를 누차 언급한 것은 물론, 여타 경전 가운데서도 이와 관련된 언급을 무수하게 발견할 수 있기 때문이다. "시경 300편에 한 마디로 전체를 포괄하는 말이 있으니 '생각에 사특함이 없다'고 함이다."50) "시를 배우지 않으면 말을 할 수 없다."51), "그 나라에 들어가면 그 가르침을 알 수 있다. 그 사람됨이 온화하고 부드럽고 독실하고 후덕함[溫柔敦厚]은 시의 가르침이다."52) "시 300편을 외우더라도 정치를 맡겨줌에 제대로 해내지 못하고 사방에 사신으로 나가 혼자 일을 대처하지 못한다면 비록 (시를) 많이 외운들 어디에 쓰겠는가?"53) 라고 한 등이 모두 그런 예이다. 그 중에도 특히 다음 예문은 효용성을 강조한 공자의 생각을 잘 보여준다.

---

50) 『論語』, 「爲政」, "子曰詩三百 一言以蔽之 曰思無邪" 여기서 사무사의 주체가 시를 지은 작자인지 시를 읽는 독자인지에 대해서는 논란이 많다. 그러나 주자가 "사무사는 魯頌 駉篇의 말이다. 무릇 시에서 말한 것이 착한 것은 사람의 착한 마음을 감발시킬 수 있고, 나쁜 것은 사람의 안일한 뜻을 징계하여 고치게 할 수 있으니, 그 용도가 사람이 그 情性의 바름을 얻도록 함에 귀결될 따름이다(思無邪 魯頌駉篇之辭 凡詩之言 善者可以感發人之善心 惡者可以懲創人之逸志 其用歸於使人得其情性之正而已)"라고 한 것으로 보아 시를 읽는 독자로 하여금 생각에 사특함이 없도록 한다는 견해가 무난할 것으로 판단하여 여기서는 이를 따랐다.
51) 『論語』, 「季氏」, "不學詩 無以言".
52) 『禮記』, 「經解」, "孔子曰 入其國 其教可知也 其爲人也 溫柔敦厚 詩教也".
53) 『論語』, 「子路」, "誦詩三百 授之以政 不達 使於四方 不能專對 雖多 亦奚以爲".

"공자께서 말씀하시기를, '아이들아, 어찌 시를 배우지 않느냐? 시는 의지(意志)를 흥기시킬 수 있으며[興], 정치의 득실을 관찰할 수 있으며[觀], 무리 지을 수 있으며[群], 원망할 수 있으며[怨], 가까이는 어버이를 섬길 수 있으며, 멀리는 임금을 섬길 수 있고, 새와 짐승과 풀과 나무의 이름을 많이 알게 하느니라."54)

이 예문에서 말한 시는 물론 『시경』이다. 공자는 여기서 시의 효용성을 '흥(興)' '관(觀)' '군(群)' '원(怨)'으로 구분하여 제시하였다. '흥(興)'은 주희(朱熹)가 "개인의 생각과 의지를 일깨워 일으켜주는 것[感發志意]"이라 풀이하였고, '관(觀)'은 정현(鄭玄)이 "풍속의 번성과 쇠태, 곧 민심의 동향을 관찰함[風俗盛衰之觀察]"이라고 했으며, '군(群)'은 공안국(孔安國)이 "살아가면서 벗들과 어울려 절차탁마함[居相切磋]"이라 풀이하였고, '원(怨)'은 공안국(孔安國)이 또 "위에서 시행하는 정치의 득실을 풍자함[刺上政]"이라 하였다.55) 시를 공부하면 개인의 생각과 의지를 일깨울 수 있음은 물론, 가까이는 벗들과 어울려 절차탁마하게 하는데 기여할 수 있고, 멀리는 민심의 동향을 관찰하고 정치의 득실에 대하여 풍자를 할 수 있다는 것인데, 여기에 어버이를 섬기고[事父] 임금을 섬기는[事君] 인륜적 측면과 새 짐승 풀 나무의 이름을 많이 아는 지식의 측면[多識]까지 감안한다면, 공자가 말한 시의 효용은 그야말로 전방위적(全方位的)이었다고 할 수 있다.

이처럼 공자가 시의 효용성을 크게 부각시킨 이후 효용성의 논리

---

54) 『論語』, 「陽貨」, "子曰 小子 何莫學夫詩 詩可以興 可以觀 可以群 可以怨 邇之事父 遠之事君 多識於鳥獸草木之名".
55) 車相轅, 『中國古典文學評論史』(汎學圖書, 1967) 16쪽 재인용.

를 원용하여 시의 가치를 설명하고, 자신의 창작 활동을 정당화하며, 남의 작품을 비평하고, 문단이 지향해야 할 방향까지 제시하는 참으로 다양한 견해들이 속출하였다. 그 가운데서도 정치적 성향이 뚜렷했던 관료문인과 학문적 지향이 강하였던 도학자들이 서로 다른 방향에서 각각 효용론을 강하게 피력하였는데, 관료문인의 견해는 위(魏) 조비(曹丕. 187~226)가「전론논문(典論論文)」에서 제기한 다음 글이 대표적이라 할만하다.

"문장은 국가 경영의 큰 업무이고[經國之大業] 영원히 썩지 않는 성대한 일이다[不朽之盛事]. 오래 살아도 때가 되면 죽고 영화롭고 즐거움도 자기 한 몸에 그쳐, 두 가지는 반드시 닥칠 기약이 있으니 문장의 무궁함만 못하다. 그러므로 옛날에 작자가 글쓰기[翰墨]에 몸을 바쳐 책 속에 생각을 드러내었으니, 훌륭한 역사가의 글을 빌리지 않고 날고 달리는 세도가(勢道家)에 의탁하지 않고서도 명성이 저절로 후세에 전하여졌다."56)

이 글에서 조비는 문장이 나라를 경영하는 큰 업무[經國大業]라고 하여 국가 경영에 핵심적으로 중요한 사안이라고 천명하였다. 그리고 사람이 아무리 장수(長壽)하고 부귀영화를 누린다고 해도 자기 한 몸에 그칠 뿐이지만, 문장은 역사가나 세도가의 힘을 빌리지 않고서도 명성을 후세에 길이 전할 수 있는 불후의 성사[不朽之盛事]라고 단언하였다. 국가 경영과 개인의 영달에 가장 효과적인 수단이라는 말이다.

---

56) 曹丕,『典論』,「論文」, 文章華國論, "蓋文章經國之大業 不朽之盛事 年壽由時而盡 榮樂止乎其身 二者必至之常期 未若文章之無窮 是以古之作者 寄身於翰墨 見意於篇籍 不假良史之辭 不托飛馳之勢 而聲名自傳於後".

조비가 말한 이런 효용론은 이후 관료문인들이 문학의 중요성을 강조하는 자리에서 언제나 경구(警句)처럼 인용하곤 하였다. 그리고 국가 경영에 문학이 얼마나 중요한 가치가 있는지를 아주 실용적인 관점에서 피력하기도 하였다.

"사장(詞章)은 국가의 중대한 일입니다. 옛부터 우리나라를 문헌의 나라[文獻之邦]라고 일컬었던 것은 문장의 빛남이 있었기 때문입니다. 근래에 음풍영월(吟風詠月)하는 것을 모두 비난하며 이단으로 지목하니, 이 때문에 문장이 변변치 못하고 경술(經術) 또한 엉성하게 되었습니다. 만약 중국 사신으로 문사(文士)가 나온다면 누가 그 책임을 맡아 화답(和答)할 수 있겠습니까"57)

"근년 이래로 선비들의 습속이 성리학(性理學)을 핑계 삼아 사장(詞章)의 화려함을 숭상하지 않으니 지극히 잘못되었습니다. 우리나라가 중국과 언어가 같지 않음에도 불구하고 존중받는 까닭은 문화교양이 중국보다 못하지 않아서 입니다. 이것이 비록 말단의 기예[末技]이기는 하나, 우리나라 사람이 폐기해서는 안 됩니다."58)

"고려 중엽 이래로 남송(南宋) 북송(北宋) 요(遼) 금(金) 몽고(蒙古) 등 강대국을 섬기면서 여러 차례 문사(文詞)로 칭찬을 받아 나라의 근심을 해결할 수가 있었으니, 사부(詞賦)라고 해서 어찌 하찮게 여기리오."59)

---

57) 『中宗實錄』 38, 15年 1月 11日 庚子, "詞章國家重事 古稱吾國文獻之邦者 以其有文章之華也 近間吟風詠月者 皆非之 指爲異端 以此文章蕭索 經術亦爲荒莾 若天使文士出來 則誰任其責而和答也".
58) 『中宗實錄』 40, 15年 9月 癸未, "近年以來士習 托以性理之學 而不尙詞章之華 至爲誤也 我國之於中國 言語不似而所以見重者 以其文雅 不讓於中華也 此雖末技 我國之人不可廢也".

위는 조선전기에 활동한 관료문인(官僚文人)들이 문학의 중요성을 언급한 것 중 일부를 옮겨 본 것이다. 이들은 모두 문학이 국가의 중대한 일임을 강력하게 주장하였는데, 주장의 핵심적 논거는 "우리나라가 중국과 언어가 다름에도 불구하고 존중받는 이유는 문학적 교양이 중국에 못지않기 때문이다.", "고려중기 이래로 중국에서 부침한 송(宋) 요(遼) 금(金) 원(元) 등 여러 강대국을 상대하면서 외교적 현안을 원만하게 해결할 수 있었던 것은 문사(文詞)로 칭찬을 받았기 때문이다.", "중국에서 글 잘하는 문인이 사신으로 파견되어 온다면 누가 그 책임을 맡을 수 있겠는가." 하는 등이었다. 모두 문학적 교양이 가장 현실적이고 실용적인 외교 현장에 절대적으로 필요하다는 말이며, 그래서 그들은 이런 논거를 바탕으로 문예가 비록 말단의 기예(技藝)라 할지라도 국가에서 가볍게 여겨서는 안 되며, 음풍영월(吟風詠月)을 비난해서 안 된다고 하였던 것이다.

학문적 지향이 강하였던 도학자(道學者)들은 이와 다른 차원에서 시의 효용성을 강조하였다. 나라를 빛내고 국가적 현안을 해결하는 현실적 수단으로서가 아니라, 학문의 정도를 읊어 개인의 인격을 수양하고 세상을 교화하며 도(道)를 담아 후세에 전할 수 있는 그릇, 곧 재도지기(載道之器)로서의 가치를 피력하였던 것이다. 이와 같은 도덕적 견해는 공자가 "생각에 사특함이 없다[思無邪]"[60] "그 사람됨이 온화하고 부드럽고 독실하고 후덕함[溫柔敦厚]은 시의 가르침이다."[61] "가까이는 어버이를 섬길 수 있으며, 멀리는 임금을 섬길 수

---

59) 徐居正, 『東人詩話』 下, "高麗中葉以後 事兩宋遼金蒙古強國 屢以文詞見稱 得緒國患 夫豈詞賦而少之哉".
60) 『論語』, 「爲政」, "子曰 詩三百 一言以蔽之 曰思無邪".

있다."62) 라고 하면서 언급했던 시교(詩敎)의 논리를 계승한 것인데, 특히 국내외 성리학자들 가운데 이런 견해를 피력한 사람이 많았다.

"문사(文辭)는 재주[藝]이고 도덕(道德)은 내실[實]이다. 내실을 돈독히 해서 재주로 적어냄에 아름다우면 사랑할 것이고, 사랑하면 전해지며, 현자(賢者)가 얻어 배워 이루면 이것이 가르침이다. 그러므로 말을 글로 적음이 없으면 멀리 전해지지 못 한다"63)

"시가 비록 학자의 능사(能事)는 아니지만 또한 성정(性情)을 읊조려 맑고 화평함을 펼쳐내서 가슴 속 찌꺼기를 씻어내는 것이라면 존양성찰(存養省察)에 한 도움이 될 것이다. 어찌 아로새겨 그리고 수를 놓아 꾸며 감정을 바꾸고 마음을 흩트리면서 하랴"64)

첫째 예문은 송(宋) 주돈이(周敦頤. 1017~1073)의 글이다. 그는 여기서 글이란 재주[藝]의 일종이고, 도덕은 인간이 실천해야 할 내실[實]인데, 글은 곧 이런 도덕을 담아 후세에 전함으로써 교육적 가치를 발휘한다는 점에 효용가치가 있다고 하였다. 두 번째 예문은 조선 중기 학자 이이(李珥. 1536~1584)의 글인데, 이이는 여기서 시가 성정(性情)을 읊조려 가슴 속에 잔재한 더러운 찌꺼기들을 씻어냄으로써 도심(道心)을 유지하고 천성(天性)을 기르는 수양에 일조할 수 있다는 점에 중요한 가치가 있다고 하였다.

---

61) 『禮記』, 「經解」, "孔子曰 入其國 其敎可知也 其爲人也 溫柔敦厚 詩敎也".
62) 『論語』, 「陽貨」, "邇之事父 遠之事君".
63) 周敦頤, 『通書』, 「文辭」, "文辭 藝也 道德 實也 篤其實而藝者書之 美則愛 愛則傳焉 賢者得以學而致之 是爲敎 故曰言之無文 行之不遠".
64) 李珥, 『栗谷集』, 「精言妙選序」, "詩雖非學者能事 亦所以吟詠性情 宣暢淸和 以滌胸中之滓穢 則亦存省之一助 豈爲雕繪繡藻 移情蕩心而設哉".

그 외 문장가도 아니고 성리학자라 하기도 어렵지만 효용성과 시교의 관점에서 시를 인식한 견해는 얼마든지 찾아볼 수 있다. 당나라 유면(柳冕. 덕종연간)이 "문장의 도가 교화(敎化)에 근본하지 않으면 하나의 기예일 따름이다."65)라고 한 것, 조선후기 홍만종(洪萬宗. 1643~1725)이 "말이 세상 교화에 관련되지 않고 뜻이 비흥(比興)에 있지 않다면 또한 헛수고일 따름이다."66)고 한 것, 대표적 실학자 중의 한 사람인 정약용(丁若鏞. 1762~1836)이 "임금을 사랑하고 나라를 근심하지 않으면 시가 아니요, 시절을 아파하고 풍속에 분개하지 않으면 시가 아니요, 칭송과 풍자와 권선과 징악의 뜻이 있지 않으면 시가 아니다. 그러므로 뜻이 정립되지 못하고 학문이 순정하지 못하며 큰 도[大道]를 듣지 못하여 임금을 이루어주고 백성에게 베풀어 줄 마음을 가질 수 없는 자는 시를 지을 수 없다."67)라고 단정한 것 등이 모두 그런 예이다. 하나같이 모두 시의 핵심적인 존립 근거를 바로 그 효용적인 가치에서 찾고자 하였던 것이다.

5) 언외지의(言外之意)와 함축미

언외지의와 함축미를 강조하는 견해는 시(詩) 자의 언어적 함의에 대한 몇 가지 풀이 가운데 특히 언어화와 관련된 문제라고 할만하다. 작자의 내면에 형성된 정서[情]를 언어라는 공통의 수단으로 어떻게

---

65) 柳冕, 「謝杜相公論房二相書」, "文章之道 不根敎化 則是一技耳".
66) 洪萬宗, 『小華詩評』卷下, 제1항, "詩可以達事情通諷諭也 若言不關於世敎 義不存於比興 亦徒勞而已".
67) 丁若鏞, 「寄淵兒. 戊辰冬」, "三百篇者 皆忠臣孝子烈婦良友惻怛忠厚之發 不愛君憂國非詩也 不傷時憤俗非詩也 非有美刺勸懲之義非詩也 故志不立 學不醇 不聞大道 不能有致君澤民之心者 不能作詩 汝其勉之".

구체적으로 드러낼 것인가, 어떤 방법으로 담아내는 것이 가장 바람직한가 하는 등에 대한 생각을 반영한 것이다.

정서를 언어화해야 비로소 시가 될 수 있다는 생각은 시가 뜻[志]을 말한 것이라는 '시언지(詩言志)'의 관점만큼이나 오래 되었다. 앞에서 거론한 바 있는 『상서(商書)』「순전(舜典)」에서 "시란 뜻(志)을 언어화 한 것이고, 가(歌)란 그 말을 길게 뽑은 것이다."68)라고 한 것이 바로 그것이고, 자하(子夏)가 「시서(詩序)」에서 "마음에 있는 상태에서는 뜻이고, 그것이 언어로 발현되면 시이다."69)라고 한 것, 「순전(舜典)」과 「시서(詩序)」의 견해를 다시 부연하여 언급한 유협(劉勰)의 견해70) 등이 다 그런 예이다.

그러나 이를 한시의 표현과 관련된 본질적인 문제로 인식하고 탐색하기 시작한 것은 훨씬 후대였다. 위진남북조시대 때 문학을 역사 기록이나 철학적 진술과 다른 독립적인 존재로 인식하고, 문학다운 표현을 위한 독자적 수법을 두루 강구하면서 비로소 핵심적인 탐색 대상으로 자리 잡았던 것이다. 소통(蕭統. 501~531)이 "문학이란 능숙한 글 표현[能文]에 기초한 것이라야 한다."71)고 하면서 역사도 철학도 아닌 시문만 따로 모아 『문선(文選)』을 편찬하고, 유협(劉勰. 456~521)이 운(韻)이 없는 필(筆)과 운(韻)이 있는 문(文)을 별개로

---

68) 『書傳』(學民文化社, 1989),「舜傳」, "詩言志 歌永言".
69) 『十三經注疏』(藝文印書館, 中華民國71년), 『毛詩注疏』, 子夏의 「詩序」, "詩者志之所之 在心爲志 發言爲詩".
70) 劉勰, 『文心雕龍』(周振甫, 『文心雕龍註釋』, 里仁書局, 中華民國73년), 第6篇 「明詩」, "大舜云 詩言志 歌永言 聖謨所析 義已明矣 是以 在心爲志 發言爲詩".
71) 蕭統, 『文選』,「文選序」, "老莊之作 管孟之類 蓋以立意爲宗 不以能文爲本 … 至於記事之史 繫年之書 所以褒貶是非 紀別異同 方之篇翰 亦已不同".

구분하였으며72), 양(梁) 원제(元帝)가 문(文)은 필(筆)과 달리 "표현이 비단처럼 화려하고, 가락이 흐드러지게 아름다우며, 입을 모아 노래함에 감정과 정신이 요동치는 글"73)이라 정의했던 것 등이 모두 이런 경향을 반영한 결과였다.

한시에서 언어화의 방법에 대한 문제가 구체적인 관심사항으로 부각된 것도 대략 이 무렵이었다. 한자의 정확한 소리값[音價]을 연구하여 운서(韻書)를 편찬하고, 성조(聲調)를 연구하여 평성 상성 거성 입성 등 사성(四聲)의 실체를 밝히며, 이를 시적 표현에 활용하는 방법을 두고 치열한 탐색과 토론을 전개하였다. 심약(沈約. 441~513)이 사성(四聲)을 시에 활용할 때 유의해야 할 8가지 문제점을 정리하여 사성팔병설(四聲八病說)을 제창한 것도 이 즈음이었고, 시에서 운(韻)을 활용하는 방법을 두고 격구운(隔句韻) 매구운(每句韻) 환운(換韻) 일운도저(一韻到底) 통운(通韻) 차운(次韻) 험운(險韻) 등 무수한 용어가 등장한 것도 바로 이 시기였으며, 이런 탐색 결과를 시 형식에 종합적으로 반영하여 이른바 근체시라는 새로운 작품양식이 출현한 것도 바로 이 때였다.

이 당시 언어화에 대한 관심은 근체시의 출현과 직결된 평측 압운 등에만 그치지 않았다. 사언 오언 등 각종 시구의 유래와 그 표현상의 장단점은 무엇인가? 내용[質]과 표현[文]의 관계는 어떤 것인가? 문면에 드러난 뜻과 이면에 잠재된 의미는 어떤 관계가 있는가? 등 언어화와 관련된 숱한 문제가 두루 탐색 대상이었다. 『문심조룡(文

---

72) 劉勰, 『文心彫龍』, 「總術」, "今之常言 有文有筆 以爲無韻者筆也 有韻者文也".
73) 『金樓子』(四庫全書 子部 雜家類), 「立言」, "文者 唯須綺縠紛披 宮徵靡曼 脣吻遒會 情靈搖蕩".

心雕龍)』『시품(詩品)』같은 문학이론서와 비평서를 저술하고, 이를 통해 "사언은 체제가 반듯하여 우아하게 빛남[雅潤]을 근본으로 삼고, 오언은 가락이 유려하여 맑고 고움[淸麗]을 으뜸으로 여긴다."[74], "표현은 간단하지만 뜻이 풍부하고, 일은 비근하나 말함이 멀어 오래 지났지만 남은 맛이[餘味] 날로 새롭다."[75], "이치[理]가 표현[辭]을 능가하면 담담하고 맛이 적다"[76]라는 견해를 표명한 것이 모두 그런 예이며, 언외지의(言外之意)와 함축미를 강조하는 견해도 바로 이런 분위기 속에서 등장하였다.

"시인이 그려내는 경물(景物)은 남전(藍田)에 햇볕이 따스함에 좋은 옥에서 기운이 피어오르는 것 같아서 바라볼 수는 있으나 눈앞에 둘 수는 없다. 형상 밖의 형상[象外之象]과 경물 밖의 경물[景外之景]을 어찌 쉽게 말할 수 있겠는가"[77]

사공도(司空圖. 837~908)가 시에 대한 자신의 생각을 적은 편지글의 일부이다. 이 글에서 그는 시인이 언어를 통해 형상해낸 경물(景物)은 햇볕이 따뜻하게 비칠 때 좋은 옥에서 아련히 피어오르는 기운과 같아서 바라볼 수는 있지만 눈앞에 바로 가져다 놓을 수는 없는 것이라고 하였다. 시가 직접 보고 만질 수 있는 실체가 아니라 형상 밖의 형상[象外之象]과 경물 밖의 경물[景外之景]에 기초하였음을 이렇게 표현하였다. 그리고 그의 대표적인 저서인 『이십사시품(二十

---

74) 劉勰, 『文心雕龍』「明詩」, "四言正體 則雅潤爲本 五言流調 則淸麗居宗".
75) 劉勰, 『文心雕龍』「宗經」, "辭約而旨豊 事近而喩遠 是以往者雖舊 餘味日新".
76) 鍾嶸, 『詩品』, 「詩品序」, "永嘉時 貴黃老 稍尙虛談 于時篇什 理過其辭 淡乎寡味".
77) 司空圖, 『司空表聖文集』(四庫全書, 集部, 別集類), 卷3, 「與極浦書」, "詩家之景 如藍田日煖 良玉生烟 可望而不可置于眉睫之前也 象外之象 景外之景 豈容易可談哉".

四詩品)』에서 운치 밖의 운치[韻外之致], 맛 밖의 맛[味外之味], 형상 밖의 형상[象外之象] 등을 누차 거론하였으며, 그 제11품으로 '함축(含蓄)'78)을 별개로 설정해서 이런 표현의 시적 효과를 논의하기도 하였다.

"시는 별도의 제재가 있으니 책에 상관되지 않고, 시는 별도의 정취가 있으니 이치와 상관되지 않는다. 그러나 책을 많이 읽고 이치를 많이 궁구하지 않으면 그 경지를 지극하게 할 수 없으니, 이른바 '이치의 길에 빠지지 않고 언어라는 수단에 떨어지지 않는' 것이 가장 좋다. 시란 …… 공중의 소리, 형상 중의 색깔, 물속의 달, 거울 속의 허상 같아서 말은 다함이 있어도 뜻은 끝이 없다."79)

송(宋)나라 엄우(嚴羽. 1197?~1253?)가 『창랑시화(滄浪詩話)』에서 시를 논한 것이다. 그 역시 이 글에서 언외지의(言外之意)와 함축미를 특별히 강조하였다. 시가 언어라는 수단에 근본하고 있음은 분명하지만, 수단 자체에 함몰되어서는 결코 안 되며, 물이 달을 비추고 거울이 형상을 비추듯 언어적 표현 너머로 환기하는 언외지의(言外之意)를 구현하여 '말은 다함이 있어도 뜻은 끝이 없도록 해야 한다'고 하였다.

언외지의를 구현하는 방법의 하나로 흔히 표현의 구체성을 거론하기도 하였다. 진영강(陳永康)은 『음창록(吟窓錄)』에서 한시에서

---

78) 司空圖, 『二十四詩品』(四庫全書, 集部, 總集類 文章辨體彙選 수록), 「含蓄」, "不着一字 盡得風流 語不涉已 若不堪憂 是有眞宰 與之沉浮 如淥滿酒 花時返秋 悠悠空塵 忽忽海漚 淺深聚散 萬取一收".

79) 嚴羽, 『滄浪詩話』(四庫全書, 集部, 詩文評類), 「詩辯」, "詩有別材 非關書也 詩有別趣 非關理也 然非多讀書 多窮理 則不能極其至 所謂不涉理路 不落言筌者上也 詩者 … 如空中之音 相中之色 水中之月 鏡中之象 言有盡而意無窮".

말해서 안 되는 것 10가지가 있다고 하였다. "첫째 높은 것을 높다 말해서는 안 된다. 둘째 먼 것을 멀다고 말해서는 안 된다. 셋째 한가로움을 한가롭다고 말해서는 안 된다. 넷째 고요함을 고요하다고 말해서는 안 된다. 다섯째 근심스러움을 근심스럽다고 말해서는 안 된다. 여섯째 기쁜 것을 기쁘다고 말해서는 안 된다. 일곱째 떨어짐을 떨어진다고 말해서는 안 된다. 여덟째 부서짐을 부서진다고 말해서는 안 된다. 아홉째 괴로움을 괴롭다고 말해서는 안 된다. 열째 즐거움을 즐겁다고 말해서는 안 된다."80) 라고 다소 장황하게 열거한 것이 그것이다.

그가 말한 높고[高] 멀고[遠] 한가롭고[閑] 고요한[靜] 것 등은 실상 한시에 가장 자주 등장하는 개념어이다. 그런데 이를 말해서는 안 된다니, 도대체 무슨 뜻인가? 높다는 말에 포함된 형상은 참으로 다양하다. 그런데 시인이 말한 높다는 것이 과연 어떤 것인지 높다고만 해서는 알 수가 없다. 멀다는 것도 마찬가지다. 멀다고 느낄 수 있는 수많은 상황 중에서 작자가 느낀 '멀다'는 것이 어떤 것인지 멀다고만 해서는 실감이 나지 않는다. 그러니 이를 지양하고 두보가 "구름 속에 누웠으니 옷이 서늘하구나[雲臥衣裳冷]" 라고 했듯이, 높다 하지 않고도 높은 산사(山寺)에 있음이 말 밖에 절로 드러나게 표현해야 한다는 것이다. 이럴 경우 시에 표현한 말과 그것이 진정으로 지시하는 뜻은 서로 일치하지 않으며, 말이 환기시키는 말 밖에

---

80) 魏慶之,『詩人玉屑』(四庫全書, 集部, 詩文評類) 卷10에 인용한 宋 陳永康의 「吟窓錄序」, "詩有十不可 一曰高不可言高 二曰遠不可言遠 三曰閑不可言閑 四曰靜不可言靜 五曰憂不可言憂 六曰喜不可言喜 七曰落不可言落 八曰碎不可言碎 九曰苦不可言苦 十曰樂不可言樂".

함축된 뜻을 보아야 시를 제대로 보았다고 할 수 있다. 진본명(陳本明)은 이와 같은 표현을 체용론(體用論)으로 말하였다.

> "『만수시화(漫叟詩話)』에 말하기를 '일찍이 진본명(陳本明)이 시를 논한 것을 보았더니, '선배들께서 시를 지음에 마땅히 활용을 말하고 본체를 말하지 말라고 하였는데 그 의미가 깊다. 소동파의 시와 같은 경우에 차가움을 말할 것 같으면, 삼킬 수는 있으되 머금을 수는 없다 라고 하고, 고요함을 말할 것 같으면, 사람 소리는 들리지 않고 신 끄는 소리만 들린다고 표현하는 것과 같은 유이다.' 라고 하였다"81)

이 글에서 본체[體]란 차가움이나 고요함과 같은 보편적이고 일반적인 관념을 가리킨다. 그리고 활용[用]이란 차가움과 고요함의 구체적인 상황, 즉 "삼킬 수는 있지만 입안에 머금고 있을 수는 없을 정도로 차가움", "사람 소리는 들리지 않고 신 끄는 소리만 나직하게 들리는 고요함" 등의 상황을 가리킨다. 그러니까 구체적인 활용을 표현해야지 막연하고 추상적인 본체적 관념을 열거해서는 안 된다는 것인데,82) 이는 엘리옷(Eliot. 1888~1965)이 제기한 바 있는 객관적 상관물(客觀的 相關物 : objective correlative)83)과 아주 유사한 면이 있다. 그리고

---

81) 『御選唐宋詩醇』(四庫全書 集部 類書類) 卷34, "漫叟詩話 曰嘗見陳本明論詩 云 前輩謂作詩當言用 勿言體 則意深矣 若東坡詩 言冷則云可嚥不可漱 言靜則云不 聞人聲聞履聲之類".
82) 시에서 활용을 말하고 본체를 말하면 안 된다는 논리는 魏慶之『詩人玉屑』卷3 「象外句」에 기록된 "詩僧多佳句 其琢句法 比物以意 而不指言一物 謂之象外句 如 無可上人詩曰 聽雨寒更盡 開門落葉深 是落葉比雨聲也 又曰微陽下喬木 遠燒入 秋山 是微陽比遠燒也 用事琢句 妙在言其用而不言其名耳"에서도 확인할 수 있다.
83) T. S. Eliot이 실생활에 있어서의 정서와 문학작품에 구현된 정서와의 절대적 차이를 강조하는 입장에서 사용한 용어이다. 개인의 감정이 문학작품에 액면 그대로 반영되는 것이 아니라 어떤 심상 상징 사건에 의하여 구현된다는 것으로, 예술적 객관화를

그것이 결국 비유와 상징을 통해 온전히 달성할 수 있다는 점에서는 형상사유(形象思惟)와도 직·간접적으로 연계된다고 할 것이다.

언외지의(言外之意)와 함축미(含蓄美)를 강조하는 이와 같은 견해는 한시의 언어화 방법에 대한 탐색이 본격화된 이후 한자문화권 전 지역에 걸쳐 한시가 지향해야 할 가장 바람직한 표현의 전형으로 폭넓은 공감대를 형성하였다.84) 물론 이런 언어화의 문제 자체를 대수롭지 않은 것으로 치부하면서 이에 대한 지나친 관심과 탐색을 오히려 기교에 골몰하는 잘못된 태도로 비판하고 경계하는 견해도 적지 않았다. 그래서 이것이 작가의 정지(情志)나 외물과의 상호교감 및 시의 효용성을 강조하는 견해만큼 보편적 지지를 받지는 못한 듯하다. 그럼에도 불구하고 시에 대한 논의가 다양화되고 심화되는 후대로 올수록 언어화의 문제를 더욱 중요하게 주목했던 것 또한 분명하며, 그 가운데 특히 언외지의와 함축미를 한시다운 표현미를 구현하는 핵심으로 강조해 왔던 것이다.

지금까지 살펴본 바와 같이 한자문화권에서는 전통적으로 한시를 '뜻' '받듦' '가짐' 등 크게 세 가지 측면에서 이해하였다. 그래서 '뜻'과

강조하는 용어이다. 개인의 정서가 예술적 객관화의 과정을 거치지 못하고 생경하게 그대로 노출될 경우 문학의 재료를 재료상태에 머물게 하는 것으로 비판된다.
84) 중국의 경우, 魏慶之의 『詩人玉屑』 卷1 「白石詩說」에 "東坡云 言有盡而意無窮者 天下之至言也 … 若句中無餘字 篇中無長語 非善之善者也 句中有餘味 篇中有餘意 善之善者也"라 한 것, 같은 책 卷6 「意在言外」에 "聖兪嘗語余曰 詩家雖率意造語亦難 若意新語工 得前人所未道者 斯爲善也 必能狀難寫之景 如在目前 含不盡之意 見於言外 然後爲至"라고 한 것, 그리고 蔡正孫의 『詩林廣記』 卷2에 "梅聖兪金針詩格云 詩有內外意 內意欲盡其理 外意欲盡其象 內外意含蓄 方入詩格"라고 한 것 등이 대표적이다. 우리나라에서는 李齊賢의 『櫟翁稗說』 後集1의 15항을 비롯하여 『東人詩話』 上 21항과 60항, 『惺叟詩話』 66항, 『小華詩評』(韓國歷代詩話類編 352쪽), 『星湖僿說』 「詩文門」 등에서 광범위하게 확인할 수 있다.

관련해서는 시가 작가의 내면 정서와 의지를 표현한 것이라 하여 창작 주체인 작가를 특별히 중시하였고, '받듦'과 관련해서는 정서와 객관적 외부세계 사이의 반복적 상호 교감작용을 창작의 핵심적 과정으로 이해하였으며, '견지함'과 관련해서는 시가 개인의 인격적 완성은 물론 국가 경영과 국민 교화에 어떤 방식으로든 기여할 수 있는 유용한 것이어야 한다고 하였다. 그리고 이를 언어로 구현하는 방식에 있어서는 언어적 표지 자체에 함몰되지 않고 그 너머로 환기되는 언외지의(言外之意)와 함축미(含蓄美)를 특별히 강조하였다.

한시에 대한 이런 전통적 견해는 처음부터 짧은 서정시를 중심적 대상으로 삼은 것이란 점에서 서양 고전시론과 차이가 있다. 실제 18세기까지 서양에는 서정시의 개념이 불분명하였다. 셰익스피어 같은 극작가를 시인이라고 불렀던 데서 알 수 있듯이, 주로 희곡과 서사시 같은 운문으로 쓴 장편 이야기 문학을 시라고 하였던 것이다.[85] 그런데 한시는 『시경』이 편찬된 이후 줄곧 짧은 서정시를 주요 논의 대상으로 삼았다. 그래서 오랜 세월에 걸쳐 시(詩)란 무엇인가? 시는 어떻게 출현하였는가? 시를 창작하는 과정은 어떤가? 시의 존재 가치는 어디에 있는가? 시적 표현은 어떻게 하는 것이 바람직한가? 하는 등에 대한 답을 모색하였으며, 여기에 한문자의 언어적 특징을 적극 활용함으로써 마침내 다른 어디에서도 찾아보기 어려운 독특한 양식과 표현법을 창출하였던 것이다.

---

[85] 李相燮, 『文學批評用語辭典』(民音社, 1976), 시(詩, poetry) 조항 참고. 여기에는 "아리스토텔레스도 서정시가 아니라 운문으로 된 희곡과 서사시를 시라 하였다"고 소개하였다.

Ⅱ. 한시에는 어떤 종류가 있는가

　한시의 종류를 거론할 때면 대개 오언이나 칠언으로 된 고시 절구 율시 배율 등을 떠올린다. 그러나 현존하는 문집과 시선집을 검토해 보면 오언이나 칠언의 전형성을 벗어난 작품이 대단히 많다. 사언 육언 심지어 삼언 팔언 구언 장단구 등이 바로 그것이다. 그리고 제재나 창작방식에 따라서도 여러 가지로 분류하였다. 제재를 주요 준거로 한 궁체(宮體) 유선(遊仙) 제화(題畵) 영사시(詠史詩)나 창작 방식을 주요 준거로 한 화차운(和次韻) 의고(擬古) 집구(集句) 연구시(聯句詩) 등이 그런 예이다. 한시는 이처럼 여러 기준에 따라 다양하게 분류된 바 있으며, 각각의 경우마다 대단히 흥미로운 개념어를 파생시켰다. 본 장에서는 이런 사실을 감안하여 지난날 한시를 분류한 기준이 어떤 것이 있었는지 간단히 살펴보고, 그 가운데 비중 있게 거론되어 온 몇 가지 주요 개념어를 선별적으로 검토함으로써 한시의 종류에 대한 보다 포괄적인 이해를 도모하고자 한다.

1. 한시의 분류 기준

국내·외 문단에 널리 읽혀진 시문선집을 조사해보면 한시를 분류한 기준이 참으로 다양하였음을 알 수 있다. 그 중에서 특히 두드러진 것은 대략 9가지 정도였다. 작품의 형식, 중심적인 제재, 창작 방식, 작가의 활동 시대, 작가의 신분, 창작의 시·공간적 배경, 작품의 격식과 풍격, 시경향의 계승관계, 음악과의 관련성 등이 그런 것인데, 각각의 경우에 해당하는 예를 간단히 정리해보면 아래와 같다.[1]

① 작품의 형식을 기준으로 한 경우

작품의 형식은 한 행의 글자 수가 몇 자인가에 따라 4자[사언] 5자[오언] 6자[육언] 7자[칠언] 등으로 일정하게 가다듬어진 제언체(齊言體)와 이들이 적당하게 섞인 장단구(長短句)로 구분할 수 있고, 한 편의 행수가 몇 행인가에 따라 또 1행부터 수백 행에 이르는 작품으로 구분할 수 있다. 그리고 여기에 압운(押韻) 평측(平仄) 대우(對偶) 등의 구사 여부에 따라 고시와 근체시로 구분할 수도 있고, 근체시는 다시 그 편법(篇法)을 감안하여 절구(絶句) 율시(律詩) 배율(排律) 등으로 구분하기도 하였다. 이와 같은 몇 가지 형식적 기준은 국내·외를 막론하고 가장 널리 적용해온 대표적인 준거였다.

　　예1)『당시품휘(唐詩品彙)』(明, 高棅) : 전체 8종
　　　　오언고시, 칠언고시, 오언절구, 칠언절구, 오언율시, 오언배율,
　　　　칠언율시, 칠언배율

---

[1] 黃渭周,「漢詩의 分類基準과 그 適用 樣相」(『大東漢文學』제11집, 1999)에서 한시의 분류와 그 적용 실상에 관련된 문제를 집중적으로 검증한 바 있다.

예2) 『동문선(東文選)』(朝鮮, 徐居正 등) : 전체 9종
오언고시, 칠언고시, 오언율시, 오언배율, 칠언율시, 칠언배율, 오언절구, 칠언절구, 육언.

② 작품의 제재를 기준으로 한 경우

개별 작품이 구체적으로 어떤 부류의 제재를 중심적 대상으로 삼 았는가를 1차적인 분류 기준으로 적용한 것인데, 다른 사람과 주고받 기 위한 목적으로 지은 증답시(贈答詩), 공자 사당에 제사를 모시기 위한 목적으로 지은 석전시(釋奠詩) 등 용도를 함께 고려하여 반영 한 경우도 더러 있었다. 이런 방식은 제재의 종류가 무한히 다양하기 때문에 분류 기준 설정에 일관성을 획득하기 어렵다. 그럼에도 불구 하고 전통적인 분류에서 이 방법을 대단히 즐겨 활용하였다. 유사한 제재를 작품화하고자 할 경우 표현방법 기교 용사 등을 학습하는데 직접적으로 참고할 가치가 있었기 때문이다.

예1) 『영규율수(瀛奎律髓)』(元, 方回) : 전체 49종
절서류(節序類), 다류(茶類), 주류(酒類), 설류(雪類), 월류(月類), 송별류(送別類), 변새류(邊塞類), 궁곤류(宮閫類), 기증류(寄贈類), 상도류(傷悼類) 등

예2) 『풍소궤범(風騷軌範)』 후집(後集) (朝鮮, 成俔) : 전체 21종
유람류(遊覽類), 지리류(地理類), 천문류(天文類), 절서류(節序類), 궁실류(宮室類), 문방류(文房類), 도화류(圖畵類), 기증류(寄贈類), 송별류(送別類) 등

③ 작품의 창작방식을 기준으로 한 경우

작품을 창작하는 방법상 특별히 고려해야 할 어떤 특징적 요소를

주요 분류 기준으로 삼은 것으로, 타인의 시에 화답하여 운자 따라 쓰기 방식으로 창작한 화차운시(和次韻詩), 옛 사람의 작품에 견주어 자신의 정서를 말하고자 하는 방식의 의고시(擬古詩), 다른 사람의 시구나 문구를 모아 짓는 방식의 집구시(集句詩), 2사람 이상이 시구를 연이어가면서 짓는 방식의 연구시(聯句詩), 기타 어휘의 선택, 시행의 구성, 평측과 대우 등 여러 면에서 독특한 방식을 구사한 허다한 잡체시류(雜體詩類)가 모두 여기에 해당한다. 우리나라에서는 이런 기준을 작품 분류에 바로 적용한 사례가 흔치 않다. 그러나 중국에서는 특히 잡체시의 분류에 이 방법을 대단히 널리 활용해 온 바 있다.

> 예1) 『송문감(宋文鑑)』(宋, 呂祖謙 등)의 잡체시(雜體詩)
> 성명(星名), 인명(人名), 군명(郡名), 약명(藥名), 건제(建除), 팔음(八音), 사성(四聲), 장두(藏頭), 약명이합(藥名離合), 회문(回文), 일자지십자(一字至十字), 연구(聯句), 집구(集句) 등
> 예2) 『시체명변(詩體明辨)』(明, 徐師曾) 권14-16
> 화운시(和韻詩), 연구시(聯句詩), 잡구시(雜句詩), 잡언시(雜言詩), 잡체시(雜體詩:拗體, 回文體, 四聲體 등 16종), 잡운시(雜韻詩), 잡수시(雜數詩:四時 四氣 등 13종), 잡명시(雜名詩: 建除, 人名, 草名 등 16종), 이합시(離合詩), 해학시(諧謔詩 : 風人體 諸言體, 禽言體 등 5종)

④ 작가의 활동 시대를 기준으로 한 경우

작가가 활동한 특정 왕조 혹은 시대를 작품 분류의 중요한 기준으로 적용한 것으로, 왕조의 변천이 복잡하고 다양했던 중국에서 특히 종합적인 대규모 시선집을 편찬할 때 많이 활용하였다. 그리고 작품

의 형식만으로는 정확하게 구분하기가 어려운, 그렇다고 더 나은 분류 기준을 찾기가 쉽지도 않은 고시의 분류에 이를 즐겨 활용하였다.

예1) 『고시기(古詩紀)』(明, 馮惟訥)
고일시(古逸詩), 한(漢), 위(魏), 진(晉), 송(宋), 제(齊), 양(梁), 진(陳), 북위(北魏), 북제(北齊), 북주(北周), 수(隋), 외집(外集), 별집(別集) 등

예2) 『석창역대시선(石倉歷代詩選)』(明, 曹學佺)
고시(古詩 : 漢, 魏, 晉, 宋, 齊, 梁, 陳, 隨, 北魏), 초당(初唐), 성당(盛唐), 중당(中唐), 만당(晚唐), 송시(宋詩), 원시(元詩), 명시초집(明詩初集), 명시차집(明詩次集) 등

⑤ 작가의 신분을 기준으로 한 경우

작가가 어떤 신분계층의 인물인가를 작품 분류의 주요 기준으로 삼은 것으로, 개인 문집보다는 여러 인물의 작품을 함께 모아 정리한 시선집류에서 흔히 적용해 온 것이다. 특히 다양한 신분계층의 작가를 가능한 두루 빠짐없이 포괄하고자 한 대규모 종합 시선집을 편찬할 때 이를 주요 기준으로 활용한 사례가 많다.

예1) 『신편류취대동시림(新編類聚大東詩林)』(朝鮮, 柳希齡)
왕(王), 종실(宗室), 명가(名家), 은일(隱逸), 치류(緇流), 투화(投化), 선귀(仙鬼), 동관(童冠), 규수(閨秀), 실명(失名) 등

예2) 『기아(箕雅)』(朝鮮, 南龍翼)
일반 작가 뒤에 우사(羽士), 납자(衲子), 잡류(雜流), 규수(閨秀), 불성씨(不姓氏) 등으로 구분하여 수록

⑥ 창작의 시·공간적 배경을 기준으로 한 경우

작품의 형식 제재 창작방식 등과 상관없이 언제 어떤 환경에서 지

었는가 하는 시·공간적 배경에 따라 단순하게 분류 정리한 것이다. 이것은 분류 방법이라기보다 작자가 일정 기간 특정 직무를 수행하는 동안 지은 작품을 임시방편적으로 정리한 성격이 강하다고 할 만한데, 개인 문집에서 이런 예를 많이 발견할 수 있다.

『호음잡고(湖陰雜稿)』(朝鮮, 鄭士龍)
옥당록(玉堂錄), 근성록(覲省錄), 기축잡록(己丑雜錄), 성묘록(省墓錄), 용만일록(龍灣日錄), 관동일록(關東日錄), 계묘수창록(癸卯酬唱錄), 갑진조천록(甲辰朝天錄), 빈접일록(儐接日錄), 추관록(秋官錄), 호서봉사록(湖西奉使錄), 응제록(應製錄) 등

⑦ 작품의 표현 격식과 풍격을 기준으로 한 경우

개별 작품의 어휘 대우(對偶) 구법(句法) 편법(篇法) 등과 같은 각종 표현 격식, 혹은 작품 자체가 구현하고 있는 특정 풍격(風格)을 일차적 분류 기준으로 적용한 것이다. 이런 방식의 분류는 국내·외 시선집에서 흔히 찾아볼 수 있는데, 한시의 표현 방식이나 풍격에 대한 학습서로 널리 활용하는 경향이 있었다.

예1) 『삼체당시(三體唐詩)』(宋, 周弼)
칠언절구의 경우 실접(實接), 허접(虛接), 용사(用事), 전대(前對), 후대(後對), 요체(拗體), 측체(側體) 등 7격, 칠언율시의 경우 사실(四實), 사허(四虛), 전허후실(前虛後實), 전실후허(前實後虛), 결구(結句), 영물(詠物) 등 6격, 오언율시의 경우 사실(四實), 사허(四虛), 전허후실(前虛後實), 전실후허(前實後虛), 일의(一意), 기구(起句), 결구(結句) 등 7격으로 구분
예2) 『대동연주시격(大東聯珠詩格)』(朝鮮, 柳希齡)
기련평측대격(起聯平仄對格), 사구전대격(四句全對格), 기련

협운대격(起聯恊韻對格) 등에서부터 용다소자격(用多少字格), 용소마자격(用消磨字格), 용유여자격(用留與字格) 등에 이르기까지 122격으로 분류 정리(현존본의 경우)

예3) 『정언묘선(精言妙選)』(朝鮮, 李珥)
충담소산(沖澹蕭散), 한미청적(閑美淸適), 청신쇄락(淸新灑落), 용의정심(用意精深), 구어단련(句語端鍊), 격도엄정(格度嚴整) 등 (현존 5권 기준)

⑧ 시경향의 계승관계를 기준으로 한 경우

특정 시경향의 계승관계를 주요 준거로 활용한 것으로, 송대 성리학파의 계승관계에 근거한 김이상(金履祥. 1232~1303)의 『염락풍아(濂洛風雅)』, 규방성당론(規倣盛唐論)을 근거로 당시(唐詩)의 시작부터 여향(餘響)까지를 차례로 작품 편차에 반영한 고병(高棅. 1350~1423)의 『당시품휘(唐詩品彙)』, 강서시파(江西詩派)의 계승관계를 나타내는 일조삼종론(一祖三宗論)에 따라 작품을 정리한 유희령(柳希齡. 1480~1552)의 『조종시율(祖宗詩律)』 등이 여기에 해당하는 것이라고 할만하다.

예1) 『염락풍아(濂洛風雅)』(元, 金履祥)
1세대 : 주렴계(周濂溪). 2세대 : 정명도(程明道), 정이천(程伊川), 장횡거(張橫渠), 소강절(邵康節). 3세대 : 여대림(呂大臨), 양시(楊時), 유정부(游定夫), 여희철(呂希哲) 등 7인. 4세대 : 나예장(羅豫章), 여본중(呂本中), 증다산(曾茶山), 호오봉(胡五峯) 등 10인. 5세대 : 이연평(李延平), 주위재(朱韋齋), 임졸재(林拙齋). 6세대 : 주회암(朱晦庵), 여동래(呂東萊), 장남헌(張南軒). 7세대 : 황면재(黃勉齋), 진북계(陳北溪), 조장천(趙章泉), 진서산(眞西山) 등 15인

예2) 『당시품휘(唐詩品彙)』(明, 高棅)
정시(正始), 정종(正宗), 대가(大家), 명가(名家), 우익(羽翼), 접무(接武), 정변(正變), 여향(餘響), 방류(旁流 : 羽士, 衲子, 閨秀)

예3) 『조종시율(祖宗詩律)』(朝鮮, 柳希齡);
일조(一祖) : 두보(杜甫). 삼종(三宗) : 황산곡(黃山谷), 진후산(陳后山), 진간재(陳簡齋). 계승(繼承) : 소자미(蘇子美), 증다산(曾茶山), 육방옹(陸放翁), 주회암(朱晦庵) 등.

⑨ 작품과 음악과의 관련성을 기준으로 한 경우

작품이 어떤 특정한 악곡이나 악기 혹은 이전의 악부시제(樂府詩題)와 연계되어 있는가를 중요한 분류 기준으로 활용한 것이다. 이런 방식의 분류는 주로 악부시의 분류에 제한적으로 적용해 왔다. 그러나 『원시체요(元詩體要)』처럼 일반 한시의 형식 분류와 같은 자리에 함께 혼용한 경우도 적지 않게 찾아볼 수 있다.

예1) 『악부시집(樂府詩集)』(宋, 郭戊倩)
교묘가사(郊廟歌辭), 연사가사(燕射歌辭), 고취곡사(鼓吹曲辭), 횡취곡사(橫吹曲辭), 상화가사(相和歌辭), 청상곡사(淸商曲辭), 무곡가사(舞曲歌辭), 금곡가사(琴曲歌辭), 잡곡가사(雜曲歌辭), 근대곡사(近代曲辭), 잡가요사(雜歌謠辭), 신악부사(新樂府辭)

예2) 『원시체요(元詩體要)』(明, 宋緒)
사언(四言), 소(騷), 악부(樂府), 백량(柏梁), 오언(五言), 칠언(七言), 장단구(長短句), 잡고(雜古), 언(言), 사(詞), 가(歌), 행(行), 조(操), 곡(曲), 음(吟), 탄(嘆), 원(怨), 인(引), 요(謠), 영(詠), 편(篇), 금언(禽言), 향렴(香奩), 연구(聯句), 집구(集句),

영물(詠物), 오언율(五言律), 칠언율(七言律), 오언장율(五言長律), 오언절(五言絶), 육언절(六言絶), 칠언절(七言絶), 요체(拗體)

예3) 『허백당풍아록(虛白堂風雅錄)』(조선, 成俔)
가체(歌體), 행체(行體), 곡체(曲體), 음체(吟體), 사체(詞體), 요체(謠體), 편체(篇體), 인체(引體), 원체(怨體), 탄체(歎體), 악부잡체(樂府雜體)

한시를 분류한 기준은 위와 같이 대단히 다양하였다. 그리고 각각의 분류 방식에 따라 특정 한시 계열을 가리키는 무수한 개념어를 파생시켰다. 따라서 한시의 종류를 제대로 파악하기 위해서는 위에 제시한 개념과 종류 및 양식적 특징을 두루 정확하게 이해해야 할 터인데, 본 장에서는 이를 낱낱이 다 검증할 여력이 없다. 그래서 이 가운데 특별히 널리 적용해온 ①작품의 형식을 기준으로 한 경우, ②작품의 제재를 기준으로 한 경우, ③작품의 창작 방식을 기준으로 한 경우, 기타의 경우 등으로 크게 구분한 다음, 여기서 파생된 핵심적 개념어를 중심으로 검토해볼 것이다.

2. 형식별로 본 종류

1) 사언시(四言詩)

사언시는 한 행이 4자로 일관된 시를 가리키는 말이다. 이런 시 형식은 오늘날 우리에게 다소 생소한 편이다. 그러나 한시 발생사적 측면에서 본다면 역사와 전통이 가장 오래된 것이라고 할 수 있다. 까마득한 옛날 요순시대 때 이미 「격양가(擊壤歌)」 「강구요(康

衢謠)」,「경운가(慶雲歌)」,2) 같은 작품이 있었을 뿐만 아니라, 동양 최고의 시선집(詩選集)인『시경』시가 대부분 사언에 근거하고 있기 때문이다.

『시경』은 기원전 5세기말 경에 공자(孔子. B.C.551~B.C.479)가 당시까지 전해오던 시 3천여 수를 다시 약 3백여 수로 간추려 편찬했다는 것인데, 중국 고대 작품을 가장 방대하고 다양하게 수록하였다. 그런데『시경』작품이 대부분 사언 구에 기초하였으며, 이 때문에 사언시를 특별히 시경시체(詩經詩體)라고 하였다.3) 그리고 진(晉)나라의 유명한 문학이론가 지우(摯虞. ?~311)는 "고시는 대개 사언을 본체로 하고 있다."4)라고 하였고, 근대의 연구자들도 "한(漢) 초기에 이르기까지의 시는 모두 사언이었다."5)라고 하였다. 사언시가 고대 시의 가장 보편적 양식이었음을 지적한 것이다.

사언시가 이처럼 고대시의 중심적 양식으로 자리 잡았던 것은 가락이 비교적 단조로우면서도 안정되어 누구나 쉽게 향유할 수가 있

---

2) 馮惟訥,『古詩紀』卷1, 古逸第一, 歌,「擊壤歌」, "日出而作 日入而息 鑿井而飮 耕田而食 帝力何有於我哉". 같은책, 卷3, 古逸第三, 謠,「康衢謠」, "立我烝民 莫非爾極 不識不知 順帝之則". 같은 책 卷1, 古逸第一, 歌,「慶雲歌」, "卿(慶)雲爛兮 禮漫漫兮 日月光華 旦復旦兮".
3)『詩經』과 관련된 구체적인 사항은 이 책 Ⅲ장 2절 '시경의 형성과 양식적 특징' 참고.
4) 歐陽詢,『藝文類聚』(四庫全書 子部 類書類) 卷56, 雜文部2, 賦, "晉摯虞文章流別論曰 古詩率以四言爲體". 동일한 기사가 馮惟訥(明)의『古詩紀』卷146 別集第2 統論下 明體, 賀復徵(明)의『文章辨體彙選』卷420 論29 文章流別論(晋摯虞), 張溥(明)의『漢魏六朝百三家集』卷42 晉摯虞集, 董斯張(明)의『廣博物志』卷29 藝苑4, 御定淵鑑類函 卷198 文學部7 賦5 등에 널리 수록된 사실을 확인할 수 있다.
5) 張思緒,『詩法槪述』(上海古籍出版社, 1988) 4쪽, "整个三百五篇 亦以四言爲主 自周秦以下 迄于漢初 詩皆四言".

었기 때문이었다. 사언시는 1행 4자가 2자 1단위로 한 차례 변화하여 4자 2절로 완성되는 간결한 양식이다.6) 그래서 특별한 수식이나 기교가 개재할 여지가 많지 않았으며, 진솔한 감정을 자연스럽게 드러내기에 적절하였다. 이런 까닭에 인위적 수사보다 자연스러운 표현을 중시하고, 고도의 기교보다 투박하지만 진솔한 정감을 우선한 고대 시가의 전형이 될 수 있었다.

사언시는 오언시와 칠언시가 보편화되면서 점차 퇴조하는 경향을 보였다. 그럼에도 불구하고 궁중 악장(樂章), 금석문의 명문(銘文), 죽은 이를 애도하는 만사(輓詞)나 제문(祭文), 악부시(樂府詩) 등에서는 언제나 사언시를 즐겨 활용하였다. 신이 계시는 곳을 안내하는 신도비(神道碑)나 천지신명에 대한 기원문 등에 오래된 전서체(篆書體) 글씨를 즐겨 활용한 것처럼, 사언시가 여러 한시 양식 가운데 가장 고전적이고, 유가의 경전으로 특별히 존숭해 온 『시경』의 시체이기도 하였으며, 인공적인 수사를 가미하기 이전의 원형적 양식인지라, 경건하고 진솔한 표현을 중시하는 이런 몇몇 분야의 경우, 후대에 등장한 다른 어떤 양식보다 더 가치가 있다고 판단한 결과였을 것이다.

우리나라의 사정도 중국과 다르지 않았다. 한문자 도입 초기에 지어진 「공후인(箜篌引)」, 「황조가(黃鳥歌)」, 「인삼찬(人蔘贊)」, 「구지가(龜旨歌)」 같은 작품이 하나같이 모두 사언시였던 점이 이와 같은 사정을 입증한다.7) "내가 근래에 생각해보니 뜻을 적고 마음을 읊조

---

6) 鍾嶸, 『詩品』(四庫全書 集部 詩文評類) 序文, "四言 文約意廣", 胡應麟, 『詩藪』 「內篇」, "四言簡直 句短而調未舒" 등에서 이런 특징을 지적한 바 있다.

7) 箜篌引 : 公無渡河 公竟渡河 墮河而死 當奈公何. 崔豹의 『古今注』, 郭茂倩의 『樂府

리기에 사언시만한 것이 없다. 너희들도 또한 『시경』 시의 근본을 깊이 탐구하여 모름지기 사언시를 짓도록 하라."8) 다산 정약용이 두 아들에게 보낸 편지 내용이다. 우리나라에서도 중국과 다름없이 오언시나 칠언시가 문단의 주류를 차지한 이후까지 부단히 사언시의 가치를 재인식하였음을 단적으로 보여주는 예이다.

2) 오언시(五言詩)

오언시는 한 행이 5자로 일관된 시를 가리키는데, 칠언시와 함께 전통 한시를 대표하는 가장 보편적 양식이었다. 향유된 시기의 장구함에 있어서나, 향유 층의 범위에 있어서, 그리고 문단에의 영향력에 있어서 모두 그러하였다.

오언시는 전한(前漢) 악부시에서 다양하게 형식 실험을 거듭하다가, 후한(後漢) 반고(班固. 32~92)의 「영사시(詠史詩)」에서 비로소 완정한 모습을 갖추었다. 이후 「고시십구수(古詩十九首)」 「공작동남비(孔雀東南飛)」 「비분시(悲憤詩)」 같은 작품을 통해 보편화되기 시작하였으며, 위진시대에는 다른 어떤 문학양식과도 비교할 수 없을 정도로 문단에 중요한 자리를 확보하였다.9) 그리고 당나라 전후

詩集』, 車天輅의 『五山說林』, 韓致奫의 『海東歷史』, 李德懋의 『靑莊館全書』「耳目口心書」 등에 수록. 黃鳥歌 : 翩翩黃鳥 雌雄相依 念我之獨 誰其與歸. 『三國史記』 高句麗 瑠璃王條, 李漢의 「海東樂府」 등에 수록. 人蔘讚 : 三椏五葉 背陽向陰 欲來求我 椴樹相尋. 韓致奫의 『海東繹史』 藝文志6에 수록. 龜旨歌 : 龜何龜何 首其現也 若不現也 燔灼而喫也. 『三國遺事』 卷2, 紀異2 「駕洛國記」에 수록.

8) 丁若鏞, 『與猶堂全書』, 文集 卷21, 書, 「示兩兒」, "余近思之 寫志詠懷 莫如四言 後來詩家 嫌有摸擬之累 遂廢四言 然如吾今日處地 正好作四言 汝亦深究風雅之本 下採陶謝之英 須作四言也".
9) 이와 관련해서는 Ⅲ장 5절 1)항 '五言古詩의 형성과정' 조항 참고

에 압운 평측 대우 등을 정연하게 강구한 절구 율시 배율 등과 같은 근체시 형식으로 발전하였다.

오언시는 외형상 사언시에 한 글자를 추가한 형태에 불과하다. 그러나 한 글자를 추가함으로써 생겨난 변화는 4+1이 아니라 4의 제곱이라 할 정도로 대단하였다. 한 행의 글자 수가 짝수로 안정된 형태가 아니라 홀수로 역동적인 변화를 보였고, 한 행의 가락 변화가 2자 1절이 한 차례 반복되어 4자로 완결되는데 그치지 않고 2자 1절 부분과 1자 1절 부분이 두 차례 반복되었다. 표현 가능성은 더 말할 필요도 없다. 새로 한 글자를 추가하는 위치와 여타 글자와의 문법적 조합 방식에 따라 사언시와 비교할 수 없을 정도로 다양한 표현 가능성을 열었던 것이다. 이 때문에 오언시는 사언시의 단조로움을 극복하고 가락과 표현상에 변화를 구현할 수 있는 새로운 양식으로 특별히 주목받았으며, 그 결과 후한 이후 근세에 이르기까지 줄곧 문단의 대표적인 지위를 누릴 수 있었다.

우리나라에서는 삼국시대 말기에 오언시가 처음 등장하였다. 을지문덕의 「여수장우중문(與隋將于仲文)」10)시와 진덕여왕(?~654)의 「치당태평송(致唐太平頌)」11)같은 작품이 당시의 대표적인 오언시였다. 그러다가 남북국시대 이후에는 문인이면 누구나 오언시를

---

10) 與隋將于仲文詩 : 神策究天文 妙算窮地理 戰勝功旣高 知足願云止.『隋書』列傳 「于仲文」,『三國史記』高句麗 榮陽王23년, 李奎報『白雲小說』, 許筠『惺所覆瓿稿』文部6「答李生書」등에 수록.
11) 致唐太平頌 : 大唐開鴻業 巍巍皇猷昌 止戈戎威定 修文繼百王 統天崇雨施 理物體含章 深仁諧日月 撫運邁虞唐 幡旗何赫赫 錚鼓何鍠鍠 外夷違命者 剪覆被天殃 淳風凝幽顯 遐邇競呈祥 四時和玉燭 七曜巡萬方 維岳降輔宰 維帝任忠良 五三成一德 昭我唐家皇.『全唐詩』제10책 金眞德,『三國遺事』『白雲小說』등에 수록되었는데, 출전에 따라 표현 어휘의 차이가 심하다.

짓지 않은 사람이 없을 정도로 중요한 자리에 올랐다. 특히 우리나라에는 칠언시와 함께 오언시 편중 현상이 심하였다. 고려시대의 대표적 시선집인 『동인지문오칠(東人之文五七)』 『삼한시귀감(三韓詩龜鑑)』을 비롯하여 조선전기의 관찬 시문선집인 『동문선(東文選)』과 『속동문선(續東文選)』, 기타 『청구풍아(靑丘風雅)』 『국조시산(國朝詩刪)』 『기아(箕雅)』 등 주요 시선집이 모두 오언시와 칠언시 중심이었던 것이다.

3) 육언시(六言詩)

육언시는 사언시만큼이나 우리에게 낯선 양식이다. 그러나 중국의 경우 육언으로 된 고시 절구 율시 등이 다양하게 존재하였고, 우리나라에도 시선집에 육언시 항목을 따로 설정한 예가 있는 것으로 보아 비중 있게 인식했음이 분명하다.

육언시의 발생은 전국시대 초사(楚辭) 기원설이 가장 유력하다. 그러나 초사의 육언 형식은 완결성이 높지 않았다. 어떤 구절은 혜(兮) 자를 빼야 육언이 되고, 어떤 구절은 그대로 두어야 육언이 되며, 어떤 구절은 아예 오언이거나 칠언인 경우가 허다하였다. 그리고 현존하는 초사 가운데는 전편이 육언으로 완결된 예가 없다. 따라서 초사는 육언시 양식을 탐색한 초기 단계였다고 보는 것이 합리적일 듯하다.

그렇다면 육언으로 완결된 작품은 언제 처음 등장하였을까? 도종의(陶宗義)는 한나라 때 곡영(谷永.?~BC.9)이 처음 육언시를 지었다고 하였고,[12] 양신(楊愼)은 그 이전 동중서(董仲舒. BC.179~BC.93)가 이미 지었을 가능성이 있다고 하였다.[13] 그러나 곡영의 육언시는 전하는 것이 없고, 동중서의 작품 또한 『문선(文選)』 주석에 인용된 2구가 전부여서 사실 여부를 확인하기 어렵다. 그러다가 후한 시대부터는 분명히 육언으로 완결된 작품이 등장하기 시작하였다. 양홍(梁鴻.25~104)의 「적오가(適吳歌)」14), 공융(孔融.153~208)의 「육언시(六言詩)」 등이 그런 것이다. 이 중 양홍의 작품은 전체 26구가 '혜(兮)'자를 규칙적으로 반복하여 초사 형태에 매우 가깝다. 그러나 공융의 작품은 제목 자체가 「육언시」일 뿐만 아니라 초사의 흔적도 완전히 탈색한 모습을 보였다.

漢家中葉道微 한나라가 중도에 治道가 쇠미하자,
董卓作亂乘衰 동탁이 그 틈을 타 난을 일으켰네.
僭上虐下專威 참람하고 포학하게 권세를 독점해,
萬官惶怖莫違 관리들은 두려워 거스르지 못하고,
百姓慘慘心悲 백성들 참담히 마음으로 슬퍼했네.15)

공융의 「육언시」 3수 중 제1수이다. 전체 5행이 모두 육언으로 구성되어 있고, 행마다 운자를 정연하게 구사하여 어느 모로 보나 육언

---

12) 陶宗儀, 『說郛』 卷79下, 「詩談」, "六言詩 自漢大司農谷永始". 같은 책 卷83上 「詩體」, "六言起於漢司農谷永".
13) 楊愼, 『升菴集』 卷56, 「六言詩始」, "任昉云 六言詩 始於谷永 愼案文選注引董仲舒琴歌二句 亦六言 不始於谷永明矣".
14) 馮惟訥(明), 『古詩紀』 卷13, 漢第3, 「適吳詩」, "逝舊邦兮遐征 將遙集兮東南 心愓惶兮傷悴 忘菲菲兮升降 欲乘策兮縱邁 疾吾俗兮作讒 競擧枉兮措直 咸先佞兮呧呧 固靡慭兮獨建 冀異州兮尙賢 聊逍遙兮遨嬉 纘仲尼兮周流 儻云覩兮我悅 遂舍車兮卽浮 過季札兮延陵 求魯連兮海隅 雖不察兮光貌 幸神靈兮與休 惟季春兮華阜 麥含英兮方秀 哀茂時兮逾邁 愍芳香兮日臭 悼我心兮不獲 長委結兮焉究 口噐噐兮余訕 嗟悵悵兮誰留".
15) 孔融, 『孔北海集』(四庫全書 集部 別集類), 「六言詩」 3수 중 제1수.

시가 되기에 손색이 없다. 따라서 육언시는 초사의 전통을 계승하여 동중서 곡영 양홍 등이 양식 실험을 거듭하다가 후한 말 공융 당시에 독자적인 양식으로 성립되었다고 할 수 있겠다.

이후 육언시는 위진남북조시대 조식(曹植. 192~232)의 「과부(寡婦)」 「첩박명(妾薄命)」, 혜강(嵇康. 223~262)의 「육언시(六言詩)」 10수 등을 통해 꾸준히 전통을 이어나갔고, 당나라 이후 근체시의 독특한 한 양식으로 발전하였다. 그래서 왕유(王維. 699?~761)는 육언절구에서, 유장경(劉長卿. 726~786)은 육언율시에서 탁월한 재능을 발휘한 것으로 평가를 받았으며16), 송나라 때 와서는 황정견(黃庭堅. 1045~1105)이 62수, 범성대(范成大. 1126~1193)가 90수, 유극장(劉克莊. 1187~1269)은 무려 382수의 육언시를 창작하는 등 전례 없이 풍부한 창작 양상을 보이기도 하였다.

우리나라의 경우 육언시가 어느 정도 비중을 차지했는지는 구체적으로 알 수 없다. 그러나 『동문선』에 육언시 조항을 따로 설정하여 정몽주가 지은 육언절구를 수록하였고, 『속동문선(續東文選)』에도 육언절구 조항을 설정하여 강희맹(姜希孟. 1424~1483) 홍귀달(洪貴達. 1438~1504) 권민수(權敏手. 1466~1517) 등의 작품을 수록해놓은 것으로 보아 일찍부터 관심을 가졌던 것은 분명한 듯하다. 그리고 조선후기에는 기존 한시의 격식을 탈피하여 새로운 시 경향을 추구하는 방법의 일환으로 육언시를 주목하였다. 이용휴(李用休. 1708~1782)가 육언시의 특징을 정확하게 인식하고 여러 편의 육언절구를 지었음은 물론,17) 그의 친구 유경종(柳慶種. 1714~1784)이 110수, 제

---

16) 趙殿成, 『王右丞集箋注』 附錄, 「詩評」, "六言絶句 如王摩詰桃紅復含宿雨 及王荊公楊柳鳴蜩綠暗二詩 最爲警絶 後難繼者".

자 이언진(李彥瑱. 1740~1766)이 157수에 달하는 육언시를 지었고,18) 정사현(鄭思玄)은 육언시를 오언이나 칠언보다 오히려 더 중요한 창작 수단으로 활용하기도 하였다.19) 우리나라 역시 육언시를 중요한 작품 양식의 일종으로 인식하고 필요할 때마다 적극 활용하였음을 단적으로 보여주는 예이다.

4) 칠언시(七言詩)

칠언시는 따로 소개할 필요가 없을 정도로 우리에게 익숙한 양식인데, 이런 작품이 문단에 처음 등장한 것은 위나라 조비(曹丕. 187~226)의 「연가행(燕歌行)」에서부터였다. 최초의 오언시라는 반고의 「영사시(詠史詩)」보다 약 200년 뒤의 일이다. 그리고 다시 약 200년이 더 지나 포조(鮑照. 414~466)가 「행로난(行路難)」 19수를 지으면서 비로소 크게 확산되었다. 그러니까 오언보다 약 400년 뒤에야 문단에 뿌리를 내린 셈이다.20)

칠언시가 이처럼 오언보다 뒤늦게 문단에 뿌리를 내린 데는 그럴만한 이유가 있었다. 칠언시가 처음 등장한 위나라 초기에는 옛 악부

---

17) 李用休, 『炭嫚集』, 「雨庭稿序」, "詩之爲言 自四而五而六而七 然今世所行者 率五若七 四則風雅後銘頌外罕見 六則絶稀 雖鉅匠大集 或止數篇而已 盖五與七者 天下所共趨而同好 且其途易熟而聲易獵 惟六 間於五七 其勢逼 其局狹 非才溢於格而不受法縛者 固難工 工亦遇賞甚難 譬猶辟支之禪 獨自覺於聚衆演敎之外也".
18) 朴浚鎬, 「六言詩에 대하여」(『大東漢文學』 12집, 2000) 참고.
19) 李用休, 『炭嫚集』, 「雨庭稿序」, "鄭君成仲之於詩 有逸才玄趣 所嗜不在五七而在六 故名其集曰雨庭 盖寓意也 夫庭之不欲雨者 衆之所同也 欲雨者 一人之獨也 雖然 雨過閒庭 氛埃洗空 孤花如沐 幽草滋綠 反有勝於不雨時 此但可冥會 不必向世人索解也".
20) 칠언시의 형성 과정에 대해서는 본서 Ⅲ장 5절 '제언체의 형성과 양식적 특징' 칠언시 조항 참고.

시를 의작(擬作)하는 경향이 크게 유행하였는데, 악부시에 칠언 형태가 거의 없어서 이런 형식을 경험할 기회가 적었던 점, 한 구의 길이가 오언보다 길어서 짓기가 훨씬 어렵고 더욱 많은 기교를 필요로 하였던 점 등이 그런 것이다.21) 특히 오언시가 확산되면서 이전의 사언시가 지닌 문제점, 즉 짧은 시구가 지닌 표현상의 제약, 변화가 없는 박자의 단조로움, 짝수로 꽉 짜인 시구의 고착성 등을 대부분 해소한 점도 칠언시가 늦게 정착한 중요한 원인 가운데 하나였다. 기존의 문제점을 해소함으로써 새로운 시 형식에 대한 필요성이 그만큼 희석되고 절박하지 않게 되었을 터이기 때문이다. 그래서 칠언시는 오언시가 한창 풍미하던 한위시대(漢魏時代)를 지나 또 다른 시 양식에 대한 수요가 크게 증가한 남북조시대(南北朝時代)에 와서야 마침내 문단을 대표할 수 있는 새로운 양식의 하나로 자리를 잡을 수 있었던 것이다.

남북조시대부터 본격화되기 시작한 칠언시는 당나라 초기 근체시가 확립될 때 압운 평측 대우 등을 정연하게 강구한 절구 율시 배율 등의 형태로 발전하였다. 그리고 근체시가 일반화되고 난 뒤에는 작품 규모에 있어서 오언시를 능가할 정도로 크게 유행하였다. 원(元) 나라 우제(于濟)와 채정손(蔡正孫)은 『당송연주시격(唐宋聯珠詩格)』이란 칠언절구 전문 시선집 20권을 편찬한 적이 있는데, 이것은 다른 시 형식에서는 유래를 찾아볼 수 없는 것으로, 중국 문단의 칠언시 경향성을 반영한 현상이다.

우리나라에서도 칠언시는 오언시보다 훨씬 늦게 등장하였다. 삼국

---

21) 吳喬, 『圍爐詩話』(四庫全書 集部 詩文評類) 卷2, "七言造句 比五言爲難 以其近於流俗也".

시대 말 오언시가 출현할 당시 칠언시는 아직 그 흔적조차 찾아볼 수 없다. 그러다가 남북국시대 중기부터 문단에 차츰 확산되기 시작하였으며, 이후에는 줄곧 오언시를 능가하는 양식이 되었다. 특히 우리나라에서는 칠언시 경향성이 농후하였다. 고려 때 편찬된 『명현십초시(名賢十抄詩)』는 칠언율시만 선집하였고, 『동문선』에도 오언시는 6권 509수에 불과한 반면 칠언시는 14권 1425수나 된다. 그리고 중종 때 유희령(劉希齡. 1480~1552)은 『대동연주시격(大東聯珠詩格)』이란 칠언절구 전문 시선집을 편찬하였고, 『조종시율(祖宗詩律)』이란 칠언율시 전문 시선집을 따로 편찬하기도 하였다. 모두 오언시에서는 찾아볼 수 없는 현상으로, 우리나라의 한시 창작이 칠언시에 많이 경도되었음을 증명한다.

5) 장단구(長短句), 기타

장단구란 한 작품 안에 길고 짧은 시행(詩行)이 다양하게 어우러져 있는 작품을 총괄적으로 지칭하는 말이다. 이런 작품은 한시 형식이 제대로 정비되지 않은 고대의 작품 가운데 많았다. 그러나 작품 형식이 정비되고 창작 활동이 활발해지면서 차츰 문단에서 자취를 감추었으며, 그 대신 의도적으로 구사한 장단구가 다양하게 출현하였다. 악부시(樂府詩)와 사(詞)가 바로 그 대표적인 예이다.

악부시는 한 무제가 악부(樂府)라는 관청을 설립하고 각 지역의 민가를 채집하여 그것을 악곡에 맞게 협악(協樂) 가창(歌唱)한 작품 및 그 전통을 계승한 일련의 작품을 총괄적으로 가리키는 말이다. 이 계열의 작품은 당초부터 정제된 형식미보다 민가 채집과 관련된 민요적 대중성과 협악 가창과 관련된 음악적 리듬감을 추구한다는 점에 중요한 특징이 있었다. 그래서 특정 형식에 구애받지 않고 음악적 특징과 가락의 효과를 구현하기에 적합한 여러 형태의 장단구를 다양하게 구사하였던 것이다.22)

　사(詞)는 근체시가 음영(吟詠) 일변도로 귀착되자 여기에 반발하여 강한 음악성을 추구하면서 나타난 것이다. 그래서 근체시가 문단을 풍미한 당나라 이후 특히 송나라 때 가장 번성하였다. 일반적으로 사는 길고 짧은 구절이 어우러진 사보(詞譜)에 적합한 가사를 지어 넣는 방식으로 창작하였다. 그래서 사를 짓는 행위를 작사(作詞)라 하지 않고 가사 메워 넣기, 즉 전사(塡詞)라 하였으며, 사보(詞譜)에 이미 장단에 따른 글자의 수가 규정되어 있어서 자연스럽게 여기에 부합하는 장단구를 지었다.

　우리나라에서 사를 지은 문인은 많지 않았다. 글자 수와 높낮이가 철저하게 규정되어 있어서 음률에 정통한 사람이 아니고는 시도하기 어려웠기 때문이다. 고려 말 원나라에서 오래 동안 활동한 이제현(李齊賢. 1287~1367)과 중국 음률에 정통하였다는 조선전기 윤춘년(尹春年. 1514~1567)이 제대로 된 작품을 지은 것으로 알려진 정도이다. 반면 악부시는 국내에서도 다수 창작한 바 있다. 김종직(金宗直. 1431~1492)의「동도악부(東都樂府)」를 비롯하여 조선후기에 출현한 수많은 영사악부(詠史樂府)가 바로 그런 예인데, 이런 작품은 대체로 정연한 형식미보다 투박한 민가적 가락과 개방적 장단구 형식을 구사하였다는 점에 특징이 있다.

　기타 한시 형식 중에는 2자로 일관된 이언시, 3자로 일관된 삼언시

---

22) 악부시와 관련해서는 본서 Ⅲ장 4절 '악부시의 형성과 양식적 특징' 참고.

등이 있다. 우집(虞集. 1272~1348)의 「영촉한(詠蜀漢)」23)은 이언시였고, 포조(鮑照. 414~466)의 「대춘일행(代春日行)」24)은 삼언시였다. 또 『한서(漢書)』「동방삭전(東方朔傳)」에는 동방삭이 팔언시를 지었다고 하였으며25), 원나라 승려 명본(明本. 1263~1323)의 「매화시(梅花詩)」26)는 정연한 구언시였다. 행수를 기준으로 할 경우도 마찬가지다. 우리는 보통 4행의 절구나 8행의 율시에 익숙하다. 그러나 2행의 연구(聯句)나 6행의 소율시(小律詩)도 있고, 5행 7행 9행 11행 등 홀수 구의 작품도 많았으며, 홀수 구인 3구마다 운자를 바꾸어 촉구시(促句詩)란 특이한 형식을 만들기도 하였다.27)

물론 이와 같이 제각각 다른 양식의 작품은 오언시나 칠언시만큼 폭넓게 창작되지는 못하였다. 이언시나 삼언시는 음절이 너무 짧고 촉박하다고 해서, 팔언시와 구언시는 호흡이 길고 결구(結句)가 어

---

23) 陶宗儀(元), 『輟耕錄』 卷4, 「廣寒秋」, "虞邵菴先生集…偶談蜀漢事 因命紙筆 亦賦一曲曰 '鸞輿 三顧 茅廬 漢祚 難扶 日莫 桑榆 深渡 南瀘 長驅 西蜀 力拒 東吳 美乎 周瑜 妙術 悲夫 關羽 云殂 天數 盈虛 造物 乘除 問汝 何如 早賦 歸歟' 蓋兩字一韻 比之一句兩韻者 爲尤難 先生之學問該博 雖一時娛戲 亦過人遂矣".
24) 馮惟訥(明), 『古詩紀』 卷60, 宋6, 「代春日行(三言)」, "獻歲發 吾將行 春日茂 春日明 園中鳥 多嘉聲 梅始發 桃始靑 泛舟艫 齊棹凉 奏采菱 唱鹿鳴 風微起波微生 弦亦發 酒亦傾 入蓮池 折桂枝 芳神動 芬葉披 兩相思 兩不知".
25) 『漢書』 卷65, 「東方朔傳」, "朔之文辭…有封泰山 責和氏璧及皇太子生禖 屛風 殿上柏柱 平樂觀賦獵 八言 七言上下 … ". 이 외에도 『舊唐書』 卷140 盧羣列傳에 盧羣이 지은 팔언시 "祥瑞不在鳳凰麒麟 太平須得邊將忠臣 但得百僚師長肝膽 不用三軍羅綺金銀"이란 작품이 수록되어 있다.
26) 『御定佩文齋詠物詩選』 卷297, 梅花類, 九言律, 元僧 明本의 「九字梅花詠」, "昨夜東風吹折千林稍 渡口小艇滾入沙灘拗 野樹古梅獨臥寒屋角 疏影橫斜暗上書窓敲 半枯半活幾介掀蓓蕾 欲開未開數点含香苞 縱使畵工善畵也縮手 我愛淸香故把新詩嘲".
27) 徐師曾, 『文體明辨』 附錄1, 「促句詩」, "此體詩 每三句一換韻 或平或仄皆可 然有兩疊者 有三疊者 今各錄之以備體".

렵다고 해서 크게 주목받지 못하였으며, 5행 7행 9행 등 홀수 구의 한시도 작품의 완결성과 안정성이 떨어진다 하여 외면하는 문인이 많았다. 그러나 고시나 악부시 가운데 이런 양식을 선택한 예가 적지 않으며, 이를 통해 전통시대 한시가 오언이나 칠언 같은 특정 양식에 한정된 것이 아니라 필요에 따라 참으로 다양한 양식을 끊임없이 실험하고 개발하였던 사정을 분명하게 확인할 수 있다.

3. 제재별로 본 종류

한시는 형식적 기준과 무관하게 제재에 따라 분류하기도 하였다. 중국의 대표적 초기 시문선집인 『문선(文選)』이 그랬고, 후대에 편찬한 주요 시선집 가운데도 이 기준을 활용한 예가 많다. 원나라 방회(方回. 1227~1305)가 『영규율수(瀛奎律髓)』를 편찬하면서 49개 제재별로 정리한 것이나, 조선 초기 성현(成俔. 1439~1504)이 『풍소궤범(風騷軌範)』을 편찬하면서 21개 제재별로 분류한 것이 대표적인 예이다.[28]

제재별 분류는 뚜렷한 분류 기준이 없던 시기에 어디에나 존재한 보편적인 현상이었다. 그러나 작품 형식이 다양화되고 형식이 중심적 분류 기준이 되고 난 뒤에도 이런 제재별 분류는 계속되었다. 동일한 제재의 작품을 따로 모아 정리함으로써 특정 제재를 작품화하는 온갖 방식과 그 특징을 종합적으로 파악할 수 있고, 이를 새로운 작품 창작에 참고할 수 있는 나름대로의 장점이 있기 때문이었다. 어떻든 이런

---

28) 본서 Ⅱ장 1절 '한시의 분류 기준' 중 ②작품의 제재를 기준으로 한 경우 참고.

제재별 분류 전통이 오래 지속되면서 특정 제재의 작품을 독자적으로 명명한 사례가 많이 등장하였는데, 그 가운데 작품의 비중이 높고 문단에 널리 보편화된 몇 가지를 선별적으로 검토해 본다.

1) 궁체시(宮體詩)와 향렴체(香奩體)

궁체시는 궁중의 독특한 습속이나 궁녀들의 생활상을 읊은 작품을 가리킨다. 원래 반첩여(班婕妤. BC.48~AD.2)가 성제(成帝)의 사랑을 잃고 장신궁(長信宮)으로 쫓겨난 비극적 궁중고사를 읊은 작품에서 비롯되었는데, 이후 궁중 사정에 밝은 군왕과 귀족들이 궁중생활을 소재로 많은 작품을 창작하고, 일반 문인들이 흥미로운 궁중비화(秘話)를 작품화하는데 동참하여 마침내 하나의 독특한 계열을 형성하였다.

문학사적으로 궁체시 창작을 처음 주도한 사람은 남북조시대 양(梁)나라의 간문제(簡文帝. 320~372)와 진후주(陳后主. 553~604), 서리(徐摛. 474~551)와 서릉(徐陵. 507~583) 부자, 유견오(庾肩吾)와 유신(庾信. 513~581) 부자 등이었다.29) 이들은 궁중의 흥미로운 모습 가운데 특히 궁녀들의 생활상과 색정적인 모습을 즐겨 묘사하였다. 댕기 버선 베개 침구 화장품 같은 여성 용품을 그리기도 하고,

---

29) 궁체시가 이들로부터 확산된 사실은 劉肅의 『唐新語』 卷3,「公直第五」, "梁簡文帝 爲太子 好作艷詩 境內化之 浸以成俗 謂之宮體 晩年改作 追之不及 乃令徐陵 撰玉臺集 以大其體 永興之諫 頗因故事", 『隋書』 卷35, 經籍4, "梁簡文之在東宮 亦好篇什 淸辭巧製 止乎衽席之間 彫琢蔓藻 思極閨閫之內後生好事 遞相放習 朝野紛紛 號爲宮體 流宕不已", 陶宗儀의 『說郛』 卷33 「詩體」, "宮體 梁簡文傷於輕靡 時號宮體 其他體製 尙或不一 然大槩不出此耳", 沈樞의 『通鑑總類』 卷10, 文章門, 「梁徐摛謂之宮體」, "中大通三年 太子以侍讀徐摛 爲家令兼管記 摛文體輕麗 春坊盡學之 時人謂之宮體" 등 곳곳에서 확인할 수 있다.

나른하고 부드러운 궁중 여인의 자태나 노골적인 애정 심리를 묘사하기도 하였다. 그래서 이런 작품이 후대 문인들의 호기심과 상상력을 자극하여 당나라 이후 마침내「궁중행락사(宮中行樂詞)」「궁원(宮怨)」같은 저마다 색깔이 다른 많은 궁체시를 창작하기에 이르렀던 것이다.

궁체시 가운데 왕건(王建. 767~831)의「궁사(宮詞)」는 특별히 주목할 가치가 있다. 이것은 그가 내시 왕수징(王守澄)으로부터 궁중의 각종 비밀스러운 이야기를 전해 듣고 그 내용을 작품화한 100수의 장편 연작시인데, 이후 후촉(後蜀) 비씨(費氏)의「궁사(宮詞)」100수, 왕규(王珪. 1019~1085)의「궁사(宮詞)」100수, 송 휘종(徽宗. 1082~1135)의「궁사(宮詞)」289수 등 방대한 장편 연작 궁체시 창작의 중요한 작품적 근거가 되었다. 그리고 궁체(宮體) 보다 궁사(宮詞)라는 용어를 보편화시키고, 작품의 제재를 궁중 비화 전체로 크게 확대시키는 등의 중요한 작용을 하기도 하였다.

향렴체(香奩體)는 당나라 한악(韓偓. 840~923)이 편찬한『향렴집(香奩集)』이란 시선집이 문단의 주목을 받으면서 보편화된 작품 계열이다.30) 향렴(香奩), 즉 '향기로운 화장대'란 말에 잘 드러나는 것처럼, 이 계열의 시는 여성의 외모 복식 화장 나들이 심리 등을 중심적인 묘사 대상으로 삼았고, 그래서 곱고 섬세함[綺麗纖巧]이 돋보이는 작품으로 평가를 받은 바 있다.31) 향렴체는 궁체시의 전통을

---

30) 陶宗儀,『說郛』卷33,「詩體」, "香奩體 韓偓之詩 皆裾裙脂粉之語 有香奩集".
31) 四庫全書總目 卷1, "自玉臺新詠以後 唐人韓偓輩 務作綺麗之詞 號爲香奩體 漸入浮靡 尤而效之者 詩格更爲卑下 今美人八詠內所列麗華髮等詩 毫無寄托 輒取俗傳鄙褻之語 曲爲描寫".

계승하여 성립되었고, 또 여성의 생활상을 부각시킨 작품이란 점에서 궁체시와 아주 유사하다. 그러나 묘사의 범위를 궁중이 아닌 일반 사대부와 민간 여성의 생활상 전반으로 전환시켰고, 화려한 묘사보다 감칠맛 나는 표현을 추구하였다는 점에 근본적인 차이가 있다.32)

우리나라에서는 고려후기부터 많은 작가들이 궁체시를 창작하였다. 그리고 조선시대 이후 허균이 왕건(王建) 비씨(費氏) 왕규(王珪) 휘종(徽宗) 등 중국의 대표적인 궁사 작가 4명의 작품을 모아 『사가궁사(四家宮詞)』를 편찬하고, 자신이 직접 「궁사」 100수를 지은 것은 이 분야의 탁월한 업적이라고 할만하다. 이에 비하여 향렴체 계열의 작품은 흔치 않았다. 조선전기에 월산대군이 창작한 「화낭옹향렴체(和浪翁香奩體)」 10수를 비롯하여, 백광훈 임제 이수광 등의 문집에서 「효향렴체(效香奩體)」 「향렴체(香奩體)」 「염체(艶體)」같은 작품을 부분적으로 발견할 수 있는 정도이다.

2) 유선시(游仙詩)와 현언시(玄言詩)

유선시(游仙詩)는 작가의 상상력이 창조해 낸 신선세계를 그린 작품을 말한다. 이런 작품은 세속적 관습과 규율뿐만 아니라 시·공간적 제약마저 초월한, 무한히 자유롭고 환상적인 세계를 마음껏 묘사하였는데, 이렇게 함으로써 현실적 삶의 제약과 갖가지 울울한 감정을 역설적으로 드러내고자 한 점에 핵심적 특징이 있다.

현언시(玄言詩)는 노장철학(老莊哲學)과 연계된 작품이란 점에서 유선시와 유사하다. 그러나 신선세계를 묘사하여 현실세계에 대한

---

32) 宋公傳, 『元詩體要』 卷8, 「香奩體」, "唐人用此體 言閨閣之情 乃艶詞也 與玉臺體相似 今人倣之者雖多 要之 發乎情 止乎禮義者則少".

감정적 응어리를 간접적으로 기탁(寄託)하고자 한 것이 아니라, 도가의 심오한 철학적 이치 자체, 즉 노자의 『도덕경(道德經)』이나 장주(莊周)의 『장자(莊子)』같은 서적에 기록된 도가의 깊은 이치[玄理]를 시적 언어(言語)를 통해 구현하고자 한 작품이란 점에 근본적인 차이가 있다.

유선시는 일찍부터 많은 시인들이 주목해 왔다. 중국의 경우 굴원(屈原. BC.343~ BC. 278)의 「원유편(遠遊篇)」과 진시황 때의 「선진인가(仙眞人歌)」에서 초기적 형태를 엿볼 수 있고, 노장철학이 유행한 위진남북조시대 때 문단에 크게 확산되었다. 『문선』에 유선시(遊仙詩) 조항을 따로 설정한 것은 바로 이런 현실을 반영한 것이고,[33] 문집에 허다하게 나타나는 유선(遊仙) 보허(步虛) 강선(降仙) 등이 대개 다 이 계열이다. 우리나라에서는 이인로의 「음중팔선가(飮中八仙歌)」 이후 간헐적으로 나타나기 시작하였고, 조선 중기 임제 이달 허난설헌 허균 이수광 등이 이런 작품을 즐겨 창작하였다. 그 중 허난설헌의 「유선사(遊仙詞)」 16수와 허균의 「상청사(上淸辭)」 18수는 화려하고 환상적인 신선세계를 유려한 필치로 묘사한 대표적인 유선시라고 할 만한 것이다.

반면 현언시(玄言詩)는 그 속에 묘사한 철학적 이치가 일반 사람들의 정서와 잘 부합하지 않는데다가 시 창작의 기본 규칙까지 무시한 경우가 있어서 비평가들에게 혹평을 받았다. 종영(鍾嶸)이 "철학적 이치의 간섭이 문학적 표현보다 지나쳐서 맛이 적다", "평이하고 전아(典雅)하기가 마치 도덕경(道德經) 같다."[34]고 한 것이 그런 예

---

[33] 『文選』 卷21 遊仙 조항에 何劭의 「游仙詩」 1수와 郭璞의 「游仙詩」 7수를 수록해 놓았다.

이다. 그래서 위진시대를 제외하고는 그다지 주목을 받지 못하였으며, 우리나라의 경우도 이인로의 「소요당(逍遙堂)」 같은 작품 일부를 발견할 수 있을 뿐이다.

이 외에 도가 혹은 도교와 관련된 시를 몇 가지 더 제시한 예가 있다. 도교 종사자들이 장생불사를 위해 수행한 내단(內丹)과 외단(外丹) 수련 과정을 읊은 연단시(鍊丹詩), 도교에서 행한 각종 의례의 집행이나 관찰 내용을 읊은 의속시(儀俗詩) 등이 그런 것이다.35) 그러나 이런 시는 작품 수가 많지 않고 문학사적으로 특별히 주목할 가치가 있는 것도 아니어서 이 책의 검토 대상에서는 모두 제외하였다.

3) 만시(輓詩)

만시(輓詩)란 죽은 이와 특별한 관계가 있는 부모 형제 친구 제자 등이 죽은 이를 애도하여 지은 글을 말하는데, 만사(輓詞, 挽詞, 輓辭) 혹은 만장(輓章)이라고도 하였다. 만(輓, 挽)이란 '끌다', '이끌다'는 뜻으로, 죽은 이를 애도하고 위로함으로써 영혼을 저승세계로 원만히 이끌어간다는 의미가 있다.

만시는 애도 대상에 따라 여러 가지로 나누어 볼 수 있다. 지아비

---

34) 鍾嶸, 『詩品』, "永嘉時 貴黃老 稍尙虛談 于是篇什 理過其辭 淡乎寡味 … 平典似道德經".
35) 최창록은 『한국 도교문학사』(국학자료원, 1997)에서 도교와 관련된 시를 仙道詩라고 명명하면서 三淸詩 遊仙詩 仙詩 鍊丹詩 등 4종을 제시한 바 있고, 정민은 『초월의 상상』(휴머니스트, 2002)에서 遊仙詩 玄言詩 仙趣詩 鍊丹詩 儀俗詩 등 5종을 제시한 바 있으며, 姜旻昊 또한 「한국도가시의 유형과 전개양상」(『東方漢文學』 33호, 2007)에서 정민과 대동소이한 견해를 보였다.

가 아내의 죽음을 애도한 시는 보통 도망시(悼亡詩)라 하였고, 어버이가 자식의 죽음을 애도한 시는 곡자시(哭子詩) 혹은 상명(喪明)이라 하였는데, 상명(喪明)은 공자의 제자 자하(子夏)가 자식의 죽음을 슬퍼하면서 눈물을 너무 많이 흘린 나머지 시력을 상실하였다는 고사에서 유래한 용어이다. 이런 논리의 연장선상에서 동기간의 죽음을 애도한 시는 곡형제시(哭兄弟詩) 혹은 만형제시(輓兄弟詩)라 하였고, 친구의 죽음을 애도한 시는 도붕시(悼朋詩)라고 하였다. 이런 계열의 작품은 대부분 제목에 만(挽, 輓) 곡(哭) 도(悼) 애(哀) 등과 같은 글자를 구체적 애도 대상과 함께 명시하여 비교적 쉽게 구별할 수 있다.

만시는 상두꾼들이 부르는 노래, 즉 만가(挽歌, 輓歌)와는 구분하는 것이 보통이다. 만가는 제(齊)나라 전횡(田橫. ?~BC.202)이 한 고조 유방에게 투항하기를 거부하고 자결을 선택하자 그 문인들이 전횡의 죽음을 슬퍼하면서 부른 노래, 즉 「해로(薤露)」 「호리(蒿里)」 두 편의 노래에서 유래하였다.36) 해로는 사람의 인생이 염교(백합과의 다년 생 식물) 잎 위에 맺힌 이슬처럼 덧없이 사라짐을 뜻하고, 호리는 태산(泰山) 남쪽에 있던 산 이름으로 죽은 사람을 장사지내는 묘지를 뜻한다. 이 두 노래를 한 무제(武帝) 때 이연년(李延年)이 편곡하여 「해로」는 왕공과 귀인의 죽음에, 「호리」는 사대부와 서민의 죽음에 상여를 끄는 자들이 부르게 하였는데, 여기서 유래하였다

---

36) 蕭統, 『文選』 卷28, 「輓歌」 주석, "挽歌者 高帝召田橫 至尸鄉自殺 從者不敢哭 而歌以寄哀音焉". 같은 책 繆襲(字熙伯)의 「挽歌詩」 1首 주석, "漢高祖召田橫 至尸鄉自殺 從者不敢哭 而不勝哀 故爲悲歌以寄其痛 後廣之 爲薤露蒿里 歌以送喪也 至李延年 分爲二等 薤露送王公貴人 蒿里送士大夫庶人 使挽柩者歌之 因呼爲挽歌".

고 한다.37)

　만시는 상두꾼들이 부른 이런 만가와 달리, 죽은 이와 특별한 관계에 있는 사람이 개별적으로 창작한 창작품이며, 발인할 때 비단에 적어 막대기에 높이 게시하거나 종이에 적어 전달하기만 하면 그만인 시라는 점에 중요한 차이가 있다. 만시가 언제부터 창작되었는지는 분명하지 않다. 다만 『문선(文選)』에 무습(繆襲. 186~245) 육기(陸機. 261~303) 도연명(陶淵明. 365~427) 등의 「만가시(挽歌詩)」, 반악(潘岳. 247~300)의 「도망시(悼亡詩)」, 임방(任昉. 460~508)의 「출군전사곡범복야(出郡傳舍哭范僕射)」 같은 작품이 수록된 것으로 보아 이들이 활동한 위진시대 무렵 보편화되었을 것으로 추정된다. 그리고 당나라 이후에는 가까운 친척 간은 물론 이웃과 고을 사람들에게까지 가능한 널리 만시를 요청하여 죽은 이의 명성과 가문의 위세를 과장하는 풍조가 유행하기도 하였는데, 이 때문에 만시가 제 모습을 상실하고 체면치레용으로 전락하여 엇비슷한 표현이나 서로 답습하는 진부하고 속된 작품에 불과하다는 호된 비판을 받기도 하였다.38)

---

37) 蕭統, 『文選』 卷28, 陸機의 「挽歌詩三首」 중 '聽我薤露詩' 구절에 대한 주석, "崔豹古今注曰 薤露蒿里 幷喪歌 出田橫門人 橫自殺 門人傷之 爲之悲歌 言人命如薤上之露易晞滅 亦謂人死魂精歸乎蒿里 故有二章 其一曰 薤上朝露何易晞 露晞明朝更復落 人死一去何時歸 其二章曰 蒿里誰家地 聚斂魂魄無賢愚 鬼伯一何相催促 人命不得少踟躕 至李延年 乃分二章爲二曲 薤露送王公貴人 蒿里送士大夫庶人 使挽柩者歌之 世亦呼爲挽歌也". 『晉書』 「禮志」에는 이와 달리 "輓歌 出於漢武帝役人之勞歌聲哀切 遂以爲送終之禮"라고 하여 한 무제 때 노동요에서 유래하였다는 견해를 밝히기도 하였다.

38) 李東陽, 『懷麓堂詩話』(四庫全書 集部 詩文評類), "輓詩 始盛於唐 然非無從而涕者 壽詩 始盛於宋 漸施於官長故舊之間 亦莫有未同而言者也 近時士大夫 子孫之於祖父者弗論 至於婣戚鄕黨 轉相徵乞 動成卷帙 其辭亦互爲蹈襲 陳俗可厭 無復有古意矣".

우리나라에서는 고려후기부터 비로소 완정한 형태의 만시가 나타나기 시작하였다. 고려 명종(明宗)이 애첩 명춘(明春)의 죽음을 애도한 도망시(悼亡詩)를 짓고, 종친들로 하여금 화답시를 짓게 한 것이 가장 빠른 예이고39), 이후 이규보 이제현 정몽주 등 많은 문인들이 도망(悼亡) 곡자(哭子) 곡형제(哭兄弟) 도붕(悼朋) 등의 만시를 지었다. 조선시대 때 만시는 유가 예절의 필수 요소로 인식되면서 크게 확산되었다. 그래서 시를 여기(餘技) 정도로만 간주했던 도학자들까지 만시 창작에는 적극 동참하였고, 글 지을 능력이 없는 일반 서민의 집안에서는 남에게 청탁이라도 해서 만시를 확보하려고 노력할 정도였다.

4) 제화시(題畫詩)

제화시(題畫詩)란 그림과 관련된 다양한 문학적 진술 양식, 즉 화찬(畫贊) 화시(畫詩) 화기(畫記) 화발(畫跋) 등 여러 가지 제화(題畫) 양식 가운데 기문(記文)이나 발문(跋文) 같은 산문을 제외한 시를 가리키는 말이다.

제화시는 시와 그림의 선후관계에 따라 제화(題畫)와 화제(畫題)로 구분하기도 하였다. 그림을 대상으로 시를 짓는 것을 제화(題畫)라 하고, 시를 대상으로 그림을 그리는 것을 화제(畫題)라고 한 것이 그것이다. 따라서 엄밀한 의미에서 제화시는 전자와 같이 그림을 두고 지은 시라고 할 수 있으며, 후자의 화제(畫題)는 그림 이전에 시가

---

39)『高麗史』, 世家 第20, 明宗10년 6월 庚戌, "內嬖明春死 王哀戀不已 失聲號哭 … 遂親製悼亡詩 令宗親和進以自慰".

미리 존재하여 애초에 그림과 상관없이 지어진 일반 시의 일종일 뿐이다. 그러나 그림을 그린 후 그 시를 그림의 적당한 자리에 기록한 예가 많고, 또 "그림 속에 기록된 시" 자체를 화제(畫題)라고 명명한 경우도 있었다. 따라서 이런 선후관계를 세세하게 따지지 않고 그림과 관련된 시 전체를 두루 제화시라고 일컫는 것이 학계의 통설이다.40)

제화시는 그림의 여백 부분에 기록하는 것이 이상적이다. 그러나 장편 배율이나 고시처럼 글자 수가 너무 많아서 그림 속에 다 기록할 수 없는 경우도 있고, 한 폭의 그림을 두고 여러 사람이 동시에 지었을 경우엔 이를 모두 그림 속에 적어 넣을 방법이 없다. 그래서 간혹 그림의 상하좌우에 별지를 붙여 기록하기도 하고, 두루마리 형태의 화권(畫卷)이나 절첩(折帖) 형태의 화첩(畫帖)을 따로 만들기도 하였지만, 대개는 화면과 별도의 지면에 기록하였다. 문집에 '제(題)~화(畫)', '~도(圖)', '화(畫)~' 등의 방식으로 제목을 붙인 작품들이 대개 이런 시들인데, 이런 작품을 실제 그림 속에 기록해놓은 제화시와 구분하여 영화시(詠畫詩)라고 별칭하기도 하였다.

중국에서 제화시가 풍미한 것은 시화일치론(詩畫一致論)이 유행한 북송 때부터였다. 송나라 곽사(郭思. 휘종연간)는 그림의 품격을 논한 글에서 "시는 형체 없는 그림이고, 그림은 형체 있는 시이다"41)라고 하였고, 소식(蘇軾. 1037~1101)은 왕유(王維)의 시와 그림을 비평하면서 "시 가운데 그림이 있고, 그림 가운데 시가 있다."42)고 하였

---

40) 최경환, 「韓國 題畫詩의 陳述樣相 硏究」, 서강대 박사학위논문, 1992.
41) 郭思, 『林泉高致集』, 「畫意」, "詩是無形畫 畫是有形詩". 이런 언급은 『御定佩文齋書畫譜』 卷15 「宋郭熙論畫」, 鄒一桂의 『小山畫譜』 卷下 「形似」 등 여러 문헌에서 확인할 수 있다.
42) 魏慶之, 『詩人玉屑』 卷15, 王維, 「詩中有畫 畫中有詩」, "味摩詰之詩 詩中有畫 觀

다. 송 휘종(徽宗)은 또 궁중 화원(畵員)을 선발하면서 언제나 시를 그림의 화제(畵題)로 제시하였다. 이는 모두 시와 그림을 깊이 연계시켜 이해한 북송시대 문단의 시화일치적인 관점을 드러낸 것이라고 하겠는데, 이와 같은 시대분위기를 업고 제화시 창작을 주도한 소식(蘇軾) 황정견(黃庭堅) 등은 모두 200여수가 넘는 작품을 남기기도 하였다.

우리나라에서는 소동파 시를 추종하는 경향이 강하게 대두한 고려 예종 인종 연간부터 제화시가 나타나기 시작하여, 조선 세종 연간에 전성기를 맞이하였다. 특히 조선 세종 연간에 안평대군(安平大君. 1418~1453)은 당대의 대표적 문인 19명에게 소상팔경도(瀟湘八景圖)를 두고 시를 짓게 하여 『소상팔경시권(瀟湘八景詩卷)』을 편찬하였고, 화가 안견(安堅)으로 하여금 자신이 꿈에서 본 무릉도원의 풍경을 그리게 한 다음 문인 21명에게 시를 짓게 하여 『몽유도원도시권(夢遊桃源圖詩卷)』이란 제화시첩을 편찬하기도 하였다. 모두 국내외 어디서도 찾아보기 어려운 희대의 걸작으로, 이 분야의 대표적 업적이라 할만하다.

5) 영사시(詠史詩), 기타

영사시란 역사적 사실을 읊은 시를 가리키는 말이다. 역사는 인간이 축적해 온 경험과 문화를 가장 종합적으로 기록해놓은 것이기 때문에 언제나 과거를 반추하고 현실과 미래를 비춰보는 매개체였고,

---

摩詰之畫 畫中有詩 詩曰 藍溪白石出 玉山紅葉稀 山路元無雨 空翠濕人衣 此摩詰之詩也 … (東坡)".

무한한 상상력을 촉발시키는 문학적 소재의 보고이기도 하였다. 그래서 중국에서는 최초의 오언고시로 알려진 반고의 「삼황덕미박(三皇德彌薄)」을 필두로 수많은 문인들이 역사적 사건의 전말을 그린 본사시(本事詩), 개별 작가의 회고의 정서가 강하게 투영된 회고영사시(懷古詠史詩), 역사책을 읽은 감회를 적은 독사시(讀史詩) 등 다양한 영사시를 창작하였고,『영사집(詠史集)』같은 전문 시선집을 따로 편찬하기도 하였다.43) 우리나라에서도 무수하게 많은 장·단편 영사시가 창작되었는데, 그 중에서도 고려시대 이규보의 「동명왕편(東明王篇)」과 이승휴의 「제왕운기(帝王韻記)」가 가장 걸출한 작품으로 알려져 있다. 그리고 심광세 이익 이복휴 등의 「해동악부(海東樂府)」를 비롯하여 조선후기에 대량으로 창작된 영사악부시(詠史樂府詩) 또한 역사 이야기를 악부시로 구현한 매우 특징적인 영사시의 일종이라고 할만하다.

전원시(田園詩)와 변새시(邊塞詩)도 거론할 가치가 있다. 전원시는 전원시인(田園詩人)으로 잘 알려진 도연명(陶淵明)이 추구한 작품세계, 즉 전원으로 돌아간 희열의 심정이나 그 속에서 살아가는 평범한 민중들의 생활체험 인물고사 자연경관 등을 부각시킨 작품을 가리킨다. 중국에서 전원시를 주목한 이유는 두 가지였다. 하나는 그것이 철학적 이치에 편중된 도가적 현언시(玄言詩)의 한계를 극복했을 뿐만 아니라 예술적 기교를 풍부하게 하는데 기여하였기 때문이고, 다른 하나는 왕유(王維) 맹호연(孟浩然) 위응물(韋應物) 등이 이런 창작경향을 계승 발전시켜 전원산수시파(田園山水詩派)란 새로

---

43) 明나라 程敏政의 『詠史集解』 7권 같은 것이 대표적이다.

운 시파를 열었기 때문이다. 우리나라에서도 이런 작품은 대단히 많이 창작되었는데, 조선시대 이후 강호자연을 동경하는 사대부 의식과 결부되어 더욱 폭넓게 확산되었다.

변새시(邊塞詩)는 변방의 이국적 풍토(風土)와 이민족의 독특한 생활습속 등을 읊은 작품을 가리키는데, 제목에 새상곡(塞上曲) 새하곡(塞下曲) 출새(出塞) 입새(入塞) 등 모두 변방 '새(塞)' 자를 명시하고 있다는 점이 특징적이다. 이런 작품은 당나라 초기의 이른바 초당사걸(初唐四傑)이 창작 경향을 주도하였고, 고적(高適) 잠삼(岑參) 왕창령(王昌齡) 왕지환(王之渙) 등이 이를 계승 발전시켜 이른바 변새시파(邊塞詩派)를 형성하였다. 변새시는 변방이라는 이색적인 제재를 활용하여 낭만적 색채가 농후한 새로운 시 영역을 개척함으로써 성당시(盛唐詩)의 번영을 촉진시킨 것으로 평가되고 있다. 우리나라에서도 홍간(洪侃. ?~1304)의 「새상곡(塞上曲)」이래 많은 문인들이 변새시를 창작하였는데, 특히 조선 중기 삼당시인과 임제 이수광 등의 작품이 주목할 만하다.

이 외에도 제재별 분류를 통해 널리 알려진 작품 계열이 여럿 있다. 『문선(文選)』에 별도의 항목으로 분류한 것 가운데 주로 명승경관이나 고적지를 유람하며 체험한 내용을 읊은 유람시(遊覽詩), 정치현실의 잘잘못을 직·간접적으로 풍자한 풍간시(諷諫詩), 먼 길을 떠나는 친구나 동료 친척 등을 전송하면서 노잣돈 보태주듯 써준 조전시(祖餞詩), 가까운 사이에 편지처럼 주고받은 증답시(贈答詩), 사랑과 이별의 애환을 읊은 염체시(艷體詩), 동식물 등 객관적 사물을 집중적으로 읊은 영물시(詠物詩) 등이 모두 그런 것들이다. 그러나 이런 세세한 종류가 모두 문학사적으로 따로 검증해야 할 정도로 중요한 역할이 있었던 것은 아니며, 특별한 검증 과정을 거치지 않아도 대략 그 중심적인 내용을 짐작할 수 있다. 그래서 본 절의 검토 대상에서 제외하였다.

4. 창작방식별로 본 종류

한시는 작품의 형식이나 제재에 따라 여러 가지로 분류되었고, 그에 따라 특정 작품 계열을 가리키는 다양한 용어를 파생시켰다. 그런데 형식이나 제재 못지않게 새로운 용어 파생에 심대한 영향을 끼친 또 다른 중요한 기준이 있다. 바로 창작 방법과 관련된 문제이다. 창작 방법상의 어떤 현저한 특징을 기준으로 화차운시(和次韻詩) 의고시(擬古詩) 집구시(集句詩) 연구시(聯句詩) 등으로 명명한 것이 그런 예이다. 이런 작품들은 정상적 한시 창작의 관행을 벗어난 잡체시(雜體詩) 가운데 특히 많았는데, 여기서는 그 중 특별히 자주 거론되는 몇 가지만 제한적으로 검증해 보기로 한다.

1) 화·차운시(和次韻詩)

화·차운시는 한 사람이 먼저 선창(先唱)을 하고 다른 사람이 이에 화답(和答)하는 일창일화(一唱一和)의 방식에서 유래한 개념이다. 한시는 혼자 창작하는 것이 일반적이지만, 송별 문안 축하 위로 등 다양한 일을 계기로 두 사람 이상이 서로 어울려 마음을 주고받는 수단으로 창작하는 경우도 대단히 많았다. 그래서 오래 전부터 특정인이 먼저 지은 시[唱詩]를 두고 이에 화답하는 방식으로 시를 짓는

경향이 나타났는데, 이런 방식으로 지은 시를 모두 화시(和詩) 혹은 상화(相和)라고 하였다.44)

당초 화시(和詩)를 지을 때는 상대방 시의 운자에 구애를 받지 않았다. 다만 그 시의 핵심적 의미에 화답하면 그만이었다. 그런데 이런 방식이 크게 유행한 중당(中唐) 이후부터는 상대방 시의 의미에만 화답하는 것이 아니라 압운까지 함께 조화시키고자 하는 경향이 등장하였다.45) 그렇게 하는 것이 내용과 형식이 두루 잘 어울리게 하는 방법이면서 동시에 상대에 대한 친밀감과 존중심을 한층 강하게 나타내고, 또 운자 선택의 막연함까지 일정하게 해소할 수 있는 방법이기도 하였기 때문이다. 그래서 내용은 물론 압운까지 서로 어울리게 짓고자 하는 경향이 문단에 크게 확산되었는데, 이렇게 지은 화시를 특별히 화운시(和韻詩)라고 하였다.

화운시는 화운하는 방법에 따라 다시 차운(次韻) 용운(用韻) 의운(依韻) 등으로 구분하기도 하였다. 차운(次韻)이란 상대방 시의 운목(韻目)은 물론 운자와 그 적용 부위까지 동일하게 준수하는 방식으로, 보운(步韻) 혹은 종운(踵韻)이라고도 하였다. 그리고 용운(用韻)은 상대방 시의 운자는 사용하되 그 적용 부위에는 구애받지 않는 방식이며, 의운(依韻)은 운목(韻目)만 같이할 뿐 운자 자체는 달리할 수

---

44) 空海,『文鏡秘府論』地卷, 八階,「和詩階」, "詩曰…染墨之辭不異 述懷之志皆同 彼此宮商 故稱相和".
45) 洪邁,『容齋隨筆』卷16,「和詩當和意」, "古人酬和詩 必答其來意 非若今人爲次韻所局也". 徐師增,『文體明辨序說』,「和韻詩」, "古人賡和 答其來意而已 初不爲韻所縛 … 中唐以還 元白皮陸更相唱和 由是此體始盛". 金安老,『龍泉談寂記』下, "古人於詩 投贈酬答 但和其意而已 次韻之作 始於元白 往復重押 愈出愈奇 旨歐蘇黃陳而大盛".

있는 방식을 말하였다.46) 이 가운데 용운과 의운은 개념을 혼용한 경우가 있다.47) 그러나 차운은 그런 예가 전혀 없으며, 상대방 운자의 구속력이 절대적이어서 짓기가 가장 어려운 것이기도 하다.48) 그럼에도 불구하고 문인들은 특별히 차운시 짓기를 선호하였다. 그것이 상대방 시의 형식에 최대한 가깝게 하여 친밀감을 더하는 한편, 어려운 운자의 제약을 극복하는 데서 오히려 자신의 시적 재능을 과시할 수도 있었기 때문이다.49) 그래서 차운을 화운시의 대표적인 방법으로 간주하여 흔히 화·차운시(和次韻詩)라고 병칭하기도 하였다.

이런 방식으로 지은 작품은 대부분 제목에 화(和) 차(次) 보(步) 의(依) 용(用) 같은 글자를 명시하였다. 명시하는 방법은 다양하였다. 제목 앞부분에 명시한 경우도 있고, 제목 뒷부분에 명시한 경우도 있으며, '차운', '용운' 등처럼 두 자를 바로 붙여 쓰기도 하고, '차~운',

---

46) 『御選唐宋詩醇』(四庫全書 集部 總集類) 卷30, 昌黎韓愈詩四, 「陸渾山火和皇甫湜用其韻」 주석, "中山詩話曰 唐詩賡和 有次韻先後無易 有依韻同在一韻 有用韻用彼韻而不必次 韓吏部和皇甫陸渾山火是也". 이수광 또한 『芝峯類說』(卷9, 文章部 2, 詩)에 바로 이 주석을 인용하여 "溫公詩話曰 唐人賡和 有次韻用韻依韻 次韻是效其次第韻 用韻用彼之韻 不必次之 依韻同在一韻中爾"라고 한 바 있다. 화운시는 姜聲尉, 「和韻詩의 類型과 特性考」(『中國文學』 30집)에서 자세히 검증한 바 있다.
47) 王應麟, 『困學記聞』 卷18, 「評詩」, "唐始有用韻 謂同用此韻 後有依韻 然不以次 最後有次韻 自元白至皮陸 其體乃成". 用韻과 依韻에 대한 개념 설명이 中山詩話와 상반된다.
48) 李仁老, 『破閑集』 卷上, "詩之巧拙 不在於遲速先後 然唱者在前 和之者常在於後 唱者優遊閑暇而無所迫 和之者 未免牽强墮險 是以繼人之韻 雖名才往往有所不及 理固然矣".
49) 閻若璩(淸)는 이처럼 상대방 시의 운자에 엄격한 제한을 받으면서 次韻하는 행위를 다른 사람과 싸움을 할 때 먼저 스스로 자신의 손발을 묶는 것과 다름 없다고 비유해서 말하기도 하였다. 閻若璩, 『潛邱箚記』 卷6, 「與戴唐器書」, "詩而限韻和韻 譬猶與人鬪而先自絆其手足 豈能勝乎".

'용~운' 등처럼 두 글자 사이에 상대방의 이름이나 대상작품의 제목을 끼워 쓰기도 하였다.50) 그리고 제목에 이를 명시하지 않았을 경우에는 작품의 소서(小序)에 밝히기도 하였는데,51) 이 때문에 제목 부분을 보면 그것이 대략 누구의 어떤 작품을 대상으로 어떤 방식으로 화운한 것인지 알 수 있다.

화·차운의 대상은 제약이 없었다. 시간적으로 자신과 교분이 두터운 동시대 인물의 작품을 대상으로 삼은 것이 가장 일반적이었지만, 소동파가 도연명의 시에 화답하여 지은 「화도시(和陶詩)」 109수처럼 시대를 넘나든 경우도 많았다. 공간적으로 함께 모인 자리에서 지은 작품을 대상으로 삼기도 하였지만, 멀리 떨어져 있는 사람의 시를 대상으로 창작하여 안부 편지처럼 주고받기도 하였으며, 다른 사람이 아닌 자기 자신의 작품을 직접 대상으로 삼는 경우도 없지 않았다. 그리고 절구 율시 배율 고시 등 형식을 가리지 않았으며, 다만 대상 작품의 형식과 일치시키기만 하면 그만이었다.

중국에서 화·차운시는 당나라 중기에 백거이(白居易. 772~846)가 원진(元稹. 779~831)에게 편지 대신 「대서시일백운기미지(代書詩一百韻寄微之)」란 장편 배율을 지어 보내고, 원진이 다시 이에 차운한 「수한림백학사대서일백운(酬翰林白學士代書一百韻)」이란 차운시

---

50) 『御選宋金元明四朝詩』에서 和勸農六首(蘇軾), 次程帥勸農和陶詩韻(陳造), 程帥和陶二詩見憶次韻(陳造), 次韻國衡, 次韻和吳冲卿秋意(司馬光), 新城陳氏園次晁補之韻(蘇軾), 袁公濟和劉景文登介亭詩復次韻答之(蘇軾), 偕猶溪諸公同遊青原山謁七祖塔步韻(陳泰), 和屠東蒙田間曉步韻(蔣處士), 對月再用韻(鄭剛中), 依韻答提刑(范仲淹) 등과 같은 예를 찾아볼 수 있다.
51) 蘇軾의 「停雲」 小序에 "自立冬以來 風雨無虛日 海道斷絶 不得子由書 酒和淵明停雲詩以寄"라고 한 것이 그런 예이다.

를 지었는데, 이것이 문단에 널리 알려지면서 크게 주목받기 시작하였다.52) 그리고 송대에는 이런 창작 방식이 널리 확산되어 일종의 문화를 형성할 정도였다. 소동파의 시 가운데 차운시가 1/3이나 된다는 지적은 일찍부터 있었지만,53) 이 외에도 소철(蘇轍) 매요신(梅堯臣) 왕안석(王安石) 황정견(黃庭堅) 진사도(陳師道) 등 유명 문인들이 모두 적게는 수십 수, 많게는 수백 수에 달하는 화·차운시를 지었다.54)

우리나라도 예외가 아니었다. 한국 한문학의 비조(鼻祖)로 추앙받는 신라 최치원(崔致遠. 857~?)이 「화우인제야견기(和友人除夜見寄)」「화김원외증참산청상인(和金員外贈巉山淸上人)」 같은 작품을 창작한 이래,55) 조선 말기에 이르기까지 유명 문인들 가운데 이런 시를 짓지 않은 이가 거의 없었으며, 이수광은 이런 경향을 두고 마치 수험생이 과거시험 공부를 하듯이 다투어 숭상한다고 호되게 비판하기까지 하였다.56) 화·차운시의 창작이 국내 문단에 일정한 창작문화를 형성할 정도였던 것이다.

---

52) 張表臣, 『珊瑚鉤詩話』 卷1, "前人作詩 未始和韻 自唐白樂天爲杭州刺史 元微之爲浙東觀察 往來置郵筒唱和 始依韻". 徐師增, 『文體明辨』 序說, 「和韻詩」, "古人賡和答其來意而已 初不爲韻所縛 … 中唐以還 元白皮陸更相唱和 由是此體始盛".
53) 王若虛, 『滹南集』 卷39, 「詩話」, "次韻 實作者之大病也 詩道至宋人 已自衰弊 而又專以此相尙 才識如東坡 亦不免波蕩而從之 集中次韻者 凡三之一".
54) 金甫暻, 「詩歌創作에 있어서 次韻의 效果와 意義에 대하여」,(『中國語文論叢』 45집, 2010)에 이와 관련된 자세한 분석이 있어서 참고할 수 있다.
55) 『桂苑筆耕集』 卷20에서 두 작품을 확인할 수 있다. 이 외에도 『孤雲先生續集』 卷1에서 「和李展長官冬日遊山寺」「和友人春日遊野亭」「和顧雲支使暮春卽事」 같은 작품을 더 확인할 수 있다.
56) 李睟光, 『芝峯類說』 卷9, 文章部2, 詩, "溫公詩話曰 唐人賡和 有次韻用韻依韻 次韻是效其次第韻 用韻用彼之韻 不必次之 依韻同在一韻中爾 按次韻之作 始於元白 而盛於趙宋 我國則尤以華國爲重 故爭尙此法 如擧子習科業者之爲 豈曰詩哉".

2) 의고시(擬古詩)

의고시란 글자 그대로 이전부터 전해오는 옛 시를 모의(模擬)하여 그 핵심적 의미나 특징을 자기 정황에 알맞게 새롭게 변용하는 방식으로 창작한 작품을 가리키는 말이다. 의고의 의(擬)는 비의(比擬), 즉 특정 대상에 빗대어 비견한다는 뜻이다. 그래서 오래 전부터 의고시란 옛 작품 속에 구현된 뜻을 주목하고 거기에 빗대어 지금 나의 심정을 밝히는 방식으로 창작한 시를 가리킨다고 풀이해왔다.57)

의고시는 흔히 서예에서 모범적인 옛 법첩(法帖)을 따라 쓰는 임서(臨書)에 비유하기도 하였다. "강엄(江淹)의 의고시는 왕희지가 종요(鍾繇)의 선시첩(宣示帖)을 임서한 것과 같아서 형세가 정교하고 치밀하여 스스로 운용한 것보다 낫다."58) "의고시란 옛 법첩(法帖)을 임서함과 같아서 꼭 닮을 필요도 없지만 꼭 닮지 않을 필요도 없으니, 닮기를 구할 의도가 있어도 닮을 수 없는 것이다."59)라고 한 것이 모두 그런 예이다. 마음에 맞는 옛 법첩을 가려 새롭게 써보는 것과 공감할만한 옛 시를 두고 거기에 나의 감흥을 빗대어 말하는 의고시의 창작 방식이 유사함에 근거한 말이다.

의고시는 제목 앞에 대부분 의(擬) 효(倣) 효(効) 방(倣) 학(學) 대(代) 등과 같은 글자를 명시하였다. 그리고 이런 글자 뒤에 모의 대상으로 삼은 인물의 성명이나 작품의 제목, 시체 등을 함께 제시하기도 하였다.

---

57) 蕭統, 『文選』 卷30, 雜擬上, 「陸士衡」 조항 주석, "擬 比也 比古志 以明今情".
58) 倪濤, 『六藝之一錄』 卷297, 「王履吉書江文通擬古詩」, "江文通擬古詩 如逸少臨宣示帖 形勢巧密 勝於自運".
59) 『御製詩集』(四庫全書 集部 別集類) 2집, 卷34, 古今體九十九首, 「擬古詩」 서문, "夫擬古詩 如臨古帖 不必似 不必不似 有意求似 未有能似者也".

그래서 제목을 보면 대략 그것이 어떤 사람의 어떤 작품을 모의한 것인지 알 수 있다. 그러나 이를 모두 생략하고 제목만 제시한 경우도 더러 있다. 악부시가 바로 그런 예이다. 악부시는 옛 작품의 제목을 그대로 사용하는 '시제(詩題)의 연용성(沿用性)'자체가 중요한 양식적 특징 중 하나였다.60) 그래서 제목 앞에 의(擬) 효(傚) 같은 글자를 명시하지 않았으며, 오랜 세월에 걸쳐 동일한 제목의 작품이 무수하게 축적되어 있어서 모의 대상으로 삼은 인물을 특정하기도 어려웠다. 이럴 경우 의고 여부는 작품 제목만으로 판단할 수밖에 없다.

의고시는 위진남북조시대 때 이미 문단에 널리 확산되었던 것으로 보인다. 중국 최초의 시문선집인『문선(文選)』을 보면「잡의(雜擬)」라는 조항을 하나 따로 설정하였다. 잡다한 의고시를 함께 모아 놓은 조항이란 의미이다. 그리고 그 안에 육기(陸機. 260~303), 장재(張載. 晋나라), 도연명(陶淵明. 365~427), 원숙(袁淑. 408~453), 포조(鮑照. 414~466), 왕승달(王僧達. 423~458), 유삭(劉鑠. 431~453), 범운(范雲. 451~503), 강엄(江淹. 451~503) 등 9명의 의고시 약 67수를 수록해 놓았다.61) 위진시대 위(魏)나라부터 남북조시대 양(梁)나라에 이르기까지 각 시대를 대표하는 주요 문인들이 이미 널리 의고시를 창작한 사실을 실증적으로 보여주는 것이다.

---

60) 樂府詩의 이런 특징은 黃渭周,「朝鮮前期 樂府詩 硏究」(고려대학교 박사학위논문, 1990) 참고.
61) 蕭統의『文選』卷30 雜儀上에 陸機의「擬古詩」12수, 張載의「擬四愁詩」1수, 陶淵明의「擬古詩」1수, 謝靈運의「擬魏太子鄴中集詩」8수 등 22수, 雜儀下에 袁淑의「傚曹子建樂府白馬篇」1수「傚古詩」1수, 劉鑠의「擬古詩」2수, 王僧達의「和琅邪王依古」1수, 鮑照의「擬古詩」3수「學劉公幹體」1수「代君子有所思」1수, 范雲의「傚古」5수, 江淹의「雜體詩」30수 등 45수, 상하 전체 67수를 수록하였다.

한국 한시 가운데는 의(擬) 효(傚) 등을 명시한 의고시가 많지 않다. 『동문선(東文選)』에 일부 작품이 수록된 것을 확인할 수는 있지만62), 개인 문집에서는 좀처럼 이런 작품을 찾아보기 어렵다. 다만 독서 범위가 넓고 옛 시에 남다른 관심을 기울인 몇몇 인물이 특별히 많이 지었는데, 조선시대의 성현(成俔. 1439~1504) 신흠(申欽. 1566~1628) 같은 인물이 대표적이다. 성현은 고시 전문 시선집인 『풍소궤범(風騷軌範)』 45권을 직접 편찬하였고, 「의고십수(擬古十首)」를 창작하여 문집 제일 앞에 제시한 바 있으며, 『풍아록(風雅錄)』 2권에 약 11개 시체에 달하는 의고악부시 150여 수를 창작해보이기도 하였다.63) 신흠도 「의고(擬古)」 6수나 「차인운효서곤체(次人韻效西崑體)」 6수 등 여러 편의 의고시를 지은 바 있으며, 「악부체(樂府體)」 49수, 「악부체(樂府體)」 149수 등 약 200여수에 달하는 많은 의고악부시를 창작해 보이기도 하였다.64)

3) 집구시(集句詩)

집구시(集句詩)란 다른 사람의 시구나 문구를 가려 뽑아 이를 적절하게 재편집해서 만든 일련의 작품을 가리키는 말이다. 그러니까 개별 시구는 모두 남의 것을 가져온 것이지만, 여기에 새로운 질서를 부여하여 재편집한 완성품은 자기 것인, 특이한 형태의 작품 양식이

---

62) 오언고시 조항에서 趙須의 「傚古」, 洪逸童의 「效八音體」 등이 확인된다.
63) 歌體 行體 曲體 吟體 詞體 謠體 篇體 引體 怨體 嘆體 樂府雜體 등 11개 악부시체이다.
64) 「擬古」 6수는 『象村集』 卷6에, 「次人韻效西崑體」 6수는 같은 책 卷13에, 「樂府體」 49수는 卷3에, 「樂府體」 149수는 卷4에 수록되어 있다. 『象村集』에서는 이 외에도 「傚無題體」 3수(卷13), 「芝峯輯樂府新聲 其中有宮詞塞下曲遊仙詩等體余戲效之」 3수(卷20) 등을 더 확인할 수 있다.

다. 송(宋)나라 황정견(黃庭堅. 1045~1105)은 이와 같은 집구시의 특징을 주목하여 백가의체(百家衣體)라고 별칭하였다. 백가의란 여러 집[百家]에서 가지각색의 천 조각을 얻어다 만든 어린아이의 옷인데, 이렇게 옷을 만들어 입히면 아이가 건강하게 잘 자란다는 속설이 있었다. 그래서 남의 시구를 빌려 시를 짓는 모양이 백가의를 짓는 형상과 유사하다고 해서 백가의체(百家衣體)라고 하였다.65)

집구의 대상은 제한이 없었다. 집구시가 등장한 초기에는 유가 경전을 대상으로 삼은 것이 대표적이었지만, 여러 문인들의 시구를 자유롭게 모아 창작하는 것이 일반적이었고, 대상을 한 사람에게만 제한하여 그 사람의 작품 가운데 필요한 시구를 모아 짓는 경우도 적지 않았다. 송나라 문천상(文天祥. 1236~1282)이 두보의 시구만 모아 지은 집두시(集杜詩) 200여수, 문천상의 예를 좇아 역시 두보의 시구만 모아 지은 조선후기 김육(金堉. 1580~1658)의 집두(集杜) 200여수 등이 그런 것이다. 특히 후대에는 성당시를 최고로 여기는[詩必盛唐] 경향이 확산되면서 이백 두보 왕유 맹호연 같은 성당 문인의 시구를 집구한 작품이 많이 등장하였는데, 집구 대상 인물이 여럿일 경우에는 각각의 시구 아래 원작자의 성명이나 자호 혹은 그 일부를 알 수 있도록 명시하였다.

집구시 창작에서 가장 중시한 것은 폭넓은 독서와 강한 암기력이었다. 폭넓은 독서를 통해 많은 것을 암기해야 그 때마다 필요한 구절을 자유롭게 응용할 수 있기 때문이었다. 그 다음으로 중요시 한 것은 저마다 출처가 다른 여러 구절을 유기적으로 잘 조합할 수 있는 능력

---

65) 惠洪, 『冷齋夜話』(四庫全書 子部 雜家類), "集句詩 山谷謂之百家衣體 百家衣 小我文褓也".

이었다. 서사증(徐師曾. 1517~1580)은 『문체명변(文體明辨)』에서 이 점을 지적하여 "하나로 관통되어 마치 한 사람이 지은 것처럼 되어야 하며, 억지로 끌어다 붙여 의미가 잘 통하지 않으면 집구시를 말할 가치가 없다."66)고 하였다. 그래서 폭넓은 암기력과 유기적인 조직 능력을 바탕으로 천천히 교묘하게 짓기보다는 다소 어설프더라도 가능한 빨리 짓는 것을 귀하게 여기는 경향이 있었다.67)

집구시는 차구시(借句詩)와 혼동할 때가 더러 있다. 차구시란 시를 시작하는 제 1구(起句)에 남의 시구를 차용한 시를 가리킨다. 그리고 차용한 시구 아래 원작자의 이름을 밝히고 있어서 첫 부분만 보면 집구시로 오해할 여지가 많다. 그러나 차구시는 제 1구 외에는 남의 시구를 차용한 부분이 거의 없으며, 이런 점에서 순전히 남의 시구만 모아 재편집한 집구시와 근본적인 차이가 있다.

제 1구에 남의 시구를 차용한 것은 운자 선정의 막연함을 극복하기 위한 경우가 많았다. 시를 짓기 위해서는 먼저 압운(押韻)할 부위에 구체적으로 어떤 운목(韻目) 글자를 구사할 것인지 정해야 한다. 그러나 근체시의 경우 평성 30종 운목, 고시의 경우 상성 거성 입성을 포함한 106종 운목 가운데 어떤 운목을 선택해야 좋을지 막연한 경우가 적지 않았는데, 이럴 경우 현장 상황에 잘 부합하는 남의 시구를 하나 빌려와 제 1구로 삼고, 그 시구 끝에 적용된 글자의 운목을 준용하여 다음 부분을 이어나가는 방식으로 창작하였던 것이다. 그

---

66) 徐師曾, 『文體明辨』 2책 54쪽, "集句詩者 雜集古句以成詩也 自晉以來有之 至宋 王安石 尤長於此 蓋必博學强識 融會貫通 如出一手然後爲工 若牽合傅會 意不相貫 則不足以語此矣".
67) 李粹光, 『芝峯類說』 卷9, 文章部2, 「詩」, "集句詩 … 其法貴拙速而不貴巧遲".

래서 남의 시구를 차용한 제 1구를 차구(借句), 차구가 있는 시 전체를 차구시(借句詩)라고 하였던 것이다.68)

집구시의 창작 전통을 처음 확립한 사람은 진(晉) 부함(傅咸. 239~294)이었다.69) 그는 「효경(孝經)」 시를 비롯하여 『논어(論語)』 『모시(毛詩)』 『주역(周易)』 『주례(周禮)』 『춘추(春秋)』 등 주로 유가 경전 문구를 차용한 집구시를 많이 지었는데, 그 가운데 「효경(孝經)」 한 수를 소개하면 아래와 같다.

> 以孝事君 不離令名　효심으로 임금 섬겨 명성을 잃지 않고,
> 進思盡忠 不義則爭　나아가 충성 다해 불의에 곧 간쟁하네.
> 匡求其惡 災害不生　그 악을 바로잡아 재앙 생기지 않으니,
> 孝悌之至 通於神明　효도 공손 지극함에 신명에 통달하네.70)

「효경(孝經)」 시 2수 중 한 수이다. 1행은 효경의 경(經) 1장, 2행 4행은 전(傳) 13장, 3행 5행은 전 9장, 6행은 전 4장, 나머지 7행 8행은 전 10장의 문구를 그대로 옮겨 놓은 것이다. 그렇지만 내용에 일관성이 있고, 짝수 행에 운자까지 맞춘 정연한 4언 8행의 고시가 되었다. 부함(傅咸) 이후 많은 문인들이 이런 집구시 창작에 참여하였다. 특히 송나라 때 왕안석(王安石. 1021~1086)은 「호가십팔박(胡歌十八

---

68) 張正體, 『詩學』(臺灣商務印書館, 1974) 199쪽, 「借句」, "所謂借句 就是借前人一句詩做起句 就稱爲借句 但也有中間或結句用借句的 借句的詩 必須於所借的詩句下 註明借誰的句 … 借句大都是文人爲省得揀韻之煩 故把前人的詩引出一句 就照此句詩的韻寫作".

69) 趙翼, 『陔餘叢考』, 「集句」, "此體不自荊公始也 … 按 晉時傅咸 已有集經詩 其毛詩一篇云 … 此則實爲集句之權輿 又不自宋初始矣". 李粹光, 『芝峯類說』 卷9, 文章部2, 「詩」, "晉傅咸作集經詩…此蓋後世集句之始".

70) 馮惟訥, 『古詩紀』(四庫全書 集部 總集類) 卷33, 「孝經詩」 2장 중 제1장.

拍)」을 비롯한 여러 수의 집구시를 창작하였는데, 절구와 율시부터 장편 고시에 이르기까지 다양한 형식을 구사하여 문단에 집구시 창작 풍조를 확산시키는데 크게 기여하였다.71) 그리고 뒤를 이어 문천상(文天祥)이 두보의 시구를 모아 200여수에 달하는 집구시를 지음으로써 중국 자체는 물론 우리나라에까지 집구시 창작의 한 전형으로 큰 영향을 끼쳤는데, 김육(金堉)은 문천상의 집두시(集杜詩)를 특별히 문산체(文山體)라 하기도 하였다.72)

우리나라에서는 고려 무신집권기에 임유정(林惟正. 1140?~1190?)이 집구시 창작을 본격적으로 시작하였다. 그는 혼자 집구시 289수를 지었는데, 그가 세상을 떠난 직후 이를 모아 경주(慶州)에서 『임제주백가의시집(林祭酒百家衣詩集)』(3권)이란 이름으로 간행한 바 있다. 그리고 조선 세종 때(1440) 안동에서 이를 중간하였으며, 『동문선(東文選)』에도 서문과 발문 및 작품 일부를 수록하였다. 이익(李瀷)은 임유정의 집구시를 극찬하면서 그 중에서 특히 칠언 7운의 배율(排律)은 우리나라 인물이 고금에 없는 형식을 독창적으로 창출한 것이라고 평가하기도 하였다.73) 조선전기에는 김시습이 칠언절구 연작

---

71) 王安石은 樂府詩 형태의 「胡笳十八拍」 외에 사언의 「示道光及安大師」, 근체가행 형태의 「送吳顯道南歸」, 칠언절구 형태의 「江口」 「戲贈湛源」 등 많은 集句詩를 지었다. 그래서 宋나라 沈括이나 조선 이수광 등은 모두 왕안석을 집구시 창시자로 지목하였다. 『夢溪筆談』 卷14, 「藝文一」의 "荊公始爲集句詩 多者至百韻 皆集合前人之句 語意對偶 往往親切 過于本詩 後人稍稍有倣而爲之者", 『芝峯類說』 卷9 文章部2의 "集句詩者 摘古人詩句而湊成者也 自王荊公始昌之 … 黃山谷謂之百家衣體 其法貴拙速而不貴巧遲 文天祥及前朝林惟正 多效此體" 참고.

72) 金堉, 『潛谷遺稿』(韓國古典飜譯院) 卷3, 「集杜」 後敍, "集句之體 始於宋初 盛於王介甫石曼卿等 我國梅月堂所集 亦奇絶 … 丙子歲 余奉使北京 臥病經冬 見文山集杜二百首 皆奇絶襯著 若子美爲文山而作也 余亦試爲之 不雜他詩 專集杜爲絶句 謂之文山體 前後并二百餘首 長篇短律 間或爲之 … (出先生所著潛谷筆譚)".

형태로 창작한 「산중집구(山中集句)」 100수가 대표적이다. 그리고 조선후기에는 이광윤(李光胤) 전극항(全克恒) 김육(金堉), 한말에는 문성준(文聲駿)이 많은 집구시를 지었으며, 기타 주요 문인들의 문집에서 다양한 집구시를 찾아볼 수 있다.74)

4) 연구시(聯句詩)

연구시(聯句詩)란 두 사람 이상이 돌아가면서 시구를 지어 연결해서 마침내 공동으로 한 편을 완성시킨 시를 가리키는 말이다. 그러니까 연구(聯句)라는 말 그대로 몇 사람이 시구 연이어가기 방식으로 창작한 작품이란 뜻이다.

연구시는 한(漢) 무제(武帝)가 백량대(柏梁臺)에서 연회를 베풀었을 때, 그 자리에 참석한 25명의 신하와 제각각 1행 1운(韻)의 시를 지어 전체 26행 26운으로 완성한 이른바 「백량대시(柏梁臺詩)」에서 처음 시작되었다. 그리고 도연명(陶淵明) 포조(鮑照) 사조(謝朓) 같은 위진시대 문인들이 창작에 대거 참여하고, 당나라 이후 두보(杜甫) 한유(韓愈) 백거이(白居易) 유우석(劉禹錫) 장적(張籍) 같은 유

---

73) 李瀷, 『星湖僿說』 卷28, 「回文集句」, "集句律詩 自宋王介甫石曼卿始 楊升庵集 載梁間燕語聞長歎 樓上花枝笑獨眠數句 以爲千古奇絶 王世貞有集杜句一篇 而只有念我能書數字至 知君已是十年流一句 其他平仄不諧 配偶多乖 不得爲完篇 錢受之明詩選李槙童琥諸人 逈出千古 猶不過四韻律 至高麗林惟正 觸境操筆 信口成章 屬對精巧 用意宛轉 頓無斧鑿痕 今東文選所載者極多 又有七言七韻排律 此古今所無者 我東人發之也".

74) 潛谷 金堉(1580~1658)은 두보의 시구를 모아 113題 216首 972句에 달하는 「集杜」시를 지었고, 虯川 全克恒(1591~1636)은 각종 당송시구를 모아 27제 50수 390구의 집구시를 지었으며, 耕巖 文聲駿(1853~1930)은 朱熹를 중심으로 한 당송시대 시구를 모아 17제 30수 248구의 집구시를 지은 바 있다. 金相洪, 「韓國의 集句詩 硏究」(漢文學論集 5집, 1987) 참고.

명 문인들이 이런 창작 경향을 지속적으로 주도하면서 비로소 문단에 널리 보편화되었다.

초기 연구시는「백량대시(柏梁臺詩)」처럼 한 사람이 1행 1운(韻)으로 짓는 방식이 많았다. 양(梁) 무제의「청서전(淸暑殿)」시나 당(唐) 중종의「내전(內殿)」시가 다 그런 계열의 작품이었다. 그러나 위진시대 이후 많은 문인들이 동참하면서 창작 방법도 대단히 다양하게 개발되었다. 여러 사람이 ABCD의 순서로 1행 1운을 지어 단조롭게 연결하던 방식을 탈피하여, 두 사람이 ABAB나 ABBA의 순서로 짓기도 하고, 세 사람이 ABCA나 ABAC의 순서로 짓기도 하였으며, 1행 1운이 아니라 2행 1운 혹은 4행 2운을 짓기도 하고, 이런 여러 방법을 한 작품에 동시에 혼용하기도 하였다.75)

예컨대, 도연명은 음지(愔之) 순지(循之)와 함께 ABCA의 순서로 각각 4행 2운의 시를 지어 전체 16행 8운의「연구(聯句)」를 완성하였다.76) 두보(杜甫)도 이지방(李之芳) 최욱(崔彧) 등과 함께 같은 방식으로 16행 8운의 연구시를 지었는데, 이들은 개인별로 4행 2운이 아닌 2행 1운씩을 지었다. 그리고 먼저 ABCA의 순으로 8행 4운을 짓고, 한 차례 순서가 끝난 뒤에는 B부터 다시 시작하여 BCAB의 순으

---

75) 徐師曾,『文體明辨』卷16, 聯句詩, "按聯句詩 起自柏梁 人各一句 集以成篇 其後 宋孝武華材曲水 梁武帝淸暑殿 唐中宗內殿諸詩 皆與漢同 唯魏玄瓠方丈竹堂讌饗 則人各二句 稍變前體 自玆以還 體遂不一 有人各四句者 如陶靖節集所載是也 有人各一聯者 如杜甫與李之芳及其甥宇文或所作是也 有先出一句 次者對之 就出一句 前人復對之者 如韓昌黎集所載城南詩是也".

76) 徐師曾,『文體明辨』卷16, 聯句詩,「聯句」, "鳴鴈乘風飛 去去當何極 念彼窮居士 如何不歎息(陶潛) 雖欲騰九萬 扶搖竟何力 遠招王子喬 雲駕庶可飭(愔之) 顧侶正徘徊 離離翔天側 霜露豈不切 矜從忘愛翼(循之) 高构濯條幹 遠眺同天色 思絶慶未有 徒使生迷惑(陶潛)".

로 나머지를 지어 전체가 16행 8운이 되도록 만들었다.77) 한유(韓愈)가 맹교(孟郊)와 함께 지은 「성남연구(城南聯句)」는 이와 또 다른 방식을 보여주었다. 두 사람이 처음부터 끝까지 ABBA의 순으로 2행 1운씩 주고받아 전체 306행 153운에 달하는 장편 연구시를 지었던 것이다. 특히 한유는 「성남연구(城南聯句)」 외에 「회합연구(會合聯句)」 「투계연구(鬪雞聯句)」 「납량연구(納涼聯句)」 등 많은 연구시를 창작하여 새로운 방식을 시험하였는데,78) 이 때문에 연구시가 사실상 한유로부터 본격화되었다는 평을 받기도 하였다.79)

　　○ 「회합연구(會合聯句)」 5언 68행
　　　　A:장적(張籍), B:한유(韓愈), C:맹교(孟郊), D:장철(張徹)
　　　　①A-②B-③C-④D-⑤A-⑥B-⑦C-⑧D-⑨B-⑩A-⑪B-⑫C-⑬B-⑭A-⑮B-⑯C-⑰B-⑱C-⑲B-⑳A-//-㉑B-㉒A-㉓C-㉔A-㉕B-㉖C-㉗A
　　　　* ①~⑳은 1인 2행, ㉑~㉗은 1인 4행씩 지음
　　○ 「투계연구(鬪雞聯句)」 5언 50행. A:한유(韓愈) B:맹교(孟郊)
　　　　①A-②B-③A-④B-//-⑤A-⑥B-⑦A-⑧B-⑨A-⑩B-⑪A-⑫B-

---

77) 仇兆鰲, 『補注杜詩』 卷33, 「夏夜李尙書筵送宇文石首赴縣聯句」, "愛客尙書重 之官宅相賢(子美) 酒香傾坐側 帆影駐江邊(之芳) 翟表郎官瑞 鳧看令宰仙(或) 雨稀雲葉斷 夜久燭花偏(子美) 數語歌紗帽 高文擲綵牋(之芳) 興饒行處樂 離惜醉中眠(或) 單父長多暇 河陽實少年(子美) 客居逢自出 爲別幾淒然(之芳)". 먼저 杜甫-李之芳-崔或-杜甫 순으로 짓고, 다시 연이어 李之芳-崔或-杜甫-李之芳의 순서로 지었다.
78) 韓愈의 聯句詩는 宋 魏仲擧 편찬 『五百家注昌黎文集』 卷8에서 확인할 수 있다.
79) 李瀷, 『星湖僿說』 卷30, 「聯句」, "人謂聯句 古無此體 退之斬新開闢 或曰陶謝有是矣 李杜有是矣 又推而上之 則漢柏梁臺詩是也 余謂栢梁詩 未有聯句之名 至宋孝武華林都亭水曲聯句 效栢梁 梁武帝淸晨殿聯句 亦云栢梁體 則後人已指之謂聯句也 且退之所作 詩令多端 或多或寡 隨得輒錄 則優劣判矣 會合聯句是也 徹止於二聯 籍止於五聯 又或先占一句 他人屬對 則巧拙見矣 城南聯句是也 此實退之創始".

⑬A-⑭B
* ①~④는 1인 2행, ⑤~⑭는 1인 4행씩 지음
○ 「납량연구(納凉聯句)」 5언 84행. A:한유(韓愈) B:맹교(孟郊)
①A(2행)-②B(2행)-③B(2행)-④A(2행)-⑤A(16행)-⑥B(22행)-
⑦A(16행)-⑧B(22행)

위는 한유가 맹교 장적 장철 등과 함께 주고받은 연구시 몇 수의 분련(分聯) 방식을 정리해 본 것이다. 이를 보면 창작에 참여했다가 중도에 빠져나간 사람도 있고(장철), 한 작품 안에 1인 2행, 1인 4행, 심지어 1인 16행이나(맹교) 22행씩(한유) 서로 다르게 주고받기도 하는 등 참으로 다양하게 실험하였음을 알 수 있다. 이러는 가운데 개인의 작시 능력에 우열이 드러나기도 하고, 개인차가 심할 경우 완성도가 현저하게 떨어지는 문자유희(文字遊戲) 수준에 그칠 경우도 없지 않았다. 그래서 좋은 연구시를 짓기 위해서는 동참한 사람들 간의 의기투합(意氣投合)과 솜씨의 형평성을 매우 중시하였다. 그래야 공동으로 지은 작품이 내용에 있어서나 표현 수준에 있어서 들쭉날쭉하지 않고 그 자체로 잘 어울리는 작품이 될 수 있었기 때문이다.80) 대부분의 연구시가 특별히 친밀한 친구나 동료 친척 군신(君臣) 간에 많이 지어졌던 이유도 바로 여기에 있다.

우리나라에서도 연구시 창작 전통은 대단히 오래되었다. 신라 말에 이미 「과해연구(過海聯句)」란 작품이 있었고, 고려 전기에 「송풍연구(松風聯句)」를 비롯한 여러 편의 연구시가 창작되었기 때문이다.81) 특히 고려 예종(睿宗)이 곽여(郭輿. 1058~1130)와 함께 지은

---

80) 徐師曾, 『文體明辨』 卷16, 聯句詩, "按聯句詩 … 必其人意氣相投 筆力相稱 然後能爲之 否則狗尾續貂 難乎免於後世之譏矣".

수많은 연구시는 고려시대의 대표적인 작품이라 할 수 있으며, 이를 따로 모아『예종창화록(睿宗唱和錄)』이란 시집을 간행하기도 하였다.82) 조선시대에 와서도 마찬가지였다. 조선초기 문단을 주도한 집현전 학사들을 비롯하여, 중기의 박은(朴誾) 권필(權韠) 이안눌(李安訥), 후기의 채유후(蔡裕後) 남용익(南龍翼) 오도일(吳道一) 최석정(崔錫鼎) 등 수많은 유명 문인들이 연구시 창작에 참여하였으며, 이를 동료들과 우의를 다지거나 집안의 결속을 도모하는 등의 한 방편으로 적극 활용하였다.83)

5) 회문시(回文詩)

회문시(回文詩)란 보통 첫머리부터 내리 읽어도, 반대로 끝에서부터 거꾸로 치읽어도 다 의미가 통하고 또 형식까지 정연한 시를 가리키는 말이다. 그러나 회문(回文)이란 표현 그대로 시계 방향으로 돌려 읽으면 시가 되는 경우, 밖에서 안으로 돌아 들어가며 읽으면 시가 되는 경우, 첫 자부터 끝 자까지 한 자식 미루어 읽으면 그 때마다 다른 시가 되는 경우, 기타 여러 방식으로 순환(循環) 왕복(往復)하

---

81) 柳希齡,『大東詩林』卷38, 雜體類, 新羅 名家,「過海聯句」, "水鳥浮還沒 山雲斷復連(麗使) 棹穿波低月 船壓水中天(賈島)". 같은 책, 高麗 名賢,「松風聯句」, "斷送玄猿嘯 掀揚白鶴中(黃彬然) 厭喧欹枕客 怕冷拾枯童(宗聆) 冷然姑射吸 颯爾楚臺雄(無名) 鶴寒難得睡 僧定獨如聾(金莘尹)".
82)『睿宗唱和錄』은 현재 남아 있지 않다. 그러나 柳希齡의『大東詩林』卷38 雜體類에서『睿宗唱和錄』의 일부로 판단되는「喜雨聯句」「夏日曲池聯句」「西都康寧殿暮秋聯句」「淸讌閣夜宴聯句」같은 작품을 확인할 수 있다.
83) 조선시대 연구시 창작에 대해서는 박용만의「강화학파의 연구시에 대한 고찰」(『韓國漢詩硏究』12집, 2004), 이미진의「정조의 연구시 창작과 그 의미」(『대동한문학』41집, 2014), 김희자의「조찬한 조위한 권필이 함께 수창한 聯句詩 고찰(『인문학연구』99집, 충남대, 2015) 등 여러 연구가 있다.

여 읽으면 무수히 시가 나오는 반복회문시(反覆回文詩) 등을 모두 회문시라고 일컬었다.

회문시는 일반 한시와 비교할 수 없을 정도로 짓기가 어렵다. 똑같은 시를 뒤집어 거꾸로 읽어도 형식과 내용상 전혀 문제가 없는 또 다른 시가 될 수 있도록 극도로 정교하게 가공을 해야 하였기 때문이다. 그래서 이규보처럼 유능한 시인도 '회문시는 참 짓기가 어렵다. 짧게 보다는 길게 짓기가 더 어렵고, 남에게 화답하는 시를 긴 회문시로 짓기는 더더욱 어렵다'[84] 고 고백한 바 있다.

회문시의 기원에 대해서는 여러 설이 분분하다. 『창랑시화(滄浪詩話)』에서는 한(漢)나라 때 소백옥(蘇伯玉)의 아내가 반중시(盤中詩)를 지었는데 여기서 회문시가 기원하였을 것이라고 하였다.[85] 피일휴(皮日休)는 진(晉)나라 때 온교(溫嶠)가 처음 회문시를 지었다고 하였고,[86] 유협(劉勰)은 또 도원(道原)이란 사람이 이런 형식의 시를 처음 지었다고 주장하였다.[87] 그러나 소백옥의 처는 한나라가 아닌 진(晉)나라 사람이 분명하고,[88] 그가 반중시를 지었다는 분명한 근

---

84) 李奎報, 『東國李相國集』 後集 卷9, 「次韻李侍郞需以廻文和長句雪詩三十韻幷序」, "夫回文也 雖於短章 難莫甚焉 故古之人 雖喜爲廻文 未有至於二十三十韻者 況又和人所作鉅篇 復以廻文者乎 今子之所示 琬轉可愛 不可不答 依韻效嚬耳".

85) 『四庫全書總目』 卷189, 馮舒 『詩紀匡謬一卷』, 提要, "觀滄浪詩話 稱蘇伯玉妻有此體 見玉臺集 則嚴羽所見之本 實題伯玉妻名 又桑世昌回文類聚 載盤中詩 亦題蘇伯玉妻 則惟訥所題姓名 不爲無據". 기타 四庫全書總目 卷191 『馮氏校定玉臺新詠十卷』, 四庫全書總目 卷192 『詩女史十四卷拾遺二卷』(明 田藝蘅編) 등에서도 동일한 견해를 확인할 수 있다.

86) 蔡正孫, 『詩林廣記』 後集 卷3 「題織錦圖回文三首」, "皮日休雜體詩序云 晉溫嶠始有回文詩". 『事文類聚』 別集 卷10 「廻文之始」 조항에도 동일한 기록이 보인다.

87) 劉勰, 『文心雕龍』, 「明詩」, "回文所興 道原爲始".

88) 徐陵, 『玉臺新詠』(四庫全書 集部 總集類), 提要, "馮惟訥詩紀 載蘇伯玉妻盤中詩

거도 없으며, 현존하는 반중시의 저자는 실상 소백옥의 처가 아니라 진(晉)나라 부현(傅玄. 217~278)일 것이라는 주장도 있다.89) 그리고 진나라 온교가 지었다는 회문시는 현재 전하는 작품이 없으며, 도원이란 인물 또한 남북조시대 송(宋)나라 하도경(賀道慶)을 잘못 표기한 것이라는 설이 오래전부터 있었다.90) 이 외에 위(魏)나라 조식(曹植. 192~232)이 지은 「경명팔자(鏡銘八字)」 시가 회문시의 기원이라는 설도 있는데,91) 이 또한 작품을 확인할 수 없다.

그렇다면 회문시는 언제부터 등장하였다고 보는 것이 합당할까? 위진시대 이래 조식, 부현, 온교, 소백옥의 처 등이 꾸준히 형식 실험을 거듭하다가 4세기 후반 전진(前秦) 소혜(蘇惠. 357~?)가 「소약란직금회문시(蘇若蘭織錦廻文詩)」를 지은 이후 문단에 보편화되었다고 보는 것이 학계의 정설이다. 소혜는 자(字)가 약란(若蘭)인데, 남편 두도(竇滔)가 애첩 조양대(趙陽臺)와 함께 지방으로 부임한 뒤 소식을 끊어버리자, 남편을 그리는 마음을 담아 장편의 회문시를 지어 보냈다. 이것은 비단에 수를 놓은 것이라 해서 「소약란직금회문시(蘇若蘭織錦廻文詩)」라 하였고, 하늘의 별자리를 표시한 선기도안(璇璣圖案)

作漢人 據此 知爲晉代". 四庫全書總目, 卷189, 『詩紀匡謬一卷(馮舒 撰), 提要, "蘇伯玉妻盤中詩 詩紀作漢人 固謬".

89) 馮舒, 『詩紀匡謬』(四庫全書 集部 總集類), 「蘇伯玉妻盤中詩」, "樂府解題云 盤中詩 傅玄作 玉臺新咏第九卷 有此詩 亦曰傅玄 其爲休奕詩無疑也 惟北堂書鈔曰 古詩亦無名氏 其曰蘇伯玉妻者 嚴羽吟卷盲說耳 世人敢于信吟卷 而不敢信解題玉臺等書 冤哉".

90) 桑世昌(宋), 『回文類聚』(四庫全書 集部 總集類), 提要, "劉勰文心雕龍曰 回文所興 則道原爲始 梅庚註 謂原當作慶 宋賀道慶也".

91) 曹植, 『曹子建集』(四庫全書 集部 別集類), 提要, "鏡銘八字 反覆顚倒 皆叶韻成文 寔爲回文之祖".

에 배치한 것이라 해서 「선기도시(璇璣圖詩)」라고도 하였다.92)

『삼재도회(三才圖會)』 소재 「선기도시(璇璣圖詩)」

```
琴清流楚激絃商秦西發聲悲摧藏音和詠思惟空堂心憂增慕懷慘傷仁
芳聞東步階西遊王姿淑窕窈伯邵南周風興自后妃荒經離所壞嘆嗟智
蘭休桃林陰翳桑懷歸思廣河女衛鄭楚樊厲節中闈淫遐曠路傷中情懷
凋翔飛燕巢雙鳩土逶迤路遐志詠歌長嘆不能奮飛妄清幃君無家德
茂流泉清水激揚頑其人碩興齊高雙發歌我袞衣想華飾容朗鏡明聖
熙長君思悲好仇舊蕤威翠榮曜流華觀治容為誰感英曜珠先紛葩虞
陽愁歎發容摧傷鄉悲情我感商清宮羽同聲相追所多思感誰為榮唐
春方殊離仁君榮身苦惟艱生患多殷憂纏情將如何欽蒼穹誓終篤志眞
牆愁心濱均深身加懷憂是盟藻文繁虎龍寧自感思岑形熒城榮明庭妙
面伯改漢物我兼思何漫漫榮曜華雕旌孜孜傷情幽未猶傾苟難闈顯
殊在者之品潤乎愁苦恨是丁麗壯觀頎容側君在時岩在炎在不受亂華
意誠惑步育浸集悴我生何冤充顔曜繡衣夢想勞形峻慎盛戒義消作重
惑故曀飄施愆殃少章時桑詩端無終始詩仁顔哀寒嵯漸興後姬源人榮
故遺新飄生思愆精徽盛翳風此平始璇情賢喪物歲義慮嬉擊禍讒章
新舊聞離天罪幸神恨昭感興作蘇心情明別改知識深微相愛女因佞臣
霜廢遠微地我遐微業名鹿麗氏詩圖顯行華終淵淵察大趙婕所奸賢
冰故離隔德怨因幽玄情宣鳴辭理興義怨上容松重遠伐氏好忤凶惟
齋君殊喬貴難儔佛曠悼思傷懷日往感年殊白日西移光滋愚讒浸頹凶匹
潔子我木乎其誉遠嘆永感悲思憂遠勞情誰為獨居經在昭燕雍極我配
志惟同誰均根苦離戚我情哀暮歲殊歎時賤女壞歇網防外寔漢驕忠英
精新衾陰刁尋辛鳳知我者誰世異浮奇傾鄙賤何如羅萌青生城盈貞皇
純貞志一專所當麟沙流頹遊異浮沈華英翳曜陽林西昭景薄榆桑倫
望微精感通明鱗龍馳君然悠佛時年殊白日酉移光滋愚讒浸頹凶匹
誰雲浮寄身經飛昭虧不盈無忿必盛有衰無日不陵流蒙謙退休孝慈離
思輝光飾粲殊文德離忠體一遠心意志殊慎激何施電疑色遠家和思飄
想群離散妾孤遺懷儀容仰俯榮華麗飾身將與誰為逝容節敦貞淑童浮
懷悲哀聲殊華分聖賞何情憂感惟哀忘節上通神祇推持所自記自恭江
所春傷應翔雁歸星辟成者作體下遺莘非採者無差生從是敬孝為基湘
親剛柔有女為賤人房猶處巳憫徵身長路悲曠感士民梁山殊塞隔河津
```

이 시는 가로 세로 29자씩 전체 841자로 구성되었는데, 일정한 방법에 따라 읽으면 주옥같은 시 200여 수가 나온다. 그리고 송원(宋元)

---

92) 徐師曾,『詩體明辨』卷15, 雜體詩下, 廻文體, "廻文詩 始於符秦竇滔妻蘇氏反覆成章 而陸龜蒙則 曰悠悠遠道獨煢煢 由是反覆興焉 及古詩苑云 廻文反覆 舊本二體 止兩韻者謂之廻文 擧一字皆成讀者 謂之反覆 則蘇氏詩 正反覆體也 後人所作 直可謂之廻文耳", "晉陳留令 武功蘇道質第三女 名蕙 字若蘭 年十六歸竇滔 符堅寇襄陽 以滔為安南將軍 留鎭襄陽 滔携寵姬趙陽臺往 蕙怨之不與俱 而滔竟與斷音問 後蕙悔恨 自傷 因織錦為廻文 縱橫八寸 計入百餘言 縱橫反覆 皆成文章 名曰璇璣圖 因以寄滔 滔覽之 感其意 於是迎蕙以來 而歸陽臺於關中 恩好愈篤".

연간의 승려 기종(起宗)은 여기에서 3752수를, 명나라 강만민(康萬民)은 다시 4206수를 더 읽어내어 도합 8천여 수의 시를 찾아내었으며, 그 판독 방법을 표로 작성해서『선기도시독법(璇璣圖詩讀法)』이란 책을 따로 간행하기도 하였다.93) 이 시는 너무나 유명하여 인접 나라에까지 널리 소개되었으며, 무수한 유사 작품과 변체(變體)를 출현시키기도 하였다.

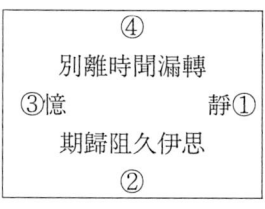

위는 후대에 출현한 간단한 회문시의 변체 두 수를 예시한 것이다. 첫 번째 시는 오른쪽 정(靜)자부터 시계방향으로 돌려 읽되, 글자를 3-4자 중첩해서 읽어야 하는데, 이 때문에 첩자 회문시(疊字回文詩)라고 하였다. 두 번째 시는 중간의 사(思)자를 십(十) 전(田) 심(心) 사(思) 등 4가지로 파자(破字)해서 각 행의 머리글자로 미리 배정한

---

93) 璇璣圖詩讀法 관련은 四庫全書 集部 別集類에「提要」,「璇璣圖詩讀法記」등과 함께『璇璣圖詩讀法』上下 2권이 수록되어 있어서 참고할 수 있다.

다음, 다시 왼편 중간의 분(分)자부터 시계방향으로 돌려 읽으면 되는데, 머리글자가 감추어져 있다고 해서 흔히 장두 회문시(藏頭回文詩)라고 하였다. 기타 시계 방향으로 중심부를 향해 읽어 들어가는 형, 한 자씩 건너 뛰어 돌려 읽는 형, 한 자씩 미루어 읽으면 그 때마다 다른 시가 성립되는 형, 거북 껍질이나 꽃무늬 혹은 좌우 대칭의 쌍합문(雙合文) 같은 문양을 활용한 형 등 이루 열거하기 어려울 정도로 많은 변체가 있다.94)

○ 장두회문차자시(藏頭回文借字詩)

 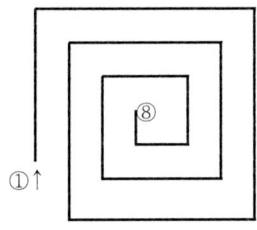

好處深居近翠巒　　　　　① 寒泉漱玉淸音好
音親邀客待閑秀　　　　　② 好處深居近翠巒
淸室喜來歸吟聳　　　　　③ 巒秀聳岩飛廻水
玉淨席殘與恣岩　　　　　④ 水邊松竹檜宜寒
漱窓終闌酒取飛　　　　　⑤ 寒窓淨室親邀客
泉寒陪聚宴歡廻　　　　　⑥ 客待閑吟恣取歡
宜檜竹松邊水　　　　　　⑦ 歡然聚陪終席喜
　　　　　　　　　　　　⑧ 喜來歸與酒闌殘

○ 쌍합문회문시(雙合紋回文詩)

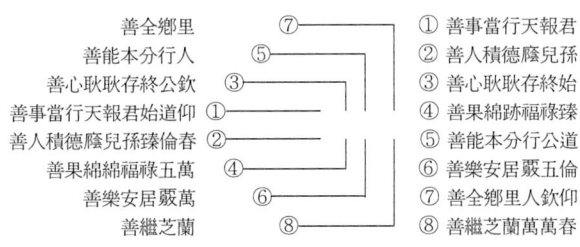

善全鄕里　　　　　　　① 善事當行天報君
善能本分行人　　　　　② 善人積德廕兒孫
善心耿耿存終公欽　　　③ 善心耿耿存終始
善事當行天報君始道仰　④ 善果綿綿福祿臻
善人積德廕兒孫臻倫春　⑤ 善能本分行公道
善果綿綿福祿五萬　　　⑥ 善樂安居敎五倫
善樂安居敎萬　　　　　⑦ 善全鄕里人欽仰
善繼芝蘭　　　　　　　⑧ 善繼芝蘭萬萬春

---

94) 「盤中詩」「璇璣圖詩」 등 다양한 중국 回文詩와 그 변체 자료는 宋 桑世昌의 『回文類聚』(四庫全書 總集類)에서 확인할 수 있다. 그리고 박노춘의 「回文體 詩歌 고찰」(건국대학교 석사논문, 1970)에서 한국은 물론 일본의 다양한 사례까지 소개한 것이 있어서 참고할 수 있다.

우리나라에서 회문시를 처음 창작한 사람은 당나라에 유학한 의상 (義湘. 625~702), 명효(明晶. 700년 귀국) 같은 승려였다. 의상이 『화엄일승법계도(華嚴一乘法界圖)』 반시(盤詩) 7언 30행, 명효가 「해인삼매론(海印三昧論)」 반시(盤詩) 7언 28행을 지은 것이 바로 그것이다. 이들이 활동한 신라 통일기는 아직 한국 한문학이 제 궤도에 오르기도 전이었다. 그럼에도 불구하고 이렇듯 어려운 반시(盤詩) 계열의 회문시를 창작한 것은 놀라운 일이며, 국내 회문시 창작이 당초 승려들의 수양 수단으로 시작되었음을 보여 준다.95) 그리고 한문학이 궤도에 오르면서 많은 문인들이 회문시 창작에 동참하였다. 고려 중기에 이인로(李仁老. 1152~1220)는 회문시에 대한 자신의 견해를 직접 피력한 바 있고96), 이규보(李奎報1168~1241) 또한 회문시 창작의 어려움을 토로하면서 직접 21수를 지은 바 있는데, 특히 이규보는 30운에 달하는 「영설(詠雪)」이란 장편 회문시와 이수(李需. 1214~1259)와 반복해서 차운한 회문시를 지은 것으로 이름이 났다.97) 조선초기에는 김시습(金時習)이 춘 하 추 동 4계절을 소재로 지은 「사절(四節)」 4수가 유명하

---

95) 義湘과 明晶의 盤詩는 蘇伯玉 처의 盤詩와 유사하면서도 다르다. 蘇伯玉 처의 반시는 소반 중앙 글자부터 가장자리를 향하여 한 번은 시계 방향으로 한 번은 시계 반대 방향으로 연이어 돌려 읽는 형태이다. 그런데 의상과 명효의 盤詩는 정방형 평면에 글자를 배치하여 복잡한 기하학적 문양에 따라 읽는 형태이며, 글자를 다룬 솜씨가 대단히 탁월하다. 황위주, 「신라의 한문학」,(『신라의 언어와 문학』, 경상북도, 2016) 2절. 통일 이후 독서와 창작 활동, 3항 승려들의 게송과 한시 참고.
96) 李仁老, 『破閑集』 卷上, "廻文詩 起齊梁 蓋文字中戲耳 昔竇滔妻織錦之後 杼柚猶存 而宋三賢 亦皆工焉 南徐集中所載盤中詩 雖連環讀之 可以分四十首 其韻尚諧 然血脈不相聯", "本朝李學士知深 感秋作雙韻回文詩頗工 … 僕亦效其體 獻時宰云 … 夫回文者 順讀則和易 而逆讀之 亦無聲牙艱澁之態 語意俱妙 然後謂之工".
97) 李瀷, 『星湖僿說』 卷28, "古之回文 只有四韻律 至李相國 有詠雪三十韻 七言律 與李侍郞需反覆相次 各成數篇也".

고, 이후에는 정사룡(鄭士龍) 신흠(申欽) 장유(張維) 남용익(南龍翼) 박세당(朴世堂) 등이 비교적 많은 회문시를 남겼다. 그러나 우리나라 회문시는 4행 혹은 8행의 단편이 대부분이며, 장편이나 특이한 변체(變體)는 많지 않았다. 그만큼 짓기가 까다롭고 어려웠기 때문일 것이다.

6) 과체시(科體詩)

과체시란 과거시험장에서 통용한 특이한 시험용 시체를 가리키는 말이다. 과거시험이 지난날 지식인 집단에 끼친 영향은 아무리 강조해도 지나치지 않다. 지식인이 출세할 수 있는 유일한 길이 관료가 되는 것이었고, 관료가 되는 가장 중요한 통로가 바로 과거시험이었으며, 과거시험에 급제한 이후에는 온갖 정치 경제 사회 문화적 혜택이 뒤따랐다. 그래서 주요 교육기관의 교과목이 대부분 과거시험과 연동되었고, 어느 해를 막론하고 식년시(式年試) 알성시(謁聖試) 증광시(增廣試) 등 갖가지 시험으로 전국이 떠들썩하였으며, 자격을 갖춘 사람이면 누구나 예외 없이 과거시험에 응시하였다.[98]

이렇듯 과거시험의 영향력이 막대하였던 만큼 핵심적 시험과목 가운데 하나였던 과체시 또한 당연히 중요한 관심사가 될 수밖에 없었다. 특히 진사과(進士科)나 문과(文科)에 응시하고자 할 경우에는, 일부 예외적인 사례가 없지 않았지만, 대부분의 문인들이 과체시를 외면하기가 어려웠다. 그래서 다른 어떤 형식의 시보다 시험용 과체시에 지대한 관심을 표명하였다. 이전에 좋은 성적으로 급제한 인물

---

[98] 과거시험 관련 사항은 황위주, 「과거시험 연구의 현황과 과제」(『大東漢文學』 38집, 2013) 참고.

의 모범답안을 따로 모아 과시선집(科詩選集)을 편찬 간행하기도 하고, 이를 돌려보며 시험관의 눈에 들 수 있는 격식에 맞는 과체시를 익히기 위해 무수하게 습작을 거듭하였던 것이다.

중국에서는 과거시험용 시체라고 해서 특별할 것이 별로 없었다. 당나라 때는 전체 6운 12행 가운데 중간의 4연 8행이 대우를 이루는 육운팔각(六韻八角) 형식을 시험하였는데,[99] 이런 시를 흔히 시율시(試律詩)라고 하였다.[100] 송나라 중기부터는 과거시험에서 아예 시 과목 자체를 제외한 경우가 많았다. 그리고 청나라 때 다시 정식 과목으로 삼았을 때는 이전보다 2운 4행이 늘어난 8운 16행 형식을 주로 시험하였는데,[101] 이런 시를 또 시첩시(試帖詩)라고 하였다.[102] 그러나 시율시든 시첩시든 일반적 배율(排律)의 창작 방식과 크게 다르지 않았으며, 과체시에만 특별히 요구하는 형식이 따로 있지도 않았다. 다만 시첩시의 경우 제4행에 제목 글자 중 한 자를 반드시 압운하도록 하고, 마지막 연은 임금을 칭송하는 내용으로 마무리하게 한 점이 특이한 정도였다.[103]

---

99) 四庫全書總目196, 『國朝郎廷槐編續錄』, "國朝劉大勤編 … 唐人省試排律本止六韻而止", 王士禎, 『池北偶談』(四庫全書 子部 雜家類), 卷17, 「排律」, "唐人省試 應制排律 率六韻 載諸英華者可考" 등에서 이런 사실을 확인할 수 있다.

100) 啓功, 『詩文聲律論稿』(中華書局, 1990), 13~14쪽, "唐代科學考試 用五言六韻 計十二句 稱爲試律詩".

101) 언제부터 이런 변화가 있었는지는 분명하지 않다. 그러나 皇朝通典(四庫全書 史部 政書類) 卷18 「選擧」 조의 "(乾隆二十二年) 正月勅 會試第二場表文 易以五言八韻 排律一首 卽以本年丁丑科會試爲始 又御史袁芳松請 自乾隆己卯科鄉試爲始 於第二場經文之外 一體試以五言八韻排律一首 從之", "(乾隆)四十七年七月 定鄉會試 二場排律詩 移置頭場制藝後 卽以頭場性理論 移置二場經文後 以防闈節" 등을 보면 청나라 때 16행 배율을 시험하고, 이를 鄉試에까지 확대 적용한 사실을 알 수 있다.

102) 啓功, 『詩文聲律論稿』, 13~14쪽, "清代科學考試 用五言八韻 計十六句 稱爲試帖詩"

우리나라에서도 과거시험을 처음 시행한 고려 초기에는 중국 당나라 때의 6운 12행 배율 형식을 준용하였던 것으로 판단된다. 고려 현종(顯宗. 1009~1031) 때 제술과에 '5언 6운시를 시험하였다'[104]는 기록이 이를 보여준다. 그리고 곧 이어 덕종(德宗. 1031~1034) 때부터는 이전보다 4운 8행이 더 긴 5언 10운 20행 배율을 함께 시험하였는데,[105] 전체가 10운 100자 형식이라고 하여 십운시(十韻詩) 혹은 백자과(百字科)라고도 하였다.[106] 10운시는 국내·외 과체시에 전례가 없는 것이어서 정확한 창작 방식을 파악하기가 어렵다. 그러나 이 또한 응시자의 창작 능력에 대한 평가의 공정성과 객관성 확립을 위해 외형을 조금 더 확장한 것일 뿐, 구체적인 창작 방식에 있어서는 이전부터 시행해 온 6운 12행 혹은 8운 16행 배율과 대동소이하였을 것으로 추정된다.

문제는 조선 세종 연간에 최만리가 상소를 하여 이전의 오언 10운 배율 형식을 폐지하고 오언과 칠언을 자유롭게 쓰도록 하며, 당시(唐

---

103) 試帖詩는 ①오언일 것 ②律調句일 것 ③16구(8운)일 것 ④앞뒤 각 2연을 제외하고 각 연은 대우를 이룰 것 ⑤정해진 韻目을 벗어나지 않을 것 ⑥首句는 운을 쓰지 않을 것 ⑦앞의 네 구는 破題에 해당하며 네 번째 구에는 제목의 한 글자를 운으로 쓸 것 ⑧말미는 임금을 칭송하는 내용으로 맺을 것 등의 규칙이 있었다고 한다(張裕承,「朝鮮時代 科體詩 硏究」,(『韓國漢詩硏究』 11집, 2003) 421쪽). 이 가운데 ①~⑥은 예사 배율시와 다름없고 ⑦⑧이 조금 특이할 따름이다.
104) 『高麗史』 卷73, 志27, 選擧, 「科目」, "試以五言六韻詩".
105) 『高麗史』 卷74, 志28, 選擧, 「科目」, "試 以賦及六韻十韻詩".
106) 李穡, 『牧隱文稿』 卷8, 「十韻詩序」, "百字科 未知所從起也 我國家興文治 教養多方 引之以簡易之術 動之以繁華之寵 所以擊蒙而俾之求益也 於戲 先王作人之盛心 何其遠哉 近世以百字科進者多矣 悅軒趙先生 尤其傑然者也 自念辛巳科 予年十四 亦由是科 得爲松亭門生 平生雖無可稱 然比之六韻八脚 亦不天地懸隔矣 其於國家設科取士之意 又不至於大戾矣".

詩) 배율을 표준으로 삼자고 주장하면서 시작되었다. 그래서 단종 연간부터 실제로 이전의 오언 10운 20행 형식을 폐지하였고, 그 대신 칠언 장편 배율 혹은 고시를 시험하기로 하였다. 그리고 이후 여기에 과거시험장에서나 통행할 수 있을 법한 몇 가지 까다로운 규칙을 준수하도록 요구함으로써 마침내 배율도 아니고 그렇다고 고시라고도 할 수 없는 특이한 시체, 곧 행시(行詩)가 시험 대상으로 등장하였는데, 행시의 창작방식은 참으로 독특하였다.

(1) 시 전체는 18운 36행을 정격(正格)으로 삼는다.
『대전회통(大典會通)』에는 정격을 벗어날 경우 실격시키라고 규정하였다.

(2) 3운 6행씩을 한 단락으로 나누어 아래와 같이 구성해야 한다.
①첫구[서두(書頭)]-②첫구받침[둘째구]-③입제(入題)-//-④포두(鋪頭)[원제(元題)]-⑤포두받침[원제받침]-⑥포두느림[느림]-//-⑦첫목-⑧첫목받침-⑨첫목느림-//-⑩두목-⑪두목받침-⑫회제(回題)[두목느림]-//-⑬회제(回題)[세목]-⑭세목받침-⑮세목느림-//-⑯네목-⑰네목받침-⑱네목느림

(3) 운자는 제목 중 한 자를 낙점하면 그 글자가 속한 운목을 쓴다. 평측 무관. 원제(元題) 부분(④)의 운자는 반드시 낙점한 글자 자체를 압운해야 한다.

(4) 평측은 이평삼측기(二平三仄起)와 이측삼평인(二仄三平因) 일체형으로 한다.
ⓐ이평삼측기 : ○○●●●△△
ⓑ이측삼평인 : ●●○○○△◎ (○평, ●측, △평측무관, ◎운자)
* 안짝은 모두 ⓐ, 밧짝은 모두 ⓑ로 하며, 대(對)만 있고 렴(廉)은 없다.

* ○○이나 ●● 중 한 자는 바꿀 수 있으나 제5자는 바꿀 수 없다.
    * 평측은 입제(入題)부터 준수함을 원칙으로 한다.
  (5) 각 단락의 중간 연(2, 5, 8, 11, 14, 17연)은 반드시 대우를 해야 한다.
  (6) 평가에서 입제(入題:③연)와 회제(回題:⑫⑬연) 부분을 특히 중시 하였다.107)

 위는 행시 창작과 관련된 몇 가지 공통적 요구사항을 간단히 정리해 본 것이다. 이를 보면 행시가 고시도 배율도 아닌 독특한 양식임을 바로 알 수 있다. 압운 평측 대우 등의 규정이 까다롭고 엄격하여 이런 형식적 구속 자체가 없는 고시와는 처음부터 거리가 멀었고, 평성이 아닌 측성 운자를 쓸 수 있다는 점, 원제(元題) 부분(제8행)에 제목 글자 가운데 지정된 한 글자를 반드시 운자로 사용해야 한다는 점, 평측에 대(對)만 있고 염(廉)이 없다는 점, 대우를 요구하는 부위가 3운 1단락의 중간 부위라는 점 등은 모두 배율의 규칙과 다르다. 전체 시상의 전개 순서가 미리 확정되어 있고, 입제(入題) 회제(回題) 등의 부위가 정해진 것은 더 말할 필요도 없다.
 이와 같은 행시는 다른 나라에서는 유래를 찾아볼 수 없고, 우리나라의 경우에도 조선초기까지는 존재하지 않았다. 그리고 조선후기 과체시 가운데 이런 규칙에 부합하지 않았음에도 우수한 성적으로 평가된 예가 더러 발견되는 것으로 보아 이 규칙을 얼마나 엄격하게 적용하였는지 정확하게 판단하기도 어렵다. 그러나 이런 행시 규칙이 알려지면서 과거시험에 뜻을 둔 많은 사람들이 행시 규칙에 부응

---

107) 李炳赫, 「韓國 科文 硏究」(『東洋學』 16집, 1986) 3장 '科文의 형식' 참고.

하는 과체시의 창작을 위해 각고의 노력을 경주하였으며, 이런 노력을 통해 습득한 창작 방식은 과거시험과 무관한 개인의 창작활동에도 자연스럽게 큰 영향을 미쳤다.108) 과거시험이 지식인들에게 미친 영향에 정비례하여 한시 창작활동에도 직간접적으로 깊이 작용하였던 것이다.

5. 기타 흥미로운 잡체시

한시 가운데는 시어를 선택하는 방식에 있어서나 시행의 구성, 평측과 대우의 적용 등 또 다른 여러 측면에서 예사 한시의 틀을 벗어난 흥미로운 잡체시가 많다. 이런 작품은 대부분 한시 형식의 획일성과 창작의 매너리즘을 극복하기 위한 유희적 수단의 일종으로 활용되었는데, 여기서는 그 가운데 작품 수가 비교적 많고 또 한시에 대한 이해의 폭을 확장하는데 기여할 수 있는 몇 가지만 검토해보기로 한다.

1) 시어 관련 잡체시

시어(詩語) 관련 잡체시는 작품을 창작함에 있어서 시어의 선택과 활용에 깊이 작용한 어떤 독특한 장치가 있는 일련의 작품을 가리킨다. 작품 내에 새소리를 나타내는 특정 어휘의 음과 뜻을 동시에 활용하는 금언체(禽言體), 숫자와 결부된 어휘와 그 구체적 지시 대상을

---

108) 조선시대 과체시의 유행과 창작 양상에 대해서는 張裕承,「朝鮮時代 科體詩 硏究」(『韓國漢詩硏究』11집, 2003) 참고.

활용하는 수시(數詩), 인명 지명 약명 등 온갖 이름 관련 어휘를 규칙적으로 활용하는 잡명시(雜名詩) 등이 모두 이에 해당한다.

① 금언체(禽言體)

　금언체는 금언(禽言), 즉 새 소리를 나타내는 어휘를 시에 적극 활용한 작품을 가리키는 말이다. 새 소리는 음차(音借) 표기를 한 경우가 많았다. 까마귀 소리를 고악(姑惡), 까치 소리를 가치(可恥), 뻐꾸기 소리를 포곡(布穀) 혹은 복국(復國), 부엉이 소리를 부흥(復興)이라고 표현한 것이 모두 그런 예이다. 그러나 소쩍새를 솥 정(鼎)자와 적을 소(小)자의 뜻을 빌려 솥적[鼎小]으로, 노고지리를 노구 과(鍋)자와 질 부(負) 자의 뜻을 빌려 과부(鍋負)로, 나죽새(주걱새)를 나 아(我) 자와 하고자 할 욕(欲) 자, 죽을 사(死) 자의 뜻을 빌려 아욕사(我欲死)로 표기하는 등 훈차(訓借) 표기를 한 경우도 있었고, 주걱새[死去鳥] 처럼 한 어휘 내에 음차[去]와 훈차[死]를 동시에 적용한 경우, 노고질(老姑疾:노고지리. 음차)과 과부(鍋負:노고지리. 훈차)처럼 음차와 훈차를 제각각 적용하여 전혀 다른 2개 이상의 어휘를 함께 만들어낸 경우 등도 없지 않았다.

　금언체는 바로 이런 어휘의 음과 뜻을 이중적으로 활용한 작품이란 점에 핵심적 특징이 있다. 예컨데, 고악(姑惡)은 까마귀 소리이면서 동시에 '시어머니 나빠'라는 뜻과 연결되고, 포곡(布穀)은 뻐꾸기 소리이면서 동시에 '씨를 뿌려라'고 농사를 독촉하는 뜻과 연결되며, 솥적(鼎小)은 소쩍새 소리이면서 동시에 '솥이 적다'는 의미를, 부흥(復興)은 부엉이 소리이면서 동시에 '다시 일어난다'는 뜻을 담았다.

姑惡 姑惡	고악 고악
姑不惡 婦還惡	시어미 나쁘지 않고, 며느리 더 나쁘네
摻摻之手可縫裳	곱디고운 그 손으로 바느질 할 수 있고
桑葉滿筐蠶滿箔	광주리에 뽕잎 담고 잠 발에 누에 키워
但修婦道致姑樂	며느리 도리 닦아 기쁘게 해드릴 것이지
何須向人說姑惡	어찌 남들 향해 시어미 나쁘다 말하는가109)

권필의 고악(姑惡)이란 작품이다. 첫 행은 '고악' '고악' 우는 까마귀 소리를 표현한 것이다. 그리고 동시에 '시어미 나빠'라고 외친다는 의미를 내포하였으며, 그래서 이 의미를 부연하는 방식으로 전체 시상을 전개하였다. 새 소리와 그 의미를 이중적으로 활용하였는데, 대부분의 금언체가 이런 방식이었다.

금언체는 송나라 때 매성유(梅聖兪), 소식(蘇軾), 주희(朱熹), 고계(高啓), 주자지(朱紫芝) 등이 지은 「사금언(四禽言)」 혹은 「오금언(五禽言)」 같은 작품을 통해 문단에 널리 확산되었다.110) 우리나라에서는 김안로(金安老)의 「구금언(九禽言)」, 유몽인(柳夢寅)의 「조어십삼편(鳥語十三篇)」, 양경우(梁慶遇)의 「칠금언(七禽言)」 등이 있고, 기타 권필의 「사금언(四禽言)」, 장유(張維)의 「희작사금어(戲作四禽語)」, 유득공(柳得恭)의 「동금언(東禽言)」 등이 비교적 널리 알려진 작품들이다.111)

---

109) 權韠, 『石洲集』 卷8, 雜體, 「四禽言」.
110) 宋公傳(明), 『元詩體要』 卷6, 「禽言體」, "禽言 鳥語也 皆因其自呼之名而名之 宋梅聖兪蘇東坡朱文公 俱有詩 今所得者 詞麗而意婉 必假喩以達事情 使人快覩而易悅 似勝於前人之音格云".
111) 예시한 禽言體의 구체적 내용에 대해서는 이미진, 「조선중기 잡체시 창작에 대한 연구」,(경북대 박사학위논문, 2013), 217~224쪽에 자세한 소개가 있어서 참고할

② 수시(數詩)

수시란 제목에 먼저 사시(四時) 오색(五色) 육갑(六甲) 팔음(八音) 등 숫자로 명명된 사항을 미리 제시하고, 그것이 가리키는 구체적 지시 대상, 즉 춘(春) 하(夏) 추(秋) 동(冬)이나 청(靑) 황(黃) 흑(黑) 백(白) 홍(紅) 같은 어휘를 작품에 활용한 것을 가리킨다. 도연명(陶淵明)의 「사시(四時)」가 바로 그런 예이다.

    春水滿四澤 봄날 물이 사방 못에 가득하고,
    夏雲多奇峯 여름 구름 높은 봉우리에 많네.
    秋月揚明輝 가을 달은 밝은 빛을 드날리고,
    冬嶺秀孤松 겨울 산마루에 소나무 우뚝하네.112)

일 년 사계절을 가리키는 사시(四時)를 제목으로 먼저 제시하고, 그것이 지시하는 춘(春) 하(夏) 추(秋) 동(冬)을 각 행 머리글자로 활용하였다. 이와 같은 수시(數詩)는 십간(十干)과 십이지(十二支)를 활용한 육갑시(六甲詩), 금(金) 석(石) 사(絲) 죽(竹) 포(匏) 토(土) 혁(革) 목(木) 등 8종의 악기를 활용한 팔음시(八音詩), 기타 삼부염(三婦艶), 사색시(四色詩), 육부시(六府詩), 육억시(六憶詩), 십색시(十索詩), 백년가(百年歌) 등 대단히 다양하였다.113) 그리고 관련 용어를 시어로 활용하는 방법도 각 행마다 활용한 경우, 홀수 행에서만 활용한 경우, 머리글자나 중간 혹은 끝 글자로 활용한 경우, 한 자씩 활용한 경우, 두 자 이상씩 활용한 경우 등 여러 가지였다.

수 있다.
112) 陶潛, 『陶淵明集』 卷3, 「四時」.
113) 徐師曾, 『文體明辨』 附錄 卷1에 관련 작품이 다양하게 소개되어 있다.

숫자 관련 잡체시 가운데 수명체(數名體)는 창작 방식이 이와 조금 달랐다. 수명체(數名體)는 일반적 수시(數詩)와 달리 작품의 제목에 구체적 숫자를 제시하지 않는다. 반면 작품의 홀수 행 혹은 모든 행의 머리글자로 일 이 삼 사 오 육 칠 팔 구 십 백 천 만 억 등 구체적인 숫자 이름을 정연하게 활용하였다.

> 一雨居然滌旱魃　　한번 비가 내려 문득 가뭄 씻어내니,
> 二氣從此無愆忒　　음양이 이제부터 어긋남이 없겠구나.
> 三農庶可致豊登　　곳곳의 농사가 풍년을 이루게 되어,
> 四野歌謳歡意足　　사방 들판 노래 기쁨으로 충만하네.
> 五帝以後人事非　　삼황오제 이후로 인간사 그릇되더니,
> 六責獨有成湯德　　덕 높은 성탕이 여섯 일로 자책했네.
> 七年災禍終自弭　　칠 년의 자연재앙 마침내 끝이 나고,
> 八域旋看甘霈渥　　온 천하가 단 비로 젖어듦을 보았지.
> 九重誠感邁古昔　　임금의 정성 감동 옛 성군에 가까워,
> 十拜頌祝吾王澤　　열 번 절하며 그 은혜를 송축드리네.114)

숙종 연간에 송규렴(宋奎濂. 1630~1709)이 지은 「수명시(數名詩)」이다. 오랜 가뭄 끝에 임금이 기우제를 지내자 많은 비가 내린 사실을 송축한 내용인데, 일부터 십까지의 숫자를 각 행의 머리글자로 정연하게 활용하였다. 이와 같은 수명체(數名體)는 많은 문인들의 주목을 받았다. 조선초기 조수(趙須)의 「수명시(數名詩)」, 조선후기 남용익(南龍翼)의 「수명체(數名體)」 등이 그런 예이다. 그리고 춘향전의 「십장가(十杖歌)」도 수명체를 활용한 것이고, 개화기 시가 중에도 수명

---

114) 宋奎濂,『霽月堂集』卷3,「數名詩」.

체(數名體)를 차용한 작품이 적지 않은데, 이는 곧 수명체(數名體)의 창작 경험이 국문시가로 전이되었음을 보여준다.

③ 잡명시(雜名詩)

잡명시란 세상에 존재하는 온갖 이름을 조직적으로 활용하여 지은 시를 가리킨다. 별 자리와 같은 천문 자연의 이름, 주(州) 부(府) 군(郡) 현(縣)과 같은 행정 단위의 이름, 궁궐(宮闕) 선박(船舶) 같은 건조물 이름, 조수(鳥獸) 초목(草木)의 이름, 점괘(占卦) 이름, 약명(藥名), 관직명(官職名), 인명(人名) 등 무엇이나 대상이 될 수 있었다.115) 이와 같은 대상의 다양성 때문에 이름 관련 잡체시를 총괄하여 잡명시(雜名詩)라고 하였으며, 그 가운데 문인들이 즐겨 활용한 몇 가지는 따로 명칭을 부여하기도 하였다. 별 자리 이름을 활용한 것을 성명체(星名體), 조수 초목의 이름을 활용한 것을 『이아(爾雅)』를 부연하였다는 의미에서 연아체(演雅體), 약재 이름을 활용한 것을 약명체(藥名體), 건(建) 제(除) 만(滿) 평(平) 등 12가지 길흉(吉凶) 이름을 활용한 것을 건제체(建除體) 라고 하였으며, 수명체(數名體)를 여기에 포함시키기도 하였다.

>   王孫草綠小桃紅   왕손 풀은 푸르고 작은 복사꽃 붉은데,
>   續斷淸風亂竹中   왔다 갔다 맑은 바람 대숲에 어지럽네.
>   恨不早休成遠志   한스럽다, 일찍이 큰 뜻 이루지 못하고,

---

115) 李睟光,『芝峯類說』卷9, 文章部2,「詩」, "古之詞人 以筆爲戱 用金石絲竹匏土革木成八韻者 謂之八音詩 用建除滿平等十二字者 謂之建除體 用鳥獸草木者 謂之演雅體 廻復押韻者 謂之廻文詩 又有卦名 藥名 數名 州名 六甲 離合等詩 六朝以前 此體最多 然類俳 不足效也".

長卿空作白頭翁   사마상여 덧없이 백발 늙은이 된 것이.116)

광해군 연간에 주로 활동한 오숙(吳䎘. 1592~1634)의 「춘일집약명(春日集藥名)」이란 작품이다. 큰 뜻을 이루지 못하고 세월만 보내며 살아온 자신의 처지를 사마상여(司馬相如)에 비유하여 읊은 것인데, 겉보기에는 보통 한시와 조금도 다름이 없다. 그런데 어휘를 자세히 관찰해보면 "약 이름을 모았다(集藥名)"라고 한 제목 그대로 모든 행에 약재 이름이 사용되었음을 알 수 있다. 1행의 왕손(王孫)은 '나리 풀'이고, 소도홍(小桃紅)은 '봉선화'이며, 2행의 속단(續斷)은 국화과 식물이고, 청풍(淸風)은 '청풍등(淸風藤)'이란 약초 이름이다. 3행의 조휴(早休)는 열매 없는 '오얏'이고, 원지(遠志)는 '얘기 풀' 곧 영신초(靈神草)이며, 4행의 장경(長卿)은 '게'이고, 백두옹(白頭翁)은 '할미꽃'이다. 하나같이 모두 약재로 사용한 것들인데, 이 시는 바로 한 행에 2종씩 전체 4행에 걸쳐 8종의 약재 이름을 교묘하게 활용하여 창작하였던 것이다.

대부분의 잡명시(雜名詩)는 창작 방식이 대체로 이와 유사하였다. 다만 한 행에 한 가지 이름만 활용한 경우, 두 가지 이름을 활용한 경우, 모든 행에 다 활용한 경우, 홀 수 행에만 활용한 경우, 절구시로 창작한 경우, 율시나 배율 혹은 고시로 창작한 경우 등 그 활용 방법과 시 형식에 차이가 있을 뿐이었다. 김안로(金安老)의 「약명시(藥名詩)」는 칠언율시였고, 포조(鮑照), 범운(范雲) 등의 건제시(建除詩)는 모두 24행 고시였는데, 이를 통해 이름을 활용하는 방법과 다양성을 확인할 수 있다.

---

116) 吳䎘, 『天坡集』 卷2, 「春日集藥名」.

2) 시행(詩行) 관련 잡체시

한시 가운데는 각 행의 글자 수가 일정하지 않으면서도 정연한 규칙이 있는 특이한 형태가 있다. 전체 6행을 3, 5, 7언 각 2행으로 구성한 삼오칠언시(三五七言詩), 전체 10행을 3, 4, 5, 6, 7언 각 2행으로 구성한 자삼언지칠언시(自三言至七言詩), 전체 10행을 1, 3, 5, 7, 9언 각 2행으로 구성한 일삼오칠구언시(一三五七九言詩), 1언 2행부터 7언 2행까지 전체 14행으로 구성한 일지칠언시(一至七言詩), 1언 2행부터 9언 2행까지 전체 18행으로 구성한 일지구언시(一至九言詩), 1언 2행부터 10언 2행까지 전체 20행으로 구성한 자일지십시(自一至十詩) 등이 모두 그런 예이다.

이런 계열의 작품은 각 행의 글자 수가 같지 않다는 점에서 장단구(長短句)와 유사하다. 그러나 장단의 구분이 음악의 가락과 관련된 것이 아니며, 길고 짧은 시구가 아래위로 섞여있지도 않다. 다만 아래로 내려 갈수록 글자 수가 차츰 많아져서 위는 좁고 아래는 넓은, 사찰의 탑이나 층계를 연상하는 형태를 보여주는데, 이런 형태적 특징 때문에 특별히 보탑시(寶塔詩) 혹은 층시(層詩)라고 하였다.

秋風淸	가을 바람 맑고
秋月明	가을 달은 밝네
落葉聚還散	낙엽은 모였다 흩어지고
寒鴉棲復驚	갈가마귀 잠들다 놀라네
相思相見知何日	그리운 님 만날 날 언제쯤일까
此時此夜難爲情	이 시절 이 밤 정 두기 어렵네117)

---

117) 李白,『李太白文集』卷22,「三五七言」. 魚叔權은『稗官雜記』에서 전체 10행을 3~7자 각 2행으로 차례에 따라 구성한 이규보의「自三言至七言」시를 소개하면서

松	솔
松	솔
傲雪	눈에 당당
凌冬	겨울에 늠름
白雲宿	흰 구름 자고
蒼苔奉	이끼 자라나네
夏花風暖	송화엔 바람 따뜻
秋葉霜濃	가을 잎 이슬 짙네
直幹聳丹壑	곧은 줄기 하늘에 솟고
淸暉連碧峯	맑은 빛 봉우리에 닿네
影落空壇曉月	새벽 달빛에 그림자 지고
聲搖遠寺殘鍾	먼 절 종소리에 소리 울리네
枝飜凉露驚眠鶴	가지 흔들려 이슬이 학 깨우고
根揷重泉近蟄龍	뿌리는 용 잠든 땅 깊이 박혔네
初平服食而鍊仙骨	초평은 솔잎으로 신선 몸 단련하고
元亮盤桓兮蕩塵胸	연명은 어정거리며 세속 일 잊었지
不必要對阮生論絶品	완생과 만나서 절품 논할 것 없으니
何須更令韋偃畵奇容	어찌 위언에게 그 모습 그리게 할까
乃知獨也靑靑受命於地	독야청청함 땅의 명 받은 줄 알겠으니
匪爾後凋之姿吾誰適從	시들지 않는 네 아니면 내 누구 따르랴118)

이백의「三五七言」을 본받는 작품 양식이라고 하였으며, 魚世謙의「自一字至十字」시를 아울러 소개하면서 이것은 이규보의「自三言至七言」시를 다시 확장한 형태로 해석하기도 하였다. 魚叔權,『稗官雜記』(韓國歷代詩話類編 384쪽 재인용), "李文順 見衆鳥啄蟲 惡 而斥之 因作詩曰 朱朱公 好啄蟲 予不忍視 斥勿使爾 汝莫怨我爲 好生本自期 我今退老踈散 不卜朝天早晏 豈要聞渠報曙聲 貪眼尙欲避窓明 自註云 自三言至七言 盖法李太白三五七言之詩也 魚文貞公詠菊詩 菊 菊 兄松 弟竹 挹夕露 承朝旭 粲粲英英 芬芬郁郁 霜葩耀晚金 雨葉滋晨玉 開三徑望南山 溯一潭追甘谷 恬芳自可制頹齡 隱逸還堪醫薄俗 香魂不滅宛舊精神 色相猶存本來面目 烏帽落時須臾揷一枝 白衣來處何嫌酌數斛 物旣貞潔其藻自然而眞 人爭播詠於詩 愛之誰酷 自註云 自一字至十字 盖又法文順詩 而添其體格也 按一字至十字 宋朝文與可詠竹 已有此體".

첫 번째 시는 당나라 이백(李白)의 「삼오칠언(三五七言)」이고, 두 번째 시는 조선 권필(權韠. 1569~1612)의 「자일지십(自一至十)」 4수 중 한 수이다. 형태적 특징을 부각시키기 위해 번역문과 원문을 모두 중간 정리해서 제시하였는데, 2행 단위로 글자 수를 규칙적으로 늘여 형태적으로 탑 혹은 층계 모양이 아주 선명하며, 짝수 행 끝에 격구운(隔句韻)을 구사한 정연한 정형시임을 알 수 있다.

이런 시가 언제부터 문단에 출현했는지는 분명하지 않다. 다만 당나라 때 이백(李白) 장남사(張南史) 포방(鮑防) 정개(鄭槩) 등이 모두 이런 작품을 지은 것으로 보아 대략 당나라 전후부터 문인들에게 주목받은 것이 아닌가 추측할 뿐이다.119) 우리나라에서는 고려시대 이규보(1168~1241)의 「자삼언지칠언(自三言至七言)」, 승려 혜심(慧諶. 1178~1234)의 「차금성경사록종일지십운(次錦城慶司祿從一至十韻)」에서 이런 형태의 작품을 처음 확인할 수 있는데, 혜심의 작품이 상대의 시에 차운(次韻)한 작품인 것으로 보아 고려시대부터 이

---

118) 權韠, 『石洲集』 卷8, 雜體, 「松」. 본문 중 初平 韋偃 관련. "神仙傳曰 黃初平 丹溪人也 年十五 家使牧羊 有道士見其良謹 便將至 金華山石室中 四十餘年 不復念家 其兄初起 行山尋索初平 歷年不得 後見市中有一道士 初起召問之 道士曰 金華山中 有一牧羊兒 姓黃字初平 是卿弟非疑 初起聞之 卽隨 道士去求弟 遂得相見 悲喜語畢 問初平羊何在 曰近在山東耳 初起往視之 不見 但見白石 而還謂初平曰 山東無羊也 初平曰羊在耳 兄但自不見之 初平與初起 具往看之 初平乃叱曰羊起 於是白石皆變 爲羊數萬頭", "韋偃 唐杜陵人鑑子 寓蜀官少監 善畫山水竹樹人物 山以墨幹 水以手擦 曲盡其妙 又善小馬牛羊 松石尤佳筆力勁健".
119) 三五七言詩는 『李太白集分類補註』 卷25 「三五七言」 시 주석에 "齊賢曰 古無此體 自太白始"라는 기록이 있고, 一字至七字는 陶宗儀의 說郛 卷82 「詩體」 一字至七字 조항에 "唐張南史雪月花草等篇是也"라는 기록이 있으며, 廷槐가 편찬한 『師友詩傳錄』(四庫全書, 集部九)에 "問有一字廷槐至七字 或一字至九字詩 此舊格耶 抑俗體耶 答格則於昔有之 終近游戲 不必措意 他如地名人名藥名五音建除等體 總無關於風雅 一笑置之可耳"라는 기록이 있어서 참고할 수 있다.

미 가까운 사이에 이런 시를 주고받는 일이 흔히 있었던 것으로 보인다. 조선시대 때는 성현(成俔) 권필(權韠) 유희경(劉希慶) 남용익(南龍翼) 등이 비교적 많은 보탑시를 지었다. 그리고 한말에는 1자에서 10자로 늘렸다가 다시 거꾸로 1자씩 줄여 전체가 마름모꼴이 되도록 만든 응용 형태가 등장하기도 하였으며, 조지훈(趙芝薰)과 여류시인 운초(雲楚) 등은 한글 시 창작에 이를 응용하여 보탑 혹은 그 반대 형태의 작품을 창작해보이기도 하였다. 이런 시는 작품 자체의 예술적 탁월성보다 근체시의 획일성에 식상한 문인들이 형식적 다양성을 추구하기 위한 돌파구의 일종이었다는 점, 그 전통이 한글 시의 창작에까지 연결되었다는 점에 주목할 가치가 있다.

3) 평측·대우 관련 잡체시

근체시에 엄정한 평측(平仄)과 대우(對偶)의 원칙이 있음은 재론할 필요가 없다. 그런데 이와 같은 일반적 원칙을 고의로 파괴하여 전혀 새롭고 엉뚱한 평측과 대우를 과감하게 실험한 잡체시가 있다. 우선 다음 시를 보자.

> 月出斷岸口(입입상거상) 달이 가파른 언덕 위로 떠올라,
> 影照別舸背(상거입상거) 떠나가는 큰 배 뒷등을 비추네.
> 且獨與婦飮(상입상상상) 이제 홀로 아내와 술 마시지만,
> 頗勝俗客對(상거입입거) 저 속객과 마주하기보다 나으리.
> 月漸上我席(입상상상입) 달빛이 점점 내 자리로 오르고,
> 暝色亦稍退(거입입거거) 밤 빛이 또한 조금씩 사라지네.
> 豈必在秉燭(상입거거입) 어찌 꼭 촛불을 잡고 놀 것인가,
> 此景亦可愛(상상입상거) 이 경치 또한 사랑할 만한 것을.120)

송나라 매요신(梅堯臣. 1002~1060)의 「오측체(五仄體)」란 작품이다. 지방 수령으로 부임한 친구를 찾아가서 지어 준 것이라고 하는데, 각 행 5자가 모두 처음부터 끝까지 상성 거성 입성 등 측성(仄聲)만으로 구성되어 있다. 4행의 파(頗) 자와 6행의 명(暝) 자가 평성으로 쓰이기는 하나, 파(頗) 자는 상성 거성과 통용되고, 명(暝) 자 또한 '밤'이라고 풀이할 때는 거성이 분명하다. 따라서 전편이 측성자로 구성된 시라고 할 수 있겠는데, 이런 시를 특별히 측체(仄體)라고 일컬었다.121)

이 외에도 평측 관련 잡체시는 여러 가지가 있다. 시 전체를 평성(平聲) 자로만 구성한 평체(平體), 각 행의 머리글자를 모두 측성(仄聲) 자로 시작한 측기체(仄起體), 각 행의 끝 글자가 제1수는 평성, 제2수는 상성, 제3수는 거성, 제4수는 입성이 되도록 설정한 4수 연작의 사성체(四聲體), 각 행의 끝 글자가 제1수는 평성과 평성, 제2수는 평상과 상성, 제3수는 평성과 거성, 제4수는 평성과 입성이 규칙적으로 교체되도록 설정한 4수 연작의 또 다른 사성체(四聲體) 등이 모두 그런 잡체시이다.122)

---

120) 梅堯臣, 『宛陵集』 卷28, 「舟中夜與家人飮」.
121) 仄體 平體 등이 언제부터 등장하였는지는 분명하지 않다. 다만 李睟光의 다음 글을 참고해 보면 당나라 때부터 이미 이런 부류의 시가 적지 않았음을 알 수 있다. 李睟光, 『芝峯類說』 卷9, 文章部 2, 「詩」, "古詩有七平七仄 梨花梅花參差開 七平也 有客有客字子美 七仄也 韓詩中亦有此體 盖詩之變也 又有五平五仄 如李白處世若大夢 胡爲勞其生是也 詩家多有此體".
122) 陶宗儀가 『說郛』 卷33 「詩體」에서 "有全篇雙聲疊韻者 東坡經字韻詩是也 有全篇字皆平聲者 天隨子夏日詩四十字皆是平 又有一句全平一句全仄者 有全篇字皆仄聲者 梅聖兪酌酒與婦飮之詩是也 有律詩上下句雙用韻者 第一句第三五七句押一仄韻 第二句第四六八句押一平韻者 唐章碣有此體 不足爲法 漫列於此 以備其體耳 又有四句平入之體 四句仄入之體"라고 한 데서 본문에 언급한 이 외에도 아

대우(對偶)의 원칙을 파기해서 전혀 새로운 방식을 추구한 잡체시도 적지 않다. 3-4행의 함련(頷聯)에 구사해야 할 대우를 1-2행 수련(首聯)에 미리 당겨 놓은 투춘체(偸春體), 함련(頷聯)의 대우를 아예 생략한 봉요체(蜂腰體), 한 연 내에서 구사해야 할 대우를 한 행씩 건너뛰어 설정한 격구체(隔句體) 등이 그런 것이다.

無家對寒食　　집 떠나 한식 절기를 대하니,
有淚如金波　　눈물이 달빛처럼 흘러내리네.
斫却月中桂　　저 달 속 계수나무 찍어내면,
淸光應更多　　맑은 그 빛은 더 많아지겠지.
仳離放紅蘂　　집을 떠나온 뒤 붉은 꽃 피고,
想像嚬靑蛾　　고운 눈썹 찡그린 님을 그리네.
牛女漫愁思　　견우직녀 공연히 근심만 하나,
秋期猶渡河　　가을 칠석이면 만날 수 있겠지.123)

두보(杜甫)가 한식(寒食) 날 밤 고향 아내에 대한 그리움을 노래한 오언율시이다. 정상적인 율시라면 당연히 제3-4행 함련(頷聯)에 대우(對偶)가 있어야 한다. 그런데 이 작품은 그렇지 않다. 3행의 작각(斫却)은 동사로 서술어 기능을 하는데 반해, 이와 대응되는 4행의 청광(淸光)은 명사로 주어의 기능을 하였다. 3행의 월(月)은 명사인데 4행의 응(應)은 부사이고, 3행의 중(中)은 위치를 나타내는데 4행의 갱(更)은 정도를 나타내는 등 어느 한 글자도 대우가 되지 않는다. 반면 1-2행의 수련(首聯)은 유(有)와 무(無), 가(家)와 누(淚), 한식

주 다양한 평측 관련 잡체시가 있음을 확인할 수 있다.
123) 紀昀, 『杜詩詳註』 卷4, 「一百五日夜對月」.

(寒食)과 금파(金波) 등이 모두 대우가 되어 있다. 3-4행에 적용해야 할 대우를 1-2행에 미리 당겨 놓은 것이다. 이런 작품을 매화가 봄빛을 훔쳐서 봄이 되기 전에 미리 꽃을 피우는 것에 비유하여 투춘체(偸春體)라고 하였다.

평측과 대우 관련 잡체시는 근체시의 획일적 형식에 식상한 문인들이 파적(破寂) 거리 삼아 창작하였다. 그러나 작품의 비중이 높지 않아 문단의 주류 경향이 되기는 어려웠으며, 잡체시의 일종으로만 간주될 뿐이었다.

4) 기타 잡체시

기타 시어(詩語)나 시행(詩行)의 연결 부위에 특별한 장치가 있는 잡체시가 여럿 있다. 옥연환체(玉連環體)가 그런 예이다. 옥연환(玉連環)이란 '진시황이 제(齊)나라에 사신을 보내 옥연환(玉連環)을 풀어달라고 요구하였다.'는 『전국책(戰國策)』의 기사에서 처음 사용된 용어인데,124) '옥을 이어 만든 고리'처럼 시행의 연결 부위에 고리 장치를 하여 전편이 정교하게 맞물리도록 한 작품을 가리킨다.

衣上風埃日色黃	바람에 먼지 날고 날은 저무는데,
八年陳迹入思量	8년 묵은 자취가 생각 속에 드네.
土橋山靄空中碧	흙 다리 산 구름은 공중에 푸르고,
石澗松陰雨後凉	시냇가 솔 그늘 비온 뒤 서늘하네.
小路崎嶇尋野寺	비탈진 작은 길로 절을 찾아가며,
寸岑依約想雲莊	낯익은 작은 산의 절 집 그려보네.

---

124) 『戰國策』 卷13, 「齊六」, "秦始皇 嘗使使者 遺君王后玉連環曰 齊多知 而解此環不".

壯遊奇樂消磨盡　　큰 뜻 품은 유람은 다 사그라들고,
一曲高歌淚滿裳　　한 곡조 큰 노래에 눈물만 흘리네.125)

　　권필(權韠)의 「송경도중회구유(松京道中懷舊遊)」란 작품이다. 겉보기에는 보통 칠언율시와 조금도 다른 점이 없는 듯하다. 그러나 시행의 연결 부위를 자세히 관찰해보면 각 행의 머리글자가 모두 그 앞 행 끝 글자에서 따온 것임을 알 수 있다. 제1행의 황(黃) 자에서 제2행의 팔(八) 자를, 제2행의 양(量) 자에서 제3행의 토(土) 자를, 마지막 제 8행의 상(裳) 자에서 다시 제1행의 의(衣) 자를 따왔다. 그래서 각 행의 머리글자가 모두 그 앞 행 끝 글자와 맞물려 연결고리 기능을 하고 있는데, 이처럼 시 전체가 행간의 특정 글자를 매개로 완전하게 연결된 작품을 옥연환체(玉連環體)라고 하였다.
　　그리고 각 행의 머리글자를 아예 명시하지 않고 그 앞 행 끝 글자 속에 숨겨놓은 것을 장두체(藏頭體), 앞 행 끝부분의 글자를 1자 이상 통째로 다음 행 앞부분에 반복해서 사용하는 것을 연용체(連用體) 혹은 첩자체(疊字體)라고 하였다. 모두 행간의 연결부위에 특별한 가공을 더한 것으로 옥연환체(玉連環體)의 연장선상에서 이해할 수 있는 것이다.126)
　　옥연환체 보다 더 복잡한 장치가 있는 것은 이합체(離合體)이다. 이합체(離合體)는 특정 행에서 한 글자 혹은 그 글자의 일부를 분리하고, 분리한 것을 다시 2개 혹은 3개씩 결합하면 작자의 이름이나 자호(字號), 시의 제목, 주지 등이 도출되도록 고안한 특이한 잡체시

---

125) 權韠, 『石洲集』卷8, 雜體, 「松京道中懷舊遊」.
126) 玉連環體에 대해서는 이미진의 「조선조 藏頭體 및 玉連環體의 창작방식에 대하여」(『人文研究』75집, 영남대학교 인문과학연구소, 2015) 참고.

이다. 예컨대, 당나라 육귀몽(陸龜蒙)의 「즉제이합(卽題離合)」은 앞 행의 끝 글자와 뒷 행의 첫 글자, 즉 식(食)과 흠(欠), 산(山)과 엄(嚴), 백(白)과 수(水) 등을 통째로 분리시켜 재결합하면 음암천(飮巖泉)이란 시 제목이 나오도록 하였다.127) 그리고 사령운(謝靈運)의 「이합(離合)」이란 작품은 이와 달리 홀수 행 첫째 자, 즉 제 1행의 고(古), 제 3행의 가(加), 제 5행의 극(劇)자에서 각각 '口', '力', '刂'를 분리하여 이 셋을 다시 결합하면 시의 주지인 이별 별(別) 자가 되도록 해 놓았다.128)

    河漢本無極   은하수는 본래 끝이 없지만,
    可得窮源委   그 근원이야 궁구할 수 있네.
    晦朔由盈虛   달이 그 속에서 차고 기우니,
    日月何終始   해 지고 달뜸이 끝이 있을까?
    訓詁乃糟粕   훈고는 곧 찌꺼기일 뿐이요,
    言者昧眞理   말이란 진리를 흐리게 하지.
    采色須粉質   채색은 분칠 바탕이라야 하고,
    禾黍在耘籽   벼와 기장도 김매기에 달렸네.129)

오숙(吳䎘. 1592~1634)이 장유(張維)에게 화답한 「자술이합체화장지국(自述離合體和張持國)」이란 작품이다. 원래 24행 장편 시인데 지면 관계상 부득이 앞부분 8행만 제시하였다. 이 시를 보면 먼저

---

127) 徐思曾, 『詩體明辨』 卷16, 「卽題離合」, "已甘茅洞三君食 欠買桐江一朶山 嚴子瀨高秋浪白 水禽飛盡釣舟還".
128) 徐思曾, 『詩體明辨』 卷16, 「離合」, "古人怨信次 十日眇未央(離口字) 加我懷繾綣 口詠情亦傷(離力字) 劇哉歸遊客 處子勿相忘(離刀字)".
129) 吳䎘, 『天坡集』 卷2, 「自述離合體和張持國」.

홀수 행 첫째 자의 일부를 분리하여 짝수 행 첫째 자로 활용하였음을 알 수 있다. 하(河), 회(晦), 훈(訓), 채(采) 자에서 각각 가(可), 일(日), 언(言) 화(禾)를 분리하여 각각 그 다음 짝수 행 머리글자로 활용한 것이다. 그리고 남은 부분, 즉 수(氵) 매(每) 천(川) 등을 2자식 합치면 바로 오숙의 본관인 해주(海州)가 되는데, 여기에 이 시의 핵심적 특징이 있다. 이 작품은 이런 방식으로 작자의 본관 이름 호를 나타내는 해주(海州) 오숙(吳䎘) 천파(天坡)가 도출되게 하였다.

이와 같은 이합체(離合體)는 중국에서는 말할 것도 없고 우리나라 문인들도 적지 않게 창작하였다. 남구만(南九萬) 이의현(李宜顯) 등은 오숙과 동일한 방식으로 자신의 본관 이름 자(字) 등을 나타내는 이합체 시를 창작한 바 있고, 이명한(李明漢)과 조태억(趙泰億)은 그와 또 다른 방식을 구사한 이합체 시를 창작한 바 있다. 그리고 이런 이합체 작품 중에는 상대방 시에 화답하는 화차운시(和次韻詩) 형태를 취한 경우가 많았는데, 이는 곧 이합체가 문학적 교유 수단으로도 활용되었음을 보여준다.130)

이 외에도 평범한 외형 속에 특수한 기교를 숨겨놓은 잡체시가 대단히 많다. 시의 첫 행과 끝 행이 완전히 동일한 수미음체(首尾吟體)131), 행마다 각각 다른 첩어를 구사한 첩어체(疊語體),132) 행마

---

130) 離合體에 대해서는 이미진의 「離合體 漢詩의 淵源과 조선 문인들의 창작 양상」, (『韓國漢文學研究』 66집, 2017) 참고.
131) 宋, 邵康節이 창시하였다. 소강절은 60여세에 이런 작품 130여 편을 지은 바 있다. 徐師曾, 『文體明辨附錄』 卷1 「首尾吟體」, "此體 他集不在 有宋邵雍有之 蓋昉於雍也". 『性理大全』 卷39, 「邵子」, "邵堯夫六十歲 作首尾吟百三十餘篇 至六七年間 終渠詩 玩侮一世", 같은 책, 卷70, 「首尾吟三首」 중 제1수, "堯夫非是愛吟詩 詩是堯夫可愛時 寶鑑造形難隱髮 鸞刀迎刃豈容絲 風埃若不來侵路 塵土何由上得衣 欲論誠明是難事 堯夫非是愛吟詩".

다 그 행 내의 특정 한 글자가 두 번씩 반복되도록 구성한 첩자체(疊字體), 특정 글자가 모든 행에 다 한 번씩 사용된 구용자체(句用字體),133) 글자의 형태를 길거나 짧게 기울거나 거꾸러지게 표시하여 암호처럼 제시한 신지체(神智體)134) 등이 다 그런 것이다. 이와 같이 다양한 잡체시는 희작시의 일종으로 치부되어 줄곧 우리의 관심에서 비켜나 있었다. 그러나 그 속에는 한시 형식의 획일성에 식상한 문인들의 진지한 실험 정신이 녹아 있고, 한문자를 다루는 갖가지 지혜와 솜씨가 함께 들어 있기도 하다. 따라서 우리는 이런 잡체시의 가치를 새롭게 인식하고 그것이 구현하고자 한 작품세계의 실체와 창작문화의 특징을 깊이 주목할 필요가 있다.

---

132) 『文體明辨附錄』 卷1에서는 이런 시를 疊字體라고 하였는데, 행마다 疊語가 아닌 낱글자가 규칙적으로 중복되는 또 다른 疊字體와 구별하기 위해 疊語體라고 하였다. 宋 王十朋, 「貢院垂成雙 蓮 呈瑞因成鄙語勉士子」, "大夏垂垂就 嘉蓮得得開 雙雙戴千佛 兩兩應三台 歡意重重合 香風比比來 人人宜自勉 擧擧有廷槐".

133) 王安石의 「王荊公勸學文」(『古文眞寶』 前集 卷1)에서 主旨와 유관한 '書'자를 모든 행에 고루 활용한 예를 볼 수 있다. "讀書不破費 讀書萬倍利 書顯官人才 書添君子智 有卽起書樓 無卽致書櫃 窓前看古書 燈下尋書義 貧者因書富 富者因書貴 愚者得書賢 賢者因書利 只見讀書榮 不見讀書墜 賣金買書讀 讀書買金易 好書卒難逢 好書眞難致 奉勸讀書人 好書在心記".

134) 사람으로서는 알아보기 어렵고 귀신이라야 이해할 수 있을 정도로 난해한 詩라고 하여 神智體라고 하였다. 예컨대, 상하로 길게 써놓은 亭자를 長亭, 짤막하게 써놓은 景자를 短景, 크게 써놓은 老자를 老大, 옆으로 뉘어놓은 拖자를 橫拖, 가늘게 써놓은 竹자를 瘦竹, 뒤집어 돌려 써놓은 首자를 回首, 雨와 云의 간격을 벌려놓은 雲자를 斷雲, 비스듬하게 기우려 써놓은 日자를 斜日 등으로 읽어서 종합해야 시가 되도록 만든 것과 같은 것이다. 이런 시체는 蘇東坡가 시 짓는 능력을 뽐내는 北虜 사신의 기를 죽이기 위해 처음 개발하였다고 해서 東坡體라고도 하였는데, 중국 사신이 우리나라에 왔을 때도 기선을 제압하기 위해서 더러 사용한 적이 있다고 한다. 東坡體와 관련해서는 심경호, 「조선시대 한문학과 시경론」(일지사, 1999) 참고.

Ⅲ. 고시란 어떤 시인가

고시란 흔히 근체시의 격식을 벗어난 작품이라고 말한다. 그러나 고시의 용례를 조사해보면 사정이 그렇게 간단하지 않음을 알 수 있다. 막연히 오래된 '옛 시'를 비롯하여, 당나라 이전의 '고대시(古代詩)', 당나라 이후의 '고체시(古體詩)' 등 그때마다 다른 함의를 내포하고 있기 때문이다. 그리고 고시라고 하면 일반적으로 오언이나 칠언고시를 떠올리지만, 실상 가장 오래된 고시는 『시경』 시이며, 이후 초사(楚辭) 악부시(樂府詩) 등이 차례로 등장하여 제각각 다른 고시의 전범이 되었다. 그래서 이후 제언체(齊言體) 등장의 온상 역할을 함은 물론, 제재 형식 표현 등 여러 면에서 후대 문인들의 창작 활동에 지속적으로 영향을 끼쳤다. 본 장은 이런 점을 고려하여 고시의 개념, 주요 고시선집, 시경 초사 악부시 제언체 등 각종 고시의 형성 과정과 양식적 특징 등을 검증함으로써 고시에 대한 이해의 폭을 확장하는데 기여하고자 한다.

1. 고시의 개념과 주요 선집

1) 당(唐) 이전의 고시

고시(古詩)라는 표현은 한나라 때 반고(班固. 32~92)가 지은 「서도부(西都賦)」서문에서 처음으로 확인할 수 있다. "부(賦)는 고시(古詩)의 일종이다."[1] 라고 한 것이 바로 그것이다. 한나라 이후 크게 유행한 부(賦)라는 작품 양식이 고시(古詩)의 일종이었음을 지적한 말이다. 이 때 반고가 언급한 고시(古詩)는 우리가 흔히 알고 있는 고시, 즉 근체시와 상대되는 작품 양식으로서의 고시를 가리키는 말이 아니다. 반고 자신이 활동한 시대보다 훨씬 앞선 지난날의 '옛 시'를 가리킬 따름이다.

『한서(漢書)』「예문지(藝文志)」에도 이와 유사한 용례가 있다. 손경(孫卿)과 굴원(屈原)이 나라를 걱정하는 마음을 담아 부(賦)를 지었는데, 그 작품 속에 모두 "측은하게 여기는 고시(古詩)의 뜻을 함유하였다."[2]고 한 것이 그것이다. 여기서 언급한 고시(古詩)가 구체적으로 어떤 시를 가리키는지는 분명하지 않다. 그러나 그것이 특정 작품 양식을 지시한 명사형 용어가 아니었음은 분명하며, 고대가요(古代歌謠)나 시경(詩經) 같은 선진(先秦) 시대의 '옛 시'를 의미하는 것으로 판단된다.

이와 같은 고시의 용법은 위진남북조시대 때 양(梁)나라 소통(蕭統. 501~531)이 편찬한 『문선(文選)』에까지 부단히 지속되었다. 『문

---

[1] 班固,「西都賦序」, "或曰賦者 古詩之類也".
[2] 『漢書』卷30,「藝文志」10, "大儒孫卿及楚臣屈原 離讒憂國 皆作賦以風 咸有惻隱 古詩之義".

선(文選)』에는 현재까지 알려진 오언고시 중 가장 초기의 작품이라 할 수 있는 「고시십구수(古詩十九首)」를 수록해 놓았다. 그런데 이 작품 주석에 "시대를 알 수도 없고 작자의 성씨를 알 수도 없어서 이 때문에 다만 고시라고 하였다."3)라고 하였다. 제목으로 명시한 고시(古詩)란 말이 작자와 창작 연대를 알 수 없어서 편의상 붙인 '옛 시'를 의미하는 것일 뿐이라고 분명하게 밝혔던 것이다. 그리고 같은 책에 의고시(擬古詩) 효고시(傚古詩) 등 고시(古詩)라고 명명한 작품을 적지 않게 수록하였는데,4) 하나같이 모두 '옛 것을 모방한 시', '옛 것을 본받은 시' 등 '옛'이란 말에 초점을 맞춘 일반적 표현에 불과하였다.

이처럼 당나라 이전 시기에 있어서 고시는, 여러 문인들이 비교적 널리 사용해 온 것이 분명하지만, 아직 특정 시 양식을 지칭하는 하나의 개념어로 확정된 상태가 아니었다. 다만 막연히 '일정한 시기 이전에 존재한 불특정의 옛 시' 혹은 '옛 것을 어떻게 한 시' 등을 의미하는 일반적 표현으로 사용해 왔을 따름이었다.

2) 당(唐) 이후의 고시

고시가 하나의 명사형 개념어로 확정된 것은 당나라를 전후한 시기에 근체시가 대두하면서부터였다. 주지하다시피 위진남북조시대

---

3) 蕭統, 『文選』 卷29, 「古詩十九首」 주석, "向日不知時代 又失姓氏 故但云古詩 善曰幷云古詩 蓋不知作者".
4) 蕭統의 『文選』 卷30 雜儀上에 수록된 陸機의 「擬古詩」 12수, 陶淵明의 「擬古詩」 1수, 雜擬下에 수록된 袁淑의 「傚古詩」 1수, 劉鑠의 「擬古詩」 2수, 王僧達의 「和琅邪王依古」 1수, 鮑照의 「擬古詩」 3수, 范雲의 「傚古」 5수 등이 그런 것이다.

(魏晉南北朝時代)에는 문학을 철학이나 역사와 엄격하게 구분하여 문학다운 표현법과 문학의 독자적 영역을 따로 구축하려는 경향이 강하게 부각되었다. 그리고 한자의 음운을 체계적으로 연구하는 성운학(聲韻學)이 크게 발달하고, 성운학의 연구 결과를 문학적 표현 방식의 개발에 적극 활용함으로써, 비로소 압운(押韻) 평측(平仄) 대우(對偶) 등을 정연하게 강구한, 이전 시대의 작품 양식과 확연히 구분되는 새로운 시체가 문단에 널리 확산되기 시작하였다.

이런 새로운 시체는 전에 없던 것이라고 하여 신체시(新體詩)라 하고, 과거와 다른 현재 양식이라 하여 금체시(今體詩) 혹은 근체시(近體詩)라고도 하였다. 장적(張籍. 766~830)이 언급했던 금체(今體)5)를 비롯하여, 위장(韋莊. 836~910)의 『완화집(浣花集)』에 수록된 「금체시(今體詩)」 48수6), 『금사(金史)』 「조병문전(趙秉文傳)」이나 『창랑시화(滄浪詩話)』 등에서 언급한 근체(近體) 신체(新體) 등이 다 그런 예이며,7) 개별 문인들의 문집 편차에서도 이런 용례를 허다하게 확인할 수 있다.

이렇게 새로운 시 양식을 금체시(今體詩) 근체시(近體詩) 등으로 일컫는 경향이 문단에 확산되면서, 이와 상대되는 전통적 방식의 시 양식을 신(新) 금(今) 근(近)에 대비하여 고시(古詩) 구시(舊詩) 혹은 고체시(古體詩) 구체시(舊體詩) 등으로 명명하기 시작하였다. 이 때

---

5) 張籍, 『張司業集』 卷5, 七言律詩, 「酬秘書王丞見寄詩」, "相看頭白來城闕 却憶漳谿舊往還 今體詩中偏出格 常參官裏每同班 街西借宅多隣水 馬上逢人亦說山 芸閣水曹雖最冷 與君長喜得身閒".
6) 韋莊, 『浣花集』 卷1, 「今體詩凡四十八首」. 이하 卷2부터 卷10까지 모두 '今體詩凡 ○○首'와 같은 형태로 똑 같은 방식으로 표기하였다.
7) 『金史』 卷106, 「趙秉文傳」, "小詩精絶 多以今體作之".

고시(古詩)는 이제 더 이상 막연히 이전 시대의 '옛 시'를 가리키는 서술적 표현이 아니었다. 근체시와 대응하는 전통적 작품 양식, 즉 고체시 전반을 가리키는 명사형 개념어로 새롭게 재정립되었던 것이다. 『중문대사전』에 "당나라 이전에는 고체시(古體詩)란 이름이 없었다. 당나라에 이르러 율시(律詩)가 나타나고, 율시를 금체시(今體詩)라고 명명하면서, 비로소 율시가 아닌 시를 가리켜 고체시(古體詩)라고 하였다."8) 라고 풀이한 사례가 이를 증명한다. 당나라 이후 근체시의 등장과 함께 고시(古詩)가 마침내 단순히 '옛 시'를 가리키는 말이 아니라 금체시(今體詩)와 대응되는 고체시(古體詩)의 개념으로 새롭게 정립되었음을 단적으로 지적한 말이라고 할 것이다.

이때부터 고시(古詩)는 고체시와 동의어로, 개별 문인들이 창작한 작품 중 근체시의 율격을 따르지 않은 작품을 가리키는데 주로 사용하였다. 이 점은 당나라 이후 편찬된 개인 문집의 편차를 통해 바로 확인할 수 있다. 당나라 이후 문인들은 대부분 전통 방식의 고체시뿐만 아니라 새로운 양식의 근체시를 함께 창작하였다. 그래서 문집 편차에서 양자를 분명하게 구분하여 제시하고자 하였는데, 이 때 흔히 고체시는 고시로, 근체시는 근체시 혹은 율시로 명명하였다. 왕유(王維. 701~761)의 『왕우승집(王右丞集)』에서 전체 시를 고시와 근체시로 구분한 것이나, 한유(韓愈. 768~824)의 『창려집(昌黎集)』에서 전체 작품을 고시와 율시로 구분했던 것이 좋은 예이다.9) 이런

---

8) 『中文大辭典』 제 2책, 古體詩, "唐以前無古體詩之名 至唐有律詩 始名律詩爲今體詩 稱非律詩之詩爲古體詩".
9) 『王右丞集』은 卷1~6이 古詩, 卷7~14가 近體詩인데, 각 권별로 제일 앞부분에 '古詩○○首', '近體詩○○首'와 같은 형태로 표기하였다. 『昌黎集』은 卷2~7이 古詩, 卷9~10이 近體詩인데, 각 권별로 제일 앞부분에 古詩는 '古詩', 근체시는 '律詩'

구분은 중국 문집 어디에서나 쉽게 찾아볼 수 있다. 그리고 정도의 차이가 있기는 하지만, 우리나라와 일본 등지에서도 광범위하게 확인할 수 있는 한자문화권 전체의 공통적 현상이었다.

그러나 고시가 당나라 이후 근체시의 율격을 따르지 않은 작품만을 제한적으로 가리킨 것은 아니었다. 경우에 따라 당나라 이전의 고대시(古代詩)를 지칭하기도 하였다. 풍유눌(馮惟訥)의 『고시기(古詩紀)』와 육시옹(陸時雍)의 『고시경(古詩鏡)』, 심덕잠(沈德潛)의 『고시원(古詩源)』과 장옥곡(張玉穀)의 『고시상석(古詩賞析)』 등 일부 고시선집에 적용된 개념이 대부분 그런 예이다. 이런 시선집은 적게는 수십 권에서 많게는 150여권에 이르는 방대한 규모로 편찬되었다. 그럼에도 불구하고 당나라 이후 개별 문인들이 창작한 고체시를 완전히 배제하였다. 하나같이 모두 오랜 옛날의 고대가요(古代歌謠)부터 위진시대의 악부시(樂府詩)와 각종 제언체 고시 등 당나라 이전의 고대시(古代詩)만 선집 대상으로 삼았던 것이다.10) 그런데도 이를 고대시라 하지 않고 고시라고 하였다. 고시의 개념을 당나라 이전의 순수 고대시에까지 확대 적용한 예이다.

고대시는 근체시가 존재하지 않던 시절의 작품이어서, 굳이 이를 근체시에 대응하여 따로 고체시라 해야 할 이유가 없고 또 그럴 필요도 없다. 그런데도 불구하고 이미 고체시와 동의어로 확정해서 사용

혹은 '律詩凡○○首'와 같은 형태로 표기하였다.
10) 馮惟訥의 『古詩紀』는 156권인데, 前集 10권에는 先秦時代 古逸詩를, 正集 130권에는 古代歌謠부터 隋代까지의 古詩를 수록하였다. 陸時雍의 『古詩鏡』은 36권인데, 漢魏六朝부터 隋代까지의 古詩를, 沈德潛의 『古詩源』은 14권인데 古代부터 隋代까지의 古詩를, 張玉穀의 『古詩賞析』은 22권인데, 唐虞三代부터 隋代까지의 고시를 수록하였다.

하고 있던 고시의 개념을 이전의 고대시에까지 확대 적용한 연유가 무엇일까? 그것은 아마 고시란 말 자체에 이미 고대시와 같은 '옛시'를 가리키는 의미가 내포되어 있고, 위진남북조시대까지 줄곧 이런 용법으로 사용해 온 오랜 전통이 있어서 자연스럽게 나타난 현상일 듯하다. 그러나 실상은 고대시가 지니고 있는 후대 고체시와의 긴밀한 상관성이 더 중요하게 고려된 결과였다.

주지하다시피 고체시는 근본적으로 이전의 고대시 창작 전통을 계승한 바탕 위에서 성립되었다. 그래서 후대의 고체시 작가들은 당나라 이전의 고대시를 고체시의 원형(原型) 혹은 후대의 율시 양식에 전혀 오염되지 않은 가장 모범적인 전형으로 인식하였으며, 율시와 뚜렷하게 구별되는 고체시의 작품적 특징을 파악하기 위해 당나라 이전의 고대시를 광범위하게 독서하였다. 앞에서 거론한 몇몇 고시선집도 대부분 이런 취지를 반영하여 편찬된 것에 다름 아니다. 그리고 고체시가 '근체시의 창작 규칙을 따르지 않은 작품 양식'이라 정의한다면, 당나라 이전의 고대시야말로 아예 이런 인위적인 규칙 자체가 존재하지 않던 시대에 이런 규칙을 의식하지 않고 지은 것이어서, 이를 고체시의 범주에 포괄시키지 못할 이유도 없다. 고체시와 동의어로 사용하던 고시란 용어를 이전의 순수한 고대시에까지 확대 적용한 가장 큰 연유는 바로 여기에 있었던 것이다.

어떻든 고시의 개념을 당나라 이전의 고대시에까지 확대 적용함으로써 당나라 이후 고시의 개념은 다소 혼란스럽게 되었다. 후대 문인들이 창작한 오언 칠언 중심의 제언체(齊言體) 고시는 말할 것도 없고, 양식상 이와 현저한 차이가 있는 선진시대의 시경(詩經)과 초사(楚辭), 한나라 이후의 고악부(古樂府)와 의고악부(擬古樂府)

등 독립성이 강한 각종 고대시를 두루 망라하여 고시라 하였고, 그 연장선상에서 창작한 후대의 각종 의고시(擬古詩)와 음악성이 약화된 악부시까지 모두 고시의 범주에 포괄시키는 등, 고시의 개념을 근체시가 아닌 작품 전반으로 대단히 광범위하게 확장해서 적용하였기 때문이다. 이런 현실을 감안할 때 고시의 개념은 '옛 시'를 뜻하던 당초의 용법, 당나라 이후 근체시와 상대되는 '고체시'를 가리키는 핵심 개념, 당나라 이전의 '고대시'와 그 연장선상에서 창작된 작품 전반을 두루 포괄하는 확장 개념 등 3종류로 구분해 볼 수 있을 듯한데, 이를 간단히 정리해서 제시하면 대략 다음과 같다.

고시 ─┬─ ① 당초 용법 : '옛시'. 시대와 작자가 불분명한 지난날의 시.
　　　├─ ② 핵심 개념 : '고체시'. 당 이후 근체시의 율격을 벗어난 시.
　　　└─ ③ 확장 개념 : 당 이전의 '고대시'와 그 연장선상에 있는 시 일체.

3) 몇 가지 고시선집

고시가 근체시의 율격을 따르지 않은 작품이라 해서 아무렇게나 짓기만 하면 고시가 되는 것은 아니다. 고시는 근체시와의 상관성 여부를 떠나 그 자체로 완결된 하나의 시이며, 일반 산문과 구별되는 시적 가락과 표현 방식을 따로 갖추고 있다. 따라서 고시다운 고시를 짓기 위해서는 전대의 다양한 고시 양식에 대한 폭넓은 독서가 필요하다고 하겠는데, 이런 사정을 반영하여 편찬한 것이 바로 고시선집이다.

고시선집은 종류가 대단히 많고 다양하다. 중국의 경우 『문선(文選)』 이래 청나라 말기까지 무수하게 많은 고시선집이 편찬되었고,

우리나라에서도 성현(成俔. 1439~1504), 이희보(李希輔. 1473~1548), 유희령(柳希齡. 1480~1552), 허균(許筠. 1569~1618), 남공철(南公轍. 1760~1840) 등 여러 사람이 각각 고시선집을 편찬한 바 있다. 이 중 현존하는 고시의 상황을 가장 다양하게 살펴볼 수 있고 또 지난날 우리 문인들에게 영향력이 컸던 고시선집으로는 다음과 같은 몇 가지를 거론할 수 있다.

① 『문선(文選)』

양(梁)나라 소통(蕭統. 501-531)이 30권으로 편찬하였는데, 후대에 주석을 종합하여 60권이 되었다. 전체 60권 중 앞부분 19권은 부(賦)이고, 그 다음 31권까지 12권이 시이며, 나머지 부분에는 초사(楚辭)와 각종 문장을 수록하였다. 근체시가 성립되기 이전에 편찬된 책이어서 전체 시를 제재와 용도 및 창작방식별로 분류해 놓았다. 중국 최초의 시문선집이면서 동시에 우리나라에 도입된 최초의 문학 관련 서적이기도 하다. 삼국시대부터 이미 이 책을 수입하여 애독하였다는 기록이 있고,11) 남북국시대 신라에서는 국학의 교과서 중 하나로 삼아 독서삼품과의 핵심 과목으로 지정하였으며,12) 조선후기에 이르기까지 부단히 간행되고 광범위하게 읽혀졌음을 확인할 수 있다.13)

---

11) 『舊唐書』卷199上, 東夷列傳, 「高麗」, "其書有五經及史記 漢書 范曄後漢書 三國志 孫盛晉春秋 玉篇 字通 字林 又有文選 尤愛重之". 『三國史記』卷46, 列傳, 「强首」, "遂就師 讀孝經 曲禮 爾雅 文選 所聞雖淺近 而所得有高遠".

12) 『三國史記』卷38, 職官上, "國學屬禮部 神文王二年置 … 教授之法 以周易尙書毛詩禮記春秋左氏傳文選 分而爲之業 博士若助教一人 或以禮記周易論語孝經 或以春秋左傳毛詩論語孝經 或以尙書論語孝經文選 教授之 諸生讀書 以三品出身 讀春秋左氏傳 若禮記 若文選 而能通其義 兼明論語孝經者爲上 讀曲禮論語孝經者爲中 讀曲禮孝經者爲下 若能兼通五經三史諸子百家書者 超擢用之".

② 『고문진보(古文眞寶)』

송(宋)나라 황견(黃堅. 생몰년 미상)이 전집(前集) 12권 후집(後集) 10권 전체 22권으로 편찬하였는데, 이 가운데 전집 12권이 고시선집이다. 한나라부터 송나라까지 약 65명 250여 수의 시를 수록하였다. 권1~2는 권학문(勸學文)과 오언고풍단편(五言古風短篇), 권3은 오언고풍 장편(長篇), 권4~5는 칠언고풍 단편, 권6은 칠언고풍 장편, 권7은 장단구(長短句), 권8~12는 가(歌) 행(行) 음(吟) 인(引) 등 가행체로 구분하여 편차하였다. 왕조별로는 당(139수) 송(68수) 작품을 가장 많이 수록하였고, 작가별로는 두보(44수) 이백(38수) 소동파(18수), 도연명(15수) 등의 작품을 많이 수록하였으며, 작품 수로는 오언고풍단편(79수)과 칠언고풍단편(49수)이 가장 많다.

『고문진보』 전집은 고시선집이면서 근체시가 등장한 당송시대 이후 작가의 작품을 주로 수록하였다. 그리고 수록 작품 총량이 많지 않고, 작품의 형식 또한 오언 칠언과 장단구 가행체 등으로 단순화되어 있어서 중국에서는 많이 읽히지 않았던 것으로 보인다. 그러나 우리나라에서는 사정이 달랐다. 고려 공민왕 때 전록생(田祿生. 1318~1375)이 처음 입수하여 간행한 이후, 세종2년(1420)에는 그 손자 전예(田藝)가 충청도 옥천에서 이를 중간한 바 있고,14) 문종 즉위년

---

13) 조선시대 『文選』 간행 현황에 대해서는 황위주, 「朝鮮前期의 漢詩選集」, (『정신문화연구』 제20-3호, 한국정신문화연구원, 1997) 참고.

14) 姜淮仲, 「善本大字諸儒箋解古文眞寶誌」, (『埜隱先生逸稿』 卷4 「遺事」 수록), "此編所載詩文 先儒精選古雅 表而出之 承學之士 所當矜式也 前朝時 埜隱田先生祿生 出鎭合浦 董戎之暇 募工刊行 由是皆知是編有益於學者 然其本歲久板昏 且無註解 觀者病焉 歲在己亥 予承乏觀察忠淸 越明年 公州敎授田藝出示此本 有補註明釋 瞭然於心目 因囑沃川守李護 監督重刊 未數月而告畢 於戲 豈非斯文之一幸哉".

(1450)에는 중국 사신 예겸(倪謙)으로부터 이전과 다른 판본인『상설 고문진보대전(詳說古文眞寶大全)』을 입수하여 활자본으로 간행하였으며,15) 성종3년(1472)에 경상도 진주에서 목판으로 간행하기도 하였다.16) 그래서 조선시대 전 시기에 걸쳐 중요한 고시 학습 교재로 널리 활용하였다.

③『고시기(古詩紀)』

명나라 풍유눌(馮惟訥. 1512-1572)이 편찬한 고대시총집(古代詩總集)으로 원래 제목은『시기(詩紀)』이다. 상고시대부터 수(隋)나라까지의 각종 고대시를 총괄적으로 정리하여 156권이란 방대한 규모로 편찬하였다. 앞부분 전집(前集) 10권은 선진(先秦) 시대의 고일시(古逸詩)를 모아 놓았고, 그 다음 정집(正集) 130권은 한나라부터 수나라에 이르기까지의 각종 시를 왕조별로 정리해 놓았으며, 그 다음 외집(外集) 4권에는 소설이나 필기(筆記) 속에 기록된 신선과 귀신의 시를, 그 다음 별집(別集) 12권에는 고시에 대한 평론(評論)을 모아 수록하였다. 중국에서 고대시만 따로 정리한 최초의 전문 고시총집으로, 이후『한위육조백삼가시(漢魏六朝百三家詩)』『전한삼국진남북조시(全漢三國晉南北朝詩)』 등 후대에 편찬된 수많은 고시선

---

15) 이전 판본은「善本大字諸儒箋解古文眞寶誌」를 가리킨다. 이 두 판본은 문장을 수록한 後集 부분은 큰 차이가 있으나 전집에 수록한 시는 큰 차이가 없다.

16) 金宗直,「詳說古文眞寶大全跋」,(『佔畢先生逸稿』卷4「遺事」수록), "景泰初 翰林侍讀倪先生 將今本以遺我東方 其詩若文 視舊倍蓰 號爲大全 漢晉唐宋奇閑儵越之作 會稡于是 … 嗚呼 此其所以爲眞寶也歟…前監司李相公恕長嘗慨于玆 以傳家一帙 囑之晉陽 今監司吳相公伯昌繼督 牧使柳公良 判官崔侯榮 敬承二相之志 力調工費 未朞月而訖功 將見是書之流布三韓 如菽粟布帛焉 家儲而人誦 競爲之則盛朝之文章法度 可以淩晉唐宋 而媲美周漢矣".

집의 기초 자료로 활용되었다.

우리나라에서는 이수광(李睟光. 1563~1628)이 이 책을 처음 참고한 기록이 있고,17) 이의현(李宜顯. 1669~1745)은 수록 작품 내용을 정확하게 정리하여 소개한 바 있으며,18) 남공철(南公轍. 1760~1840)은 여기에 수록된 작품을 근거로 고시선집을 따로 편찬하기도 하였다.19) 그리고 장혼(張混. 1759~1828)은 『팔대가(八大家)』『당문수(唐文粹)』『문선(文選)』『초사(楚辭)』등과 함께 문인들이 보배로 삼을만한 서적 100종 가운데 하나로 이를 제시하였고,20) 홍경모(洪敬謨. 1774~1851) 또한 서가에 꽂아두고 늘 읽는 책이라고 하였다.21) 국내에서 널리 애독하였음을 보여주는 예이다.

④『고시선(古詩選)』

청나라 때 신운설(神韻說)을 주창한 왕사진(王士禛.1634~1711)이

---

17) 李睟光,『芝峯類說』卷10, 文章部3,「古詩」, "古詩紀 載無名氏詩 曰楊柳青青著地垂 楊花漫漫攪天飛 … ".
18) 李宜顯,『陶谷集』卷28,「陶峽叢說」, "明人北海馮惟訥集古詩 自刪後至秦末凡十卷 漢十卷 魏九卷 吳一卷 晉二十四卷 宋十一卷 齊八卷 梁三十四卷 陳十卷 北魏二卷 北齊二卷 北周八卷 隋十卷 外集四卷則仙眞神鬼之作也 又采統論 品藻 雜解 辨證凡十二卷 合爲百五十六卷 名之曰古詩紀 唐以前詩歌謠諺 盡載其中 實古詩之府庫也".
19) 南公轍,『金陵集』卷20, 日得錄,「文學」, "甞取古詩紀 抄出漢魏諸名家若干篇 而漢則予正統 魏則附見篇末 屬之僭國 竊取史筆與奪之義 予之辨於正僞淑慝之分者 於此亦寓其一端矣".
20) 張混,『而已广集』卷14, 雜著, 平生志,「淸寶一百部」, " … 八大家 唐文粹…楚辭 文選 古詩紀 古詩所 古詩歸 漢魏詩乘 全唐詩…".
21) 洪敬謨,『冠巖全書』冊15,「耳溪巖棲記」, "右置書架一 籤分儒佛道三書 儒則周易 古占 詩經傍註 離騷經 春秋左氏傳林註 自儆二篇 近思錄 古詩紀 百家唐詩 王李詩 黃鶴補註 杜詩說海 三才廣紀 經史海篇直音 古今韻釋等書".

편찬한 고시선집이다. 선진(先秦)시대부터 원(元)나라까지의 오언 칠언 고시만 따로 모아 전체 32권으로 편찬한 것인데, 앞부분 17권에는 오언고시를, 뒷부분 15권에는 칠언고시를 수록해 놓았다. 이 책은 고시의 원류(源流)와 그 변화 과정을 부각시키려는데 초점을 두었다. 그래서 오언고시의 경우 한나라 때 작품을 가장 많이 수록하였고, 칠언고시의 경우 두보(杜甫)의 작품을 으뜸으로 삼았으며, 후대의 작품일수록 기준을 더욱 엄격하게 적용하여 각 개별 작가의 대표작만을 엄선하는 태도를 보였다. 건륭31년(1766) 문인담(聞人倓)이 주석을 달아『고시전(古詩箋)』을 편찬하였고, 옹방강(翁方綱) 동총(董熜) 요내(姚鼐) 등이 여기에 비평(批評) 교열(校閱) 평점(評點) 등을 추가한 여러 이본이 존재하였는데, 이를 통해 17세기 이래 중국문인들이 폭넓게 독서한 고시선집 중 하나였음을 알 수 있다.

우리나라에서는 중국과 달리 이 책을 애독한 기록이 보이지 않는다.『영조실록』에『고시선(古詩選)』을 읽게 하였다는 기록이 있기는 하지만[22] 그것이 왕사진이 편찬한 것인지는 분명하지 않고, 왕사진과 관련해서도『지북우담(池北偶談)』『거이록(居易錄)』같은 책을 인용한 기록만 있을 뿐,『고시선』혹은『고시전(古詩箋)』에 대한 언급은 찾아보기 어렵다. 국내 문단의 고시에 대한 독서가『문선』『고문진보』『고시기』등으로 일정하게 충족되어 수요가 많지 않았기 때문으로 추정된다.

⑤『풍소궤범(風騷軌範)』

조선 성종15년(1484) 성현(成俔)이 편찬 간행한 것으로, 우리나라

---

[22]『英朝實錄』卷98, 37년 11월 28일(壬戌), "上御景賢堂 命承旨 讀古詩選 上曰 …".

에서 독자적으로 편찬한 중국 고시선집 중 대표적인 책이다. 한나라 때부터 원나라 말까지의 작품을 45권에 나누어 정리하였는데, 전집(前集) 16권은 사언체(四言體) 고풍체(古風體) 잡고체(雜古體) 악부체(樂府體) 장단구체(長短句體) 등 22개 시체별로 구분하였고, 후집 29권은 유람류(遊覽類) 지리류(地理類) 천문류(天文類) 절서류(節序類) 궁실류(宮室類) 등 21개 제재별로 구분하여, 전체 약 3000여 제의 작품을 수록하였다. 성현뿐만 아니라 안침(安琛) 조위(曺偉) 신종호(申從濩) 같은 유명 문인들이 편찬에 동참하였고, 후대에 이를 근거로『풍소선(風騷選)』이란 책을 따로 편찬 간행하였으며, 목판본 목활자본 등 여러 이본이 존재하는 것으로 보아 국내에 널리 읽혀진 고시선집이었음을 알 수 있다.

이 외에도 검토할 가치가 있는 고시선집이 여럿 있다. 중국의 경우 명나라 말기의 대표적 문학이론가인 육시옹(陸時雍)의『고시경(古詩鏡)』(90권)[23], 청나라 때 격조론(格調論)으로 유명한 심덕잠(沈德潛. 1673~1769)의『고시원(古詩源)』(15권)[24], 장옥곡(張玉穀)이 수나라 이전 각종 고대가요와 악부시 등에 평론과 주석을 더하

---

23) 陸時雍의『古詩鏡』은『詩鏡』의 일부이다.『詩鏡』은 도합 90권인데, 그 가운데『古詩鏡』이 36권이고 나머지 54권은『唐詩鏡』이다.『古詩鏡』은 漢魏六朝부터 隨代까지의 시를 수록하였고,『唐詩鏡』은 당시를 初唐 盛唐 中唐 晚唐으로 구분하여 편차하였다.
24) 沈德潛은 王士禛(1634~1711)의 神韻說을 비판하고 格調說을 제창한 것으로 유명하다. 그래서 古詩를 선집함에 있어서도 왕사진과 다른 모습을 보여주었다. 王士禛의『古詩選』이 오언과 칠언 중심으로 원나라 때까지의 작품을 수록한데 반하여, 沈德潛의『古詩源』은 의도적으로 삼언 사언 장단구 악부시 고대가요 등을 두루 포괄하면서 隋나라 때까지 작품만 고시의 원류로 인정하여 제한적으로 수록한 점 등이 그런 것이다.

여 편찬한 『고시상석(古詩賞析)』(22권) 등이 그런 것이다. 그리고 순수 고시선집은 아니지만 고시를 대거 포함하고 있는 시문선집을 독서 대상으로 삼은 경우도 많았다. 남북국시대 신라에서는 당나라 허경종(許敬宗. 592~672)이 편찬한 『문관사림(文館詞林)』(1,000권)을 들여와 『문선(文選)』을 보완할 수 있는 문학 교과서로 활용한 바 있고[25], 고려시대 때는 송나라 이방(李昉. 925~996) 등이 칙명으로 편찬한 『문원영화(文苑英華)』(1,000권)를 입수하여 중요 참고 서적으로 활용한 바 있으며[26], 조선시대에는 『당음(唐音)』 『당시품휘(唐詩品彙)』같은 시선집을 독서대상으로 삼기도 하였다.

2. 시경의 형성과 양식적 특징

『시경』은 동양에서 가장 오래된 한시를 가장 다양하게 수록하고 있는 전형적인 고대 시선집이다. 그리고 선진시대(先秦時代)부터 오늘날까지 광범위하게 읽혀진 대표적인 유가 경전 중 하나이기도 하다. 그래서 자연스럽게 누구나 마땅히 존중해야 할 한시의 고전적 전범으로 인식하였으며, 그 속에 내포된 사상과 문학적 표현 장치가

---

25) 黃渭周, 「文館詞林의 實體」(『韓國의 哲學』 19집, 경북대 퇴계연구소, 1991) 참고.
26) 李德懋, 『靑莊館全書』 卷55, 盎葉記2, 「中國書來東國」, "宋哲宗 賜高麗文苑英華 주석: 宋史高麗傳 哲宗立 王遣使金上琦奉慰 林曁致賀 請市刑法之書 太平御覽 開寶通禮 文苑英華 詔惟賜文苑英華一部". 기타 尹炳泰의 『韓國書誌年表』(韓國圖書館協會, 1972)에 고려 宣宗2년(1084) 8월에 '宋帝가 文苑英華를 賜함', 宣宗7년(1090) 12월에 '宋, 文苑英華集을 賜함' 등의 기사가 있는 것으로 보아 고려 선종 연간에는 이 책이 고려에 들어온 것이 확실한 듯하다. 이후 조선시대에는 관련 언급이 매우 많아서 국내에서 중요한 독서 대상으로 삼았음을 알 수 있다.

후대 문인들의 창작 활동에 심대한 영향을 미쳤다. 여기서는 『시경』의 이런 가치를 감안하여 그 형성 과정과 주요 내용 및 작품적 특징을 간단하게 검토해 본다.

1) 시경의 형성과 전수 과정

『한서(漢書)』「예문지(藝文志)」를 보면, 옛날에 시를 채집하는 관리를 두고 그들로 하여금 각 지역의 시를 채집하게 함으로써 풍속을 관찰하고 정치의 잘잘못을 판단하는 수단으로 삼았다고 하였다.[27] 『시경』편집 이전에 채시관(采詩官)이 채집한 시가 다수 존재하였고, 그것이 『시경』의 원자료로 활용되었음을 보여준다. 또 『사기(史記)』「공자세가(孔子世家)」에는 "옛날에 3천여 편의 시가 있었다. 공자가 그 가운데 중복되는 것을 제거하고 예의(禮義)에 적합한 305편을 골라 악기에 맞춰 노래할 수 있도록 하였다."[28]고 하였다. 기존에 채집한 3천여 편의 시를 공자가 305편으로 산정(刪定)함으로써 『시경』이 완성되었음을 지적한 말이다. 이것이 이른바 『시경』의 형성과 관련하여 널리 알려진 채시설(采詩說)과 산시설(刪詩說)이다.

그러나 채시(采詩)와 산시(刪詩)의 실상에 대해서는 논란이 많다. 공자가 시를 편찬한 것은 주(周)나라가 견융(犬戎) 족에게 쫓겨 동쪽 낙양(洛陽)으로 급히 천도한 춘추시대(春秋時代) 이후였는데, 이런 혼란의 와중에 과연 3천 편이나 되는 방대한 시를 그대로 보존할 수

---

27) 『漢書』卷30, 「藝文志」10, "古有採詩之官 王者所以觀風俗 知得失 自考正也".
28) 『史記』卷47, 「孔子世家」, "古者詩三千餘篇 及至孔子 去其重 取可施於禮義 上采契后稷 中述殷周之盛 至幽厲之缺 … 三百五篇 孔子皆弦歌之 以求合韶武雅頌之音 禮樂自此可得而述 以備王道 成六藝".

있었을까? 보존했다 하더라도 노(魯)나라에서 시를 편찬한 공자가 어떻게 주나라 왕실 자료를 다 볼 수 있었을까? 누차 문헌 부족을 개탄한 바 있는 공자가 그 많은 자료를 다 버리고 겨우 3백여 편만 남긴 이유는 무엇인가? 공자가 중복을 제외하고 예의(禮義)에 적합한 것을 골랐다고 하나, 그 기준에 부합하지 않는 시가 위풍(衛風) 정풍(鄭風) 등에 다수 포함되어 있지 않은가? 이를 어떻게 설명할 수 있는가?

이런 문제와 관련하여 굴만리(屈萬里. 1907~1979)는 공자가 산정한 시가 주나라 왕실에 채집해 둔 자료가 아닐 것이라고 주장하였다. 그 근거로 계찰관악(季札觀樂)의 기사를 제시하였다. 노(魯)나라 양공(襄公) 29년(BC.544) 계찰(季札)이 노나라를 방문하여 노나라 조정에서 연주하는 시를 듣고 하나하나 품평을 한 바가 있는데,29) 이때 공자(BC.551~BC.479)는 아직 8세의 어린 아이에 불과하여 시를 산정할 수 있는 형편이 아니었다. 그런데도 불구하고 계찰(季札)이 품평한 시의 내용이 공자가 산정한 이후의 시와 체계상 큰 차이가 없었다. 이것은 공자 이전에 노나라에 이미 공자 이후의 시와 유사한 것이 존재하였음을 보여주는 것으로, 공자가 산정한 시가 주나라 왕실 자료가 아니라 바로 노나라 조정을 통해 전해오던 자료였음을 단적으로 증명한다는 것이다.

그리고 공자가 산정 대상으로 삼은 시도 처음부터 3천여 편이 아니라 3백 편이 조금 넘는 정도였을 것으로 추정하였다. 고대의 문헌

---

29) 『春秋左氏傳』 卷19, 襄公 29年, "吳公子季札來聘 … 請觀於周樂 使工爲之歌周南 召南 曰美哉 始基之矣 猶未也 然勤而不怨矣 爲之歌邶鄘衛 曰美哉 淵乎 憂而不困者也 吾聞衛康叔武公之德如是 是其衛風乎 爲之歌王 曰美哉 … ".

을 조사해 보면『춘추좌전(春秋左傳)』에 166편,『국어(國語)』에 23편,『예기(禮記)』에 103편 등 전체 약 292편 가량의 시가 언급되어 있다. 그런데 이 가운데 현존『시경』에서 확인할 수 없는 작품은『춘추좌씨전』에 10편,『국어』에 1편,『예기』에 3편 등 도합 14편에 불과하며, 어느 문헌에도 그 속에 언급된 시의 5~10% 이상이 망실된 예가 없다. 이와 같은 망실 비율을 감안할 때 공자가 산정해 버린 시도 현존 305편의 5~10% 범위를 크게 벗어나지 않았을 것이며, 3천여 편이란 처음부터 존재하지 않은 허구에 불과하다고 하였다.[30]

공자는 실재 시에 대하여 말할 때마다 언제나 "시삼백(詩三百)"[31]이라고 하였지 3천 편이라고 언급한 적이 없다. 그리고 "내가 위(衛)나라에서 노(魯)나라로 돌아온 이후 음악이 바로잡히고 아송(雅頌)이 각각 제 자리를 얻었다."[32] 라고 하여 자신이 노나라에서 시를 산정했음을 스스로 밝히기도 하였다. 이런 정황을 두루 고려해 볼 때, 채시설(采詩說)과 산시설(刪詩說)을 그대로 믿기는 어려울 듯하며, 공자가 노나라 조정을 통해 전수되어 온, 당초부터 3백 편을 크게 넘지 않는 작품을 산정함으로써『시경』이 성립되었다고 해야 마땅할 듯하다. 어떻든 시는 공자의 산정을 거쳐 유가(儒家) 경전의 하나가 됨으로써 마침내 세상에 뚜렷하게 부각될 수 있었다.

공자가 세상을 떠난 후『시경』은 제자 자하(子夏)를 통해 순경(荀卿)에게로 전수되었다. 그러다가 진시황(秦始皇)이 이를 분서(焚書)

---

30) 屈萬里의『詩經詮釋』(屈萬里先生全集⑤, 臺灣 聯經出版事業公司, 1983),「敍論」의 '4. 詩經之編集'조항에서 이와 관련된 문제를 상세하게 논술하였다.
31)『論語』「爲政」의 "子曰詩三百 一言以蔽之曰 思無邪"와「子路」의 "子曰 誦詩三百 授之以政 不達 使於四方 不能專對 雖多 亦奚以爲"가 그런 예이다.
32)『論語』,「子罕」, "子曰 吾自衛反魯 然後樂正 雅頌各得其所".

대상에 포함시킴으로써 원본『시경』은 사실상 세상에서 자취를 감추고 말았다. 그리고 한(漢)나라 때 여러 이본이 출현하였는데, 노(魯)나라 부구백(浮邱伯)의 『노시(魯詩)』, 제(齊)나라 원고생(轅固生)의 『제시(齊詩)』, 연(燕)나라 한영(韓嬰)의 『한시(韓詩)』, 노(魯)나라 대모공(大毛公) 모형(毛亨)과 조(趙)나라 소모공(小毛公) 모장(毛萇)의 『모시(毛詩)』 등 4종 시경이 바로 그것이다. 이 중 ①『노시(魯詩)』 ②『제시(齊詩)』 ③『한시(韓詩)』는 당시 서체인 예서(隷書)로 기록한 것이라고 하여 '금문(今文)『시경』'이라 하였고, ④모시(毛詩)는 공자의 옛 집을 수리할 때 벽장에서 나온 옛날 기록 그대로라 하여 '고문(古文)『시경』'이라 하였다.

『시경』의 전승 과정33)

```
孔子-子夏-曾信-李克-孟仲子-根牟子-荀卿 // 焚書 //
① 魯詩 : 浮邱伯-申培 ┬ 江公-韋賢-韋元成
                    ├ 孔安國
                    └ 徐公-王式-薛廣德-龔勝
② 齊詩 : 轅固生-夏侯始昌-后蒼 ┬ 蕭望之
                              └ 匡衡-滿昌
③ 韓詩 : 韓嬰-趙子-蔡誼 ┬ 倉子公-栗豊-張就
                        └ 王吉-張孫順-髮福
④ 毛詩 : 毛亨-毛萇-貫長卿-謝曼卿-賈逵-許愼
```

한(漢)나라 초기에는 ①②③ 금문『시경』을 국가에서 공인하고 시경삼가박사(詩經三家博士) 제도를 두어 각각 따로 연구 교육할 수 있도록 조치하였다. 그러나 후한(後漢) 이후부터는 이를 모두 배제하고 고문인 ④『모시(毛詩)』를 유일하게 인정하였다. 정현(鄭玄. 127~200)이『모시전(毛詩箋)』을 지어 그것이 원본에 가장 가까움을 증

---

33) 桂五十郎, 『漢籍解題』(日本 明治書院, 1919), 「詩經」의 '傳來' 부분 참고.

명하고, 가규(賈逵. 174~228)가 다시 여러 이본을 대조하여 『모시(毛詩)』의 우수성을 밝힘으로써 금고문논쟁(今·古文論爭)에서 고문가가 완전히 승리하였기 때문이다. 그래서 위진시대 이후 삼가시(三家詩)는 학계로부터 외면을 받아 ②『제시(齊詩)』는 위(魏)나라 무렵, ①『노시(魯詩)』는 서진(西晉) 무렵, ③『한시(韓詩)』는 당(唐)나라 무렵 차례로 사라졌으며, 『모시(毛詩)』만이 유일한 『시경(詩經)』으로 존속하였다.

2) 현존 시경의 내용 체계

현존 『시경』, 즉 『모시(毛詩)』는 구체적으로 어떤 시대의 작품을 얼마나 수록하고 있을까? 작품의 수록 체계는 어떠하며, 부류별 성격은 또 어떠한가? 「작시시세도(作詩時世圖)」[34])를 참고하여 간략하게 정리하면 다음과 같다.

『시경』수록 작품의 시기별 내용별 현황

시 기	국풍	소아	대아	송
① 태갑(太甲. BC.1753) 이후?				3편
② 조갑(祖甲. BC.1258) 이후?				2편
③ 문왕(文王. BC.1122) 이전?	24편			
④ 무왕(武王. BC.1122) 이후	1편	16(22)편		2편
⑤ 성왕(成王. BC.1115-1081)	7편		18편	26편
⑥ 강왕(康王. BC.1078) 이후				3편
⑦ 여왕(厲王. BC.878) 이후	3편	26편	12편	
⑧ 평왕(平王. BC.770) 이후	49편		1편	4편
⑨ 시대 미상	76편	32편		
전체 작품 305(311)편	160편	74(80)편	31편	40편

---

34) 朱熹, 『詩傳集註』 앞부분에 수록된 「作詩時世圖」 1-5 참고.

『시경』 수록 작품은 위와 같이 전체 305편이다. 제목으로 명시된 것은 311편이지만, 「남해(南陔)」 「백화(白華)」 「화서(華黍)」 「유경(由庚)」 「숭구(崇丘)」 「유의(由儀)」 등 소아(小雅)의 6편은 제목만 있을 뿐 작품이 없다. 따라서 국풍 160편, 소아 74편, 대아 31편, 송 40편, 전체 305편이라 함이 정확하다.

305편 가운데 시기적으로 가장 오래 된 것은 상송(商頌) 5편인데, 상송의 창작 시기는 태갑(太甲. BC.1753) 혹은 조갑(祖甲. BC.1258) 때까지 소급한다. 그리고 가장 후대의 것은 진풍(陳風) 「주림(株林)」편인데, 이것은 주나라 광왕(匡王. BC.612년) 이후에 지어진 것이라고 하였다.35) 따라서 「작시시세도(作詩時世圖)」에 기록된 시기에 근거할 경우 『시경』은 대략 BC.1753년 은나라 초기부터 BC.612년 춘추시대 중기까지 약 1000여 년에 걸쳐 생산된 작품을 수록한 것이라고 할 수 있겠다.

그러나 『시경』시의 창작 연대에 대해서는 이견이 분분하다. 정현(鄭玄)은 『시경』에서 가장 오래된 것으로 알려진 상송(商頌)이 당초에 없던 것을 공자가 추가하였다고 하였고36), 일부 학자들은 상송(商頌)의 창작 연대를 희공(僖公. BC.659-BC.627) 때로 내려 잡기도 하였다.37) 그 다음으로 오래된 것은 주남(周南) 소남(召南) 25편인데,

---

35) 朱熹, 『詩傳集註』 「作詩時世圖」 太甲以後 부분에 商頌의 「那」 「烈祖」 「長發」 등 3편을, 祖甲以後 부분에 商頌의 「玄鳥」 「殷武」 등 2편을 명시하였다. 그리고 匡王以後 부분에 '陳株林'이라 하여 陳風 株林篇이 匡王以後 작품임을 명시하였다.
36) 『毛詩注疏』 卷23, 鄭玄의 「商頌譜」에 "微子至于戴公 其間禮樂廢壞 有正考甫 得商頌十二篇於周之太師 以那爲首"라 하여 공자 7대조인 正考甫가 周나라 太師에게서 商頌 12편을 얻었다 하였고, 이에 대한 孔穎達의 疏에 "是故 孔子錄詩之時 得其五篇列之 以備三頌也"라 하여 공자가 이 중 5편을 얻어 시경 편찬 시 편입시켰다고 하였다.

굴만리(屈萬里)는 이 작품이 문왕(BC.1122 이전) 때 지어진 것이 아니라 동주(東周. BC.770) 이후의 것이 확실하다고 하였다.38) 따라서 이런 주장을 고려한다면, 『시경』은 대략 BC.1100년경 주나라 초기부터 공자가 시를 산정한 BC.500년경까지 약 600여 년에 걸친 작품을 수록한 것이라고 해야 할 것이다.

『시경』은 전체 305편의 작품을 국풍(國風) 소아(小雅) 대아(大雅) 송(頌) 등 4가지로 분류하였다. 이와 같은 분류는 주희(朱熹)의 사시설(四始說)을 수용한 결과이다. 주희는 「관저(關雎)」는 국풍(國風)의 시작, 「녹명(鹿鳴)」은 소아(小雅)의 시작, 「문왕(文王)」은 대아(大雅)의 시작, 「청묘(淸廟)」는 송(頌)의 시작이라 하여, 『시경』 전체를 국풍(國風) 소아(小雅) 대아(大雅) 송(頌) 등 4가지 체계로 나누어 설명한 바 있다.39) 주희와 달리 국풍(國風)에서 주남(周南) 소남(召南)을 독립시키고, 소아(小雅)와 대아(大雅)를 합쳐, 『시경』 시를 남(南) 풍(風) 아(雅) 송(頌)의 체계로 설명한 예도 있다.40) 남(南)이 지역이

---

37) 屈萬里, 『詩經詮釋』, 「敍論」, '詩經內容', "魯頌四篇 全部作於魯僖公的時候 商頌最晩的 也作於此時".
38) 屈萬里, 『詩經詮釋』, 「敍論」, '六義四始正變之說', "周南召南 顯然有東周時詩".
39) 朱熹, 『詩傳集註』 「四始圖」 참고.
40) 南宋 때 王質의 『詩總聞』, 程大昌의 『考古篇』 「詩論」 등에서 이런 주장을 처음 제기하였고, 이후 淸나라 顧炎武의 『日知錄』과 崔述의 『讀風偶識』, 근세 梁啓超의 「釋四詩名義」 등에서 이런 주장을 확인할 수 있다. 蘇雪林, 『詩經雜俎』(臺灣 商務印書館, 1995) 卷3, 「論四詩名義」 참고. "王質著『詩總聞』將詩分爲四部 卽南風雅頌 其「聞南說」曰 南樂歌名也 … 程大昌『考古篇』中 有「詩論」十七篇 其一主張詩有南雅頌 無國風 其言曰 … 左氏記季札觀樂 歷書周南召南大雅小雅頌 凡此名稱與今無異 至叙列國 自邶至豳 其類凡十有三 率皆單記國土 無今國風品目也 … 顧炎武『日知錄』卷三「四詩」條 亦附和二南獨立論者 … 梁啓超『釋四詩名義』… 其實詩經 分明擺著四個名字 有周召二南 有邶至豳的十三國風 有大小二雅 有周魯商三頌 後人一定要將南踢開 硬編在風裏頭 因爲和四數不合 又把雅劈而爲二 這是何苦來呢".

아니라 합창 음악을 가리키는 말이기 때문에 국풍(國風)에서 분리해야 한다는 것인데, 주희의 견해만큼 널리 인정받지는 못하였다.

국풍(國風)은 각 지방 민가(民歌)를 채집한 것으로, 주남(周南) 소남(召南)부터 조풍(曹風) 빈풍(豳風)까지 15국풍으로 구성되어 있다. 「십오국풍지리도(十五國風地理圖)」를 보면, 이들 15개 지역이 황하(黃河) 연안을 따라 가장 서쪽의 진(秦)부터 가장 동쪽의 제(齊)에 이르기까지 동서로 길게 자리 잡고 있는 형국임을 알 수 있다. 그리고 작품 수가 160편으로 『시경』 시 전체의 절반 이상을 차지하고 있는데, 이 때문에 『시경』을 흔히 고대 황하 유역의 민간 문학을 대표하는 것이라 말하기도 한다. 15국풍 가운데 작품 수가 가장 많은 것은 공자가 음란한 음악이라고 규정했던 정풍(鄭風:21편)이고, 그 다음이 패풍(邶風:19편) 소남(召南:14편) 당풍(唐風:12편) 순이다. 나머지는 대부분 10편 내외이며, 회풍(檜風)과 조풍(曹風)이 각각 4편으로 가장 적다.

아(雅)는 음이 하(夏)와 유사하여 종종 하(夏)와 통용해 온 글자이다. 그래서 지리적으로는 중국의 중심부인 황하(黃河) 일대의 중하(中夏) 지역을, 언어적으로는 사투리가 아닌 표준말 즉 아언(雅言)을, 음악에서는 속악(俗樂)이 아닌 아악(雅樂) 혹은 정성(正聲)을 가리키는 말로 사용해 왔다. 『시경』의 아(雅)도 대개 이런 의미에 부합하는 작품, 즉 아언(雅言)과 아악(雅樂)에 근거한 귀족 사대부의 창작품을 수록하였다. 이 가운데 소아(小雅) 74편은 조정 잔치에 사용한 노래 가사[宴饗之樂]이고, 대아(大雅) 31편은 조정 의식(儀式)에 사용한 노래 가사[會朝之樂]이다. 그러나 소아(小雅) 가운데는 「황조(黃鳥)」 「곡풍(谷風)」 등처럼 가사의 성격상 국풍(國風)에 더 가까운 작품이 음악적 속성 때문에 아(雅)로 분류된 예가 적지 않게 포함되어 있기도 하다.

송(頌)은 종묘(宗廟)에서 제사를 지낼 때 조상 신(神)의 공덕을 칭송한 제사 음악의 노랫말을 수록해 놓은 것이다. 완원(阮元. 1764~1849)의 풀이에 따르면, 송(頌)은 사람의 용모나 거동을 나타내는 용(容)과 같은 뜻으로, 여기에 수록된 작품이 춤곡[舞曲]임을 의미한다고 하였다.41) 공자 이전에 송(頌)은 원래 주(周)나라 왕실에서 사용해 오던 주송(周頌:31편)만 있었다. 그런데 공자가 시를 산정하면서 여기에 노송(魯頌:4편)과 상송(商頌:5편)을 추가시킴으로써 현재와 같은 3송(頌) 체계를 갖추었다. 그러나 노(魯)나라는 제후국이고 상(商)나라는 망한 나라여서 천자국인 주(周)나라와 같은 반열에 두기 어려울 뿐만 아니라, 내용에 있어서도 노송(魯頌)은 조상신이 아니라 살아 있는 노나라 희공(僖公)을 칭송하였고, 상송(商頌)은 송(頌)이라기보다 아(雅)에 가깝다 하여 논란이 많다. 『시경』 가운데 문제가 가장 많은 부분이며, 작품 수도 제일 적다.

3) 수록 작품의 양식적 특징

『시경』 시의 특징은, 첫째 다양하고 풍부한 어휘를 활용하여 한문자의 표현력을 한껏 확충시켰다는 점에 있다.42) 『시경』이 정리될 당

---

41) 屈萬里, 『詩經詮釋』, 「敍論」의 '詩經內容', "阮元有釋頌一文(見揅經室一集) 以爲 頌就是容 是歌而兼舞之義 這說法是可信的".
42) 『詩經』 수록 작품의 특징에 대해서는 夏傳才의 『詩經語言藝術新編』(語文出版社, 北京, 1996)에서 자세하게 검증한 바 있다. 그래서 夏傳才의 연구 성과를 바탕으로 삼고, 기타 참고할 만한 성과를 가능한 널리 검증하여 양식적 특징 부분을 정리하였다.

시까지만 해도 한문의 표현 방식은 매우 단조롭고 제한적이었다. 그런데『시경』은 약 3천여 자에 달하는 한자와 약 5000여 개에 이르는 어휘를 활용하여 동물 식물 인명 관직명 등은 말할 것도 없고, 이들의 동작 상태 정도 등을 세밀하게 묘사한 동사 형용사 부사형 표현을 참으로 다채롭게 제시하였다. 아리땁고 착한 아가씨를 요조숙녀(窈窕淑女), 뒤척이며 잠 못 들어 하는 모습을 전전반측(輾轉反側), 사이좋은 부부를 금슬(琴瑟), 나라를 지키는 훌륭한 인재를 간성(干城)으로 표현한 등이 모두 그런 예인데43), 이런 어휘는 오늘날까지 한자문화권 전역에서 널리 사용하고 있다.『시경』시는 바로 이런 어휘를 활용하여 인간과 자연에 대한 한문자의 표현 역량을 한껏 확충시켰으며, 이후 유사한 상황 묘사의 전범이 되었다는 점에 일차적으로 중요한 특징이 있다.

둘째, 작품의 리듬감을 극대화할 수 있는 첩자(疊字) 첩구(疊句) 첩장(疊章) 등의 표현이 일반화되어 있다는 점이다. 첩자(疊字)란 동일한 글자를 중첩시켜 사물의 특수한 상태나 소리를 나타낸 것이고, 첩구(疊句)란 특정 구(句)를 연속적으로 혹은 일정한 간격을 두고 반복 사용한 것을 말하며, 첩장(疊章)이란 한 장 전체의 표현법이 주요 몇 글자를 제외하고는 다음 장에 그대로 반복된 표현을 가리킨다.

① 주남(周南), 도요삼장(桃夭三章)
○ 桃之夭夭 灼灼其華 之子于歸 宜其室家 (제1장)
○ 桃之夭夭 有蕡其實 之子于歸 宜其家室 (제2장)
○ 桃之夭夭 其葉蓁蓁 之子于歸 宜其家人 (제3장)

---

43) 窈窕淑女 輾轉反側 琴瑟 등은 모두「關雎」에, 干城은「兎罝」에 나오는 표현이다.

② 패풍(邶風), 녹의사장(綠衣四章)
○ 綠兮衣兮 綠衣黃裏 心之憂矣 曷有其已 (제1장)
○ 綠兮衣兮 綠衣黃裳 心之憂矣 曷有其亡 (제2장)
○ 綠兮絲兮 女所治兮 我思古人 俾無訧兮 (제3장)
○ 絺兮綌兮 凄其以風 我思古人 實獲我心 (제4장)

위에서 복숭아나무의 싱싱함을 표현한 요요(夭夭), 복숭아꽃의 찬란함을 표현한 작작(灼灼), 복숭아 잎의 무성함을 표현한 진진(蓁蓁) 등은 모두 동일한 글자를 중첩시킨 첩자(疊字)이고, 도지요요(桃之夭夭) 지자우귀(之子于歸) 녹혜의혜(綠兮衣兮) 심지우의(心之憂矣) 등은 동일한 시구를 2회 이상 반복한 첩구(疊句)이다. 그리고 ①의 제1장과 제2장은 제2구 일부와 제4구 1자를 제외하고는 전체적 표현법이 모두 동일하고, ②의 제1장과 제2장 또한 제2구와 제4구 각 1자를 제외하고는 모두 동일한 첩장(疊章) 형태이다.『시경』시에는 바로 이런 첩자 첩구 첩장이 허다하게 활용되었는데, 이런 표현의 실상을 간단히 정리하면 대략 아래와 같다.

첩자 첩구 첩장의 활용 현황[44]

구 분		국 풍		소 아		대 아		송		합 계	
		편수	회수	편수	회수	편수	회수	편수	회수	편수	회수
첩자	정식	92편	218회	58편	231회	26편	125회	22편	72회	198편	646회
	변식	14편	27회	16편	26회	3편	4회	3편	5회	36편	62회
첩 구		14편	38회	3편	4회	1편	3회	2편	2회	20편	47회
첩 장		131편		41편		3편		2편		177편	

---

44) 이 표는 夏傳才의『詩經語言藝術新編』제3장 重章疊唱부터 제4장 疊字疊句까지 기술된 내용 가운데 중요한 사항을 가려 뽑아 다시 작성한 것이다. 이하 시경의 표현에 관련된 각종 통계수치는 전적으로 夏傳才의 연구 결과에 근거하였다.

위의 표를 보면 『시경』 305편 가운데 첩자를 활용한 것이 234편 708회, 첩구를 활용한 것이 20편 47회, 첩장을 활용한 것이 177편이나 됨을 알 수 있다. 이와 같은 첩자 첩구 첩장 등의 활용은 작품의 주제를 강조하거나 시상의 점층적(漸層的) 전개를 부각시키는 예술적 효과를 야기하기도 하지만, 유사한 소리와 형식의 반복을 통해 강한 음악적 리듬감을 유발시킨다는 점에 핵심적 특징이 있다.

셋째, 한 편이 대부분 연장체(連章體)로 편성되어 있다는 점이다. 연장체란 노래의 1절 2절 3절 등과 흡사한 개념으로, 한 편의 시가 1장 2장 3장 등 여러 장(章)으로 구성되어 있음을 가리키는 말이다. 앞에 예시한 작품 중「도요(桃夭)」는 3장,「녹의(綠衣)」는 4장이라고 한 것이 바로 그런 예이며, 작품의 제목에 이런 사실을 바로 명시하여「도요삼장(桃夭三章)」,「녹의사장(綠衣四章)」등과 같은 방법으로 표기하였다. 『시경』 시는 전체 305편 가운데 송(頌)에 수록된 작품 34편을 제외한 나머지 271편이 모두 이와 같은 연장체로 구성되어 있다. 연장체 중에는 3장체(112편)가 압도적으로 많고, 4장(45편) 2장(40편) 6장(21편) 형태가 비교적 많은 편이며, 국풍은 160편 중 153편이 2~4장 체였다. 『시경』 시가 단순히 읊조리는 음영시(吟詠詩)가 아니라 여러 장으로 구성된 노래가사의 일종이었음을 단적으로 보여주는 중요한 특징 중 하나이다.

넷째, 한 장(章)의 구성이 대체로 짝수 구(句)에 기초하고 있으며, 4구 6구 8구 형태가 압도적으로 많다는 점이다. 『시경』 305편을 장(章) 별로 나누어 계산해 보면 대략 1134장 가량 된다. 이 가운데 80%가 넘는 950여장이 모두 짝수 구이고, 그 대부분에 해당하는 813장이 4구(368장) 6구(233장) 8구(215장) 형태이다. 이것은 한시 1수(首)에

필적할만한 한 장(章)의 구성이 대단히 안정된 짝수구의 형태에 기초하고 있음을 분명하게 보여준다. 그리고 훗날 문단에 가장 널리 보편화된 주요 한시 양식, 즉 절구(絶句:4구) 소율시(小律詩:6구) 율시(律詩:8구) 등의 기본 형태가 이미『시경』에서부터 암암리에 태동하였음을 보여주는 대단히 흥미로운 사실이기도 하다.

　다섯째, 짝수 구 끝 부분에 압운이 되어 있는 경우가 많다는 점이다. 앞에 예시한「도요삼장(桃夭三章)」가운데 제1장의 제2구와 제4구 끝부분 글자 화(華)와 가(家)는 모두 평성 마(麻) 운목, 제2장의 제2구와 제4구의 끝부분 글자 실(實)과 실(室)은 모두 입성 질(質) 운목, 제3장의 제2구와 제4구의 끝부분 진(榛)과 인(人)은 모두 평성 진(眞) 운목이다.「녹의사장(綠衣四章)」가운데도 제1장의 리(裏)와 이(已) 자는 모두 거성 치(寘) 운목, 제2장의 상(裳)과 망(亡) 자는 모두 평성 양(陽) 운목이며, 제3장의 혜(兮)는 동일한 글자를 같은 부위에 반복하여 운이 같을 수밖에 없다.

　『시경』이 편찬될 당시에는 한자음에 대한 전문적인 연구가 없었고, 따라서 특정 글자가 같은 운목 계열인지 여부를 판정할 분명한 근거도 없었다. 다만 당시 시를 향유한 사람들의 자연음에 근거하였을 뿐일 터인데, 그럼에도 불구하고 오늘날 운서(韻書)에 비춰보아도 거의 착오가 없는 동일 계열의 운자를 압운하였다. 물론『시경』시가 모두 이런 것은 아니다.「녹의사장(綠衣四章)」에서 제4장 제2구 끝부분 풍(風) 자와 제4구 끝부분 심(心) 자의 운목이 각각 동(東)과 침(侵)으로 전혀 다른 점에서 볼 수 있듯이, 압운이 되지 않았거나 운서의 기준에 어긋나는 경우 또한 적지 않다. 그러나『시경』시에 이런 압운법이 다수 구사된 것은 분명하며, 이 또한 한시의 압운법이

『시경』 시에서 이미 싹트기 시작하였음을 보여주는 흥미로운 특징이라 할 것이다.

여섯째, 한 구(句)의 글자 수가 대개 4자 즉 사언(四言)에 기초하고 있다는 점이다. 『시경』 시 305편의 구수(句數)는 대략 7248구 정도로 추산된다. 그런데 이 가운데 90%가 넘는 6591구가 모두 사언(四言)이다. 오언(369구) 삼언(158구) 육언(85구) 칠언(19구) 형식이 부분적으로 개재해 있지만, 사언 구와는 비교할 수 없을 정도로 적다. 『시경』 시가 대개 4자 1구 형식에 기초하고 있음을 실증하는 것으로, 이 때문에 후대에는 4자 1구 형식의 시를 특별히 시경시체라고 별칭(別稱)하였다.45)

일곱째, 모든 작품에 흥(興) 비(比) 부(賦)라는 서술 방식이 존재한다는 점이다. 흥(興)이란 먼저 다른 사물을 말한 뒤 그 감흥을 빌어 자기가 하고 싶은 말을 이끌어 내는 방식이고[先言他物以引其所詠之辭也], 비(比)란 자신의 의사를 다른 사물에 견주어 비유적으로 드러내는 방식이며[以彼物比此物也],46) 부(賦)란 하고 싶은 말을 직접적으로 진술하는 방식[敷陳其事而直言之者也]이다. 『시경』 시의 모든 장(章)은 이 셋 중 어느 하나 혹은 둘 이상이 결합된 방식을 택하고 있는데, 해석에 논란이 있음에도 불구하고 시적 진술의 초기적 전형성을 보여준다는 점에 의미가 있다.47)

---

45) 이와 관련해서는 Ⅱ장 2절 '형식별로 본 한시의 종류' 중 사언시 조항 참고.
46) 朱熹는 『詩經』에 나타난 興과 比를 대비하여 "興比雖有類似 然比者 比方於物 興者 託事於物 不難體察而知之 且一章之中 比興兼具者 亦未嘗絶無也"라고 설명한 바 있다.
47) 『詩經』 賦 比 興의 표현법이 지시하는 내용과 특징에 대해서는 본서 Ⅷ장 제1절 '시경 比 興의 傳統' 부분에서 관련 작품을 예시하면서 자세하게 다루었다.

『시경』시에 보이는 이와 같은 특징과 표현 장치는 작게는 어휘적 차원에서부터 크게는 전편의 구성과 창작 정신에 이르기까지 후대 문인들이 반드시 계승 혹은 극복해야할 대상이었으며, 한시사의 전개에 심대한 영향을 끼쳤다. 우리가 오늘날까지 『시경』을 부단히 읽고 주목하는 것은 그것이 유가 경전의 하나이기 때문이기도 하지만, 바로 이와 같은 문학적 전범성과 심대한 영향력을 함께 고려한 결과이다.

4) 한국에서의 시경 독서

우리나라에서 언제부터 『시경』을 독서 대상으로 삼기 시작하였는지는 정확하게 알기 어렵다. 지금까지 이에 대한 연구를 따로 진행한 바가 없기 때문이다. 그러나 한국에서 한문 글쓰기를 본격적으로 시작한 삼국시대부터 이미 『시경』을 핵심 교과서로 독서한 것은 분명한 것으로 판단된다. "고구려 서적에 오경(五經) 사기(史記) 한서(漢書) 후한서(後漢書) 등이 있었다."48), "백제의 서적에 오경(五經)과 자(子:제자서) 사(史:역사서)가 있었다."49)고 한 기록이 이런 사실을 증명한다. 고구려와 백제에 있었다는 오경 가운데 하나가 바로 『시경』이었을 터이기 때문이다.

삼국시대는 대략 중국의 위진남북조시대와 상응한다. 이 때 중국에는 4종의 『시경』 가운데 『제시』『노시』『한시』 등 금문 『시경』은

---

48) 『舊唐書』卷199上, 東夷列傳, 「高麗」, "高麗俗愛書籍 至於衡門厮養之家 各於街衢造大屋 謂之扃堂 子弟未婚之前 晝夜於此讀書習射 <u>其書有五經及史記漢書范曄後漢書三國志孫盛晉春秋玉篇字通字林 又有文選 尤愛重之</u>".
49) 『舊唐書』卷199上, 東夷列傳, 「百濟」, "其書籍有五經子史 又表疏並依中華之法".

대부분 사라지고 『모시』가 거의 유일한 『시경』으로 남아 있었다. 따라서 삼국시대에 읽었다는 『시경』 또한 『모시』였을 것으로 추정되는데, 이런 사실을 『삼국사기』 「백제본기(百濟本紀)」에서 구체적으로 확인할 수 있다. 백제 성왕(聖王) 19년(541) "양(梁) 나라에 사신을 보내어 모시박사(毛詩博士)를 요청하자 이에 따랐다"[50]라고 한 기록이 바로 그것이다. 삼국에서 『모시』를 읽었고, 그래서 모시박사를 초청하였음을 보여주는 예이다.

삼국은 당나라가 중원을 통일한 직후 모두 당나라 국학(國學)에 많은 유학생을 파견하였다. [51] 당나라 국학의 주요 교과목은 시(詩) 서(書) 역(易)과 삼례(三禮:禮記 周禮 儀禮) 춘추삼전(春秋三傳:左氏傳 公羊傳 穀梁傳) 등 구경(九經)이었는데, 구경의 하나였던 시 또한 『모시』였다. 따라서 당나라 유학생은 당연히 구경의 하나로 『모시』를 공부하였을 것이며, 이즈음에 설총(薛聰. 655~?)이 '방언으로 구경을 해독하였다[以方言讀九經]'[52]는 기사를 통해 이런 사정을 미루어 짐작할 수 있다.

『시경』 독서는 근체시 창작이 본격화된 남북국시대 이후에도 이와 무관하게 국가적인 차원에서 중시하였다. 남북국시대에는 『시경』을

---

50) 『三國史記』卷26, 百濟本紀, 聖王19년 조항, "王遣使 入梁朝貢 兼表請毛詩博士涅槃等經義 幷工匠畵師等從之".

51) 『三國史記』卷20, 「高句麗本紀」 8, 榮留王 23年(640) 조항, "王遣子弟入唐 請入國學", 『三國史記』卷27, 「百濟本紀」, 武王 41年(640) 조항, "二月 遣子弟於唐請入國學", 『三國史記』卷5, 「新羅本紀」 5, 善德王 9年(640) 5月 조항, "王遣子弟於唐 請入國學 是時太宗大徵天下名儒爲學官 數幸國子監 使之講論 學生能明一大經已上者 皆得補官 增築學舍千二百間 增學生萬三千二百六十員 於是四方學者 雲集京師 於是高句麗百濟高昌吐蕃 亦遣子弟入學".

52) 『三國史記』卷46, 薛聰列傳, "薛聰字聰智 … 以方言讀九經 訓導後生 至今學者宗之".

국학의 주요 교과목 가운데 하나로 삼았고,53) 고려시대에는 최고의 국립 교육기관이었던 국자감의 칠재(七齋) 가운데 경덕재(經德齋)에서 『모시』를 전문적으로 가르치도록 하였으며,54) 나라에서 『시경』을 대량으로 간행하여 신하들에게 하사해주기도 하였다.55) 그리고 고려 광종9년(958) 과거시험을 시행할 때는 명경과(明經科)의 핵심 과목 중 하나로 삼아 학자들에게 거의 절대적인 영향력을 행사하기에 이르렀던 것이다.56)

조선시대 이후에도 이런 사정에는 변함이 없었다. 서울의 성균관과 사학(四學)을 비롯하여 지방의 향교와 서원, 기타 전국 방방곡곡에 자리한 서당에 이르기까지 『시경』을 주요 교과목으로 가르치지 않는 곳이 없었고, 과거시험에서도 생원시의 필수과목이었음은 물론, 문과 복시(覆試) 초장(初場)에서는 누구나 예외 없이 『시경』 시험을 보아야 하였다. 오경 가운데 『예기』『춘추』 등은 오히려 시험에서 제외하는 경우가 많았지만, 『시경』은 반드시 거쳐야 할 시험 대상으로 삼았던 것이다.

우리나라에서 『시경』은 이처럼 삼국시대 이래 조선 말기에 이르기까지 거의 모든 문인 학자들이 반드시 읽어야 할 필독서였다. 그래서 『시경』에 수록된 다양한 작품 자체는 물론, 작품 속에 구현된

---

53) 『三國史記』卷38, 職官上, "國學屬禮部 神文王2年置 景德王改爲大學監 … 敎授之法 以周易 尙書 毛詩 禮記 春秋左氏傳 文選 分而爲之業".
54) 『高麗史』卷74, 「選擧」2, "睿宗卽位 … 四年七月 國學置七齋 周易曰麗澤 尙書曰待聘 毛詩曰經德 周禮曰求仁戴禮曰服膺 春秋曰養正 武學曰講藝".
55) 『高麗史』卷6, 世家, 靖宗 11년(1045) 조항. "己酉 秘書省 進新刊禮記正義七十本 毛詩正義四十本 命各藏一本於御書閣 餘賜文臣".
56) 고려시대 명경과의 시험 과목은 詩 書 易 禮記 春秋左氏傳 등 五經 중심이었다.

각종 표현 어휘와 비유법에 대한 독서 경험을 개인의 창작에 널리 응용하였고, 『시경』을 중심에 두고 시대마다 독특한 문학론을 전개하기도 하였으며57), 『시경』이야말로 후대에 등장한 모든 한시의 본질적 근원[大源]이라고도 하기까지 하였다.58) 따라서 『시경』 시는 한편으로는 인위적 수식이 가해지기 이전의 대표적인 훌륭한 고시의 전범으로, 다른 한편으로는 공자가 산정한 유가 경전 가운데 하나로 시대를 초월한 존숭의 대상이었으며, 그런 만큼 영향이 넓고 깊었다고 하겠다.

3. 초사의 형성과 양식적 특징

초사(楚辭)는 기원전 4세기경 중국 남방 양자강 유역의 초(楚) 나라 지역을 중심으로 형성된 작품 양식으로, 우리에게 널리 알려진 굴원(屈原)의 「이소(離騷)」 「어부(漁父)」를 비롯하여 이를 계승한 일련의 작품 군을 지칭하는 말이다. 이런 작품들은 『시경(詩經)』이 편찬되고 약 300여 년이 더 지난 전국시대(戰國時代) 후기에 출현하였는데, 작품의 표현 방식이나 내용에 있어서 이전의 『시경』 시와 전혀 다른 차원의 세계를 구현하였다. 그리고 후대에 이를 계승 혹은

---

57) 金興圭, 『朝鮮後期의 詩經論과 詩意識』(고려대학교 민족문화연구소, 1982) 같은 연구에서 이와 관련한 구체적인 사정을 확인할 수 있다.
58) 李瀷, 『星湖僿說』 卷28, 「詩源」, "大雅蕩之卒章曰 顛沛之揭 枝葉未有害 本實先撥 杜子美得之 爲枏樹一篇 其寓意深矣 桑柔云 大風有隧 有空大谷 維此良人 作爲式穀 維彼不順 征以中垢 言君子小人行處異路也 韓退之得之云 萬物都陽明 幽暗鬼所寶 邵堯夫發揮之云 幽暗嚴崖生鬼魅 淸平郊野見鸞鳳 此皆詩家奪胎法 三百篇之爲大源 豈不信哉". 이런 논리를 같은 책 卷29 「詩家藻繪」에서도 확인할 수 있다.

변용한 무수한 사부(辭賦) 작품의 창작 근거가 됨으로써 마침내 새로운 문학 양식의 한 전범으로 확고하게 자리를 잡았다. 여기서는 초사가 지니고 있는 이와 같은 문학적 전범성(典範性)과 그 중요성을 고려하여 초사의 개념, 형성 과정과 작품의 실상, 양식적 특징 등을 간단히 검증해 보고자 한다.

1) 초사의 개념

초사(楚辭)란 초(楚) 자와 사(辭) 자가 결합된 용어이다. 초(楚)는 전국시대(戰國時代) 때 일곱 개의 대표적 지방정권 중 하나였던 초(楚) 나라 이름이고, 이 나라가 근거지로 삼고 있던 양자강(揚子江) 회수(淮水) 동정호(洞庭湖) 일대의 남방 지역을 가리키는 지역 명칭이기도 하다. 사(辭)는 좌변과 우변이 뜻으로 결합된 회의(會意) 문자이다. 좌변은 실이 헝클어진 모양이고, 우변의 신(辛)은 헝클어진 실을 푸는 침(針) 모양을 형상화한 것으로, 본래 법정에서 소송을 진행할 때 복잡하게 얽힌 사정을 풀어 해명하는 글을 뜻하였다.59) 그러다가 후대에 음악의 곡조인 소리[聲]나 입으로 부르는 노래[歌]와 달리 문자로 기록한 글을 지칭하는 용어로 사용의 폭을 확대하였다. 따라서 초사란 당초 문자로 기록된 초나라 지역의 글을 뜻하는 말이었다고 할 수 있겠다.

초사를 굴원(屈原. BC.343~BC.278) 송옥(宋玉. BC 290~BC.222)

---

59) 白川靜, 『字統』(平凡社, 1984), 384쪽 '辭' 자에 대한 설명, "辭(辛을 제외한 부분)는 架糸의 上下에 手를 加えている形で, 糸の亂れていることをいう. これを骨ベラの乙などで治め解く字は亂で, もの治める意の字である.辛もまた長い針器てあるから, 亂と同じ意であるが, その解釋する意が, 神に對して弁解する意の辭(辛이 아닌 司)と同じとされて, 辭もまた辭說の意に用いられる".

등이 창작한 작품 양식을 가리키는 용어로 사용하기 시작한 것은 한(漢) 나라 때부터였다. 왕일(王逸. 89~158)은「초사장구서(楚辭章句序)」에서 "굴원과 송옥의 여러 부(賦)를 모아 초사라고 이름 한 것은 유향에게서 비롯되었다."60)고 하였다. 전한(前漢) 말기에 유향(劉向. BC.77-BC.6)이 초사란 말을 처음 사용했다고 지적한 것이다. 그러나 유향 이전에도 초사의 용례가 있었다.『사기(史記)』「장탕전(張湯傳)」에 "주매신이 초사(楚辭)로써 장조(莊助)와 함께 총애를 받았다."61)고 한 것이 바로 그런 예이다. 이를 보면 주매신(朱買臣. BC.174~BC.115)이 활동한 한나라 문제(文帝) 당시, 적어도 사마천이『사기(史記)』초고를 완성한 한(漢) 무제(武帝) 전후에는(BC.91경) 초사란 말이 공적으로 사용되었음을 알 수 있으며, 이후 점차 사용의 폭을 확장해 오다가 유향이 초사 작품집을 편찬함으로써 마침내 작품과 명칭이 결부된 명실상부한 용어가 되었다고 해석할 수 있다.

굴원이나 송옥의 작품을 초사(楚辭)라고 명명한 데는 그럴만한 이유가 있었다. 작가가 초나라 사람이고, 작품 속에 초나라 지역의 지방색이 현저하게 드러나기 때문이었다. 굴원은 초나라 회왕(懷王)의 측근 중 한 사람이었고, 송옥 역시 그 다음 양왕(襄王) 때 대부(大夫)의 직위에 올랐으며,『사기』에는 당륵(唐勒) 경차(景差) 등도 모두 초나라 사람이라고 하였다.62) 그리고 송(宋) 나라 황백사(黃伯思. 1079~1118)는「익소서(翼騷序)」에서 "굴원과 송옥의 작품은 모두

---

60) 王逸,「楚辭章句序」, "衰屈宋諸賦 定名楚辭 自劉向始也".
61)『史記』卷122,「酷吏列傳」62, 張湯, "始長史朱買臣 會稽人也 讀春秋 莊助使人言 買臣 買臣以楚辭 與助俱幸".
62)『史記』卷84,「屈原賈生列傳」24, 屈原, "屈原旣死之後 楚有宋玉唐勒景差之徒者 皆好辭而以賦見稱".

초나라 말로 썼고, 초나라 가락으로 노래하였으며, 초나라 지명을 기록하였고, 초나라 특산물 이름을 적었다. 그러므로 초사(楚辭)라고 할 만하다."63) 고 하였다. 작가뿐만 아니라 작품의 어휘 가락 제재 등 모든 면에 초나라의 지방색이 현저하여 초사라고 명명하였음을 분명하게 지적한 예이다.

초사(楚辭)는 또 부(賦)라고 일컫기도 하였다. 부(賦)란 원래 굴원과 동시대에 활동한 순황(荀況. BC.313~BC.238)이 「부편(賦篇)」 10편을 창작함으로써 문단에 부각된 것인데, 이전 시대의 『시경』과 달리 노래나 음악에 구애받지 않고 단지 읊조리는 글[不歌而誦]이란 점에서 초사와 유사하였다.64) 그러나 대표 작가인 순황(荀況)이 남방 초나라가 아닌 북방 조(趙) 나라 사람이고, 작품 속에 초나라의 지역적 특징이 드러나지 않으며, 작품의 구성이나 문체 등에 있어서도 차이가 있었다. 초사에 비하여 사실성이 훨씬 강하고, 시와 문장이 섞인 반시반문(半詩半文)의 문체였으며, 신화적이고 낭만적인 묘사보다 은어(隱語)를 활용한 비유적 풍간(諷諫)과 문답식 서술방식을 구사하였다.65) 따라서 초사와 부는 본래 창작 전통이 다른 별개의 양식이었다고 해야 마땅하다.

그런데 왜 초사를 부(賦)라고 하였을까? 한(漢) 나라 때 두 양식

---

63) 黃伯思, 「翼騷序」(陳振孫의 直齋書錄解題 재인용), "屈宋諸騷 皆書楚語 作楚聲 記楚地 名楚物 故可謂之楚辭".
64) 荀況, 『荀子』 卷18, 「賦篇第二十六」에서 '禮', '知', '雲', '蠶', '箴' 등 5편의 작품을 확인할 수 있다.
65) 褚斌杰, 『中國古代文體槪論』 第三章, 「賦體」, "荀賦的基本特點是字句基本整齊 有韻 帶有半詩半文的性質 在表現手法上 遁詞以隱意 譎譬以指事 … 荀況大約正是根據并且創造了說隱一問一對的格局和隱語的言語特點以及它巧言狀物的手法 創作出了他的賦篇".

사이에 장르 통합이 일어났기 때문이다.66) 한 나라 초사 작가 중에는 초나라 사람이 많지 않았다. 그래서 자연스럽게 작품에 초나라 지방색이 사라졌으며, 이런 작품을 굳이 초사라고 명명해야 할 이유가 없었다. 반면 사마상여(司馬相如.BC.179~BC.117) 왕포(王褒.?~BC.61) 양웅(揚雄.BC.53~BC.18) 반고(班固.32~92) 등 주요 문인이 이전 시대 부(賦)의 전통을 계승하는 한편 초사의 특징을 아울러 수용하여 이른바 한부(漢賦)라는 새로운 창작을 주도하였다. 그래서 내용과 형식 및 표현 수법 등에서 지방색이 사라진 초사와의 구분이 애매한 상황이 발생하였는데, 이 때문에 마침내 문단의 대표 양식으로 지위를 굳힌 부(賦)의 개념을 확대 적용하여 초사까지 모두 부(賦)에 포함시켜 말하게 되었던 것이다.67)

그러나 굴원을 통해 부각된 초사의 영향력이 워낙 현저하여 그 작품적 전통을 계승하려는 경향이 여전히 존재하였다. 유향(劉向)의 「구탄(九歎)」, 왕일(王逸)의 「구사(九思)」, 왕포(王褒)의 「구회(九懷)」 같은 작품이 그렇게 지어진 것이며, 이와 같은 경향은 한부(漢賦)의 변화

---

66) 褚斌杰,『中國古代文體槪論』第二章,「楚辭」, "漢代人把辭賦歸爲一類 大約有兩方面的原因 一是辭賦相對于詩三百篇和漢樂府詩來說 同屬于不歌而誦的不入樂的作品 二是漢賦的産生和發展 曾受楚辭的直接影響 所謂拓宇于楚辭(劉勰『文心雕龍』) 但把辭賦兩類不同的文體混淆起來 這是當時文體分類上的不精確的地方 實際是不科學的".

67) 褚斌杰,『中國古代文體槪論』第三章,「賦體」, "漢代由荀宋開創的賦體成爲文人普遍愛好的文學體裁 他們廣泛借鑑了文學創作的歷史經驗 使賦體文學進入了成熟發達的階段-漢賦的階段 對漢賦藝術影響最大的乃是楚辭 漢人往往辭賦並稱 辭賦不分 漢書藝文志 卽把屈原和其他楚辭作家的詩歌 全部歸入賦類 這樣做自然是不恰當的 辭是辭 賦是賦 是兩類不同的文體 但是 由此也可以看出漢人自覺地以屈原作品爲賦體楷模的態度 漢賦對楚辭的吸收 主要在藝術形式上 漢賦的普遍特徵 如體制的宏偉 辭藻的華麗 都打上了楚辭深刻的烙印".

발전과 무관하게 지속되었다. 그래서 이를 한부(漢賦) 계열과 구분하여 초부(楚賦) 소부(騷賦) 소체부(騷體賦) 소체(騷體) 소(騷) 등으로 다양하게 일컬었으며, 초사 계열과 한부(漢賦) 계열을 병칭(并稱)하여 사부(辭賦)라고도 하였다. 이런 몇 가지 개념의 상호관계를 간단히 정리해보면 다음과 같다.

2) 초사의 형성과 작품 실상

초사의 형성에 가장 큰 바탕이 되었던 것은 초가(楚歌)였다. 초가(楚歌)는 초나라 지역의 전래 민가로, 굴원 이전부터 다양하게 존재해 왔으며, 「섭강(涉江)」「구변(九辯)」「구가(九歌)」 등 여러 작품을 확인할 수 있다.68) 이와 같은 초가는 중하(中夏) 지역을 중심으로 형성된 『시경』 시와 달리 양자강(揚子江)과 한수(漢水) 회수(淮水) 동정호(洞定湖) 등 중국 남방의 독특한 자연 풍광과 민간 습속을 바탕으로 형성되었다. 그래서 제재와 내용 형식 등이 특이할 뿐만 아니

---

68) 굴원 이전에 존재한 楚歌의 예로는 이 외에 「越人歌」, 「徐人歌」, 『論語』 微子篇에 인용된 「楚狂接輿歌」, 『孟子』 離婁篇에 인용된 「孺子歌」 등을 흔히 거론하는데, 작품의 형식과 표현기법이 후대의 초사와 유사함을 확인할 수 있다. "今夕何夕兮 搴中洲流 今日何日兮 得與王子同舟 蒙羞被好兮 不訾恥 心幾煩而不絶兮 得知王子 山有木兮木有枝 心悅君兮君不知"(越人歌), "延陵季子兮不忘故 脫千金之劍兮 帶丘墓"(徐人歌), "鳳兮鳳兮 何德之衰 往者不可諫 來者猶可追 已而已而 今之從政者殆而"(楚狂接輿歌), "滄浪之水淸兮 可以濯我纓 滄浪之水濁兮 可以濯我足"(孺子歌).

라 가락에 있어서도 남음(南音) 혹은 남풍(南風)이라고 일컬어질 정도로 지방색이 대단히 뚜렷하였다.69)

초나라 지역은 특히 무격신앙(巫覡信仰)이 강하게 자리 잡고 있던 곳이었다. 그래서 "무귀(巫鬼)를 신앙하고 음사(淫祀)를 소중하게 여겼다"70) "풍속이 귀신을 믿고 제사를 좋아하였다"71) 라고 지적한 예를 여러 문헌에서 쉽게 찾아볼 수 있다. 무격신앙의 현장에는 언제나 무당이 등장하고, 신을 즐겁게 해주기 위한 노래와 춤이 동원되었으며, 이 때 부른 무가(巫歌)는 대부분 풍부한 환상성과 종교적 신비성을 갖추고 있었다. 초사는 바로 이런 민가와 무가(巫歌)를 바탕으로 형성되었다. 굴원이 「섭강(涉江)」이란 민가를 「구장(九章)」 속에 포함시키고,72) 제사에 사용한 여러 무가를 활용하여 「구가(九歌)」(9편)을 창작한 것이 그 단적인 예이다.73)

초사의 형성에는 『시경』과 선진시대 산문(散文)도 직·간접적으로 작용하였다. 초나라에서는 본래 『시경』을 접하지 못하였다. 그런데 BC.500년대가 되면 『시경』을 이해한 흔적이 나타난다. 당시 지식인들은 자신의 의사를 표현하기 위해 『시경』 시를 인용하는 간접 화법

---

69) 傅錫壬, 『新譯楚辭讀本』(三民書局, 1975), 緖論, 「楚辭與楚國的關係」, (2)南音的薰染 조항, "楚國的音樂 本自成特色 卽所謂南音 也叫做南風…南音的音律 是格外的變化曲折 凄切纏綿的 而且含蘊了濃郁的地方色彩".
70) 『漢書』 卷28, 地理志 第八下, "楚有江漢川澤山林之饒 … 信巫鬼 重淫祀".
71) 王逸(漢), 『楚辭章句』(사고전서본) 卷2, 「九歌章句第二」, "昔楚國 南郢之邑 沅湘之間 其俗信鬼而好祀 其祠必作歌樂鼓舞 以樂諸神"
72) 九章은 惜誦 涉江 哀郢 抽思 懷沙 思美人 惜往日 橘頌 悲回風 등 9章으로 구성되어 있는데, 이 가운데 제2장에 초나라 樂曲으로 알려진 涉江을 포함시켰다.
73) 王逸(漢), 『楚辭章句』(사고전서본) 卷2, 「九歌章句第二」, "屈原放逐 竄伏其域 懷憂苦毒 愁思怫鬱 出見俗人祭祀之禮 歌舞之樂 其詞鄙陋 因爲作九歌之曲 上陳事神之敬 下以見己之寃結 託之以風諫 故其文意不同 章句雜錯 而廣異義焉".

을 즐겨 구사하였는데, BC.617~BC.518에 걸쳐 초나라에도 이런 사례가 10여 차례나 확인되기 때문이다.74) 이 시기는 굴원이 탄생한 BC.343년 보다 200년 이상 앞선다. 따라서 굴원 시대에 와서는 『시경』에 대한 이해가 더욱 심화되고, 『시경』의 문학적 표현 장치에 대한 독서 경험을 자연스럽게 초사의 창작에 활용하였을 것으로 판단되는데, 이런 사실은 이미 오래 전부터 많은 문인 비평가들이 지적해 온 바였다. 왕일(王逸. 89~158)이 "이소(離騷)의 글은 『시경』에 의거하여 흥(興)을 취하고, 비슷한 부류를 끌어와 비유하였다"75) 라고 한 것이나, 유협(劉勰. 465~521)이 "『시경』에 의거하여 이소(離騷)를 지어 풍자가 비흥(比興)을 겸하였다76)"라고 한 것 등이 모두 그런 예이다.

실제 초사 작품 가운데는 『시경』에 대한 독서 경험이 반영되었음을 강하게 보여주는 작품이 적지 않다. 굴원의 「천문(天問)」이나 「귤송(橘頌)」이 바로 그런 작품이다. 「천문(天問)」은 전체가 373구에 달하는 장편인데, 이 가운데 292구(80%)가 모두 『시경』과 아주 흡사한 사언구이고, 이를 벗어난 삼언 혹은 오언 이상은 81구(20%)에 불과

---

74) 傅錫壬 註譯, 『新譯楚辭讀本』(三民書局, 1975), 緒論, '二. 楚辭緣起' 조항에 『春秋左氏傳』에서 楚나라 군신이 시경을 인용한 기사 11개 항을 조사하여 제시한 바 있다.①文公十年(BC.617) 子舟引大雅蒸民民勞 ②宣公十年(BC.599) 孫叔引小雅六月 ③同年(BC.599) 楚子引周頌時邁 ④成公二年(BC.589) 申叔跪引鄘風桑中 ⑤同年(BC.589) 子重引大雅文王 ⑥襄公二十七年(BC.546) 楚蒍罷賦大雅旣醉 ⑦昭公三年(BC.539) 鄭伯如楚 楚子賦小雅吉日 ⑧昭公七年(BC.535) 芊尹無宇引小雅北山 ⑨昭公十二年(BC.530) 子華引逸詩祈招 ⑩昭公二十三年(BC.519) 沈尹戌引大雅文王 ⑪昭公二十四年(BC.518) 沈尹戌引大雅桑柔 ＊서기년도 표기는 필자가 보완하였음.
75) 王逸, 『楚辭章句』 卷1, 「離騷經序」, "離騷之文 依詩取興 引類譬諭".
76) 劉勰, 『文心雕龍』 「比興第三十六」, "楚襄信讒 而三閭忠烈 依詩製騷 諷兼比興".

하다. 「귤송(橘頌)」도 마찬가지다. 이 작품은 「구장(九章)」의 일부(제8장)로 들어 있어서 길이가 길지 않다. 그럼에도 불구하고 전체 36구 대부분이 시경과 흡사한 사언구이며, 여기에 혜(兮)자를 더하여 오언으로 만든 구가 일부(8구) 개재해 있을 뿐이다. 그리고 작품 앞부분이 정풍(鄭風) 「야유만초(野有蔓草)」와 글자 수는 물론 혜(兮) 자를 쓴 위치까지 유사하여 『시경』의 영향을 받은 대표적 사례로 흔히 거론되기도 하였다.77)

산문은 주로 제자백가 사상을 피력한 종횡가(縱橫家)들이 주도하였다. 이들은 여러 나라를 다니면서 자신의 이상을 실천하기 위해 노력하였고, 상대를 설득할 수 있는 정교한 논리와 표현법을 구사하였으며, 이를 자유롭고 거침없는 장편의 문장으로 적어내기도 하였다. 그래서 초사가 등장한 BC.300년경 전후에는 산문의 발달이 특히 두드러지게 되었는데, 노신(魯迅. 1881~1936)은 이와 같은 산문의 특징을 번사화구(繁辭華句)라는 말로 요약하면서, 그것이 초사의 문체 형성에 깊이 개입하였다고 지적한 바 있다.78) "초사의 위대성은 춘추시대 시경과 선진시대 산문을 융합한 점에 있다."79)는 후대 학

---

77) 「橘頌」 앞부분은 "后皇嘉樹 橘徠服兮 受命不遷 生南國兮 深固難徙 更壹志兮"이고, 이와 상응하는 鄭風 「野有蔓草」는 "野有蔓草 零露溥兮 有美一人 淸揚婉兮 邂逅相遇 適我愿兮"이다. 傅錫壬, 『新譯楚辭讀本』(臺灣 三民書局, 1975), 緖論에는 이 외에도 「天問」과 詩經 雅頌, 九章의 제6장인 懷沙와 詩經 鄭風 「籜兮」 등이 형식적으로 유사함을 지적한 바 있다.

78) 褚斌杰, 『中國古代文體槪論』第二章, 「楚辭」, 61쪽 재인용, "佗(楚辭)也不能不受到這一散文高潮的影響. 關于這方面 魯迅先生就曾指出 : 楚辭形式文采之所以異者, 由二因緣, 曰時與地 … 而遊說之風寖盛, 縱橫之士, 欲以脣吻奏功, 遂竟爲美辭, 以動人主 … 餘波流衍, 漸及文苑, 繁辭華句, 固已非≪詩≫之朴質體式所能載矣(『漢文學史綱要』)".

79) 傅錫壬, 『新譯楚辭讀本』(臺灣 三民書局, 1975), 緖論, "楚辭之所以偉大 在於它是

자들의 지적도 실상 이런 사실을 주목한 결과에 다름 아니다.

굴원(屈原. BC.343-BC.278)은 이런 여러 요소를 종합하여 초사(楚辭)라는 양식을 창출한 장본인이다. 그는 독서 폭이 대단히 넓고 글짓는 능력이 탁월한 초나라의 대표적인 지식인이었다. 그럼에도 불구하고 그의 인생은 귀양살이를 반복하는 고난의 연속이었다. 26세 때 처음 회왕(懷王)의 측근이 되었지만, 곧 바로(29세) 상관대부(上官大夫)의 모함으로 3년간 귀양살이를 하였고, 39세 때 외교관계를 바로잡아야 한다는 충언(忠言)을 했다가 다시 5년간 한북(漢北)에서 유배생활을 했으며, 47세 때는 회왕(懷王)의 진(秦) 나라 행차가 옳지 못함을 비판하다가 다시 강남(江南)에서 19년간 유배생활을 해야 하였다. 벼슬살이 40여 년 동안 관직에 있었던 것은 고작 13년 정도에 불과하고, 나머지 27년을 줄곧 유배로 일관하다가 마침내 장사(長沙)의 유배지에서 멱라수(汨羅水)에 몸을 던져 스스로 생을 마감한 비운의 삶을 살았다.[80]

굴원은 자신이 감내해야 했던 이런 기구한 삶의 회한을 글로 적어내고자 하였다. 그러나 기존의 노래 가락인 『시경』이나 건조한 산문 양식으로는 이렇듯 모진 경험과 절절한 내면세계를 온전하게 그려낼 수가 없었다. 그래서 자신과 정서적으로 가장 친근한 고향 초나라 지역의 민가를 주목하고, 여기에 『시경』과 산문에 대한 독서 경험을 아울러 가미하여 마침내 이 전체를 한 단계 더 높은 차원에서 종합한

詩經和先秦散文的融合 它是散文的詩歌化 也是詩歌的散文化 其藝術成就就是很高的 它拓展了中國文學上一條新的道路". 傅錫壬은 여기서 특히 楚辭와 老子 論語 孟子 등과의 관계를 강조하였다.

[80] 司馬遷, 『史記』 卷84, 「屈原賈生列傳第二十四」 참고.

초사(楚辭)라는 새로운 작품 양식을 창안하였던 것이다. 따라서 초사는 굴원이란 한 걸출한 인물이 자신의 기구한 삶을 치열한 창작정신으로 승화시켜 만든 문학적 결정체라고 할만하다.

그러면 초사의 창안자로서 굴원은 어떤 작품을 얼마나 남겼을까? 『한서(漢書)』「예문지(藝文志)」에는 그가 초사 25편을 남겼다고 하였다. 그리고 왕일(王逸)의 『초사장구(楚辭章句)』와 주희(朱熹)의 『초사집주(楚辭集註)』에도 굴원의 작품 7제 25편을 수록해 놓았는데, 그 내역을 간단히 제시하면 다음과 같다.

○ 이소(離騷), 천문(天問), 원유(遠游), 복거(卜居), 어부(漁父) 각 1제(題) 1편(篇)
○ 구가(九歌) 1제(題) 11편(篇) : 동황태일(東皇太一), 운중군(雲中君), 상군(湘君) 상부인(湘夫人), 대사명(大司命), 소사명(少司命), 동군(東君), 하백(河伯), 산귀(山鬼), 국상(國殤), 예혼(禮魂).
○ 구장(九章) 1제(題) 9편(篇) : 귤송(橘頌), 석송(惜誦), 추사(抽思), 애영(哀郢), 섭강(涉江), 사미인(思美人), 비회풍(悲回風), 석왕일(惜往日), 회사(懷沙).

굴원 다음으로 초사 창작을 주도한 사람은 송옥(宋玉. BC.290~BC.222) 당륵(唐勒. BC.290~BC.223) 경차(景差. 미상) 등이었다. 그러나 당륵(唐勒)은 남아 있는 작품이 전혀 없고, 경차(景差)도 「대초(大招)」 1편을 지었다고 하나 작자 시비가 있다. 따라서 굴원을 계승한 작가는 송옥(宋玉)이 대표적이라고 할 것이다. 송옥은 굴원보다 약 50년 후인 초나라 경양왕(頃襄王) 9년(BC.290)에 출생하였다. 굴원처럼 글 짓는 능력이 뛰어났고, 음악에 특히 조예가 깊었으며, 양왕(襄王) 때 잠시 관직에 진출한 것 외에는 대부분 실직(失職)한 문사로 지냈다. 그러다가 진시황이 천하를 통일하기 1년 전인 BC.222년에 세상을 떠났으니, 전국시대의 마지막 초사 작가이기도 한 셈이다. 『한서(漢書)』「예문지(藝文志)」에는 송옥이 부 16편(篇)을 남겼다고 하였는데, 잔존 여러 문헌에 기록된 사실을 통해 대략 다음과 같은 14제 23편 정도를 확인할 수 있다.

○『초사장구(楚辭章句)』수록 : 구변(九辯) 10편, 초혼(招魂) 1편 등 11편
○『문선(文選)』수록 : 풍부(風賦), 고당부(高唐賦), 신녀부(神女賦), 등도자호색부(登徒子好色賦), 대초왕문(對楚王問) 등 5편
○『고문원(古文苑)』수록 : 적부(笛賦), 대언부(大言賦), 소언부(小言賦), 풍부(諷賦), 조부(釣賦), 무부(舞賦) 등 6편
○ 은작산(銀雀山) 한묘(漢墓) 발굴 유물 : 어부(御賦) 1편

송옥 이후에는 전문적인 초사 작가를 찾아보기 어렵다. 새로운 한부(漢賦)가 문단의 주류 양식으로 자리를 잡고, 문학적 재능이 뛰어난 주요 작가 대부분이 한부(漢賦)의 창작에 주력함으로써, 전통적 초사가 설자리를 상실하였기 때문이다. 따라서 한 나라 이후 초사는 잔존시기(殘存時期)에 들어섰으며, 전대 초사의 전통을 비교적 충실하게 계승한 일련의 작품마저도 부(賦)의 변종으로 간주하여 초부(楚賦) 소부(騷賦) 소체부(騷體賦) 등으로 일컫게 되었다. 주희(朱熹)는『초사집주(楚辭集註)』(8권)[81]에서 굴원의 작품을 이소(離騷),

---

[81] 朱熹의『楚辭集註』卷8은 王逸의『楚辭章句』와 洪興祖의 補注를 참고하여 굴원의 작품 7題 25篇은 離騷 卷5, 즉 離騷經(卷1) 離騷九歌第二(卷2) 離騷天問第三(卷3) 離騷九章第四(卷4) 離騷遠遊第五 離騷卜居第六 離騷漁父第七(卷5) 등으로, 굴원을 계승한 宋玉 景差 賈誼 莊忌 淮南小山 등의 작품 8題 16篇은 續離騷 3卷,

굴원을 계승한 작품을 속이소(續離騷)로 구분하여 정리한 바 있다. 그리고 초사와 관련 있는 기타 작품을 모아 『초사후어(楚辭後語)』(6권)82)를 따로 편찬하였는데, 이를 통해 후대 초사계열 작품의 실상을 일부나마 엿볼 수 있다.

○ 『초사집주(楚辭集註)』 권6~8 「속이소(續離騷)」 수록 작품 전체 8제 16편 : 구변(九辯:宋玉) 1제 9편, 초혼(招魂:宋玉), 대초(大招:景差), 석서(惜誓:賈誼), 조굴원(弔屈原:賈誼), 복부(服賦:賈誼), 애시명(哀時命:莊忌), 초은사(招隱士:淮南小山)

○ 『초사후어(楚辭後語)』 6권 수록 작품 전체 52편 // 권1(7편) : ①성상(成相:荀卿), ②궤시(佹詩:荀卿), ③역수가(易水歌:荊軻), ④월인가(越人歌:越人), ⑤해하장중지가(垓下帳中之歌:項羽), ⑥대풍가(大風歌:漢高祖), ⑦홍곡가(鴻鵠歌:漢高祖). 권2(9편) : ⑧조굴원(弔屈原:賈誼, 續離騷 수록 작품과 동일), ⑨복부(服賦:賈誼, 續離騷 수록 작품과 동일), ⑩과자지가(瓠子之歌:漢武帝), ⑪추풍사(秋風辭:漢武帝), ⑫오손공주가(烏孫公主歌:烏孫公主), ⑬장문부(長門賦:司馬相如), ⑭애이세부(哀二世賦:사마상여), ⑮자도부(自悼賦:班倢伃), ⑯반이소(反離騷:揚雄). 권3(4편) : ⑰절명사(絶命詞:息夫躬), ⑱사현부(思玄賦:張衡), ⑲비분시(悲憤詩:蔡邕女琰), ⑳호가(胡笳:蔡琰). 권4(15편) : ㉑등루부(登樓賦:王粲), ㉒귀거래사(歸去來辭:陶淵明), ㉓명고가(鳴皐歌:李白), ㉔인극(引極:元結), ㉕산중인(山中

즉 續離騷九辯第八:宋玉(卷6) 續離騷招魂第九:宋玉 續離騷大招第十:景差(卷7) 續離騷惜誓第十一:賈誼 續離騷弔屈原第十二:賈誼 續離騷服賦第十三:賈誼 續離騷哀時命第十四:莊忌 續離騷招隱士第十五:淮南小山(卷8) 등으로 나누어 편찬한 것이다.

82) 朱熹의 『楚辭後語』는 晁補之의 『續離騷』 20卷과 『變楚辭』 20卷을 참고하여 荀卿부터 呂大臨까지 초사와 성격이 유관한 작품 52편을 6卷으로 나누어 편찬한 것이다.

人:王維), ㉖망종남(望終南:王維), ㉗어산영송신곡(魚山迎送神曲: 王維), ㉘일만가(日晚歌:顧況), ㉙복지부(復志賦:韓愈), ㉚민기부 (閔已賦:韓愈), ㉛별지부(別知賦:韓愈), ㉜송풍백(訟風伯:韓愈), ㉝ 조전횡문(弔田橫文:韓愈), ㉞향라지(享羅池:韓愈), ㉟금조(琴操:韓 愈). 권5(9편) : ㊱초해고문(招海賈文:柳宗元), ㊲징구부(懲咎賦:柳 宗元), ㊳민생부(閔生賦:柳宗元). ㊴몽귀부(夢歸賦:柳宗元), ㊵조굴 원문(弔屈原文:柳宗元), ㊶조장홍문(弔萇弘文:柳宗元), ㊷조악의 (弔樂毅:柳宗元), ㊸걸교문(乞巧文:柳宗元), ㊹증왕손문(憎王孫文: 柳宗元). 권6(8편) : ㊺ 유회부(幽懷賦:李翶) ㊻서산석사(書山石辭: 王安石), ㊼기채씨녀(寄蔡氏女:王安石), ㊽복호마부(服胡麻賦:蘇 軾), ㊾훼벽(毁璧:黃庭堅), ㊿추풍삼첩(秋風三疊:邢居實), (51)국가 (鞠歌: 張載) (52)의초(擬招:呂大臨)

3) 초사의 양식적 특징

초사의 특징으로 제일 먼저 거론할 수 있는 것은 작자와 제목을 분명하게 명시하고 있다는 점이다.『시경』시는 작자를 알 수 없는 것이 대부분이고, 제목도 작품의 첫 구 혹은 그 일부를 임의로 적시한 것이 보통이다. 그런데 초사는 개별 작품마다 작자를 명시하고, 흥미로운 제목을 따로 제시하였다. 굴원의「이소(離騷)」는 초나라 방언으로 조우(遭憂) 즉 '근심을 만나다'는 의미이고,83)「천문(天問)」은 소문 (素問) 즉 사물과 현상에 대한 '본질적 의문'이란 뜻으로,84) 모두 작품의 주지를 염두에 두고 부여한 것이다. 이와 같은 작자와 제목의 명시

---

83) 司馬遷,『史記』卷84, 屈原列傳, "離騷者 猶離憂也"에 대한 應劭注 "離 遭也 騷 憂也".
84) 傅錫壬,『新譯楚辭讀本』(臺灣 三民書局, 1975) 卷3,「天問」에 대한 解題與析評, "天問實與素問一詞相當 所以天問 卽擧凡天地間一切顯象事理以爲問".

는 한시 창작이 민간의 집단성에서 개인의 창작품으로 전환하고 있음을 보여주는 징표란 점에 중요한 의미가 있다.

작품의 길이가 현저하게 길어졌다는 점도 초사의 중요한 특징 가운데 하나이다. 예컨대 「이소(離騷)」는 1편이 373구 2490자에 이를 정도로 방대한데, 이런 작품은 굴원 이전에는 물론이고 이후에도 다시 찾아보기 어렵다. 「이소」만 이런 것이 아니다. 굴원의 「천문(天問)」과 「원유(遠遊)」, 송옥의 「구변(九辯)」과 「초혼(招魂)」 등은 모두 1천 자를 넘고, 여러 편이 하나의 작품으로 결합된 「구가(九歌)」나 「구장(九章)」 등을 함께 감안하면 대략 길이가 어느 정도인지 짐작할 수 있다. 이렇듯 작품의 길이가 길어진 것은 초사가 선진시대 산문의 영향으로 한 사람의 인생 전체(「이소(離騷)」) 혹은 천지자연과 인간사에 대한 수많은 의문(「천문(天問)」) 등을 제한 없이 거론해나가는 서사적인 성격을 함께 갖추고 있었기 때문일 것으로 생각된다.

편법(篇法)에 있어서도 초사는 전에 볼 수 없던 특징을 보여주었다. 초사 가운데는 「구가(九歌)」 「구장(九章)」 등 제목에 숫자를 명시한 작품이 많다. 이런 작품들은 대부분 그 속에 소제목(小題目)을 갖춘 여러 편의 작품을 포괄하여 연작시형태를 갖추었다. 예컨대, 「구가(九歌)」가 동황태일(東皇太一)부터 운중군(雲中君) 상군(湘君) 등에 이르기까지 11개 소품의 연작 형태이고, 「구장(九章)」이 석송(惜誦)부터 섭강(涉江) 애영(哀郢) 등까지 9개 소품의 연작 형태로 구성된 것과 같은 것이다.[85] 이와 같은 초사의 구성법은 연장체로 구성된

---

85) 초사 제목에는 「九章」(屈原), 「九懷」(王褒), 「九歎」(劉向), 「九思」(王逸) 등 九자를 명시한 것이 많다. 이런 작품은 대부분 9수 연작시여서 제목의 九자가 곧 그 속에 포괄된 연작시의 수(9수)를 가리키는 것이 분명한 듯하다. 다만 「九歌」는 예외적

『시경』의 음악적 장절(章節) 개념과는 전혀 다른 것으로, 연작시의 전례를 처음으로 마련하였다는 점에 중요한 의미가 있다.

구법(句法) 상 『시경』 시의 사언체(四言體)를 탈피하여 풍부하고 다채로운 표현 방식을 시험한 것은 초사의 특징 가운데 가장 두드러진 점이다. 『시경』 시의 사언체는 글자 수가 적고 단조로워서 변화가 없고 표현에 제약이 따랐다. 그런데 초사는 여기에 몇 글자를 더하여 5~10자 형태를 보였다. 「이소(離騷)」 「구장(九章)」 「원유(遠遊)」 「구변(九辯)」 등처럼 1구 6자에 혜(兮) 자를 더하거나 뺀 형태가 가장 일반적이고, 혜(兮) 자의 앞뒤에 2~5자를 붙여 적게는 5자에서 많게는 10자 이상에 달하는 구식(句式)을 시험하기도 하였다. 그래서 『시경』 시보다 구(句)가 길어지고 혜(兮) 자를 중심으로 앞뒤가 호응하는 장구화(長句化)와 변구화(騈句化)의 경향을 드러내었는데, 이런 구식의 변화는 초사의 문학적 표현 역량을 현저하게 강화시킨 대표적인 특징이다.

표현 어휘에 있어서 초나라 지역 방언과 허사(虛辭), 특히 혜(兮) 자를 많이 사용한 것도 핵심적 특징 중 하나이다. 골(汩) 자는 물이 흘러간다는 뜻이지만 초나라 방언에서는 빠르다는 의미로 사용하였고[86], 몽(夢) 자는 꿈이란 뜻이지만 초택(草澤) 즉 습지를 의미하였

으로 11수 연작 형태여서 논란이 많다. 그래서 혹자는 그 속에 포함된 山鬼 國殤 禮魂을 하나로 합쳐 9수 연작 형태로 보아야 한다고 하고(黃文煥), 혹자는 湘君과 湘夫人을 하나로 합치고 또 大司命과 小司命을 하나로 합쳐 9수 연작형태로 보아야 한다고도 하였으며(蔣驥), 혹자는 九字가 陽數이면서 道의 綱紀을 상징하는 용어일 뿐 연작시 수와 무관한 것(王逸, 「九辯序」) 이라고 풀이하기도 하였다.

86) 屈原의 「離騷」 "汩余若將不及兮" 주석, "汩 水流迅速貌 此喩年光之消逝 方言 疾行也 南楚之外 曰汩". 傅錫壬, 『新譯楚辭讀本』(臺灣 三民書局, 1975) 30쪽 참고

으며,[87] 사(些) 지(只) 강(羌) 수(誶) 건(蹇) 등과 같은 글자도 모두 초나라에서 주로 사용하던 방언이었다.[88] 특히 혜(兮) 자는 거의 모든 작품에서 구(句)마다 혹은 한 구(句) 건너마다 사용하였는데, '아(啊) 자 발음의 어조사', '일종의 구두점 역할', '상하 구를 대응시켜 변구(騈句)로 만들고', '리듬감을 강화시키는' 등 여러 기능을 담당한 것으로 알려져 있다.[89] 이와 같은 어휘와 특수한 용법은 초사의 지역적 색채를 드러내는데 결정적으로 기여한 것이다.

마지막으로 주목할 만한 것은 내용상 종교적 신비성과 신화적 환상성이 풍부하다는 점이다. 초사는 초나라 지역의 민가와 무가(巫歌)를 바탕으로 형성되었다. 그래서 그 지역에서 섬기는 신(神)이나 신화적 세계를 그린 작품이 많았다. 초나라의 천신(天神)인 동황태일(東皇太一), 구름 신인 운중군(雲中君), 상수(湘水) 신인 상군(湘君)과 상부인(湘夫人) 등 온갖 신화적 세계를 묘사하기도 하고(「구가(九歌)」), 죽은 이의 넋을 불러오기 위해 인간이 갈 수 없는 천지(天地)와 동서남북 사방의 신적 세계를 거론하기도 하였다(「초혼(招魂)」). 이런 세계를 표현하기 위해 무수한 신화적 인물과 고사를 동원하였으며, 신과

---

[87] 王逸,『楚辭章句』卷9,「招魂」"與王趨夢兮課後先"에 대한 주석, "夢 澤中也 楚人名澤中爲夢中".

[88] 四庫全書, 目錄類,『直齋書錄解題』卷15,「校定楚辭十卷翼騷一卷洛陽九詠一卷」, "祕書郎昭武黃伯思長睿 撰其序言 屈宋諸騷 皆書楚語…若些只羌誶蹇紛佗傺者 楚語也".

[89] 褚斌杰,『中國古代文體概論』第二章,「楚辭」, 67쪽, "兮字 古代發音如啊 是個語氣詞 在詩經民歌體作品中也有應用 然而在楚辭中兮字 不僅用得更加廣泛 而且在用法上 與它以前也不完全相同 它在楚辭中 旣起著表情的作用 又有調整節奏的作用 … 實際上是起著句逗的作用 這一意見是頗值得重視的 因爲楚辭的句式 一般是兩句爲一小節 構成上下對稱性的長句 因此正需要上下句之間稍加整頓 以增强詩歌的節奏感 … ".

인간을 연결해 주는 무녀(巫女)의 화려한 복장이나 특이한 동작을 묘사하여 신비성을 배가시키기도 하였다. 이와 같은 내용상의 특징 때문에 초사는 이전의 『시경』 시에 비해 훨씬 화려하고 낭만적인 풍격을 드러낸 것으로 지적되었다.

이와 같은 몇 가지 특징이 모든 초사 작품에 동일하게 나타나는 것은 아니다. 그러나 전체적으로 볼 때 초사는 작자와 제목의 명시를 통해 개인의 창작성을 강하게 드러내고, 작품의 편법 구법 어휘 등에 있어서도 전에 없이 다양하고 풍부한 표현법을 개척하였으며, 신화적 상상력과 낭만적인 분위기를 담아냄으로써 이전의 『시경』 시와는 다른 차원의 새로운 문학적 전형을 마련한 것이 틀림없다. 우리가 초사를 『시경』과 함께 한문학의 원형적인 양식으로 중시하는 이유도 바로 여기에 있다.

4) 한국에서의 초사 독서

우리나라에서 초사(楚辭)를 읽기 시작한 것은 삼국시대 때 사마천의 『사기(史記)』와 소통의 『문선(文選)』을 주요 교과서의 하나로 삼아 공부를 한 무렵부터였던 것으로 추정된다. 『삼국사기』나 중국 쪽 『구당서(舊唐書)』 등을 보면 고구려와 신라에서 『사기』와 『문선』을 공부하였다는 기록이 여럿 보인다. 고구려 서적에 "사기(史記) 한서(漢書) 후한서(後漢書)가 있고, 또 문선(文選)이 있어서 더욱 애지중지하였다"[90], 신라 강수(强首)가 스승을 찾아가 공부할 때 "효경(孝經) 곡례(曲禮) 이아(爾雅) 문선(文選)을 읽었다"[91]라고 하는 등이

---

90) 『舊唐書』 卷199上, 東夷列傳, 「高麗」, "其書有五經及史記 漢書 范曄後漢書 三國志 孫盛晉春秋 玉篇 字通 字林 又有文選 尤愛重之".

모두 그런 것이다.

『사기』에는 굴원과 가의(賈誼)의 행적을 기록한 「굴원가생열전(屈原賈生列傳)」이 있다. 이 가운데 굴원 열전은 전체 내용이 초사를 창작한 배경을 적어놓은 것이라고 해도 과언이 아닐 정도로 초사 중심적이다. 그리고 대표작인 「이소(離騷)」에 대해서는 구체적인 창작 동기와 내용 및 작품의 특징 등을 요약 정리해서 소개하였고,92) 「어부(漁父)」, 「회사(懷沙)」 등은 작품 전편을 그대로 수록하였다. 가의 열전도 마찬가지다. 앞부분에 관직에 진출한 과정을 일부 설명한 외에는 모든 서술이 초사 창작과 관련되어 있으며, 「조굴원(弔屈原)」 「복부(服賦)」 등은 장편의 작품임에도 불구하고 가감 없이 그대로 수록하였다. 따라서 이를 보면 굴원과 가의가 초사를 짓게 된 사정은 물론, 최소한 이들의 대표작 4편 이상의 내용을 정확하게 파악할 수가 있다.

『문선(文選)』은 소(騷)라는 제목 하에 초사를 독립적인 한 항목으로 분류하여 제시하였다. 그리고 권31~32 두 권에 걸쳐 굴원의 「이소(離騷)」 「구가(九歌)」 「구장(九章)」을 비롯하여 그 다음 세대인 송옥(宋玉)의 「초혼(招魂)」과 「복거(卜居)」, 한나라 유안(劉安)의 「초

---

91) 『三國史記』 卷46, 列傳, 「强首」, "遂就師 讀孝經 曲禮 爾雅 文選 所聞雖淺近 而所得有高遠".
92) 司馬遷, 『史記』 卷84, 「屈原賈生列傳第二十四」, "屈平疾王聽之不聰也 讒諂之蔽明也 邪曲之害公也 方正之不容也 故憂愁幽思而作離騷 離騷者 猶離憂也 … 屈平之作離騷 蓋自怨生也 國風好色而不淫 小雅怨誹而不亂 若離騷者 可謂兼之矣 上稱帝嚳 下道齊桓 中述湯武 以刺世事 明道德之廣崇 治亂之條貫 靡不畢見 其文約 其辭微 其志絜 其行廉 其稱文小而其指極大 擧類邇而見義遠 其志絜故其稱物芳 其 行廉故死而不容自疏 濯淖汚泥之中 蟬脫於濁穢 以浮游塵埃之外 不獲世之滋垢 皭然泥而不滓者也 推此志也 雖與日月爭光可也".

은사(招隱士)」 등 전체 약 8제 17편의 작품을 수록하였는데, 구체적인 내용을 간단하게 정리하면 대략 다음과 같다.

> 권31(騷上) : 굴원의 「이소경(離騷經)」 1편과 「구가(九歌)」 중 동황태일(東皇太一) 운중군(雲中君) 상군(湘君) 상부인(湘夫人) 등 4수
> 권32(騷下) : 굴원의 「구가(九歌)」 중 소사명(少司命) 산귀(山鬼) 등 2수, 「구장(九章)」 중 섭강(涉江) 1수, 「복거(卜居)」 1수, 「어부(漁父)」 1수, 송옥의 「구변(九辯)」 10수 중 5수와 「초혼(招魂)」 1수, 유안(劉安)의 「초은사(招隱士)」 1수

위와 같이 『문선』에는 굴원의 대표작 5제 10수, 송옥의 대표작 2제 6수, 기타 한나라 유안의 「초은사(招隱士)」 1제 1수 등 전체 8제 17수의 작품을 수록하였는데, 『사기』 열전에 수록된 굴원의 「회사(懷沙)」와 가의의 「조굴원(弔屈原)」, 「복부(服賦)」 등 3편은 여기에 포함되지 않았다. 따라서 『사기』와 『문선』을 함께 읽을 경우 적어도 대표적인 초사 작품 10제 20수의 실상을 파악할 수 있다.

하나 더 고려할 필요가 있는 것은 『문원영화(文苑英華)』이다. 『문원영화』는 고려 선종(宣宗. 1084~1094) 연간에 입수하였는데,[93] 이 책 또한 전체 5권에 걸쳐 기존의 초사와 다른, 후대에 이를 의작한

---

93) 李德懋, 『靑莊館全書』 卷55, 盎葉記2, 「中國書來東國」, "宋哲宗 賜高麗文苑英華 주석: 宋史高麗傳 哲宗立 王遣使金上琦奉慰 林曁致賀 請市刑法之書 太平御覽 開寶通禮 文苑英華 詔惟賜文苑英華一部". 기타 尹炳泰의 『韓國書誌年表』(韓國圖書館協會, 1972)에서 고려 宣宗2년(1084) 8월에 '宋帝가 文苑英華를 賜함', 宣宗7년(1090) 12월에 '宋, 文苑英華集을 賜함' 등의 기사가 있는 것으로 보아 고려 선종 연간에는 이 책이 고려에 들어온 것이 확실한 듯하다. 이후 조선시대에는 관련 언급이 매우 많아서 국내에서 중요한 독서 대상으로 삼았음을 알 수 있다.

초사계열의 작품을 「소(騷)」라는 제목 하에 따로 수록하였다. 남북조 시대 양(梁) 나라 범진(范縝. 450~515)의 「의초은사(擬招隱士)」를 비롯하여, 당나라 유태(劉蛻. 미상)의 「조굴사(弔屈詞)」 3장, 유종원 (柳宗元. 773~819)의 「조굴원(弔屈原)」 「애익(哀溺)」, 피일휴(皮日休. 834~883)의 「구풍(九諷)」 「반초혼(反招魂)」 등 약 25제 41수에 달하는 작품이 바로 그것이다.94)

이렇듯 삼국시대 이래 우리나라에서는 『사기』 『문선』 『문원영화』 등을 통해 초사에 대한 독서 경험을 축적하였다. 그러다가 고려후기 부터는 초사 작가의 삶과 작품 내용을 시비하기도 하고, 용사(用事) 의 대상으로 활용하기도 하며, 초사 작품집을 따로 간행하기도 하는 등 이전보다 훨씬 더 적극적인 관심을 보였다.95) 이규보(李奎報. 1168~1241)가 「굴원불의사론(屈原不宜死論)」에서 「어부(漁父)」와 「이소(離騷)」를 거론하면서 원망하고 비난하는 풍자가 많아 결국 임금의 잘못을 드러내는 글이 되고 말았다고 비판한 것96), 같은 글에서 가의(賈誼)의 「조굴원(弔屈原)」을 거론하며 굴원의 억울함을 슬퍼하다가 임금의 잘못을 만대에 드러나게 만들었다고 비판한 것,97) 이

---

94) 『文苑英華』(四庫全書本) 卷354(騷1)부터 卷358(騷5)까지 전체 5권에 수록되어 있다.
95) 고려전기까지는 초사를 활용한 작품이 거의 없다. 독서를 하기는 하였지만, 초사가 정치 외교적으로 긴요한 문체 양식이 아니고, 또 문인들이 누구나 유의한 과거시험 과목도 아니어서 중요한 관심 대상이 되지 못한 탓인 듯한데, 정확한 이유는 알 수가 없다.
96) 李奎報, 『東國李相國集』 卷22, 雜文, 「屈原不宜死論」, "原 … 爲令尹子蘭所譖 放逐江潭 作湘之纍囚 至是雖欲遁去 其可得乎 是故 憔悴其容 行吟澤畔 作爲離騷 多有怨曠譏刺之辭 則是亦足以顯君之惡 而乃復投水而死 使天下之人 深咎其君".
97) 李奎報, 『東國李相國集』 卷22, 雜文, 「屈原不宜死論」, "賈誼作投水之文 以弔其冤 益使王之惡 大暴於萬世矣 湘水有盡 此惡何滅".

곡(李穀. 1298~1351)이 「상정당계(上政堂啓)」란 글에서 「복거(卜居)」의 표현을 그대로 가져와 용사한 것,98) 이색(李穡. 1328~1396)이 「유회(有懷)」란 시에서 「초혼(招魂)」을 직접 언급한 것,99) 이숭인(李崇仁. 1347~1392)이 이제현의 죽음을 애도한 만시(輓詩)에서 초사의 처량한 작품적 특징을 거론한 것100), 충숙왕 8년(1321) 주희의 『초사후어(楚辭後語)』를 간행한 것101) 등이 모두 이런 사정을 분명히 보여준다.

조선시대에는 이런 경향이 더욱 확대 심화되었다. 초사 전문 주석서인 홍홍조(洪興祖. 1090~1155)의 『초사보주(楚辭補註)』, 주희(朱熹. 1130~1200)의 『초사집주(楚辭集註)』와 『초사후어(楚辭後語)』 등을 차례로 입수하여 간행하였고, 이에 대한 독서경험을 활용하여 이전시대 주요 초사 작품의 의작(擬作) 혹은 신작에 직접 나섰으며, 초사계열의 작품을 따로 모아 정리하기도 하였다. 서거정(徐居正. 1420~1488)이 고려시대 이래 각종 사(辭) 10편과 부(賦) 35편을 『동문선(東文選)』 제일 앞 권1~3에 따로 편차한 것, 김시습(金時習.

---

98) 李穀, 『稼亭集』 卷8, 「上政堂啓」, "尺有所短 寸有所長". 이것은 楚辭 「卜居」의 "夫 尺有所短 寸有所長 物有所不足 智有所不明" 구절을 그대로 用事한 표현이다.
99) 李穡, 『牧隱詩藁』 卷19, 「有懷」 2수 중 제2수, "有時危坐輒忘言 不用區區大署門 鄒國閣迂論養氣 楚辭哀怨賦招魂 懷材未必成奇器 志道何曾入大原 唯有憂時數行淚 只緣公義匪私恩".
100) 李崇仁, 『陶隱集』 卷2, 詩, 「文忠公益齋先生挽詞」 2수 중 제1수, "北學游中國 東還相五朝 雄深追賈馬 正大失蕭曹 夢奠楹間遽 修文地下遙 酉風吹紼翣 凄斷楚辭招".
101) 韓國學中央研究院 소장 『楚辭後語』 6권1책. 舊刊記가 "至治辛酉臘月印行"으로 되어 있어서 元나라 英宗 至治1년 辛酉, 고려 충숙왕 8년(1321년)에 처음 간행한 사실을 확인할 수 있다. 현존 본은 조선 端宗2년(1454) 이를 密陽府에서 庚子字로 다시 覆刻한 것이다.

1435~1493)이 굴원의 「회사(懷沙)」에 대하여 치밀한 재해석을 시도하고, 「의이소(擬離騷)」「의초사구가(擬楚辭九歌)」(4수) 「의천문(擬天問)」(3수) 등 여러 의작과 신작에 직접 나선 것102) 등이 대표적인 사례이며, 이후 홍유손(洪裕孫) 김정(金淨) 정철(鄭澈) 유성룡(柳成龍) 이수광(李粹光) 장유(張維) 김만중(金萬重) 이익(李瀷) 정약용(丁若鏞) 등 시대와 학파를 초월하여 수많은 문인들이 초사의 문학적 활용에 동참하였다.103) 『시경』에 비할 정도는 아니지만, 독서의 폭이 넓고 역량이 탁월한 문인일수록 초사를 즐겨 읽고 또 이를 창작 활동에 적극 활용하였던 것이다.

4. 악부시의 개념과 양식적 특징

악부시(樂府詩)는 한(漢) 무제(武帝) 이후 새롭게 등장한 또 다른 한시 양식의 한 전형이다. 이전 시대의 『시경(詩經)』처럼 사언시 형태의 연장체를 고수하지도 않았고, 초사(楚辭)처럼 화려한 표현과 연작시 형태를 추구하지도 않았다. 오히려 이미 서로 다른 길로 들어서

---

102) 金時習은 「懷沙賦正義」(『梅月堂集』 卷23 騷註)에서 屈原의 「九章」 중 한 편인 '懷沙'에 대한 새로운 註釋과 解釋을 시도한 바 있다. 그리고 『梅月堂集』 卷9 遊關西錄에 「擬楚辭九歌」(4수), 卷14 溟州日錄에 「擬天問」(3수), 卷22 騷賦에 「擬離騷」 「擬弔湘纍」 「汨羅淵賦」 「哀賈生賦」 등 초사와 관련된 많은 擬作과 新作을 남겼으며, 卷2 詩 「詠三諫臣」 제2수에서 屈原을 읊은 시, 卷12 遊金鰲錄에 「讀楚辭」 시, 卷19 贊에 「楚屈原贊」, 續集 卷1 序에 屈原을 읊은 시와 관련된 「感懷三篇後序」 등 초사에 관련한 시와 문장을 다수 남긴 바 있다.
103) 한국에서의 楚辭 수용에 대해서는 尹柱弼, 「楚辭收容의 문학적 전개와 비판적 역사의식」(『韓國漢文學研究』 9-10합집, 1987) 참고. 이 외에도 鄭夢周 徐居正 張維 李瀷 申維翰 丁若鏞의 초사 수용과 관련하여 정일남 신두환 최유진 등의 논문을 참고할 수 있다.

버린 시와 음악의 조화를 다시 도모하고, 민요적 요소와 문인의 창작 솜씨를 함께 결합시킴으로써, 『시경』도 초사도 아닌 새로운 작품세계를 지향하고자 하였다. 그래서 이후 오언 칠언을 비롯한 각종 한시 양식의 실험장이 되었고, 풍부한 문학적 상상력의 보고로 기능하였다. 여기서는 악부시의 이런 전범성과 후대의 영향력을 고려하여 개념과 종류 및 양식적 특징을 간단하게 살펴보고자 한다.

1) 악부시의 개념

악부란 원래 BC.111년 한 무제(武帝)가 설립한 관청 이름이었다.104) 나라의 음악[樂]을 관장하는 관청[府]이라고 해서 악부(樂府)라고 하였다. 이 관청은 이전 시대의 음악 담당 기구와 여러 면에서 큰 차이가 있었다.105) 우선 조직이 체계화되고 규모가 방대하였다. 조직의 책임자인 협율도위(協律都尉)를 비롯하여 행정 관리인[樂府丞], 악공 관리인[僕射], 각종 지방 악단(樂團), 민가 채집관[夜誦員], 악율 조정관[音監], 악기수선공 등 약 18개 분야의 구성원이 참여하였고,106) 악공의 수가 1천여 명이 넘었으며, 관청이 폐지될 무렵인

---

104) 樂府란 표현은 漢 武帝 이전에도 일부 있다. 『漢書』「百官公卿表」의 "少府 秦官 掌山海池澤之稅 … 屬官有尙書 符節 太醫 太官 湯官 導官 樂府 …", 『後漢書』「南蠻傳」의 "孝惠二年 使樂府令夏侯官 備其簫管 更名曰安世樂" 등이 그것이다. 이를 근거로 武帝 이전에 이미 樂府가 설립되었을 것으로 추론하기도 한다. 그러나 이전의 樂府는 少府의 하위 기구로 무제가 설립한 악부와 성격이 다르며, 대부분의 기록은 "武帝가 樂府를 설립하였다(武帝立樂府)"고 명시하였다. 따라서 악부는 武帝가 설립하였다고 함이 합리적이며, 다만 이름은 이전 명칭을 襲用하였을 개연성이 있다. 황위주, 「朝鮮前期樂府詩硏究」(고려대 박사논문, 1990) 'Ⅱ-1. 樂府詩의 槪念成立과 實體' 참고.
105) 이전의 음악 담당기구로는 瞽宗(殷) 太司樂(周) 太樂令 太樂丞(秦) 樂府令(漢惠帝) 등이 확인된다.

애제(哀帝) 때도 악공 수가 829명에 달할 정도였다.

악부는 역할과 기능에 있어서도 이전의 음악 담당 기구와 판이한 점이 있었다. 한 무제가 악부라는 방대한 독립 관청을 따로 설립한 것은 기존의 궁중 아악(雅樂)이나 유지하려는 것이 아니었다. 광활한 영토 확장 과정에서 '군대의 출정' 등에 소용되는 노래의 수요가 급증하였고, 정복 지역의 민심을 살펴보기 위해 민가 채집의 필요성이 증대하자, 이런 역할을 제대로 수행할 관청이 있어야 했기 때문이다. 그래서 악부 관청의 핵심적 역할은 자연스럽게 민가를 채집해서 새로운 악곡을 만드는 '채집민가 조신성곡(採集民歌造新聲曲)'이 되었으며, 이것이 아악의 유지 보다 오히려 더 중요한 기능으로 부각되었다. "악부 관서의 역량을 바탕으로 민간에 깊이 들어가 각 지역 민가를 채집하였다. 그 뒤 악부 관서의 정리를 거쳐 관현(管絃)에 올렸으며, 악공들이 연주함에 말미암아 전해가며 노래 불렀다."[107]라고 한 것은 바로 이런 상황을 단적으로 지적한 말이다.

악부에서 정리한 노래는 작품의 성격에 있어서도 이전의 궁중 악장(樂章)과 큰 차이가 있었다. 민가 채집에 근거한 만큼 민가적 요소를 강하게 반영하였고, 가락을 맞추는 과정에 음악적 요소 또한 깊이 개입하였다. 만리장성 토굴에서 병사들이 말에 물을 먹인 이야기를 읊은 「음마장성굴행(飲馬長城窟行)」, 진라부(秦羅敷)란 여인이 유

---

106) 황위주, 「朝鮮前期樂府詩硏究」(고려대 박사논문, 1990) 16쪽, 「漢代樂府官署組織表」 참고.

107) 丌婷婷, 『兩漢樂府硏究』(學海出版社, 臺灣, 1980) 73쪽, "採詩就是藉樂府官署的 力量 深入民間 採集各地民歌(其中當然風謠謳歌都有 有些民歌本身已具有可吟誦 的旋律) 然後經樂府整理 被諸管絃 由樂工演奏傳唱". 95쪽, "採詩造樂 就成爲樂府 官署的重要工作 … 由於樂府官署的採詩造樂 許多當代民歌 因以獲得保存與流傳".

혹을 물리치고 정절을 지킨 고사를 읊은 「맥상상(陌上桑)」, 민간의 처참한 생활고를 읊은 「동문행(東門行)」, 남녀 간의 상사(相思)의 감회를 읊은 「염가하상행(艷歌河上行)」 등 철학적이고 관념적인 내용보다 민간의 경험적 진실을 노래한 작품이 많았고, "원도(遠道)/원도(遠道)", "몽견지(夢見之)/몽견지(夢見之)"108) 같은 동일 어휘의 연용(連用), "승세락(承世樂) 동도(董逃) 유사곽(遊四郭) 동도(董逃) 몽천은(蒙天恩) 동도(董逃)"109)같은 동일 어휘의 반복, "어희연엽동(魚戲蓮葉東)/어희연엽서(魚戲蓮葉西)/어희연엽남(魚戲蓮葉南)/어희연엽북(魚戲蓮葉北)"110) 같은 동일 문형의 반복, 가락을 맞추기 위한 성사(聲辭)의 활용 등 민가와 음악에 관련된 특징을 다양하게 드러내었다.

그런데 악부 관청은 설립 104년만인 애제(哀帝) 원년(BC.7)에 폐지되고 말았다. "규모가 비대해서 낭비가 심하다.", "사치스럽고 음란한 사회풍조를 조장한다.", "아악을 소홀하게 취급한다.", "관풍찰속(觀風察俗)의 본래 기능을 상실하였다."는 등이 주요 이유였다.111) 그러나 문인들의 악부에 대한 관심은 여전하였다. 악부에서 관장한 작품이 광범위한 대중성을 확보하여 이미 폭넓게 향유되고 있었기 때문이다. 그래서 관청의 존폐 여부에 상관없이 지난날 악부 관청에서 관리한 작품을 의작하거나 새로운 작품을 창작하는 경향이 널리 확산되었는데, 조조(曹操. 155~220)의 「기출창(氣出唱)」, 부현(傅玄.

---

108) 郭茂倩, 『樂府詩集』 卷38, 相和歌辭, 飮馬長城窟行 古辭 첫부분.
109) 郭茂倩, 『樂府詩集』 卷34, 相和歌辭, 淸調曲, 董逃行五解 古辭小序.
110) 郭茂倩, 『樂府詩集』 卷34, 相和歌辭, 相和曲上, 江南古辭 제4~7행.
111) 丌婷婷, 『兩漢樂府硏究』(學海出版社, 臺灣, 1980) 128~132쪽 참고.

217~278)의「추호행(秋胡行)」, 기타 지방도시의 민가를 채집하여 지은「자야가(子夜歌)」「양양악(襄陽樂)」등은 모두 이런 경향의 일환으로 등장한 것이다.112)

이처럼 옛 악부고사(樂府古辭)의 작품적 특징을 수렴하여 의작함과 동시에 새로운 악가를 채시조악(採詩造樂)하는 일련의 경향이 계기적으로 확산되면서 악부는 더 이상 관청이 아닌 하나의 작품 양식, 즉 '악부시(樂府詩)'를 가리키는 용어로 새롭게 사용되기 시작하였다. 심약(沈約. 441~513)이 자신의 선조 심량(沈亮)과 심임자(沈林子)의 저술을 소개하면서 악부를 독자적인 작품군의 하나로 소개한 것113), 유협(劉勰. 465~521)이『문심조룡(文心雕龍)』에서 악부를 독자적인 문체로 거론한 것, 소통(蕭統. 501~531)의『문선(文選)』이나 서릉(徐陵. 507~583)의『옥대신영(玉臺新詠)』에서 악부를 독자적 작품계열의 하나로 구분한 것 등이 모두 이런 사실을 분명하게 보여준다.

악부시의 개념은 이처럼 처음부터 일정한 양식적 틀을 미리 전제하고 성립된 용어가 아니었다. 악부 관청에서 관리한 작품 혹은 그 모방작이라는 다소 모호한 기준을 근거로 성립하였으며, 이 때문에 혼란스러울 정도로 다양한 개념의 확대 적용 양상을 보이기도 하였

---

112) 郭茂倩,『樂府詩集』卷26 相和歌辭 相和上에「氣出唱」, 卷36 相和歌辭 淸調曲에「秋胡行」, 卷44 淸商曲辭 吳聲歌曲에「子夜歌」, 卷48 淸商曲辭 西曲歌中에「襄陽樂」이 수록되어 있다.

113)『宋書』卷10에서 沈約은 沈亮의 저술을 "所著 詩 賦 頌 贊 三言 誄 哀辭 祭告 請雨文 樂府 挽歌 … 一百八十九首"등으로 구분하여 소개한 바 있고, 沈林子의 저술도 "所著 詩 賦 贊 三言 箴 祭文 樂府 表 … 一百二十一首"등으로 구분하여 소개한 바 있다.

다. 국가의 음악 담당기구를 여전히 악부라고 별칭하기도 하였고, 궁중의 제사나 연향에 사용한 귀족 악장(樂章)을 악부라고 하기도 하였으며, 읊조리는 도시(徒詩)가 아니라 노래하는 가시(歌詩)이기만 하면 모두 악부라고 하기도 하고, 심지어 독자적인 작품 양식으로 이미 고유한 영역을 확보한 후대의 송사(宋詞)나 원곡(元曲)까지 모두 악부라고 일컫기도 하였다. 그야말로 넓은 의미에서 '협악가시(協樂歌詩) 일반에 대한 포괄적 총칭'이라 해도 좋을 정도로 광범위하게 개념을 적용하였던 것이다.

그러나 문인들이 창작한 주요 악부시를 검토해 보면 그것이 대체로 일정한 창작 원칙에 입각해 있음을 분명히 확인할 수 있다. 당초 악부 관청의 핵심적 창작 원리였던 '채집민가(採集民歌)의 민가적 성격과 조신성곡(造新聲曲)의 악곡적 성격'을 동시에 구현하고자 한 점이 바로 그것이다. 따라서 좀 더 엄밀한 의미에서의 악부시는 '채집민가 조신성곡(採集民歌造新聲曲)의 원리를 직·간접적으로 구현한 일련의 작품'이라 한정할 수 있겠는데, 후대로 올수록 시와 음악의 분리가 분명해지면서 음악적 성격보다 민가적 성격을 더욱 중요한 판단의 준거로 활용하는 경향을 보였다.

2) 악부시의 종류

악부시는 크게 3가지 계열로 나누어 볼 수 있다. 당초 옛 악부 관청에서 관리했던 작품이 첫째이고, 이전의 악부시를 모방한 의작(擬作)이 둘째이며, 악부시의 창작 원리를 시대마다 새롭게 변용한 작품이 셋째이다. 첫 번째 계열을 고악부(古樂府)라 하고, 두 번째 계열을 의고악부(擬古樂府)라고 하며, 세 번째 계열을 신악부(新樂府)라고 할 만한데, 그 역사적 전개 양상을 간단히 제시하면 다음과 같다.

악부시의 역사적 전개 양상

前漢	後漢·魏晋	南北朝	隋·唐	宋·元·明
① 고악부 (古樂府)	② 의작 (擬古樂府)	→ 의작(擬古樂府) ③ 창작(小樂府)	④ 의작(擬古樂府) ⑤ 창작(新樂府, ⑥ 竹枝詞)	→ 의작(擬古樂府) ⑦ 창작(詠史樂府)

① 고악부(古樂府)

고악부는 옛 악부 관청에서 관리했던 작품 자체를 가리킨다. 곽무천(郭茂倩)의 『악부시집(樂府詩集)』에 수록해 놓은 작자 불명의 고사(古辭)가 대부분 여기에 해당한다. "민가를 채집하여 음악에 협주한다[採集民歌造新聲曲]"는 악부시의 창작 원리를 정확하게 구현하였고, 악부시의 내용 및 형식적 특징을 처음으로 구체적으로 제시하였다. 그래서 후대 각종 악부시 창작의 원형적 전범 혹은 모의(模擬) 대상이었을 뿐만 아니라, 여타 다양한 한시 형식 발생의 온상 역할을 하기도 하였다.

② 의고악부(擬古樂府)

의고악부는 악부 관청이 폐지되고 난 이후 옛 악부 관청에서 관리했던 고악부(古樂府)를 의작한 작품을 가리킨다. 의작의 방법은 여러 가지 있었다. 옛 제목과 악곡을 그대로 가져다 쓴 경우도 있고[用舊曲而兼用舊題者]114), 옛 제목과 관련 사건을 가져다 쓴 경우도 있

---

114) 蕭滌非, 『漢魏六朝樂府文學史』(長安出版社, 1976) 115쪽, "魏世諸作 絶少創造 大抵皆不過依前曲作新歌而已 … 有用舊曲而兼用舊題者 此類最多". 이런 계열의 작품으로 曹操의 「氣出唱」「精列」「度關山」「短歌行」, 曹丕의 「燕歌行」「魏鼓吹曲」「白紵舞歌」 등을 들 수 있다.

으며[借古題而詠古事]115), 옛 제목과 관련 의미를 새롭게 재현한 경우도 있었다[借古題而詠古意].116) 의고악부 작가는 대부분 조비(曺操. 187~226) 조식(曺植. 192~232) 부현(傅玄. 217~278) 등처럼 당대를 대표하는 문인들이었고, 고악부와 마찬가지로 작품의 길이가 비교적 길었으며, 고악부의 '제목' '곡조' '의미' '고사' '기법' 등을 다양하게 수용하여 악부시의 작품적 특징을 가능한 충실하게 계승하고자 하였다.

③ 소악부(小樂府)

소악부는 남북조시대 때 남조(南朝)에서 유행한 악부시이다. 기존 악부시에 비해 작품의 길이가 훨씬 짧은 단형소시(短型小詩)라고 해서 소(小)를 앞에 붙여 소악부라고 하였다.117) 소악부는 건업(建業)을 비롯한 중국 남방의 주요 도읍지와 그 주변의 민가를 채집해서

---

115) 蕭滌非, 『漢魏六朝樂府文學史』(長安出版社, 1976) 161쪽, "迨乎西晉 而古事樂府始大盛行焉 此其故蓋有二端 一曰擬古之過當 魏世擬作 大抵借古題而敍時事 因舊曲而申今情 … 晉之作者 則在古題中討生活 借古題卽詠古事". 이런 계열의 작품으로 傅玄의「秋胡行」, 石崇의「王明君辭」, 陸機의「婕妤怨」등을 들 수 있다.

116) 蕭滌非, 『漢魏六朝樂府文學史』(長安出版社, 1976) 172쪽, "晉樂府擬古 約可分爲兩派 一派借古題詠古事 如上章所敍之故事樂府 一派借古題詠古意 則大抵就前人原意 敷衍成篇". 傅玄의「艷歌行」이 악부고사 가운데「陌上桑」과「美女篇」의 主意를 재현하고, 「西長安行」이 漢鐃歌「有所思」의 原意를 계승하여 지은 것과 같은 것이다.

117) 小樂府의 개념에 대해서는 중국 악부와 상대되는 한국 악부, 雅樂과 상대되는 俗樂 등으로 풀이한 예가 있다. 그러나 중국 자체에서 이미 小樂府란 용어를 사용한 예가 있어서 중국 악부와 상대되는 개념은 아니고, 소자의 의미 또한 俗樂이 아니라 이전의 古樂府보다 편폭이 짧은 短型小詩를 가리키는데 초점이 있다. 황위주, 「朝鮮後期小樂府研究」(한국학중앙연구원 석사논문) 및 『조선전기 악부시 연구』(고려대학교 박사논문) 주석 56번 참고.

노래 부르기에 적합한 가시(歌詩) 형태로 만든 것인데,118) 이런 점에서 악부시의 창작 원리를 정확하게 구현한 작품이라고 할 수 있다. 그러나 기존의 악부시를 모방하지 않았고, 작품의 길이가 현저하게 짧아졌으며, 주요 내용이 전쟁 가난 질병 같은 사회적 문제보다 남녀 간의 애정 문제에 편중되었다. 서술 방식에 있어서도 사건을 매개로 한[緣事而發] 경우보다 정감에 이끌린[緣情而綺靡] 것이 많았다. 따라서 남북조시대 무렵 등장한 소악부는 기존 악부시의 창작 원리를 충실하게 계승하면서도 이전의 의고악부와는 다른 새로운 전범을 마련한 또 다른 악부시의 일종이라고 할만하다.

④ 당(唐) 이후의 의고악부(擬古樂府)

당 이후의 의고악부도 이전의 악부시와 다르지 않다. 그러나 모방의 대상과 음악적 요소의 비중에는 큰 변화가 있었다. 이 시기 의고악부는 고악부(古樂府) 뿐만 아니라 위진시대의 의고악부와 소악부까지 전체를 모두 의작의 대상으로 삼았다.119) 그리고 이전의 작품에 비해 음악적 요소가 현저하게 약화되었고, 문단에 널리 보편화된 오언 칠언 고시나 근체시 형식을 차용하기도 하였다. 그래서 외형상 일반 한시와 구분하기 어려운 경우가 적지 않았는데120), 이 때문에

---

118) 建業 지역에 유행한 민가를 채집하여 만든 「子夜歌」「華山畿」 같은 吳歌, 강남지역 지방도시 주변의 민가를 채집하여 만든 「烏夜啼」「襄陽樂」 같은 西曲歌, 인물 유적의 유래와 관련 雜神에 대한 제사 노래를 채집하여 만든 「白石郎曲」「採蓮童曲」 등이 그런 예이다. 蕭滌非, 『漢魏六朝樂府文學史』(長安出版社, 1976) 192쪽 吳聲歌, 207쪽 神弦歌, 213쪽 西曲歌 조항에 이와 관련된 사항을 자세히 검토한 내용이 있어서 참고할 수 있다.
119) 郭茂倩의 『樂府詩集』에 수록된 唐 이후의 작품을 통해 이런 사실을 실증적으로 확인할 수 있다.

당나라 이후 의고악부는 일반 한시의 시풍(詩風) 정도로 보아야 마 땅하다는 주장도 있었다. 마쓰우라 도모히사(松浦友久)가 "당 이전 까지 악부(樂府)와 도시(徒詩)의 대립이 당대에 와서는 고체(古體) 와 근체(近體)의 대립으로 바뀌면서 악부는 일반시의 범주 속에 포 함되었다."121)고 한 것이 대표적이다.

⑤ 신악부(新樂府)

신악부란 기존 고악부의 제목을 답습한 것이 아니라 별도의 제목을 내걸고[別立新題] 따로 창작한 악부시이다. 그래서 제목이 새로운 악부시라 하여 신제악부(新題樂府)라고도 하였다. 신악부는 당나라 초기부터 장손무기(張孫無忌. ?~659) 유희이(劉希夷. 651~679) 이백(李白. 701~762) 두보(杜甫. 712~770) 등을 통해 꾸준히 실험되어 오다가 백거이(白居易. 772~846)가 「신악부(新樂府)」50수를 창작하면서 비로소 하나의 명칭으로 정립되었다.122) 백거이 자신이 "한 편에 일정한 구수도 없고, 한 구에 일정한 글자 수도 없다[篇無定句 句無定字]."123)고 했던 것처럼, 형식상 3언 7언 등의 장단구를 혼

---

120) 羅根澤, 『樂府文學史』(文史哲出版社, 臺灣, 1972) 265쪽, "其實此時代之樂府與詩 已完全冶爲一爐 … 其實與詩已 不能分別 故此時代爲詩樂合一時代 亦卽樂府漸趨衰亡時代".
121) 松浦友久, 『李白硏究』(三省堂, 東京, 1979) 227~228쪽에서 이런 주장을 하였다.
122) 中華書局, 『辭海』中, 新樂府條, "新樂府 樂府詩體之一種 創始於初唐 當時之樂府 除沿用漢魏六朝樂府舊題外已有張孫無忌劉希夷等諸人 能別立新題 雖辭爲樂府 則不被於聲律 故稱新樂府 至李白杜甫 規模始大具…復由白居易元稹等 加以發揚 新樂府之名 於焉成立".
123) 汪立名編, 『白香山詩集』, 長慶集3, 「新樂府序」, "序曰 凡九千二百五十二言 斷爲五十篇 篇無定句 句無定字 繫於意 不繫於文 首句標其目 卒章顯其志 詩三百之義也 其辭質而徑 欲見之者易諭也 其言直而切 欲聞之者深誡也 其事覈而實 使采之

용하여 악곡적 효과를 보이고자 하였다. 그리고 작품의 내용에 있어서도 개인의 서정보다 사회의 부조리와 민간의 질고(疾苦)를 부각시키는데 치중하여 민가적 성격을 간접적으로 구현하였다. 따라서 신악부는 외형상 고시(古詩)와 흡사하고, 실제 가창되었을 가능성이 희박하지만, 적어도 악부시의 창작 원리에는 충실한 작품이었다고 할 수 있다.

⑥ 죽지사(竹枝詞)

죽지사는 당나라 유우석(劉禹錫. 772~842)이 기주자사(夔州刺使)로 좌천되어 있을 때 건평(建平) 지역 아이들이 부른 죽지(竹枝)라는 민가를 채집해서 지은 11수의 연작시이다. 그리고 그가 쓴 서문에 "마을 아이들이 서로 이어가며 죽지(竹枝)를 부르고, 피리를 불고 북을 쳐서 박자를 맞추었다", "노래 잘 하는 사람으로 하여금 노래 부르게 하였다."124) 라고 적어놓은 것으로 보아 가창과 협악(協樂)이 동시에 가능했음을 알 수 있다. 따라서 유우석의「죽지사」역시 민가적 성격과 악곡적 성격을 동시에 구현한 악부시의 한 전형이라 할 수 있다. 물론 후대에 죽지사는 특정 지방의 토속쇄사(土俗瑣事)를 읊은 작품을 가리키는 용어로 개념 적용의 폭을 확장하기도 하였다.125)

者傳信也 其體順而肆 可以播於樂章歌曲也".
124) 劉禹錫,「竹枝詞幷引」(國語日報社,『古今文選』제319期 總1577 수록), "歲正月 余來建平 里中兒聯歌竹枝 吹短笛擊鼓以赴節 歌者揚袂睢舞 以曲多爲賢 聆其音 中黃鐘之羽 卒章激訐如吳聲 雖傖儜不可分 而含思宛轉 有淇澳之艶 昔屈原沉湘 間 其民迎神 詞多鄙陋 乃爲作九歌 到于今荊楚歌舞之 故余作竹枝九篇 俾善歌者 颺之 附于末 後之聆巴歈知變風之自彦".
125) 中華書局,『辭海』中 3332쪽, "按劉禹錫與白居易等 皆有此作 後人效其作 詠土 俗瑣事 亦多謂之竹枝詞 後又用作詞牌名 因其體本於樂府之竹枝也".

그러나 대부분의 경우 유우석이 마련한 작품의 형식을 그대로 준수하면서 민풍 습속을 핵심적 제재로 채택하고 있어서 악부시의 창작 원리를 잘 구현한 작품 계열로 간주할 수 있다.

⑦ 영사악부(詠史樂府)

영사악부는 민간에 널리 전승된 역사적 사건이나 이야기[史話]를 채록하여 장단구 형태로 읊은 것인데, 명나라 이동양(李東陽. 1447~1516)이 이런 작품의 전형을 처음으로 마련하였다. 이동양의 악부시(일명 西涯擬古樂府)는 「신생원(申生怨)」부터 「존경각(尊經閣)」까지 각종 흥미로운 역사 이야기를 채집하여 101수의 연작시로 창작한 것이다. 개별 작품마다 제일 앞에 주석적 성격의 사화(史話)를 제시하였고, 제시된 사화(史話)의 개략적인 내용과 의미를 장단구 형태의 시로 읊었으며, 필요할 경우 시 뒤에 또 일정한 소감과 평문(評文)을 첨부하기도 하였다.126) 그래서 1편의 길이가 책 1권에 달할 정도로 방대한 장편 연작 악부시의 새로운 전형을 보여주었다.

영사악부는 이전의 악부시와 달리 역사적 사실성(事實性)이 강하였으며, 이 때문에 영사시(詠史詩)일 수는 있어도 악부시는 될 수 없다는 비판을 받기도 하였다.127) 그러나 작품의 대상이 역사적 사실

---

126) 李東陽의『懷麓堂集』卷1 詩稿에는 제목이「古樂府」이고, 개별 작품 앞에 史話도 없다. 그러나 따로 간행한 別本과 국내에 유통된『西涯樂府』는 모두 史話가 첨부되어 있으며, 이를 擬作한 조선후기의 많은 海東樂府 東國樂府 등이 모두 이런 체계를 따랐다.

127) 馮班,『鈍吟雜錄』(百種詩話類編 1554쪽), "李西涯作詩三卷 次第詠古 自謂樂府 此文旣不解於金石 則非樂也 又不取古題 則不應附於樂府也 又不詠時事 如漢人歌謠及杜陵新題樂府 直是有韻史論 自可題曰史贊 或曰詠史詩則可矣 不應曰樂府也".

자체보다 민간에 널리 전파된 흥미로운 역사 이야기이고, 이를 작품화하는 방식 또한 3·7언, 5·7언, 3·5·7언 등 장단구를 적극 활용하여 악곡적 성격을 구현하였다는 점에서 악부시의 전통을 계승하였다고 할 수 있다. 그래서 제목을 악부라고 하였던 것이다.

3) 악부시의 양식적 특징

앞에서 살펴본 바와 같이 악부시는 오랜 세월에 걸쳐 대단히 다양한 형태로 변용되어왔기 때문에 이들 전체에 두루 보편타당한 특징을 제시하기가 어렵다. 그러나 민가적 성격과 악곡적 성격을 동시에 추구한 양식이었던 만큼 그와 관련된 공통된 특징이 없지 않았는데, 대표적인 몇 가지만 들면 대략 다음과 같다.

① 시제(詩題)의 연용성(沿用性)

서로 다른 시대의 여러 작가들이 동일한 시제(詩題)를 계승하여 반복 사용하고 있다는 점이다. 곽무천(郭茂倩)의 『악부시집(樂府詩集)』을 보면 적게는 15~6명, 많게는 40여 명에 달하는 작가가 시대와 지역에 상관없이 똑같은 시제(詩題)를 반복 사용하였음을 알 수 있다. 「절양류(折楊柳)」(22명), 「유소사(有所思)」(24명), 「종군행(從軍行)」(33명) 같은 작품이 바로 그런 예이다. 그리고 포조(鮑照. 414~466)가 「행로난(行路難)」이란 시제의 작품을 19수, 유장경(劉長卿. 726~786)이 「종군행(從軍行)」이란 시제의 작품을 6수나 짓는 등 동일한 작가가 동일한 시제를 반복해서 짓는 경우도 허다하였다.

이와 같은 시제의 반복 사용은 일부 예외적인 경우를 제외하고는 한시에서 금기시하는 사항이었다. 개별 작품의 독창성을 현저하게 약화시킬 뿐만 아니라 제목 자체를 시의 일부로 간주하여 가능한 중복을 피하고자 하였기 때문이다. 그러나 악부시는 이를 조금도 꺼리지 않았으며, 오히려 창작 방식의 일종으로 간주할 정도로 즐겨 활용하였다.

② 제재의 세속성과 보편성

악부시는 민가적 성격을 구현하였던 만큼 민중들이 삶의 현장에서 직접 체험한 세속적이고 보편적인 정서, 즉 사랑과 이별, 가난과 질병, 전쟁 고사나 흥미로운 역사 이야기[史話] 등을 가장 중심적인 제재로 삼았다. "악부는 시대를 표현하고 비평하여 풍속이 후하고 야박함을 살펴 알 수 있으니, 성정(性情)을 도야하고 풍월을 읊조리는 일반 시와 같은 차원에서 논할 수 없다.", "악부는 세태인정의 묘사를 본질로 삼지 자연의 영탄(詠嘆)에 뜻을 두지 않는다."[128]라고 한 것은 바로 이와 같은 악부시의 특징을 단적으로 지적한 말이다.

그래서 대부분의 작품이 세속을 벗어나 자연을 영탄하는 탈속적(脫俗的)인 세계를 귀하게 여기지 않았고, 성정(性情)을 도야하고 풍월을 읊조리는 전아(典雅)한 작품세계를 지향하지도 않았다. 단조롭고 투박하지만 세상을 살아가면서 누구나 경험할 수 있고 또 공감할 수 있는 일반 대중들의 진솔하고 발랄한 마음의 소리[心聲]를 생생하게 담아냄으로써 인정세태 그 자체를 부각시키는데 초점을 두었던 것이다.

③ 형식의 개방성

악부시는 자수(字數) 행수(行數) 평측(平仄) 압운(押韻) 대우(對

---

[128] 蕭滌非, 『漢魏六朝樂府文學史』(長安出版社, 1976) 10쪽, "樂府 … 原以表現時代 批評時代 爲其天職 故足以觀風俗知厚薄 自不能與一般陶冶性情 嘯傲風月之詩歌 同日而語". 143쪽, "蓋樂府 … 以摹寫人情世故爲本色 而不以詠嘆自然爲職志".

偶) 등 한시의 형식 규정이 확정되기 이전에 세상에 출현하였다. 그래서 처음부터 어떤 고정된 형식에 얽매일 이유가 없었으며, 제언체(齊言體)나 장단구(長短句) 무엇이든 두루 수용할 수 있는 개방적인 양식이었다. 이는 근체시의 격식이 확립된 당나라 이후에도 마찬가지였다. 일부 근체시 형식을 차용한 사례가 없지 않지만, 백거이의 「신악부(新樂府)」에서 볼 수 있듯이, 근체시의 엄정한 격식을 따르지 않은 삼언 사언 오언 칠언 혹은 이들이 혼재된 장단구 형식이 무엇이나 가능하였다. 그래서 미리 정해진 엄정한 형식 속에 자신의 생각과 느낌을 교묘하게 포치시킴으로써 고도의 예술적 기교를 추구하고자 했던 일반 한시와 근본적으로 다른 점이 있었다. 채집된 민가나 사화(史話), 가락, 작자의 취향 등에 따라 어떤 형식이든 그때마다 변용할 수 있는 유연성이 있었던 것이다.

④ 표현상의 몇 가지 특징

악부시의 표현은 우선 토속적인 민간 어휘[俚語]와 비유를 과감하게 수용하였다는데 중요한 특징이 있다. 자기 자신을 아(我) 오(吾)가 아닌 농(儂)이란 속어로 표현한 것,129) 여자(女子)를 민간 구어체인 아자(阿子)로 친근하게 표현한 것,130) 좋다는 말[好]을 방언인 연(妍)으로 표현한 것,131) 과부(寡婦) 능욕(凌辱) 같은 비속어를 그대

---

129) 『樂府詩集』 卷44, 鮑照의 「吳歌三首」, "但觀流水還 識是儂流下", "觀見流水還 識是儂淚流". 『樂府詩集』에서만 이런 예가 100곳 이상 발견되는데, 淸商曲辭 吳聲歌曲에 수록된 「懊儂歌十四首」(卷46), 溫庭筠의 「華山畿二十五首」와 「讀曲歌八十九首」(卷46), 劉駕의 「襄陽樂」(卷48) 등에서 특히 많이 활용한 사실을 확인할 수 있다.
130) 蕭滌非, 『漢魏六朝樂府文學史』(長安出版社, 1976) 201쪽, 阿子歌에 대한 풀이, "當時謂女子 亦曰阿子 此歌阿子復阿子 亦謂女子 蓋親之之詞也".

로 시어로 활용한 것 등이 모두 그런 예이다. 그리고 고급 용사(用事)보다 민간에서 흔히 쓰는 쉽고 발랄한 비유, 예컨대 인생의 덧없음을 표현하기 위해 "세상 인간살이 번개 지나치듯[人生世間如電過]"132)이라 한다든지, 돌아오기 어려운 처지를 나타내기 위해 "물은 깊고 다리는 끊겼네[水深橋梁絶]"133) 라고 하는 등의 비유를 즐겨 사용하였다. 사실을 풀어서 설명하는 서술적 문투와 대화체 기법을 거리낌 없이 구사하기도 하였고, 동일한 어휘와 어구를 반복하여 리듬감을 고조시키기도 하였으며, 비(妃) 호(呼) 희(豨) 이(伊) 아(阿) 나(那) 같은 다양한 성사(聲辭)를 개입시켜 작품 자체의 악곡적 기능을 보완하기도 하였다.134) 악부시의 표현은 이처럼 잘 다듬어진 시어와 고급 용사(用事)의 활용보다 평이하고 자연스러운 일상적 문체에 기초하고 있다는 점에 중요한 특징이 있다.135)

4) 한국 악부시의 보편성과 특수성

우리나라의 악부시도 중국의 경우처럼 '채집민가 조신성곡(採集民歌造新聲曲)'의 원리를 계승하는 바탕 위에서 창작되었다. 예컨대

---

131) 蕭滌非, 『漢魏六朝樂府文學史』(長安出版社, 1976) 131쪽, 曹植의 名都篇 "衆工歸我姸"에 대한 풀이, "方言云 … 自關西以西 謂好曰姸".
132) 郭茂倩(宋), 『樂府詩集』卷55, 舞曲歌辭雜舞, 雜舞, 「晉白紵舞歌詩」제2수, " … 人生世間如電過樂時每少苦日多 … ".
133) 郭茂倩, 『樂府詩集』卷33, 相和歌, 平調曲, 魏文帝의 「苦寒行二首六解」, "…水深橋梁絶 中道正徘徊 … " "水深橋梁絶 中路正徘徊".
134) 徐禎卿(明)의 『談藝錄』(百種詩話類編 1551쪽), "樂府中 有妃呼豨伊阿那諸語 本自亡義 但補樂中之音". 李重華(淸)의 『貞一齋詩說』(百種詩話類編 1562쪽), "人學漢樂府 喜作怪奇不可解之詞 不知此種係樂人汎聲如此".
135) 沈德潛(淸), 『說詩晬語』卷上(百種詩話類編 1561쪽), "樂府寧朴無巧 寧疏無鍊".

이제현(李齊賢. 1287~1367)과 민사평(閔思平. 1295~1359)은 고려속요를 채집하여 「소악부」를 창작하였고, 김종직(金宗直. 1431~1492)은 경주 지방의 민간 고사를 채집하여 「동도악부(東部樂府)」를 창작하였다. 이광사(李匡師. 1705~1777) 이복휴(李福休. 1729~1800) 박치복(朴致馥. 1824~1894) 등도 모두 예외 없이 특정 지방의 민요나 풍속 고사 사화(史話) 등을 채집하여 「동국악부(東國樂府)」「해동악부(海東樂府)」「대동속악부(大東續樂府)」같은 걸출한 작품을 지었다. 그리고 개별 작품 서문에서 그것이 읊조리는 도시(徒詩)가 아니라 노래하는 가시(歌詩)임을 밝힘으로써136) 이들 작품이 중국과 마찬가지로 민가적 성격과 악곡적 성격을 동시에 구현한 작품임을 분명하게 표명하기도 하였다.

  그러나 우리나라 악부시는 중국과 다른 차원에서 생각해야 할 몇 가지 특수한 측면이 있었다. 첫째, 반드시 문인들이 창작한 한문학 작품이라야 하였다는 점이다. 악부란 국내에서 자생된 개념이 아니다. 고도의 한문학적 식견을 가진 문인지식층이 중국에서 수입한 용어이고, 처음부터 한문학 양식만을 제한적으로 가리키는 말로 사용하였다. 그래서 국문시가를 채집하여 음악에 맞춰 노래한 작품이 많이 있고, 이런 작품이야말로 악부시의 창작 원리에 아주 잘 부합하는 것임에도 불구하고 이를 악부시의 범주에 포괄시키지 않았다. 반드시 한문으로 표기된 한문학 작품이라야 악부시라고 하였던 것이다.

---

136) 李齊賢,『益齋亂稿』卷4,「小樂府」, "及菴取別曲之感於意者 翻爲<u>新詞</u>可也". 沈光世,『休翁集』卷3,「海東樂府幷序」, "間閱東史 就其中可以贊詠鑑戒者 除出若干條 作爲<u>歌詩</u>". 趙顯範,「江南樂府序」, "一依海東樂府體 分別題目 作爲<u>歌詩</u>". 尹達善,「廣寒樓樂府一百八疊序」, "子試於樓桃花下 飛一盞酒 酹其神 便復引觴痛飮 以此詩借<u>朱脣歌之</u> … " 등등.

둘째, 한글 민가를 한문으로 바꾸는 과정을 수반해야 하였다는 점이다. 중국의 경우, 문인들의 시와 민가(民歌)가 동일한 언어 체계로 결속되어 있어서 양자의 교류가 원만하고 자유로웠다. 그러나 국·한문의 서로 다른 언어 체계가 공존해 온 우리나라에서는 양자의 교류가 자유롭지 않았으며, 악부시를 창작하기 위해서는 우리말 민가를 채집하여 이를 다시 한문 작품으로 전환하는 추가 작업을 해야 하였다. 그래서 민가를 채집할 때 가능한 이런 작업에 용이한 대상을 찾고자 하였다. 가사(歌詞)나 사설시조(辭說時調) 같은 긴 노래보다 짧은 평시조(平時調)를 선호하였고, 고려속요처럼 한 장(章)씩 분리해서 활용할 수 있는 간단한 연장체(連章體) 노래를 선호하였으며, 아예 원시(原詩)의 형식과 가락에서 자유로울 수 있는 실전(失傳) 가요나 민풍 습속 등을 중심적인 대상으로 선택하였던 것이다.

셋째 악부시의 창작이 조선후기에 집중되어 있었다는 점이다. 중국의 경우 악부시 창작은 한나라 때 악부관청에서 가장 활발하였고, 위진남북조시대가 그 다음이며, 근체시가 문단에 보편화된 당나라 이후에는 현저하게 쇠퇴하는 경향을 보였다. 그런데 우리나라에서는 이와 반대로 고려후기부터 간헐적으로 창작하기 시작하여 조선전기에 그 세력을 확장하다가 조선후기에 가장 활발하게 창작하였다. 이렇게 된 까닭이 무엇인지는 분명하게 말하기 어렵다. 그러나 한 가지 확실한 것은 한시와 우리 민가를 상호 결합시킬 때 민가 자체는 물론 한시의 전통적인 미의식에도 상당한 파탄을 초래할 수 있는데, 조선후기라는 전환기적 상황이 이전의 다른 어떤 시기보다 바로 이와 같이 위험하고도 혁신적인 일을 과감하게 시도하기에 적절하였다는 점과 관계가 있다는 것이다.

마지막으로 지적할 수 있는 것은 악부시의 음악적 성격이 매우 약하다는 점이다. 우리나라 악부시는 대체로 작품의 음악적 기능이 현저하게 약화된 당나라 이후 악부시에 준거를 둔 경우가 많았다. 그리고 우리말 가락에 익숙한 우리가 한시문의 음률을 이해하기가 쉽지 않았으며, 그것을 작품 창작에 반영하기는 더욱 어려웠다. 그래서 개별 작품마다 부단히 노래하는 가시(歌詩)임을 밝히고 있지만 실제 가창으로 연결되었을 가능성은 대단히 희박하며, 이 때문에 우리나라에서는 악부시 자체를 독자적인 작품 양식이 아닌 일반 시의 시풍 정도로 이해하는 경향이 강하였다.

5. 제언체의 형성과 양식적 특징

제언체(齊言體)란 고시 가운데 한 행의 글자 수가 4언 5언 6언 7언 등으로 정연하게 정제된 시체(詩體)를 가리키는 말이다. 『시경(詩經)』시의 경우 4언구가 우세하고, 초사(楚辭)의 경우 6언구 우세하다. 그러나 시경과 초사를 제언체라고 하지는 않는다. 처음부터 정제된 형식미를 추구한 것이 아닐 뿐만 아니라, 4언 혹은 6언을 벗어난 경우가 허다하기 때문이다. 악부시(樂府詩)도 제언체는 아니다. 기본적으로 길고 짧은 시행이 함께 어우러진 장단구(長短句)에 기초하고 있기 때문이다. 따라서 제언체란 시경도 초사도 악부시도 아닌, 한대(漢代) 이후 새롭게 등장한 5언 혹은 7언 고시를 주로 지칭한다고 하겠는데, 여기서는 이런 시의 형성 과정과 양식적 특징을 검증해 본다.

1) 오언고시의 형성 과정

오언고시가 언제 어떻게 형성되었는지에 대해서는 학설이 분분하다. 『시경(詩經)』을 모태로 형성되었다는 『시경』 기원설을 비롯하여, 한나라 악부시(樂府詩) 기원설, 매승(梅乘) 소무(蘇武) 이릉(李陵) 반고(班固) 기원설 등이 다 그런 것이다. 이 가운데 『시경』 기원설은 오언시의 형성 시기를 가장 멀리 소급한 것으로, 『시경』에 다음과 같은 5언구가 있다는 점을 주요 논거로 제시하였다.

> 誰謂雀無角　누가 참새가 뿔이 없다고 하리요
> 何以穿我屋　없다면 어떻게 내 집을 뚫었을까
> 誰謂女無家　누가 그대가 혼례 없었다 하리요
> 何以速我獄　없다면 어찌 날 감옥에 불렀을까[137]

『시경』「행로(行露)」제2장의 일부이다. 어떤 여인이 사내의 무례한 구애(求愛) 요구를 거부하다가 결국 억울하게 감옥에 갇히는 처지가 되었는데, 세상에서는 이를 두고 참새가 지붕을 뚫는 것을 보고 뿔이 있다고 여기듯, 자신이 감옥에 갇힌 것을 보고 마치 그와 혼인한 사이처럼 오해한다고 하소연한 내용이다. 예문만 본다면 각 행의 글자 수가 5자로 정제된 오언시 형태가 분명하다.

그러나 『시경』 시는 전체 시구의 90% 이상이 4언구에 기초하고 있다. 나머지 약 10% 정도가 예외적으로 3언 5언 6언 7언 형태를 취하고 있는데, 위의 5언구는 이런 몇 가지 예외적인 시구의 일부에 지나지 않는다. 게다가 『시경』 시의 5언구는 모두 작품 중간에 삽입

---

[137] 『詩經』, 國風, 召南, 「行露」.

된 단구(斷句) 형태로만 존재한다. 위의 「행로편(行露篇)」도 실상 4 언구를 모두 생략하고 제시한 것일 뿐, 전편이 5언으로 일관된 것이 아니며138), 『시경』 시 가운데는 5언으로만 일관된 작품이 한 편도 없다. 따라서 이런 불완전하고 예외적인 단구(斷句)를 근거로 5언시의 발생을 『시경』에까지 소급할 수는 없을 듯하다.

그 다음 중요하게 검토할 가치가 있는 것은 한나라 때 악부시(樂府詩) 기원설이다. 악부시는 한 무제(武帝)가 음악 전담 관청인 악부(樂府) 관청을 설치하고 각지의 민가를 채집 정리하여 음악에 협주하면서 등장하였다. 그래서 처음부터 특정 형식을 고집하지 않았으며, 음악의 장단에 따라 어떤 형식이든 두루 가능한 개방적인 양식이었다. 악부시가 등장할 때는 『시경』이 편집되고 이미 수백 년이 지난 후였다. 그래서 기존의 단조로운 4언구 형태에 일정한 변화를 모색할 상황이 되었는데, 실제 당시 민가와 악부시 가운데서 5언시의 초기 형태로 간주할만한 작품을 더러 찾아볼 수 있다.

邪徑敗良田　　잘못 난 샛길이 좋은 밭 망치듯,
讒口害善人　　헐뜯는 사람들 착한 이를 해치네.
桂樹華不實　　계수나무는 꽃 열매 맺지 못하고,
黃雀巢其顚　　누런 참새가 그 끝에 집을 짓네.
故爲人所羨　　옛날엔 사람들의 부러움을 사더니,
今爲人所憐　　이제는 사람들이 가련하게 여기네.139)

---

138) 「行露」 三章의 전문은 "○厭浥行露 豈不夙夜 謂行多露 ○誰謂雀無角 何以穿我屋 誰謂女無家 何以速我獄 雖速我獄 室家不足 ○誰謂鼠無牙 何以穿我墉 誰謂女無家 何以速我訟 雖速我訟 亦不女從"이다. 제1장은 사언이고, 제2~3장은 앞부분 오언, 뒷부분은 사언이다.

北方有佳人	북방에 아리따운 아가씨 있어,
絕世而獨立	세상에 빼어나서 우뚝 서있네.
一顧傾人城	한 번 돌아보면 성을 망칠 미인,
再顧傾人國	두 번 돌아보면 나라 망칠 미인.
寧不知傾城與傾國	성과 나라 망칠 줄 모으랴만
佳人難再得	이런 미인 다시 얻기 어려울 것을.140)

　첫 번째 작품은 『한서(漢書)』에 수록된 성제(成帝) 때의 민가이다. 간사한 무리가 착한 사람을 해쳐서 나라를 망칠 것이라고 예견한 노래이다. 계수나무는 한(漢)나라를, 꽃이 열매를 맺지 못하는 것은 왕실에 후사(後嗣)가 없음을, 누런 참새는 나라를 찬탈한 왕망(王莽)을 상징한다는 설명이 있어서141) 이런 속뜻을 파악할 수 있다. 6행이 모두 5언 형태인데, 이런 민가가 「공우전(貢禹傳)」에도 보인다.142)

　두 번째 작품은 이연년(李延年. ?~ BC.87)이 지은 「가인가(佳人歌)」이다. 이연년이 무제(武帝) 앞에서 자신의 여동생을 추천하면서 부른 노래인데, 6행 가운데 제5행만 살짝 5언을 벗어났을 뿐 전체적으로 완정한 오언시이다. 이와 유사한 형태는 외척전(外戚傳)에 수록된 「척부인가(戚夫人歌)」에서도 볼 수 있다.143)

---

139) 『漢書』卷27,「五行志」7, 中之上.
140) 『漢書』卷97 上,「外戚列傳」67 上.
141) 『漢書』卷27,「五行志」7, 中之上, "桂赤色 漢家象 華不實 無繼嗣也 王莽自謂黃象 黃爵巢其顚也".
142) 『漢書』卷72,「王貢兩龔鮑傳四十二」, "貢禹 … 故俗皆曰 何以孝悌爲 財多而光榮 何以禮義爲 史書而仕宦 何以勤愼爲 勇猛而臨官". 『漢書』卷90 「酷吏傳第六十」, 尹賞傳에도 이와 비슷한 형태의 민가를 언급한 "長安中歌之曰 安所求子死 桓東少年場 生時諒不謹 枯骨後何葬"이란 기록이 있다.
143) 『漢書』卷97上,「外戚列傳 第六十七上」, "高祖崩 惠帝立 呂后爲皇太后 酒令永

이런 작품들은 『시경』 시와 달리 여러 장이 연이어진 연장체(連章體)도 아니고, 작품 중간에 삽입된 단구(斷句) 형태도 아니며, 전체적으로 5언구가 지배적이면서 동시에 그 자체로 독립된 한 편의 시 형식을 갖추고 있다. 따라서 이런 민가와 악부시는 5언시 형성의 근거가 되기에 충분한 조건을 갖추고 있는 듯하다. 다만 그것이 아직 가공되지 않은 민가이거나 음악의 장단에 기초한 악부시의 일종으로 존재할 뿐, 문인들이 창작한 작품 양식의 하나로 등장한 것이 아니라는데 근본적인 한계가 있다.

그렇다면 이와 같은 5언 형태를 이제 더 이상 민가도 악부시도 아닌, 기존의 단조로운 사언시를 대체할 수 있는 새로운 한시 양식의 하나로 가다듬어 부각시킨 것은 언제 누구부터였을까? 서릉(徐陵)은 『옥대신영(玉臺新詠)』에서 매승(枚乘.?~BC.140)의 「고시십구수(古詩十九首)」가 그런 작품이라 하였고,144) 소통(蕭統)은 『문선(文選)』에서 소무(蘇武. BC.140~BC.60)와 이릉(李陵.?~BC.74)이 주고받은 시 7편이 그런 작품이라 하였다.145) 임방(任昉)은 『문장연기(文章緣起)』에서 "5언시는 이릉과 소무에게서 창시되었다."146) 하였고, 종영(鍾嶸) 또한 『시품(詩品)』에서 "이릉에게 이르러 비로소 5언의 명목이 드러났다."147)고 하였다. 모두 한 무제 전후에 활동했던 매승

巷 囚戚夫人 髡鉗 衣赭衣令春 戚夫人舂且歌曰 <u>子爲王 母爲虜 終日舂薄暮 常與死爲伍 相離三千里 當誰使告女</u>".
144) 『玉臺新詠』 卷1에 古詩十九首 중 9수를 「枚乘雜詩九首」란 제목으로 수록하였다.
145) 『文選』 卷29 雜詩 부분에 李陵과 蘇武가 주고받은 시 7수를 각각 「與蘇武詩三首」, 「詩四首」란 제목으로 수록하고, 그 작자를 李少卿(陵) 蘇子卿(武)으로 명시하였다.
146) 任昉, 『文章緣起』(四庫全書 集部 詩文評類), "五言詩 漢騎都尉李陵與蘇武".
147) 鍾嶸, 『詩品』, 「總序」, "逮漢李陵 始著五言之目矣".

이릉 소무 등의 몇몇 작품을 문인들이 창작한 오언시의 표준으로 제시한 것이다.

그러나 이들의 작품에 대해서는 위작(僞作) 시비가 심하다. 「고시십구수」는 매승의 작품이 아니라 후한(後漢) 초기부터 삼국시대에 걸쳐 여러 사람이 지은 작품을 모아놓은 것에 불과하다는 것이 학계의 통설이다.148) 그리고 소무와 이릉의 작품도 위작(僞作)이라는 견해가 강하다. 진(晉) 안연지(顔延之)는 이릉의 작품이 후대 문인들의 가탁(假託)이라 하였고149), 유협(劉勰)은 이릉 당시엔 아직 5언시를 창작할 상황이 아니라 했으며150), 당(唐) 유지기(劉知幾), 송(宋) 소동파(蘇東坡), 기타 청나라 고염무(顧炎武) 옹방강(翁方綱) 양계초(梁啓超) 등도 모두 위작설(僞作說)을 제기하였다.151)

이런 위작 시비는 그럴만한 근거가 있다. 『한서(漢書)』「소무전(蘇武傳)」이나 「이릉전(李陵傳)」「예문지(藝文志)」 등에 관련 기록이 없고, 그들과 동시대에 활동한 사마상여(司馬相如) 왕포(王褒) 양웅(揚雄) 같은 핵심 문인들이 아무도 오언시를 지은 적이 없으며, 반드시 피해야 할 황제의 이름, 예컨대 혜제(惠帝)의 이름인 영(盈) 같은 글자가 작품 속에 노출되어 있다는 점152) 등이 그런 것이다. 그리고 전한(前漢) 성제(成帝) 때 각 지역 문인들의 작품을 모아 정리한 적

---

148) 馬茂元 趙昌平, 「古詩十九首在我國詩歌發展史上占有怎樣的地位?」(趙樸初編, 『古典文學三百題』 수록)에서 이와 관련된 내용을 구체적으로 제시한 바 있다.
149) 『太平御覽』 卷586, "顔延之庭誥曰 逮李陵衆作 總雜不類 元是假託 非盡陵制".
150) 劉勰, 『文心彫龍』「明詩」, "至成帝品錄 三百餘篇 朝章國采 亦云周備 而辭人遺翰 莫見五言 所以李陵班婕妤 見疑於後代也".
151) 聶世美, 「蘇李詩是不是蘇武與李陵的作品?」(趙樸初編, 『古典文學三百題』 수록)에서 이들이 僞作說을 제기한 문헌근거와 내용을 구체적으로 거론한 바 있다.
152) 蕭統, 『文選』, 雜詩上, 「古詩十九首」 중 제10수, "… 盈盈一水間 脉脉不得語…".

이 있는데, 여기에 오언시가 들어있지 않았다는 점도 이런 위작설을 뒷받침하는 유력한 근거 중 하나이다.153)

그렇다면 오언시 성립의 표준은 어디에서 찾아야 할까? 후한(後漢) 반고(班固. 32~92)가 지은「영사시(詠史詩)」를 기준으로 삼아야 한다는데 대체로 의견이 일치하고 있다. 반고는 소무나 이릉보다 약 170년 뒤의 인물이다. 그가 활동한 후한 초기는 문인들의 악부시 의작(擬作) 경향이 확산되던 시기로, 민가와 악부시를 통해 간헐적으로 실험되던 오언시를 새로운 작품 양식의 하나로 주목할 만한 상황이 되었다.

三皇德彌薄　삼황의 덕이 점차 야박해져서,
惟後用肉刑　후대엔 오직 체형을 가하였네.
大倉令有罪　태창령께서 지은 죄가 있어서,
就逮長安城　장안 성으로 체포되어 가면서,
自恨身無子　한탄하네, 사내자식이 없어서,
困急獨煢煢　위급한 처지에 홀로 외롭다고.
少女痛父言　어린 딸이 그 말에 가슴 아파,
死者不可生　죽으면 다시 살릴 수 없다며,
上書詣闕下　글을 올리고서 대궐에 나아가,
思古歌鷄鳴　옛일 생각하며 계명가 불렀네.
憂心摧折烈　근심으로 슬픈 마음 간절하고,
晨風揚激聲　새벽바람에 그 소리 드날리네.
聖漢孝文帝　훌륭하신 한 나라 효문제께서,

---

153) 劉勰,『文心雕龍』,「明詩第六」, "至成帝品錄 三百餘篇 朝章國采 亦云周備 而辭人遺翰 莫見五言 所以李陵班婕妤見疑於後代也".

惻然感至情	측은히 그 마음에 감동하셨네.
百男何憒憒	사내들 마음 얼마나 심란할까,
不如一緹縈	제영이 한 사람만도 못하다니.154)

반고의「영사시(詠史詩)」이다. 유향(劉向)의『열녀전(列女傳)』에 기록된 역사적 사실을 읊은 것이라 하여 영사시라고 하였다. 순우의 (淳于意)란 사람이 공주의 병을 치료하다가 실패하여 처벌을 받게 되었다. 당시 법률에 아버지가 체형(體刑)을 받게 될 경우 아들이 그 벌을 대신 받을 수 있었는데, 순우의는 딸만 다섯이고 아들이 없어서 그렇게 할 수가 없었다. 그래서 장안으로 끌려가면서 신세 한탄을 하였더니, 막내딸 제영(緹縈)이 임금에게 글을 올려 아버지의 벌을 대신 받겠다고 나섰고, 임금이 마침내 그 효성에 감동하여 풀어주었다는 내용이다.155) 민가도 아니고, 민가를 바탕으로 지은 악부시도 아니며, 순수한 개인 창작품으로 처음부터 끝까지 5언으로만 일관된 오언시이다.

반고의「영사시」는 오언시 창작의 선구적인 역할을 하였다. 그래서 많은 문인들이 그의 뒤를 이어 형식적으로 완벽한 오언시를 지속적으로 창작하였다. 장형(張衡. 78~139)의「동성가(同聲歌)」, 진가 (秦嘉. 132~168)의「증부시(贈婦詩)」, 조일(趙壹. 122~196)의「질사

---

154) 馮惟訥,『古詩紀』卷13, 班固,「詠史」.
155) 中華學術院,『中文大辭典』, 淳于意條, "淳于意 漢臨淄人 仕齊爲大倉令 世稱大倉公 或稱倉公 習醫術 師事公孫光及公乘陽慶 得禁方及脈書 神於治病 知人死生 文帝時 以不爲治病 坐法當肉刑 其女緹縈 上書救之得免". 같은 책 緹縈條, "意無男 有五女 文帝時 意有罪當刑 詔獄繫長安 時肉刑尙在 意罵其女曰 生子不生男 緩急非有益 其小女緹縈悲泣 隨父至長安 上書願入身爲官婢 以贖父罪 帝憐之 下詔除肉刑 意乃得免 見劉向列女傳".

시(疾邪詩)」, 채옹(蔡邕. 132~192)의 「음마장성굴(飮馬長城窟)」 등이 모두 그런 작품이며, 후한말기부터 오언시는 기존의 사언시를 완전히 대체하는 새로운 주류 양식으로 문단에 확고하게 자리를 잡았다. 따라서 오언시는 전한(前漢) 시대의 민가와 악부시를 통해서 다양한 형식 실험을 거듭하다가, 후한(後漢) 반고의 「영사시」에서 비로소 독자적인 작품 양식으로 완정한 모습을 갖추었으며, 이후 후한(後漢) 중·후기를 거치면서 마침내 문단의 주류 양식으로 정착하였다고 정리할 수 있겠다.

2) 칠언고시의 형성 과정

칠언고시의 형성 과정에 대하여 가장 널리 알려진 견해는 전국시대(戰國時代) 이래의 초사(楚辭) 기원설이다. 전국시대 초사 작품은 대체로 6언구에 기초하고 있으면서도 짧은 것은 3언에서 긴 것은 10언에 이르기까지 다양한 구식(句式)이 혼재하고 있는데, 그 가운데 다음과 같은 7언구도 더러 찾아볼 수 있다.

汨余若將不及兮　　빠른 시간을 내 따라잡지 못함이여,
恐年歲之不吾與　　세월이 나를 기다려 주지 않는구나.

何桀紂之猖披兮　　걸왕 주왕은 얼마나 방자하였던가,
夫唯捷徑以窘步　　잘못된 길을 가서 행보가 어려웠네.

굴원의 「이소(離騷)」 가운데서 7언구의 예를 뽑아 본 것이다. 한 구가 모두 7자이고, 2구가 짝을 이루고 있으며, 뜻이 없는 어조사 혜(兮) 자를 뜻이 있는 실자(實字)로 바꾸기만 하면 7언구가 되기에 충분하다. 그러나 이런 구절은 수가 많지 않을 뿐만 아니라 하나같이 모두 작품 중간에 부분적으로 삽입된 단구(斷句) 형태에 불과하여 아직 독립적인 7언시 양식의 성립과는 거리가 멀다.

> 大風起兮雲飛揚　큰 바람이 일어나고 구름이 드날리네.
> 威加海內兮歸故鄉　천하에 위세 떨치고 고향에 돌아가네.
> 安得猛士兮守四方　어찌하면 용사를 얻어 사방을 지킬까.156)

> 秋風起兮白雲飛　가을바람이 일어나고 흰 구름 날리네.
> 草木黃落兮雁南歸　초목은 떨어지고 기러기 남으로 가네.
> 蘭有秀兮菊有芳　난초 잎 빼어나고, 국화는 향기 있네.
> 懷佳人兮不能忘　가인을 그리워하여 잊을 수가 없구나.
> 汎樓船兮濟汾河　다락배를 띄워서 분하수를 건너가네.
> 橫中流兮揚素波　중류를 가로지름에 흰 물결 일어나네.
> 簫鼓鳴兮發棹歌　피리소리 북소리 울려 뱃노래 부르네.
> 歡樂極兮哀情多　즐거움이 다하니 서글픈 마음이 많네.
> 少壯幾時兮奈老何　젊은 시절 얼마인가, 늙음을 어찌할까.157)

첫 번째 작품은 한 고조(漢高祖)가 지은 「대풍가(大風歌)」이고, 두 번째 작품은 한 무제(漢武帝)가 지은 「추풍사(秋風辭)」이다. 「대풍가」는 전편이 3행으로 구성되어 있는데, 제1행의 혜(兮) 자를 실자(實字)로 교체하고 제2-3행의 혜(兮) 자를 빼버리면 그 자체로 칠언시가 될 수 있다. 「추풍사」는 제2행과 제9행의 혜(兮) 자를 빼버리고 나머지 행의 혜(兮) 자를 모두 실자(實字)로 교체하기만 하면 칠언시

---

156) 朱熹, 『楚辭集註』 중 楚辭後語 卷1, 「大風歌第六」.
157) 朱熹, 『楚辭集註』 중 楚辭後語 卷2, 「秋風辭第十一」.

가 될 수 있다. 이 두 작품은 7언구가 작품 속에 부분적으로 삽입된 단구(斷句) 형태가 아니다. 그리고 비록 불완전하기는 하지만 전체가 1구 7자 중심이다. 따라서 전국시대의 초사보다는 칠언시 양식에 한발 더 다가선 작품이라고 할만하다.

그러나 한나라 이후에 창작된 초사 역시 아직 칠언시의 성립과는 거리가 멀다. 외형상 1구 7자로 구성된 것이 많지만, 사실상 혜(兮) 자를 빼도 의미상 전혀 문제가 없는 6언 형태에 가깝고, 각 구의 구식(句式)이 모두 중간의 혜(兮) 자를 중심으로 양분되어 독립성과 통일성이 약하며, 전체가 7언으로만 일관된 작품이 한 편도 없기 때문이다. 따라서 전국시대 이래 초사 작품은 칠언시 형성의 직접적 근거라기보다 오히려 기존의 4언 형태를 벗어나 1구 6자 이상의 장구(長句)에 대한 창작 경험과 표현 역량을 축적함으로써 7언시 발생에 간접적으로 기여하였다는데 더 의미가 있을 듯하다.

칠언시의 형성과 관련하여 또 하나 주목할 만한 견해는 한나라 때의 민가와 악부시 기원설이다. 그러나 악부시 기원설은 신뢰성이 약하다. 악부시 가운데 7언구는 극소수에 불과할 뿐만 아니라, 그마저도 3언 4언 5언 잡언 등 여타 형식 속에 단구(斷句) 형태로 묻혀 있어서 칠언시다운 특징을 드러내지 못하였기 때문이다. 반면 한나라 때의 민가 가운데는 칠언시의 초기 형태로 볼만한 작품이 더러 있다.

> 大馮君 小馮君　　대풍군, 소풍군.
> 兄弟繼踵相因循　　형제가 뒤를 이어 서로 잘 따라,
> 聰明賢知惠吏民　　총명과 지혜로 은혜를 베풀었네.
> 政如魯衛德化鈞　　노나라 위나라 덕치를 행하였듯,
> 周公康叔猶二君　　주공과 강숙 두 분과 같구나.158)

臣以爲龍又無角	용이라 생각하니 또 뿔이 없고,
謂之爲蛇又有足	뱀이라고 하자니 또 발이 있네.
跂跂脈脈善緣壁	가다가 바라보다 벽도 잘 타니,
是非守宮則蜥蜴	수궁이 아니면 석척일 것입니다.159)

  첫 번째 시는 한나라 성제(成帝) 때의 민가 「상군요(上郡歌)」이다. 대풍군은 풍야왕(馮野王)을 가리키고 소풍군은 그 동생 풍립(馮立)을 가리킨다. 두 형제가 지방 수령으로 있으면서 훌륭한 정치를 베풀자, 지방민들이 이를 노나라에 봉해진 주공(周公)과 위나라에 봉해진 강숙(康叔) 형제에 비유하여 칭송한 노래이다.

  두 번째 시는 동방삭(東方朔. BC.154~BC.93)이 지은 「석복어(射覆語)」이다. 석복어란 그릇을 뒤집어 놓고 그 속에 불특정의 물건을 감추어 놓은 다음 이를 들춰보지 않고서 알아맞히는 놀이의 일종이다. 석척(蜥蜴)은 도마뱀이고, 도마뱀 가운데 습지(濕地)에 사는 것을 특히 수궁(守宮)이라 하였다. 수궁의 피를 여자 몸에 바르면 평소에는 그대로 있지만 남녀관계를 가지면 사라진다고 하여, 여자의 음란함을 방지하는 약이라 해서 수궁(守宮)이라 하였다.160) 한 무제가 사발 속에 도마뱀을 감추어 놓고 이를 알아맞히게 하자, 동방삭이 이렇게 시를 지어 대답하였다고 한다.

  「상군요(上郡歌)」는 민가이고, 「석복어(射覆語)」는 민가 형식을 차용한 시이다. 전편이 7언을 중심으로 구성되어 있을 뿐만 아니라

---

158) 『漢書』 卷79, 列傳49, 「馮奉世列傳」, 馮立 조항.
159) 『漢書』 卷65, 列傳35, 「東方朔列傳」.
160) 羅願(宋), 『爾雅翼』 卷32, 蝘蜓, "說者以爲飼以朱砂 以其血黥宮人 如赤誌 終身不滅 交接便脫 漢武帝嘗用之 故名守宮".

시경과 같은 연장체(連章體)나 초사와 같은 연작시(連作詩)가 아니어서 칠언시의 초기 형태로 볼만하며, 후대 칠언시 형성의 근거가 되었을 가능성이 높다. 다만 아직 가공되지 않은 민가일 뿐, 문인들이 새로운 작품 양식으로 창작한 것이 아니라는 한계가 있다.

그렇다면 칠언시를 초사(楚辭)도 민가(民歌)도 아닌 새로운 작품 양식의 일종으로 뚜렷하게 부각시킨 예는 어디에서 찾을 수 있는가? 후한(後漢) 장형(張衡. 78~139)이 창작한「사수시(四愁詩)」와 위(魏)나라 조비(曹丕. 187~226)가 창작한「연가행(燕歌行)」이 바로 그런 작품이다. 「사수시」는 4가지 근심거리를 동일한 작품 형식에 담은 것인데, 그 가운데 제 1수를 예시하면 다음과 같다.

我所思兮在泰山	내 생각하는 바가 태산에 있건마는,
欲往從之梁父艱	따르려 하여도 양보산이 가로막혀,
側身東望涕霑翰	뒤척이며 동쪽 보고 눈물만 흘리네.
美人贈我金錯刀	천자께서 나에게 좋은 벼슬 주시니,
何以報之英瓊瑤	어찌하면 옥구슬로 보답할 수 있나.
路遠莫致倚逍遙	길이 멀어 보답 못하고 서성거리니,
何爲懷憂心煩勞	근심 걱정 애타는 마음 어찌할거나.161)

태산(泰山)은 덕망이 높은 천자와 훌륭한 시대를, 그 아래 있는 양보산(梁父山)은 이를 가로막는 간신배를, 금착도(金錯刀)는 허리에 착용하는 패도(佩刀)로 관리의 신분을, 영경요(英瓊瑤)는 옥구슬의 일종으로 인의(仁義)의 덕목을 상징한다.162) 천자가 나에게 좋은 벼

---

161) 『文選』卷29, 「四愁詩四首」 중 제1수.
162) 『文選』 주석에 이와 같은 비유 내용에 대한 풀이가 자세하게 기록되어 있다.

슬을 주심에, 인의(仁義)의 도리로 보좌하여 훌륭한 시대를 열고 싶지만, 간신배가 중간을 가로막아 그렇게 하지 못함을 걱정한 내용이다. 제1행의 혜(兮) 자에 초사의 흔적이 부분적으로 남아 있을 뿐, 나머지 6행은 완전한 7언구이다.

秋風蕭瑟天氣凉	가을바람 소슬하고 날씨는 서늘한데,
草木搖落露爲霜	초목은 시들어지고 이슬은 서리되네.
群燕辭歸鵠南翔	제비들 돌아가고 고니가 남으로 나니,
念君客遊多思腸	집 떠난 그대 생각에 그리움이 많네.
慊慊思歸戀故鄕	고향 그리며 돌아올 생각 할 것이지,
君何淹留寄他方	어찌 그대 타향에 머물고만 계시는가.
賤妾煢煢守空房	나 홀로 외롭게 텅 빈 방을 지키면서,
憂來思君不敢忘	근심 속에 그대 생각 잊을 수가 없네.
不覺淚下霑衣裳	나도 몰래 눈물이 흘러 옷을 적시고,
援瑟鳴弦發淸商	비파 줄을 울리면서 청상곡 연주하네.
短歌微吟不能長	단가를 읊조림에 길게 부르지 못하고,
明月皎皎照我裳	밝은 달만 환하게 내 옷깃을 비추네.
星漢西流夜未央	은하수 흘러가도 긴 밤은 새지 않고,
牽牛織女遙相望	견우직녀가 멀리서 서로 바라만 보네.163)

조비(曹丕)가 창작한「연가행(燕歌行)」이다. 가을날 집 떠난 님을 그리워하는 마음을 읊은 개인 서정시로, 칠언시 형태를 완벽하게 구현하였다. 따라서「사수시(四愁詩)」와「연가행(燕歌行)」은 초사(楚辭)를 통해 축적해 온 장구(長句)에 대한 창작 경험과 민가를 통해 인식해 온 7언 형태를 결부시켜 처음으로 칠언시를 새로운 작품 양

---

163)『文選』卷27, 樂府二首 중「燕歌行」.

식의 하나로 부각시킨 창작품이라 할 수 있겠다.

그러나 이 두 작품이 출현한 이후에도 칠언시는 문단의 주류로 자리를 잡지 못하였다. 이유는 여러 가지 있었다. 당시 유행한 악부시에 7언 형태가 거의 없어서 널리 알려지지 못한 탓이라고도 하고, 한 구의 길이가 너무 길어서 5언보다 짓기 어려웠기 때문이라고도 한다. 그러나 가장 중요한 이유는 오언시가 등장하여 기존의 사언시가 지닌 문제점, 즉 짧은 시구가 지닌 표현상의 제약, 변화가 없는 박자의 단조로움, 짝수로 꽉 짜인 시구의 고착성 등을 대부분 해결하였기 때문이었다. 그래서 칠언시는 이런 오언시가 한창 풍미하던 한위시대(漢魏時代)를 한참 더 지나 또 다른 작품 양식에 대한 수요가 크게 증가한 남북조시대(南北朝時代)에 와서야 포조(鮑照. 414~466)가 「행로난(行路難)」 19수를 지으면서 비로소 문단에 새로운 양식의 하나로 자리를 잡았다.

칠언시는 이처럼 초사와 민가의 7언 형태를 바탕으로 형식 실험을 거듭하다가, 후한 장형(張衡)의 「사수시(四愁詩)」와 조비(曹丕)의 「연가행(燕歌行)」에 와서 비로소 완정한 형태를 갖추었고, 다시 약 200년이 지나 포조(鮑照)가 「행로난(行路難)」을 지을 무렵 마침내 문단을 대표하는 양식으로 정착하였다.

3) 제언체 고시의 양식적 특징

제언체 고시는 이전의 『시경』 시나 초사 악부시 등과 몇 가지 다른 특징을 보여주었다. 먼저 거론할만한 것은 단형시(單型詩)가 주류를 이루었다는 점이다. 『시경』 시는 대부분 한 편이 여러 장으로 구성된 연장체(連章體)이고, 초사도 구가(九歌) 구장(九章) 등처럼 한 제목 아래 몇 작품이 상호 연계된 연작시(連作詩)가 지배적이며, 악부시도 음악의 1절 2절 3절 등처럼 한 편이 여러 해(解)로 구성된 것이 보통이다. 그런데 제언체 고시는 이와 달리 한 제목에 한 작품만 독립적으로 존재하는 단형시(單型詩) 중심이었다. 이것은 한시가 비로소 고대시가의 집단성과 반복성 음악성 등을 탈피하여 순수한 개인의 독창적인 창작품으로 전환되는 현상을 반영한 것으로 주목할 가치가 있다.

두 번째는 각 행의 글자 수가 5자 혹은 7자로 고정되어 정형 한시의 전범을 확립하였다는 점이다. 한자(漢字)는 본래 한 글자가 하나의 독립적 의미를 가지는 단음절어(單音節語)이고, 문법적 기능 변화에 따라 글자 형태에 전혀 변화가 없는 고립어(孤立語)이다. 그래서 글자 수가 고정된 정형시(定型詩) 창작에 유리한 언어라 하겠는데,『시경』시나 초사에 일부 정형성이 발견되는 것은 바로 이런 언어적 특징과 관련이 있다. 그런데 제언체는 기존의『시경』시와 초사에 개재되어 있던 뜻이 없는 어조사나 가락을 맞추기 위한 성사(聲詞)를 깨끗하게 정리하고 5자 혹은 7자의 규칙성을 확보함으로써 한자의 언어적 특징에 부합하는 정형 한시의 전범을 처음으로 뚜렷하게 정립하였다.

셋째는 고대가요의 음악성을 탈피하고 이를 보완할 수 있는 새로운 운율법을 실험하였다는 점이다. 고시는 압운(押韻)과 평측(平仄)을 무시해도 좋은 것으로 오해하는 경우가 더러 있다. 그러나 고시는 시적 리듬감을 보완하기 위하여 근체시 보다 더 다양한 압운과 평측법을 구사하였다. 동일 계열의 운자(韻字)를 끝까지 유지하는 일운도저(一韻到底), 필요에 따라 교체하는 환운(換韻), 매 행마다 압운하는 매구운(每句韻), 한 행을 건너 뛰어 압운하는 격구운(隔句韻) 등 다양한 압운법을 실험하였고, 소리와 가락의 유연성을 살리기 위해 평성 글자와 측성 글자를 일부 구분하기도 하였다. 이런 고시의 운율법은 운서(韻書)에 의존한 근체시와 달리 자연음(自然音)을 근거로 하였다는 차이가 있지만, 후대 근체시 운율법의 성립 터전이 되었다는 점에 중요한 의미가 있다.

넷째는 장편(長篇) 시가 많아서 한 편을 구성하는 방법, 즉 편법(篇法)을 특별히 강조하였다는 점이다. 작품 전체의 문맥이 관통되어 의미 상 단절이 없어야 한다고도 하였고164), 전편의 구성을 파도의 기복(起伏) 현상에 비유하여 유기적인 상관성을 강조하기도 하였으며165), 오언고시와 칠언고시의 구성법을 구분하여 "오언시는 의론(議論)을 드러내면 안 되고, 재주와 기상으로 내달리면 안 되며, 칠언시는 모름지기 세찬 파도처럼 툭 꺾였다 높이 치솟고 크게 열리고 닫혀야 한다."166)고도 하였다. 모두 장편 제언체 고시의 유기적인 구성법을 특별히 주목하고 강조한 예이다.

마지막으로 거론할 수 있는 것은 공교롭고 세련된 표현보다 질박하고 자연스러운 표현을 지향하였다는 점이다. "고시는 질박함을 귀하게 여긴다. 질박하면 정서가 진실하다."167)고 한 것이나, "오언

---

164) 臺靜農, 『百種詩話類編』下, 體製類一, 泛論, "凡作古詩 體格句法 俱要蒼古 且先立大意 鋪敍旣定 然後下筆 則文脈貫通 意無斷續 整然可觀(詩法家數)".
165) 臺靜農, 『百種詩話類編』下, 詩論類二, 屬於明人詩話者, "長篇之法 如波濤初作 一層緊於一層 拙句不失大體 巧句最害正氣(四溟詩話)". 體製類三 各體詩 조항에는 또 "須是波瀾開合 如江海之波 一波未平 一波復起(詩法家數)"라는 기록도 있다.
166) 臺靜農, 『百種詩話類編』下, 體製類, 泛論, "五言著議論不得 用才氣馳騁不得 七言則須波瀾壯闊 頓挫激昻 大開大闔(師友詩傳續錄)".
167) 臺靜農, 『百種詩話類編』下, 體製類, 泛論, "古詩貴質朴 質朴則情眞(而菴詩話)".

고시는 차라리 고졸(古拙)할지언정 공교롭게 하지 말고, 차라리 질박할지언정 화려하게 하지 말며, 차라리 생경할지언정 익숙하게 하지 말라."168)고 한 것은 모두 고시의 이런 표현상의 특징을 지적한 것이다.

---

168) 臺靜農, 『百種詩話類編』下, 體製類, 泛論, "作五言古 寧拙毋巧 寧朴毋華 寧生毋熟(峴傭說詩)".

Ⅳ. 근체시란 어떤 시인가

　　근체시란 당나라를 전후한 시기부터 새롭게 등장한 한시 양식을 가리키는 말이다. 전체 행수가 4행[絕句] 8행[律詩] 등으로 미리 확정되어 있고, 짝수 행 끝에 반드시 동일 계열의 운자를 써야 하며[押韻], 각 행마다 엄격한 율격 규칙을 준수해야 하고[平仄], 작품 내의 일정한 부분에 반드시 두 행의 표현이 짝을 이루도록 하는[對偶] 전에 없이 새로운 양식이었다. 그래서 이전 시대의 작품 양식과 구별하여 근체시 금체시(今體詩) 신체시(新體詩) 등으로 명명하였다. 그렇다면 당나라를 전후한 시기에 이런 새로운 양식이 등장할 수 있었던 주요 배경은 무엇일까? 근체시의 주류 양식으로 자리 잡은 절구 율시 배율 등의 정확한 개념은 무엇이며, 이들의 양식적 특징은 또 어떤 것인가? 그리고 근체시의 변형 양식이라고 할 만한 요체(拗體)는 무엇이며, 요(拗)와 구(救)의 구체적 실천 방식은 어떤가? 본 장에서는 이런 문제를 검증함으로써 근체시 전반에 대한 이해의 확장에 기여하고자 한다.

1. 근체시 형성의 배경적 요인

당나라를 전후한 시기에 근체시 양식이 새롭게 등장한 데는 문학사적으로나 문화사적으로 다양한 배경적 요인이 작용하였을 것이다. 그러나 무엇보다 중요한 것은 압운(押韻) 평측(平仄) 대우(對偶) 등 근체시의 핵심적 격식을 제대로 구현할 수 있는 여건의 성숙, 즉 문학의 독립성에 대한 인식, 변려체(騈儷體)의 유행과 대우의 일반화, 사성(四聲)의 성립과 문학적 활용 등이 중요하게 작용한 결과로 판단된다.

1) 문학의 독립성에 대한 인식

주지하다시피 선진시대(先秦時代)까지는 문학을 역사 철학 등과 뚜렷하게 구별되는 독립적인 존재로 인식하지 못하였다. 오히려 이런 것을 두루 포함하여 사람이 문자로 기록한 모든 것을 가리키는 인문(人文)의 개념으로 인식하였다. "하늘에 있는 해와 달과 별은 하늘의 문[天文]이고, 땅에 있는 산천과 초목은 땅의 문[地文]이며, 사람이 만든 시서예악(詩書禮樂) 등은 사람의 문[人文]이다."1)라고 하여, 시(詩) 서(書) 예(禮) 악(樂) 등을 모두 문(文)의 개념 속에 포괄시켜 이해하였다.

이와 같은 인식은 공자가 문하(門下)의 제자를 4부류로 구분한 이

---

1) 汪琬, 『堯峯文鈔』(四庫全書 集部 別集類) 卷29, 「王敬哉先生集序」, "日月星辰 天之文也 山川草木 地之文也 易詩書禮樂諸經 人之文也 人之有文 所以經緯天地之道而成之者也". 이와 비슷한 언급은 唐 張懷瓘의 文字論(四庫全書 子部 法書要錄 卷4), 宋 龔昱의 『樂菴語錄』(四庫全書 子部 雜家類) 卷1, 明 唐桂芳『白雲集』(四庫全書 別集類五) 原序 등에서 다양하게 확인할 수 있다.

른바 공문사과(孔門四科)에서도 마찬가지였다. 덕행(德行)엔 안연(顔淵)·민자건(閔子騫)·염백우(冉伯牛)·중궁(仲弓)이요, 언어(言語: 말솜씨)엔 재아(宰我)·자공(子貢)이요, 정사(政事:정치)엔 염유(冉有)·계로(季路)요, 문학(文學)엔 자유(子游)·자하(子夏)가 뛰어나다고 지목한 것이 바로 그것인데, 주석을 통해 여기서 말한 문학 역시 박학(博學) 문헌(文獻) 등을 가리키는 대단히 포괄적인 개념이었음을 알 수 있다.2)

그런데 한(漢)나라를 지나 위진남북조시대(魏晉南北朝時代)가 되면 이제 더 이상 글로 쓴 모든 것을 문학이라 하지 않았다. 철학도 아니고 역사도 아니며 일상적 기록물과도 뚜렷하게 구별되는 독자적인 존재로 인식하기 시작하였던 것이다. 양나라 소통(蕭統. 501~531)은 『문선(文選)』을 편찬하면서 바로 이와 같은 문학의 독립성을 작품 선정의 가장 중요한 기준으로 내세웠다.

> "노자(老子) 장자(莊子)의 글과 관자(管子) 맹자(孟子)의 부류는 입의(立意:사상의 정립)를 으뜸으로 삼고 능문(能文:능숙한 글 표현)을 근본으로 삼지 않았다. …… 기사본말체(紀事本末體)나 편년체(編年體)의 역사 기록은 옳고 그름을 평가하고 같고 다름을 구별한 것이어서, 편한(篇翰:문학적 문장)과 비교해 봄에 또한 이미 같지 않다."3)

『문선(文選)』 서문에 언급된 내용 일부를 옮겨본 것이다. 이 글에

---

2) 『論語』 卷11 「先進」 구절이다. 이 부분의 文學에 대하여 『論語集解義疏』에 "范甯曰 文學謂善先王典文 … 侃案 … 文學指博學古文"이라고 풀이한 주석이 있어서 참고할 수 있다.
3) 蕭統, 『文選』, 「文選序」, "老莊之作 管孟之類 蓋以立意爲宗 不以能文爲本 … 至於記事之史 繫年之書 所以褒貶是非 紀別異同 方之篇翰 亦已不同".

서 소통(蕭統)은 『노자』 『장자』 『관자』 『맹자』 등 '사상 정립'을 목적으로 한 철학적인 글과 달리 문학은 '글 표현 자체의 능숙함'을 추구하는 것이라고 하였다. 그리고 문학은 각종 사건이나 사실을 체계적으로 기록하여 옳고 그름을 평가하고자 한 역사서와도 분명히 구별된다고 하였다. 그래서 철학과 역사에 관련된 글을 모두 배제하고 문학다운 글만 가려 순수한 문학작품 선집으로 『문선(文選)』을 편찬했던 것이다.

비슷한 시기에 유협(劉勰. 465~521)은 『문심조룡(文心彫龍)』에서 "운(韻)이 없는 것은 필(筆)이라 하고 운(韻)이 있는 것은 문(文)이라고 한다."[4] 하여 이와 조금 다른 차원에서 문(文)과 필(筆)을 구분하였고, 약 50조목에 걸쳐 여러 가지 문학적인 글쓰기 양식의 유래와 특징을 논술한 바 있다. 그리고 양(梁) 원제(元帝) 역시 『금루자(金樓子)』 「입언편(立言篇)」에서 문(文)과 필(筆)을 구분한 다음, 문(文)이란 "표현이 비단처럼 화려하고, 가락이 흐드러지게 아름다우며, 입을 모아 노래함에 감정과 정신이 요동치는 글"[5]이라 정의하기도 하였다. 기타 문학의 중요성을 특별히 강조한 조비(曹丕. 187~226)의 『전론논문(典論論文)』[6]이나 작품의 독특한 창작 과정을 정밀하게 해명한 육기(陸機. 261~303)의 「문부(文賦)」같은 글도 모두 이즈음 문학

---

4) 劉勰, 『文心彫龍』, 「總術」, "今之常言 有文有筆 以爲無韻者筆也 有韻者文也"
5) 『金樓子』(四庫全書 子部 雜家類) 卷4, 「立言」九下, "至於不便爲詩如閻纘 善爲章奏如伯松 若此之類 汎謂之筆 吟詠風謠 流連哀思者 謂之文 … 文者 唯須綺縠紛披 宮徵靡曼 脣吻遒會 情靈搖蕩". 伯松은 漢 張松의 字. 流連哀思는 질탕 놀 때의 서글픈 생각으로, 『孟子』의 "從流下而忘反謂之流 從流上而忘反謂之連 從獸無厭謂之荒 樂酒無厭謂之亡"에서 온 말. 綺縠은 고운 깁. 紛披는 꽃이 만발한 모양.
6) 曹丕, 『魏文帝集』(漢魏六朝百三家集 卷24 수록본), 論, 「典論論文」.

의 독립성에 대한 이런 새로운 인식 경향을 뚜렷하게 반영한 대표적인 글이라고 할 만하다.

문학의 중요성과 독립성에 대한 이와 같은 인식은 시문선집의 편찬이나 문학이론의 전개와 같은 문학 내적 문제로만 존재하지 않았다. 국가기관의 설립이나 제도의 운영과 같은 문학 외적 영역에까지 일정하게 영향을 미쳤다. 남북조시대 때 송(宋)나라 문제(文帝)가 국가 기관을 정비하면서 유학을 전담하는 유관(儒館), 노장학을 전담하는 현관(玄館), 역사를 편찬하는 사관(史館) 등과 별도로 문학을 전담하는 문관(文館)을 설치한 것, 명제(明帝)가 과거시험을 시행하면서 유과(儒科) 도과(道科) 사과(史科) 음양과(陰陽科) 등과 함께 문과(文科)를 별도로 시행한 것 등이 다 그런 예이다.7)

근체시는 바로 이런 시대분위기 속에서 싹틀 수 있었다. 문학을 철학이나 역사 등 문학 외적인 것과 구분하고, 문학에만 고유한 독자적인 표현 방식을 탐색하며, 이런 목적에 부응하는 다양한 창작 경험을 축적함으로써 마침내 일반적 글쓰기와 확연히 다른, 근체시라는 잘 정제된 작품 양식이 등장할 수 있었던 것이다.

2) 변려체의 유행과 대우의 일반화

위진남북조시대 때 널리 유행한 변려체(騈儷體)도 근체시 성립에 중요한 배경적 요인으로 작용하였다. 변려체(騈儷體)란 글 전체의 어구(語句)가 대부분 둘씩 짝이 되도록 구성한 독특한 한문문체 양

---

7) 華正書局, 『中國文學發展史』(臺北, 1977), 第十一章 南北朝的文學趨勢, 280쪽, "宋文帝立儒玄文史四館 明帝分儒道文史陰陽五科 在這裏都暗示着文學的地位趨於獨立 已經能同他種重要的學科竝列了".

식의 일종이다. 변(騈)은 나란히 수레를 끄는 두 필의 말을 의미하고, 여(儷)는 남편과 아내가 짝지어 있음을 의미하는데, 짝을 맞추어 구성하는 글 표현 방식이 이와 흡사하다고 해서 변려체(騈儷體)라고 하였다.

수사법상 두 개의 어구가 서로 짝이 되도록 표현하는 방식을 배우(排偶) 대우(對偶) 혹은 대장(對仗)이라고 하였다. 배우(排偶)와 대우(對偶)는 글자 그대로 "짝을 맞추어 배열한다", "서로 대응 되도록 짝을 맞춘다."는 정도의 의미를 가지고 있다. 그리고 대장(對仗)이란 본래 왕이 나들이를 할 때 그 앞에서 둘씩 서로 짝을 맞추어 행진한 의장대(儀仗隊)를 지칭하였는데, 후대에 이를 문장 수사법의 용어로 확대 적용하여 마침내 배우(排偶) 대우(對偶) 등과 대동소이한 의미로 사용하였다.

대우(對偶)의 표현법은 실상 변려체가 유행하기 훨씬 이전부터 이미 존재하였다. 한자는 표의문자(表意文字)이고, 1음절 1단어의 단음절어에 기초하고 있다. 그래서 다른 어떤 문자보다 짝 맞춤 표현에 유리하였다. 그리고 이런 표현은 연상(聯想)되는 두 정황을 용이하게 연계시켜주고, 이를 통해 적절한 가락과 리듬감을 창출할 수 있으며, 잘 가다듬어진 정제미(整齊美)와 대칭미(對稱美)까지 획득할 수 있었다. 그래서 부분적이기는 하지만 오래 전부터 이런 표현을 자연스럽게 구사해왔던 것이다.

衆心成城 衆口鑠金[8]
(여러 사람의 마음은 성을 이루고, 여러 사람의 입은 쇠를 녹인다)

---

8) 『國語』卷3, 「周語」下에 인용된 속담.

罪疑惟輕 功疑惟重9)
(죄가 미심쩍으면 가볍게 처벌하고, 공은 미심쩍어도 무겁게 보상한다)
君子周而不比 小人比而不周10)
(군자는 두루 사귀어 편짓지 않고, 소인은 편 지어 두루 사귀지 못한다)
儒以文亂法 俠以武犯禁11)
(선비는 글로 법을 어지럽히고, 협객은 무력으로 법을 범한다)

　우리가 흔히 접할 수 있는『국어(國語)』『서전(書傳)』『논어(論語)』『한비자(韓非子)』등 옛 문헌에서 몇 가지 사례를 찾아본 것이다. 예문을 보면 짝이 되는 두 어구 사이에 동일한 글자가 중복되고 구성법 또한 매우 단순하여 의도적으로 이런 표현을 구사한 것은 아닌 것으로 보인다. 그리고 이런 표현이 글 전체가 아니라 특정 부분에 제한적으로 등장한다는 것도 후대의 변려체와 구별되는 점이다. 그러나 각 어구의 결구법(結構法)이 서로 일치하고, 형식적으로 정연하게 대칭을 이루며, 두 어구의 의미가 밀접하게 관련을 맺고 있어서 대우의 기본 요건은 갖추었다고 할 만하다.

　이와 같은 초기의 대우(對偶) 방식은 한(漢)나라 때 사부(辭賦) 창작이 확산되면서 한 단계 더 진보하였다. 매승(枚乘. ?~ BC.140), 반고(班固. 32~92) 같은 주요 작가가 표현의 아름다움과 정제미(整齊美), 송독(誦讀)의 편리함 등을 위해 대우(對偶)를 즐겨 활용하였기 때문이다. 이들이 창작한「칠발(七發)」「서도부(西都賦)」같은 작품을 보면 대우의 표현이 우연이 아니라 다분히 의도적이고, 부분적이 아니라 전면적이며, 밀도가 높고 엄격하여 질·양적 수준이 크게 향상

---

9)『書傳』卷3,「虞書」.
10)『論語』卷2,「爲政」.
11)『韓非子』卷19,「五蠹」.

되었음을 알 수 있다.12)

위진남북조시대 때 유행한 변려체(騈儷體)는 바로 이와 같은 표현법을 작품 전체로 확대 적용함과 동시에 그 방법과 수준을 고도로 향상시킨, 그야말로 대우법을 활용한 문장 표현의 극단적 형태라고 할 수 있다. 상응하는 두 어구의 낱말 구성 방식, 글자의 문법적 성질과 기능, 소리와 의미 등 갖가지 요소를 두루 고려하여 다양한 대우법을 개발하고 또 활용하였던 것이다. 언어 표현상의 언대(言對), 서술 내용상의 사대(事對), 동일 의미 간의 정대(正對), 상반되는 의미 간의 반대(反對), 각종 이름의 정명대(正名對), 기타 쌍성대(雙聲對) 첩운대(疊韻對) 회문대(回文對) 차대(借對) 유수대(流水對) 등이 모두 이렇게 등장하였으며13), 공해(空海. 774~835)는 이전부터 축적해 온 이와 같은 표현법을 종합적으로 정리하여 약 29종의 대우법을 소개하기도 하였다.14)

대우의 표현법은 변려체 문장에만 국한된 것이 아니었다. 문학의 독립성에 대한 자각과 더불어 시에서도 이를 적극적으로 활용하였다. 다만 변려체 만큼 정도가 심하고 현저하지 않을 따름이다. 당시 대표적 문인이었던 반악(潘岳. 247~300) 육기(陸機. 261~303) 안연지(顔延之. 384~456) 설도형(薛道衡. 540~609) 등은 예외 없이 시에 이런 대우법을 활용하였고, 그렇게 함으로써 형식적으로나 내용적으

---

12) 班固의「西都賦」는『文選』卷1, 枚乘의「七發」은 같은 책 卷34에서 확인할 수 있다.
13) 각종 對偶法의 등장 과정과 내용에 대해서는 본서 'Ⅵ. 대우는 어떻게 구성하는가' 참고.
14) 空海는『文鏡秘府論』에서 "在于文章 皆須屬對 其不對者 止得一處二處有之 若以不對爲常 則非復文章"이라고 하여 대우를 제대로 갖추지 않으면 문장이 될 수 없다고 극언하기까지 하였다.

로 더욱 아름답고 균형 잡힌 시를 창작하고자 하였다. 근체시는 바로 이런 추이 속에서 형성되었으며, 마침내 대우법을 근체시가 갖추어야 할 필수 요건 중 하나로 수용하였던 것이다.

3) 사성의 성립과 문학적 활용

사성이란 평성(平聲) 상성(上聲) 거성(去聲) 입성(入聲) 등 한자에만 고유하게 존재하는 4가지 성조체계를 가리키는 말이다. 평성은 높낮이가 없이 평평하게 이어지는 소리, 상성은 처음이 낮고 끝이 높아지는 소리, 거성은 처음이 높고 끝이 낮아지는 소리, 입성은 촉박하게 끝을 막는 소리인데, 흔히 천자성철(天子聖哲) 천자만복(天子萬福) 천보사찰(天保寺刹) 등으로 그 차이를 구분해 보이기도 하였다. 천(天)과 같이 발음하는 성조가 평성, 자(子) 보(保) 같은 성조가 상성, 성(聖) 만(萬) 사(寺) 같은 성조가 거성, 철(哲) 복(福) 찰(刹) 같은 성조가 입성이라는 말이다.15)

그러나 위진시대(魏晉時代) 이전에는 한자음에 이런 사성이 존재한다는 사실을 정확하게 인식하지 못하였다. 다만 무거운 소리[重音]와 가벼운 소리[輕音], 낮은 소리[低音]와 높은 소리[昂聲], 뜬소리

---

15) 天子聖哲은 『南史』卷57 「沈約列傳」에 "又撰四聲譜 以爲在昔詞人累千載而不悟 而獨得胸襟 窮其妙旨 自謂入神之作 武帝雅不好焉 甞問周捨曰 何謂四聲 捨曰 天子聖哲是也 然帝竟不甚遵用約也"라고 한 데서 확인할 수 있는데, 비슷한 기록이 『梁書』卷12 「沈約傳」, 顧炎武(淸)의 『音論』卷中 「四聲之始」, 鄭樵의 『通志』卷140 「沈約列傳」 등에 널리 보인다. 天子萬福 天保寺刹 등은 陳耀文(明)의 『天中記』卷26, 言語에 "四聲 沙門重公 甞謁梁高祖 問曰聞在外有四聲 何者爲是 重公應聲答曰 天保寺刹 旣出逢劉緽 說以爲能 緽曰 何如道天子萬福"이라 한 데서 확인할 수 있는데, 李昉(宋)의 『太平御覽』卷655 釋部3, 『御定佩文韻府』卷93 入聲 屋韻3 福 조항, 『太平廣記』卷247 詼諧3 僧重公 등에서도 비슷한 기록을 두루 찾아볼 수 있다.

[浮聲]와 끊어지는 소리[切響] 등으로 비교적 단순하게 구분하여 이해하였으며, 자연음에 대한 이런 감각적 인식을 바탕으로 작품에 일정한 가락의 효과를 도모하고자 하였다. 그래서 위진시대 이전에는 사성이란 말 자체가 존재하지 않았으며, 이를 문학적으로 활용하는 일은 당연히 있을 수 없었다.

그런데 위진시대 이후부터는 상황이 달라졌다. 인도로부터 범어(梵語)로 된 불경을 도입하여 이를 한역(漢譯)하고 전독(轉讀)16)하는 경향이 확산되면서 한자음에 대한 연구가 중요한 과제로 부각되었기 때문이다. 한자는 한 글자가 하나의 의미를 나타내는 단음절어 중심의 뜻글자이고, 범어는 여러 글자가 하나의 의미를 구성하는 다음절어 중심의 소리글자이다. 그래서 범어로 된 불경을 한문으로 번역하는 작업은 다음절어 중심의 소리글자를 단음절어 중심의 뜻글자로 바꾸는 어려운 일이었으며, 이 때문에 범어의 음성체계는 물론, 한자음 자체에 대한 연구가 주요 관심사가 될 수밖에 없었다. 한자음의 정확한 표기를 위해 종전의 직음법(直音法)을 지양하고 보다 분석적인 반절법(反切法)을 사용하기 시작한 것이17) 바로 이즈음 인도

---

16) 轉讀이란 일정한 聲調에 맞춰 佛經을 誦讀하는 방법을 가리키는 말이다. 불교에서 法言을 誦讀하는 방법에는 梵唄와 轉讀 2가지가 있었다. 梵唄는 偈頌을 일정한 악곡에 따라 協樂 歌唱하는 불교음악의 일종이다. 이에 비해 轉讀은 偈頌이 아닌 佛經 자체를 誦讀 대상으로 삼고, 음악적 요소가 있기는 하나 일정한 악곡이 따로 있지는 않았으며, 또 協樂하지 않았다는 점에 중요한 차이가 있다. 趙益, 「轉讀試解」,『中國語文學』 40집, 2002) 참고.
17) 直音法이란 妹音梅(妹의 음은 梅), 勉音免(勉의 음은 免)처럼 다른 한자를 끌어와 직접 음을 표기하는 방법인데, 정확하게 상응하는 글자가 없을 경우가 많았다. 반면 反切法은 東德紅切(東의 음은 德자 聲部와 紅자 韻部의 조합), 國古錄切(國의 음은 古자 聲部와 錄자 韻部의 조합)처럼 특정 한자음을 聲部와 韻部로 나누어 각각에 부응하는 글자를 찾아 따로 표기하는 방법이다. 그래서 직음법에 비해 분석적이

의 음성학을 수용한 결과였다는 지적은18) 이와 같은 당시의 정황을 단적으로 보여준다.

불경을 전독(轉讀) 할 때 3가지 성조(聲調)를 고려해야 한다는 점은 그 중에서도 특히 중요한 문제였다. 범어로 된 불경을 전독할 때는 우다타(Udatta), 스바리타(Svarita), 아누다타(Anudatta) 등 3가지 성조를 고려해야 하였다. 이는 한문으로 번역한 불경이라고 해서 무시할 수 있는 것이 아니었다. 종교 경전의 특성상 염불과 찬송을 위한 음성 전달이 의미 전달 못지않게 중요하였기 때문이다. 그러나 기존에는 이런 성조에 특별히 유의하지 못하였다. 그래서 불경 전독에 필요한 성조 문제를 해결하기 위하여 한자음에 대한 보다 정밀한 연구를 진행하게 되었는데, 이것이 중국에서 성운학(聲韻學)에 대한 본격적인 연구를 촉발시킨 가장 중요한 계기였다.

성운학에 대한 최초의 연구 성과는 위(魏. 220~265) 이등(李登)의 『성류(聲類)』10권이었다. 그리고 이를 계승하여 진(晉. 265~420) 여정(呂靜)의 『운집(韻集)』5권, 손염(孫炎)의 『이아음의(爾雅音義)』, 송(宋. 421~479) 주옹(周顒)의 『사성절운(四聲切韻)』, 양(梁. 502~557) 심약(沈約)의 『사성운보(四聲韻譜)』와 『사성보(四聲譜)』 등이 편찬되었는데, 이것이 이른바 초기 육가운서(六家韻書)라고 하는 것이다. 그리고 이런 운서의 편찬을 통해 한자음을 성부(聲部)와 운부

고 정확하며 적용 또한 제한이 없을 정도로 넓었다.
18) 陶宗儀(元), 『說郛』卷28 下, 東齋記事, 「禮部韻」, "古者字未有反切 故訓釋者 但曰讀如某字而已 至魏孫炎始作反切 其實出於西域梵學也". 趙陰棠 또한 『韻源流』(金琮植, 「漢譯 佛典의 語音 硏究」, 제주대 석사논문, 2000, 재인용)에서 "在我自己 研究的結果 我們的祖先在未受梵文影響以前 當然有天然的自發的合音 要說把它 自覺的用作學術上的工具 無疑的是受梵文的影響"라고 한 바 있다.

(韻部)로 나누어 파악하는 반절법(半切法)이 보편화되었고, 입성(入聲) 이외의 소리를 평성 상성 거성 등 3성으로 다시 세분하여 전체 성조를 사성체계로 파악하기 시작하였으며19), 이때부터 반절법과 사성설이 한자의 음가(音價)와 성조(聲調)를 설명하는 핵심 이론으로 자리 잡았다. 중국문학사에서 사성이란 말이 처음 등장한 것도 바로 이런 운서의 편찬과 궤를 같이한다.

사성의 이론이 정립되면서 이를 문학작품, 특히 시에 활용하려는 경향이 동시에 나타났다. 한시가 한자를 활용한 시였던 만큼 한자의 이런 음성적 특징을 작품에 반영하려고 한 것은 지극히 자연스러운 일이었다. 그러나 그 이면을 들여다보면 실제 이와 다른 차원의 두 가지 이유가 동시에 작용한 결과이기도 하였다. 하나는 한(漢)나라 이후 시와 음악이 분리되면서 야기된 음악적 가락미의 결핍 현상을 성조를 통해 일정하게 보완하고자 한 것이고, 다른 하나는 문학의

---

19) 四聲의 성립이 佛經 轉讀에 필요한 3聲의 구분에서 유래하였다는 학설은 陳寅恪이 「四聲三問」(金明館叢稿初編, 『陳寅恪先生文集』, 里仁書局, 1981)에서 본격적으로 주장하였으며, 이후 중국 학계의 통설로 수용되었다. 본고는 특히 「四聲三問」 初問으로 제시된 "初問曰 中國何以成立一四聲之說 … 答曰 所以適定爲四聲 而不爲其他數之聲者 以除去本易分別 自爲一類之入聲 復分別其餘之聲 爲平上去三聲 綜合通計之 適爲四聲也 但其所以分別其餘之聲爲三者 實依據及模擬中國當日轉讀佛經之三聲 而中國當日轉讀佛經之三聲 又出於印度古時聲明論之三聲 據天竺圍陀之聲明論 其所謂聲Svara者 適與中國四聲之所謂聲者相類似 … 圍陀聲明論 依其聲之高低 分別爲三 一曰Udatta 二曰Svarita 三曰Anudatta 佛教輸入中國 其教徒轉讀經典時 此三聲之分別 當亦隨之輸入 至當日佛教徒轉讀其經典所分別之三聲 是否卽與中國之平上去三聲切合 今日固難詳知 然二者俱依聲之高下分爲三階則相同無疑也 中國語之入聲 皆附有k,p,t等補音之綴尾 可視爲一特殊種類 而最易與其他之聲分別 平上去則其聲響高低 相互距離之間 雖有分別 但應分別之爲若干數之聲 殊不易定 故中國文士 依據及模擬當日轉讀佛經之聲 分別定爲平上去之三聲 合入聲共計之 適成四聲"을 참고하였다.

독립성에 대한 인식이 확산되면서 문학다운 표현 방식과 형식미의 구현에 성조를 적극 활용하려고 한 것이었다.

이와 같은 활동의 중심에 있었던 사람은 심약(沈約. 441~513), 사조(謝朓. 464~499), 왕융(王融. 467~493), 주옹(周顒. 宋~齊연간) 등이었는데[20], 이들 중에서도 심약의 활동이 가장 두드러졌다. 심약은 『사성보(四聲譜)』를 편찬하여 사성설의 확립에 결정적으로 기여하였을 뿐만 아니라, 이를 문학적으로 활용하는 방법에 대해서도 여러 방안을 제시하였다. "서로 다른 색깔을 결합시킨[五色相宣] 그림이나 서로 다른 곡조를 조화시킨[八音協暢] 음악처럼, 시도 마땅히 서로 다른 성조의 한자를 조화롭게 사용해야 한다."고 하면서, 한 구(句) 내에서는 성조가 변화하고 두 구 사이에는 성조가 상반되게 하는 실천적 방법을 제안하였던 것이다.[21] 그리고 시에서 성조를 활용할 때 반드시 피해야 할 8가지 결점, 즉 사성팔병설(四聲八病說)을 주창하였는데, 그가 주창한 사성팔병설은 근체시의 평측과 압운에 관련된 주요 규칙을 사실상 대부분 포괄하고 있었다.

  ① 평두(平頭) : 제1~2자와 제6~7자(대구 제1~2자)의 성조가 같은 것
  ② 상미(上尾) : 제5자와 제10자(대구 제5자)의 성조가 같은 것
  ③ 봉요(蜂腰) : 각 구 제2자와 제5자의 성조가 같은 것
   * 혹 전체 탁음(濁音) 구에 중간 1자만 청음(淸音)인 것

---

20) 『南史』,「陸厥傳」, "永明末 盛爲文章 吳興沈約 陳郡謝朓 瑯琊王融 以氣類相推轂 汝南周顒 善識聲律 約等文皆用宮商 將平上去入爲四聲 以此制韻 有平頭 上尾 蜂腰 鶴膝 五字之中 音韻悉異 兩句之內 角徵不同 不可增感 世號永明體".

21) 『宋書』卷67, 列傳27, 謝靈運,「史臣曰」, "夫五色相宣 八音協暢 由乎玄黃律呂 各適物宜 欲使宮羽相變 低昂互節 若前有浮聲 則後須切響 一簡之內 音韻盡殊 兩句之中 輕重悉異 妙達此旨 始可言文".

④ 학슬(鶴膝) : 제5자와 제15자(다음 연 출구 제5자)의 성조가 같은 것
   * 혹 전체 청음(淸音) 구에 중간 1자만 탁음(濁音)인 것
⑤ 대운(大韻) : 한 연 내에 압운 자와 동운(同韻) 글자를 사용한 것
   * 혹 1구 중 제2자와 제5자가 동운(同韻)인 것
   * 혹 1연 중 출구 제1자와 대구 제5자가 동운(同韻)인 것
⑥ 소운(小韻) : 한 연 내에 같은 운목 글자를 중복 사용한 것(압운 제외)
   * 혹 1구 중 제1 제3자가 동운(同韻)인 것
   * 혹 1연 중 출구 제4자와 대구 제1자가 동운(同韻)인 것
⑦ 정뉴(正紐) : 한 연 내에 운부가 같은 글자를 중복 사용한 것
   * 혹 1연 중 성부가 같은 글자를 중복 사용한 것
   * 혹 1연 중 성운(聲韻)이 같은 글자를 중복 사용한 것
⑧ 방뉴(旁紐) : 한 연 내에 성부가 같은 글자를 중복 사용한 것
   * 혹 1연 중 운부가 같은 글자를 중복 사용한 것

심약이 제기한 사성팔병설의 내용을 간단히 정리해 본 것이다. 사성팔병설은 팔병의 표제만 남아있을 뿐, 그 내용에 대한 정확한 해설이 남아있지 않다. 그래서 후대에 여러 해석이 분분하였는데[22], 위는 그 가운데 학계에서 비교적 널리 인용하는 『시인옥설(詩人玉屑)』과[23] 기타 참고할만한 몇 가지 견해를 함께 제시해 본 것이다. 위에

---

[22] 四聲八病에 대한 풀이로 가장 오래된 것은 空海의 『文鏡秘府論』 西, 「文二十八種病」 중 제1~제8 조항, 魏慶之의 『詩人玉屑』 卷11 詩病의 「詩病有八 沈約」 조항 등이다. 이 외에 『文鏡秘府論』을 재편한 『文筆眼心錄』, 元兢의 『詩髓腦』, 仇兆鰲의 『杜詩詳注』 등에서 사성팔병에 대한 풀이를 찾아볼 수 있으며, 근대의 연구자인 중국 褚斌杰의 『中國古代文體槪論』, 張思緒의 『詩法槪述』, 한국 徐鏡普의 「近體詩形式考」, 車相轅의 「中國古典文學評論史」 등에도 관련 풀이가 다양하게 소개되어 있어서 참고할 수 있다.

[23] *표 부분을 제외한 풀이는 모두 魏慶之의 『詩人玉屑』 卷11 「詩病有八 沈約」에 기록된 다음 내용을 참고하였다. "一曰平頭 第一第二字不得與第六第七字同聲 如今日良宴會 謹樂莫具陳 今謹皆平聲 二曰上尾 第五字不得與第十字同聲 如靑靑河畔草 鬱鬱園中柳 草柳皆上聲 三曰蜂腰 第二字不得與第五字同聲 如聞君愛我

제시한 풀이에 따를 경우, 오언시 출구 제1~2자와 대구 제1~2자의 성조가 같으면 안 된다는 ①평두(平頭)는 근체시 평측법의 대(對)와 아주 흡사하다. 그리고 출구 제5자와 대구 제5자의 성조가 같으면 안 된다는 ②상미(上尾) 또한 짝수 구 끝 글자는 평성으로 압운을 하고 홀수 구 끝 글자는 상성 거성 입성을 고루 활용한다는 한평성운(限平聲韻)과 사성체용(四聲遞用)의 원칙과 기본적인 취지가 동일하다. 기타 탁음(濁音) 중간에 청음(淸音)이 1자 끼어있는 ③봉요(蜂腰)와 청음(淸音) 중간에 탁음(濁音)이 1자 끼어있는 ④학슬(鶴膝)은 근체시에서 특별히 기피하는 고평(孤平) 고측(孤仄)과 흡사하며, 나머지도 모두 한 연 내에 여러 성운을 다양하게 활용하고자 한 근체시 평측법과 관련이 있다.24)

이렇게 등장하기 시작한 창작 규칙은 당나라 이후 과거시험에서 시를 주요 시험과목의 하나로 채택하면서 더욱 보편화되었다. 과거시험에서 요구한 시는 이전부터 존재한 고시가 아니었다. 성운학에 대한 연구 성과를 바탕으로 새롭게 등장한 압운 평측 대우 등의 규칙을

甘 竊欲自修飾 君甘皆平聲 欲飾皆入聲 四曰鶴膝 第五字不得與第十五字同聲 如 客從遠方來 遺我一書札 上言長相思 下言久別離 來思皆平聲 五曰大韻 如聲鳴爲韻 上九字不得用驚傾平榮字 六曰小韻 除本一字外 九字中不得有兩字同韻 如遙條不同 七曰旁紐 八曰正紐 十字內兩字疊韻爲正紐 若不共一紐而有雙聲爲旁紐 如流久爲正紐 流柳爲旁紐".

24) 四聲八病說과 근체시 규칙 정립 사이의 관계는 四聲八病說에 대한 해석에 따라 다소 차이가 있다. 예컨대 簡明勇은 平頭가 出口와 對句 사이의 평측을 상반되게 하는 對의 이론적 근거, 上尾가 압운 부위가 아닌 홀수 구 句末에 仄聲을 사용해야 한다는 이론적 근거, 蜂腰가 二四不同의 이론적 근거, 鶴膝이 四聲遞用의 이론적 근거가 되었다고 하여 필자와 일부 다른 견해를 보인 것이 그런 예이다(『律詩硏究』, 第1篇 第2節, 「聲律之用忌與律詩之醞釀」, 8쪽). 그럼에도 불구하고 사성팔병설이 근체시 규칙 정립에 깊이 작용하였다는 사실 자체는 아무도 부정한 사람이 없다.

엄격하게 적용한 12행 배율[試律詩]이었으며, 규칙의 준수 여부를 답안 평가의 중요한 기준으로 삼았다. 그것이 당시 문단의 추이에 적극적으로 부응하면서 동시에 평가자의 입장에서 응시자가 이의를 제기하기 어려운 객관적 평가기준을 확보하는 방법이 될 수 있기 때문이었다.25) 그래서 과거시험이 지식인 집단에 가진 심대한 영향력과 정비례하여 새로운 창작 규칙 또한 널리 확산되었던 것이다.

근체시는 바로 이와 같은 몇 가지 배경을 바탕으로 성립될 수 있었다. 문학의 독립성에 대한 인식과 문학다운 표현 방식에 대한 탐색, 변려체의 유행과 대우법의 일반화, 사성설의 성립과 그 문학적 활용 등이 바로 그것이다. 따라서 근체시는 기존의 고시 형식에 이 같은 문단의 신경향을 포괄적으로 반영할 수 있는 구체적인 장치를 마련함으로써 등장한 대안적인 양식이었다고 할 수 있으며, 수많은 문인학자들이 오랜 세월에 걸쳐 축적해 온 각종 창작 경험과 토론의 결과물이었다고 할 것이다.

2. 절구의 개념과 양식적 특징

절구(絶句)는 근체시를 대표하는 양식으로 널리 알려져 있다. 한

---

25) 王兆鵬, 『唐代科擧考試詩賦用韻硏究』(齊魯書社, 2004) 3쪽, "更重要的是詩賦的用韻有官韻可循 易于掌握評判標準 可以最大限度地保證評卷的客觀公正 從而比較客觀有效地選拔人才 故自中唐以後進士科迅速崛起 受到社會的廣泛關注 進而統合了其它科擧科目". 傅璇琮의 『唐代科擧與文學』(文史哲出版社, 臺北, 1994) 第七章 進士考試與及第, 182쪽에도 "唐代進士考試之所以將詩賦列於首位 一方面固然受到社會上重視詩歌的影響 另一方面 也因爲進士試的詩賦 都是律詩律賦 有格律聲韻可尋 對於考試官員來說 容易掌握一定的標準".

편이 4행으로 구성되어 있고, 한 행이 5언 혹은 7언으로 정돈되어 있으며, 짝수 행 끝에 압운을 한 작품을 보통 절구라고 하였다. 이는 한시에 조금이라도 관심을 가져본 사람이면 누구나 잘 아는 상식이다. 그래서 더 설명이 필요하지 않을 듯한데, 문제가 그렇게 간단하지 않다. 절구가 근체시의 일종임이 분명하지만 근체시 성립 이전부터 이미 절구란 용어와 작품이 있었고, 왜 하필 끊을 절(絶) 자를 사용하여 절구라고 하였는지에 대해서도 논란이 분분하다. 형식적으로 5언과 7언이 일반적이지만 그 범위를 벗어난 작품도 있고, 율시와 변별되는 어떤 특징이 있는지도 분명하게 검증된 바 없다. 여기서는 이런 점을 고려하여 절구의 개념과 기본형식 및 양식적 특징을 간략하게 살펴보고자 한다.

1) 절구의 개념

절구란 용어는 중국 남조(南朝)의 역사를 기록한 『남사(南史)』란 책에서 처음으로 확인할 수 있다. 「간문제본기(簡文帝本紀)」에 "어떤 사람이 간문제가 지은 절구(絶句) 5편을 읊었는데, 그 글이 모두 처량하였다."26)고 한 기록이 바로 그것이다. 그리고 같은 책 「효문제본기(孝文帝本紀)」에는 폐제(廢帝)가 "절구 4수를 지었다."27)고 하였으며, 바로 그 아래 부분에 그가 지은 5언 4행시 4수를 수록하였다. 이 외에도 「장표전(張彪傳)」에는 그가 "절구 1수를 지었다."28)고 하

---

26) 『南史』卷8,「簡文帝本紀」, "有隨(王)偉入者 誦其連珠三首詩四篇絶句五篇 文并悽愴云".
27) 『南史』卷8,「孝文帝本紀」, "魏廢帝 在幽逼 求酒飮之 製詩四絶".
28) 『南史』卷64,「張彪」, "爲詩一絶曰 田橫感義士 韓王報主臣 若爲留義氣 持寄禹川人".

면서 역시 5언 4행시 1수를 수록하였고, 「단초전(檀超傳)」에도 연구(連句)와 함께 절구(絶句)를 언급하였다.29) 특히 양(梁)나라 서릉(徐陵. 507~583)은 『옥대신영(玉台新詠)』에 작자미상의 「고절구(古絶句)」 4수와 오균(吳均. 469~520)의 「잡절구(雜絶句)」 4수를 수록하였고,30) 유신(庾信. 513~581)은 「화축법사삼절(和侃法師三絶)」이란 절구 3수를 지은 바 있는데31), 이것은 당시 문인이 직접 절구를 짓고 언급한 예로 특별히 주목할 가치가 있다.

당시에는 절구를 '단구(斷句)' '단구(短句)' '절구(截句)' 등으로 일컫기도 하였다.32) 『남사(南史)』 「진희왕창전(晉熙王昶傳)」에 "유창(劉昶)이 위(魏)나라로 달아나는 도중 비분강개한 마음으로 단구(斷句)를 지었다."33)고 한 것이나, 『남제서(南齊書)』 「무릉소왕엽전(武陵昭王曄傳)」에 "여러 왕들과 어울려 단구(短句)를 지었다."34) 고 한 것 등이 바로 그런 예이다. 절구를 '단구(斷句)' '단구(短句)' '절구(截句)' 등으로 별칭 한 것은 '끊을 단(斷)', '끊을 절(截)', '짧을 단(短)' 같은 글자의 의미 혹은 발음이 절구의 '절(絶)'자와 상통하였기 때문이다. 『설문해자(說文解字)』에 "절(絶)은 실을 끊음[斷]이다."35), "단

---

29) 『南史』 卷72, 「檀超」, "又有吳邁遠者 好爲篇章 宋明帝聞而召之 及見曰 此人連絶之外 無所復有".
30) 徐陵, 『玉臺新詠』 卷10, 「古絶句四首」와 「吳均雜絶句四首」 참고.
31) 庾信의 「和侃法師三絶」은 오언절구 3수 연작시인데, 그의 문집인 『庾子山集』(四庫全書 集部 別集類) 卷4에 수록되어 있다.
32) 胡震亨(明), 『唐音癸籤』 卷1, 體凡, "一曰五言絶句 一曰七言絶句" 부분 주석, "絶句 卽六朝人所名斷句也 五言絶 始漢人小詩 而盛于齊梁 七言絶 起自齊梁間 至唐初四傑後 始成調".
33) 『南史』 卷14, 「晉熙王昶」, "在道慷慨爲斷句曰 白雲滿鄩來 黃塵半天起 關山四面絶 故鄕幾千里".
34) 『南齊書』 卷35, 「武陵昭王曄」, "與諸王 共作短句".

(斷)은 절(截)이다 … 고문(古文)에는 절(絶)이다."36) 라고 한 것이나, 『광운(廣韻)』을 비롯한 각종 운서에 단(斷)과 단(短)의 음을 모두 도(都)와 관(管)의 반절[都管切], 곧 '돤(duan)으로 풀이한 것을 통해서 이런 사정을 미루어 짐작할 수 있다. 그리고 이들 용어의 핵심적 의미는 모두 글자 그대로 "끊어진 시구" 혹은 "끊어진 짧은 시구"라는 데 초점이 있었다.

그렇다면 절구의 절(絶)자는 무엇을 끊었다는 말인가? 여기에 대해서는 학계의 의견이 분분하다. 노래에 1절 2절 3절 등이 있는 것처럼 여러 절(節:解)로 구성된 악부시(樂府詩)의 한 절을 끊었다는 의미라고도 하고37), 장편고시에서 후세에 전할 가치가 있는 4구만 절취(絶取)하고 나머지 번잡한 부분은 모두 삭제하던[刊落繁辭] 관습에서 유래한 의미라고도 하였다.38) 그리고 도연명의 「사시(四時)」처럼 한 구가 제각각 하나의 독립된 의미로 끊어진 독특한 표현 형태를 가리

---

35) 段玉裁, 『說文解字注』(漢京文化事業有限公司, 臺北, 1983), 13篇上, 645쪽, "絶斷絲也".
36) 段玉裁, 『說文解字注』(漢京文化事業有限公司, 臺北, 1983), 14篇上, 717쪽, "斷截也 … 古文絶也".
37) 孫楷第, 『學原』第1卷4期(王力, 『漢語詩律學上 49쪽 재인용) 「絶句詩怎樣起來的」, "絶句最初只是樂府的一解 一篇樂府有若干解 現在只取一解 所以謂之絶句".
38) 李瀷, 『星湖僿說』, 詩文門 卷28, 「絶句」, "余謂絶句之名 起於後來 唐人詩有以絶句爲題者 則自唐時已有之矣 意者 古詩長篇 未必皆佳 故就其可誦者 絶其四句 表以出之 謂之絶句 今唐類函中 率多不錄全篇 取其可傳者而傳之 可以爲證 又如畾夷中田家詩 陳新安眞寶 取鋤禾日當午以下四句 而上本有父耕原上田 子屬山下荒 六月禾未秀 官家已修倉四句 宋之問寒食詩 今世只取不見洛橋人以上四句 而下本有北極懷明主 南溟作逐臣 故園腸斷處 日夜柳條新四句 皆其例也 旣有此目 雖非絶取 而仍爲四句律之名 蓋刊落繁辭之謂也". 이익이 명나라 楊愼의 견해를 비판하고 그 대안으로 제시한 것으로, 국내에서 제기된 절구에 대한 드문 학설 중 하나라는 점에 주목할 가치가 있다.

키는 말이라고도 하고39), 4행 1수로 짧게 끊어진 형태이지만 '구절은 끊어져도 뜻은 끊어지지 않는다.'는 의미라고도 하며40), 아예 시에서 1행 1단위를 구(句)라 하고 2행 1단위를 연(聯)이라 한 것처럼 4행 1단위를 가리키는 고유명사라고도 하였다. 그러나 현재 학계에 가장 널리 인정하고 있는 견해는 연구시(聯句詩)의 일부를 끊었다고 하는 주장이다. 연구시(聯句詩)란 두 사람 이상이 돌아가며 시를 지어 공동으로 한 편을 완성하는 것인데, 절구란 바로 1인 4행씩 짓던 연구시에서 한 사람 분을 끊어버린 형태라는 것이다.

> "원래 여러 사람이 같이 한 편의 시를 짓는데, 한 사람이 먼저 4구를 짓고 다른 사람이 이어 지으면 시가 연결되어 마침내 한 장(章)이 완성되니, 이를 곧 연구(聯句) 혹은 연구(連句)라고 하였다. 만약 한 사람이 4구를 짓고 나서 이어서 지을 사람이 없으면 겨우 4구만으로 끊어지게 되는데, 그래서 절구(絶句) 혹은 단구(斷句)라고 하였다"41)

중국학자 섭세미(聶世美)가 「절구란 무엇인가[何謂絶句]」라는 글에서 언급한 것인데, 절구란 여러 사람이 함께 창작하는 연구시(聯

---

39) 張端義(宋), 『貴耳集』卷上, "春水滿四澤 夏雲多奇峰 秋月揚明輝 冬嶺秀孤松 淵明詩 絶句之祖 一句一絶也 作詩有句法 意連句圓 有云打起黃鶯兒 莫教枝上啼 幾回驚妾夢 不得到遼西 一句一接 未嘗間斷 作詩當參此意 便有神聖工巧". 명나라 楊愼 또한 이 견해를 계승하여 『升庵集』卷57 「絶句」에서 "絶句者 一句一絶 起於四時詠 春水滿四澤 夏雲多奇峯 秋月揚明輝 冬嶺秀孤松是也"라고 하였다.
40) 宋公傳(明), 『元詩體要』卷13, 「七言絶句」, "絶句者 截句也 句絶而意不絶 蹙煩就簡 最爲難工". 이와 유사한 견해는 胡震亨(明)의 『唐音癸籤』卷3 「法微二」, 吳景旭의 『歷代詩話』卷67 「絶句」 등에서 거듭 제시된 바 있다.
41) 聶世美, 「何謂絶句, 它是怎樣産生發展的?」(『古典文學三百題』, 詩部28), "原來, 諸人同作一詩, 一人先作四句, 他人續作, 則詩篇蟬聯而下, 終成一章, 卽稱聯句或連句. 若一人作了四句, 無人相續繼響, 這僅有的四句詩便成絶響 就被稱爲絶句或斷句了".

句詩)와 상대되는 개념으로, 연구시의 연속성을 단절시킨 양식이라는데 핵심적 의미가 있다고 하였다. 연구시는 한 무제(武帝) 때 여러 사람이 1인 1구식 지어 붙인 「백량대시(柏梁臺詩)」에서 출발하여, 후대에는 1인 2구씩 짓는 풍조가 크게 확산되었고, 위진남북조시대에는 다시 한 사람이 4구씩 이어가는 방식이 널리 유행하였다. 그러므로 위진남북조시대 때 연구시의 연작성이 단절되어 4행의 절구가 성립되었다는 학설은 대단히 설득력이 있다.

하나 더 주목할 만한 견해는 율시의 반을 잘랐다고 하는 것이다. 이런 견해는 송나라 이후 원나라 부여려(傅汝礪)의 『시법원류(詩法源流)』, 명나라 오눌(吳訥)의 『문장변체(文章辨體)』, 서사증(徐思曾)의 『문체명변(文體明辯)』 등을 통해 꾸준히 제기되어 왔다. 그러나 학계에서는 이를 대체로 부정하고 있다. 절구란 말은 율시가 세상에 등장하기 이전부터 이미 널리 사용하였음이 분명하며, 아직 존재하지도 않는 율시의 반을 자른다는 것이 상식적으로 있을 수 없다고 보기 때문이다. 그래서 청나라 동문환(董文煥)은 『성조사보(聲調四譜)』에서 "절구가 율시의 반을 자른 것이 아니라 율시가 오히려 절구를 배로 확대시킨 것"42)이라고 하였으며, 이런 견해는 "후대 사람들이 당나라 이후 성립된 근체절구와 율시를 상호 비교하여 귀납적으로 추출한 결과일 뿐, 절구의 명칭 성립과 아무 상관없는 오류"라고 단정적으로 말하기도 하였다.

이런 사정을 종합해 볼 때 절구란 근체시 성립 이전에 이미 고절구(古絶句) 형태로 존재하였고, 연구시의 연속성을 단절시킨 것이란

---

42) 聶世美, 위의 글에서 재인용, "董文煥聲調四譜 更從聲律原理 論述了絶句本於律詩之前, 非但不是截律詩之半 相反 律詩實由絶句倍翻而成".

의미에서 '절구(絶句)' '단구(斷句)' '단구(短句)' '절구(截句)' 등으로 일컬었으며, 당나라 이후 여기에 율시에 적용하는 압운 평측 등 여러 형식적 장치를 부가함으로써 마침내 근체절구(近體絶句), 즉 율절(律絶)의 개념으로 재정립되었다고 정리할 수 있겠다.

2) 절구의 기본 형식

절구는 1수가 4행으로 구성된 시 양식이란 점에 우선 가장 중요한 특징이 있다. 이 점은 고절구(古絶句)나 근체절구(近體絶句)를 막론하고 동일하며, 중국이나 한국 일본 등 한자문화권 전체에 똑 같이 적용된 기본적인 형식 요건이다. 각 행의 명칭은 율시와 달리 제1행을 기구(起句), 제2행을 승구(承句), 제3행을 전구(轉句), 제4행을 결구(結句)라고 하였으며, 기구는 수구(首句), 결구는 낙구(落句) 혹은 합구(合句)라고도 하였다.[43] 그리고 4행을 크게 2단위로 구분하여 앞부분 기구와 승구를 합하여 기련(起聯), 뒷부분 전구와 결구를 합하여 후련(後聯)이라 하였는데, 이런 사항이 절구의 교과서처럼 널리 읽혀진 『정선당송천가연주시격(精選唐宋千家聯珠詩格)』에 잘 나타나 있다.[44]

---

43) 絶句 각 행을 起·承·轉·結로 구분한 것이 언제부터였는지는 분명하지 않다. 그러나 당송시대 이래 이렇게 구분해 왔음을 여러 詩話書를 통해 확인할 수 있는데, 元나라 말기 傅與礪가 詩法正論(吳景旭 歷代詩話 卷67 壬後集上之下, 元詩 조항 수록)에서 "或問作詩下手處 先生曰 作詩成法 有起承轉合四字 以絶句言之 第一句是起 第二句是承 第三句是轉 第四句是合"이라 한 것이 대표적이다.

44) 于黙과 蔡正孫이 편집한『唐宋千家聯珠詩格』(20권) 卷1~2에 절구를 앞 2행 起聯과 뒤 2행 後聯으로 구분하여 起聯平仄對 起聯協韻對 起聯疊字對 後聯對句 後聯用人事對 後聯散用人事 등 여러 표현 격식을 설명한 것을 확인할 수 있다.

한 행의 글자 수는 5자로 구성된 오언절구와 7자로 구성된 칠언절구가 압도적이다. 그러나 6자로 구성된 육언절구도 적지 않게 존재하였는데, 중국의 경우는 말할 필요도 없고, 우리나라에서도 장유(張維) 신위(申緯) 등 많은 문인들이 육언절구를 즐겨 창작한 사실을 확인할 수 있다. 각 행의 글자는 대략 2자 1단위로 구분하였다. 그래서 오언절구의 경우 제1~2자는 신체의 머리 부분과 같다고 하여 두절(頭節), 제3~4자는 배처럼 중간 부분에 해당한다고 하여 복절(腹節), 제5자는 맨 아래 다리 부분과 같다고 하여 각절(脚節)이라 하였으며, 칠언절구는 오언절구 앞부분에 2자를 더 추가한 형식으로 보아 제1~2자를 머리꼭대기란 의미의 정절(頂節)이라 하고, 나머지 제3~4자, 제5~6자, 제7자는 오언시와 마찬가지로 각각 두절(頭節) 복절(腹節) 각절(脚節)이라고 하였다.45) 그리고 각 행의 글자 역시 위와 아래 두 부분으로 구분하여 오언절구 제1~2자와 칠언절구 제1~4자를 상체(上體), 오언절구 제3~5자와 칠언절구 제5~7자를 하체(下體)라고 하였다.46)

---

45) 옛 문헌에서는 頂節 頭節 腹節 脚節이란 용례를 찾아보기 어렵다. 이는 王力이 平仄 설명을 위해 편의상 설정한 것으로 보이는데, 『漢語詩律學上』(山東 敎育出版社, 1989) 90쪽 "爲敍述的方便起見, 我們將把最后一个節奏稱爲脚節, 脚節之上爲腹節, 腹節之上爲頭節, 頭節之上爲頂節. 五言的詩句只有三節, 沒有頂節, 這些稱呼是與上文所說 '七律的句子爲五律的句子的延長'的理論相配合的. 但所謂加長, 只是頭上加頂, 不是脚下加靴"에서 이를 확인할 수 있다. 중국 학계에서는 왕력의 견해를 널리 수용하였다. 우리나라에서는 池淡模가 『漢詩作法』(필사본, 1991)에서 중국과 달리 오언시의 경우 제1~2자를 頭部 上字와 下字, 제3~5자를 脚部 上字 中字 下字로 구분하고, 칠언시의 경우 제1~2자를 頭部 上字와 下字, 제3~4자를 腰部 上字와 下字, 제5~7자를 脚部 上字 中字 下字로 구분한 예가 보이는데, 이렇게 구분한 근거가 무엇인지는 밝히지 않았다.
46) 池淡模, 『漢詩作法』(필사본, 1991) 4쪽 '一. 五言 絶과 律의 位置名稱', 5쪽 '二.

압운은 제2행과 제4행의 제일 끝 글자, 즉 승구(承句)와 결구(結句)의 각절(脚節) 부위에 구사하였다. 하필 이 부위에 압운을 한 것은 두 곳이 각각 앞부분 기련(起聯)과 뒷부분 후련(後聯)을 마무리하는 자리로, 개별 연 내의 리듬 변화를 일차적으로 완성하는 위치일 뿐만 아니라, 앞 연과 뒤 연을 연계하여 시 전체에 또 다른 가락을 창출하는 핵심 부위였기 때문이다. 압운 글자는 고시와 달리 평성(平聲) 글자 중 동일 계열[韻目] 글자를 일관성 있게 사용하였다. 평성 글자를 사용한 것은 소리의 성질이 측성보다 길고 평평하여 가창에 편리하기 때문이었고47), 동일 계열 글자를 사용한 것은 같은 소리를 규칙적으로 반복하여 리듬감을 조성하려는 의도였다.

칠언절구는 기구(起句) 끝에 압운하기도 하였다. 그래서 그렇지 않은 경우 보다 오히려 더 보편적인 정격(正格)으로 간주하였는데, 이는 매구마다 압운을 한 칠언고시의 전통을 계승한 흔적이라고 한다.48) 기구에 압운 할 때는 본 운과 소리 값이 가까운 인운(隣韻)49)

七言 絶과 律의 位置名稱' 참고. 이와 같은 구분이 어디에 근거한 것인지는 역시 밝히지 않았다. 그러나 李睟光의『芝峯類說』卷9, 文章部2,「詩」에 "七言詩 以上四 下三成句"라고 한 말을 참고해보면 한국의 경우 전통적으로 이렇게 구분해 왔을 가능성이 높다.

47) 江永,『音學辨微』, "平聲長空 如擊鍾鼓".
48) 王力,『漢語詩律學上』(山東敎育出版社, 臺北, 1983), 第一章 近體詩, 26쪽, "五言律詩首句, 和七言律詩首句恰恰相反. 前者以不入韻爲常, 後者以入韻爲常. 但是, 這兩種相反的情形都各有其背景. 五言詩自古是隔句爲韻的, 譬如古詩十九首的首句就都不入韻. 七言詩在古代却是句句爲韻的, 唐人普通的七言詩, 雖已演變爲隔句用韻, 但是首句仍沿着古代入韻的遺規".
49) 우리나라에서는 隣韻보다 旁韻이란 용어를 주로 사용하였다. 旁韻의 용례는 李奎報의『東國李相國集』前集 卷7 卷10과 後集 卷2를 비롯하여, 조선시대 李睟光의『芝峯類說』卷9, 張維의『谿谷漫筆』卷1「通用旁韻」, 申欽의『象村集』卷6 등에서 널리 확인할 수 있다. 李睟光,『芝峯類說』卷9에 "古人爲詩 首句或押旁韻 而篇中

을 통용할 수 있었다. 반드시 압운을 해야 하는 짝수 구, 즉 우구각운(偶句脚韻) 자리가 아니어서 다소 융통성을 부여한 것인데, 이처럼 이웃한 운으로 통용하는 것을 통운(通韻)이라 하였으며, 본래 운에서 다소 벗어난 압운이라 하여 고안출군격(孤雁出群格), 본래 운을 도와주는 운이라 하여 친운(襯韻)이라 일컫기도 하였다.50) 그러나 여타 부위에서는 결코 통운을 허용하지 않았으며, 혹 이를 어길 경우 출운(出韻) 혹은 낙운(落韻)이라 하여 정상적인 격식에 어긋나는 것으로 간주하였다.51)

절구의 평측(平仄)은 율시와 크게 다르지 않다. 첫째 행 두 번째 글자가 평성이면 평기식(平起式), 측성이면 측기식(仄起式)이라 하였고, 각 행 두 번째 글자와 네 번째 글자는 평측이 서로 달라야 한다는 이사부동(二四不同)의 원칙과 두 번째 글자와 여섯 번째 글자는 평측이 서로 같아야 한다는 이륙동(二六同)의 원칙을 준수하였다. 한 연 내에서는 두 행의 평측이 서로 상반되도록 대(對)를 하였고, 연과 연 사이, 즉 기련(起聯)의 승구(承句)와 후련(後聯)의 전구(轉句)는 평측이 같도록 염(簾:黏)을 하였는데, 이것이 이른바 전통적으로 가장 널리 활용해 온 '가새렴[交鎖簾]'이란 것이다.52)

則絶無散押者 我東詞人 雖絶句多用旁韻 余甚病之 王世貞以勿押旁韻爲戒 學者不可不察"이라 한 것이 그런 예이다.
50) 首句用韻에 대해서는 본서 제V장 제2절 제2항 '시운의 적용 부위' 참고.
51) 張維, 『谿谷漫筆』卷1, "近體以聲律爲主 最嚴於用韻 故通用旁韻 爲律家大禁 古人或間有通韻者 如東冬支微魚虞眞文庚靑等韻 猶可相通 以其音叶故也 若歌麻二韻 漢晉本自逈別 而東土音訛 最難辨別 故我東詩人 例多通押 雖以通儒如鄭圃隱 亦未免俗 殊可慨也 愚嘗謂我東篇什 犯此禁者 雖稱高唱 決不可入選".
52) 交鎖型이란 전통적으로 가새렴으로 일컬어오던 것을 徐鏡普가 한자어로 다시 명명한 것이다. 起聯 承句와 後聯 轉句의 평측을 같게 함으로써 두 연이 서로 맞물리

그러나 절구의 평측은 이 외에도 여러 가지 있었다. 기구부터 결구까지 평측이 계속 상반되게만 구성하는 '일체형(一體型)'은 가새렴 못지않게 널리 활용되어 정격(正格)으로 간주해 온 터이고,53) 기타 부분적으로 변용한 변격(變格)의 종류는 낱낱이 열거하기가 어려울 정도이다.

절구의 평측과 관련하여 하나 더 거론할 필요가 있는 것은 일삼오불론(一三五不論)과 이사륙분명(二四六分明)이다. 이것은 『절운지남(切韻指南)』 뒤에 기록된 평측 관련 격언(格言) 중 하나로54), 각 구 제1자 제3자 제5자는 평측을 따지지 않아도 되고, 제2자 제4자 제6자는 반드시 평측을 강구해야 한다는 뜻이다. 제2 제4 제6자는 정절(頂節) 두절(頭節) 복절(腹節)의 무게 중심이 놓인 절주(節奏) 부위이기 때문에 당연히 평측을 강구해야 마땅하다. 그러나 제1 제3 제5자의 평측을 따지지 않아도 된다는 것은 재고할 필요가 있다. 왜냐하면 이 부분의 평측을 따지지 않을 경우 근체시에서 기피하는 고평(孤平) 고측(孤仄) 하삼련(下三連) 등을 범할 수 있기 때문이다.

고평(孤平)이란 한 행 내에 운자를 제외한 평성 1자가 측성 사이에

는 형상이 되도록 하였다는 의미에 착안한 표현으로 판단된다. 徐鏡普, 「近體詩形式考」, (『靑丘大學論文集』 2輯, 1959) 103쪽 참고.
53) 徐鏡普는 對와 簾이 차례로 반복되는 交鎖型과 對만 있고 簾이 없는 一體型을 모두 正格이라고 하면서, 절구의 평측을 平起式交鎖型, 平起式一體型, 仄起式交鎖型 仄起式一體型 등 4종으로 구분해보이기도 하였다. 徐鏡普, 「近體詩形式考」, (『靑丘大學論文集』 2輯, 1959) 103쪽 참고.
54) 『漢語詩律學上』 98쪽에 "這兩句口訣不知是誰造出來的『切韻指南』後面載有這个口訣"이라 하여 이 口訣이 『切韻指南』 뒷면에 수록되어 있다고 하였다. 『切韻指南』은 元나라 劉鑒이 편찬한 『經史正音切韻指南』을 가리키는 것이 분명한 듯한데, 사고전서 본 『切韻指南』에는 이런 口訣이 수록되어 있지 않다. 왕력이 착각을 한 것인지, 아니면 다른 판본이 있었는지는 알 수 없다.

끼어 있는 형태이고, 고측(孤仄)이란 한 행 내에 측성 1자가 평성 사이에 끼어 있는 형태이며55), 하삼련(下三連)은 각 행 끝부분 3자가 모두 평성 혹은 측성만으로 연결된 형태를 말한다. 예컨대 오언시 ○○●●○의 제1자나 칠언시 ●●○○●●○의 제3자 ○을 ●으로 고치면 '●○●●○', '●●●○●●○'같은 형태가 되어 제일 끝 운자 부위를 제외한 평성 1자가 측성 사이에 끼어 있는 고평이 되고, ●●●○○의 제3자나 ○○●●●○○의 제5자 ●을 ○으로 고치면 '●●○○○', '○○●●○○○'같은 형태가 되어 끝부분 3자가 모두 평성인 하삼련이 되는 경우와 같은 것이다. 따라서 일삼오불론(一三五不論)은 고평 고측 하삼련 등 근체시의 금기를 범하지 않는 범위 내에서 제한적으로 적용할 수 있는 말이라 하겠는데, 이 때문에 일삼오불론이 근체시 평측을 설명하는데 전혀 도움이 되지 않고, 따라서 격언이 될 수가 없다는 호된 비판을 받기도 하였다.56) 이런 사항을 고려하여

---

55) 孤平 孤仄의 의미에 대해서는 해석이 다양한데, 여기서는 王力의 견해를 따랐다. 王力,『漢語詩律學上』101쪽, "孤平 … 韻脚的平聲字是固定的, 除此之外, 句中就單剩一个平聲字了". 褚斌杰를 비롯한 근현대 중국학자들은 대부분 王力의 견해를 따르고 있는 듯하다. 그러나 啓功은 이와 달리『詩文聲律論稿』(中華書局, 1990)「律句中各節的寬嚴」에서 韻脚을 포함한 전체 한 구에서 仄聲 사이에 平聲이 한 자 끼어 있으면 孤平, 平聲 사이에 仄聲이 한자 끼어 있으면 孤仄이며, 다만 頂節 頭節 腹節 등 부위에 따라 허용 여부가 다르다고 하였다. 우리나라에서는 전통적으로 啓功과 같이 이해하였으며, 특히 오언절구 제1구 제2자와 칠언절구나 율시 운행(韻行:압운이 있는 행) 제4자가 고평 혹은 고측이 되면 안 된다는 점을 강조하였다. 기타 孤平과 孤仄의 대상이 제1, 제3, 제5자가 아닌, 제2, 제4, 제6자, 즉 절주부위 글자에만 해당한다고도 하고, 칠언시 중간 글자인 제4자(무릎자)만 평성인 '●●●○●●●' 같은 형태를 蜂腰, 제4자만 측성인 '○○○●○○○' 같은 형태를 鶴膝이라 별칭하기도 하였다. 韶園 李壽洛 선생께 견문한 사항이다.

56) 簡明勇,『律詩研究』第2篇 第2節 四種基本平仄式之分析, "淸王夫之薑齋詩話云 一三五不論 二四六分明之說 不可恃爲典要 何世璂述王漁洋口授然鐙記聞亦云 律

근체절구의 기본 형식을 정리해보면 대략 다음과 같다.

〈근체절구의 구성과 평측 격식〉

		五言平起式		五言仄起式		七言平起式			七言仄起式			
		上體	下體	上體	下體	上體		下體	上體		下體	
		頭 腹 脚	頭 腹 脚	頭 腹 脚	頭 腹 脚	頂 頭 腹 脚		頂 頭 腹 脚	頂 頭 腹 脚		頂 頭 腹 脚	
起聯	起	△○ ○● ●	△○ ○○ ●	△○ △● ○	△● ●○ ◎	△● ○○ ●● ◎						
	承	△● ●○ ◎	○○ ●● ◎	△● ○○ ●	○○ ●● ◎	△○ △● ○○ ●						
後聯	轉	△○ ○○ ●	△● ●● ○	△○ △○ ●	△● ○○ ●	△○ △● ○○ ●						
	結	○○ ●● ◎	△● ●○ ◎	△○ ○○ ●	△● ●○ ◎	△○ ●● ◎						

○(평성) ●(측성) △(평측불론) ◎(운자)

3) 절구의 양식적 특징

절구는 음악 특히 노래와 관련이 깊은 양식이란 점에 우선 중요한 특징이 있다. 명나라 왕세정(王世貞. 1526~1590)은 "당나라는 절구를 악부로 삼았다."57)고 하였고, 호진형(胡震亨. 萬曆연간)은 "당나라 사람은 절구로 악곡(樂曲)을 많이 만들었다."58)고 하였다. 청나라 왕사정(王士禎. 1634~1711) 또한 절구가 "당나라의 악부"59)라고 하였으며, 왕사정과 시종 상반되는 시론을 견지했던 심덕잠(沈德潛. 1673~1769)도 절구에 대해서만은 왕사정과 견해를 같이하여 "당나

句只要辨一三五 俗云一三五不論 怪誕之說 決其終身必無通理".
57) 王世貞(明), 『弇州四部稿』卷152, 「藝苑巵言」附錄1, "三百篇亡 而後有騷賦 騷賦難入樂 而後有古樂府 古樂府不入俗 而後以唐絶句爲樂府 絶句少宛轉 而後有詞 詞不快北耳 而後有北曲 北曲不諧南耳 而後有南曲".
58) 胡震亨(明), 『唐音癸籤』卷1, 體凡, "一曰五言絶句 一曰七言絶句" 부분 주석, "唐人多以絶句爲樂曲".
59) 王士禎(明), 『唐人萬首絶句選』(四庫全書 集部 總集類) 序文, "漁洋山人 撰宋洪氏唐人萬首絶句 旣成 或問曰 先生撰唐人絶句 意何居 應之曰 吾以庀唐樂府也 曰 絶句也而謂之樂府 何也 … ".

라 때의 악부(樂府)"60)라고 하였다. 그리고 이들 보다 조금 늦은 시기의 이중화(李重華. 雍正연간)는 절구가 "당나라 사람의 악장(樂章)"61)이라 하였으며, 유대근(劉大勤)도 "오언절구는 악부(樂府)에 가깝고 칠언절구는 가행(歌行)에 가깝다."62)고 하였다. 우리나라의 이수광 또한 왕세정의 말을 인용한 다음 당나라에서는 절구가 곧 악부였다는 견해에 동의한 바 있다.63)

이렇게 많은 사람들이 거듭 절구와 음악의 상관성을 강조한 것은 위진시대 이후 시와 음악이 분리되면서 문인들이 주로 절구 형식으로 노래가사를 창작한 전통과 관련이 깊다. 왕유(王維)가 칠언절구로「양관삼첩(陽關三疊)」을 지은 것이나, 이백(李白) 유우석(劉禹錫) 백거이(白居易) 같은 유명 문인들이「청평조(清平調)」「죽지사(竹枝詞)」「양류지(楊柳枝)」같은 애창곡을 모두 절구 형식으로 창작한 것이 바로 그런 예이다. 그래서 왕사정(王士禎)은 "당 현종 이래 궁중 기방 등에서 노래한 것이 모두 유명 인사들의 절구였으니, 절구는 바로 당(唐) 3백년의 악부(樂府)"64)라고 분명하게 말하였으

---

60) 沈德潛(清),『說詩粹語』(『百種詩話類編』下 體製類三 各體詩), "絶句 唐樂府也 篇止四語 而倚聲爲歌 能使聽者低徊不倦 旗亭伎女 猶能賞之".
61) 李重華(清),『貞一齋詩說』(『百種詩話類編』下 體製類三 各體詩), "七絶乃唐人樂章 工者最多".
62) 劉大勤,『師友詩傳續錄』(『百種詩話類編』下 體製類三 各體詩), "五言絶 近於樂府 七言絶 近於歌行 要皆有一唱三嘆之意 乃佳".
63) 李睟光,『芝峯類說』卷14, 文章部 7,「歌詞」, "三百篇亡 而後有騷賦 騷賦難入樂 而後有古樂府 古樂府不入俗 而後以唐絶句爲樂府 絶句少宛轉 而後有詞云 蓋詞至宋而大盛 故明人無能及者".
64) 王士禎,「唐人萬首絶句選序」(『四庫全書』, 集部, 總集類), "開元天寶已來 宮掖所傳 梨園弟子所歌 旗亭所唱 邊將所進 率當時名士所爲絶句爾 … 由是言之 唐三百年以絶句擅場 卽唐三百年之樂府也".

며, 유대근(劉大勤)은 절구의 음악성을 작품 평가에 직접 연계시켜 "절구는 한 번 노래하고 세 번 탄식하는[一唱三嘆] 의미가 있어야 아름답다."65)고 하기까지 하였다.

다음으로 지적할 수 있는 것은 형식의 간결함과 유연성이다. 절구는 1수가 적게는 20자 많아도 28자를 넘지 않은 간결한 형식이다. 그래서 순간적 느낌과 감회를 그때마다 민첩하게 표현하는 데 아주 편리한 양식이라고 할 수 있겠는데, 중국학자들은 이와 같은 절구의 특징을 흔히 영활경편(靈活輕便:민첩함 가벼움 편리함)이라고 표현하였다. 그리고 절구는 율시에 비하여 형식적 제약이 다소 느슨하고 유연성이 있었다. 예컨대 대우(對偶)의 경우, 율시는 최소한 제3~4행 함련(頷聯)과 제5~6행 경련(頸聯)을 포함하여 반드시 그 이상의 부위에서 대우(對偶)를 해야 정격(正格)으로 간주하였다. 그러나 절구는 대우에 전혀 구애받지 않았으며, 대우를 하든 말든 모두 정격(正格)으로 인정하였다. 첩자(疊字)도 마찬가지다. 율시는 동일한 글자의 중복 사용을 극도로 기피하였고, 심지어 제목 글자를 다시 사용하는 것조차 꺼렸다. 그러나 절구는 가락과 리듬을 고려하여 동일한 글자의 중복 사용을 비교적 폭넓게 허용하였다. 그래서 형식이 간결하면서도 유연성이 있었는데, 이 때문에 지난날 가장 많은 사람들이 창작하고 암송한 것이 바로 절구였으며, 마침내 다른 양식과 비교할 수 없을 정도로 폭넓은 대중성을 획득하였다.

하나 더 지적할 필요가 있는 것은 표현의 함축성과 연작성이다. 절구는 형식적으로 짧고 간결했던 만큼 기발하고 함축적인 표현을

---

65) 劉大勤, 『師友詩傳續錄』(『百種詩話類編』下 體製類三 各體詩), "五言絶 近於樂府 七言絶 近於歌行 要皆有一唱三嘆之意 乃佳".

지향하였다. "절구의 작법(作法)은 율시와 전혀 다르다. 율시는 기세와 국면이 서서히 전개되어 엄정(嚴正)함을 우선하지만, 절구는 기세와 국면이 단조롭고 급하여 경발(警拔)함을 으뜸으로 여긴다."66), "말은 간단해도 의미는 심장하고 그러면서 소리가 급하지 않아야 좋은 시가 될 수 있다. 뜻이 말 가운데 다 드러나고 경치가 시구 속에 다 표현되면 좋은 시가 아니다."67)라는 등 절구가 지향해야 할 기발한 표현미와 함축성을 지적한 사례는 허다하다.

그리고 이런 방식으로 극복하기 어려운 문제, 즉 일련의 연속적이고 복합적인 상황이나 경치 감회 등을 대상으로 할 때는 대부분 연작 절구 형태를 지향하였다. 짧은 절구로 개별적 상황을 적절하게 묘사하여 연결시키는 것이 어중간한 규모의 율시나 길지만 단조로운 배율보다 오히려 작자가 의도한 대상 전체를 훨씬 효율적으로 그려낼 수 있기 때문이었다. 두보의 「희위육절(戱爲六絶)」「해민십이수(解悶十二首)」같은 수많은 작품을 비롯하여 우리나라에서 창작한 잡영(雜詠) 잡제(雜題) 십영(十詠) 등류의 각종 연작시가 대부분 절구 형식을 선호한 이유도 바로 여기에 있다.

마지막으로 절구는 제3행 전구(轉句)에 작품의 핵심적 관건이 달려 있다는 점이다. 절구에서 제1행 기구(起句)는 평탄하고 진술하게 시상을 일으키고[平直舒起], 제2행 승구(承句)는 조용하게 그 뜻을 계승하며[從容承之], 제3행 전구(轉句)는 완연히 돌려 변화시키고

---

66) 錢良擇, 『唐音審體』(『百種詩話類編』下 體製類三 各體詩), "其作法則與四韻律詩 逈別 四韻氣局舒展 以整嚴爲先 絶句 氣局單促 以警拔爲上".
67) 施補華, 『峴傭說詩』(『百種詩話類編』下 體製類三 各體詩), "五絶只二十字 最爲難工 必語短意長 而聲不促 方爲佳唱 若意盡言中 景盡句中 皆不善也".

[宛轉變化], 제4행 결구(結句)는 이를 접속하여 발현시키는[接續發現] 역할을 담당한다.68) 그런데 역대 문인들은 이 가운데 특히 전구의 변화를 중시하였으며, 이것이 작품 구성의 핵심일 뿐만 아니라 위와 아래 부분을 연계하는 관건이므로 특별히 유의해야 한다고 거듭 강조하였다. 서사증(徐師曾. 1517~1580)이 "절구시는 제3구를 위주로 하니, 반드시 작자의 속뜻을 담아 실재 사실로 적어야 한다. 그러면 전환에 힘이 있어서 중심적 뜻이 깊고 유장하게 된다."69)고 한 것이나, 『현용설시(峴傭說詩)』에서 "칠언절구를 지을 때 마땅히 애써야 할 곳은 제3구"라고 하면서 "제3구가 바로 전환의 방향키(轉柁)"70)라고 했던 것, 그리고 『시법상론(詩法詳論)』에서 "제3구는 위와 아래의 관건(關鍵)으로 가장 요긴한 부분이다. 이전 사람들이 절구 학습 방법을 가르칠 때 이 부분이 잘 된 작품을 익숙하게 읽도록 한 것은 확실히 절구에 입문하는 최고의 오묘한 비결이었다."71)고 한 것 등이 모두 그런 예라고 할 것이다.

이 외에도 절구의 양식적 특징과 관련하여 거론할 가치가 있는 사항이 여럿 있다. "오언절구는 정경(情景)을 중심으로 하고 칠언절구

---

68) 吳景旭, 『歷代詩話』 卷67, 「絶句」, "絶句之法 要婉曲回環 刪蕪就簡 句絶而意不絶 多以第三句爲主 而第四句發之 有實接者 有虛接者 承接之間 開與合相關 反與正相依 順與逆相應 一呼一吸 宮商自諧 大抵起承二句固難 然不過平直叙起爲佳 從容承之爲是 至如宛轉變化工夫 全在第三句 若於此轉變得好 則第四句如順流之舟矣".
69) 徐思曾, 『文體明辨』 卷16, 「絶句詩」, "大抵絶句詩 以第三句爲主 須以實事寓意 則轉換有力 旨趣深長".
70) 施補華, 『峴傭說詩』(『百種詩話類編』下 體製類三 各體詩), "七絶用意 宜在第三句 第四句只作推宕 或作指點 則神韻自出--故第三句是轉柁處 求之古人 雖不盡合 然法莫善於此也".
71) 石川英, 『詩法詳論』, (東京, 1893), 「絶句」, "第三句爲一詩上下關鍵 最著緊要 前人教人學作絶句 須熟讀此種詩者 亦確是入門第一妙訣".

는 의사(意事)를 중심으로 한다."72)고 한 오언과 칠언의 변별적 특징, "시구 간에 실접(實接)과 허접(虛接), 순접(順接)과 역접(逆接), 정접(正接)과 반접(反接)이 있다."73)고 한 시구 구성상의 특징, 기타 『정선당송천가연주시격(精選唐宋千家聯珠詩格)』에서 약 320여 종으로 상세하게 구분하여 제시한 각종 표현상의 특징 등이 그런 점들인데, 이런 사항에 대해서는 아직 학계에서 정확하게 검토한 바 없어서 추후 별도의 연구가 있어야 할 것이다.

3. 율시의 개념과 양식적 특징

율시(律詩)란 절구(絶句)와 함께 근체시를 대표하는 양식이다. 한 편이 8행으로 구성되어 있고, 전체가 두 행씩 짝을 이루어 4연(聯)으로 짜여 있으며, 짝수 행 끝에 압운을 하고, 중간 두 연 즉 함련(頷聯)과 경련(頸聯)에 대우(對偶)를 구사한 것을 보통 율시라고 하였다. 그러나 율시란 이렇게 간단하게 말할 수 있는 것이 아니다. 절구를 포함한 근체시 일반을 율시라 한 경우도 있고, 8행 4연의 틀을 벗어난 소율(小律)과 배율(排律)도 있는데, 이들의 상호 관계가 분명하지 않다. 그리고 율시에서 반드시 지켜야 할 형식적 기준이 무엇인지, 고시나 절구와 뚜렷이 변별되는 어떤 특징이 있는지, 이런 기본적인 사항에 대해서도 아직 본격적으로 검토한 적이 없다. 여기서는 이런

---

72) 謝榛, 『四溟詩話』(『百種詩話類編』下 體製類三 各體詩), "五言絶句主情景 七言絶句主意事".
73) 石川英, 『詩法詳論』, (東京, 1893), 「絶句」, "大抵以第三句爲主 而第四句發之 有實接 有虛接 承接之間 開與合相關 反與正相依 順與逆相應 一呼一吸 宮商自諧".

점을 감안하여 율시의 개념과 기본 형식 및 양식적 특징 등을 간단하게 검증해보고자 한다.

1) 율시의 개념

『신당서(新唐書)』「두보전(杜甫傳)」을 보면 당나라 초기에 "송지문(宋之問)과 심전기(沈佺期) 등이 성음(聲音)을 연구하여 부성(浮聲)과 절향(切響)이 서로 어긋나지 않도록 해놓고 이를 율시(律詩)라 일컬었다."74)고 하였다. 부성과 절향은 심약(沈約)이 사성(四聲)을 시에 활용하는 방법을 언급하면서 "앞에 부성(浮聲)이 있으면 뒤에 반드시 절향(切響)을 두어 한 구 내의 음운이 모두 다르고 양 구 중의 경중(輕重)이 전부 다르게 한다."75)고 한 데서 처음 언급한 것으로, 평성(平聲)과 측성(仄聲)을 소리의 성질에 따라 구분한 말에 다름 아니다. 따라서 심전기와 송지문이 말한 율시란 바로 부성과 절향이 잘 어우러진 시, 즉 평측이 조화로운 근체시를 지칭한 것이라고 할 수 있다.

이와 비슷한 용례는 『구당서(舊唐書)』에서도 확인할 수 있다. "심전기와 송지문 등이 시를 정교하게 가다듬어 소리의 형세를 온순(穩順)하게 해놓고 이를 일컬어 율시(律詩)라고 하였다."76)는 것이 바로

---

74) 『新唐書』 列傳126, 文藝上, 杜甫, "贊曰 唐興 詩人承陳隋風流 浮靡相矜 至宋之問 沈佺期等 研揣聲音 浮切不差 而號律詩".
75) 胡震亨(明), 『唐音癸籤』 卷1, 「體凡」, "約撰四聲譜 又以雙聲疊韻 分辨作詩八病 于謝靈運傳著論云 夫五色相宣 八音恊暢 由乎玄黃律呂 各適物宜 欲使宮羽相變 低昂舛節 若前有浮聲 則後須切響 一簡之內 音韻盡殊 兩句之中 輕重悉異 自靈均以來 多歷年代 雖文體稍精 此祕未覩 妙達斯旨 始可言文".
76) 『舊唐書』 列傳140, 文苑下, 杜甫, "唐興 官學大盛 歷世之文 能者互出 而又沈宋之

그것이다. 소리의 형세가 온순한 시, 즉 평측이 조화롭게 어우러진 근체시를 율시라 하였다는 것이다. 이 외에도 당나라 때 활동한 문인들의 문집을 보면 율시를 근체시와 동일시한 예가 허다하다. 백거이(白居易. 772~846)의 『백씨장경집(白氏長慶集)』이나 원진(元稹. 779~831)의 『원씨장경집(元氏長慶集)』 등에서 전체 시를 고시와 율시로 크게 구분한 뒤, 율시 속에 절구 배율 등을 아무런 구분 없이 함께 수록해 놓은 것이 바로 그런 예이다.77) 방회(方回. 1227~1305)는 이런 사실을 반영하여 자신이 지은 『영규율수(瀛奎律髓)』 서문에서 "율이란 무엇인가? 오·칠언의 근체시이다."78)라고 하여 율시가 바로 근체시의 별칭임을 분명히 밝히기도 하였다.

　이처럼 율시의 일차적 개념은 고시와 구분되는 근체시 일반을 지칭한 것이었다.79) 그러나 이런 넓은 의미에서의 율시 개념은 우리에게 그다지 익숙하지 않다. 우리에게 보다 익숙한 것은 근체시 가운데 특히 8행 4연 시를 제한적으로 지칭한 좁은 의미에서의 율시 개념이다. 그렇다면 이런 좁은 의미에서의 율시 개념은 어떻게 해서 등장하였을까? 여러 가지 이유가 있겠지만, 그 가운데 가장 중요한 것은

流 研練精切 穩順聲勢 謂之爲律詩".
77) 『白氏長慶集』은 권1~12에 古詩, 권13~37에 律詩를 수록하였는데, 율시 부분 내에서는 절구 율시 배율 등을 따로 구분하지 않았고, 『元氏長慶集』은 권1~9에 古詩, 권10~22에 律詩를 수록하였는데, 역시 율시 부분 내에서는 절구 율시 배율 등을 따로 구분하지 않았다.
78) 方回, 『瀛奎律髓』(四庫全書 集部 總集類), 「瀛奎律髓原序」, "律者何 五七言之近體也".
79) 律詩를 곧 近體詩와 同義語로 인식하는 견해는 李睟光의 『芝峯類說』 卷9 文章部 2에 "詩家有往體 有近體 往體卽古詩 近體卽律詩 又二韻近體 今絶句 四韻近體 今律詩也"라고 한 데서도 확인할 수 있다. 이를 보면 이런 인식이 후대에까지 국내외에 부단히 지속되었음을 알 수 있다.

8행 4연 율시가 다른 무엇보다 가장 대표적이고 전형적인 근체시 양식이었던 점, 그래서 근체시 하면 바로 8행 4연 율시를 먼저 연상하는 문단의 보편적인 인식과 관련된 것으로 보인다.

주지하다시피 절구는 근체시 성립 이전부터 이미 고체절구의 형태로 존재해 왔다. 그래서 명칭과 형식의 보수성이 강하였으며, 근체시가 등장한 이후에도 절구라는 명칭을 관행처럼 그대로 사용하였다. 그리고 절구는 1편이 4행에 불과하여 근체시의 평측과 대우의 규칙을 다양하게 구현하기에 다소 짧은 한계가 있으며, 평측의 구현 방식도 '절구가 율시의 반을 자른 것이다.'라는 견해가 일반화될 정도로 8행 율시의 방식을 그대로 준용하였다. 따라서 절구는 근체시를 대표하는 양식이라기보다 이전의 고체절구를 율시의 틀에 맞춘 변형 양식이라 할 수 있으며, 이런 점을 감안하여 근체절구를 율시의 규칙을 준수한 절구, 곧 율절(律絶)이라고 별칭하기도 하였다.[80]

소율(小律)과 배율(排律)도 마찬가지이다. 소율은 보통 6행 3연의 시, 배율은 10행 5연 이상의 시를 가리키는데, 소율은 8행 4연 율시의 중간 부위에 해당하는 함련이나 경련 중 어느 한 연을 줄인 형태이고, 배율은 함련이나 경련 부위를 제한 없이 확대해 놓은 모양이다. 따라서 소율의 소(小) 자나 배율의 배(排) 자는 그 표현의 근거가 바로 8행 4연 율시에 있었음을 알 수 있으며, 이 때문에 처음에는 모두 구분 없이 율시라고 하다가 후대에 와서야 비로소 짧은 것은 소율(小律), 긴 것은 배율(排律) 혹은 장율(長律)이라고 하였다.[81] 소율과

---

[80] 우리나라에서도 『學詩準的』別集 卷14에 "絶句則律詩類也"라고 한 예를 찾아볼 수 있는데, 이 또한 절구를 律詩의 일종으로 간주하는 생각을 반영한 것이라고 할만하다.

배율 역시 8행 4연 율시의 변형이라 할 수 있으며, 율시의 파생 개념이라고 해야 마땅한 것이다.

반면 8행 4연 율시는 여러 면에서 근체시의 상징적 존재가 될 만하였다. 절구처럼 기존 형식을 준용한 것이 아니라 근체시가 등장하면서 새롭게 주목된 참신한 양식이었고, 길이가 짧지도 길지도 않아서 새로운 규칙을 구사하기에 아주 적절하였으며, 작품의 수도 소율(小律)이나 배율(排律)과 비교할 수 없을 정도로 많았다. 그야말로 근체시의 상징적 존재가 될 만큼 아주 뚜렷하게 부각되었던 것이다. 그래서 율시하면 근체시, 그 중에서도 특히 8행 4연 시를 주로 가리키게 되었는데, 이런 인식이 보편화되면서 마침내 율시란 곧 8행 4연시라는 좁은 의미의 율시 개념이 성립될 수 있었다.

이런 좁은 의미에서의 율시 개념은 고병(高棅. 1350~1413)이 『당시품휘(唐詩品彙)』를 편찬하면서 더욱 널리 확산되었다. 『당시품휘』는 한자문화권 전역에 널리 읽혀진 15세기의 대표적인 시선집이다. 그런데 여기서 바로 절구도 아니고 배율도 아닌, 이들을 모두 배제한 8행 4연시만을 율시라고 하였다. 그래서 협의의 율시 개념을 정착시키는 데 결정적 작용을 하였는데, 목암(木庵) 전량택(錢良擇. 1678년경)은 이를 주목하여 『당시품휘』가 출현하여 절구가 율시의 일종임도 모르

---

81) 小律은 당초 三韻律詩라고 하던 것을 명나라 王世貞이 처음 小律이라 명명하였고, 排律은 당초 長律이라 하던 것을 원나라 말기에 楊士弘이 처음 排律이라 이름하였으며, 이후 高棅이 『唐詩品彙』의 작품 분류에 배율이란 용어를 사용함으로써 문단에 널리 확산되었다. 胡震亨(明), 『唐音癸籤』 卷1, 體凡, "律體有五言小律 七言小律"부분 주석, "嚴滄浪 以唐人六句詩合律者 稱三韻律詩 昭代王弇州 始名之 爲小律云", 高棅, 唐詩品彙九十卷拾遺十卷(四庫全書總目 卷189), "排律之名 古所未有 楊仲宏撰唐音 始別爲一目 棅祖其說 遂至今沿用".

게 만들었다고 비판하기도 하였다.82) 협의의 율시 개념은 바로 이와 같은 역사적 인식의 결과물이었으며, 이익은 이를 소율(小律) 배율(排律)과 구분하여 단율(短律)이라 별칭하기도 하였다.83)

하나 더 검토할 필요가 있는 것은 율시(律詩)의 율(律)이 과연 무엇을 의미하는가 하는 문제이다. 여기에는 대략 2가지 견해가 있었던 것으로 보인다. 하나는 평측의 안배를 통해 유발되는 율격(律格), 곧 운율(韻律) 음율(音律) 등을 의미한다는 것이고, 다른 하나는 율시가 준수해야 하는 정형시로서의 엄정한 규칙성(規則性), 곧 규율(規律) 법률(法律) 등을 의미한다는 것이다.

송나라 장표신(張表臣)은 『산호구시화(珊瑚鉤詩話)』에서 고시와 율시를 구분하면서 율시란 "법률(法律)이 정교하고 절실하여[精切] 율시라고 일컬었다."84)고 하였다. 그리고 명나라 왕세정(王世貞)은 『예원치언(藝苑卮言)』에서 "율은 음률(音律)이고 법률(法律)이니 천하에 이보다 더 엄한 것이 없다."85) 하였으며, 청나라 전목암(錢木庵)은 "율이란 육률(六律)이니, 소리가 음률에 조화로움을 말한다.

---

82) 錢良擇, 『唐音審體』(『律詩研究』 2쪽 재인용), "錢木庵唐音審體曰 自二韻以至百韻 皆律詩也 二韻謂之絶句 六韻以上謂之長韻 … 自高棅唐詩品彙出 人遂不知絶句是律詩 棅又創排律之名 益爲不典 古人所謂排比聲律者 排偶櫛比 聲和律整也 乃於四字中摘取二字 呼爲排律 於義何居 古人初無法名 今人竟以爲定格 而不知怪 可嘆也".

83) 李瀷, 『星湖僿說』 卷29, 詩文門, 「律詩路程」, "盖三百篇後 先有古詩 次絶句 次雙對短律 今之爲律者 宜先習絶句 然後方及短律 此其路程". 여기서 雙對短律이란 頷聯 頸聯 두 연에 대우를 한 8행 4연의 律詩를 가리킨다.

84) 張表臣(宋), 『珊瑚鉤詩話』 卷3, "吟詠性情 總合而言志 謂之詩 蘇李而上 高簡古澹 謂之古 沈宋而下 法律精切 謂之律".

85) 王世貞(明), 『藝苑卮言』 卷4, "五言至沈宋 始可言律 律爲音律法律 天下無嚴于是者 知虛實平仄不得任情而度明矣".

군사를 부리는 기율(紀律)이나 형벌을 집행하는 법률(法律) 같이 엄격하여 어겨서는 안 된다."86)고 하였다. 우리나라에서도 물론 "율시는 성률의 높낮이가 본래 정해져 있어서 곧 법령과 같다"87)고 하여 중국과 대동소이한 인식을 보여주었다.

율시에서 율(律) 자가 의미하는 것은 이처럼 엄정한 규칙성에 근거하여 법률(法律) 규율(規律)로 풀이하기도 하고, 가락의 조화로움에 근거하여 음률(音律) 육률(六律)로도 풀이하였는데, 대부분의 경우 양자를 별개의 것으로 구분하지 않고 서로 긴밀하게 연계시켜서 이해하였다. 청나라 말기에 유희재(劉熙載. 1813~1881)는 바로 이런 점을 주목하여 율시가 "율려(律呂)의 뜻을 취함은 그 조화로움 때문이고 율령의 뜻을 취함은 그 엄격함 때문이다."88)라고 하였다. 따라서 율시의 율(律) 자는 음률(音律)의 의미와 법률(法律)의 의미가 함께 공존하는 것이라고 할 수 있으며, 보는 측면에 따라 두 가지 풀이가 언제나 가능했던 상보적인 관계의 것이라 할 수 있겠다.

2) 율시의 기본 형식

율시는 한 행이 5자로 구성된 오언율시와 7자로 구성된 칠언율시가 일반적이다. 그러나 6자로 구성된 육언율시도 더러 있었는데, 중국의 경우 서사증(徐師曾)의 『문체명변(文體明辯)』에 육언율시 조항을 따로 설정하여 왕유(王維)나 노륜(盧綸)의 작품을 수록한 예가

---

86) 錢木庵(淸), 『唐音審體』, "律者 六律也 謂其聲之協律也 如用兵之紀律 用刑之法律 嚴不可犯也".
87) 張維, 『谿谷漫筆』 卷1, "唯律詩 則聲律低昂自有定則 如律令焉".
88) 劉熙載(淸), 『藝槪』 卷2, "律詩 取律呂之義 爲其和也 取律令之義 爲其嚴也".

있고, 우리나라에도 『동문선(東文選)』 육언시 조항에 정몽주의 「과양주(過楊州)」 같은 작품을 수록한 예가 있어서 이런 사정을 짐작할 수 있다.

율시 한 행은 대략 2자가 최소 율격 단위를 형성한다. 그리고 이를 신체 각 부위에 비유하여 고유 명칭을 부여하였는데, 오언시의 경우 제일 앞 2자를 머리에 해당한다고 하여 두절(頭節), 중간 2자를 배에 해당한다고 하여 복절(腹節), 마지막 글자를 다리에 해당한다고 하여 각절(脚節)이라 하였다. 칠언시는 오언시 앞에 2자를 더 보탠 것으로 간주하여 제일 앞 2자를 머리꼭대기란 의미에서 정절(頂節)이라 하였으며, 나머지는 오언시와 마찬가지로 두절(頭節) 복절(腹節) 각절(脚節)이라 하였다.89)

율시의 모든 행은 절(節) 단위로 평측(平仄)을 연이어 교체함으로써 반드시 가락의 효과를 나타내는 율구(律句)로 구성해야 한다. 이때 기준이 되는 글자는 각 절의 절주점(節奏點)에 해당하는 뒷부분 글자, 즉 제2자 제4자 제6자이다. 그래서 제2자가 평성이면 제4자는 측성 제6자는 평성이 되고, 제2자가 측성이면 제4자는 평성 제6자는 측성이 되게 해야 하는데, 이런 원리를 압축적으로 표현한 말이 바로 이사부동(二四不同:제2 제4자는 평측이 다름)과 이륙동(二六同:제2 제6자는 평측이 같음)이다.

그리고 제1행 제2자는 특별히 중요한 의미가 있었다. 작품의 제일 앞에 등장하는 최초의 절주점이어서 이 글자의 평측을 어떻게 구사하느냐에 따라 한 행 내에서의 평측 변화는 물론, 시 전체의 평측

---

89) 본 장 제2절 '절구의 개념과 양식적 특징' 주석에서 이와 같은 명칭의 유래와 한국적 상황에 대해서 검토한 바 있다. 그래서 여기서는 재론하지 않는다.

설계 자체가 완전히 달라지기 때문이다. 따라서 제1행 제2자는 작품 전체의 평측 격식(格式)을 설정하는 일종의 기준점이라고 할 수 있겠는데, 그래서 이 글자가 평성이면 평기식(平起式), 측성이면 측기식(仄起式)이라고 하였다. 전통시대 작품 가운데는 오언이나 칠언, 절구나 율시를 막론하고 측기식이 다소 우세하였다. 그래서 측기식을 정격(正格), 평기식을 편격(偏格)으로 간주하기도 하였다.90)

율시 한 편은 전체가 8행(行) 4연(聯)으로 구성되어 있다. 그리고 각 연마다 신체의 특정 부위에 비견한 고유 명칭이 있었는데, 제1~2행은 머리에 비견하여 수련(首聯)이라 하였고, 제3~4행은 턱이나 가슴에 비견하여 함련(頷聯) 또는 흉구(胸句)라 하였으며, 제5~6행은 목이나 배 허리 등에 비견하여 경련(頸聯) 복련(腹聯) 요구(腰句)라 하였고, 제7~8행은 마지막 꼬리에 비견하여 미련(尾聯)이라 하였다.

그러나 이 외에도 각 연에 대한 별칭이 대단히 많았다. 수련의 경우 시상을 일으키는 부분이라 하여 기련(起聯) 기구(起句) 발구(發句) 발단(發端) 개구(開句)라고도 하고, 글을 처음 치고 들어가는 부분이라 하여 파제(破題)라고도 하였다. 함련과 경련은 시의 중간 부

---

90) 李粹光, 『芝峯類說』 卷9, 文章部2, 詩, "詩家所謂正格 乃第二字仄入 如天上秋朝近之類是也 所謂偏格 如四更山吐月之類是也 唐人多用正格 杜詩用偏格 亦十無二三 然古人於詩 蓋出於自然 非有心於偏正也". 池浚模는 『漢詩作法』(필사본, 1991) 6~9쪽에서 오언과 칠언을 나누어 오언시는 平起가 正格, 仄起가 偏格이라 하였고, 『世界文學辭典』(東京 硏究社) 344쪽 427쪽과 金學主의 『中國文學槪論』 73쪽에는 이와 반대로 오언시는 平起가 偏格, 仄起가 正格이고, 칠언시는 平起가 正格, 仄起가 偏格이라 하였는데, 모두 어디에 근거한 견해인지 밝히지 않았다. 그래서 徐鏡普는 「近體詩形式考」(청구대학논문집, 2집, 1959)에서 오언 칠언 평기 측기를 막론하고 평측의 원칙에 벗어나지 않으면 모두 正格으로 간주하는 것이 합당하다는 견해를 피력하기도 하였다.

분에 해당하면서 반드시 대우(對偶)를 해야 하는 곳인데, 이런 특수 조건 속에서 함련은 앞부분이라 하여 전련(前聯), 경련은 뒷부분이라 하여 후련(後聯)이라 일컫기도 하였다. 그리고 미련은 시를 끝맺는 부분이라 하여 결구(結句) 결미(結尾) 결련(結聯) 말련(末聯) 낙구(落句) 등 마무리의 의미가 있는 여러 용어로 별칭 하였다.

율시 각 연의 명칭[91]

제1-2구	首聯, 起聯, 發句, 起句, 破題, 發端, 開句
제3-4구	頷聯, 前聯, 胸句, 頷聯, 中聯
제5-6구	頸聯, 後聯, 腰句, 驚聯, 中聯, 腹聯
제7-8구	尾聯, 結聯, 結句, 落句, 末聯, 結尾

우리나라에서는 이 가운데 수련(首聯)은 주로 기구(起句), 미련(尾聯)은 주로 낙구(落句)라고 일컬었다. 2행 1연의 연(聯)과 1행 1구의 구(句)는 본래 다른 개념이다. 그럼에도 불구하고 수련을 기구, 미련을 낙구라 하여 연과 구의 개념을 혼용한 것은 대개 이 두 연이 시를 시작하고 마무리하는 부분이어서 두 구가 한 뜻으로 일관하는 경우가 많았기 때문이라고 한다.[92] 2구 1연이 한 뜻으로 일관하여 연으로서의 기능보다 한 구와 다름없는 통합적 기능이 강함을 고려한 표현

---

91) 이 표는 簡明勇의 『律詩研究』 第2篇 第4章 「平仄譜條例」, 29쪽에 제시한 내용을 주로 참고하였고, 여타 문헌에 비교적 자주 보이는 몇 가지 용례를 찾아 보완하여 작성하였다.

92) 李瀷, 『星湖僿說』 卷30, 詩文門, 「起落句」, "八句四韻律 謂之近體 自沈宋始 一二謂之起聯 三四謂之頷聯 五六謂之頸聯 七八謂之尾聯 聯者二句合也 東人以聯爲句 一二曰起句 七八曰落句 蓋此兩聯 多是一意相連也 書法 或二字三字配合 其末字亦謂之落 唐太宗工書 難于戈法 一日書戩字 而空其落 命虞世南塡之 以示魏徵 徵曰 惟戈字逼眞 上笑."

이라는 말이다.

 각 연을 구성하는 두 행 가운데 앞 행은 출구(出句) 내구(內句) 혹은 안짝, 뒤 행은 대구(對句) 외구(外句) 또는 밧짝이라고 하였다. 그리고 출구와 대구 간에 상응하는 부위, 특히 각 구의 절주점(節奏點)인 제2자 제4자 제6자는 반드시 평측이 상반되게 해야 하는데, 이를 서로 반대되는 구성이라 하여 대(對)라고 하였다. 그리고 앞 연의 대구(對句)와 뒤 연의 출구(出句)는 동일한 부위의 평측이 반드시 서로 같도록 해야 하는데, 중국에서는 이를 서로 부합한다는 의미에서 주로 점(黏)이라 하였고, 우리나라에서는 보통 염(簾)이라 일컬었다. 이것이 율시에 가장 전형적인 가새렴[交鎖型]이다.

 그러나 율시의 평측법이 한 연(聯) 내의 대(對)와 연과 연 사이의 염(簾)이 차례로 반복되는 가새렴만 있는 것은 아니다. 처음부터 끝까지 각 행의 평측을 계속 상반되게 이어나가는, 그래서 행간(行間)의 대(對)만 있고 연간(聯間)의 염(簾)이 사실상 존재하지 않는 일체형(一體型)도 많았으며, 이 때문에 일체형 평측법은 정격(正格)과 다름없는 것으로 간주하기도 하였다. 그리고 가새렴과 일체형을 일정하게 혼합한 변형도 적지 않게 존재하였는데, 서경보(徐鏡普)는 이를 두루 감안하여 율시의 평측 구성을 평기식 8종, 측기식 8종, 도합 16종으로 자세하게 구분해 보이기도 하였다.93)

---

93) 徐鏡普는「近體詩形式考」,(『靑丘大學論文集』, 2輯, 1959) 104~106쪽에 걸쳐 交鎖型 一體型 貫中型 半折型 換首型 換頷型 換頸型 換尾型 등 8종의 평기식과 측기식 전체 16종을 소개하였다. 貫中型은 수련 함련이 교쇄형이고 경련 미련이 그와 상반되는 평측의 교쇄형을 결합한 형태, 半折型은 수련 함련이 교쇄형이고 경련 미련 또한 그와 동일한 평측의 교쇄형을 중첩한 형태, 換首型은 수련 함련이 교쇄형이고 경련 미련이 그와 상반되는 평측의 일체형을 결합한 형태, 換頷型은 수련 함

IV. 근체시란 어떤 시인가 277

수련부터 미련까지 4연의 연결 관계에 대해서는 특별히 알려진 것이 없다. 다만 절구와 마찬가지로 기(起) 승(承) 전(轉) 결(結) 관계로 설명한 것이 보통이었는데, 부여려(傅與礪)의 『시법정론(詩法正論)』이나 유대근(劉大勤)의 『사우시전속록(師友詩傳續錄)』 같은 시화서에서 이런 견해를 찾아볼 수 있다.

"시를 짓는 방법에는 기(起) 승(承) 전(轉) 합(合) 4자가 있다. 절구로 말하면, 제1구가 기, 제2구가 승, 제3구가 전, 제4구가 합이다. 율시는 제1연이 기(起), 제2연이 승(承), 제3연이 전(轉), 제4연이 합(合)이다. 혹 한 제목에 2수를 짓는다면 2수를 아울러 기승전합을 삼는다 ····· 3수 이상을 짓고 고시와 장율(長律:배율)을 지을 경우에도 이런 방법으로 탐구한다."94)

"질문 : 율시에 기승전합(起承轉合) 법을 따져야합니까? 대답 : 고문과 금문, 고체시와 금체시를 막론하고 모두 이 4글자에서 벗어나면 안 된다 ····· 질문 : 범덕기가 말하기를 '율시는 제1연이 기, 제2연이 승, 제3연이 전, 제4연이 합이 된다.' 하였고, 또 '기승전합 4자를 절구에 시행하면 좋지만 율시에 시행하면 다 그렇지는 않다.'고 하니 서로 모순이 되는 듯합니다. 대답 : 기승전합은 장법이 모두 이와 같음이니, 제 몇 연 제 몇 구에 구애될 필요는 없다. 율시와 절구를 구별함도 이전

련이 일체형이고 경련 미련이 그와 상반되는 평측의 교쇄형을 결합한 형태, 換頸型은 수련 함련이 교쇄형이고 경련 미련이 그와 동일한 평측의 일체형을 결합한 형태, 換尾型은 수련 함련이 일체형이고 경련미련이 그와 동일한 평측의 교쇄형을 결합한 형태라고 설명하였다.

94) 傅與礪, 『詩法正論』(吳景旭의 『歷代詩話』 卷67 壬後集上之下, 元詩 조항 수록), "作詩成法 有起承轉合四字 以絶句言之 第一句是起 第二句是承 第三句是轉 第四句是合 律詩則第一聯是起 第二聯是承 第三聯是轉 第四聯是合 或一題而作兩詩 則兩詩通爲起承轉合 … 如作三首以上及作古詩長律 亦以此法求之".

에 들어보지 못하였다."95)

첫 번째 예문은 범덕기(范德機. 1272~1330)가 혹자의 질문에 답한 것이고, 두 번째 예문은 유대근(劉大勤)이 제자의 질문에 답한 내용이다. 이를 보면 두 사람 모두 율시가 절구와 마찬가지로 기승전결로 구성해야 한다고 하였음을 알 수 있다. 그리고 이런 논리를 확장하여 한 제목에 2수 이상을 포괄한 연작시, 비교적 편폭이 긴 장편 고시와 배율, 기타 다양한 문장까지 이렇게 구성해야 바람직하다고 하였다. 율시의 구성법을 따로 제시하지는 않았지만, 기승전결 구도가 여전히 가장 중요하게 고려할만한 구성법임을 이렇게 분명히 언급하였던 것이다. 그리고 원나라 양재(楊載. 1271~1323)는 각 연의 서술 방법에 대하여 보다 구체적인 의견을 피력하기도 하였다.

> 파제 : 우뚝(突兀)하고 고원(高遠)하여, 마치 거친 바람이 격랑을 일으키듯 기세가 하늘에 닿고자 해야 한다. [要突兀高遠 如狂風捲浪 勢欲滔天]
> 함련 : 앞 연을 접속해야 하니, 마치 용의 여의주인 듯 안고 떨어뜨리지 않아야 한다. [要接破題 要如驪龍之珠 抱而不脫]
> 경련 : 변화를 시켜, 급한 우레가 산을 무너뜨리듯 보는 사람들이 놀라게 해야 한다. [要變化 如疾雷破山 觀者驚愕]
> 결구 : 왕자유가 배로 섬계의 벗을 찾아 갔다 오듯, 말은 끝나도 뜻이 무궁해야 한다. [如剡溪之棹 自去自回 言有盡而意無窮]

---

95) 劉大勤, 『師友詩傳續錄』(四庫全書 集部 詩文評類), "問 律詩論起承轉合之法否 答 勿論古文今文古今體詩 皆離此四字不可 … 問 范德機謂律詩第一聯爲起 第二聯爲承 第三聯爲轉 第四聯爲合 又曰起承轉合四字 施之絶句則可 施之律詩則未盡然 似乎自相矛盾 答 起承轉合 章法皆是如此 不必拘定第幾聯第幾句也 律絶分別 亦未前聞".

양재는 위의 글에서 함련은 용이 여의주를 감싸 안듯 수련의 시상을 받들어 접속해야 한다고 하였고, 경련은 우레에 산이 무너지듯이를 크게 변화시켜야 한다고 하였다. 표현이 다소 비유적이기는 하지만, 율시 4연의 시상 전개 방식을 절구의 기승전결 구도와 아주 흡사하게 설명한 것은 분명한 듯하다.96)

그러나 청나라 왕부지(王夫之)는 『강재시화(姜齋詩話)』에서 모든 율시에 이런 방식을 일률적으로 적용해서는 안 된다고 비판하였다.97) 그리고 왕영의(王永義) 역시 『격율시사작기교(格律詩寫作技巧)』에서 당시(唐詩) 가운데 이런 구도를 벗어난 율시가 대단히 많다고 지적하였으며, 기승전결의 구도를 준용할지라도 연 단위가 아닌 1행(기) 2행(승) 3~6행(전) 7~8행(결), 혹은 1~2행(기) 3~6행(승) 7행(전) 8행(결) 등 여러 가지 변형 방식이 존재한다고 하였다.98) 따라서 율시 4연의 관계는 기승전결로 설명할 수 있지만 여기에 획일적으로 구애될 필요는 없는 것이라 하겠다.

율시의 압운은 제2행 제4행 제6행 제8행 등 짝수 행 끝 글자에 구사하는 우구각운(偶句脚韻)이 원칙이었다. 이 부분이 한 연 단위의

---

96) 율시 각 연의 표현법은 傅與礪의 『詩法正論』(吳景旭의 『歷代詩話』 卷67 壬後集 上之下, 元詩 조항 수록)에 "大抵起處要平直 承處要春容 轉處要變化 合處要淵永 起處戒陡頓 承處戒促迫 轉處戒落魄 合處戒斷送 起處若必突兀 則承處必不優柔 轉處必至窘束 合處必至匱竭矣"라고 한 데서 유사한 사실을 확인할 수 있다. 이 외에도 많은 책에서 율시의 구성법을 거론 한 바 있는데, 본서 Ⅶ장 제3절 전편의 구성법 부분에서 이런 책에 기록된 내용을 자세하게 검토하였다.
97) 王夫之, 『姜齋詩話』 卷2, "起承轉收 一法也 試取初盛唐律詩驗之 誰必株守此法者 法莫要於成章 立此四法 則不成章矣".
98) 王永義, 『格律詩寫作技巧』(靑島, 靑島出版社, 1998) 183~188쪽. 여기서는 김준연이 『唐代七言律詩硏究』 106쪽에 인용한 내용을 검토 근거로 삼았다.

가락을 마무리하는 제일 끝 글자일 뿐만 아니라, 다른 연과 연계하여 보다 큰 단위에서의 가락 형성을 매개하는 핵심 부위이기 때문이다. 그리고 칠언율시는 매구마다 압운을 했던 칠언고시의 영향으로 홀수구인 제1행 끝 글자에도 즐겨 압운을 하였는데, 이런 창작 경향이 문단에 널리 확산되면서 마침내 후대에는 1행에 압운하는 수구용운(首句用韻)을 정격(正格), 압운하지 않는 수구불용운(首句不用韻)을 오히려 변격(變格)으로 간주하였다.99)

압운 글자는 반드시 평성(平聲) 글자를 제한적으로 사용하는 한평성운(限平聲韻)의 원칙을 따랐다. 평성이 측성에 비하여 소리가 길고 평평하여 호흡을 고르고 가락을 정리하는데 적절하다고 판단했기 때문인데, 이는 영미 시에서 가벼운 소리[輕音]보다 무거운 소리[重音]를, 짧은 소리[短音]보다 긴 소리[長音]를 즐겨 운각으로 사용했던 것과 흡사하다. 그리고 모든 운자는 처음부터 끝까지 동일한 운목(韻目) 글자를 중복 없이 일관되게 사용하는 일운도저(一韻到底) 원칙을 준수하였는데, 이렇게 함으로써 근체시다운 가락의 정제미(整齊美)를 구현하는 한편, 중간에 다른 운목의 글자로 교환(交換)할 수 있는 고시(古詩) 환운법(換韻法)의 한계를 극복하고자 하였다.

압운을 하지 않는 기구(奇句), 즉 제1행 제3행 제5행 제7행 등 홀수구의 끝 글자는 이와 반대로 반드시 측성 글자를 사용하였다. 그래야 짝수 행 평성 운자와 서로 어우러져 행간의 평측이 조화롭게 되기 때문이다. 그리고 측성 글자를 사용하면서도 가능하면 행마다 그 성조를 달리 하고자 하였다. 측성에 해당하는 상성(上聲) 거성(去聲)

---

99) 首句用韻에 대해서는 본서 Ⅴ장 제2절 제2항 '시운의 적용 부위'에서 자세하게 검토하였다.

입성(入聲) 중 어느 하나를 단조롭게 사용하는 것이 아니라 행마다 바꾸어 사용함으로써 소리의 다양성을 추구한 것인데, 이를 사성체용(四聲遞用)의 원칙이라 하였으며, 이에 어긋나는 것을 상미(上尾)라고 하여 시병(詩病)의 일종으로 간주하기도 하였다.100)

대우(對偶)는 율시에서 특별히 강조한 형식 요소 중 하나이다. 대우의 범위는 대략 3가지가 있었다. 중간의 함련 경련 2연에만 대우를 한 경우, 여기에 수련 혹은 미련을 포함시켜 3연에 대우를 한 경우, 수련부터 미련까지 전체 4연에 걸쳐 모조리 대우를 한 경우 등이 그것인데, 어느 것이나 모두 기본 격식에는 어긋나지 않는 것으로 간주하였다. 그러나 수련은 1~2행 모두에 압운을 할 때가 많아서 대우를 구사하기 어려웠고, 미련의 경우에도 시 전체를 마무리해야 하는 부담이 있어서 대우를 구사하기가 쉽지 않았다. 그래서 보통은 수련과 미련을 제외하고 함련과 경련에만 대우를 하였다.

함련과 경련 중심의 대우가 일반화되면서 이를 변형시킨 몇 가지 변격 대우가 나타나기도 하였다. 투춘체(偸春體)와 봉요체(蜂腰體)가 그런 것이다. 투춘제란 함련에 해야 할 대우를 수련에 미리 당겨 하는 것을 가리키는데, 눈 속에 피어나는 설중매(雪中梅)가 봄기운을 훔쳐 미리 피어나듯, 아직 대우를 할 때가 되지 않았는데 미리 당겨 했다고 하여 이렇게 말하였다. 봉요체(蜂腰體)란 함련의 대우를 아예 생략하고 경련에만 대우한 것을 말한다. 대우를 한 연은 그렇지 않은 산구(散句)보다 시적 구성이 긴밀하고 긴장감이 높다. 그

---

100) 朱彛尊의 견해이다. 이와 달리 '獨有宦游人(입상거평평)'처럼 한 구 내에 四聲을 고루 활용하는 것을 四聲遞用이라고 한 경우도 있다. 王力, 『漢語詩律學上』 144쪽 「上尾」 참고.

래서 경련에만 대우를 하여 긴장되게 만들고 나머지는 모두 산구로 처리한 형상이 마치 잘록한 벌의 허리를 연상시킨다고 해서 이렇게 말하였다.

또 하나 지적할 필요가 있는 것은 대우의 기피 사항이다. 대우는 출구(出句)와 대구(對句) 사이의 상응하는 글자가 문법적 기능은 물론 어휘의 성질까지 같게 구사하는 것을 높이 평가하였다. 출구의 글자가 천문에 해당하는 일(日) 월(月) 등이면 여기에 상응하는 대구의 글자도 같은 천문에 해당하는 운(雲) 우(雨) 등을 쓰는 것이 그런 예이다. 그런데 이런 표현을 지향하다 보면 두 구의 의미가 마치 손바닥을 합쳐 놓은 듯 흡사할 수 있는데, 이런 중복 표현을 합장(合掌)이라 하여 극구 기피하였다. 그리고 동일한 글자는 두 구 사이의 상응하는 부위에서는 물론 여타 부위에서도 반복적인 사용을 꺼렸는데, 이 역시 중복성에 대한 율시의 기피 경향을 반영한 결과이다.

이 외에도 율시의 기본 형식과 관련하여 검토할 사항이 여럿 있다. 평측 상의 고평(孤平) 고측(孤仄) 하삼련(下三連), 압운 상의 관운(寬韻) 험운(險韻) 통운(通韻), 대우법 상의 관대(寬對) 교대(巧對) 육대(六對), 표현상의 범제(犯題) 사련(四鍊) 오속(五俗) 등이 모두 그런 것이다.101) 이런 것은 뒷부분 한시의 운율 대우 표현 등의 문제를 검토하면서 하나하나 구체적으로 논의해 나갈 것인데, 우선 지금까지 논의된 사실 중 중요한 것만 간단히 정리하여 도표로 제시하면 대략 아래와 같다.

---

101) 孤平 孤仄 下三連 등은 본서 Ⅳ장 2절, 寬韻 險韻 通韻 등은 본서 Ⅴ장 2절, 寬對 巧對 六對 등은 본서 Ⅵ장 2절, 犯題는 Ⅶ장 1절에서 검토한 내용 참고.

율시의 구성과 평측 격식

		五言仄起式						五言平起式						七言仄起式								七言平起式							
		上體			下體			上體			下體			上體				下體				上體				下體			
		頭	腹	脚	頭	腹	脚	頭	腹	脚	頭	腹	脚	頂	頭	腹	脚	頂	頭	腹	脚	頂	頭	腹	脚	頂	頭	腹	脚
首聯	出句	◐●	○○	●	◐○	●●	◎	◐○	●●	●	◐●	○○	◎	◐●	◐○	○●	●	◐○	◐●	●○	◎	◐○	◐●	○○	●	◐●	◐○	●●	◎
	對句	○○	●●	◎	◐●	○○	●	◐●	○○	◎	◐○	●●	●	◐○	◐●	●○	◎	◐●	◐○	○●	●	◐●	◐○	●●	◎	◐○	◐●	○○	◎
頷聯	出句	◐●	○○	●	◐○	●●	◎	◐○	●●	●	◐●	○○	◎	◐●	◐○	○●	●	◐○	◐●	●○	◎	◐○	◐●	○○	●	◐●	◐○	●●	◎
	對句	◐○	●●	◎	○○	●●	●	◐●	○○	◎	◐○	●●	●	◐○	◐●	●○	◎	◐●	○○	●●	●	◐●	◐○	●○	◎	◐○	◐●	○●	◎
頸聯	出句	◐●	○○	●	◐○	●●	◎	◐○	●●	●	◐●	○○	◎	◐●	◐○	○●	●	◐○	◐●	●○	◎	◐○	◐●	○○	●	◐●	◐○	●●	◎
	對句	○○	●●	◎	◐●	○○	●	◐●	○○	◎	◐○	●●	●	◐○	◐●	●○	◎	◐●	◐○	○●	●	◐●	◐○	●●	◎	◐○	◐●	○○	●
尾聯	出句	◐●	○○	●	◐○	●●	◎	◐○	●●	●	◐●	○○	◎	◐●	◐○	○●	●	◐○	◐●	●○	◎	◐○	◐●	○○	●	◐●	◐○	●●	◎
	對句	◐●	●○	◎	○○	●●	●	◐●	○○	◎	◐○	●●	●	◐○	◐●	●○	◎	◐●	○○	●●	●	◐●	◐○	●○	◎	◐○	◐●	○●	◎

○(평성) ●(측성) ◐(평측불론) ◎(운자) 음영(對偶)

3) 율시의 양식적 특징

율시의 양식적 특징으로 먼저 거론할 수 있는 것은 그것이 한시 형식에 대한 이론 탐색의 핵심적 결정체라는 점이다. 주지하다시피 4세기경부터 중국에서는 문학을 역사나 철학과 다른 독립 양식으로 인식하고, 문학다운 글쓰기를 위한 여러 방법적 장치들을 폭넓게 탐색하였다. 시의 경우에는 특히 대우(對偶)와 성조(聲調)를 적극 활용하여 표현 가락 등이 모두 완정한 새로운 형식을 정립하기 위해 많은 노력을 하였는데, 유협(劉勰) 상관의(上官儀) 교연(皎然) 등이 사대(四對) 육대(六對) 팔대(八對) 등 대우의 구체적 방법을 제시하고, 심약(沈約)이 사성팔병설(四聲八病說)을 제기하여 사성(四聲)을 시에 활용할 때 기피해야할 사항 8가지를 조목조목 거론한 것이 그런 예이다. 율시는 이런 치열한 이론 탐색의 정수가 집대성된 결과물이라는 점에 중요한 특징이 있다.

두 번째는 형식상 거의 완벽할 정도로 조화로운 모습을 갖추고 있다는 점이다. 율시는 오랜 기간 최선의 한시 형식을 탐색해 온 결과가 집대성된 것인 만큼 한문자의 문자적 특징을 최대한 발휘할 수 있는 아주 조화로운 형식미를 구현하였다. 한 행은 5자 혹은 7자의 홀수로 구성하여 변화를 추구하였지만, 전체는 8행 4연의 짝수로 구성하여 안정을 꾀하였고, 한 연으로 묶여진 내부에서는 행간의 평측을 상반되게 하면서[對], 연과 연이 분리된 연결 부분에서는 평측이 서로 같도록 하여[簾] 시적 대립과 조화를 도모하였으며, 짝수 행 끝에는 길고 안정된 평성을 압운하여 중심을 잡은 반면, 홀수 행 끝에는 굴곡이 심한 측성을 안배하여 변화를 시도하는 등 여러 요소가 태극(太極)과 음양(陰陽)의 관계처럼 대립과 조화의 정연한 통일성을 유지하도록 하였던 것이다.

세 번째는 지켜야 할 규율이 유난히 많고 엄격한 양식이라는 점이다. 율시의 율자에 정형시의 규칙성을 반영한 규율(規律) 법률(法律)의 의미가 있음은 이미 밝힌 바 있다. 그래서 반드시 지켜야 할 규칙이 참으로 많고 다양하였다. 각 행의 제2자와 제4자는 평측이 서로 상반되어야 한다는 이사부동(二四不同)의 원칙, 제2자와 제6자는 평측이 서로 같아야 한다는 이륙동(二六同)의 원칙, 연내의 평측은 서로 상반되고 연간의 평측은 서로 같아야 한다는 대렴(對簾)의 원칙, 짝수 구 끝에는 평성 운자로 압운을 해야 한다는 우구각운(偶句脚韻)의 원칙과 한평성운(限平聲韻)의 원칙, 압운 글자의 운목을 바꾸어서는 안 된다는 통압일운(通押一韻)의 원칙, 홀수행의 끝 글자는 상성 거성 입성 글자를 고루 바꾸어 써야 한다는 사성체용(四聲遞用)의 원칙 등이 다 그런 것이다.

네 번째는 표현상의 중복과 속됨을 특별히 기피하였다는 점이다. 율시는 제목 글자를 본문에 쓰지 않았으며, 이를 어기는 것을 범제

(犯題)라 하여 1차적 기피 대상으로 삼았다.102) 그리고 함련과 경련에서는 동일 글자의 중복 사용을 허용하지 않았으며, 글자뿐만 아니라 의미가 중첩될 때도 이를 합장(合掌)이라 하여 극구 기피하였다. 제한된 글자로 완벽한 표현을 구현하고자 한 율시의 미학적 지향이 반영된 결과이다. 그리고 엄격한 형식에 걸맞게 격식을 갖추어야 할 중요한 자리, 특히 귀빈과 함께하는 자리, 스승이나 선배를 축수(祝壽)하는 자리, 죽은 이를 보내는 만시(輓詩) 등에서 즐겨 채택하였는데, 이 때문에 속되고 해학적인 표현을 극구 기피하였다. 위경지(魏慶之)가 시에서 경계해야 할 십계(十戒)를 거론하면서 탁예(濁穢:더러움)와 배해(俳諧:희작성)를 명시한 것이나103), 한시 창작 과정에 자(字) 구(句) 의(意) 체(體) 운(韻)이 속된 것을 경계하여 오속(五俗)이란 경구(警句)가 회자된104) 것도 바로 이런 정황을 반영한 것이다.

4. 배율의 개념과 양식적 특징

배율이란 율시의 중간 부위에 해당하는 함련(頷聯)과 경련(頸聯) 부위를 한 연 이상 확장시킨 형태를 가리킨다. 그래서 두 연 가운데 어느 하나를 줄인 소율(小律)과 함께 모두 율시의 일부로만 간주해

---

102) 犯題에 대해서는 본서 Ⅶ장 제1절 제2항 '단어의 선택 기준'에서 자세하게 검증하였다.
103) 魏慶之,『詩人玉屑』卷5, 口訣,「十戒」, "一戒乎生硬 二戒乎爛熟 三戒乎差錯 四戒乎直置 五戒乎妄誕 六戒乎綺靡 七戒乎蹈襲 八戒乎濁穢 九戒乎砌合 十戒乎俳諧".
104) 魏慶之,『詩人玉屑』卷1,「滄浪詩法」, "學詩先除五俗 一曰俗體 二曰俗意 三曰俗句 四曰俗字 五曰俗韻".

왔다. 그러나 배율은 소율과 비교할 수 없을 정도로 작품의 수가 많다. 뿐만 아니라 등장 배경과 개념의 정립 과정에 특별히 유의해야 할 사항이 있고, 작품에서 강조하는 형식미에도 예사 율시와 다른 특징적인 점이 적지 않다. 여기서는 이런 사실을 고려하여 율시의 일부로 간주해온 배율의 등장 배경과 개념 정립의 과정 및 양식적 특징을 따로 구분하여 검토해보고자 한다.

1) 배율의 등장과 개념 정립

배율이란 8행 율시에서 중간의 3~4행 함련(頷聯)이나 5~6행 경련(頸聯) 부분을 확장하여 10행 이상이 되도록 만든 형태의 시를 가리키는 말이다. 율시의 함련과 경련은 1~2행 수련(首聯)이나 7~8행 미련(尾聯)과 달리 압운과 평측은 물론 대우(對偶)를 반드시 구사해야 하는 곳이며, 율시 중에서도 정수(精髓)에 해당하는 부분이다. 따라서 이 부분을 적어도 한 연(聯), 많게는 수십 혹은 백 연(聯) 이상 확장한 형태의 배율은 율시가 추구한 형식미를 율시보다 더 극도로 구현한 양식이라고 할만하다.

배율은 이처럼 외형상 8행 율시의 중간 두 연을 확장한 형태를 하고 있기 때문에 8행 율시가 먼저 성립된 이후 이를 근거로 후대에 다시 등장한 것으로 보는 경우가 많다. 그러나 옛 문헌을 검토해 보면 당나라를 전후한 시기에 8행의 율시와 거의 동시에 성립되었음을 분명히 확인할 수 있다. 고시에 압운 평측 대우 등 새로운 요건을 부가하여 근체시를 가다듬어 갈 때 함께 등장하였던 것이다.

① 배율의 창작은 안연지(顔延之) 사령운(謝靈運) 등 여러 사람이

고시를 변화시켜 처음부터 끝까지 시구를 배열하면서 연마다 대우를 정밀하게 한 데서 발원하였다. 양나라 진나라 이후에는 시구의 짝 맞춤이 더욱 긴절하였고, 당나라가 흥기하자 비로소 이런 시체를 전공하여 고시와 달라졌다.105)

② 상식적으로 추측하건대, 오언배율의 기원은 당연히 보통의 오언율시보다 더 빠를 것이다. 배율은 오언고시가 점진적으로 변화되어 온 것이고, 오언고시는 또 대부분이 8구를 초과하는 것이기 때문이다.106)

위의 두 예문은 오언배율이 율시를 확장한 것이 아니라 이전 시대 고시에서 유래한 것임을 분명히 지적하였다. 안연지(顏延之. 384~456) 사령운(謝靈運. 385~433) 등이 이전 시대의 고시에 대우 등을 조직적으로 강구하여 새로운 변화를 도모함으로써 당나라 이후 마침내 고시와 다른 형태의 전문적인 시체가 되었다는 말이다. 그리고 고시는 8행을 초과하는 것이 대부분이고, 바로 이런 고시에서 배율이 유래하였기 때문에, 배율이 오히려 8행 율시보다 먼저 등장하였을 것이라고 추측하기도 하였는데, 옛 문헌에서도 실제로 이와 유사한 견해를 적지 않게 찾아볼 수 있다.

"이 10구 율시는 기상이 장엄하고 격조가 엄정하며, 평두(平頭) 상미(上尾) 같은 8병을 모두 제거하고, 끊어지는 소리[切響]와 뜬소리[浮聲]의 5음이 아울러 조화로우니, 실로 오랜 근체시의 원조이다. 살펴보건대, 진후주 장정견 유신 강총 등이 비록 오언 8구시가 때때로 당나라

---

105) 高棅, 『唐詩品彙』 叙目, 五言排律三, "排律之作 其源自顏謝諸人 古詩之變 首尾排句 聯對精密 梁陳以還 儷句尤切 唐興 始專此體 與古詩差別".
106) 王力, 『漢語詩律學』 23쪽, "依常理推測 五言排律的起源 應該是比普通的五律更早 因爲排律是由五言古詩逐漸演變而來 而五言古詩 又多數是超過八句的".

법도에 부합하기는 하였지만 모두 이 뒤에 나왔으니, 근체시에 있어서의 음갱(陰鏗)은 오언시가 소무와 이릉에게서 시작된 것과 같다"107)

　　호응린(胡應麟. 1551~1602)이 『시수(詩藪)』에서 언급한 것이다. 여기서 말한 '10구율시'란 음갱(陰鏗. 511~563)이 창작한 오언 10행의 「안락궁(安樂宮)」이란 작품을 가리킨다. 호응린은 이 시가 끊어지는 소리[切響]와 뜬소리[浮聲], 즉 측성과 평성을 조화롭게 구사한 근체시의 원조라고 하였다. 그리고 유신(庾信. 513~581) 강총(江總. 519~594) 장정견(張正見. 527~575) 진후주(陳後主. 553~604) 등이 당나라 법도에 맞는 오언 8행 율시를 일부 지었지만 모두 이 작품 뒤에 나왔으므로, 이것이 바로 최초의 근체시 작품이라 할 수 있으며, 근체시에 있어서 음갱(陰鏗)의 존재는 마치 오언시 최초의 작품을 남긴 소무(蘇武) 이릉(李陵) 같다고 하였다.

　　음갱(陰鏗)의 「안락궁(安樂宮)」이란 작품은 압운과 평측이 정연하고 처음부터 끝까지 대우를 구사한 10행 배율시가 분명하며,108) 중국에서도 이를 대부분 최초의 오언 배율로 인정하고 있다. 그러나 같은 시대에 서리(徐摛. 475~551)의 「영필(詠筆)」, 장정견(張正見. 527~575)의 「관산월(關山月)」 등 8행의 율시 또한 적지 않게 창작되었음을 감안할 때109) 근체시가 음갱의 배율에서 비롯되었다거나 배

---

107) 胡應麟, 『詩藪』 內篇, 卷4, "此十句律詩 氣象莊嚴 格調鴻整 平頭上尾 八病咸除 切響浮聲 五音並協 實百代近體之祖 考之陳後主張正見庾信江總輩 雖五言八句 時合唐規 皆出此後 則近體之有陰生 猶五言之始蘇李矣".
108) 陰鏗, 「安樂宮」, "新宮實壯哉 雲裏望樓臺 迢遞翔鷗仰 聯翩賀燕來 重簷寒霧宿 丹井夏蓮開 砌石披新錦 雕梁畫早梅 欲知安樂盛 歌管雜塵埃".
109) 吳小平, 「論五言律詩的形成」, 『文學遺産』 1987년 4期. 이 논문에서 陰鏗과 비슷한 시기에 활동한 남북조시대의 張正見 庾肩吾 徐摛 陳叔寶 沈炯 江總 何處士 崔鴻

율이 오히려 8행 율시보다 먼저 등장하였다는 견해는 다소 무리가 있어 보인다. 배율이 8행 율시를 확장하여 후대에 등장한 것은 아니지만, 그렇다고 먼저 등장하였다고 하기도 어려우며, 고시를 대상으로 압운 평측 대우 등 여러 새로운 요건을 강구한 근체시가 등장할 때 8행 율시와 대략 비슷한 시기에 함께 등장하였다고 보는 것이 합리적일 것으로 판단된다.

이후 배율은 당나라 초기의 낙빈왕(駱賓王. 619~687) 노조린(盧照隣. 635~689) 왕발(王勃. 650~676) 양형(楊炯. 650~692) 같은 초당사걸(初唐四傑), 그 뒤를 계승한 심전기(沈佺期. 656~714) 송지문(宋之問. 656~712) 두심언(杜審言. 648~708) 진자앙(陳子昂. 661~700?) 등을 통해 확산되었으며,110) 성당시대 두보(杜甫. 712~770)에 이르러 크게 번성하였다.111) 이처럼 당나라 이후 배율이 널리 확산되게 된 데는 과거시험이 특별히 중요하게 작용하였던 것으로 판단된다. 과거시험은 공부하는 사람 모두에게 초미의 관심사였는데, 바로 이 시험에서 배율을 시험과목으로 채택하였기 때문이다.

등 많은 사람이 격률이 완비된 8행 율시를 지은 바 있음을 구체적으로 지적하였다.
110) 宋犖, 『西陂類稿』(四庫全書本) 卷27, 雜著, 「漫堂說詩」, "初唐王楊盧駱 倡爲排律 陳杜沈宋繼之 大約侍從遊宴應制之篇居多 所稱臺閣體也 雖風容色澤 競相誇勝 未免數見不鮮品彙 以太白摩詰揭爲正宗 錢起劉長卿錄爲接武 均之不愧當家".
111) 高棅, 『唐詩品彙』 叙目, 大家, 杜甫, "排律之盛 至少陵極矣 諸家皆不及 諸家得其一臠 少陵獨得其兼善者 如上韋左相 贈哥舒翰 謁先主廟等篇 其出入始終 排比聲韻 發斂抑揚 疾徐縱橫 無所施而不可也". 같은 책, 長篇, "長篇排律 唐初作者絶少 開元後 杜少陵獨步當世 渾涵汪洋 千彙萬狀 至百韻千言 氣不少衰 及觀杜審言和李大夫嗣眞之作 乃知少陵出自其祖 盆以信詩是吾家事矣". 우리나라 李睟光 또한 『芝峯類說』 卷9 文章部2 「詩」에서 "五言排律 始見於初唐 而杜子美爲一百韻 … 七言排律 始見於盛唐"이라 하여 오언배율은 初唐부터, 칠언배율은 盛唐부터 시작되었다는 견해를 표명한 바 있다.

① 당나라 사람의 성시(省試) 배율(排律)은 본래 6운에 그쳤다.112)

② 당나라 사람의 성시(省試)와 응제(應制) 배율은 대개 6운으로 하였으니, 『문원영화(文苑英華)』에 수록되어 있는 것에서 살펴볼 수 있다. 두보(杜甫) 원진(元稹) 백거이(白居易) 등에 이르러 비로소 증가시켜 수십 운 혹은 100운에 이르렀고, 근래에는 문인들이 시를 지어내면서 걸핏하면 100운에 이르러 지나치게 화려함을 다투어 옛 뜻을 상실하였다.113)

위에서 말한 '당나라 사람의 성시(省試)'란 곧 당나라 때 시행한 과거시험의 일종으로, 향시에 일차 합격한 인물을 대상으로 예부성(禮部省)에서 다시 시행한 시험을 가리킨다. 위의 예문은 바로 이 성시에서 12행 배율을 시험하였음을 지적하였다. 과거에 합격하기 위해서는 12행 배율을 짓지 않을 수 없도록 나라에서 강제하는 제도를 마련한 것이다. 이와 같은 제도는 이후 송 원 명 청 등 왕조의 변화에도 불구하고 부단히 유지되었다. 다만 12행 배율을 확장하여 16행 배율로 짓게 하고, 시험 보는 순서를 다른 과목과 일부 조정하는 등 작은 변화가 있을 따름이었다.114) 그래서 과거시험용 배율을

---

112) 『四庫全書總目』卷196,「國朝郎廷槐編續錄」, "國朝劉大勤編 … 唐人省試排律本止六韻而止".

113) 王士禛, 『池北偶談』卷17,「排律」, "唐人省試 應制排律 率六韻 載諸英華者可考 至杜子美元白諸人 始增益 至數十韻 或百韻 近日詞林進詩 動至百韻 誇多鬪靡 失古意矣".

114) 12행 배율을 언제부터 16행 배율로 변경하였는지는 확인하지 못하였다. 그러나 『皇朝通典』(四庫全書 史部) 卷18「選擧」조에 기록된 "(乾隆22년) 正月敕 會試第二場表文 易以五言八韻排律一首 卽以本年丁丑科會試爲始 又御史袁芳松請 自乾隆己卯科鄕試爲始 於第二場經文之外 一體試以五言八韻排律一首 從之", "(乾隆)四十七年七月 定鄕會試二場排律詩 移置頭場制藝後 卽以頭場性理論 移置二場經

따로 구분하여 시율시(試律詩) 혹은 시첩시(試帖詩)라 명명하기도 하였다.115) 과거시험이 문인지식층 일반에 미친 영향력만큼이나 배율시의 확산에 기여하였던 것이다.

그러나 당송시대까지는 이런 작품을 배율이라고 명명한 사례가 없다. 당나라 때 주요 배율 작가였던 백거이(白居易)의 『백씨장경집(白氏長慶集)』이나 원진(元稹)의 『원씨장경집(元氏長慶集)』 등을 보면 배율이란 용어가 전혀 나오지 않는다. 그들이 창작한 배율 시가 적지 않았음에도 이를 모두 4행 절구나 8행 율시와 함께 모두 율시 조항에 포괄적으로 수록하였을 뿐이다. 배율을 단지 율시의 일부로 간주하였음을 보여주는데, 이런 사정은 송나라를 거쳐 원나라 초기까지도 그대로 지속되었다.

① 배율이란 명칭은 당 송 원대 사람에게 다 없었으니, 옛 문집이 두루 남아 있어서 이를 조사하여 살펴볼 수 있다. 116)

② 시는 고체와 근체로 구분하였다. 그러나 오언율시 아래 주석에 '장율(長律)을 부록함'이라 하여 고병(高棅)을 따라 배율이라 일컫지 않았고, 칠언율시 아래 주석에 '요율(拗律)을 부록함'이라 하였으니 또한 송나라 사람의 옛 명칭이다.117)

文後 以防闕節" 등을 보면 청나라 때는 16행 배율을 시험한 것이 분명하며, 이를 鄕試에까지 확대 적용하였던 사실을 확인할 수 있다.
115) 啓功, 『詩文聲律論稿』(中華書局, 1990), "唐代科擧考試 用五言六韻 計十二句 稱爲試律詩 淸代科擧考試 用五言八韻 計十六句 稱爲試帖詩 一般的長律 不限句數".
116) 『四庫全書總目』 卷174, 「精華錄八卷」(王士禛), "排律之名 唐宋元人皆無之 舊集具存 可以覆按 至元末楊士宏所選唐音 始以排律標目 高棅選唐詩品彙 仍之不改 乃沿用至今".
117) 『四庫全書總目』 卷167, 「杏亭摘稿一卷」(洪焱祖), "元洪焱祖(1267~1329)撰

③ 배율이란 명칭은 …… 당나라 사람은 장율(長律)이라 이름 하였고, 송나라 사람은 장운율(長韻律)이라 일컬었다.118)

①은 왕사정(王士禎. 1634~1717)이 『정화록(精華錄)』에서 배율의 용례와 관련하여 언급한 것이고, ②는 원나라 홍염조(洪焱祖. 1267~1329)의 문집에 수록된 시 분류 내용을 소개한 것이며, ③은 오교(吳喬)가 『위로시화(圍爐詩話)』에서 말한 것이다. 이를 보면 원나라 초기까지 어디서도 배율이란 명칭을 사용한 적이 없었음을 알 수 있다. 홍염조의 문집은 오언배율을 오언율시 뒤에 부록하면서 장율(長律)이라 하였고, 칠언배율은 칠언율시 뒤에 부록하면서 요율(拗律)이라 하였으며, 오교(吳喬)는 당나라 사람은 배율을 장율(長律), 송나라 사람은 장운율(長韻律)이라 일컬었다고 하였다. 그러니까 8행 율시에 비해 상대적으로 편폭이 긴 작품이란 의미에서 장율(長律) 장운율(長韻律), 혹은 예사 율시와 다른 작품이란 의미에서 요율(拗律)이라고 하였다는 것인데, 이를 통해 원나라 초기까지는 배율을 율시의 연장선상에서 이해하였음을 알 수 있다.

그렇다면 10행 이상의 율시를 따로 구분하여 배율이란 용어를 적용한 것은 언제 누구부터였을까? 원나라 때 양사홍(楊士弘)이 『당음(唐音)』이란 시선집을 편찬하면서 한시 분류에 이 용어를 처음 활용하였고, 명나라 때 고병(高棅)이 100권에 달하는 대규모 시선집 『당시품휘(唐詩品彙)』를 편찬하면서 다시 이를 활용하였으며, 이후 그 명칭을 그대로 계승하여 오늘에 이르렀다는 것이 정설이다.

… 詩以古近體分列 然五言律下注曰 長律附 不從高棅稱排律 七言律下注曰 拗律附 亦宋人之舊名".

118) 吳喬, 『圍爐詩話』 卷2, "排律之名 … 唐人名長律 宋人謂之長韻律".

① 율시란 명칭은 심전기 송지문에게서 비롯하였으니,『당서(唐書)』 열전(列傳)에서 살펴볼 수 있다. 배율이란 명칭은 양사굉(楊士宏)에게서 비롯하였으니,『당음(唐音)』에서 또한 살펴볼 수 있다.119)

② 배율이란 명칭은 양굉의『당음(唐音)』에서 비롯하였다. 옛날에는 이런 명칭이 없었는데, 이 책에서 곧 배율을 표목(標目)으로 세워 하나의 시체로 삼았다.120)

③ 배율이란 명칭은 옛날에 없던 것이다. 양중굉(楊仲宏)이『당음(唐音)』을 편찬하면서 처음으로 이를 구분하여 하나의 표목으로 삼았고, 고병이 그 설에 근본하여 드디어 지금까지 그대로 사용하였다.121)

④『당음(唐音)』의 작품 분류

唐詩始音(권1):작가별 분류. 唐詩正音(권2~권7):오언고시(권2), 칠언고시(권3), 오언율시(권4), 칠언율시(권5), 칠언배율(권5), 오언절구(권6), 칠언절구(권7). 唐音遺響(권8~권14):작가별 분류. *칠언배율 조항에 왕중초(王仲初)의 「기하전시중공성(寄賀田侍中功成)」7언20구, 「송배상공상태원(送裴相公上太原)」7언16행 등 2수 수록

위의 ①②③은 모두 배율이란 용어를 원나라 말기에 양사홍(楊士弘)122)이『당음(唐音)』(1344년)을 편찬하면서 처음 사용하였다고 하

---

119) 『四庫全書總目』卷193,「情采編三十六卷」(屠本畯), "明屠本畯撰 … 律詩之名 始於沈佺期宋之問 唐書列傳可考 排律之名 始於楊士宏 唐音亦可考也".
120) 『四庫全書總目』卷149,「孟浩然集四卷」, "排律之名 始於楊宏唐音 古無此稱 此本乃標排律爲一體".
121) 『四庫全書總目』卷189,「唐詩品彙九十卷拾遺十卷」(高棅,), "排律之名 古所未有 楊仲宏撰唐音 始別爲一目 棅祖其說 遂至今沿用".

였다. 그리고 명나라 초기에 고병(高棅. 1350~1413)이 『당시품휘(唐詩品彙)』를 편찬하면서 이를 다시 사용하였으며, 이후 오늘에 이르기까지 그 명칭을 그대로 답습해왔다고 하였는데, ④를 통해 양사홍이 『당음(唐音)』에서 실제로 '칠언배율' 조항을 따로 설정하여 장편 배율을 별도로 수록한 사실을 확인할 수 있다. 이후 배율이란, 다소 이견이 없지 않았지만123), 원말 명초에 양사홍이 처음 사용하고 고병이 이를 확산시켰다는 견해가 정설이 되었다.

그렇다면 배율(排律)의 문자적 의미는 무엇일까? 이에 대해서는 청나라 초기에 전량택(錢良擇)이 풀이한 예를 찾아볼 수 있다. 그는 배율이란 배비성률(排比聲律)의 줄임말이라고 하였다. 옛 사람들이 이전부터 사용해 온 배비성률(排比聲律), 즉 '배우(排偶)가 즐비하고 성률이 조화롭고 단정함'을 가리키는 이 4자에서 2자를 취하여 배율이라 하였다는 것이다.124) 비슷한 시기에 활동한 풍반(馮班)도 이와 유사한 견해를 보인 바 있다.125) 따라서 두 사람의 견해를 참고할 때 배율이란 '배비성률(排比聲律)의 줄임말로, 대우를 즐비하게 이

---

122) 인용문 ①의 楊士宏, ②의 楊宏, ③의 楊仲宏 등은 모두 楊士弘을 가리킨다. 『唐音』의 편찬자는 楊士弘이고 자는 伯謙이며, 『新元史』卷238 列傳에서 인적 사항을 확인할 수 있다.
123) 馮班의 『鈍吟雜錄』卷三 正俗에 "高棅又創排律之名 雖古人有排比聲律之言 然未聞呼作排律 此一字 大有害於詩 吾友朱雲子 撰詩評 直云七排五排 幷去律字 可慨也"라고 한 것을 근거로 배율이란 용어를 명나라 고병이 처음 창안하였다고 주장하는 것이다.
124) 錢良擇, 『唐音審體』, "古人所謂排比聲律者 排偶櫛比 聲和律整 乃乎四字中 摘取二字 呼爲排律".
125) 馮班, 『鈍吟雜錄』(四庫全書 子部 雜家類) 卷3, 正俗, "雖古人有排比聲律之言 然未聞呼作排律 此一字 大有害於詩 吾友朱雲子 撰詩評 直云七排五排 幷去律字 可慨也".

어가면서 평측과 압운을 조화롭고 단정하게 가다듬은 작품 양식'이라 할 수 있겠는데, 배율의 작품적 특징과 잘 부합하는 풀이이다.

2) 배율의 양식적 특징

배율의 특징은 우선 대우의 정연함을 특별히 강조한 데서 찾아볼 수 있다. 배율이 8행 율시의 함련과 경련 부분을 확장한 형태라는 것은 앞에서 이미 지적한 바 있다. 그래서 시작과 끝 연을 제외하고는 반드시 전편에 걸쳐 엄정한 대우를 구사하였고, 대우를 얼마나 적절하고 치밀하게 구사하였는가에 따라 작품의 성패가 좌우될 수 있다고 여겼는데, 바로 여기에 일차적으로 중요한 양식적 특징이 있다.

① 장편 배율이 숭상하는 바는 기국(氣局)이 엄정하고, 대우가 공교롭고 적절하며, 단락이 분명함이다.126)

② 배율을 지음에 네 가지 요체가 있다. 첫째 포서(鋪敍)가 체계적이어서 앞뒤가 어지럽지 않음을 귀하게 여긴다. 둘째 대장(隊仗)이 엄정하고 정경(情景)이 분명함을 귀하게 여긴다. 셋째 과도(過度:넘김)가 명백하여 사람들이 생각에 잠기거나 회고하게 하지 않음을 귀하게 여긴다. 넷째 기상(氣象)이 넓고 커서 차분하고 급박하지 않음을 귀하게 여긴다.127)

①은 심덕잠(沈德潛1673~1769)이 배율에서 특별히 숭상하는 핵심적인 요건 3가지를 지적한 것이고, ②는 『두시상주(杜詩詳注)』에

---

126) 沈德潛, 『說詩晬語』 卷上, "長律所尙 在氣局嚴整 屬對工切 段落分明".
127) 仇兆鰲, 『杜詩詳注』 卷1, 「臨邑舍弟書至 苦雨黃河泛溢隄防之患 簿領所憂 因寄此詩 用寬其意」 주석, "作排律 其要有四 一貴鋪敍得體 先後不亂 二貴隊仗整肅 情景分明 三貴過度明白 不令人沈思回顧 四貴氣象寬大 從容不迫".

서 배율을 짓는 요체 4가지를 따로 제시한 것이다. 이를 보면 배율이 숭상하는 3가지 요건, 혹은 배율을 짓는 4가지 요체 등에 반드시 대우와 관련된 사항이 포함되었음을 알 수 있다. ①에서 '대우가 공교롭고 적절함[屬對工切]', ②에서 '대장이 엄정하고 정과 경이 분명함[隊伏整肅 情景分明]'이라 한 것이 바로 그것이다. 작품 전편에 걸쳐 반드시 대우를 구사하도록 규정한 만큼 대우의 정교함과 공정성(工精性)에 특별히 관심을 경주하였던 것이다.

두 번째 특징은 작품 구성의 정합성, 즉 장법(章法)을 특별히 강조하였다는 점이다. 배율은 최소한 10행, 많게는 수십 수백 행에 이르는 장편의 작품이다. 그래서 4행 절구나 8행 율시와 달리 길게 이어지는 작품을 어떻게 중복되거나 지루하지 않게 효율적으로 구성할 수 있을까 하는 점에 특별히 유의하였다. 이는 위의 예문에서 배율이 갖추어야 할 몇 가지 핵심적인 사항으로 '단락이 분명함[段落分明]', '서술 순서가 체계적이어서 선후가 어지럽지 않음[鋪敍得體 先後分明]'을 지적한 데서 알 수가 있는데, 아래 예문에서 이 점을 더욱 분명하게 확인할 수 있다.

① 물음 : 배율의 작법은 어떻습니까? 대답 : 당나라 사람은 성시(省試)에서 다 배율을 썼는데 본래 다만 6운(韻)에 그쳤다. 두보에 이르러 처음 장율(長律)을 지었고, 중당 때 원진(元稹)과 백거이(白居易)는 또 길게 늘여 100운(韻)에 이르렀으니, 옛 방식이 아니다. 그 작법은 '처음부터 끝까지 열고 닫음에[首尾開闔] 크고 작은 물결이 치고 꺾이게 한다[波瀾頓挫]'는 여덟 글자가 다하였다.128)

---

128) 劉大勤, 『師友詩傳續錄』, "問 排律之法何如 答 唐人省試 皆用排律 本只六韻而止 至杜始爲長律 中唐元白 又蔓延至百韻 非古也 其法則首尾開闔 波瀾頓挫 八

② 대저 배율은 자구단련[句鍊字鍛] 같은 것은 공교롭기가 쉬울 수 있지만 정서를 펼치고 뜻을 진술함이 전편에 일관되어 차례를 잃지 않기는 어렵다. 그래서 황산곡이 '두보의「증위좌승(贈韋左丞)」시를 선배들이 기록하여 압권(壓卷)이라 하였는데, 대개 그 포치(布置)가 아주 잘 되어 마치 관청과 큰 저택의 대청 마루 방 등이 각각 정해진 자리가 있어서 서로 뒤섞이지 않은 듯해서이다.' 라고 한 적이 있으니, (배율을) 짓는 자는 마땅히 이 말을 법으로 삼아야 한다.129)

③ 구조오(仇兆鰲)가 말하였다 …… 장편 배율은 두보에게서 시작되어 많게는 100운에 이르렀으니, 실로 후대 사람의 남상(濫觴)이 된다. 이 시는 전아하고 공교로우며 재주와 학식이 넉넉하면서도 대오(部伍)가 삼엄하고 장법(章法)이 더욱 치밀하다.130)

①에서는 배율의 작법에 대한 물음에 '처음부터 끝까지 열고 닫음[首尾開闔]에 크고 작은 물결이 치고 꺾이게 함[波瀾頓挫]'이 핵심이라고 답하였다. ②에서는 배율을 지을 때 글자와 구절을 공교롭게 다듬기는 쉽지만, 정서를 펼치고 뜻을 진술함[抒情陳意]이 전편에 일관되도록 하기는 어렵다고 하였다. 그리고 두보의 장편 배율「증위좌승(贈韋左丞)」을 배율의 압권이라 평가하는 것은 마치 큰 저택에

字盡之".
129) 唐順之,『稗編』卷73, 吳訥의 文章辨體二十四論, "大抵排律 若句鍊字鍛 工巧易能 唯抒情陳意 全篇貫徹而不失倫次者爲難 故山谷嘗云 老杜贈韋左丞詩 前輩錄爲壓卷 蓋其布置最爲得體 如官府甲第廳堂房舍 各有定處 不相淆亂也 作者當以其言爲法".
130)『御選唐宋詩醇』卷17, 두보의「秋日夔府詠懷奉寄鄭監審李賓客之芳一百韻」에 대하여 "仇兆鰲曰 … 長篇排律 起於少陵 多至百韻 實爲後人濫觴 此篇典雅工秀 才學旣優 而部伍森嚴 章法尤爲精密".

대청과 마루 방 등이 각각 정해진 자리가 있어서 서로 뒤섞이지 않듯 작품 전체의 포치(布置)가 잘 되었기 때문이라고 하였으며, 배율을 짓는 자는 마땅히 이를 법으로 삼아야 한다고 하였다. ③에서는 두보의 장편 배율시를 칭송하면서 그 까닭이 바로 전체의 대오(隊伍)가 삼엄하고 장법(章法)이 치밀함에 있다고 하였다. 예외 없이 모두 처음부터 끝까지 질서정연한 장법(章法)의 정합성이 배율에서 다른 무엇보다도 중요함을 거듭 강조하였던 것이다.

세 번째 특징은 뜻이 잡다하지 않고 표현이 느슨하지 않도록 특별히 유의하였다는 점이다. 배율은 작품의 편폭이 길었던 만큼 시상의 전개 과정에 긴요하지 않은 잡다한 내용이 개재할 여지가 많고, 표현 또한 짧은 절구나 율시에 비해 지루하게 늘어지고 느슨해질 가능성이 높았다. 그래서 다양한 변화와 기복을 추구하면서도 뜻이 잡다하지 않고 시어가 느슨하지 않도록 특별히 유의하였다.

"고시는 ····· 길면 뜻이 많이 잡다해지고 글자가 많이 느슨해지니, 문장에서도 또한 이를 어려워하였다. 그러므로 옛 사람의 글은 그칠 만하면 그쳐서 하나라도 잡다한 뜻이나 느슨한 글자로 자신이 시를 짓는 본의에 누가 되도록 하지 않았다. 이런 의미를 아는 사람은 구법(句法) 뿐만 아니라 장법(章法)도 알 수 있으리라. 지난날 칠언배율을 적게 짓고 지어도 또한 공교롭지 못했던 것은 어찌해서인가? 뜻이 많이 잡다하고 글자가 많이 느슨해서였다.131)

고염무(顧炎武. 1613~1673)가 『일지록(日知錄)』에서 한 말이다.

---

131) 顧炎武, 『日知錄』卷21, "古詩 ··· 長則意多冗 字多懈 其於文也 亦難之矣 以是知古人之文 可止則止 不肯以一意之冗 一字之懈 而累吾作詩之本義也 知此義者 不特句法也 章法可知矣 七言排律 所以從來少作 作亦不工者何也 意多冗也 字多懈也".

그는 고시에 한 구가 8자 혹은 9자로 된 작품이 드문 것은 글자 수가 너무 많으면 뜻이 잡다하고 글자의 긴장감이 떨어지기 때문이라고 하였다. 그리고 이런 구법(句法) 차원의 논리를 작품 전체 차원으로 확대하여 장법(章法)도 예외가 아니라고 하였으며, 칠언배율을 잘 짓지 않고 또 지어도 공교롭지 못한 이유 또한 글자 수가 많고 편폭이 길어서 뜻이 잡다하고 글자가 느슨해지기 때문이라 하였다. 배율의 경우 작품이 길었던 만큼 각 행의 글자 수는 칠언보다 짧은 오언을 선호하였다는 것인데, 이를 통해 뜻이 잡다하거나 글자가 느슨해지는 것을 얼마나 경계하였는지 미루어 짐작할 수 있다. 왕부지(王夫之. 1619~1692)가 배율을 비판하면서 "취사(脆蛇:뱀의 일종)가 마디마디 끊어지고 수많은 개미떼가 모여 있는 것 같다"132) 한 것은 바로 이런 배율의 한계와 특징을 동시에 지적한 말이다.

배율은 이처럼 예사 율시에 비해 작품의 편폭이 길면서도 압운 평측 대우 등 근체시가 요구하는 율격을 모두 정연하게 갖추어야 함은 물론, 길게 이어가는 대우의 공정성, 전체 구성과 전개의 정합성, 의미의 잡다함과 글자의 느슨함에 대한 경계 등 유의해야 할 사항이 한두 가지가 아니었다. 그래서 시에 아주 능숙한 사람이 아니고서는 쉽게 짓기 어려웠으며, 이 때문에 문인들이 자신의 시적 재능을 과시하고자 하는 자리에서 이를 즐겨 선택하였다. 그리고 당나라 이래 과거시험의 주요 과목이었고, 과거에 합격한 인물들이 군왕과의 응제에서 즐겨 활용하였으며,133) 기타 고관(高官)에게 어려운 청탁을

---

132) 王夫之, 春日江津游望(杜審言) 評語(『杜甫排律研究』 7쪽 재인용-), "盛唐以後 失其宗旨 以排爲律 引律使排 … 其凉法之始 自杜陵夔府諸作 以相沿染 而人間乃有此脆蛇寸斷 萬蟻群攢之詩 謂之排律".

하거나 격식을 갖추어 축하나 애도를 표할 때도 이를 즐겨 선택하였다. 격식이 특별히 엄정하고 난이도가 높았던 만큼 상대에 대한 예의와 존중심을 더욱 강하고 정중하게 보여줄 수 있다고 여겼기 때문이다. 그래서 배율은 예사 율시에 비해 상대적으로 더 사교적이고 귀족적인 성격이 강하다고 할 수 있겠는데, 바로 여기에 배율의 또 다른 특징이 있다.

이 외에도 배율의 특징을 언급한 예가 더러 있다. "배율은 기구(起句)를 특히 웅혼(雄渾)하게 지어야 한다."134) "허운(虛韻) 보다는 실운(實韻), 순련(順聯)보다는 역련(逆聯)이 좋다."135)고 한 것 등이 그런 것이다. 그러나 이런 견해는 아직 학술적으로 검증된 것이 아니어서 본 장의 검토 대상에서 제외하였다.

5. 요체와 요구(拗救)의 적용양상

한시 가운데 요체(拗體)라는 것이 있다. 글자 그대로 풀이하면 근체시의 '격식에 어긋난 시체'란 뜻이다. 그러나 요체는 이렇게 간단히 말할 수 없다. 근체시의 격식에 어긋난 시 형식은 고시(古詩)가 대표

---

133) 강민호의 『杜甫排律硏究』 37쪽에 당 태종 때의 秦王府十八學士, 고종 때의 北門學士, 측천무후 때의 珠英學士 등과 같은 궁정문인들이 배율 창작을 주도하였고, 측천무후 때 편찬한 『珠英學士集』에 수록된 시 56수 중 31수가 오언배율이란 지적이 있어서 참고할 수 있다.
134) 胡震亨, 『唐音癸籤』 卷10, "凡排律起句 極宜冠裳雄渾 不得作小家語". 『御選唐宋詩醇』 卷5, 李白의 「中丞宋公以吳兵三千赴河南軍次尋陽脫予之囚叅謀幕府因贈之」, "胡震亨曰 排律起句 極宜冠冕雄渾 不得作小家語 如此篇之類 最爲得體".
135) 胡震亨, 『唐音癸籤』 卷3, "作排律法 虛韻不如實韻 堪押順聯 不如逆聯有情".

적이지만, 고시를 요체라고 하지는 않았다. 그리고 특정 격식을 함부로 어기면 정형 한시의 아름다움이 파탄날 수도 있다. 그런데 오히려 이를 본질로 삼는 요체란 도대체 어떤 격식을 어떻게 어기는 것인가? 어긋난 격식의 부조화를 극복할 수 있는 어떤 구체적인 방법이 있었던가? 여기서는 바로 이런 몇 가지 사실을 검토함으로써 요체에 대한 기초적인 이해에 기여하려는 것이다.

1) 요체의 개념

요체(拗體)의 요(拗)는 '비틀다' 혹은 '격식에 어긋나다'라는 뜻을 가지고 있다. 따라서 사전적으로 요체란 우선 '특정한 격식을 비틀어 어긋나게 만든 시체'라고 풀이할 수 있다. 그렇다면 요체에서 비틀기 대상으로 삼은 한시 형식은 어떤 것일까? 그것은 다름 아닌 절구나 율시와 같은 근체시의 형식이었다.

근체시는 한 행의 자 수, 한 편의 행 수, 압운의 방법, 평측과 대우 등 반드시 지켜야 할 여러 가지 엄정한 격식이 있었다. 이와 같은 격식은 오랜 창작 경험을 통해 한문자의 문자적 특징을 가장 잘 발휘할 수 있도록 정교하게 가다듬어 만든 최고의 문학적 표현 장치였다. 그러나 시대와 지역에 상관없이 언제나 같은 격식을 요구함으로써 표현의 획일성을 자초하기도 하였는데, 요체는 바로 이런 근체시의 획일적 격식 일부를 비틀어버림으로써 보다 개성 있는 표현미를 추구하고자 한 것이다.[136]

---

136) 拗體를 통해 일반 한시와 다른 미적 특징을 구현할 수 있다는 지적은 여럿 있는데, 宋公傳(明)가 『元詩體要』(卷14 拗體)에서 "拗體 乃唐律之再變 古今作者不多 遇律之難處 必得俊句 時出而用之 則奇健矣"이라고 한 것, 郎廷槐가 『師友詩傳錄』에서

요체에서 비틀기 대상으로 삼은 것은 근체시의 여러 격식 가운데 특히 평측이 핵심이었다. 한 행의 자수, 한 편의 행수, 압운과 대우 같은 것은 비록 느슨한 형태이기는 하지만 근체시 성립 이전의 제언체고시(齊言體古詩)에서부터 이미 다채롭게 시험된 바 있다. 반면 평성과 측성을 일정한 규칙에 따라 배열하는 평측(平仄)은 한자음에 대한 연구가 본격화되고 이를 시적으로 활용하기 시작하면서 등장한 근체시 고유의 특징이라 하겠는데, 요체는 바로 이 평측 격식의 비틀기를 시도한 것이다.

따라서 평측 격식이 확립되지 않은 당나라 이전에는 요체라는 용어 자체가 존재하지 않았다. 당나라 이후 근체시가 보편화되고 평측의 획일성 문제가 부각되면서 비로소 이 용어를 사용하기 시작하였다.137) 그리고 용어가 존재하지 않았던 만큼 요체라고 할 작품도 존재하지 않았다. 다만 평측과 무관한 고시 혹은 다소 유연한 형태의 과도기적 근체시가 존재할 따름이었다. 요체는 이처럼 고시와 달리 당나라 이후 근체시의 경직된 평측 격식을 고의로 비틀며 등장한 것이란 점에 일차적 특징이 있다.

"三百篇而後 未必盡被管絃 但求寫意興而已 故寧使音律不協 不使詞意不工 此杜律之所以多拗體也"라고 한 것, 조선 徐居正이『東人詩話』(上, 제5항)에서 "拗體者 … 遇律之變處 當下平字 換用仄字 欲使語氣奇建不群"이라고 한 것, 河謙鎭이『東詩話』(卷1, 71항)에서 "詩以溫厚有餘味爲貴 清新俊逸次之 而沈吟之餘 或作詭辭拗字 以逞其巧 是亦一體也 … 皆是拗體 而兼有俊逸之氣 讀之令人叫奇"라고 한 것 등이 그런 예이다.

137) 黃宗羲,『明文海』卷265, 序56, 趙統의「錄戊辰詩稿自序」, "凡言拗體者 古無是也 律成於唐 唐初律法尙粗 漸趨漸細而嚴 以趨晚唐 拘律害意 所以謂之氣格卑弱 夫盛唐詩人 率推李杜爲大家 太白律不聖於其古風 子美集中 間多拗於律 後人不敢非也 因宗而效之 別謂拗體".

평측이 아닌 여타 격식은 근체시의 틀을 대체로 준수하였다. 자수 행수는 말할 것도 없고, 압운과 대우도 근체시의 격식에 어긋남이 없었다. 그래서 요체를 흔히 근체시의 변형으로 간주하였는데, 송나라 양걸(楊傑)이 "요체를 고시의 범주에 넣는 것은 잘못"138)이라 지적한 것이나, 명나라 송서(宋緖)가 『원시체요(元詩體要)』에서 "요체란 당나라 율시의 변형"139)이라고 한 것, 구조오(仇兆鰲)가 『두시상주(杜詩詳註)』에서 "율시에서 요체는 『시경』의 변풍(變風) 변아(變雅)와 같다."140)고 한 것 등이 다 그런 예이다. 이처럼 요체는 율시의 격식과 무관한 고시와 달리, 율시의 격식을 대체로 준수하면서 평측 부분을 제한적으로 비틀어놓은 양식이라는 점에 또 다른 특징이 있다.141)

하나 더 거론할 필요가 있는 것은 요체가 비틀린 평측 부분을 방치하지 않고 대부분 이를 상쇄시킬 수 있는 방법을 함께 강구하였다는 점이다. 특정 행에서 평성자를 놓아야 할 자리에 측성자를 놓아 비틀었다면, 그 전후 측성자를 놓아야 할 자리에 평성자를 놓아 비틀림

---

138) 楊傑, 『無爲集』(四庫全書 別集類2) 提要. "詩以古體律體分編 而和謝判官宴南樓 一首 本拗體七言律詩 而誤入古詩 編次尤爲無緖".
139) 宋緖(明), 『元詩體要』卷14, 「拗體」, "拗體 乃唐律之再變 古今作者不多 遇律之 難處 必得俊句 時出而用之 則奇健矣 觀者亦不可不知 存此以備一體". 徐居正도 『東人詩話』卷上 제5항에서 "拗體者 唐律之再變"이라고 하여 『元詩體要』의 내용을 거듭 확인한 바 있다.
140) 仇兆鰲, 『杜詩詳註』補註 卷下, "王世懋敬美曰 … 杜詩七言律之有拗體 猶詩之有 變風變雅乎".
141) 陳文華는 『杜甫律詩探微』 제2장 審音辨律에서 拗體를 句式 상 拗調 古調 등 拗句와 體式 상 拗對 拗黏 등 拗體로 한층 자세하게 구분하기도 하였다. 姜聲尉의 「拗와 拗救」 60쪽 참고. 그러나 體式 상 拗對와 拗黏은 句式 상 拗句와 연동되어 있을 뿐만 아니라 이를 救하는 장치가 따로 없었다. 그리고 拗句에 拗對와 拗黏이 혼재할 경우 이를 별도의 吳體로 구분하기도 하였다. 이를 감안하여 拗句 중심으로 검토하였으며, 拗對와 拗黏은 중요 검토 대상으로 삼지 않았다.

현상을 풀어주었다는 말이다. 그래서 결과적으로 근체시의 일반적 평측 격식을 벗어나면서도 거기에 어울리는 새로운 변형 율격을 창출하였는데, 바로 이와 같은 변통성과 고도의 기교성에 요체와 고시의 근본적인 차이가 있다.

따라서 요체란 근체시가 성립된 이후 등장한 양식이고, 근체시의 여타 격식을 대부분 준수하면서 평측 부분을 제한적으로 비틀어 놓은 것이며, 비틀린 평측의 부조화를 상쇄시킬 수 있는 방법을 동시에 강구함으로써 새로운 율격을 창출한, 실상 대단히 '개성적이고 기교적인 근체시의 변형 양식'이라 할 수 있겠다.

2) 요구(拗救)의 적용양상

왕력(王力)은 근체시의 평측 격식이 사언의 '측측평평'과 '평평측측' 두 가지를 근간으로 성립되었다고 하였다. 그리고 오언은 여기에 1자를 더하고, 칠언은 오언 앞에 다시 2자를 더한 형태로, 대략 다음 4가지 구식(句式)이 있다고 하였다.142)

四言句式	五言句式		七言句式
●●○○	ⓐ1형	●●○○●	○○●●○○●
	ⓐ2형	●●●○○	○○●●●○○
○○●●	ⓑ1형	○○○●●	●●○○○●●
	ⓑ2형	○○●●○	●●○○●●○

위의 4종 구식에서 먼저 주목해야 할 것은 각 구식의 제2자 제4자 제6자이다. 이들은 각 행의 구성단위, 즉 오언시의 두절(頭節. 제1-2

---

142) 王力, 『漢語詩律學上』(山東敎育出版社, 1989), 第一章 第六節 平仄的格式 85~90쪽 참고.

자) 복절(腹節. 제3-4자)이나 칠언시의 정절(頂節. 제1-2자) 두절(頭節. 제3-4자) 복절(腹節. 제5-6자)의 무게 중심이 놓인 절주점(節奏點)으로, 평측 구성의 기본 골격에 해당하는 자리이다. 그래서 한 행 내에서의 평측 변화나 행간의 평측 변화를 설정할 때 언제나 이 글자를 기준으로 삼았다. 제2자 제4자는 평측이 서로 상반되어야 한다는 이사부동(二四不同), 제2자 제6자는 평측이 서로 같아야 한다는 이륙동(二六同), 한 연(聯) 내에서 출구(出句)와 대구(對句)는 평측이 서로 상반되어야 한다는 대(對), 앞 연(聯)의 대구(對句)와 뒤 연(聯)의 출구(出句)는 평측이 서로 같아야 한다는 점(黏) 혹은 염(簾) 등이 모두 이를 기준으로 삼았다.

요체 가운데 첫 번째로 거론할 수 있는 것은 바로 이 절주 부위의 평측을 비틀어 놓은 것이다. 오언 제4자와 칠언 제6자의 평측을 변경한 것이 그런 예인데, 이는 결코 변경해서는 안 될 부분을 과감하게 변경한 것이라 하여 진정한 요체의 핵심으로 여기기도 하였으며, 과거시험장의 배율(排律) 형식에서도 통용할 만큼 문단에 널리 보편화된 양식이었던 점을 고려하여 평측의 '특수형식' 혹은 '변이구성(變異構成)' 정도로 간주하기도 하였다.143) 이런 요체는 ⓐ1형 '●●○○●'(오언) '○○●●○●'(칠언)과 ⓑ1형 '○○○●●'(오언) '●●○

---

143) 王力, 『漢語詩律學上』(山東敎育出版社, 1989), 第一章 第九節 平仄的特殊形式, "此種特殊形式, 一般人都認爲拗句 (有些人甚至僅僅承認這是拗, 除此之外不稱爲拗) … 但是, 如果拗的意義是違反常格, 則是否該稱爲拗尙有問題; 因爲這種形式常見到那樣的程度, 連應試的排律也允許用它(例如元稹≪河鯉登龍門≫:回瞻順流輩 誰敢望同升), 實在不很應該認爲變例(叫做特殊形式 也是不得已的)". 池浚模는 『漢詩作法』(필사본, 1991) 20~23쪽에서 이런 형식을 拗體와 구분하여 일반적 평측의 '變異構成'으로 간주하였으며, 徐鏡普는 「近體詩形式考」(『靑丘大學論文集』 2輯, 1959) 11쪽에서 이런 형식을 모두 일반적 평측의 '定型的變格'으로 처리하였다.

○○●●'(칠언)에 주로 보이는데, 구식에 따라 이를 구(救)하는 방식이 달랐다. 먼저 ⓑ1형의 예를 보면 다음과 같다.

① ○○○●● → ○○●○●
② ●●○○●● → ●●○●○●

①은 오언시 ○○○●● 구식인데, 당초 평측 격식에서 제4자 ●을 ○으로 바꾸어 요(拗)를 하고, 바로 앞 제3자 ○을 다시 ●으로 바꾸어 이를 구(救)한 형식이다. ②는 동일 계열의 칠언시 ●●○○○●● 구식인데, 오언 제4자와 상응하는 제6자 ○을 ●으로 바꾸어 요(拗)를 하고, 역시 같은 방법으로 바로 앞 제5자 ○을 ●으로 변경하여 구(救)한 형식이다. 결국 오언시 제3-4자나 칠언시 제5-6자, 즉 복절(腹節) 부위 상하 두 글자의 평측을 서로 맞바꾸어 요와 구를 동시에 구사한 형태라고 할 수 있는데,144) 이처럼 한 구 내에서 요와 구를 함께 구사한 방식을 단요(單拗) 혹은 본구자구(本句自救)라고 하였다.145)

③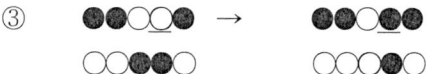

---

144) 이런 방식의 拗救는 해당 부위의 어휘가 평측 때문에 글자의 순서를 바꾸기 어려운 지명 인명 등 고유명사일 경우가 많았다. 우리나라에서는 이런 표현을 광범위하게 허용하면서 특별히 蒙上簾이라고 별칭하기도 하였다. 韶園 李壽洛 선생께 견문한 사항이다.

145) ①과 관련하여 王維의 '彈琴復長嘯'(○○●●●), 劉長卿의 '長江一帆遠'(○○○●●), 조선 숙종 때 朴景夏의 '收竿下烟渚'(○○●○●), ②와 관련하여 杜甫의 '正是江南好風景'(●●○○●●●), 王昌齡의 '欲問吳江別來意'(●●○●●○●), 고려 郭預의 '唯有看花玉堂客'(●●○○●●●) 등과 같은 예가 있다. 기타 王力의 『漢語詩律學』 120~129쪽, 池浚模의 『漢詩作法』 20~21쪽에서 ①② 관련 작품을 찾아볼 수 있으며, 徐居正이 『東人詩話』(上, 제5항)에서 지적한 고려 金之岱의 拗體 '茶罷松窓掛微月'(○●○○●●●)도 ②형이라고 할 수 있다.

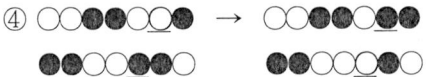

위의 ③과 ④는 ①②와는 다른 ⓐ1형의 평측 격식과 요(拗) 구(救) 방식을 예시한 것이다. ③은 당초 ●●○○ 구식에서 제4자 ○을 ●으로 변경하여 ●●○●이 되도록 하였다. 그리고 그 안에서 구(救)를 하지 못하고 다음 행 ○○●●○의 제3자 ●을 ○으로 변경하여 ○○○●○이 되게 하여 구(救)를 하였는데, 이렇게 한 이유는 ●●○●●을 구(救)하기 위해 제3자 ○을 ●으로 바꾸면 전체가 ●●●●●이 되어 구(救)의 효과가 나타나지 않기 때문이었다. ④도 마찬가지다. 당초 '○○●●○○'이었던 구식에서 제6자 ○을 ●으로 변경하여 ○○●●○●이 되도록 요(拗)를 한 것인데, 그 행 내에서 바로 구(救)를 하지 못하고 다음 행 ●●○○●●○의 제5자 ●을 ○으로 바꾸어 ●●○○○●○이 되게 함으로써 구(救)를 하였다. 이유는 ③과 동일하다. 같은 행 내에서 구(救)를 하기 위하여 ○○●●○ ●●의 제5자 ○을 ●으로 바꾸면 전체가 ○○●●●●●이 되어 역시 구(救)의 효과가 전혀 나타나지 않기 때문이었다.146)

이처럼 ③④는 ① ②와 달리 요(拗)를 한 부위는 동일하지만 구(救)를 하는 방식이 달랐다. 한 행 내에서 요(拗)와 구(救)를 동시에 구사한 것이 아니라 출구(出句) 복절(腹節) 제4자(오언)나 제6자(칠언)에서 먼저 요(拗)를 하고 그 다음 대구(對句) 복절(腹節) 제3자(오언)나 제5자(칠언)에서 구(救)를 하였는데, 이와 같은 형태의 요구(拗

---

146) ○○●●●●● 같은 형태의 拗體도 없지는 않았다. 杜牧 「江南春」 轉句의 '南朝四百八十寺'(○○●●●●●)나 徐居正이 『東人詩話』上 제5장에서 요체의 일종으로 소개한 金之岱의 '雲間絶磴七八里'(○○●●●●●) 등이 그런 예이다.

救) 방식을 쌍요(雙拗) 혹은 대구상구(對句相救)라고 하였다.147)

절주 부위의 요체는 복절(腹節), 즉 오언 제4자나 칠언 제6자를 대상으로 한 위의 ① ② ③ ④가 대부분이다. 정절(頂節) 부위에 해당하는 칠언 제2자나 두절(頭節) 부위에 해당하는 오언 제2자 칠언 제4자 등도 모두 절주(節奏) 부위이지만, 이를 대상으로 한 요구(拗救)는 흔치 않다는 말이다. 이유가 무엇인지는 분명치 않다. 다만 이들이 절주의 시작 부분에 해당하고, 시작 부분의 평측을 비틀 경우 그 이하 평측 구성 자체가 흐트러질 가능성이 있어서 그랬던 것이 아닌가 짐작할 뿐이다.

요체 가운데 두 번째로 거론할 수 있는 것은 절주가 아닌 부위의 평측을 비틀어놓은 것이다. 절주가 아닌 부위는 절주 부위에 비해 평측의 구속력이 약하다. 특히 칠언 제1자는 오언에 상대되는 글자가 없고 또 압운 위치에서 거리가 가장 먼 곳에 자리하여 대부분의 경우 평측에 구애를 받지 않았다. 따라서 칠언 제1자가 평측에 어긋난 것은 요(拗)라고 하지 않았으며, 이를 구(救)할 필요도 없었다.

그러나 오언 제1자와 이와 상응하는 칠언 제3자는 사정이 조금 달랐다. 이 부위 글자도 대부분 평측에 구애를 받지 않았지만, 이를 변경할 경우 고평(孤平), 즉 운자를 제외한 평성이 하나 뿐인 형태가 될 경우가 있었기 때문이다. 고평은 근체시에서 특별히 꺼리는 기피 대상 가운데 하나이다. 그래서 오언 제1자와 칠언 제3자의 평측을

---

147) ③과 관련하여 孟浩然의 '落日池上酌'(●●○●●) '淸風松下來'(○○●○●), 白居易의 '野火燒不盡'(●●○●●) '春風吹又生'(○○●●○), ④와 관련하여 杜甫의 '明光起草人所羨'(○○●●○●●) '肺病幾時朝日邊'(●●○○○●○), 黃庭堅의 '舞陽去葉纔百里'(○○●●●●●) '賤子與公俱少年'(●●●○○●○) 같은 예를 찾아 볼 수 있다.

변경하여 고평(孤平)이 될 경우에는 반드시 이를 해소할 수 있는 방법을 강구하고자 하였는데, 이처럼 고평을 범하였다가 해소하는 방식의 요체를 특별히 고평요구(孤平拗救)라고 하였다. 앞에 제시한 4가지 구식(句式) 가운데 ⓑ2형이 바로 그런 예이다.

⑤　　○○●●○　→　●○○●○
⑥　●●○○●●○　→　●●○●○●○

⑤는 ⓑ2형 오언 구식이다. 여기서 ○○●●○의 제1자 ○을 ●으로 바꾸면 ●○●●○으로 제2자 ○이 고평이 된다. 그래서 이를 해소하기 위해 제3자 ●을 ○으로 바꾸어 ●○○●○이 되도록 하였다. ⑥은 동일 계열의 칠언 ●●○○●●○ 구식이다. 여기서 오언 제1자와 상응하는 제3자 ○을 ●으로 바꾸면 ●●●○●●○이 되어 역시 제4자가 고평이 되는데, 이를 해소하기 위해 제5자 ●을 ○으로 바꾸어 ●●●○○●○이 되도록 하였다.148)

이처럼 ⓑ2형 구식에서는 오언 제1자나 칠언 제3자의 평측을 변경하면 고평이 되고, 그래서 같은 행 제3자(오언)나 제5자(칠언)의 평측을 변경하여 이를 구(救)하였는데, 이런 점에서 고평요구(孤平拗救)는 요(拗)와 구(救)가 동일 행 내에서 이루어지는 단요(單拗) 곧 본구자구(本句自救)의 일종이라 할만하다. 그리고 ⓑ2형이 아닌 여타 ⓐ1형 ⓐ2형 ⓑ1형 등에서는 오언 제1자나 칠언 제3자의 평측을 바꾸어

---

148) ⑤와 관련해서는 孟浩然의 '夜來風雨聲'(●○○●○), 李白의 '低頭思故鄕'(●○○●○), 杜牧의 '繭蠶初引絲'(●○○●○), ⑥과 관련해서는 杜甫의 '一柱觀頭眠幾回'(●●●○○●○) '忽憶兩京梅發時'(●●●○○●○), 賀知章의 '笑問客從何處來'(●●●○○●○) 같은 예가 있다. 기타 王力의 『漢語詩律學』 116쪽에서 孤平拗救 관련 작품의 예를 확인할 수 있다.

도 고평이 되지 않는다. 따라서 구(救)를 할 필요가 없었으며, 요체로 여기지도 않았다.

요체 가운데 세 번째로 거론할 수 있는 것은 오언 제3자와 칠언 제5자, 즉 복절(腹節) 상자(上字)의 평측을 비틀어놓은 것이다. 이 글자는 비록 절주(節奏) 부위는 아니지만 원칙적으로 평측의 기본 형식을 준수해야 하였다. 평측 규칙에서 보다 자유로운 오언 제1자나 칠언 제1 제3자의 변화를 전제할 경우, 율격의 기본 틀을 유지하는 중요 구실을 담당하였기 때문이다. 그래서 이 부위의 평측을 어기면 요체로 간주하였으며, 대구(對句) 동일 부위의 평측을 변경하여 대구상구(對句相救) 하였다.149)

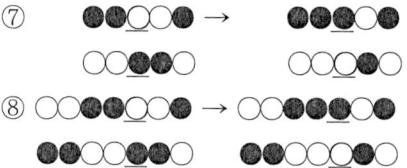

⑦은 오언 출구 ⓐ1형 ●●○○●의 제3자 ○을 ●으로 변경하고, 대구 ⓑ2형 ○○●●○의 제3자 ●을 ○으로 변경하여 구(救)를 한 것이다. ⑧은 동일 계열의 칠언 출구 ○○●●○○●의 제5자 ○을 ●으로 바꾸고 그 다음 대구 ●●○○●●○의 제5자 ●을 ○으로 변경하여 구(救)를 한 형태인데150), 당나라 말기에 허혼(許渾. 791~

---

149) 우리나라에서는 이런 방식의 拗救를 相替簾이라고 별칭하기도 하였다. 출구와 대구의 특정 부위 평측을 상호 연계시켜 교체한 평측 형식이란 의미일 터이다. 상체렴은 오언 韻行(압운을 하는 행) 제4자와 칠언 운행 제6자가 仄聲일 경우에 限한다고 하는데, 본문에 예시한 ⑦과 ⑧에서 이 점을 확인할 수 있다. 韶園 李壽洛 선생께 見聞한 사항이다.

Ⅳ. 근체시란 어떤 시인가   311

854)이 이를 즐겨 활용하여 허정묘구법(許丁卯句法) 혹은 정묘체(丁卯體)라고도 하였다.151) 복절(腹節) 상자(上字) 부위의 요구는 ⑦ ⑧과 같은 ⓐ1ⓑ2형 외에는 혼치 않다.152) ⓑ1형 ○○○●●, ●●○○○과 ⓐ2형 ●●●○○, ○○○●●이 결합된 ⓑ1ⓐ2형이 있을 수는 있지만, 이 경우 오언 제3자나 칠언 제5자의 평측을 바꾸면 율시에서 가장 꺼리는 ●●● 혹은 ○○○ 같은 하삼련(下三連)이 되어 즐겨 시도하지 않았다.153)

마지막으로 하나 더 거론할 수 있는 것은 오언 제1자나 칠언 제1자 제3자 등의 평측을 변경하고 이를 본구(本句) 대구(對句) 혹은 양자

---

150) ⑦과 관련해서는 王維의 '落日鳥邊下'(●●●●●) '秋原人外聞'(○○○●○), 두보의 '冉冉柳枝碧'(●●●○●) '娟娟花蕊紅'(○○○●○), 고려 李穡의 '麟馬去無返'(○●●○●) '天孫何處遊'(○○●●○), ⑧과 관련해서는 杜甫의 '可憐懷抱向人盡'(○○●●●○●) '欲問平安無使來'(●●○○○●○), '已知出郭少塵事'(●○●●●○●) '更有澄江銷客愁'(●●○○○●○) 같은 예를 찾아볼 수 있다.
151) 許渾이 만년에 潤州 丁卯橋 村舍에 寓居하고 丁卯集이란 문집을 남겼다. 그래서 '許丁卯句法' 혹은 '丁卯體'라 하였다. 김준연은 『唐代七言律詩硏究』 94쪽에서 그가 칠언율시 頷聯에 이런 방법을 즐겨 활용하였다고 하면서 頷聯으로 위치가 정해진 것으로 추정하였는데, 杜甫의 「所思」처럼 頸聯에 사용한 경우도 더러 있어서 정밀한 재검토가 필요하다.
152) ⑦은 救를 한 결과가 '●●●○●', '○○○●○' 등으로 고평(孤平)과 고측(孤仄)이 된다. 그래서 제3자와 상응하는 제1자의 평측을 한 번 더 변경하여 '○●●○●', '●○○●○'으로 변형하기도 하였다. ⑧도 마찬가지로 제5자에 상응하는 제3자의 평측을 한 번 더 변경하여 '○○○●●○●', '●●●○○●○' 등으로 변형하기도 하였다.
153) ⓐ2형 ○○●●○○의 제5자 ●을 ○으로 바꾸어 ○○●●○○○으로 만든 예가 없지는 않았다. 王維의 「酌酒與裴迪」 頸聯 對句 '花枝欲動春風寒(○○●●○○○)', 徐居正이 『東人詩話』(上, 제5항)에서 요체의 일종으로 제시한 金之岱의 '香風十里捲珠簾(○○●●○○○)' 같은 것이 그런 예이다. 오언의 경우 常建의 「題破山寺後禪院」 頸聯 對句 '山光悅鳥性(○○●●●) 潭影空人心(●●○○○)' 같은 예를 찾아볼 수 있다.

모두에서 해소한 요구(拗救) 방식이다. 앞에서 거론한 바와 같이 칠언 제1자는 오언에 상응하는 부위가 없고 압운 위치에서 거리가 가장 먼 것이어서 평측 격식에 구애를 받지 않았다. 그리고 오언 제1자나 이에 상응하는 칠언 제3자도 고평(孤平)이 되는 경우를 제외하고는 평측 원칙에 구애를 받지 않았다. 그래서 이 부위 글자는 평측에 어긋나도 구(救)를 하지 않았는데, 만일 구(救)를 한 경우에는 이 역시 넓은 의미에서 요체의 일종으로 간주하였다.

오언 제1자를 대상으로 한 요구(拗救)는 출구(出句) 제1자와 대구(對句) 제1자의 평측을 동시에 변경하는 대구상구(對句相救)가 일반적이었다. 제1자의 평측 변화를 구(救)하기 위해 같은 행 제3자의 평측을 변경시키는 본구자구(本句自救)는 앞에서 검토한 세 번째 예, 즉 오언 제3자의 평측을 변경하는 방식과 연동되어 또 다른 문제를 발생시키기 때문이다. 그리고 대구상구 중에도 다음 ⑨가 대부분이었다.

⑨ ⓑ1ⓐ2형 :

⑨는 오언의 4가지 구식 가운데 ⓑ1형 ○○○●●과 ⓐ2형 ●●●○○이 결합된 형태인데, 출구(出句)와 대구(對句)의 제1자 평측을 모두 변경하여 요구(拗救)가 되게 하였다.154) 이와 달리 ⓐ1형 ●●

---

154) 元稹의 「早歸」 頷聯 '遠山籠宿霧'(●○○●●) '高樹影朝暉'(○●●○○), 許渾의 「秋日赴闕題潼關驛樓」 尾聯 '帝鄉明月到'(●○○●●) '猶自夢漁樵'(○●●○○) 같은 예가 있다. 우리나라의 경우 河謙鎭이 『東詩話』(卷1, 71항)에서 拗體로 제시한 鄭以吾의 '雨晴雲襯白'(●○○●●) '夜靜月篩淸'(●●●○○), 鄭麟趾의 '煮茶甁細叫'(●○○●●) '汲水井微皤'(●●●○○), 金宗直의 '暖泥新燕唼'(●○○●●)

○○●과 ⓑ2형 ○○●●○이 결합된 형태가 있지만, 여기서 제1자를 변경하여 ○●●○○, ●○○●●○으로 하면 대구(對句) ●○○●●○의 제2자가 고평(孤平)이 되어 이런 방식은 즐겨 구사하지 않았다.155)

칠언 제1자를 대상으로 한 요구(拗救)는 출구(出句) 제1자와 대구(對句) 제1자의 평측을 함께 변경한 대구상구(對句相救) 방식과 한 행 내에서 제1자와 제3자의 평측을 함께 변경한 본구자구(本句自救) 방식, 그리고 이 둘을 합쳐 놓은 결합방식 등 3종이 있었다. 이 가운데 제1자의 대구상구 방식은 ⓐ1ⓑ2형이나 ⓑ1ⓐ2형 어디서나 다 가능하였다. 다만 칠언 제1자가 평측 원칙에서 가장 자유로운 부위였기 때문에 요구(拗救)의 의미가 매우 약하였으며, 이 때문에 요체에 포괄시키지 않는 견해가 많았다.

본구자구(本句自救) 방식은 ⓐ1형 ⓐ2형 ⓑ1형 등 3가지 구식(句式)에 가능하였다. 나머지 ⓑ2형 ●○○●●○은 제1자 ●을 ○으로 바꾸고 제3자 ○을 ●으로 바꾸어 ○●●○●●○으로 본구자구를 할 경우 제3자 이하 부분이 전형적인 고평(孤平) 형태가 되기 때문에 요구(拗救) 대상으로 삼는 예가 거의 없었다.

⑩ ⓐ1형 : ○○●●○○● → ●○○●○○●
⑪ ⓐ2형 : ○○●●○●○ → ●○○●○●○
⑫ ⓑ1형 : ●●○○○●● → ○●●○○●●

'澁雨小桃開(●●●○○)' 등이 이에 해당하는 데, 모두 出句 제1자 ○을 ●으로 拗만 하고 대구 제1자는 그대로 두어 救를 하지 않은 특징이 있다.
155) 高適의 「淇上送韋司倉往滑臺」 首聯 對句 '醉多適不愁'(●○●●○) 같은 예가 일부 발견된다.

위의 ⑩ ⑪ ⑫는 ⓐ1 ⓐ2 ⓑ1형에서 각각 제1자와 제3자의 평측을 변경하여 본구자구(本句自救)한 형식이다.156) 이런 형식은 칠언 제1자에 요(拗)를 하고 같은 구 제3자에서 구(救)를 한 것으로 보는 것이 일반적이지만, 거꾸로 제3자에 요(拗)를 하고 제1자에서 이를 구(救)한 것으로 해석하기도 한다. 그렇다면 이것은 오언 제1자에 요를 한 것과 함께 두절(頭節) 상자(上字) 부위의 요체 형식이라 할 수 있겠는데, 이런 식의 요체는 오언 제3자나 칠언 제5자에 요를 한 복절(腹節) 상자(上字) 부위의 요체와 더불어 절주(節奏)가 아닌 부위의 요체를 대표하는 또 다른 형식 중 하나라고 할 만한 것이다.

특히 주목할 필요가 있는 것은 출구(出句) 제1자에 요(拗)를 하고 제3자에서 구(救)를 함과 동시에 대구(對句) 제1와 제3자에서도 동일한 방식의 요(拗)와 구(救)를 구사함으로써 본구자구(本句自救)와 대구상구(對句相救)가 동시에 이루어지도록 만든 양자의 결합방식이다. 이런 요체는 ⓑ1ⓐ2형이 대표적이다.

⑬ ⓑ1ⓐ2형 :

⑬은 ⓑ1ⓐ2형의 요구 형식을 예시한 것이다. 이를 보면 출구(出句) 제1자 ●을 ○으로, 제3자 ○을 ●으로 변경하여 일차적으로 본구

---

156) ⑩과 관련해서는 鄭知常의 「西都」 轉句의 '綠窓朱戶笙歌咽'(●○○●○●●), ⑪과 관련해서는 李商隱의 「無題」 頸聯 對句 '斷無消息石榴紅'(●○●●●○○), 朴仁範의 「涇州龍朔寺」 尾聯 對句의 '百年愁醉坐來醒'(●○●●●○○), ⑫와 관련해서는 李商隱의 「無題」 頸聯 出句 '曾是寂寥金盡暗'(○●●○○●●), 徐居正이 『東人詩話』(上, 제5항)에서 拗體의 예로 제시한 金之岱의 '明月一聲飛玉笛'(○●●○○●●) 같은 예를 찾아볼 수 있다.

자구(本句自救)를 한 다음, 대구(對句) 제1자 ○을 ●으로, 제3자 ●을 ○으로 다시 변경하여 대구상구(對句相救)를 동시에 적용하였음을 알 수 있다. 그래서 결과적으로 제1자부터 제7자에 이르는 모든 부위의 평측이 정교하게 상반되도록 구성하였는데, 이런 형식은 중·만당(中晚唐) 시대 이후 크게 유행한 것으로 알려져 있다.157) 반면 이와 다른 ⓐ1ⓑ2형에서는 이런 방식이 성립되기 어려웠다. ⓑ2형 ●●○○●●○의 제1자 ●을 ○으로 바꾸고 제3자 ○을 ●으로 바꾸어 ○●●○●●○으로 하면 제3자 이하 부분이 ●○●●○으로 전형적인 고평(孤平)이 되기 때문에 이를 기피한 결과로 추정된다. 따라서 오언 제1자나 칠언 제1자 제3자 등을 대상으로 한 요구(拗救)는 위의 ⑨ ⑩ ⑪ ⑫ ⑬ 등이 핵심이었다고 할 수 있다.

요체라고 일컫는 한시 형식은 위에 거론한 몇 가지 요구(拗救) 방식에 기초한 것이다. 오언 제4자나 칠언 제6자의 평측을 변경하고 이를 제3자(오언)나 제5자(칠언)에서 해소한 ① ② ③ ④의 절주요구(節奏拗救), 오언 제1자나 칠언 제3자의 평측을 변경하여 고평(孤平)이 될 경우 이를 제3자(오언)나 제5자(칠언)에서 해소한 ⑤ ⑥의 고평요구(孤平拗救), 오언 제3자와 칠언 제5자의 평측을 변경하고 이를 대구(對句)의 동일 부위에서 해소한 ⑦ ⑧의 복절상자요구(腹節上字拗救), 오언 제1자나 칠언 제1자 제3자의 평측을 변경하고 이를 본구 자구 대구상구 및 그 결합방식으로 처리한 ⑨ ⑩ ⑪ ⑫ ⑬의 두절상자

---

157) ⑬과 관련해서는 岑參의 '金闕曉鍾開萬戶'(○●●○○●●) '玉階仙仗擁千官'(●○○●●○○), 杜牧의 '南苑草芳眠錦雉'(○●●○○●●) '夾城雲暖下霓旄'(●○○●●○○), 鮑溶의 '絲柳向空輕宛轉'(○●●○○●●) '玉山看日漸徘徊'(●○○●●○○) 같은 예를 찾아볼 수 있다.

요구(頭節上字拗救) 등이 그것인데, 이를 간단히 정리하면 다음과 같다.

종류	구식	기본형	요의 부위	구의 부위	요구형
節奏拗救 (특수형식)	ⓑ1형	○○○●●	본구 제4자	본구 제3자	○○●○●(①)
		●●○○●●	본구 제6자	본구 제5자	●●○○●○●(②)
	ⓐ1ⓑ2형	●●○○●	출구 제4자	대구 제3자	●●○●○(③)
		○○●●○			○○○●●(④)
		○○●●○○●	출구 제6자	대구 제5자	○○●●●○●(⑤)
		●●○○●●○			●●○○○●○(⑥)
孤平拗救	ⓑ2형	○○●●○	본구 제1자	본구 제3자	●○○●○(⑤)
		●●○○●	본구 제3자	본구 제5자	●●○●○●(⑥)
腹節上字拗救	ⓐ1ⓑ2형	●●○○●	출구 제3자	대구 제3자	●●●○●
		○○●●○			○○○●○(⑦)
		○○●●○○●	출구 제5자	대구 제5자	○○●●●○●
		●●○○●●○			●●○○○●○(⑧)
頭節上字拗救	ⓑ1ⓐ2형	○○○●●	출구 제1자	대구 제1자	●○○●●
		●●●○○			○●●●○○(⑨)
	ⓐ1형	○○●●○	본구 제1자	본구 제3자	●○○●○(⑩)
	ⓐ2형	○○●●●○	본구 제1자	본구 제3자	●○○●●○(⑪)
	ⓑ1형	●●○○●●	본구 제1자	본구 제3자	○●●○○●●(⑫)
	ⓑ1ⓐ2형	●●○○●	출구 제1자	출구 제3자	○●●○○●
		○○●●○○	대구 제1자	대구 제3자	●○○●●○○(⑬)

○:평성. ●:측성. 밑줄:요구부위

3) 남은 문제들

실제 작품 창작에서 요체는 앞에 제시한 13종 형식에 국한되지 않았다. 절주(節奏) 부위의 요구(拗救)와 고평요구(孤平拗救)가 결합되기도 하고, 이들이 다시 복절상자(腹節上字)나 두절상자(頭節上字) 요구(拗救)와 결합되기도 하는 등 훨씬 다양하고 복잡한 모양이었다.158) 그래서 전문적 식견을 가진 사람이 아니고는 요(拗)와 구

---

158) 王力, 『漢語詩律學上』(山東敎育出版社, 1989), 第一章 第八節, 「拗救」 117~119쪽과 姜聲尉, 「拗와 拗救」(中國文學 23輯, 1995)에서 이런 예를 다양하게 확인할

(救)의 실체를 정확하게 간파하기 어려운 경우가 많았는데, 이 때문에 평측에 어긋난 근체시를 모두 요체라고 확대 해석하거나 심지어 고시의 일종으로 처리하기도 하였다.159)

요대(拗對) 요점(拗黏) 오체(吳體) 등을 요체의 일종으로 포괄한 것은 바로 이와 같은 관점을 반영한 결과였다. 요대(拗對)는 한 연(聯) 내의 출구(出句)와 대구(對句)에서 오언 제2자 칠언 제2자 제4자 등의 평측이 서로 상반되어야 하는데 이를 어긴 것을 가리킨다. 요점(拗黏)은 앞 연의 대구(對句)와 다음 연(聯)의 출구(出句)에서 동일 부위 글자의 평측이 서로 같아야 하는데 이를 어긴 것을 가리킨다. 그리고 오체(吳體)란 각 행의 평측 구성 자체가 요(拗)만 하고 구(救)를 하지 않아서 고시와 흡사한 고조(古調)인데다가 요대(拗對)와 요점(拗黏)이 함께 섞여있는 양식을 가리킨다.

이런 유형의 작품은 근체시의 평측 격식을 어긴 것이란 점에서는 앞에서 검토한 13종 구요(句拗)와 다름이 없다. 그러나 하나같이 모두 요(拗)만 하고 구(救)를 하지 않았다는 점에 근본적인 차이가 있다. 그리고 요대(拗對)와 요점(拗黏)은 근체시의 평측 격식이 고착되지 않은 당나라 때까지만 허용되었다. 송나라 이후에는 과거시험에서 이를 엄격하게 금지하고 잘못된 실대(失對)와 실점(失黏)으로 간주하여 더 이상 존재하기 어려웠던 것이다.160) 그리고 오체(吳體)는

수 있다.
159) 楊傑, 『無爲集』(四庫全書 別集類2) 提要. "詩以古體律體分編 ··· 本拗體七言律詩 而誤入古詩 編次尤爲無緒".
160) 王力, 『漢語詩律學上』(山東敎育出版社, 1989), 第一章 第十節, 「失對和失粘」, "中唐以後 粘的規律漸嚴 ··· 近代(也許是自宋以后) 科場中不准有失對失粘的詩, 于是粘對幾乎成爲金科玉律".

각 행의 평측 구성뿐만 아니라 행간의 평측 구성에 통일적으로 적용한 규칙이 없어서 고시와의 구별이 사실상 어려웠다.

따라서 요체(拗體)는 앞의 13종 구요(句拗), 즉 연(聯) 내 출구(出句)와 대구(對句)를 대상으로 삼은 단요(單拗)와 쌍요(雙拗) 및 양자의 결합과 그 응용 방식에 여전히 그 핵심이 있다고 할만하다. 그리고 요대(拗對) 요점(拗黏) 오체(吳體) 등 평측 격식을 어기기만 하고 따로 구(救)를 하지 않은 것은, 고시와의 차별성이나 창작 시기의 제한성 등을 고려할 때, 요체로서의 가치가 상대적으로 낮다 할 것이며, 특히 오체(吳體)는 요체(拗體)와 다른 별도의 유형으로 보아야 한다는 것이 정설이다.

어떻든 요체는 근체시의 평측 규칙이 고착된 이후 이를 가장 합리적으로 벗어날 수 있는 공인된 문학적 표현 장치였다. 그래서 이를 근거로 가락과 표현에 융통성을 부여하고, 결과적으로 보다 다양하고 개성적인 작품 창작을 추동하였다. 왕력(王力)은 "율시에서 요구(拗救)는 법률의 단서 조항과 같아서 법을 망치는 것이 아니라 법의 엄밀함을 더해준다"161)라고 한 바 있다. 꽉 짜인 근체시의 경직된 평측 규칙에 법률의 단서 조항처럼 합리적 변통성을 보완해 준 점, 바로 여기에 요체의 가치가 있다.

---

161) 王力, 『漢語詩律學上』(山東敎育出版社, 1989), 第一章 第九節, 「平仄的特殊形式」, "談律詩必須兼談拗救, 這等于法律上的 '但書', '但書'應認爲法律的一部分, 幷非法律以外的東西. '但書'是增加法律的嚴密的, 不是泯滅法律的".

V. 운율은 어떻게 운용하는가

한시에 압운(押韻)과 평측(平仄)의 규칙이 있음은 누구나 잘 아는 사실이다. 압운은 시행(詩行)의 특정 부위에 동일 계열의 운자를 일정하게 반복함으로써 큰 가락을 자아내는 것이고, 평측은 평성과 측성을 조화롭게 구성하여 압운보다 세밀한 차원에서 리듬의 효과를 창출하는 장치이다. 그렇다면 특정 어휘가 동일 계열 운자인지 아닌지는 무엇으로 판단하는가? 평성인지 측성인지는 또 무엇으로 판단하는가? 당초에는 이에 대한 통일된 기준이 없었다. 그러다가 위진시대 이후부터 상황이 달라졌다. 많은 학자들이 한자음 연구에 착수하여 운서(韻書)를 편찬하고, 여기에 근거하여 마침내 압운과 평측의 정교한 규범을 확립해나갔기 때문이다. 본 장에서는 이처럼 한시의 운율을 이해하는데 핵심적 관건이라고 할 수 있는 운서의 편찬과 종류, 시운의 성질과 활용 방식, 평측의 원칙과 적용 양상 등을 간단히 검증해 보고자 한다.

1. 운서의 편찬과 활용

운서(韻書)란 한자음을 소리의 성질에 따라 분류 정리한 일종의 발음 사전 같은 책이다. 한자음은 성부(聲部)와 운부(韻部)로 구성되어 있고, 여기에 소리의 성질에 따른 성조[四聲]가 병존하였다. 그래서 대부분의 운서는 각종 한자를 성조에 따라 먼저 크게 구분하고, 각 성조 내의 글자를 운부에 따라 다시 세분하며, 같은 성조 같은 운부의 글자를 다시 성부에 따라 재정리하는 방식으로 편찬하였다. 이와 같은 운서는 한자의 정확한 음을 확인함에 있어서는 물론, 한시 창작에 특별히 중요한 의미가 있었다. 압운 평측 같은 핵심 창작 규칙이 모두 지방마다 다른 자연음이 아니라 국가에서 공인한 바로 이런 운서에 근거하였기 때문이다. 여기서는 이런 사실을 감안하여 한시 창작과 깊이 연계된 몇 가지 주요 운서의 편찬과 활용 상황을 간단하게 검토해 본다.

1) 초기 육가운서

중국에서 제일 먼저 편찬한 운서는 위진남북조시대 때 위나라(魏. 220~265) 이등(李登)이 편찬한 『성류(聲類)』, 진나라(晉. 265~420) 여정(呂靜)이 이를 모방하여 편찬하였다는 『운집(韻集)』, 손염(孫炎)이 최초로 반절법(反切法)을 구사하여 저술한 『이아음의(爾雅音義)』, 송나라(宋. 421~479) 주옹(周顒)이 편찬한 『사성절운(四聲切韻)』, 양나라(梁. 502~557) 심약(沈約)이 편찬한 『사성운보(四聲韻補)』와 『사성보(四聲譜)』 등 6종이다. 이것은 이른바 초기 육가운서(六家韻書)라고 하는 것인데[1], 이 가운데 지금까지 전해오는 것은 한 종도 없다. 다만 후대에 이들을 부분적으로 인용한 문헌이 더러 있어서 그 편린을 부분적으로 엿볼 수 있는 정도이다.

육가운서는 모두 개인적 관심과 연구 차원에서 편찬한 것이어서 사회적 구속력을 갖지는 못하였다. 그리고 특정 글자의 소리 값에 대한 검토 견해가 서로 다른 경우가 많고, 또 오류가 적지 않다는 비판을 받기도 하였다. 그러나 후대 운서 편찬의 기초가 이 때 이미 대부분 마련되었음은 분명한 듯하다. 한자음 체계를 성모(聲母)와 운모(韻母)로 구분하여 파악하였고, 소리 값을 표기하기 위해 반절법(反切法)을 활용하였으며, 한자에 성조(聲調)가 있음을 확인하여 사성체계를 정립하였기 때문이다.

성모(聲母)란 특정 소리를 발음할 때 발음 부위와 성질에 따라 아(牙) 설(舌) 순(脣) 치(齒) 후음(喉音)과 전청(全淸) 차청(次淸) 전탁(全濁) 차탁(次濁) 등으로 구분한 것인데, 대략 한글 초성(初聲)에 대응한다. 운모(韻母)란 성모를 수렴하여 발음을 완성하는 부분으로 대략 모음과 자음의 결합 형태인 한글 중·종성(中終聲)에 해당한다. 예컨대 동(東:dong) 자에서 ㄷ(d)은 성모로 혓소리(舌音) 전청(全淸)이고, ㆁ(ong)은 운모로 중성 ㅗ(o)와 종성 ㅇ(ng)의 합에 해당하는 것과 같다.

반절이란 특정 글자의 소리를 다른 두 글자의 성모와 운모를 조합해서 표현하는 방법이다. 예컨대, 동(東:dong) 자의 발음을 덕(德:de) 자의 성모(초성)인 ㄷ(d)와 홍(紅:hong) 자의 운모(중·종성)인 ㆁ

---

1) 四庫全書總目과 『重修廣韻』 제요에 "初隋陸法言 以呂靜等六家韻書 各有乖互 因與劉臻 顔之推 魏淵 盧思道 李若 蕭該 辛德源 薛道衡八人 撰爲切韻五卷"이라고 한 데서 용례를 확인할 수 있다.

(ong)의 합이란 의미에서 덕홍절(德紅切)이라고 표현한 것과 같은 것이다. 공(公:gong) 자의 발음을 고홍절(古紅切)이라 하고, 옹(翁:wong) 자의 발음을 오홍절(烏紅切)이라 한 것도 다 그런 예이며, 이 때 동(東) 공(公) 옹(翁) 등은 모두 운모가 ㆁ(ong)으로 동일하여 같은 계열의 운으로 간주하였다.

성조는 평성 상성 거성 입성 등 사성(四聲)을 가리킨다. 한자에 성조가 있음은 일찍부터 인식해 온 터이지만, 이를 사성으로 정확하게 구분해서 인식하지는 못하였다. 그러다가 위진시대 이후 성운학이 발달하면서 비로소 개별 글자의 성조를 4성으로 구분하여 파악하기 시작하였으며, 그 결과를 모아『사성절운(四聲切韻)』『사성운보(四聲韻補)』『사성보(四聲譜)』같은 운서를 편찬하기에 이르렀다. 중국에 사성이란 용어가 등장하기 시작한 것도 바로 이와 같은 육가운서의 편찬과 궤를 같이 한다.

육가운서는 이처럼 내용상 한계가 있음에도 불구하고 한자음 파악의 근거와 방법을 처음 확립하였다는 점에 중요한 의미가 있다. 그리고 이후 이들의 연구 성과를 비판적으로 계승하거나 확대 보완한 여러 종류의 운서가 속출하였다.

2) 절운계 운서

절운계(切韻系) 운서란 수(隋) 나라 육법언(陸法言. 562~?)이 저술한『절운(切韻)』5권과 이 책을 수정 개편하는 차원에서 편찬한 일련의 운서를 가리킨다. 절운계 운서는 처음부터 평측과 압운 구분에 중요한 편찬 목적을 두었다. 그래서 평측과 직결된 사성(四聲)을

1차 분류 기준으로 삼았고, 압운과 직결된 운목(韻目)을 2차 분류 기준으로 삼았다는 공통점이 있다. 그러나 시대와 필요에 따라 거듭 재편집되면서 구체적인 운의 구분, 비슷한 운의 통용 범위, 포괄한 글자의 수와 주석 등에 적지 않은 변화가 있었는데, 이를 잘 보여주는 대표적인 운서로 다음과 같은 것을 들 수 있다.

① 『절운(切韻)』 5권

수나라 육법언(陸法言)이 601년에 편찬하였다.[2] 현존하는 운서 가운데 가장 오래되었다. 원본은 전하지 않고, 육법언의 서문과 돈황(敦煌)에서 발굴된 필사 잔본(殘本) 3종을 서로 대비하여 개략적 내용을 파악할 수 있다. 전체 5권을 먼저 성조에 따라 상평성 하평성 상성 거성 입성 각 1권으로 분류하였고, 각 성조 내에서는 상평성 26운, 하평성 28운, 상성 51운, 거성 56운, 입성 32운, 도합 193운으로 2차 분류하였으며, 각 운에 속한 글자는 다시 성모(聲母)의 차례대로 배열하였다. 음은 반절로 표기하였고, 글자마다 간단한 뜻풀이를 제시하였으며, 포괄한 글자는 약 12158자였다.[3]

『절운』은 육법언이 편찬을 주도하였지만, 사실 당시 정예 학자 8명

---

[2] 陳彭年, 『重修廣韻』(四庫全書 經部 小學類) 提要, "初隋陸法言 以呂靜等六家韻書 各有乖互 因與劉臻 顏之推 魏淵 盧思道 李若 蕭該 辛德源 薛道衡八人 撰爲切韻五卷 書成於仁壽元年(601)".

[3] 張正體, 『中華韻學』(臺灣 商務印書館, 1978), 「切韻成書之槪況及內容」, 141쪽, "①切韻全書 分爲五卷 以平上去入四聲爲分卷 平聲又分上下兩卷 ②切韻書前 有陸法言自序文一篇 ③切韻全書 共收一萬二千一百五十八字 ④切韻全書 共分一九三韻 卽平聲上卷 分二十六韻 平聲下卷 分二十八韻 上聲爲五十一韻 去聲爲五十六韻 入聲分三十二韻".

의 견해를 집대성한 것이었다. 육법언의 아버지 육상(陸爽)이 중앙 관직에 근무할 때 위연(魏淵) 소해(蕭該) 안지추(顔之推) 설도형(薛道衡) 유진(劉臻) 노사도(盧思道) 이약(李若) 신덕원(辛德源) 등 한 시대를 대표하는 학자 8명이 그 집에 모여 밤새 성운학에 대한 토론을 벌였고, 육법언이 토론 내용을 수정 보완하여 편찬하였기 때문이다.4) 그래서 책의 권위를 인정받아 당(唐)나라 때 과거시험에서 압운 판단의 핵심적 근거로 활용하였으며, 마침내 사회적으로 영향력이 큰 절운계 운서의 원조가 되었다.5)

② 당운(唐韻) 5권

당나라 손면(孫愐)이 천보(天寶) 10년(751) 육법언의 『절운(切韻)』을 수정 보완하여 편찬한 책으로, 이런 점을 감안하여 당나라 때의 절운, 곧 『당절운(唐切韻)』이라 일컫기도 하였다.6) 손면 개인이 편찬한 것이지만, 『절운』의 뒤를 이어 국가에서 과거시험 표준운서로 활

---

4) 樂韶鳳 등, 『洪武正韻』(四庫全書 小學類) 提要, "昔開皇初 有儀同劉臻等八人 同詣法言門宿 論及音韻 以今聲調 旣自有別 諸家取捨 亦復不同 吳楚則時傷淸淺 燕趙則多傷重濁 秦隴則去聲爲入 梁益則平聲似去 江東取韻 與河北復殊 因論南北是非 古今通塞 欲更招選精切 削除疏緩 蕭顔多所決定 魏著作謂法言曰 向來論難疑處悉盡 我輩數人定則定矣 法言卽燭下 握筆畧記云云 今廣韻之首 列同定八人姓名曰 劉臻 顔之推 魏淵 盧思道 李若 蕭該 辛德源 薛道衡".
5) 『四庫全書總目』卷42, 「唐韻考五卷」, "初隋陸法言作切韻 唐禮部用以試士". 閻若璩, 『尙書古文疏證』卷5 下, 第七十三, "約四聲一卷 唐已不傳 取士 一以陸法言切韻五卷爲準". 范家相, 『詩瀋』卷1, 總論, 「詩韻」, "自唐以切韻爲試韻 而擧世始限於四聲".
6) 唐切韻이란 용례는 夏竦(宋)의 『古文四聲韻』(四庫全書 小學類) 提要와 序文, 倪濤의 『六藝之一錄』卷170과 王應麟(宋)의 『玉海』卷45 藝文에 수록된 「慶愍古文韻」 등에서 찾아볼 수 있다.

용하였고,7) "『당운』을 편찬한 이후 다른 운서가 모두 폐기되었다."8)
는 말이 날 정도로 공용운서와 다름없는 역할을 하였다. 원본은 전하
지 않지만, 돈황에서 필사 잔본(殘本)이 발견되어 개략적인 내용을
파악할 수 있다.

　『당운』의 기본적인 체제는 『절운』과 대동소이하다. 그러나 구체적
내용에는 적지 않은 차이가 있다. 우선 193운을 더 세분하여 206운
체계를 처음 제시하였다.9) 그리고 왕인후(王仁煦)의 『간류보결절운
(刊謬補缺切韻)』 같은 주석서를 참고하여 글자 수와 주석을 대폭 보
충하였는데, 이 때문에 운서와 자전의 기능을 동시에 갖추었다는 평
가를 받기도 하였다. 특히 동(東)과 종(鍾), 지(支) 지(之) 지(脂) 등
비슷한 운을 함께 묶어 통용할 수 있도록 한 점이 주목되는데, 왕력
은 이를 감안할 경우 실제 작품 창작에서는 112운 정도로 구분하여
적용하였을 것이라고 추정한 바 있다.10)

---

7) 紀容(淸), 『唐韻考』(四庫全書總目 卷42), "初隋陸法言 作切韻 唐禮部用以試士 天寶中孫愐 增定其書 名曰唐韻 後宋陳彭年等 重修廣韻 可度等又作禮部韻畧 爲一代場屋程式".

8) 陶宗儀(元), 『說郛』卷28 下, 東齋記事, 「禮部韻」, "至唐孫愐始集爲唐韻 諸書遂爲之廢". 비슷한 기록이 張淏(宋)의 『雲谷雜紀』卷2에도 보인다.

9) 林寶(唐), 『元和姓纂』(四庫全書總 卷135), "目其體例 今仍依唐韻 以四聲二百六部次其後先". 顧炎武(淸), 『音論』卷上, 「韻書之始」, "今切韻唐韻二書 元本無傳 所傳者廣韻五卷 不著重脩人姓名 而冠以孫愐唐韻之序 其書雖出於宋時 而唐人二百六韻之部分具在".

10) 王力, 『漢語詩律學上』, 導言, "唐韻共有二百零六韻, 但是, 唐朝規定 有些韻可以同用, 凡同用的兩个或三个韻, 做詩的人 就把它們當做一个韻看待, 所以實際上 只有一百一十二个韻".

③『광운(廣韻)』5권

송나라 진종(眞宗)이 경덕(景德) 4년(1007) 진팽년(陳彭年) 구옹(邱雍) 등에게 명하여 이전의『절운』과『당운』내용을 다시 대폭 확대 개편해서 간행한 책이다. 그래서 제목에 '넓을 광(廣)'자를 넣어『광운(廣韻)』혹은『대송중수광운(大宋重修廣韻)』이라 하였다. 이 책은 제목에 걸맞게 수록한 글자의 수와 주석을 크게 확충하였다. 글자는『절운』보다 13936자가 더 많은 26194자를, 주석은 이 보다 또 7배가 더 많은 191692자를 수록하여 다른 어떤 운서보다 규모가 방대한 책이 되었다.11)

내용을 이렇게 확대하기는 하였지만,『당운(唐韻)』을 개편한 것인 만큼 기본 구성 체계상에는 역시 큰 변화가 없었다. 각 권을 먼저 성조별로 구분하고, 동일 성조 내의 글자는 다시 운목별로 정리하여 권1 상평성 28운, 권2 하평성 29운, 권3 상성 55운, 권4 거성 60운, 권5 입성 34운, 전체 5권 206운으로 편성한 것이 바로 그것이다. 다만 책의 제일 앞부분에 운목(韻目) 글자를 미리 제시하여 어떤 운의 글자가 어떤 순서로 배정되었는지를 미리 알 수 있도록 편찬한 것이 특이한 점이다.

그리고 각각의 운목(韻目) 글자 밑에 그것이 단독으로 사용하는 독용(獨用)인지 다른 운목과 통용할 수 있는 동용(同用)인지를 낱낱이 표기해 두었는데, 그 일부를 간단히 제시해보면 아래와 같다.

---

11)『四庫全書總目』卷42,「重修廣韻五卷」, "其書二百六韻 仍陸氏之舊 所收凡二萬六千一百九十四字 考唐封演聞見記載 陸法言韻凡一萬二千一百五十八字 則所增凡一萬四千三十六字矣 … 註文凡一十九萬一千六百九十二字 較舊本爲詳 而冗漫頗甚".

『廣韻』의 韻目 배열

29	….	8	7	6	5	4	3	2	1	
凡	….	微獨用	之	脂	支之脂同用	江獨用	鍾	冬鍾同用	東獨用	平聲
范	….	尾獨用	止	旨	紙止旨同用	講獨用	腫獨用		董獨用	上聲
梵	….	未獨用	志	至	寘志至同用	絳獨用	用	宋用同用	送獨用	去聲
乏	….					覺獨用	燭	沃燭同用	屋獨用	入聲

운목 글자 밑에는 위와 같이 독립적으로 사용하는 독용(獨用) 운인지 다른 운과 통용하는 동용(同用) 운인지를 낱낱이 밝혔다. 동녘 '동(東)' 운 밑에 '독용(獨用)'이라 적고, 겨울 동(冬) 운 밑에 '종동용(鍾同用:종과 통용함)'이라 적어 놓은 것이 그런 예이다. 그리고 내용을 살펴보면 『당운(唐韻)』당시까지 독용(獨用)하던 문(文)과 흔(欣), 물(吻)과 은(隱), 문(問)과 흔(焮), 물(物)과 흘(迄) 등 4짝을 추가로 통용한 사실을 알 수 있는데, 이것은『당운』당시 시문창작에 적용하던 112운이 다시 108운으로 축소 조정되었음을 나타내는 것으로 특별히 주목할 가치가 있다.12)

---

12) 王力,『漢語詩律學上』(山東教育出版社, 1989) 導言, "到了宋朝 唐韻改稱廣韻 其

『광운』은 국가에서 편찬한 최초의 관찬 운서였다. 그리고 현존 운서 가운데 원형이 손상되지 않고 남아 있는 최고본(最古本)이기도 하다. 그래서 다른 어떤 운서보다 내용이 정확하고 사회적 영향력이 지대하였으며, 당송시대 한자음을 연구하는데 있어서 명실상부하게 절운계 운서를 대표하는 책이라고 할 수 있다.

④ 『예부운략(禮部韻略)』과 『집운(集韻)』

송나라 인종(仁宗) 16년(1037) 한림학사 정도(丁度)가 칙명을 받아서 편찬한 책이다. 두 책은 모두 『광운(廣韻)』을 개편하여 편찬하였기 때문에 기본적인 편제는 『광운』과 매우 흡사하다. 그러나 편찬 목적이 완전히 달랐던 만큼 수록 내용에 있어서는 『광운』과는 물론 양자 사이에도 대단히 큰 차이가 있다.

먼저 『예부운략』 5권은 과거시험 전용 운서로 편찬한 것이다. 그래서 활용의 간편함과 내용의 정확성을 최우선하였다. 시험에 요긴하지 않은 벽자(僻字)나 이체자(異體字), 답안지에 쓸 수 없는 황제의 이름이나 묘호(廟號) 등 피휘(避諱) 대상 글자를 모두 삭제하였고, 동일 글자의 중복주석이나 상호주석도 모두 생략하였다. 대신 성운 파악에 논란이 되었던 글자를 낱낱이 검토하여 제일 앞에 미리 제시함으로써 시비를 없애고자 하였으며13), 과거시험에서 유의해야 할

中文韻和欣韻 吻韻和隱韻 問韻和焮韻 物韻和迄韻 都同用了 實際上剩了一百零八个韻".

13) 王應麟(宋), 『玉海』卷45, 藝文, 小學, 「景德新定韻畧 祥符篇韻筌蹄」, "景德四年(1007)十一月戊寅 詔頒行新定韻畧 送肯監鏤板 先以舉人用韻多異 詔殿中丞丘雍重定切韻 陳彭年言省試未有條格 命晁逈崔邈度等評定 刻于韻畧之末 … 景祐四年(1037)六月丙申 以丁度所修韻畧五卷頒行 初說書賈昌朝言 韻畧多無訓釋疑混聲重

사항, 즉 출제와 채점의 방법, 답안지의 형식과 작성 방법, 각종 금기 (禁忌) 사항 등을 기록한 『공거조식(貢擧條式)』 1권을 따로 부록하기도 하였다.14) 그래서 결국 글자 수가 『광운』의 1/3(9590자) 수준에 불과하고 주석도 아주 간략한 운서가 되었는데, '예부(禮部)에서 주관하는 과거시험 전용으로 간략하게 편찬한 운서'라는 의미에서 이름까지 『예부운략』이라고 하였다.15)

반면 『집운(集韻)』은 이와 전혀 다른 방향에서 편찬한 운서이다. 파악 가능한 한자의 성운을 최대한 폭넓게 수렴하여 한자음 전반에 대한 총괄적인 정리에 기여하고자 하였던 것이기 때문이다. 그래서 책 규모를 우선 『광운』의 2배인 10권으로 만들고, 이를 상평성 하평성 상성 거성 입성 등에 각 2권으로 배정하였다. 그리고 번잡한 주석, 중복된 주석을 일부 줄이는 대신, 수록 글자 수를 『광운』의 2배에 달하는 53525자로 확장하였다.16) 그래서 역대 절운계 운서 가운데 규모가 가장 방대한 운서가 되었으며, 『집운(集韻)』이란 서명에 이와

疊字 擧人誤用 詔度等刊定窄韻十三許 附近通用混聲重字 具爲解注". 劉淵의 『壬子新刊禮部韻略』은 王文郁의 『平水新刊禮部韻略』과 내용이 대동소이한데, 迵韻과 拯韻을 별개로 처리하여 전체가 106韻이 아닌 107韻 체계라는 점에 중요한 차이가 있다.

14) 『貢擧條式』은 『四庫全書』 經部, 小學類, 韻書之屬, 「附釋文互註禮部韻略-貢擧條式」에 전문이 수록되어 있어서 구체적인 내용을 확인할 수 있다.
15) 張正體, 『中華韻學』(臺灣商務印書館, 1978), 「韻略與禮部韻略」, 192쪽, "禮部韻略 凡五卷 貢擧條式一卷 在宋初之程試用韻 漫無章程 故丁度等奉詔撰此書 乃專爲程式之用 其稱禮部韻略 乃以科擧之事 係禮部之職掌也 但此書所收之字 頗多漏略 … 據韻會擧載 原收九五九零字".
16) 丁度(宋), 『集韻』 卷1, 「韻例」, "凡字有成文相因不釋者 今但曰闕 以示傳疑 凡流俗用字 附意生文 旣無可取 徒亂眞僞 今於正文之左 直釋曰俗作某非是 … 凡著於篇端 總字五萬三千五百二十五(新增二萬七千三百三十一字) 分十卷 詔名曰集韻云".

같은 집대성의 의미를 담기도 하였다.

⑤ 『평수운(平水韻)』, 기타

『평수운』은 1227년 금(金)나라 왕문욱(王文郁)이 『예부운략』을 수정 개편해서 편찬한 책이다. 그가 산서성(山西省) 평수(平水) 지역에서 서적(書籍) 벼슬을 할 때 편찬한 책이라고 하여 『평수신간예부운략(平水新刊禮部韻略)』이라 하였으며, 후대에는 이를 『평수운(平水韻)』이라 약칭하기도 하였다. 그런데 이 보다 약 25년 뒤인 1252년 남송(南宋) 유연(劉淵)이 간행한 『임자신간예부운략(壬子新刊禮部韻略)』을 『평수운』이라고도 하였다. 그가 평수 지역 출신이면서 이 책 또한 『예부운략』을 개편한 것이기 때문이다. 그래서 유연의 『임자신간예부운략』을 『평수운』이라 한 예가 더러 있으며, 이로 인하여 적지 않은 혼란이 야기되기도 하였다. 그러나 이 책은 유연이 독자적으로 편찬한 것이 아니라 왕문욱의 『평수운』을 일부 수정하여 간행한 것으로 추정되며,17) 이를 감안하여 학계에서는 『평수신간예부운략』의 이본 정도로 간주한다.

『평수운』의 가장 중요한 특징은 206운 체계를 폐기하고 전체를 106운 체계로 개편하였다는 점이다. 기존 운서는 대부분 206운을 구분한 다음, 통용하는 운일 경우 그 아래 각각 '동용(同用)'이라 명시하는 정도에 그쳤다. 그런데 이 책은 206운의 흔적을 완전히 지워버

---

17) 錢大昕, 『十駕齋養新錄』(『中華韻學』 198쪽 재인용), "據黃氏韻會 稱毛氏晃增修禮部韻略 江北平水劉氏淵壬子新刊禮部韻略 互有增字 而每韻所增之字 於毛氏云毛氏韻 於劉氏云平水韻 則淵不過刊是書者 非著書之人也 予嘗於黃孝廉丕烈齋見元槧本平水韻略 卷首有河間許古序 乃知爲王文郁所撰 後題正大六年己丑 則金人 非宋人也 意淵竊見文郁書 刊之江北而去其序 故公紹以爲劉氏書也".

렸으며, 『당운』에서 112운, 『광운』『예부운략』『집운』 등에서 108운 정도로 통용하던 것을 각각 하나로 합치고, 상성 증(拯)과 형(迥), 거성 경(徑)과 증(證) 2짝을 추가로 통합하여 전체를 106운 체계로 일원화시켰다.18)

〈106 韻目의 統合狀況〉

平聲	上平	1.東, 2.冬(鐘), 3.江, 4.支(脂, 之), 5.微, 6.魚, 7.虞(模), 8.齊, 9.佳(皆), 10.灰(咍), 11.眞(諄, 臻), 12.文(欣), 13.元(魂, 痕), 14.寒(桓), 15.刪(山)
	下平	1.先(仙), 2.蕭(宵), 3.肴, 4.豪, 5.歌(戈), 6.麻, 7.陽(唐), 8.庚(耕, 淸), 9.靑, 10.蒸(登), 11.尤(侯, 幽) 12.侵, 13.覃(談), 14.鹽(添, 嚴), 15.咸(銜, 凡)
仄聲	上聲	1.董, 2.腫, 3.講, 4.紙(旨, 止), 5.尾, 6.語, 7.麌(姥), 8.薺, 9.蟹(駭), 10.賄(海), 11.軫(準), 12.吻(隱), 13.阮(混, 狠), 14.旱(緩), 15.潸(産), 16.銑(獮), 17.篠(小), 18.巧, 19.皓, 20.哿(果), 21.馬, 22.養(蕩), 23.梗(耿, 靜), 24.迥(拯, 等), 25.有(厚, 黝), 26.寢, 27.感(敢), 28.琰(忝, 儼), 29.豏(檻, 范)
	去聲	1.送, 2.宋(用), 3.絳, 4.寘(至, 志), 5.未, 6.御, 7.遇(暮), 8.霽, 9.泰, 10.卦(怪, 夬), 11.隊(代, 廢), 12.震(稕), 13.問(焮), 14.願(愿, 恨), 15.翰(換), 16.諫(襇), 17.霰(線), 18.嘯(笑), 19.效, 20.號, 21.箇(過), 22.禡, 23.漾(宕), 24.敬(映, 諍, 勁), 25.徑(證, 嶝), 26.宥(侯, 幼), 27.沁, 28.勘(闞), 29.豔(桥, 釅), 30.陷(鑑, 梵)
	入聲	1.屋, 2.沃(燭), 3.覺, 4.質(術, 櫛), 5.物(迄), 6.月(沒), 7.曷(末), 8.黠(鎋), 9.屑(薛), 10.藥(鐸), 11.陌(麥, 昔), 12.錫, 13.職(德), 14.緝, 15.合(盍), 16.葉(怗, 業), 17.洽(狎, 乏)

위는 206운이 106운으로 통합된 내역을 제시한 것이다. 번호를 부여한 것이 최종적으로 확정된 106개 운목이고, 괄호 안은 206운에서 106운으로 통합된 여타 운목을 나타낸다. 이를 보면 평성은 57운에서

---

18) 張正體, 『中華韻學』(臺灣商務印書館, 1978), 「詩韻與平水韻」, "王氏平水韻 并上下平聲各爲十五 上聲二十九 去聲三十 入聲十七 皆與今韻同". 王力, 『漢語詩律學』 上(山東敎育出版社, 1989) 導言, "到了元末 索性泯滅了二百零六韻的痕迹 把同用的韻都合倂起來 又毫無理由地合倂了迥韻和蒸韻 徑韻和證韻 于是只剩下了一百零六个韻 這一百零六个韻 就是普通所謂詩韻, 一直沿用至今".

30운으로, 상성은 55운에서 29운으로, 거성은 60운에서 30운으로, 입성은 34운에서 17운으로 통합되었음을 알 수 있다. 이렇게 마련된 『평수운』의 106운 체계는 이후 원(元) 명(明) 청(淸) 시대에 편찬한 주요 절운계 운서의 전범이 되었고, 문인들이 한시를 창작할 때도 예외 없이 모두 이를 준수하여 시운(詩韻)이라 별칭하기도 하였다. 『평수운』의 가치는 바로 여기에 있다.

〈切韻系 韻書의 주요 內容과 特徵〉

作著	書名	시기	韻目	글자 수	特徵
陸法言(隋)	切韻5권	601년	193운	12158자	절운계 운서 원조
孫愐(唐)	唐韻5권	751년	206(112)	12158자	과거시험 압운 기준
陳彭年(宋)	廣韻5권	1008년	206(108)	26294자	최초 최고의 관찬운서
丁度(宋)	禮部韻略	1037년	206(108)	9590자	과거시험 전용운서, 5권
丁度(宋)	集韻10권	1037년	206(108)	53525자	한자 추가, 집대성
王文郁(金)	平水韻	1227년	106운	12746자	평수신간예부운략, 시운

이후에도 중국에서는 절운계 운서가 많이 편찬되었다. 원나라 황공소(黃公紹)가 『평수운』을 참고하여 편찬한 『고금운회(古今韻會)』, 같은 시기 웅충(熊忠)이 이를 축약한 『고금운회거요(古今韻會擧要)』, 음시부(陰時夫)가 편찬한 『운부군옥(韻府群玉)』, 명나라 악소봉(樂韶鳳) 등이 편찬한 『홍무정운(洪武正韻)』, 청나라 때 『운부군옥(韻府群玉)』을 증보한 『패문운부(佩文韻府)』 등이 다 그런 책이다. 이런 운서는 모두 분량이 수십 권에서 수백 권에 이를 정도로 방대하고, 관련되는 고사와 시구 문구 등을 대량으로 수록하여 문인들의 시문을 창작할 때 자전(字典)이나 사전(辭典)처럼 활용하기도 하였다. 그러나 압운과 평측을 판단함에 있어서 새롭고 특별한 기준을 제시하였던 것은 아니므로 본서에서는 모두 검토 대상에서 제외하였다.

3) 등운계 운서

등운계(等韻系) 운서는 절운계 운서와 전혀 다른 차원에서 편찬한 새로운 계열의 운서이다. 절운계 운서는 주로 개별 한자의 운모(韻母)를 중심으로 평성 상성 거성 입성 등 사성(四聲)과 206에서 106운에 이르는 운(韻)의 계열을 구분하고, 개별 글자에 대한 자전적 기능을 보완하는데 주요 목적을 두었다. 그러나 등운계 운서는 운모(韻母)보다 성모(聲母)를 중심으로 편찬하였으며, 특정 글자를 발음할 때 처음 소리가 나는 발음 부위와 발음 방법을 정확하게 파악하는데 중점을 두었다.19)

그리고 운모(韻母)의 경우에도 206운 계열을 구분하는데 그치지 않았다. 발음할 때의 입 모양에 따라 이를 등호(等呼), 즉 입을 여는 모양의 개구(開口)와 입을 오므리는 모양의 합구(合口) 등 2호(呼), 입안의 울림 정도에 따라 홍대(洪大) 차대(次大) 세(細) 우세(尤細) 등 4등(等)으로 나누어 세밀하게 검토하였다. 그래서 결국 성모와 운모를 조합하여 개별 한자의 음가를 가능한 정확하게 정리하고자 하였는데, 이 때문에 등운계 운서는 '반절(反切) 연구의 한 방법'이란 평가를 받기도 하였다.20)

그렇다면 등운계 운서에서 성모를 구분하는 1차적 기준은 무엇인가? 당나라 때 승려 수온(守溫)이 제정하였다고 하는 36자모(字母)였다. 36자모(字母)는 수온이 먼저 30자모를 제정하고 송나라 학자들이

---

19) 等韻系 韻書는 張正體의 『中華韻學』(臺灣商務印書館, 1978) 第六章 等韻之硏究를 통해 그 개략적인 실상을 파악할 수 있다.
20) 張正體, 『中華韻學』(臺灣商務印書館, 1978), 242쪽, "等韻之學 … 可說受印度音韻學理之影響 同時是爲硏究反切之理 補反切之缺而産生也".

여기에 다시 6자모를 더하였다는 견해도 있고,21) 발음 방법 상 청탁(淸濁)을 구분하는 문제에 대해서도 이견이 적지 않은데, 현재 학계에서 공감하는 내용을 간단하게 정리하면 다음과 같다.

〈36字母圖〉

半齒音	半舌音	喉音	齒音		脣音		舌音		牙音	
			正齒音	齒頭音	輕脣音	重脣音	舌上音	舌頭音		
日	來	影	照	精	非	幇	知	端	見	全淸
0	0	曉	穿	淸	敷	滂	徹	透	溪	次淸
0	0	匣	牀	從	奉	幷	澄	定	群	全濁
0	0	喩	審	心	微	明	娘	泥	疑	次濁
0	0	0	禪	邪	0	0	0	0	0	不淸不濁

위의 표에서 볼 수 있듯이 수온(守溫)은 성모를 먼저 특정한 소리를 발음할 때 그것을 발음하는 부위에 따라 아(牙:어금니) 설(舌:혀) 순(脣:입술) 치(齒:앞니) 후(喉:목구멍) 반설(半舌) 반치(半齒) 등 칠음(七音)을 구분하였다. 그리고는 이를 다시 발음의 성질에 따라 전청(全淸:무성음) 차청(次淸:送氣 무성음) 전탁(全濁:유성음) 차탁(次濁:유성 鼻音) 등 5종으로 구분하였다. 그래서 이들을 조합하여 36종의 소리를 구분하여 대표 글자를 명시하였는데, 혀끝에서 나는 전청(全淸:무성음)의 대표 글자를 단(端), 입술에서 나는 전탁(全濁:유성음)의 대표 글자를 봉(奉)과 병(幷) 등으로 제시한 것이 그런 예이다. 그리고 '0'표 부분은 관련 대표 글자가 없음을 의미한다.

그렇다면 운모(韻母)를 또 등호(等呼), 즉 2호(呼)와 4등(等)으로

---
21) 張正體, 『中華韻學』(臺灣商務印書館, 1978), 32쪽, "此三十六字母 乃守溫之所訂 今傳之三十六字母 乃爲宋人所增補 而僞託爲守溫也".

세분하였다는 것은 구체적으로 무엇을 가리키는가? 이를 위해서는 먼저 운모(韻母)의 세부 구성에 대하여 간단히 언급할 필요가 있다. 운모는 크게 앞부분 운두(韻頭), 중간 부분 운복(韻腹), 끝부분 운미(韻尾)로 구성되어 있다. 예컨대, 광(廣:guang) 자에서는 'g'를 제외한 'uang'이 운모인데, 이 가운데 제일 앞 'u'가 운두, 중간 'a'가 운복, 끝의 'ng'이 운미이고, 교(敎:jiao) 자에서는 'j'를 제외한 'iao'가 운모인데, 제일 앞 'i'가 운두, 중간 'a'가 운복, 제일 끝 'o'가 운미이다. 그리고 하(河:he) 처럼 운모가 1음뿐인 것은 대부분 운복에 해당하며, 운두와 운미는 있을 수도 없을 수도 있다.

문제는 운두(韻頭)이다. 운두는 성모와 운복(韻腹) 사이에 끼어 있어서 개음(介音:끼인 소리)이라고도 하였는데, 여기에 'u'나 'ü'음이 들어가면 입을 둥글게 오므려 발음할 수밖에 없고, 'i'음이 들어가면 입을 양 옆으로 당겨 발음하여 입속 울림이 적다. 예컨대 'u'음이 없는 간(干:gan) 자는 입을 벌리며 발음하지만, 그 앞에 'u'가 있는 관(官:guan) 자는 입을 먼저 둥글게 오므린 다음 발음해야 하고, 'i'음이 없는 한(寒:han)은 입을 벌리며 발음하여 입안 공간이 넓고 울림도 크지만, 'i'가 있는 선(先:xian)은 입을 양 옆으로 당기며 발음하여 입안 공간이 좁고 울림도 적다.

등호(等呼)란 바로 이를 기준으로 206개 운을 더욱 세분한 것을 가리킨다. 즉 'u'나 'ü'음이 없어서 입을 벌리며 발음하는 개구(開口), 이들이 있어서 입을 오므려 발음하는 합구(合口) 등을 2호(呼)라 하고, 이를 다시 'i'음의 유무에 따라 입안 공간이 넓고 울림이 큰 것(洪大:1等), 보통인 것(次大:2等), 작은 것(細:3等), 아주 작은 것(尤細:4等) 등으로 구분한 것을 4등(等)이라 하였다. 그런데 후대에는 이렇

V. 운율은 어떻게 운용하는가 337

듯 세분하기가 어려워 대략 다음과 같은 4호(呼) 정도로 나누는 수준
에 그쳤다.22)

    ① 개구(開口) : 운두나 운복에 'u', 'ü', 'i'음이 없는 소리
    ② 제치(齊齒) : 운두나 운복에 'i' 음이 있는 소리
    ③ 합구(合口) : 운두나 운복에 'u' 음이 있는 소리
    ④ 촬구(撮口) : 운두나 운복에 'ü' 음이 있는 소리

등운계 운서는 이처럼 성모(聲母)를 36자모(字母) 별로 정밀하게
구분할 뿐만 아니라, 운모(韻母) 또한 발음 할 때의 입 모양과 울림의
정도에 따라 등호(等呼)로 세분하였다. 그리고 양자를 조합하여 개별
한자의 음가를 일목요연하게 제시하고자 하였는데, 이렇게 해서 등장
한 것이 바로 등운표(等韻表) 혹은 등운도(等韻圖)라고 하는 것이다.

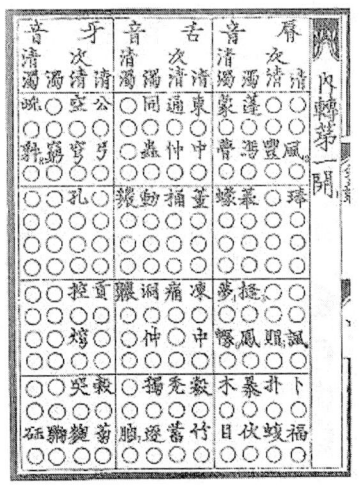

---

22) 張正體, 『中華韻學』(臺灣商務印書館, 1978), 제6장 2절 '等韻圖之構成', 「等呼」,
　　"等韻圖所構成的等呼 係就韻之音節排列等第順序 分爲開齊合撮四等".

위는 현재 남아 있는 등운계 운서 가운데 가장 오래된 『운경(韻鏡)』이란 책의 첫 면을 제시한 것이다.23) 이 표는 우선 제일 위의 우측에서 좌측으로 성모(聲母)를 36자모 순서로 제시하였다. 발음 부위에 따라 먼저 순(脣), 설(舌), 아(牙), 치(齒), 후(喉), 설(舌=半舌), 치(齒音=半齒) 등 칠음(七音)을 구분하고, 그 아래 다시 발음 성질에 따라 청(淸=全淸), 차청(次淸), 탁(濁=全濁), 청탁(淸濁=次濁)을 구분하였다. 그리고 제일 왼쪽 란에 상하로 평성 동(東:dong), 상성 동(董:dong), 거성 송(送:song), 입성 옥(屋:ok) 등 4등의 운목을 제시하였는데, 평성 동(東:dong) 자와 운복(韻腹) 부분의 음이 'o'로 동일한 여타 성조의 운목을 하나로 통섭하여 제시하였다.

등운표는 이처럼 좌우 가로줄에 성모를, 상하 세로줄에 운모를 제시하였으며, 양자가 교차하는 지점에 관련 글자를 배치하였다. 예컨대 순음(脣音) 청(淸)과 평성 동(東) 운목이 교차하는 지점에 풍(風) 자를 배치하고, 설음(舌音) 탁(濁)과 상성 동(董) 운목이 교차하는 지점에 동(動)자를 배치하였는데, 이것은 곧 풍(風:feng) 자는 36자모 중 순음(脣音) 전청(全淸)의 대표 글자인 비(非:fei)의 성모 'f'와 평성 동(東:dong) 운목의 운모 'ong'의 반절로 평성 'feng'으로 발음하고, 동(動:dong) 자는 36자모 중 설음(舌音) 전탁(全濁)의 대표 글자인 정(定:ding)의 성모 'd'와 상성 동(董:,dong) 운목의 운모 'ong'의 반절로 상성 'dong'으로 발음하는 것임을 의미한다.

---

23) 『韻鏡』의 저자와 편찬 연대는 분명하지 않다. 그러나 책 앞에 수록된 張麟(宋)의 서문에 "舊以翼祖(宋太祖의 祖父)諱敬 故爲韻鑑 今遷祧廟 復從本名 … 往昔相傳 類曰洪韻 釋子之所撰也 有沙門神珙 號知音韻 嘗著切韻圖 載玉篇卷末 竊意是書 作於此僧"이라 한 기록을 참고해 보면 적어도 宋나라 이전, 당나라 때 승려가 편찬한 것은 분명한 것으로 판단된다.

하나 더 설명할 필요가 있는 것은 제일 오른쪽 첫째 칸에 기록한 '내전제일개(內轉第一開)'란 표현이다. 내전(內轉)의 전(轉)은 범어를 공부할 때 사용한 실담(悉曇:siddham)이란 교재에서 따온 개념이다. 실담은 모음(母音)과 보음(輔音)을 합쳐 소리를 완성하는 방법을 위와 유사한 표로 나타낸 것인데, 이 표를 전(轉)이라 하였다. 성모와 운모를 차례로 돌아가며 결합시킨다 하여 전(轉)이라 하였으며, 전제일(轉第一)이란 곧 제1도(圖)와 같은 의미이다. 그리고 전(轉)을 2등운(等韻:i)의 유무에 따라 외전(外轉)과 내전(內轉)으로 구분하였고, 끝 부분 개(開)는 곧 개구(開口)란 뜻이다.

등운계 운서는 이와 같이 대부분 성모와 운모에 대한 세밀한 분석 결과를 종합하여 등운표(等韻表) 상에 구현하였다. 그래서 등운표를 보면 바로 특정 글자의 성조는 물론, 발음 부위, 발음 방법, 입 모양, 소리의 성질, 정확한 음가(音價)까지 일목요연하게 파악할 수 있도록 하였던 것이다. 따라서 등운계 운서는 평측이나 압운의 변별, 운서의 사전적 기능 등에 치중한 절운계 운서와 달리, 한자음 자체의 정확한 소리 값을 규명하고 이를 체계화하는 데 치중한 것이라고 할 수 있겠다.

등운계 운서는 대략 2계열이 있다. 하나는 절운계 운서의 음가에 대한 정밀 분석을 시도한 것으로, 앞에 제시한 『운경(韻鏡)』이나 정초(鄭樵. 1104~1162)의 『칠음략(七音略)』 같은 책이다. 다른 하나는 현실음을 근거로 절운계 운서의 오류를 수정하거나 조정한 것으로, 사마광(司馬光. 1019~1086)의 『절운지장도(切韻指掌圖)』나 원나라 유감(劉鑑)의 『경사정음절운지남(經史正音切韻指南)』같은 책이다. 그러나 등운계 운서는 성운 자체의 분석에 치중하여 전문성이 대단히 강하였을 뿐만 아니라, 평측과 압운의 변별, 운서의 사전적 기능 등 문인들이 시문을 창작할 때 관심을 가질만한 내용을 수록하지 않았다. 그래서 '절운계 운서의 보완' 혹은 '반절(反切) 연구의 한 방법' 정도로만 인식하였으며, 시문 창작에서의 활용도는 상대적으로 매우 낮았다.

4) 한국의 주요 운서

우리나라에서의 운서 편찬과 활용 상황은 어떠하였을까? 우리나라는 신라가 남쪽을 통일하고 발해가 북쪽에서 출범한 7세기 말부터 근체시를 창작하기 시작하였다. 그래서 이때부터 운서를 활용하였을 것으로 추정되는데, 구체적으로 어떤 운서를 활용하였는지는 알 길이 없다. 다만 당나라에 오래 유학한 유학생들이 국내로 돌아와 근체시 창작을 주도하였던 사실을 감안할 때, 당나라에서 과거시험의 표준 운서로 활용한 『절운』이나 『당운』을 참고하지 않았을까 짐작해 볼 수 있을 뿐이다.

그 이후 고려 광종 때 과거시험을 시행할 당시에는 어떠하였을까? 과거시험에는 시(詩)가 필수과목이고, 과시(科詩)는 반드시 엄격한 압운과 평측 규칙을 준수해야 하였는데, 이때 표준으로 삼은 운서는 무엇이었을까? 이 시기는 중국 송나라와 상응하여 송나라에서 편찬한 『광운』이나 『예부운략』을 활용하였을 법한데, 사실은 그렇지 않다. 『광운』(1007년)과 『예부운략』(1037년)이 고려에서 과거시험을 처음 시행한 광종9년(958)보다 오히려 50~90년 뒤에 편찬되었기 때문이다. 따라서 이 당시에도 역시 『당운』을 사용한 것이 분명하며, 이후 중국에서 과거시험용 『예부운략』이 편찬되고 난 뒤에야 비로소 이를

들여와서 본격적으로 활용하였을 것으로 추정된다.24)

그렇다면 『예부운략』은 언제쯤 입수하였을까? 우리나라는 고려 충렬왕 26년(1300) 처음 중국의 『신간예부운략(新刊禮部韻略)』계열의 『신간배자예부운략(新刊排字禮部韻略)』을 간행하였다.25) 그래서 이보다는 훨씬 일찍 입수하였을 듯한데, 정확한 사정을 알 수가 없다. 다만 1037년 『예부운략』을 편찬한 직후 이를 입수하였고, 1227년 이를 개편한 『신간예부운략』이 간행되자 다시 이를 입수하였으며, 1300년 마침내 『신간배자예부운략』을 간행하여 널리 활용하였을 것으로 짐작할 수 있을 따름이다.

『신간배자예부운략』을 간행한 이후에는 줄곧 이를 한시 창작의 표준 운서로 활용하였다. 그리고 이와 함께 우리 실정에 맞는 몇 가지 흥미로운 운서를 독자적으로 편찬하였는데, 그 가운데 대표적인 몇

---

24) 李圭景, 『五洲衍文長箋散稿』, 經史篇4, 經史雜類2, 其他典籍, "我東之有韻 雖無史冊之可證 然新羅百濟句麗 旣通中國 三國亦有文人 則韻書之來 自必其時 文獻無徵 今不考 勝朝光宗時 設科取士 則韻當用中國所行切韻 而自此以下 隨歷代所用矣".

25) 고려 충렬왕26년(1300) 『新刊排字禮部韻略』을 처음 간행하였다는 것은 小倉進平이 『朝鮮語學史』(刀江書院, 1940. 1986년 大提閣 影印本) 503쪽에서 京城 瀨戶潔 소장 고려본 『新刊排字禮部韻略』 卷1 卷2의 끝에 '大德庚子良月 梅溪書院刊'이라는 간기가 있는 것을 보았다고 한 데 근거한 것이다. 大德이 元나라 成帝의 연호이고, 庚子는 大德4년이며, 고려 충렬왕 26년(1300)에 해당하기 때문이다. 그러나 安秉禧는 「壬辰亂 直前 國語史 資料에 관한 二三問題에 대하여」(『진단학보』 33집, 1970)에서 이를 부정하였다. '大德庚子良月'은 중국에서 처음 간행한 간기를 그대로 복각한 것일 뿐이고, 梅溪書院은 중국 북경에 있던 당시 서점 이름이라는 것이다. 그러면서 이것이 세조10년(1465) 경상북도 淸道에서 복간한 것이라고 하였는데, 이런 반론이 있음에도 불구하고 고려후기에 禮部韻略 계열의 韻書를 입수하여 참고한 사실은 학계에서 대체로 수긍하고 있다. 정경일, 『한국운서의 이해』(아카넷, 2002) 52~55쪽 참고.

가지를 살펴본다.

① 『신간배자예부운략((新刊排字禮部韻略)』

충렬왕26년(1300년)에 간행하였다. 우리나라에서 간행한 운서 가운데 가장 오래되었다. 정도(丁度)의 『예부운략(禮部韻略)』(1037)을 개편한 왕문욱(王文郁)의 『평수신간예부운략(平水新刊禮部韻略)』(1227)이나 유연(劉淵)의 『임자신간예부운략(壬子新刊禮部韻略)』(1252) 같은 『신간예부운략』계열인데, 전체를 106종 운목(韻目)으로 구분한 것으로 보아 『평수신간예부운략』에 가까운 것으로 판단된다.26) 그리고 제목에 '배자(排字)'를 명시하여 『신간예부운략』을 그대로 복각한 것이 아니라 우리 실정에 맞게 글자의 배열이나 편차를 일부 조정하였음을 보여주는데27), 그렇다면 이 책은 우리나라에서 중국 운서를 처음으로 개편 간행한 것이 되기도 할 것이다.

이 책은 『신간예부운략』을 저본으로 삼았던 만큼 전체의 구성과 내용이 『신간예부운략』과 대동소이하였다. 권1은 평성 30운, 권2는 상성 29운, 권3은 거성 30운, 권4는 입성 17운, 전체 4권 106운으로 구성하였으며, 부록으로 『옥편(玉篇)』1권을 첨부하였다. 그리고 조

---

26) 劉淵의 『壬子新刊禮部韻略』은 상성 증(拯)과 형(迥)운을 통합하지 않은 107운 체계이다. 『壬子新刊禮部韻略』은 실전되었지만, 이를 근거로 재편한 『古今韻會』, 특히 熊忠이 이를 다시 요약하여 편찬한 『古今韻會擧要』를 통해 이런 사실을 알 수 있다.

27) 康寔鎭의 「朝鮮의 韻書硏究(1)-排字禮部韻略·排字禮部玉篇을 중심으로-」(『中國語文論集』8집, 1993) 참고. 『排字禮部韻略』을 『平水新刊禮部韻略』과 대비해보면 上聲과 去聲의 合卷, 玉篇의 첨부 등 排字에 관련되는 사실이 발견된다고 하였다. 중국에서 제목에 '排字'를 명시한 『排字禮部韻略』이란 書名의 운서가 발견되지 않는 점도 이와 관련하여 주목할 만한 점이다.

선시대에 들어와서도 세조10년(1464), 중종19년(1524), 선조6년(1573), 광해군7년(1615), 숙종5년(1679) 등에 활자본 혹은 목판본으로 부단히 간행하였다. 그리고 여타 문헌에서도 과거시험이나 한시 창작에 『예부운략』을 활용하였다는 기록을 무수하게 발견할 수 있는데,28) 이런 사실을 통하여 이 책이 고려시대 이래 국내 문단에서 가장 오래 동안 가장 널리 활용한 대표적인 운서였음을 알 수 있다.

② 『삼운통고(三韻通考)』

「삼운통고」는 편찬자와 간행 시기가 모두 미상이다. 이덕무(李德懋)는 세종 때 편찬하였을 것이라 하였고,29) 이익(李瀷)은 세종 때 만들었다가 일본으로 넘어간 것을 다시 입수하여 사용하였을 것이라고 하였으며,30) 이수광(李睟光)은 아예 일본에서 만들었을 것이라고도 하였다.31) 그러나 모두 분명한 근거를 제시하지 않았으며, 학계에

---

28) 『世祖實錄』, 世祖 8년 壬午 六月 癸酉에 "禮曹啓 在先科擧時 只用禮部韻 請自今 兼用洪武正韻 譯科竝試童子習 從之"라 한 것, 張維의 『谿谷漫筆』卷1에 "唯律詩則聲律低昻自有定 則如律令焉 唐禮部韻之外 不可分寸踰越也"라고 한 것 등이 그런 예이다.

29) 李德懋, 『靑莊館全書』卷24, 「奎章全韻凡例」, "三韻通考 未知緣起 似是世宗朝命儒臣編定者 至今爲藝苑之懸法".

30) 李瀷, 『星湖僿說』卷17 人事門 「日本忠」 조항에 "日本雖居海島 開國亦久 典籍皆具 陳北溪性理字義 三韻通考 我人從倭得之"라 하였는데, 李德懋의 『靑莊館全書』卷60 盎葉記7 「三韻通攷」에 이 부분을 인용한 다음 "案芝峯則似以爲倭人所撰 而僿說所論 有若我國本有者 中間失之 復從倭得之 然蓋未詳其來曆也"라는 주석을 첨가하여 이런 사항을 파악할 수 있다.

31) 李睟光, 『芝峯類說』卷7, 經書部, "三韻通考 出於倭國 比畧韻尤少 而一覽輒盡 便於考閱 故今用之". 李衡祥도 『甁窩集』卷13 雜著 「書三韻通考後」에서 "今之三韻通考 亦番僧所簒 而傳自日本者也 雖其脫漏居多 用意則勤矣"라 하여 유사한 견해를 표명한 바 있다.

서는 대략 훈민정음 창제 이전 국내에서 편찬한 것으로 본다.32)

이 책은 기존의 『신간예부운략(新刊禮部韻略)』을 모본으로 삼았지만, 구성 방식이 전혀 달랐다. 기존 운서는 평성 상성 거성 입성을 각각 권별로 따로 구분하여 제시하였다. 그러나 이 책은 입성을 제외한 평성 상성 거성 3성을 통합적으로 제시하였다. 각 면마다 제일 상단에 평성 30운, 중간에 상성 29운, 제일 하단에 거성 30운을 차례로 배치하여 3단 구성이 되도록 하였고, 입성 17운만 제일 뒤에 따로 돌렸는데, 이렇듯 3성을 한 면에서 대비하여 함께 살펴볼 수 있도록 편찬하였다고 해서 제목까지 『삼운통고』라 하였다. 입성만 별도로 뒤로 돌린 것은 원나라 이후 중국 북방 음에서 입성(入聲)이 사라짐에 따라 이를 감안하여 새롭게 편찬한 『중원음운(中原音韻)』을 참고한 결과였으며,33) 과거시험에서 입성을 운자로 사용하지 않았던 국내의 사정과도 일정한 관련이 있다.34) 수록 글자는 9732자 가량이었고, 글자마다 2~3자의 풀이를 첨부하였다.

『삼운통고』는 『신간배자예부운략』과 함께 국내에서 가장 널리 활용해 온 대표적인 운서였다. 이규경이 "조선초기에는 고려조의 예를 따라 원나라 운서 계열인 『삼운통고』를 주로 활용하여 사성(四聲)이란 옛 이름마저 잃어버리게 되었다"35)라고 한 것이나, 이덕무가 "세

---

32) 정경일, 『한국운서의 이해』, 「三韻通考의 편찬」, 40~41쪽 참고.
33) 李圭景, 『五洲衍文長箋散稿』, 經史篇, 「韻書辨證說」, "夫三韻爲名者 因元周德清 中原音韻倂行三聲 故仍有三韻之名 麗朝襲三聲之韻 入我國初 仍用元麗之韻 而有三韻通考書 奉作金科玉條 時勢然也".
34) 『國譯日省錄』, 正祖20년 8월 11일, "대체로 우리나라에서는 科詩에 入聲으로 압운하지 않기 때문에 잘못된 규식을 인습하여 입성 한 운을 삼운에서 떼 내어 쓸데없고 귀속될 곳 없는 것으로 내쳐 버린 것이다" 라고 한 기사 참고.
35) 李圭景, 『五洲衍文長箋散稿』, 經史1, 小學, 「韻書辨證說」, "我東音韻 國初專襲麗

간에 유행하고 있는 운서는 오직『삼운통고』뿐이다."36)라고 한 데서 이런 사정을 미루어 짐작할 수 있다. 그래서 어지간한 문인들은 책 내용을 줄줄 외울 정도로 익히 알았으며,37) 과거시험장에 가지고 들어가 편리하게 활용할 수도 있어서 문인들이 특별히 요긴한 책으로 애용하였다.38) 이 때문에 조선후기까지『삼운통고』를 보완 혹은 개편한 운서가 지속적으로 편찬 보급되기도 하였는데, 숙종28년(1702) 박두세(朴斗世)가 글자와 주해를 일부 증보한『삼운보유(三韻補遺)』, 김제겸(金濟謙)과 성효기(成孝基)가 주해를 줄이는 대신 1798자를 증보한『증보삼운통고(增補三韻通考)』, 영조23년(1747) 박성원(朴性源)이 여기에 한글로 중국 음과 우리 음을 나란히 기록한『화동정음통석운고(華東正音通釋韻考)』같은 운서가 모두 그런 책들이다.

③『삼운성휘(三韻聲彙)』

영조27년(1751) 홍계희(洪啓禧)가 음운학에 밝은 정충언(鄭忠彦)의 도움을 받아서 편찬하였다.39) 본문이 2권이고, 부록으로 옥편(玉

朝 麗朝沿用元韻 故有三韻通考之書 殊失四聲之舊名".
36) 李德懋,『靑莊館全書』卷19, 雅亭遺稿11, 書5,「李雨邨調元」, "東國韻學魯莽 行世者 爲三韻通考一冊".
37) 權尙夏,『寒水齋集』卷32, 墓表,「承旨鄭公必東墓表」, "誦三韻通攷 此在公 雖曰餘事 公未嘗一言於我 亦可見韜晦之一端也".
38) 李德懋,『靑莊館全書』卷60, 盎葉記7,「三韻通考」, "今世所行三韻通攷 以平上去分三格 作橫看 若年表世譜 附入聲于後 分註二字 無過三字 總九千七百三十二字 金承旨濟謙 增千七百九十八字 通用科場 爲便要切近之書".
39) 金在魯가 쓴『三韻聲彙』序文에는 분명히 洪啓熙가 이 책을 지었다고 밝혔다. 그리고 丁若鏞의『與猶堂全書』文集 卷15 墓誌銘「貞軒墓誌銘」附見開話條와 李裕元의『林下筆記』卷18「文獻指掌編」에서도 이를 확인한 바 있다. 그러나 李圭景은『五洲衍文長箋散稿』經史篇 韻書「韻書辨證說1」과 같은 책「韻學卽音學辨證說」

篇) 1권을 첨부하였으며, 영조(英祖)가 비서각(秘書閣)에서 이를 간행 보급하도록 하였다. 『삼운통고』와 마찬가지로 각 면을 상단의 평성, 중간의 상성, 하단의 거성 등 3단으로 구성하였고, 입성은 제일 뒤로 돌렸다. 중종 때 최세진(崔世珍)이 편찬한 『사성통해(四聲通解)』(1517)를 준용하여 중국 음을 달았고, 박성원(朴性源)이 편찬한 『화동정음통석운고(華東正音通釋韻考)』(1747)를 참고하여 한글로 우리 음을 함께 기록하였으며, 주석은 또 숙종 때 편찬한 『증보삼운통고(增補三韻通考)』를 약간 확대 보완하는 방식을 취하였다.

이 책은 이처럼 기존의 『삼운통고』 『증보삼운통고』 『사성통해』 『화동정음통석운고』 등 다양한 운서의 장점을 종합하여 정확하고 편리하게 이용할 수 있도록 하였다는 점에 중요한 특징이 있다. 그리고 각 운목 내의 개별 한자 배열을 모두 한글 가나다 순서에 따르도록 하여 이런 성격을 더욱 분명하게 드러내었다. 그러나 간행되고 얼마 지나지 않아 곧 『규장전운』이 편찬되면서, 이후에는 『규장전운』이 시문창작의 표준 운서 역할을 대신하였다. 그래서 이전의 『신간배자예부운략』 『삼운통고』나 이후의 『규장전운』만큼 영향력이 크지는 못하였으며, 기존 운서를 종합하여 『규장전운』으로 넘어가는 과도적 역할을 하였다는 점에 오히려 더 중요한 의미가 있다.40)

에서 成孝基 혹은 金濟謙과 成孝基가 함께 지었다고 하였으며, 成大中은 이것이 본래 鄭忠信이 지은 것인데 홍계희가 빼앗았다고도 하였다. 成大中, 『青城雜記』 卷4, 醒言, "我國需世之書 多出於卑微 喪禮備要 始於申義慶 武藝諸譜 成於韓嶠 東醫寶鑑 成於許浚 魚叔權輯攷事撮要 而掌故者取之 林芑註剪燈新話 而吏胥皆學之 五人者 皆庶孼也 華東正音 成於朴性源 三韻聲彙 成於鄭忠彦 而洪啓禧攘爲其物 二者並委巷也" 참고. 특히 成大中의 견해를 참고할 때 적어도 이 책은 홍계희가 정충신의 도움을 받아 편찬한 것은 분명한 것으로 판단된다.

40) 姜鎬天은 「朝鮮朝 漢字音 整理의 歷史的 硏究」(청주대 박사학위논문, 1991)에서

④『규장전운(奎章全韻)』

정조20년(1796) 이덕무(李德懋)가 왕명을 받아 편찬하였고, 윤행임(尹行恁) 서영보(徐榮輔) 남공철(南公轍) 이서구(李書九) 이가환(李家煥) 성대중(成大中) 유득공(柳得恭) 박제가(朴齊家) 등 음운학에 밝은 당시 정예학자 8명이 함께 교정에 참여하였다.41) 이 책은 정조가 기존 운서의 몇 가지 문제점, 즉 평성 상성 거성의 3단 체계로 편찬하여 입성을 소홀하게 취급하고 있는 점, 수록 글자 수가 너무 적고 증운(增韻)의 실상을 반영하지 못한 점, 통운(通韻)과 협운(叶韻)에 대한 판단이 서로 엇갈리고 부정확한 점 등을 두루 개선하기 위하여 새롭게 편찬하라고 명하였던 것이다.42)

이덕무는 이 책을 편찬하기 위해 이전에 간행한 각종 운서는 물론, 그 동안 참고하지 못하였던 명·청시대의 각종 운서, 즉 명나라 장불(張黻)의 『운학집성(韻學集成)』과 양신(楊愼)의 『고음약례(古音略例)』, 청나라 소장형(邵長衡)의 『고금운략(古今韻略)』과 고염무(顧炎武)의 『음학오서(音學五書)』, 반은(潘恩)의 『시운집략(詩韻輯略)』

한국 운서를 『홍무정운』계열의 중국운서, 『동국정운』계열의 한국운서, 『예부운략』 『삼운통고』계열의 무음운서로 구분한 다음 이들의 계보와 상호관계를 표로 제시한 바 있는데, 이를 보면 『삼운성휘』가 이전의 운서를 종합하여 『규장전운』으로 넘어가는 과도적 형태였음을 알 수 있다.

41) 李德懋, 『靑莊館全書』卷71, 附錄下, 「先考積城縣監府君年譜」下, "初九日 除本仕 編輯御定奎章全韻 … 書進 命閣臣尹公行恁 徐公榮輔 南公公轍 承宣李公書九 李公家煥 秘書校理成公大中 檢書官柳公得恭 朴公齊家 考校一通後 命鋟版".
42) 正祖, 『弘齋全書』卷183, 群書標記5, 命撰1, 「奎章全韻八卷」, "今之三韻通考 不知出處 朴性源華東正音 又因通考 增入若干字 而二書皆以四聲爲三韻 則鹵莽亦甚矣 況其所編 與沈韻大相逕庭 各部之脫落沈韻 已不勝其多 而前後韻之錯編 平上去之貿亂 亦復不一而足 故東人之入中州唱和者 往往以韻學見笑 其玷累文敎 爲如何哉 予於己亥 命閣臣徐命膺 就禮部韻略以下數家韻書 參互考證 去短取長".

등을 두루 참고하고 이들의 장단점을 비판적으로 검토한 다음『규장전운』을 편찬하였다.43) 그래서 먼저 평성 상성 거성 3단 구성 아래 입성 1단을 새롭게 추가하여 전체가 4단 구성이 되도록 변경하였고, 같은 면에 수록한 사성 운목은 비슷한 계열로 짝을 맞추어 정리하였다. 예컨대 평성 동(東:dong)과 같은 면에는 상성 동(董:dong) 거성 송(song) 입성 옥(ok)처럼 운복과 운미가 'ong'에 비근한 것을 일섭(一攝)으로 조정하고, 평성 강(江:jiang)과 같은 면에는 상성 강(講:jiang) 거성 강(絳:jiang) 입성 각(覺:jiao)처럼 운복과 운미가 'ang'에 비근한 글자를 역시 일섭(一攝)으로 맞추었던 것이다.

그리고 각 운목 내의 글자는 모두 중국의 36자모(字母) 순서가 아닌 한글 가나다 순서에 따라 정리하였고, 본문 글자가 끝난 다음에는 추가로 파악한 증운(增韻) 글자를 '증(增)'이란 표식 아래 따로 정리하였으며, 그 뒤에는 이 운목과 조화를 이룰 수 있다고 판정한 고대(古代)의 운, 즉 각종 협운(叶韻) 자를 제시하고, 마지막에는 106운 가운데 이와 서로 통용할 수 있는 통운(通韻) 운목을 적었다. 그리고 기존에 편찬된 국내 운서를 참고하여 각 글자마다 한글로 우리 음과 중국 음을 함께 적고, 간단하게 뜻풀이를 하였으며, 협운(叶韻) 글자의 경우 모두 반절(反切)을 제시하였다.

아래는『규장전운(奎章全韻)』의 평성 동(東), 상성 동(董), 거성 송(送), 입성옥(屋) 운목에 해당하는 부분의 처음과 끝 일부를 제시해 본 것인데, 이를 보면 구성 방식과 수록 내용의 일단을 개략적으로 확인할 수 있다.

---

43) 李德懋,『靑莊館全書』卷24, 編書雜稿4,「奎章全韻凡例」에서 이런 사실을 확인할 수 있다.

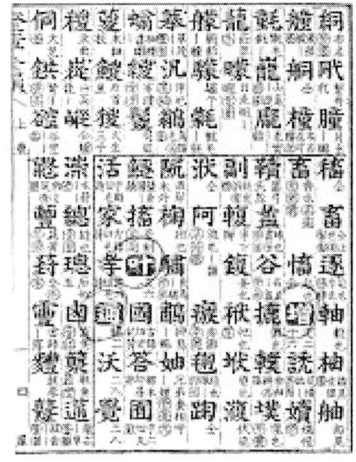 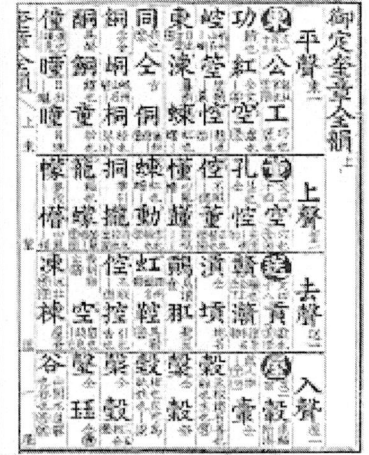

『규장전운』은 이처럼 이용하기에 최대한 편리한 방식으로 구성하였고, 개별 글자의 우리 음과 중국 음은 물론, 간단한 뜻풀이와 증운(增韻) 협운(叶韻) 상황까지 두루 파악할 수 있도록 하였다. 그리고 포괄한 글자 수를 13345자로 확장하고, 『전운옥편(全韻玉篇)』을 부록으로 첨부하여 운서에 미처 수록하지 못한 속음(俗音) 문제와 사전적 기능까지 다할 수 있도록 하였다. 그래서 편찬되자마자 많은 문인 학자들이 주목하였고, 헌종12년(1846)에는 『어정시운(御定詩韻)』이란 이름을 붙여 수진본(袖珍本) 형태로 간행하였으며, 민간에서 방각본(坊刻本)으로 출판한 것은 이루 다 거론하기 어려울 정도로 많다. 이런 점을 감안할 때 19세기 이후에는 『규장전운』이 여타 각종 운서를 대체한 가장 중요한 대표 운서의 역할을 하였다고 할 수 있을 것이다.

이 외에도 국내에서 편찬한 운서가 여러 가지 있다. 신숙주(申叔舟)가 세종의 명을 받아 편찬한 『동국정운(東國正韻)』(1448)과 『사성통고(四聲通考)』, 『홍무정운(洪武正韻)』을 한글로 풀이한 『홍무정운역훈(洪武正韻譯訓)』(1455), 최세진(崔世珍)이 이를 보완한 『사성통해(四聲通解)』(1517) 등이 그런 책이다. 그리고 중국 운서 가운데도 고대 한자음을 연구한 주요 고운계(古韻系) 운서, 즉 북송(北宋) 오극(吳棫)의 『모시보음(毛詩補音)』, 명나라 진제(陳第)의 『굴송고음의(屈宋古音義)』, 청나라 고염무(顧炎武)의 『음학오서(音學五書)』, 강영(江永)의 『고운표준(古韻標準)』 등은 여기에서 검증하지 못하였다. 이런 운서는 그 중요성에도 불구하고 한시 창작과 관련성이 적어 제외하였는데, 추후 별도의 지면을 빌어 검토할 필요가 있는 것으로 생각된다.

2. 시운의 성질과 운용 방식

한시가 산문과 구분되는 가장 중요한 특징 중의 하나는 그것이 바로 운(韻)이 있는 글, 즉 동일 계열 운자(韻字)를 일정한 규칙에 따라 반복적으로 활용함으로써 가락의 아름다움을 구현한 운문(韻文)이란 점이다. 작품의 특정 부위에 동일 계열 운자를 번갈아 적용하는 것을 압운(押韻)이라 하는데, 압운의 압(押)은 곧 누를 압(壓) 자와 같은 의미로, '운자를 눌러 놓는다'는 뜻이다. 그렇다면 압운 대상이 된 운자 계열은 어떤 것이 있으며 각 계열 사이에는 어떤 차이가 있을까? 한시 작품의 압운 부위는 어떤 곳이며, 이를 구체적으로 활용하는 방식에는 어떤 것이 있을까? 기타 압운과 관련하여 흔히 거론하는 험운(險韻) 인운(隣韻) 통운(通韻) 협운(協韻) 등은 또 무엇인가? 여기서는 압운에 관련된 이런 기본적인 몇 가지 사항을 간단하게 검증해보고자 한다.

1) 시운의 성질

한시에서 압운 대상으로 삼는 운자 계열은 106개 계열이 있다. 평성 30계열, 상성 29계열, 거성 30계열, 입성 17계열 등 도합 106개 계열이다. 수나라 때 육법언(陸法言)이 처음 『절운(切韻)』이란 운서를 편찬할 때는 193개 계열로 정리하였는데, 당나라 때 손면(孫愐)이 『당운(唐韻)』을 편찬하면서 206개 계열로 확장하였고, 이후 송나라를 거치며 비슷한 계열을 점진적으로 통합하여 원나라 왕문욱(王文郁)이 시운(詩韻), 곧 『평수운(平水韻)』을 편찬할 때 마침내 106개 계열로 재정리하였다.

106개 계열에서 각 계열을 대표하는 글자는 보통 운목(韻目), 우리나라에서는 주로 운부(韻部) 혹은 운통(韻統)이라고 하였다.44) 평성 동(東) 공(公) 공(工) 공(功) 등을 대표하는 글자는 동(東), 상성 강(講) 항(港) 항(項) 등을 대표하는 글자는 강(講), 거성 미(未) 미(味) 비(費) 귀(貴) 등을 대표하는 글자는 미(未), 입성 옥(屋) 곡(穀) 곡(谷) 곡(哭) 등을 대표하는 글자는 옥(屋)인데, 이렇듯 각 계열을 대표하는 동(東) 강(講) 미(味) 옥(屋) 같은 글자를 그 계열의 표목(標目)이란 의미에서 운목(韻目)이라고 하였던 것이다. 운서는 이처럼

---

44) 우리나라 옛 문헌에서는 韻目이란 용어를 찾아보기 어렵다. 대신 韻部라는 용어를 유사한 의미로 사용하였는데, 李德懋의 『靑莊館全書』卷60 盎葉記7 「遼金元淸字」에 "蓋於<u>韻部</u> 以麻支微齊歌魚虞爲首"에서 그런 용례를 찾아볼 수 있다. 속칭 韻統도 '~운 계통'이란 뜻으로 韻目 韻部와 마찬가지 의미로 사용하는데, 언제부터 사용하였는지는 확인하지 못하였다.

제각각 다른 계열을 대표하는 운목 아래 소속 글자를 정리한 것이며, 자전도 각각의 글자마다 소속된 운목을 병기하여 그 글자가 어떤 운목 계열인지 밝혀놓았다.

이와 같은 106개 계열은 본래 모두 압운 대상이 될 수 있었다. 가장 오래된 한시 고전인 『시경(詩經)』을 비롯하여 당나라 이전에 창작된 고대시를 보면 106개 계열이 다양하게 압운된 예를 널리 확인할 수 있다. 『시경』 「관저(關雎)」에 주(洲) 구(逑) 같은 평성 우(尤)자 계열을, 「여분(汝墳)」에 이(邇) 훼(燬) 같은 상성 지(紙)자 계열과 이(肄) 기(棄) 같은 거성 치(寘)자 계열을, 「도요(桃夭)」에 실(實) 실(室) 같은 입성 질(質)자 계열을 압운한 것 등이 다 그런 예이다.45)

그러나 당나라를 전후한 시기에 근체시가 성립되면서 상황이 크게 달라졌다. 근체시가 고도로 정제된 형식미를 추구하면서 평성 30개 계열만 압운 대상으로 삼도록 하였기 때문이다. 여타 상성 거성 입성 등 76개 계열은 근체시의 압운 대상에서 모두 제외하였으며, 이를 압운한 작품은 근체시로 간주하지 않았다. 평측(平仄) 대장(對仗) 등 다른 조건을 모두 충족시킨다 할지라도 다만 근체와 고체의 중간 형태인 '율격에 맞는 고풍(古風)' 정도로 간주할 따름이었다. 이처럼 근체시가 평성 계열 운자만 압운하도록 제한한 것을 일반적으로 '한평성운(限平聲韻)의 원칙'이라고 한다.

그렇다면 근체시는 왜 하필 평성 30개 계열만 압운 대상으로 제한하였을까? 가장 중요한 이유는 평성 계열 글자가 변화 없이 길게 발

---

45) 『詩經』 「關雎」 제1장 "關關雎鳩 在河之<u>洲</u> 窈窕淑女 君子好<u>逑</u>", 「汝墳」 제2장 "遵彼汝墳 伐其條<u>肄</u> 旣見君子 不我遐<u>棄</u>", 같은 편 제3장 "魴魚赬尾 王室如<u>燬</u> 雖則如燬 父母孔<u>邇</u>", 「桃夭」 제2장 "桃之夭夭 有蕡其<u>實</u> 之子于歸 宜其家<u>室</u>".

음하는 장음(長音) 계열이어서 길게 늘여 노래하는 만성가창(曼聲歌唱)에 유리하고, 또 율시의 핵심적 구성단위인 연(聯)을 안정감 있게 마무리하는데 요긴하였기 때문이다.46) 이것은 영시(英詩)에 무거운 음이 가벼운 음 앞에 있는 중경율(重輕律)보다 뒤에 있는 경중율(輕重律)이 일반적이고, 라틴시에 긴 음이 짧은 음 앞에 있는 장단율(長短律) 보다 그 뒤에 있는 단장률(短長律)이 일반적인 것과 유사한 현상으로, 무겁고 길고 안정된 소리가 시의 중간 단위마다 호흡과 가락을 가다듬는데 더 적절함을 간파한 결과였다.

평성 30개 계열의 운목은 활용 폭에 따라 다시 관운(寬韻) 중운(中韻) 착운(窄韻) 험운(險韻) 등으로 구분하기도 하였다. 활용 폭이 가장 넓은 계열을 관운, 중간 정도를 중운, 비교적 좁은 것을 착운, 아주 좁은 것을 험운이라고 하였는데, 왕력(王力)은 지(支) 양(陽) 등 8계열을 관운, 소(蕭) 원(元) 등 11계열을 중운, 청(靑) 증(蒸) 등 7계열을 착운, 효(肴) 가(佳) 등 4계열을 험운으로 구분한 바 있다.47)

이런 구분의 1차적인 기준은 각 운목 계열에 포괄된 글자 수였다. 특정 운목 계열에 포괄된 글자 수가 아주 많으면 압운 글자의 선택 범위도 따라서 아주 넓어지고, 글자 수가 아주 적으면 선택 범위도 따라서 아주 좁아지기 때문이다. 조선후기에 가장 널리 활용한『규장전운(奎章全韻)』을 보면 지(支) 운목 계열에 511자, 소(蕭) 운목 계열

---

46) 江永,『音學辨微』(김준연『唐代七言絶句硏究』71쪽 재인용), "平聲長空 如擊鐘鼓 上去入短實 如擊木石". 王力 또한『漢語詩律學』89쪽에서 "平聲占時間 大致比仄聲長一倍"라고 하여 평성이 측성보다 2배 가량 긴 소리임을 지적한 바 있다.

47) 王力,『漢語詩律學上』(山東敎育出版社, 1989), 53쪽, ①寬運 : 支 先 陽 庚 尤 東 眞 虞, ②中韻 : 元 寒 魚 蕭 侵 冬 灰 齊 歌 麻 豪, ③窄韻 : 微 文 刪 靑 蒸 覃 鹽, ④險韻 : 江 佳 肴 咸.

에 244자, 청(靑) 운목 계열에 117자, 강(江) 운목 계열에 47자가 포괄되어 있음을 알 수 있다. 이 중 지(支) 운목을 압운 대상으로 선택할 경우 운자로 쓸 수 있는 글자 범위가 511자나 되지만, 강(江) 운목을 선택할 경우에는 겨우 47자로 극히 제한을 받는다. 그래서 활용 범위의 정도에 따라 이를 구분하여 차례로 지(支) 계열은 관운, 소(蕭) 계열은 중운, 청(靑) 계열은 착운, 강(江) 계열을 험운이라고 하였던 것이다.48)

	평성	상성	거성	입성	평성	상성	거성	입성
관운	支:511	紙:299	寘:287		陽:334	養:138	漾:144	藥:232
	虞:306	麌:188	遇:189		先:302	銑:176	霰:165	屑:229
	尤:293	有:161	宥:188		庚:249	梗: 95	敬: 81	陌:261
	眞:215	軫: 93	震:125	質:183	東:206	董: 45	送: 60	屋:226
중운	蕭:244	篠:104	嘯:108		元:182	阮:108	願:70	月:130
	寒:176	旱: 83	翰:137	曷:131	灰:169	賄: 71	卦:103, 泰:150	
	齊:162	薺: 60	霽:238		歌:159	哿: 96	箇: 56	
	麻:145	馬: 68	禡:102		豪:128	皓: 91	號: 88	
	魚:126	語:108	御: 64		冬:125	腫: 56	宋: 28	沃: 93
	侵:103	寢: 46	沁: 41	緝: 81				
착운	靑:117	迥: 59	徑: 77	錫:133	蒸:116			職:156
	文:115	吻: 48	問: 56	物: 73	鹽:110	琰: 80	豔: 60	葉:150
	覃:103	感: 83	勘: 47	合:100	微: 81	尾: 43	未: 52	
	刪: 76	濟: 49	諫: 53	黠: 69				
험운	肴: 93	巧: 31	效: 57		佳: 68	蟹: 27	泰: 78	
	咸: 61	豏: 32	陷: 39	洽: 64	江: 47	講: 15	絳: 11	覺:108

---

48) 우리나라 옛 문헌에서는 寬韻 中韻 같은 용례를 찾아보기 어렵다. 그러나 窄韻과 險韻의 용례는 다양하게 발견할 수 있으며, 양자를 특별히 구별하지 않고 強韻 혹은 硬韻이라 하기도 하였다. 이런 점을 감안할 때 寬韻과 中韻 또한 窄韻 險韻과 연계하여 운의 활용 범위를 정밀하게 설명할 수 있는 용어로 사용할 가치가 있을 것으로 판단된다.

위는 『규장전운(奎章全韻)』을 근거로 각 운목 계열에 포괄된 글자 수를 개략적으로 정리해 본 것이다. 이를 보면 관운 중운 착운 험운의 구분이 각 계열에 소속된 글자 수와 정비례함을 뚜렷이 확인할 수 있다. 다만 동(東) 진(眞) 처럼 글자 수가 적어도 관운으로 분류하기도 하고, 증(蒸) 효(肴) 처럼 글자 수가 많아도 착운이나 험운으로 분류한 예가 더러 있는데, 이것은 글자 수의 많고 적음과는 다른 차원, 즉 글자 수가 많아도 그 가운데 시어로서의 활용 가치가 적은 특이한 벽자(僻字)가 많이 포함되어 있다든지, 글자 수가 적어도 두루 활용가치가 높다든지 하는 시어로서의 효용적 가치에 대한 판단이 동시에 개입한 결과라고 생각된다.49)

그리고 평성이 아닌 상성 거성 입성 등 여타 76개 운목은 그것이 일섭(一攝)으로 연계된 평성 운목에 준하였음을 아울러 알 수 있다. 평성 진(眞) 운목이 관운이면 그것과 일습으로 연계된 상성 진(軫) 거성 진(震) 입성 질(質) 계열이 모두 관운이고, 평성 함(咸) 운목이 험운이면 그것과 일습으로 연계된 상성 함(豏) 거성 함(陷) 입성 흡(洽) 계열이 모두 험운인 것과 같은 것이다.

한시를 창작할 때는 이런 사정을 반영하여 주로 관운이나 중운을 선택하는 경향이 강하였다. 운자의 선택 범위가 넓어서 형식적 제약이 그만큼 적고 시의(詩意)를 살려내는데 집중하기 쉬웠기 때문이다. 그러나 일부 시인들은 고의로 착운이나 험운을 선택하기도 하였다.

---

49) 이와 같은 사실은 중국 운서의 경우도 유사하다. 『佩文韻府』의 수록 상황을 간단하게 정리해보면, 寬韻 : 支(460) 虞(304) 陽(270) 尤(247) 庚(189) 東(174) 眞(169), 中韻 : 蕭(183) 麻(167) 元(161) 齊(133) 寒(123) 魚(122) 冬(119) 歌(114) 豪(108) 灰(107) 侵(70), 窄韻 : 蒸(114) 文(97) 覃(96) 靑(90) 鹽(86) 微(52) 刪(62), 險韻 : 肴(106) 佳(55) 江(49) 咸(41) 등으로 나타난다.

남들이 어려워하는 운목을 선택하여 자신의 시적 능력을 한껏 과시할 수 있다고 여겼기 때문이다.50) 그리고 상대의 시적 능력을 시험하거나 칭송하기 위해, 또는 상대를 골려주거나 기를 꺾기 위해 일부러 압운하기가 곤란한 험운을 제시하였다는 일화가 많이 있는데51), 이것은 곧 시운의 성질과 문인들의 창작문화가 흥미롭게 연계되었음을 보여주는 것으로 특별히 주목할 가치가 있다.

2) 시운의 적용 부위

한시는 한 행이 5자인 오언시와 7자인 칠언시가 대부분이다. 사언시나 육언시, 기타 이를 벗어난 이언 삼언 팔언 구언 십언 등 다양한 형식이 없지 않았지만, 이들이 문단의 주류를 차지하지는 못하였다. 한시 발생 초기에 한 때 사언시가 주류를 이룬 예가 있었으나, 적어도 한(漢)나라 이후 전문성을 지닌 문인들이 창작에 참여하면서부터

---

50) 陳澕의 『梅湖遺稿』 앞부분 「梅湖公小傳」에 "李文順奎報 以硬韻急倡自多"라 한 것, 李滉의 『退溪集』 卷12 書 「與林士遂亨秀」에 "足下才豪筆快 得窄韻逞英氣 因難以見巧"라고 한 것, 宋時烈의 『宋子大全』 卷140 記 「懷德縣客舍重創記」에 "昔歐陽子謂韓文公 得窄韻則不復旁出 因難見巧"라고 한 것 등에서 이런 사정을 미루어 짐작할 수 있다.

51) 李奎報의 『東國李相國全集』 卷21 「吳德全戢嚴詩跋尾」에 "吳德全爲詩 遒邁勁俊 其詩之膾炙人口者 不爲不多 然未見能押强韻 儼若天成者 及於北山欲題戢嚴 則使人占韻 其人故以險韻占之 先生題曰 … 其後有北朝使 能詩人也 聞此詩 再三歎美 問是人在否 令作何官 儻可見之耶 我國人茫然無以對"라고 한 것, 許筠의 『惺所覆瓿稿』 卷5 「題適菴遺稿序」에 "初爲司謁 供奉閤門 宣陵召見無時 時試以險韻 輒走筆以進 詞意兼美"라고 한 것, 李德懋의 『青莊館全書』 卷35 淸脾錄4 「咏觀張」에 "甕湖有許主簿 藻思敏速 呼韻輒應 余童時聞之 忘其名 夏日江水大漲 使人呼險韻 時方食 水溢麥飯 才訖二匕 已成曰 … 又呼險韻 隨呼隨對 終不窘蹙 … 擊鉢刻燭 自古有之 而未有押險韻 如是之迅而且妥也"라고 한 것 등이 모두 여기에 해당하는 예라고 할만하다.

는 줄곧 오언과 칠언시가 문단의 대세를 형성하였다.

오언시의 한 행은 대략 3개 단위로 구분한다. 제1 제2자를 첫머리 부분이라 하여 두절(頭節), 제3자 제4자를 중간 배와 허리부분이라 하여 복절(腹節) 혹은 요절(腰節), 마지막 제5자를 끝 다리부분이라 하여 각절(脚節)이라 하였다. 칠언시는 오언시 앞에 2자를 더 보탠 것이라 하여 이를 머리 위의 정수리 부분이란 의미에서 정절(頂節)이라 하였으며, 나머지는 모두 오언시와 동일하게 구분하여 처리하였다.52)

시운의 적용 부위는 오언과 칠언을 막론하고 모두 행의 끝 단위인 각절(脚節)이었다. 그래서 각운(脚韻)이라 하였으며, 혹 이렇게 압운한 각절을 운각(韻脚)이라고도 하였다. 영미시 가운데는 행의 앞이나 중간 부분에 압운을 한 두운(頭韻) 요운(腰韻) 등이 있다. 그러나 한시에서 두운은 아예 찾아보기 어렵고, 요운은 『시경』에서 일부 발견할 수 있지만 대부분 각운에 종속되어서 나타난다. 따라서 한시는 행의 마지막 부분에 압운을 하는 각운이 자고이래의 대원칙이었다고 해야 할 것이다.

각운은 다시 크게 매구운(每句韻)과 격구운(隔句韻)으로 구분할 수 있다. 매구운이란 모든 행 끝부분에 다 압운을 하는 것으로, 제1행부터 마지막 행까지 모두 운자를 눌러 놓는 형태이다. 격구운은 한 행씩 건너뛰어 압운하는 것으로, 제1행을 건너 제2행에 압운을 하고 제3행을 건너 다시 제4행에 압운을 하는 등 주로 제2 제4 제6 제8 같은 짝수 행 끝에 우구각운(偶句脚韻)을 하였다. 고시에서는 매구

---

52) 제Ⅳ장 제2절 제2항 '절구의 기본형식' 부분 내용 및 주석 참고.

운과 격구운을 구분 없이 활용하였다. 다만 한 행의 길이가 비교적 긴 칠언은 매구운이 일반적이고 행의 길이가 비교적 짧은 오언은 격구운이 우세한 형국을 보였다. 그러나 근체시에서는 격구운만 요구하였다. 8행의 율시를 운이 4개라 하여 사운시(四韻詩)라 하고 20행 배율을 운이 10개라 하여 십운시(十韻詩)로 일컫는 등에서 이런 점을 분명하게 확인할 수 있다.

근체시가 이처럼 격구운을 요구한 데는 운율 구성에 대한 예리한 판단이 작용한 결과였다. 주지하다시피 근체시에는 고시와 다른 엄격한 평측 격식이 있다. 한 행 내에서는 평성과 측성을 섞바꾸어 쓰고, 한 연 내에서는 앞 행[出句]과 뒤 행[對句]의 평측이 상반되게 하며[對], 연과 연 사이에는 평측이 서로 같게 한다는[簾] 등이 그런 것이다. 그래서 행 단위 이하의 세밀한 가락은 평측을 통해 거의 완벽하게 구축했다고 할 만한데, 이 때문에 압운은 평측과 다른 차원의 가락을 창출하는데 활용하려 하였다. 행의 상위 단위, 즉 평측과 대우는 물론 의미 표현에 있어서도 독립성이 매우 강한 연(聯) 단위로 압운함으로써 한 연 내부의 세밀한 가락 변화를 일차 수렴하는 한편, 이를 다른 연과 연계시켜 시 전편에 걸쳐 보다 큰 차원의 율격을 창출하려고 한 것이다.

근체시의 압운은 이처럼 평측과 달리 한 연을 마무리 하고 또 이를 다른 연과 연계시키는 주요한 기능이 있었다. 그래서 그 하위 단위인 행(行) 마다 번잡하게 압운을 하는 매구운보다 연의 끝부분, 즉 짝수 행 끝에 압운을 하는 격구운을 요구하였던 것이다. 그리고 근체시는 고시와 달리 한 연 내에 평측과 관련된 대(對), 표현과 관련된 대우(對偶) 등 여타 요구 사항이 많았다. 그래서 여기에 구마다 압운하는 제약을 더 추가하기 어려웠으며, 그렇게 한다고 특별한 운율적 효과를 기대할 수 있는 것도 아니었는데, 이 역시 근체시가 격구운을 요구하게 된 또 다른 원인 중 하나였다.

그러나 칠언시의 첫째 행은 예외였다. 절구 율시 배율 등을 막론하고 모두 첫째 행에 압운하는 것을 원칙으로 삼았으며, 오언시와 달리 수구용운(首句用韻)을 정격(正格)으로 간주하였다. 이것은 당나라 이전 칠언고시의 전통과 관련이 있다. 칠언고시는 격구운이 일반적인 오언고시와 달리 최초 형태인 백량대시(柏梁臺詩)부터 매구운이 일반적이었는데, 근체시 형식을 가다듬으면서 이런 시적 전통을 주목하여 첫째 행에 그 흔적을 남겨두었던 것이다. 그리고 성당시대(盛唐時代) 이후 첫째 행에 압운을 하는 수구용운 풍조가 확산되고, 송나라 문인들이 이를 시적 기교의 하나로 간주하여 즐겨 구사함으로써 마침내 정격으로 자리를 잡게 되었다.

칠언시의 첫째 행에 압운할 때는 여타 짝수행에 적용한 본운(本韻)이 아닌, 그러나 소리 값이 아주 유사한 이웃 운[隣韻]을 압운하기도 하였다. 국내·외에서 널리 애창해온 당나라 장적(張籍)의 「추사(秋思)」란 작품을 보자.

洛陽城裏見秋風	낙양성 안에 이는 가을바람을 보고,
欲作家書意萬重	집에 보낼 편지 쓰려니 생각은 만 겹.
復恐匆匆說不盡	서두르다 못 다한 말 있을까 걱정되어,
行人臨發又開封	행인이 출발하려는데 또 열어서 보네.53)

---

53) 張籍(唐), 『張司業集』 卷7, 七言絶句, 「秋思」.

이 작품에서 본운(本韻)은 제2행 중(重)과 제4행 봉(封)으로, 모두 겨울 동(冬) 운목의 글자이다. 그런데 제1행에서는 이와 달리 동녘 동(東) 운목의 풍(風) 자를 압운하였다. 본운과 소리 값이 유사하면서도 사실상 다른 계열인 인운(隣韻)을 압운했던 것이다. 이런 예는 국내외 한시 가운데 무수하게 발견할 수 있는데, 이처럼 제1행에 본운과 가까운 인운을 압운하는 것을 다른 계열의 운을 차용하였다는 의미에서 차운(借韻),54) 본래 운을 '도와주는 운'이란 의미에서 친운(襯韻)이라 하였다.55) 그리고 사진(謝榛)은 『사명시화(四溟詩話)』에서 이를 고안출군격(孤雁出群格)이라고 하였으며, 송나라 문인들이 특히 이를 즐겨 활용하였다고 하였다.56) 본운을 벗어난 제1행의 인운이 본 무리에서 벗어난 기러기 형상 같다고 해서 이렇게 비유적으로 말한 것이다.

이런 압운방식을 무시하고 짝수 구는 물론 홀수 구 전체에도 모두

---

54) 錢大昕(淸), 『十駕齋養新錄』(『律詩硏究』 101쪽 재인용), "五七言近體詩 第一句借用鄰韻 謂之借韻". 沈德潛의 『說詩晬語』에도 "律詩起句不用韻 故宋人以來有入別韻者 然必於通韻中借入"이라 하여 借韻이란 용례의 근거가 될 만한 표현을 찾아볼 수 있다.

55) 王力, 『漢語詩律學上』(山東敎育出版社, 1989) 64쪽, "首句雖入韻而不同韻 只可謂之襯韻". 고전 문헌에서는 襯韻이란 용례가 보이지 않는데, 어디에 근거한 표현인지는 밝히지 않았다.

56) 謝榛, 『四溟詩話』, "七言絶律 起句借韻 謂之孤雁出群 宋人多有之". 汪師韓은 『詩學纂聞』에서 "唐律第一句 多用通韻字 蓋此句原不在四韻之數 謂之孤雁入群"이라 하여 孤雁出群을 孤雁入群이라 하였는데, 표현만 다를 뿐 의미는 다르지 않다. 孤雁出群은 原韻에서 한 부분이 다소 벗어났다는 의미이고, 孤雁入群은 압운 자리가 아닌 부위에 별도의 압운을 해 넣었다는 의미로, 표현의 초점을 다소 달리하였을 따름이다. 金相洪은 『漢詩의 理論』(고려대학교출판부, 1997) 103~106쪽에서 首句에 通韻한 것을 飛雁入群格, 結句에 通韻한 것을 飛雁出群格으로 구분하여 전혀 다른 것으로 설명하였는데, 어디에 근거하였는지는 밝히지 않았다.

압운하는 특별한 경우도 있었다. 쌍운(雙韻)이라고 하는 것이 바로 그것이다. 쌍운이란 짝수 구에만 압운하는 단운(單韻) 계열과 달리 홀수 구에도 함께 압운하여 짝수 구의 우구각운(偶句脚韻)과 홀수 구의 기구각운(奇句脚韻)이 쌍으로 나란히 병존하도록 만든 것인데, 아래 작품에서 이를 구체적으로 확인할 수 있다.

  今朝飮狂藥 오늘 아침 해장술을 마심에,
  頗覺頭岑岑 자못 머리가 아픔을 느끼겠네.
  尙難剛斷却 아직 과감히 끊어버리지 못함은,
  輒欲緩愁心 문득 근심을 달래보려고 함이지.57)

이규보가 묘시(卯時), 즉 아침 6시경에 일어나 해장술58)을 마시며 지은 「묘음(卯飮)」이란 작품이다. 이 시는 짝수 구 끝에 평성 침(侵) 운목 계열의 잠(岑)과 심(心) 자를 압운하였다. 그리고 홀수 구 끝에도 이와 별개로 입성 약(藥) 운목 계열의 약(藥)과 각(却) 자를 압운하였다. 그래서 한 작품 안에 짝수 구는 평성으로, 홀수 구는 입성으로 각각 나란히 짝을 맞추어 압운한 형국이 되었는데, 이런 사실을 분명히 드러내기 위해 제목 옆에 '쌍운(雙韻)'이란 말을 함께 병기해 두었다.

쌍운은 위와 같이 ①짝수와 홀수 구의 운목이 서로 다른 경우만 있는 것이 아니다. 양자가 ②아주 가까운 인운인 경우도 있고, ③하나의 운목으로 통합된 경우도 있으며(이 때는 매구 운과 차이가 없다),

---

57) 李奎報, 『東國李相國後集』 卷10, 古律詩, 「卯飮」 雙韻.
58) 본문의 狂藥은 사람을 미치게 하는 약이란 의미로 보통 '술'을 가리키는 말인데, 여기서는 아침에 마시는 술이어서 해장술이라고 번역하였다.

④운목은 물론 운자 자체가 동일한 경우도 있다.59) 그리고 이를 적용한 대상도 다양하였다. 오언이나 칠언의 절구 율시 배율 등은 말할 것도 없고 장편 고시까지 쌍운을 적용한 경우가 흔히 있었으며, 평성이 아닌 측성을 압운해도 무방하였다. 그래서 모든 구에 압운한다는 점에서는 매구운(每句韻)에 가깝지만, 짝수 구는 짝수 구끼리, 홀수 구는 홀수 구끼리 각각 한 구씩 건너 압운한다는 점에서는 격구운(隔句韻)에 가깝고, 운이 바뀌어나간다는 점에서는 환운(換韻)과 비슷하지만, 짝수 구는 짝수 구대로, 홀수 구는 홀수 구대로 저마다 처음부터 끝까지 하나의 운목으로 일관한다는 점에서는 일운도저(一韻到底)에 가까운, 특이한 변형 양식이었다.

중국에서는 만당(晚唐) 때 장갈(章碣)이 처음으로 이런 쌍운을 구사한 적이 있다.60) 이후 많은 사람들이 이런 풍조를 추종하였다고 하는데, 구체적으로 어떤 작품이 있는지는 따로 확인해보지 못하였다. 우리나라에서는 쌍운주필(雙韻走筆)로 유명한 이규보가 특히 이런 작품을 많이 지었다. 그리고 여말선초 원천석(元天錫. 1330~ ?)의 『운곡행록(耘谷行錄)』이나 조선후기 심유(沈攸. 1620~1688)의 『오

---

59) 예컨대, 李奎報의 「同前雙韻廻文」은 거성 翰 諫과 상성 旱 潸 등 이웃한 운, 李植의 「疊前韻立加押雙韻」은 4구마다 환운한 것, 李奎報의 「苦雨歌雙韻」은 하평성 歌운으로 통합한 것, 申欽의 「九言雙韻」은 하평성 陽운으로 통합한 것, 曹文秀의 「用拙堂詩雙韻」은 하평성 先운으로 통합한 것, 金友伋의 「悲字雙韻三十句」는 30구 모두 悲자를 동일하게 압운한 것, 愼天翊의 「和淵明止酒詩」는 20구 모두 止자를 동일하게 압운한 것 등이 그것이다.
60) 『全唐詩』 卷669, 章碣, 「變體詩」, "東南路盡吳江畔 正是窮愁暮雨天 鷗鷺不嫌斜兩岸 波濤欺得逆風船 偶逢島寺停帆看 深羨漁翁下釣眠 今古若論英達算 鴟夷高興固無邊". 짝수 구의 운자 天 船 眠 邊 등은 하평성 先 운목이고, 홀수 구의 운자 畔 岸 看 算 등은 거성 翰 운목이다.

탄집(梧灘集)』에서 이런 유의 작품을 비교적 많이 찾아볼 수 있다. 그러나 근체시가 요구하는 우구각운의 기본 원칙을 공공연하게 파괴한 변형일 뿐만 아니라 '본받을 것이 못된다'61)는 비판을 받아 문단의 주류 양식으로는 자리 잡을 수는 없었다.

한시의 압운 부위는 이 외에도 몇 가지 특별한 예가 있다. 한 행을 상체(上體)와 하체(下體)로 구분하여 상체의 끝 자 즉 오언시 제2자나 칠언시 제4자 같은 중간부분에 압운을 구사하는 구중유운(句中有韻), 한 행씩 건너 압운하는 것이 아니라 몇 행씩 건너 압운하는 격수구운(隔數句韻) 같은 것이 있다.62) 그러나 이런 시는 흔치 않을 뿐만 아니라 희작적 성격이 강하여 여기서는 모두 논외로 하였다.

3) 시운의 운용 방식

시운을 운용하는 방식에는 크게 두 가지가 있다. 한번 선택한 운목을 처음부터 끝까지 일관되게 운용하는 일운도저(一韻到底)와 시상 변화에 따라 중간에 다른 운목으로 한 두 차례 혹은 여러 차례 교체

---

61) 嚴羽, 『滄浪詩話』, 詩體, "有律詩上下句雙用韻者" 주석, "第一句 第三五七句 押一仄韻 第二句 第四六八句 押一平韻者 唐章碣有此體 不足爲法 謾列於此 以備其體耳".
62) 조선 정조 때 李福源도 『雙溪遺稿』 卷10 雜著 「七言雙韻辨」에서 부위에 따른 다양한 압운 방식을 이렇게 거론한 바 있다. "古人韻法 今不可詳 而易辭及洪範樂記中一段 皆是韻語 不但詩有韻也 三百篇或一韻雙韻 如卷耳首章 只外句有韻 其下三章 句句皆韻 天保第五章 一章之內 月恒日昇則內外一韻 南山松栢則內一韻外一韻 又一體也 古無七言詩 所謂七言 多是內四言外三言 如白紵歌莫愁歌陳安歌 未必皆是雙韻也 自齊梁末至唐初 句法漸變 遂有七言之體 未嘗句句皆韻也 羅池廟碑詩 韓文公廟碑詩 皆是雙韻 而坡公詩則與古體不同矣 漢魏間五言 亦或雙韻 如青青河畔草是也 南海神廟碑銘 或單韻 或雙韻 大抵古人使韻 不拘一體 而起二句有韻 其下則只外句有韻 乃其最多之例 自關雎已然也".

하는 환운(換韻)63)이 바로 그것이다. 고시의 경우에는 일운도저와 환운이 모두 가능하였고, 장편일 경우 시상 변화와 연계하여 환운하는 것이 일반적이었다. 그러나 근체시는 환운을 용납하지 않았다. 절구나 율시 같은 핵심 양식이 모두 4행 혹은 8행에 그치는 단형 시이기도 했지만, 변화나 다양성 보다 형식적 통일성과 완결성을 더 중시한 까닭이며, 배율도 예외는 아니었다.

그렇다면 시운의 선택은 어떻게 하였을까? 이것은 작가의 창작 상황과 관련이 깊다. 개인적으로 자유롭게 시를 지을 때는 시운의 선택 역시 자유의지에 달린 문제였다. 근체시를 짓고자 하면 평성 30운목 가운데 어느 하나를 선택하면 그만이고, 고시를 짓고자 하면 106개 운목 무엇이나 다 선택가능 하였다. 다만 그때마다 정감을 드러내는 데 어떤 운목이 적합할지 일정하게 고려하는 정도였다. 예컨대 "우(尤) 유(幽) 침(侵) 같은 음성모음 계열 운은 근심하고 괴로워하는 심정을 나타내기에 적합하다", "동(東) 강(江) 양(陽) 같은 양성모음 계열 운은 즐겁고 밝은 정서를 나타내기에 적합하다", "어(魚) 가(歌) 같은 운은 밖으로 화려하게 드러내고 확장하는 의미가 있다", "담(談) 같은 운은 어둡고 협소하여 불통(不通)의 뜻이 많다."는 등이 그런 것이다.64)

---

63) 換韻은 王力이 轉韻이라고 한 것과 같은 개념이다. 그러나 우리나라 옛 문헌에서는 轉韻 보다 換韻이란 용어를 주로 사용하였다. 그래서 본서는 換韻이란 용어를 그대로 사용한다.

64) 蕭滌非는 「杜詩的韻律和體裁」라는 글에서 東 冬 江 陽韻에 속한 글자는 즐겁고 밝은 정서[歡樂開朗的情緖]를 나타내는데 적합하고, 尤 幽 侵 覃韻에 속한 글자는 근심스러운 정서[憂愁的情緖]를 나타내는데 적합하다고 하였다. 淸나라 劉師培는 또한 『正名隅論』에서 之類, 支와 脂類, 歌와 魚類, 侯와 幽와 宵類, 蒸類, 耕類, 陽과 東類, 侵과 東(冬)類, 眞과 元類, 談類 등 여러 운목 부류의 글자가 함유한 정서

그러나 실제 창작 상황은 운에 제한을 받는 경우가 많았다. 과거시험에 응시할 때는 시의 제목과 함께 운목이 미리 주어지기 때문에 이를 준수할 수밖에 없고, 문인들이 여럿 모여 시를 지을 때도 함께 공유할 운목을 미리 정해 놓고 짓는 경우가 대부분이었다. 이처럼 작가의 개인 의지와 상관없이 미리 운목을 제한하는 것을 한운(限韻)이라 하는데, 한운에도 또한 방법과 정도의 차이가 있었다. ①운목만 제한하고 글자는 제한하지 않는 경우, ②운목을 제한하면서 글자까지 제한하는 경우, ③운목을 제한하고 글자를 제한하면서 그 글자를 놓을 자리까지 제한하는 경우 등이 그것이다.

양(梁) 나라 조경종(曺景宗)이 전쟁에 나갔다가 승리하고 돌아오자 무제(武帝)가 환영 잔치를 열어준 적이 있다. 이 때 많은 신하들이 경(敬) 운목을 걸고 돌아가며 시를 지었는데, 마지막 조경종의 차례가 되자 겨우 경(競) 병(病) 2자만 남게 되었다. 그래서 이를 각각 제2행과 제4행의 운자로 압운하여 시를 지었다.

    去時兒女悲 떠날 땐 아녀자들 슬퍼하더니,
    歸來笳鼓**競** 돌아오자 음악소리 떠들썩하네.
    借問行路人 길가는 사람들에게 물어보노니,
    何如霍去**病** 곽거병과 견주어 어떠하겠나.65)

운목을 제한하면서 글자까지 제한한 경우인데, 그럼에도 불구하고

적 기능을 간단하게 밝힌 바 있는데, 여기서 魚와 歌類는 밖으로 화려하게 드러내고 확장하는 의미가 있고[多有侈陳於外 擴張的意義], 談類는 어둡게 숨고 협소하여 不通의 뜻이 많다[多有隱暗狹小 不通的意義]고 하였다. 申用浩, 『漢詩形式論』(傳統文化硏究會, 2001), 26~27쪽 참고.
65) 馮惟訥(明), 『古詩紀』卷99, 梁第二十六, 曹景宗, 「光華殿侍宴賦競病韻」.

이를 절묘하게 활용하여 전쟁에 승리하고 돌아온 자신의 위풍당당한 모습을 적절하게 잘 묘사하였다. 운목과 운자의 제약 속에서도 자신의 문예 감각을 유감없이 드러내었다고 하겠는데, 이런 연유로 이 시는 제목까지 경병운(競病韻)이라 하였다.

조선 중종(中宗) 때 일본 사신 붕중(弸中)이 자신을 마중 나온 선위사(宣慰使) 김안국(金安國)의 기를 꺾어놓기 위해 먼저 운자로 쓰기 곤란한 글자를 찾아 고의로 제1행에 염(鹽) 제2행에 첨(尖) 제4행에 겸(鎌)자를 넣어 시를 짓게 하였는데, 김안국이 이에 거침없이 대응하여 시를 짓자 깊이 탄복해마지 않았다는 이야기가 있다.66) 그리고 현종(顯宗) 때는 만조백관이 모인 자리에서 제비[燕]라는 제목으로 시를 짓게 하면서 제1행에 주(舟) 제2행에 우(尤) 제4행에 후(侯)를 운자로 삼아 시를 짓게 하였는데, 모두 어려워하였지만 권유(權愈)가 서슴없이 지어내니, 이를 계기로 그를 대제학에 발탁하였다는 일화도 있다. 운목과 글자는 물론 그 글자를 적용할 자리까지 제한한 극단적인 한운(限韻)의 예이다.

화·차운시(和次韻詩) 또한 상대의 운에 제한을 받는 한운의 일종이라고 할 수 있다. 두 사람 이상이 서로 시를 주고받을 때 상대방이 지은 시의 뜻에 화답하여 짓는 시를 모두 화시(和詩)라고 하였다. 그리고 화시를 지을 때 상대방에 대한 존중심이나 친밀감을 더하기 위해 상대방의 운을 그대로 따라 짓기도 하였는데, 이처럼 운까지 함께 따라 짓는 화시를 화운시라고 하였다. 화운시는 상대방 시의 운을

---

66) 安璐, 『己卯錄補遺』卷上, 「金安國傳」, "日本詩僧弸中來聘 以公充宣慰使 禮接得體 唱酬贍敏 弸中思涸不敵 欲試强韻而窮之 以讀易爲題 輒呼鹽尖鎌 公應聲而對曰 … 弸中擊節嘆服".

따르는 정도에 따라 몇 가지로 더 세분하기도 하였다. 운목(韻目) 정도만 같이 하는 것을 의운(依韻), 운목 정도가 아니라 운자 자체를 따라 짓는 것을 용운(用韻), 운자는 물론 그 운자를 적용할 자리까지 그대로 따라 짓는 것을 차운(次韻)이라 하였다. 이 세 가지 가운데 문인들이 즐겨 선택한 것은 차운이었는데, 그래서 이를 뭉뚱그려 화·차운시라고 하였다.67) 따라서 화·차운시는 당연히 상대방 시의 운에 제한을 받는 대표적 한운시라고 할 수 있으며, 그 가운데 차운시는 제한의 정도가 특별히 심한 것이었다고 할 것이다.

기타 시운을 운용한 방식 가운데 몰운(沒韻)이라고 하는 특이한 방식도 있었다. 특정 운목에 속한 글자를 모조리 다 압운한다는 뜻이다. 그래서 적게는 수십 구, 많게는 수백 구에 달하는 장편 시를 짓게 되는데, 이 때문에 문학적 재능이 탁월한 사람이 아니고서는 쉽게 시도하기 어려웠으며, 형제나 친구 등 가까운 인물들끼리 장난삼아 연구(聯句)나 차운(次韻) 방식으로 짓기도 하였다.68) 이런 시는 제목에 대부분 몰운(沒韻), 혹은 운서에 수록된 글자 순서대로 한 자도 빠짐없이 압운한다는 의미를 담아 '순압몰운(順押沒韻)', '몰운순압(沒韻順押)', '몰운순압 불유일자(沒韻順狎 不遺一字)'라고 기록하였다. 그리고 평성보다는 측성, 특히 글자 수가 100자 미만인 착운이나 험운을 대상으로 한 경우가 많았다. 중운이나 관운을 택할 경우

---

67) 和次韻詩에 대해서는 제2장 제4절 '창작방식별로 본 한시의 종류' ①和·次韻詩 조항 참고.
68) 몰운시 가운데 聯句 형태로는 黃愼 李廷龜 柳夢寅 등 3인이 함께 지은 「安興卽事聯句」(166구), 趙緯韓 趙纘韓 權韠 등 3인이 함께 지은 「土泉再會聯句」(60구) 등을 들 수 있고, 次韻 형태로는 南龍翼이 赤谷(金益廉인 듯)의 시에 차운한 「次赤谷投示嚛字沒韻之韻」(70구)이 있다.

포함된 글자 수가 적어도 100자 이상, 많게는 수백 자에 달하여 모조리 압운하기가 사실상 어려웠기 때문이다.69)

간혹 압운이 곤란할 때는 시상(詩想) 전개와 긴요하게 부합하지 않는 다소 엉뚱한 글자를 억지로 끌어와 압운하는 경우도 없지 않았다. 그래서 적당히 글자만 주워 모은 수준이라 하여 주운(湊韻)이라고 비판하였는데,70) 몇 가지 특별한 경우71)를 제외하고는 시운의 운용에서 경계해야 할 기피사항으로 간주하였다.

4) 통운(通韻)과 협운(叶韻)

시운을 운용함에 있어서 환운(換韻)이나 일운도저(一韻到底)와 함께 중요하게 검토해야 할 문제가 하나 더 있다. 바로 통운(通韻)이다. 통운이란 '압운할 때 어느 한 운목 계열이 아닌 그 이웃 계열에서 운자를 융통해서 통용한다'는 뜻이다. 예컨대 동녘 동(東) 자 운목을 압운 대상으로 삼았을 경우, 그와 이웃한 겨울 동(冬) 혹은 물 강(江)

---

69) 蔡濟恭의 『樊巖集』 卷33, 「曲肱堂遺稿序」에 "昔任公疎菴 沒韻書支字 作累百句"이라 한 기록이 있는데, 이를 보면 任叔英이 寬韻의 일종인 평성 支字 운목 글자를 모조리 압운하여 수백 구에 달하는 시를 지은 적이 있음을 알 수 있다.
70) 우리나라 옛 문헌에서는 湊韻이란 용례를 찾아보기 어렵다. 그러나 중국에서는 趙執信의 『因園集』 卷13에 "明遠華泉尙書有詩云 庭際何所有 有萱復有芋 自聞秋雨聲 不種芭蕉樹 前人謂其意取出象 而芋非庭中之物 譏爲湊韻"라고 한 것과 같은 용례가 있다.
71) 『漢語詩律學』 1장 22절 近體詩的語法(下) 「湊韻」 조항 349~351쪽에서는 방위를 나타내는 '中'자, 시간을 나타내는 '時'자 '初'자 등은 당나라 유명 문인들도 적지 않게 湊韻을 한 특별한 경우라고 하였다. 그러면서 蘇舜欽 「滄浪懷貫之」의 "滄波獨步亦無惊 聊上危台四望中", 王維 「終南別業」의 "行到水窮處 坐看雲起時", 劉禹錫 「令狐相公見示」의 "漢家丞相重征后 梁苑仁風一變初" 같은 시구를 그런 예로 제시하였다.

운목에 소속된 글자를 끌어와 일부 통용할 수 있다는 것이다.

통운은 처음부터 끝까지 한 운목 글자를 일관되게 압운하려 하는 기본 정신에 있어서는 일운도저(一韻到底)와 큰 차이가 없다. 다만 부분적으로 통용을 허용하여 압운의 경직성을 완화하는 장치란 점에 차이가 있다. 그리고 다른 운목 계열을 끌어들인다는 점에서는 환운(換韻)과도 상통하지만, 그 대상이 인운으로 한정되고 적용 부위 또한 매우 제한적이란 점에 근본적인 차이가 있다.

그렇다면 통운이 가능한 이웃 운, 곧 인운(隣韻)이란 무엇인가? 우리나라에서는 인운 보다 방운(旁韻)이란 말을 주로 사용해 왔다.[72] 그리고 여기에는 두 가지 의미가 포함되어 있는데, 하나는 소리값이 가깝다는 의미이고, 다른 하나는 동(東) 동(冬) 강(江) 지(支) 미(微) 어(魚) 우(虞) … 등과 같은 운목 배열 순서상의 거리가 가깝다는 의미이다. 그렇지만 운목 배열상 가까운 거리에 있는 것이 실상 소리값 또한 가까운 경우가 많아서 두 가지가 모두 용어 형성에 간섭하였다고 할 수 있다.

중국의 『고금운략(古今韻略)』은 이렇게 서로 상통할 수 있는 가까운 인운을 10종으로 파악하여 제시하였다. 그리고 근대 중국학자 왕력(王力)은 이를 8종으로 파악하였으며, 우리나라 『규장전운(奎章全韻)』에는 7종을 제시하였는데, 그 내역을 서로 간단하게 비교 정리하

---

[72] 우리나라 옛 문헌에서는 隣韻이란 용어를 찾아보기 어렵다. 대신 旁韻이란 용어는 즐겨 사용하였는데, 고려시대 李奎報의 『東國李相國集』 前集 卷7 卷10, 後集 卷2를 비롯하여, 조선시대 李睟光의 『芝峯類說』 卷9, 張維의 『谿谷漫筆』 卷1 「通用旁韻」, 申欽의 『象村集』 卷6 등에서 널리 확인할 수 있다. 李睟光, 『芝峯類說』 卷9에 "古人爲詩 首句或押旁韻 而篇中則絶無散押者 我東詞人 雖絶句多用旁韻 余甚病之 王世貞以勿押旁韻爲戒 學者不可不察"이라 한 것이 그런 예이다.

여 도표로 제시해보면 아래와 같다.

	古今韻略	漢語詩律學	奎章全韻
1	東-冬	東-冬	東-冬-(江)
2	支-微-齊	支-微-齊	支-微-齊-(佳-灰)
3	魚-虞	魚-虞	魚-虞
4	佳-灰	佳-灰	*2에 통합
5	眞-文-元-寒-刪	眞-文-元-寒-刪-先	眞-文-元-寒-刪-先
6	蕭-肴-豪	蕭-肴-豪	蕭-肴-豪
7	歌-麻	*불인정	*불인정
8	庚-靑-蒸	庚-靑-蒸	庚-靑-蒸
9	侵-覃	覃-鹽-咸	侵-覃-鹽-咸
10	鹽-咸		

 이를 보면 인운이 2항을 제외하고는 모두 평성 30운목의 배열 순서상 가장 가까운 거리에 있으며 소리값 또한 아주 가깝다는 것을 알 수 있다. 그리고 인운의 범주는 중국의 경우와 대동소이한데, 우리나라 『규장전운』을 중심으로 살펴볼 경우, 1항에서 강(江) 운목을 인운 대상에 추가하였고, 4항의 가(佳) 회(灰) 운목을 2항에 통합하여 2항의 인운 범위를 확대시켰으며, 9항과 10항을 통합하여 하나의 인운으로 인정한 특징이 있다.
 통운은 이처럼 전체적으로는 일운도저(一韻到底)를 유지하면서 부분적으로 위와 같이 인운 범주에 있는 여타 운목 글자를 일부 통용하는 것을 말한다. 『규장전운』에는 각 운목마다 그 계열에 소속된 글자를 두루 열거하고, 마지막 부분에 '통(通)'이란 글자를 명시한 다음, 그 아래 다시 서로 통용할 수 있는 운목을 제시하였다. 동(東) 운목 끝에 동(冬)과 강(江)을, 지(支) 운목 끝에 미(微) 제(齊) 가(佳) 회(灰)를, 진(眞) 운목 끝에 문(文) 원(元) 한(寒) 산(刪)을 기록한 것 등이 바로 그것이다. 서로 이웃한 운이어서 압운할 때 통용할 수 있

음을 그렇게 명시한 것이며, 통용할 운이 없을 경우 통(通) 자 아래 '무(無)'라고 표기하여 이런 사실을 아주 분명하게 밝혔다.

　근체시의 경우 통운은 원칙적으로 수구(首句), 곧 제1행에서만 제한적으로 허용하였다. 수구(首句)가 다른 압운 부위에 비해 비중이 다소 가벼워서 융통성을 발휘하기 용이했기 때문이다. 그러나 후대 시인들 가운데는 다른 구에서 통운을 하기도 하였는데, 진퇴격(進退格) 녹로격(轆轤格) 호로격(葫蘆格) 등은 모두 이를 응용한 양식이다. 진퇴격은 8행 율시에서 인운과 본운을 번갈아 구사하여 abab 형식으로 통운한 것이고, 녹로격은 전 후반으로 구분하여 aabb 형식이 되게 한 것이며, 호로격은 12행 배율에서 전반에 2차례 인운을 활용하여 aabbbb 형식이 되게 만든 것인데[73], 특히 진퇴격은 이하(李賀)의 「추부화강담원(追賦畵江潭苑)」에서 비롯하여 송나라 양만리(楊萬里)의 「진퇴격기장공보강효장(進退格寄張功父姜曉章)」에 와서 하나의 정격(定格)으로 자리 잡았다고 한다.[74] 그러나 이런 특수한 몇 가지 경우를 제외하고는 통운을 삼갔으며, 수구가 아닌 부위에 통운할 경우 당송시(唐宋詩)의 전범(典範)을 벗어난 것으로 간주하였다.[75]

---

[73] 祝穆(宋), 『古今事文類聚』, 別集 卷10, 「詩有數格」, "鄭谷與僧齊己黃損等 共定今體詩格云 凡詩用韻有數格 一曰葫蘆 一曰轆轤 一曰進退 葫蘆韻者 先二後四 轆轤韻者 雙出雙入 進退格者 一進一退 失此則繆矣".

[74] 『倦游錄』에 수록된 송나라 인종 때 시인 唐介의 「謫英州李師中待制送行」, 즉 "孤忠自許衆不與 獨立敢言人所難(寒) 去國一身輕似葉 高名千古重于山(刪) 幷游英俊顔何厚 未死奸諛骨已寒(寒) 天爲吾君扶社稷 肯敎夫子不生還(刪)"도 진퇴격의 대표적인 작품으로 거론된다.

[75] 李粹光, 『芝峯類說』卷9, "古人爲詩 首句或押旁韻 而篇中則絶無散押者 我東詞人 雖絶句多用旁韻 余甚病之 王世貞以勿押旁韻爲戒 學者不可不察".

통운은 고시에 오히려 더 흔하였다. 그러나 고시의 통운은 근체시와 근본적인 차이가 있었다. 통운의 근거가 되는 인운 설정 자체가 달랐기 때문이다. 고시는 근체시와 달리 평성뿐만 아니라 그 일섭(一攝)으로 연계된 상성 거성 입성을 모두 인운에 포괄시켰다. 그래서 근체시에서는 독용(獨用)으로 간주한 가(歌) 마(麻) 양(陽) 우(尤) 등까지 모두 인운의 한 계열로 설정하였다. 평성만 기준으로 하면 독용(獨用)이지만, 여타 성조를 포괄하면 사정이 달라지기 때문이다. 가(歌)는 상성 가(哿)·거성 개(箇)와, 마(麻)는 상성 마(馬)·거성 마(禡)와, 양(陽)은 상성 양(養)·거성 양(漾)·입성 약(藥)과, 우(尤)는 상성 유(有)·거성 유(宥)와 일섭(一攝)으로 각각 인운을 형성했던 것이다. 왕력은 근체시와 다른 이런 고시의 인운과 통용범주를 아래와 같이 15부로 제시한 바 있다.

  1. 東部 ①東-董-送-屋, ②冬-腫-宋-沃, ③江-講-絳-覺
  2. 支部 ①支-紙-寘, ②微-尾-未
  3. 魚部 ①魚-語-御, ②虞-麌-遇
  4. 齊部 ①齊-薺-霽
  5. 佳部 ①佳-蟹-卦, 灰-賄-泰隊
  6. 眞部 ①眞-軫-震-質, ②文-吻-問-物, ③元-阮-願-月,
     ④寒-旱-翰-曷, ⑤刪-潸-諫-黠, ⑥先-銑-霰-屑
  7. 蕭部 ①蕭-篠-嘯, ②肴-巧-效, ③豪-皓-號
  8. 歌部 ①歌-哿-箇
  9. 麻部 ①麻-馬-禡
  10. 陽部 ①陽-養-漾-藥
  11. 庚部 ①庚-梗-敬-陌, ②靑-迥-徑-錫
  12. 蒸部 ①蒸-拯-證-職

13. 尤部 ①尤-有-宥
14. 侵部 ①侵-寢-沁-緝
15. 咸部 ①覃-感-勘-合, ②鹽-琰-豔-葉, ③咸-謙-陷-洽76)

이를 보면 우선 근체시에서 인운으로 묶었던 것이 아직 묶기 이전 상태로 드러난 몇 가지가 있음을 알 수 있다. 제4부 제(齊)와 제12부 증(蒸)이 그런 예이다. 나머지는 근체시에서 인운으로 파악한 것이 고시에서도 그대로 다 인운이었다.77) 그리고 평성 30개 운목과 일섭을 이루고 있는 상성 거성 입성 등 운목을 모두 인운 범위에 포함시켜 내용이 훨씬 풍부하였으며, 이 때문에 근체시에서는 독용(獨用)으로 간주한 '가(歌)', '마(麻)', '양(陽)', '우(尤)' 등도 모두 측성 계열의 인운이 있어서 다양하게 통용할 수 있었다. 게다가 고시는 통운 부위에 제한이 없었으며, 이 때문에 근체시보다 훨씬 활발하게 통운을 하여 시적 리듬감을 창출하는데 기여하였다.

마지막으로 검토할 것은 협운(叶韻)이다. 『규장전운』을 보면 특정 운목 말미에 통운과 동일한 방식으로 '협(叶)'이란 글자를 적어놓고, 그 아래 협운 자를 여럿 제시하였다. 그리고 협운 자가 없을 경우 '협(叶)'이란 글자 아래 '없다'는 뜻으로 '무(無)'라고 적었다. '동(東)'

---

76) 王力, 『漢語詩律學下』 第二十五節 古體詩的用韻-通韻, 404~408쪽 참고. 이 책에서는 당초 8, 9, 3, 2, 4, 5, 7, 13, 10, 11, 12,1, 6, 14, 15의 순서로 제시하였는데, 필자가 절운계 운서에 공통적으로 기록된 韻目의 본래 배열 순서를 고려하여 위와 같이 재조정하였다.
77) 『奎章全韻』에는 제5부 佳와 제14부 侵도 각각 제2부 支와 제15부 咸에 통합하였는데, 중국의 『古今韻略』과 『漢語詩律學』에서는 이를 분리 상태로 처리하였다. 그리고 제8부 歌와 제9부 麻는 『古今韻略』에서는 통합하였으나 『漢語詩律學』과 『奎章全韻』에서는 통합하지 않은 차이가 있다.

운목 말미에 금(禽) 조(調) 분(分) 등 16자를, '동(冬)' 운목 말미에 '무(無)'라고 적어 놓은 것이 바로 그런 예이다.

협운(叶韻)이란 특정 운목의 인운(隣韻)도 아니고 그래서 통운도 할 수 없는 전혀 다른 계열의 운자가 그 음이 변하기 이전 과거 상태에서는 특정 계열 운목과 아주 잘 어울리고 조화되는 운자였음을 가리키는 말이다. 예컨대 동(東) 운목에 협운자로 제시한 금(禽) 자의 경우, 현재는 평성 침(侵) 운목 계열로 분류되어 동(東) 운목의 인운도 아니고 그래서 통운도 할 수 없다. 그러나 과거에는 거용절(渠容切), 즉 거(渠) 자와 용(容) 자의 반절, 곧 '공'으로 발음하여 동(東) 운목과 아주 잘 어울리는 동일계열 운자였다. 그래서 지금은 비록 아니지만 과거에는 동(東) 운목에 잘 어울리고 통용하던 운자였다는 의미에서 금(禽) 자를 동(東) 운목의 협운(叶韻) 글자로 제시하였던 것이다.

협운은 이처럼 한자음의 변화를 염두에 둔 용어라는 점에 중요한 특징이 있다. 그리고 과거에 특정 운목과 조화를 이루었던 내밀하고 역사적인 사정을 밝히는데 초점이 있으며, 그래서 특별히 화합할 협(叶) 자를 써서 협운(叶韻)이라 하고, 이와 유사한 협운(協韻) 혹은 해운(諧韻)이라고도 하였던 것이다. 따라서 협운은 창작 현장의 압운 문제와는 별개의 것이며, 오히려 오래 전에 지어진 한시의 압운 상황을 그 시대 음운에 맞게 정확하게 이해하는데 더 요긴한 개념이라고 할 수 있겠다.[78]

---

[78] 鄭弘溟이 『畸翁漫筆』 제9면에 기록한 다음 글에서 叶韻의 이런 기능을 미루어 짐작할 수 있다. "古人通韻 今人多不曉 其叶音尤難強解 如東侵音韻 本不相類 而多有叶通處 易小象此類頗多 詩吉甫作頌 穆如淸風 仲山甫永懷以慰其心 此司馬

3. 평측(平仄)의 원칙과 적용

평측은 압운과 함께 근체시의 율격을 구현하는 가장 핵심적 장치 중 하나이다. 그래서 평측에 대한 정확한 이해는 한시 창작에서는 물론 감상에서도 그 성패를 가름하는 결정적인 준거 중 하나라 할 수 있으며, 이를 제대로 파악하지 못할 경우 근체시에 제대로 입문하기 어렵다. 여기서는 이런 점을 감안하여 평측의 원칙과 구체적 적용 실상을 간단하게 살펴보고자 한다.

1) 평측이란

평측이란 한자의 고유한 특징인 사성(四聲), 즉 길어서 올라가지도 내려가지도 않는 평정한 소리 평성(平聲)과 짧으면서 올라가기도[上聲] 내려가기도[去聲] 촉급하기도[入聲] 한 불평정한 소리 측성[仄聲]을 일정한 기준과 원칙에 따라 조화롭게 배열함으로써 근체시의 가락과 율격미를 창출해내는 방법을 가리킨다.

평측에 대한 고려는 실상 근체시 성립 이전부터 이미 일정하게 존재하였다. 자연음 그 자체로 평성과 입성의 개략적 구분이 가능하였고, 그에 따라 동일한 성조의 지루한 반복을 피하기 위해 평성 4자 혹은 5자가 연이어진 사평조(四平調) 오평조(五平調) 등을 기피했던 현상을 고시에서도 널리 확인할 수가 있기 때문이다. 이와 같은 고시의 평측은 한자가 소리의 높낮이[音高:Pitch]를 특징으로 한 데서 유래한 자연스러운 현상으로, 소리의 경중(輕重)을 특징으로 한 영문자로 말미암아 영시에 경중률(輕重律) 혹은 중경률(重輕律)이 존재

相如詞賦中尤多 如長門賦專用此體 招魂湛湛江水三句亦通押 而讀者多不察焉".

하였던 것과 같은 차원에서 이해할 수 있다.

그러나 근체시의 평측은 고시처럼 자연음에 근거한 것이 아니다. 장기간에 걸쳐 개별 한자의 소리를 정밀하게 분석하여 사성체계(四聲體系)를 확립하고, 이를 근거로 운서(韻書)를 편찬하여 모든 한자를 사성체계 속에 정연하게 편입시켰으며, 평성과 평성이 아닌 상성 거성 입성 등 측성(仄聲)을 판단하는데 자연음보다 운서(韻書)의 기록을 더 우선시하고, 율격을 구현하기 위한 평측의 배치 방법을 엄격하게 규정하여 구속성이 매우 강한, 고시의 평측과는 다른 차원의 율격 구현 방식이라 할 만하다.

이와 같은 근체시의 평측 확립에는 위진시대 이후 성운학(聲韻學)의 발달과 『사성절운(四聲切韻)』 『사성운보(四聲韻補)』 『당운(唐韻)』 『광운(廣韻)』 같은 각종 운서의 지속적인 편찬, 심약(沈約)의 사성팔병설(四聲八病說)처럼 성조를 한시의 율격 구현에 조직적으로 활용하기 위한 방법적 대안 탐색 등이 중요하게 작용하였다. 그래서 송지문(宋之問) 심전기(沈佺期) 같은 주요 문인들의 토론과 실험을 거쳐 당나라 초기 마침내 근체 한시의 핵심적 형식 준거로 자리를 잡았던 것이다.

2) 평측의 기본 원칙

심약(沈約)은 『송서(宋書)』 「사령운전론(謝靈雲傳論)」에서 "서로 다른 색깔이 어우러진 그림[五色相宣]이나 서로 다른 가락을 조화시킨 음악[八音協暢]처럼, 시도 마땅히 서로 다른 성조의 한자를 조화롭게 사용해야 한다."[79]고 하면서 평측의 기본 원칙을 천명한 바 있다. 그리고 "앞에 뜬소리[浮聲:평성]가 있으면 뒤에 반드시 끊어지는 소리[切響:측성]를 두어 한 구 내의 음운(音韻)이 모두 다르고 양구 간의 경중(輕重)이 전부 다르게 해야 한다."80)고 하여, 한 구(句) 내에서 성조가 변화하고 두 구 사이에 성조가 상반되게 하는 실천적 방법을 제시하기도 하였으며, 이를 보다 구체화시켜 평측을 구사할 때 반드시 피해야 할 8가지 문제, 즉 사성팔병설(四聲八病說)을 주창하기도 하였다.81) 평측의 기본 원칙은 이와 같은 심약의 주장에 이미 상당 부분 포괄되어 있었으며, 후대에 규범화된 평측법은 바로 이를 지속적으로 수정하고 보완하는 차원에서 정립된 것이라 할 수 있다. 이렇게 확립된 구체적인 원칙은 대략 다음 4가지 정도로 요약할 수 있다.

첫째는 2자 1단위 교체 원칙이다. 율시의 한 구는 대략 2자가 최소 율격 단위를 형성한다. 그래서 이를 신체 각 부위에 비유하여 고유 명칭을 부여하였는데, 오언시의 경우 제일 앞 2자를 머리에 해당하는 두절(頭節), 중간 2자를 배에 해당하는 복절(腹節), 마지막 글자를 다리에 해당하는 각절(脚節)이라 하였다. 칠언시는 오언시 앞에 2자를 더 보탠 것으로 간주하여 제일 앞 2자를 머리 꼭대기란 의미에서 따로 정절(頂節)이라 하였으며, 나머지는 오언시와 마찬가지로 두절(頭節) 복절(腹節) 각절(脚節)이라 하였다.82) 그래서 2자 1절(節) 단

---

79) 『宋書』卷67, 列傳27, 謝靈運,「史臣曰」, "夫五色相宜 八音協暢 由乎玄黃律呂 各適物宜 欲使宮羽相變 低昻互節 若前有浮聲 則後須切響 一簡之內 音韻盡殊 兩句之中 輕重悉異 妙達此旨 始可言文".
80) 胡震亨(明),『唐音癸籤』卷1,「體凡」, "約撰四聲譜 又以雙聲疊韻 分辨作詩八病 于謝靈運傳著論云 夫五色相宜 八音協暢 由乎玄黃律呂 各適物宜 欲使宮羽相變 低昻舛節 若前有浮聲 則後須切響 一簡之內 音韻盡殊 兩句之中 輕重悉異 自靈均以來 多歷年代 雖文體稍稍 此祕未覩 妙達斯旨 始可言文".
81) 四聲八病說은 제Ⅳ장, 제1절 '근체시 형성의 배경적 요인'에서 소개한 내용 참고

위로 평측을 교체하여 정절이 평성이면 두절은 측성 복절은 평성 각절은 측성, 정절이 측성이면 두절 복절 각절이 각각 평성 측성 평성이 되도록 하여 구내의 평측이 계기적으로 바뀌는 율구(律句)가 되도록 함을 원칙으로 삼았다.

이 때 주목할 필요가 있는 것은 각 구의 제2자 제4자 제6자이다. 이들은 모두 2자 1단위 각 절(節)의 무게 중심이 놓인 절주점(節奏點)이다. 그래서 제1자 제3자 제5자 보다 비중이 높았으며, 한 구 내에서의 평측 변화나 구간의 평측 변화를 판단할 때 언제나 이를 기준으로 삼았다. 정절과 두절의 평측이 서로 상반되어야 한다는 것을 일삼부동(一三不同)이 아닌 '이사부동(二四不同)'이라 하고, 정절과 복절의 평측이 서로 같아야 한다는 것을 일오동(一五同)이 아닌 '이륙동(二六同)'이라 했던 것, 제2자 제4자 제6자는 평측 교체의 원칙을 분명히 준수해야 한다고 하여 '이사륙분명(二四六分明)'이라 하고, 제1자 제3자 제5자는 평측 교체의 원칙을 따지지 않을 수도 있다고 하여 '일삼오불론(一三五不論)'이라 한 것 등은 모두 다 절주점에 해당하는 제2자 제4자 제6자의 중요성을 반영한 말이다.

둘째는 금하삼련(禁下三連)의 원칙이다. 금하삼련이란 오언시나 칠언시의 매 구 하체(下體), 즉 복절 2자와 각절 1자 전체 3자를 동일한 평성이나 측성으로 연속되게 구사하는 것을 금지한다는 말이다. 하체 3자를 평성으로만 구사하여 '△△○○○'(오언) 혹은 '△△△△

---

82) 池浚模,『漢詩作法』(필사본, 1991), 4쪽 '一. 五言 絶과 律의 位置名稱', 5쪽 '二. 七言 絶과 律의 位置名稱' 참고. 이와 같은 구분이 어디에 근거한 것인지는 역시 밝히지 않았다. 그러나 李睟光의『芝峯類說』卷9 文章部2「詩」에 "七言詩 以上四 下三成句"라고 한 말을 참고해보면 한국의 경우 전통적으로 이렇게 구분하여 왔을 가능성이 높다.

○○○'(칠언)이 되도록 하는 것은 하삼평(下三平)이라 하고, '△△●●●'(오언) 혹은 '△△△△●●●'(칠언)이 되도록 하는 것을 하삼측(下三仄)이라 하였는데, 이런 방식의 평측을 엄하게 금지하였다는 뜻이다.

근체시의 시구 가운데는 평성이나 측성이 3자 연속된 예가 적지 않다. '○○○●●', '●●●○○', '●●○○○●●', '○○●●●○○' 등과 같은 구식이 다 그런 예이다. 그럼에도 불구하고 하체에만 유독 삼평과 삼측을 금지한 이유는 무엇일까? 그것은 제일 끝 각절 1자가 지닌 특별한 비중을 고려해서였다. 각절은 여타 절(節)과 달리 1자 1단위 형태이다. 그러나 여타 2자 1단위의 절과 같은 독립 절로 기능하였으며, 이곳이 바로 압운을 하는 부위여서 그만큼 비중이 높기도 하였다. 그래서 끝 3자를 '○○○' 혹은 '●●●'으로 하면 이는 복절과 각절 사이에 평측 변화가 전혀 없는, 결국 '○○○○' 혹은 '●●●●'과 다름없는 결과를 초래하기 때문이다.

셋째는 대(對)와 렴(廉)의 원칙이다. 율시는 전체 8구가 2구 1연씩 짝을 이루어 도합 4연(聯)으로 구성되어 있다. 그리고 각 연마다 신체의 특정 부위에 비견한 고유 명칭이 있었는데, 제1~2구는 머리에 비견하여 수련(首聯)이라 하였고, 제3~4구는 턱이나 가슴에 비견하여 함련(頷聯) 또는 흉구(胸句)라 하였으며, 제5~6행은 목이나 배 허리 등에 비견하여 경련(頸聯) 복련(腹聯) 요구(腰句)라 하였고, 제7~8행은 마지막 꼬리 부분에 비견하여 미련(尾聯)이라 하였다. 그리고 각 연을 구성하는 2구 가운데 앞 구는 출구(出口) 혹은 안짝이라 하고, 뒤 구는 대구(對句) 또는 밧짝이라 하였다.[83]

대(對)란 각 연 내에서 출구와 대구의 평측이 반드시 상반되도록 구성해야 함을 가리키는 말이다. 출구의 두절이 평성으로 시작하는 평두(平頭)이면 대구의 두절은 측성으로 시작하는 측두(仄頭), 출구의 두절이 측성으로 시작하는 측두(仄頭)이면 대구의 두절은 평성으로 시작하는 평두(平頭)가 되도록 구성하는 것이 바로 그런 것인데, 이 원칙을 어길 경우 실대(失對)라고 하였다.

염(廉)이란 연과 연 사이, 곧 앞 연 대구(밧짝)와 뒤 연 출구(안짝)의 평측이 반드시 같도록 구성해야 함을 가리키는 말인데, 중국에서는 이를 서로 접합한다는 의미에서 점(黏)이라고도 하였다. 앞 연 대구의 두절이 평성으로 시작하는 평두(平頭)이면 뒤 연 출구의 두절도 평성으로 시작하는 평두(平頭)가 되도록 하고, 앞 연 출구의 두절이 측성으로 시작하는 측두(仄頭)이면 뒤 연 출구의 두절도 측성으로 시작하는 측두(仄頭)가 되도록 구성해야 하는데, 이 원칙을 어길 경우 실렴(失廉)이라 하였다.

이처럼 연내에서는 평측이 상반되도록 대(對)를 하는 반면 연간에는 평측이 서로 동일한 염(廉)을 한 이유는 무엇일까? 확실하지는 않지만 그것이 율시 장법(章法)과 일정하게 연동된 것은 분명해 보인다. 형식상 한 연으로 묶여진 틀 안에서는 성조를 상반되게 구사하여 분리와 대립을 지향하고, 형식상 두 연으로 분리된 부위에는 양자의 성조를 일치시켜 연결과 조화를 지향함으로써, 전체적으로 형식과 가락의 분리와 연속, 대립과 조화의 아름다움을 구현하고자 한 시적 탐색의 결과로 추정된다.

넷째는 한평성운(限平聲韻)의 원칙이다. 한평성운이란 압운 대상

---

83) 이와 관련된 자세한 사항은 Ⅴ장 3절 '율시의 개념과 양식적 특징' 참고.

글자를 평성 운목에 속한 글자로 제한한다는 뜻이다. 근체시의 압운은 제2구 제4구 제6구 제8구 등 짝수 구 끝 글자에 적용하는 우구각운(偶句脚韻)이 원칙이다. 이 부분이 한 연을 마무리하는 제일 끝 글자일 뿐만 아니라, 다른 연과 연계하여 보다 큰 단위에서의 가락 형성을 매개하는 핵심 부위였기 때문이다. 그리고 칠언시는 매구마다 압운을 했던 칠언고시의 영향으로 홀수 구인 제1구 끝에도 즐겨 압운을 하였는데, 이런 창작 경향이 문단에 확산되어 마침내 제1구에 압운을 하는 수구용운(首句用韻)의 평수식(平收式)을 정격(正格), 압운하지 않는 수구불용운(首句不用韻)의 측수식(仄收式)을 변격(變格)으로 간주하였다.84)

압운 글자를 평성으로 한정한 이유는 평성 글자가 변화 없이 길게 발음하는 장음(長音) 계열이어서 길게 늘여 노래하는 만성가창(曼聲歌唱)에 유리하고, 또 이와 같은 소리의 성질이 율시의 핵심적 구성단위인 연(聯)을 안정감 있게 마무리하는데 아주 요긴했기 때문이었다.85) 이것은 영시(英詩)에 무거운 음이 가벼운 음 앞에 있는 중경율(重輕律)보다 그 뒤에 있는 경중율(輕重律)이 많고, 라틴시에 긴 음이 짧은 음 앞에 있는 장단율(長短律) 보다 그 뒤에 있는 단장률(短長律)이 많은 것과 유사한 현상으로, 길고 무겁고 안정된 평성 글자가 한

---

84) 平收式이란 시구의 脚節 부위를 平聲으로 수렴하여 마무리한다는 뜻이고, 仄收式이란 仄聲으로 수렴하여 마무리한다는 뜻이다. 우리나라의 옛 문헌에서는 이런 용어를 찾아볼 수 없지만, 王力을 비롯한 근대 중국의 연구자들이 이런 용어를 사용하여 그대로 따랐다.

85) 江永, 『音學辨微』(김준연『唐代七言絶句硏究』71쪽 재인용), "平聲長空 如擊鐘鼓 上去入短實 如擊木石". 王力 또한 『漢語詩律學』89쪽에서 "平聲占 時間大致比仄聲長一倍"라고 하여 평성이 측성보다 2배 가량 긴 소리임을 지적한 바 있다.

연(聯)을 마무리하고 또 다음 연과 연계하여 보다 큰 차원의 율격을 창출하는데 훨씬 더 적절함을 간파한 결과였다.

3) 평측의 적용 실상

근체시의 평측은 앞에 제시한 4가지 원칙에 따라 시구를 구성하고 또 이를 연결하기만 하면 된다. 그러면 이를 구체적으로 적용한 실상은 어떤가? 왕력(王力)은 근체시 평측 격식이 사언의 '●●○○'과 '○○●●' 두 가지를 근간으로 성립되었다고 하였다. 그리고 오언은 여기에 1자를 더하고, 칠언은 오언 앞에 다시 2자를 더한 형태로, 아래와 같은 4가지 구식(句式)이 있다고 하였다.[86]

四言句式		五言句式	七言句式
①仄頭型 : ●●○○	①-1형 : ●●○○●	○○●●○○●
	①-2형 : ●●●○○	○○●●●○○
②平頭型 : ○○●●	②-1형 : ○○●●○	●●○○●●○
	②-2형 : ○○○●●	●●○○○●●

위의 사언 구식에서 ①측두형(仄頭型)은 측성으로 시작하고 ②평두형(平頭型)은 평성으로 시작하였는데, 2자 1단위로 평측을 교체할 경우 ①측두형은 '●●○○', ②평두형은 '○○●●'이 된다. 사언 구식은 이 2가지가 전부다.

오언은 여기에 1자를 더한 형식이다. 1자를 더한 부위가 어디인지는 확정하기 어렵다. 그러나 분명한 것은 측두형은 측성 1자만 더할

---

86) 王力, 『漢語詩律學上』(山東教育出版社, 1989), 第一章 第六節 '平仄的格式' 85~95쪽 참고.

수 있고, 평두형은 평성 1자만 더할 수 있다는 점이다. 예컨대 측두형 '●●○○'의 중간이나 끝에 평성 1자를 더하면 '●●평○○' 혹은 '●●○○평'이 되고, 앞에 평성 1자를 더하면 '평●●○○'이 되는데, 이는 모두 평측의 기본 원칙에 어긋난다. 전자의 '●●평○○'이나 '●●○○평'은 끝에 평성 3자가 연이어져 금하삼련(禁下三連)의 원칙에 어긋나고, 후자의 '평●●○○'은 첫머리부터 2자 1단위 교체 원칙을 지키지 못하였다. 그래서 측성 1자를 더할 수밖에 없는데, 끝에 1자를 더한 것이 ①-1형 '●●○○측'이고, 처음이나 중간에 1자를 더한 것이 ①-2형인 측●●○○ 혹은 ●●측○○이다. 이와 같은 원리는 평두형도 동일하며, 따라서 오언시의 평측 구식 또한 결국 위의 4가지가 전부라고 할 수 있다.

칠언시는 오언시 앞에 2자를 더한 형식이다. 그래서 2자 1단위의 교체 원칙에 따라 '●●'으로 시작하는 측두형일 경우 그 앞에 '○○' 2자를 더할 수밖에 없고, '○○'으로 시작하는 평두형일 경우 그 앞에 '●●' 2자를 더할 수밖에 없는데, 이 때문에 칠언시의 평측 구식도 오언시에 준하는 4가지를 벗어나지 않는다.

근체시의 평측은 외형상 퍽 복잡해보이지만 위의 4가지 구식을 원칙에 따라 배열한 것에 불과하다. 이 때 중요한 것은 첫 구의 선택인데, 첫 구를 선택할 때 먼저 고려할 것은 제1~2자, 특히 절주점에 해당하는 제2자이다. 제2자는 시 전체 평측 배치의 기준점으로, 이 부분의 평측 여하에 따라 뒷부분 평측 배치 전체가 모두 연동되어 바뀐다. 그래서 제2자가 측성이면 측기식(仄起式) 평성이면 평기식(平起式)이라 하여 구분하였으며, 양자 중 어떤 형식을 취할 것인가에 따라 첫 구의 선택 또한 다르게 된다.

다음으로 고려할 것은 압운 여부이다. 오언시는 첫 구에 압운을 하지 않는 수구불용운(首句不用韻)이 정격, 칠언시는 압운을 하는 수구용운(首句用韻)이 정격인데, 압운을 하면 한평성운(限平聲韻) 원칙에 따라 끝 자가 평성이 되어야 하고 그렇지 않으면 반대로 측성이 되어야 한다. 이런 두 가지 사항을 고려하여 첫 구를 선택하고 나면, 나머지는 이 첫 구를 기준으로 평측의 기본 원칙에 따라 4종 구식을 적절하게 배치하면 그만이다.

오언 측기식 수구불용운 예를 들어보자. 측기식이니 제1-2자가 '●●'으로 시작해야 하는데, 여기에 해당하는 것은 '①-1 : ●●○○●'과 '①-2 : ●●●○○' 2종이 있다. 그런데 첫 구에 압운을 하지 않는 수구불용운으로 끝 글자가 평성이 아닌 측성이라야 하니, 이에 해당하는 것은 둘 중 첫 번째인 '①-1 : ●●○○●' 뿐이다. 다음 제2구는 제1구와 평측이 상반되는 대(對)의 원칙과 한평성운(限平聲韻)의 원칙에 따라 '②-1 : ○○●●○'을 택할 수밖에 없고, 제3구는 제2구와 평측이 같아야 하는 염(廉)의 원칙에 따라 '②-2 : ○○○●●'을, 제4구는 또 이와 평측이 상반되어야 하는 대(對)의 원칙과 한평성운(限平聲韻)의 원칙에 따라 '①-2 : ●●●○○'을 택할 수밖에 없다. 이렇게 4구가 이어지면 오언절구, 6구가 이어지면 소율(小律), 8구이면 율시(律詩), 10구 이상이면 배율(排律)이 되며, 칠언시도 마찬가지다. 이런 평측 격식을 오언율시 수구불용운과 칠언율시 수구용운의 경우에 적용하여 정리하면 아래와 같다.

V. 운율은 어떻게 운용하는가 385

			仄起式(首句不用韻)				平起式(首句不用韻)			
			句式	上體	下體		句式	上體	下體	
				頭節	腹節	脚		頭節	腹節	脚
首聯	出句	對廉	①-1	● ●	○ ○	●	②-2	○ ○	○ ●	●
	對句		②-1	○ ○	● ●	◎	①-2	● ●	● ○	◎
頷聯	出句	對廉	②-2	○ ○	● ●	●	①-1	● ●	● ○	●
	對句		①-2	● ●	● ○	◎	②-1	○ ○	● ●	◎
頸聯	出句	對廉	①-1	● ●	○ ○	●	②-2	○ ○	○ ●	●
	對句		②-1	○ ○	● ●	◎	①-2	● ●	● ○	◎
尾聯	出句	對	②-2	○ ○	● ●	●	①-1	● ●	● ○	●
	對句		①-2	● ●	● ○	◎	②-1	○ ○	● ●	◎

			仄起式(首句用韻)					平起式(首句用韻)				
			句式	上體		下體		句式	上體		下體	
				頂節	頭節	腹節	脚		頂節	頭節	腹節	脚
首聯	出句	對廉	②-1	● ●	○ ○	● ●	◎	①-2	○ ○	● ●	○ ●	◎
	對句		①-2	○ ○	● ●	○ ●	◎	②-1	● ●	○ ○	● ●	◎
頷聯	出句	對廉	①-1	○ ○	● ●	● ○	●	②-2	● ●	○ ○	○ ●	●
	對句		②-1	● ●	○ ○	● ●	◎	①-2	○ ○	● ●	● ○	◎
頸聯	出句	對廉	②-2	● ●	○ ○	○ ●	●	①-1	○ ○	● ●	● ○	●
	對句		①-2	○ ○	● ●	● ○	◎	②-1	● ●	○ ○	● ●	◎
尾聯	出句	對	①-1	○ ○	● ●	● ○	●	②-2	● ●	○ ○	○ ●	●
	對句		②-1	● ●	○ ○	● ●	◎	①-2	○ ○	● ●	● ○	◎

(○평성, ●측성, ◎운자)

4) 평측의 변용과 특수형식

근체시의 평측 격식은 오언과 칠언 각각 4종 구식을 기본 원칙에 따라 질서정연하게 배열해 놓은 형태이다. 그러나 창작 현장에서 이를 그대로 준수한 예는 거의 없다. 오히려 이를 적절하게 변용한 경우가 더 많았는데,『절운지남(切韻指南)』뒤에 이와 관련된 격언이 있다. 일삼오불론(一三五不論)과 이사륙분명(二四六分明)이 바로 그것이다.[87] 각 구의 제2자 제4자 제6자는 평측을 분명히 준수해야

---

87) 『漢語詩律學上』98쪽에 "這兩句口訣不知是誰造出來的 切韻指南後面 載有這个 口訣"이라 하여 이 口訣이『切韻指南』뒷면에 수록되어 있다고 하였다.『切韻指南』은 元나라 劉鑒이 편찬한『經史正音切韻指南』을 가리키는 것이 분명한 듯한데, 사

하지만[二四六分明], 제1자 제3자 제5자는 평측을 따지지 않을 수 있다[一三五不論] 말이다.

이 격언처럼 실제 작품에서 제2자 제4자 제6자의 평측을 변용한 예는 일부 요체(拗體)를 제외하고는 찾아보기 어렵다. 이 자리가 각 구의 절주점으로 평측 변화의 핵심 근거가 되기 때문에 변용을 허용하지 않은 결과이다. 그러나 제1자 제3자 제5자는 변용한 예가 많이 있다. 칠언시의 제1자는 변용한 예가 허다하고, 오언시의 제1자와 칠언시의 제3자도 변용한 예가 다수 있으며, 오언시의 제3자와 칠언시의 제5자는 이런 예가 드물다. 그래서 원칙적으로 절주 부위가 아닌 제1자 제3자 제5자는 평측의 변용을 허용하였으며, 구의 말미에서 거리가 멀수록 변용의 폭이 넓었음을 확인할 수 있다.

그러나 이 부위의 평측 변용도 일정한 제약이 있었다. 고평(孤平)과 고측(孤仄)의 제약, 금하삼련(禁下三連)의 제약 등이 그런 것이다. 고평이란 운자를 제외한 나머지 부분에 평성이 하나만 존재하는 형태이고, 고측이란 측성이 하나만 존재하는 형태이다.[88] 그래서 고평이나 고측이 될 경우 변용을 허용하지 않았는데, 위에 제시한 ②-1형이 그런 예이다. ②-1형은 오언시 '○○●●○'과 칠언시 '●●○○●●○' 구식을 가리킨다. 여기서 오언 제1자와 칠언 제3자의 '○'을 '●'으로 바꾸면 '측○●●○'과 '●●측○●●○'이 되는데, 제일 끝 운각을 제

고전서 본 『切韻指南』에는 이 口訣이 수록되어 있지 않다. 왕력이 착각을 한 것인지, 아니면 다른 판본이 있었는지는 알 수 없다.

[88] 孤平 孤仄에 대해서는 해석이 다양한데, 여기서는 王力과 褚斌杰의 견해를 따랐다. 중국학자 가운데도 啓功은 이와 다른 견해를 주장한 바 있고, 국내에서 전통적으로 이를 해석한 견해도 다소 차이가 있는데, 이에 대해서는 본서 Ⅳ장 '절구시의 개념과 양식적 특징' 주석에서 간단히 검토하였다.

외하면 모두 측성 사이에 평성 1자가 끼어 있는 고평이 된다. 이렇게 될 경우 이 부위의 평측 변용을 허용하지 않았다.

금하삼련은 하체 3자가 '○○○', '●●●' 등과 같이 하삼평(下三平)이나 하삼측(下三仄)이 되는 것인데, 이럴 때에도 평측 변용을 허용하지 않았다. 예컨대 ①-2형 '●●측○○'의 제3자와 '○○●●측○○'의 제5자 ●을 ○으로 변용하면 '●●평○○'과 '○○●●평○○'으로 하삼평이 되는데, 이런 변용를 허용하지 않았다는 말이다. 이 때문에 구의 말미는 앞부분 보다 평측 변용이 더 어려웠으며, 오언 제3자와 칠언 제5자의 평측 변용이 드문 이유도 바로 여기에 있다. 따라서 일삼오불론은 이런 금기를 범하지 않는 범위 내에서 제한적으로 변용을 허용한 것이라 하겠다.

평측의 변용 가운데는 절주점에 해당하는 제2자 제4자 제6자의 평측을 예외적으로 변용한 경우도 있다. 이 부위는 '이사륙분명(二四六分明)'이란 말을 통해 알 수 있듯이 원칙적으로 평측 변용을 허용하지 않는 자리이다. 그런데 일부 작가 가운데는 근체시의 획일적 평측 격식을 벗어나 개성 있는 가락을 추구하기 위해 이를 고의로 변용한 요체(拗體)를 짓기도 하였다. 그 중 특히 절주요구(節奏拗救)라는 양식은 과거시험에서 용인할 정도로 보편성을 획득하여 평측의 특수형식으로 일컫기도 하였다. 절주요구란 절주의 핵심 부위인 오언 제4자와 칠언 제6자의 평측을 변용하고, 이를 해소하기 위해 오언 제3자와 칠언 제5자의 평측을 다시 변용한 것인데, 대략 다음 2가지 방식이 있었다.

①형	오언	○○평측●	○○측평●
	칠언	●●○○평측●	●●○○측평●
②형	오언	●●○○평 ○○측●○	●●○○측 ○○평●○
	칠언	○○●●○평 ●●○○측○평	●●○○●측 ●●○○평●○

①형은 오언 제4자와 칠언 제6자의 측성을 평성으로 변용하는 대신 바로 그 앞 글자인 오언 제3자와 칠언 제5자의 평성을 다시 측성으로 바꾸어 한 구 내에서 요(拗)와 구(救)를 동시에 구사한 본구자구(本句自救:單拗) 형이다. ②형은 오언 제4자와 칠언 제6자의 평성을 측성으로 변용하는 대신 다음 행에서 그 앞 부위에 해당하는 오언 제3자와 칠언 제5자의 측성을 다시 평성으로 바꾸어 두 구에 걸쳐 요(拗)와 구(救)를 한 대구상구(對句相救:雙拗) 형이다. 둘은 실상 오언시 3-4자나 칠언시 5-6자, 즉 복절(腹節) 부위 두 글자의 평측을 앞뒤 혹은 구간에 맞바꾼 형태인데, 문인들 가운데 이런 평측법을 구사한 예가 적지 않아서 특별히 별도의 특수형식으로 인정하였던 것이다.

평측의 특수형식 가운데는 일체렴(一體廉)이란 것도 있다. 평측은 보통 동일 연 내에서 출구가 A형이면 대구는 이와 상반되는 B형이고[對], 그에 이어지는 연의 출구는 앞 연의 대구와 동일한 B형이며[廉], 그 연 내의 대구는 다시 A형으로[對], 전체적으로 연 내의 대(對)와 연 간의 염(廉)이 상호 반복되는 ABBA형인데, 이처럼 연 내의 대와 연 사이의 염이 상호 교차되도록 하는 방법을 가새렴[交鎖廉]이라 하였다. 그런데 일체형은 이런 가새렴과 전혀 다른 방식이다. 연 내에서든 연 간에서든 시구 간의 평측이 계기적으로 상반되게

V. 운율은 어떻게 운용하는가 389

구성하여 ABAB형식으로 일체화시킨, 결국 대만 있고 염이 존재하지 않는 별도의 평측법인데, 중국에서는 이를 순풍체(順風體)라고도 하였다.89) 바람이 순조롭게 흘러가듯 중간에 특별한 변화를 주지 않고 그대로 순하게 평측을 바꾸어가기만 했다는 뜻일 것이다. 이와 같은 일체형 평측법은 가새렴만큼 문단에 널리 보편화되지 못하였다. 그러나 당송시대 문인들 가운데 이를 애용한 사람이 대단히 많았으며, 그래서 이를 가새렴에 준하는 또 다른 정격(正格)의 평측법 중 하나로 인정하였던 것이다.90)

마지막으로 유의할 필요가 있는 것은 사성체용(四聲遞用) 원칙이다. 사성체용은 매구 각절 부위의 평측과 관련된 문제이다. 각절 부위의 평측은 제2구 제4구 제6구 제8구 등 짝수 구의 경우 우구압운(偶句押韻) 원칙에 따라 압운을 하기 때문에 모두 동일 계열의 평성자를 선택적으로 적용하였다. 반면 제1구 제3구 제5구 제7구 등 홀수 구의 각절은 이와 반대로 측성자를 사용하여 짝수구의 평성과 자연스럽게 조화되도록 하였다. 그리고 측성자를 사용하면서도 가능하면 행마다 다른 성조를 사용하고자 하였다. 측성에 해당하는 상성(上聲) 거성(去聲) 입성(入聲) 중 어느 하나만 사용한 것이 아니라 3가지를

---

89) 김준연, 『唐代七言律詩研究』 95쪽에 소개한 내용을 참고하였다. 함련과 경련 부분만 일체형인 것을 따로 折腰體라고도 하였는데, 함련과 경련이 마치 허리를 꺾어 접은 것처럼 상하의 평측이 서로 일치함을 그렇게 비유적으로 표현한 듯하다. 그러나 구체적으로 어떤 문헌에 근거하였는지는 밝히지 않았으며, 우리나라 옛 문헌에서도 이런 용례를 찾아보기 어렵다.
90) 徐鏡普는 對와 簾이 차례로 반복되는 交鎖型과 對만 있고 簾이 없는 一體型을 모두 正格으로 간주하면서 절구의 평측을 平起式交鎖型, 平起式一體型, 仄起式交鎖型 仄起式一體型 등 4종으로 구분하여 설명하기도 하였다. 徐鏡普, 「近體詩形式考」(『青丘大學論文集』 2輯, 1959) 103쪽 참고.

두루 교체하여 적용함으로써 소리의 다양성을 구현하고자 하였는데, 이를 사성체용(四聲遞用)의 원칙이라고 하였다.91) 사성체용은 여타 원칙들만큼 구속력이 강하지는 않았다. 그러나 유명 문인들이 작품을 창작할 때 중요하게 고려한 사항 중 하나였음은 분명하다.

평측의 원칙을 변용한 양식은 이 외에도 여러 가지 있다. 정상적 평측 격식을 고의로 뒤틀고 다시 알맞게 조정한 고평요구(孤平拗救) 두절상자요구(頭節上字拗救) 복절상자요구(腹節上字拗救) 등 각종 요체,92) 시 전체를 평성만으로 구성한 평체(平體)와 측성만으로 구성한 측체(仄體),93) 각 행 머리글자를 측성자로 시작한 측기체(仄起體), 기타 사성체(四聲體) 오체(吳體) 등 다양한 평측법이 그런 것인데, 이들에 대해서는 잡체시와 요체 조항에서 간단하게 검토한 바 있어서 여기서는 생략한다.

---

91) 朱彝尊의 견해이다. 이와 달리 '獨有宦游人(입상거평평)'처럼 한 구 내에 四聲을 고루 활용하는 것을 四聲遞用이라고 한 경우도 있다. 王力, 『漢語詩律學上』 144쪽 「上尾」 참고.
92) 拗體에 대해서는 본서 제Ⅳ장 5절 '요체와 요구의 적용 양상' 참고.
93) 平體 仄體에 대해서는 본서 Ⅱ장 5절 3항 '평측·대우 관련 잡체시' 참고.

VI. 대우는 어떻게 적용하는가

　대우(對偶)는 압운 평측과 함께 근체시의 형식적 특징을 규정하는 3대 요소 중 하나이다. 그래서 한시를 창작하거나 감상할 때 특정 작품의 수준을 가늠하고 성패 여부를 판단하는 핵심적 준거 가운데 하나로 활용해 왔다. 그러나 대우에 대하여 정확하게 알려진 정보는 의외로 많지 않다. 대우의 표현법은 언제부터 등장하여 어떤 과정을 거쳐 근체시의 핵심적 요건이 되었을까? 대우의 성립 여부나 수준을 판단하는 구체적 준거는 무엇인가? 대우의 적용 부위와 범위는 어디까지인가? 대우의 종류는 어떤 것이 있으며 그것을 적용하는 방식은 어떤가? 대우에서 특히 기피한 사항은 또 무엇인가? 이런 문제는 대우와 관련한 가장 기본적인 사안임에도 불구하고 아직 이를 해명한 글이 많지 않다. 본 장에서는 이런 현실을 감안하여 대우의 개념과 전통, 종류와 적용방식, 적용 원칙과 기피사항 등을 검토해보고자 한다.

1. 대우의 개념과 전통

대우(對偶)란 글자 그대로 '서로 대응하도록 짝을 맞춤' 혹은 '짝이 맞도록 상호 대비시킴'정도로 풀이할 수 있겠는데, 한시 1연 2행을 서로 무관하게 구성하는 것이 아니라, 앞 행과 뒤 행이 문법적으로는 물론 상응하는 부위의 어휘의 성질까지 서로 정교하게 대응되도록 구성함으로써 앞 행이 앞 행만으로 끝나지 않고, 뒤 행이 뒤 행만으로 끝나지도 않으며, 앞뒤 행이 서로 어우러져 한 차원 더 높은 표현미를 구현하도록 구성한, 한시의 가장 핵심적 수사법 중 하나라고 할 만한 것이다.

대우는 다른 말로 대장(對仗) 배우(排偶) 대구(對句) 등으로 일컫기도 하였다. 대장(對仗)의 장(仗)은 당초 '궁궐을 수비하는 군사, 곧 의장(儀仗)'을 가리키는 말이었는데, 이들이 늘 둘씩 서로 짝을 지어 행동했기 때문에 후대에 이를 한시 수사법 용어로 확대 적용하여 대우와 동일한 의미로 사용하였다. 배우(排偶)는 '짝을 지어 배열한다.'는 뜻으로 대우와 의미가 대동소이하지만 일반 시문의 짝 맞춤 표현을 지시하는 보통명사로 주로 사용하였고, 대구(對句)는 1연(聯) 2행 내에서 앞 행 출구(出句. 안짝)와 대응하는 뒤 행 대구(對句. 밧짝)을 가리키는 고유명사이기 때문에 대우(對偶)를 대구(對句)라고 함은 부적절하고 잘못된 용법이라는 것이 일반적 견해이다.

>   長城一面溶溶水   긴 성 한 편에는 도도히 강물 흐르고,
>   大野東頭點點山   큰 들판 동쪽에는 점점이 산이 있네.

고려시대 대표적 시인 중 한 사람인 김황원(金黃元. 1045~1117)이

평양 대동강변의 부벽루(浮碧樓)에 올라갔다가 지었다는 한 연이다. 김황원은 부벽루와 주변 경관의 아름다움에 감탄한 나머지 부벽루에 걸린 시가 어느 하나도 그 아름다움을 제대로 묘사하지 못했다고 여겨 모두 불태우고 자신이 직접 시를 짓기 시작하였는데, 그 또한 위의 2행을 짓고는 더 이상 어찌해 볼 방법이 없어서 결국 통곡하고 내려왔다는 일화가 유명하다.1)

위의 시를 문장으로 적는다면 "강물은 긴 성 한 편에 도도히 흐르고[水溶溶於長城一面], 산은 큰 들판 동쪽에 점점이 있네[山點點於大野東頭]"라고 표현할 법한데, 서술어 용용(溶溶) 점점(占占)을 중심으로 주어 수(水) 산(山)과 목적어 장성일면(長城一面) 대야동두(大野東頭)를 앞뒤로 서로 도치시켜 압운과 평측을 맞춤과 동시에 시적 표현미를 아울러 극대화시킨 것이다. 두 행은 이처럼 주어와 목적어를 앞뒤로 도치시킨 문법적 구성이 동일할 뿐만 아니라, 상응하는 부위의 품사까지 모두 같다. 성(城)과 야(野)는 명사, 그 앞의 장(長)과 대(大)는 각각 성(城)과 야(野)를 수식하는 형용사, 일면의 면(面)과 동두의 두(頭)는 방위 명사, 용용(溶溶)과 점점(點點)은 같은 글자를 반복한 첩어(疊語), 수(水)와 산(山) 또한 모두 동일한 명사이며, 대응하는 부위의 글자끼리도 장대(長大) 성야(城野) 산수(山水) 같은 관용어가 될 정도로 관계가 밀접하다. 그리고 의미상 앞 행은 대동강 물을 중심으로, 뒤 행은 건너편 산을 중심으로 서로 대

---

1) 李仁老, 『破閑集』卷中, "浮碧寮 … 山川氣勢 與中朝滌暑亭相甲乙 而秀麗過之 學士金黃元 弭節西都 登其上 命吏悉取古今群賢所留詩板焚之 憑欄縱吟 至日斜 其聲正苦 如叫月之猿 只得一聯 長城一面溶溶水 大野東頭點點山 意涸不復措辭 痛哭而下".

비시킴으로써 결국 부벽루 주변의 아름다운 산수경관을 조화롭게 표현하는데 기여하였다.

이렇듯 두 행이 서로 짝이 되도록 구성하는 한시의 대우법은 오랜 세월에 걸쳐 축적해 온 한문 표현의 경험과 전통을 시에 적극적으로 활용한 결과이다. 한문에서 짝을 맞춰 표현하는 방식은 어휘적 차원이나 문장적 차원을 막론하고 한문 기록이 시도된 초창기부터 이미 존재해 왔었다. 유협(劉勰)은 『문심조룡(文心雕龍)』「여사(麗辭)」에서 "조물주가 인간을 만들 때 팔 다리 눈 귀 등의 형체를 각각 둘씩 준 것처럼, 생각을 글로 나타낼 때도 짝을 맞추어 표현함이 아주 자연스럽고 당연한 이치"2)라고 하였다. 그리고 수사법의 개념 자체가 존재하지 않던 요순시대부터 이미 "죄가 미심쩍으면 가볍게 처벌하고[罪疑惟輕], 공은 미심쩍어도 무겁게 보상한다[功疑惟重]"3), "오만함은 손해를 부르고[滿招損], 겸손함은 이익을 받는다[謙受益]"4)는 등의 표현이 있었음을 지적하고, 기타 초창기 한문 기록인 『주역(周易)』의 「문언(文言)」「계사(繫辭)」나 『시경(詩經)』 등에 이런 자연스러운 대우의 표현이 무수했음을 지적한 바 있다.5)

유협이 지적한 것처럼 이런 표현법은 오경(五經)을 비롯한 유가 경전에서는 말할 것도 없고, 『노자』『장자』『한비자』『전국책』『국어』

---

2) 劉勰, 『文心雕龍』, 「麗辭」 第35, "麗辭之體 凡有四對 言對爲易 事對爲難 反對爲優 正對爲劣".
3) 『書經』 卷3, 虞書, 「大禹謨」.
4) 『書經』 卷3, 虞書, 「大禹謨」.
5) 劉勰, 『文心雕龍』, 「麗辭」 第35, "唐虞之世 辭未極文 而皐陶贊云 罪疑惟輕 功疑惟重 益陳謨云 滿招損 謙受益 豈營麗辭 率然對爾 易之文繫 聖人之妙思也 序乾四德 則句句相銜 龍虎類感 則字字相儷 乾坤易簡 則宛轉相承 日月往來 則隔行懸合 雖句字或殊 而偶意一也 至於詩人偶章 大夫聯辭 奇偶適變 不勞經營".

같은 춘추전국시대 문헌에서 다양한 용례를 찾아볼 수 있다. "군자는 두루 사귀되 편짓지 않고[君子周而不比], 소인은 편짓되 두루 사귀지 못한다[小人比而不周]"6), "선비는 글로 법을 어지럽히고[儒以文亂法], 협객은 무력으로 법을 범한다[俠以武犯禁]"7), "여러 사람의 마음은 성을 만들고[衆心成城], 여러 사람의 입은 쇠를 녹인다[衆口鑠金]"8) 등과 같은 것이 다 그런 예이다. 상응하는 두 어구의 결구(結構) 방식이 문법적으로 서로 일치함은 물론 의미까지 서로 밀접하게 관련시켜 대우의 기본적인 모습을 두루 보여주었던 것이다.

이와 같은 표현 방식은 한(漢)나라 때 사부(辭賦)와 위진남북조시대 때 변려문(駢儷文)을 거치면서 그 활용 범위와 수준이 꾸준히 확대 심화되었다. 이전처럼 자연스러운 표현 자체에 그치지 않고, 작자가 다분히 의도적으로 자신이 추구하는 글 표현의 정제미(整齊美), 송독(誦讀)의 편리함, 운율미(韻律美) 등을 효과적으로 구현할 수 있는 주요 방법의 하나로 적극적으로 인식하고 활용했던 것이다. 반고(班固)의 「서도부(西都賦)」나 매승(枚乘)의 「칠발(七發)」 같은 글을 보면 한나라 때 부(賦)가 우연이 아니라 의도적으로, 부분적이 아니라 전면적으로 대우를 활용하였고, 활용의 수준 또한 크게 향상되었음을 실증적으로 확인할 수 있다.9)

특히 위진남북조시대를 풍미한 변려문(駢儷文)은 '나란히 수레를 끄는 두 필의 말[駢]'과 '남편과 아내가 짝지어 있는 모습[儷]'을 지칭

---

6) 『論語』 卷2, 「爲政」.
7) 『韓非子』 卷19, 「五蠹」.
8) 『國語』 卷3, 「周語」 下.
9) 班固의 「西都賦」는 『文選』 卷1에서, 枚乘의 「七發」은 『文選』 卷34에서 확인할 수 있다.

하는 두 글자로 문체 이름을 삼았을 정도로 이런 표현법을 애용한 대표적 문체라고 할 만하다. 상응하는 두 어구 간의 낱말 구성방식은 말할 것도 없고, 글자의 문법적 성질과 기능, 소리와 의미 등 갖가지 요소를 두루 고려하여 이런 표현법을 활용함으로써 마침내 이전의 고문(古文)과는 다른, 변려문(騈儷文)이라는 새로운 문체를 창출하기에 이르렀던 것이다. 한시에서 대우를 주요 수사법의 일종으로 주목하고 그 방식에 대하여 본격적인 이론 탐색을 시작한 것도 바로 이런 변려문의 유행과 궤를 같이한다.

대우의 방식에 대하여 처음으로 이론적 탐색을 시도한 사람은 양(梁)나라 때의 대표적 문학이론가이자 비평가이기도 한 유협(劉勰. 466~539)이었다. 그는 『문심조룡』「여사(麗辭)」에서 앞뒤 구를 짝지어 구성하는 표현 방식의 유래와 역사를 간단하게 개관한 다음, 그 종류에 언대(言對) 사대(事對) 정대(正對) 반대(反對) 등 4종이 있다고 하였다. 그리고 4종의 대우 방식이 구체적으로 어떤 것인지 예를 들어 설명하였는데, 그가 말한 요지를 간단하게 정리해서 제시하면 대략 다음과 같다.

    언대(言對) : 추상적인 말을 쌍으로 대비하는 것(雙比空言者)
          생각을 짝지어 표현하기 때문에(偶辭胸臆) 쉽다(易).
          예) 修容乎禮園 翶翔乎書圃(司馬長卿「上林賦」)
    사대(事對) : 경험적 사실을 나란히 열거하는 것(竝擧人驗者)
          사람의 공부가 필요하기 때문에(徵人之學) 어렵다(難)
          예) 毛嬙鄣袂不足程式 西施掩面比之無色(「神女賦」)
    정대(正對) : 사안은 달라도 뜻이 마찬가지인 것(事異義同者).
          유사한 사례로 같은 뜻을 말하여(幷貴同心) 졸렬하다(劣).
          예) 漢祖想枌楡 光武思白水(張孟陽「七哀」)

반대(反對) : 이치는 다르면서 취지가 부합하는 것(理殊趣合者)
상반된 사례로 같은 뜻을 말하여(幽顯同志) 우수하다(優).
예) 鍾儀幽而楚奏 莊舃顯而越吟(「登樓賦」)

위의 내용을 참고할 때, 언대(言對)란 '예의의 동산[禮園]', '서적의 텃밭[書囿]'처럼 경험적 사실이나 고사와 상관없는 추상적 언어 표현상의 대우를, 사대(事對)란 모장(毛嬙) 서시(西施) 같은 구체적 사실상의 대우를 지칭한 것이 분명하다. 그리고 정대(正對)란 한 고조 유방(劉邦)이 고향 분유(枌楡)를 생각하고 후한 광무제 유수(劉秀)가 고향 백수(白水)를 그리워한 것처럼 사안은 달라도 뜻이 동일한 사례를 대비한 대우, 반대(反對)란 진(晉)에서 옥살이 한 악사 종의(鍾儀)가 고국 초(楚)를 그리워하여 초나라 음악을 연주하고 초(楚)에서 벼슬한 장석(莊舃)이 고국 월(越)을 그리워하여 월나라 방언으로 말을 했던 것처럼 옥살이와 벼슬살이란 상반된 사례로 동일한 취지를 이끌어낸 대우를 가리킨다. 그리고 "또 사대(事對)에 정사대(正事對)와 반사대(反事對)가 있으니, 이를 유추하면 만 가지가 절로 분명해 진다."10)고 한 것으로 볼 때 사대(事對)에 정사대와 반사대가 있듯이 언대(言對)에도 정언대(正言對)와 반언대(反言對) 같은 것이 있을 수 있음을 염두에 두었던 것으로 판단된다.

유협이 이렇게 한부(漢賦)와 변려문 등의 표현법을 주목하여 문학사상 최초로 4종의 대우법을 천명한 이후 한시분야에서도 많은 이들이 한시와 관련된 대우법에 본격적인 관심을 표명하기 시작하였다. 유협이 세상을 떠날 무렵 제위에 오른 서위(西魏)의 문제(文帝. 535

---

10) 劉勰, 『文心雕龍』, 「麗辭」 第35, "又以事對 各有正反 指類而求 萬條自昭然矣".

~550)는 『시격(詩格)』이란 책에서 정명대(正名對) 격구대(隔句對) 등 8종의 대우법을 제시하였고, 당나라 초기 상관의(上官儀. 608~ 664)는 6대(對)와 8대(對)의 개념을 제시하였으며, 원긍(元兢. 661년 전후)은 평대(平對) 기대(奇對) 등 6대(對)를, 최융(崔融. 653~706) 은 『당조신정시격(唐朝新定詩格)』에서 3대(對)를, 이교(李嶠)는 『평시격(評詩格)』에서 9대(對)를, 성당시대 대표적 승려 시인이었던 교연(皎然. 713?~792)은 『시의(詩議)』에서 또 다른 6대(對)와 8대(對) 의 개념을 제시하였다.11) 그리고 일본 승려 공해(空海. 774~835)는 중국 유학을 마치고 귀국한 후 『문경비부론(文鏡秘府論)』을 저술하면서 그 속에 그가 파악한 기존의 대우 방식 약 29종을 종합적으로 정리하여 제시하기도 하였는데,12) 이런 내역들을 간단히 정리하면 대략 아래와 같다.

  유 협 4대 : 言對, 事對, 反對, 正對
  위문제 8대 : 正名, 異類, 意對, 雙聲, 疊韻, 雙擬, 回文, 隔句
  상관의 6대 : 正名, 同類, 連珠, 雙聲, 疊韻, 雙擬
  상관의 8대 : 的名, 異類, 聯綿, 雙聲, 疊韻, 雙擬, 回文, 隔句
  원 긍 6대 : 平對, 奇對, 同對, 字對, 聲對, 側對
  최 융 3대 : 切側, 雙聲側, 疊韻側

---

11) 上官儀의 六對와 八對는 魏慶之의 『詩人玉屑』 卷7 屬對 「六對」 조항에서, 元兢의 六對, 崔融의 三對, 皎然의 八對 등은 空海의 『文鏡秘府論』 東卷 「二十九種對」 조항에서 세부 내역을 확인할 수 있다. 皎然의 六對는 權鎬鍾이 『文鏡秘府論』 二十九種對 「古人同出斯對」에 포함된 的名對 雙擬對 隔句對 聯綿對 互成對 異類對 6종과 동일하다고 밝힌 견해를 따랐으며(권호종, 「文鏡秘府論의 對偶論 硏究Ⅱ」, 『中國語文學』 제11집, 1990), 魏文帝의 八對와 李嶠의 九對는 같은 논문 주석에서 거론한 것을 확인하기는 하였지만 원본을 찾아보지는 못하였다.
12) 空海, 『文鏡秘府論』(學海出版社, 台北, 1794) 東卷, 「二十九種對」.

```
    교  연  6대 : 的名, 異類, 聯綿, 隔句, 互成 雙擬
    교  연  8대 : 隣近, 交絡, 當句, 含境, 背體, 偏對, 雙虛實, 假對
    공  해 29대 : 的名, 異類, 聯綿, 雙聲, 疊韻, 雙擬, 回文, 隔句, 互成,
               賦體, 意對 등
    (古人同出斯對11종 + 원궁 6對 + 교연 8對 + 최융 3對 + 總不對對)
    전체 도합 29對
```

 위를 보면 유협이 4종의 대우법을 천명한 이후 남북조시대 말기부터 한시에서의 대우 문제가 꾸준히 제기되었고, 당나라 이후 근체시가 문단에 본격적으로 자리를 잡고 대우를 그 핵심적 표현 격식의 하나로 채택하면서 더욱 많은 문인과 비평가들이 다종다양한 대우의 방식을 제시하였던 사정을 분명히 확인할 수 있다. 이처럼 한시에서의 대우는 이전부터 한부(漢賦)와 변려문(騈儷文) 등을 통해 부단히 축적해 온 다양한 짝 맞춤 표현의 전통을 적극적으로 수렴하고 이를 적절히 가다듬어 활용함으로써 마침내 압운 평측과 함께 근체시의 가장 중요한 표현법으로 자리를 잡았던 것이다.

2. 대우의 종류와 적용 방식

 지난날 많은 문인과 비평가들이 제시해 온 대우의 종류와 적용 방식을 일별해 보면 너무 다양하여 눈이 어지러울 정도이다. 어휘의 문법적 성질에 주목하여 허실대(虛實對) 쌍성대(雙聲對) 첩운대(疊韻對) 연주대(連珠對) 등을 제시하기도 하고, 의미의 친근성에 주목하여 동의자대(同義字對) 반의자대(反義字對) 이류대(異類對) 동류대(同類對) 등을 제시하기도 하며, 적용 부위에 따라 당구대(當句對) 격구대(隔句對) 착종대(錯綜對) 쌍의대(雙擬對), 적용 방식의 특이성에 따라 측대(側對) 차대(借對) 유수대(流水對) 회문대(回文對), 적용 수준에 따라 평대(平對) 기대(奇對) 관대(寬對) 인대(隣對) 공대(工對) 등을 제시하기도 하고, 공해(空海)는 아예 대우를 구사하지 않는 것까지 대우법의 일종으로 간주하여 총부대대(總不對對)라는 것을 따로 설정하기도 하였다.13)

이렇게 제기된 수많은 대우법 가운데는 현재 그 의미와 적용 방식을 정확하게 파악하기 어려운 것도 있고, 이름만 다를 뿐 사실상 동일한 것도 많다. 오랜 세월에 걸쳐 대우의 방식을 제기한 사람과 기준이 제각각 달라서 나타난 현상일 터인데, 논란이 되는 몇 가지를 제외하면 실상 어휘의 성질, 적용 부위, 적용 방식과 수준 등으로 대별해 볼 수 있다.14)

---

13) 空海, 『文鏡秘府論』(學海出版社, 台北, 1794) 東卷, 二十九種對, 108쪽 「第二十九 總不對」, "如平生少年日 分手易前期 及爾同衰暮 非復別離時 勿言一罇酒 明日難共持 夢中不識路 何以慰相思 此總不對對之詩 如此作者 最爲佳妙 夫屬對法非眞風花竹木用事而已 若雙聲卽雙聲對 疊韻卽疊韻對".

14) 張正體는 『詩學』(臺灣商務印書館, 1974) 第八章:詩的對仗硏究에서 대우의 종류를 ①平頭對 ②合璧對 ③垂珠對(句首重字垂珠對 句腹重字垂珠對 句尾重字垂珠對 3종) ④拱璧對 ⑤隔句對 ⑥聯壁對 ⑦互成對 ⑧實字對 ⑨虛字對 ⑩流水對 ⑪問答對 ⑫交股對 ⑬渾括對 ⑭假借對(借字對 借義對 借聲對 3종) ⑮同類對(天文對 人名對 草木對 3종) ⑯巧變對 ⑰雙聲對 ⑱疊韻對 ⑲雙聲疊韻對 ⑳無情對 등 20종으로 1차 구분하고, 이를 대우의 방법에 따라 ①字義相稱法에 兩事相向 兩事相背 兩事相聯 兩事相偶 同類相關 등 5종, ②字性相應法에 名詞 代名詞 動詞 介詞 形容詞 嘆詞 副詞 連詞 등 8종, ③平仄相叶法에 五言對仗之平仄譜式 七言對仗之平仄譜式 등 2종, 도합 15종으로 다시 구분하여 설명한 바 있다. 그러나 분류 기준과 세부 명칭 부여 및 설명 내용이 다소 자의적이고 부정확한 부분이 적지 않아서 본고에서는 참고 자료로만 활용하였다.

1) 어휘의 종류에 따른 대우

대우는 기본적으로 상응하는 두 행의 문법적 구성이 동일한 데 기초하고 있다. 그래서 행의 하위 단위인 개별 어휘의 품사(品詞) 또한 당연히 같아야 하는데, 간명용(簡明勇)은 이와 같은 개별 어휘의 품사를 기준으로 명사대(名詞對) 대명사대(代名詞對) 형용사대(形容詞對) 동사대(動詞對) 부사대(副詞對) 연개사대(連介詞對) 조사대(助詞對) 등 7종으로 구분해서 정리한 바 있다. 그리고 이 가운데 명사 대명사 형용사 동사 등의 대우는 문법적으로 독립적 기능을 하는 어휘인 실사대(實詞對), 부사 연개사 조사 등의 대우는 그 보조적 역할에 그치는 허사대(虛詞對)로 구분하기도 하였다.15)

그러나 근대적 문법 연구가 등장하기 이전에는 이런 품사에 근거한 어휘 구분 자체가 사실상 불가능하였다. 다만 일(日:해) 월(月:달) 성(星:별) 신(辰:별) 등 하늘과 관련된 천문류(天文類), 춘(春:봄) 하(夏:여름) 추(秋:가을) 동(冬:겨울) 등 시절과 관련된 시령류(時令類), 산(山:산) 수(水:물) 강(江:강) 하(河:강) 등 지리류(地理類), 의(衣:옷) 상(裳:치마) 관(冠:갓) 건(巾:두건) 등 의식류(衣飾類), 필(筆:붓) 묵(墨:먹) 연(硯:벼루) 지(紙:종이) 등 문구류(文具類) 등처럼 개별 어휘의 의미 영역에 따라 구분할 수 있었을 뿐이다. 지난날 『시액(詩腋)』에서 36종16), 『사림전액(詞林典腋)』에서 37종17), 『시학함영(詩學含

---

15) 簡明勇, 『律詩硏究』(五洲出版社, 臺北, 1973) 第四篇 「律詩之對仗硏究」, 第二章 對仗之詞性分類.
16) 本篇에 32部, 外篇에 4部, 도합 36部라고 하는데 내역을 확인하지는 못하였다. 이 앞서도 『詩賦類聯』에서 34部로 나누었다는 기록이 있는데 구체적 내역을 확인하지 못하였다.
17) 『增廣詩韻集成』에 부록된 『詞林典腋』 37류 : 天文門 時令門 地理門 帝后門 職官

英)』에서 39종18) 등으로 구분한 것이 이런 유이며, 이렇게 함으로써 대우의 밀도를 높이고 수준을 향상시키고자 하였다.

그러나 전근대시대의 이런 어휘 분류는 정확한 문법 지식에 근거한 것이 아니어서 문제가 적지 않았다. 성명(姓名) 인명(人名) 같은 고유명사를 명사에 포함하기도 분리하기도 하고, 명사가 아닌 동사(動詞) 부사(副詞) 등을 포함하기도 제외하기도 하였으며, 초목류(草木類)를 백초(百草)와 수목(樹木)으로 나누기도 합치기도 하는 등 구분 기준이 매우 자의적이었다.

그래서 근대 연구자들이 여기에 문법적 지식을 가미하여 재정리하기도 하였는데, 왕력(王力)이 『한어시율학(漢語詩律學)』에서 대명사(代名詞) 동의연용자(同義連用字) 반의연용자(反義連用字) 연면자(連綿字) 중첩자(重疊字) 부사(副詞) 연개사(連介詞) 조사(助詞) 등을 독립시켜 전체 11류 28종으로 분류한 것,19) 간명용(簡明勇)이 『율시연구(律詩研究)』에서 명사만 23종, 기타 소리와 의미에 따라 쌍성(雙聲) 첩운(疊韻) 연면자(連綿字) 동의자(同義字) 반의자(反義字) 등을 제시한 것20) 등이 그런 예이다.

門 政治門 禮儀門 音樂門 人倫門 人物門 閨閤門 形體門 文事門 武備門 技藝門 外敎門 珍寶門 宮室門 器用門 服飾門 飮食門 菽粟門 布帛門 草木門 花卉門 果品門 飛禽門 走獸門 麟介門 昆蟲門(이상 內篇 30門) 擡頭對 顔色對 數目對 卦名對 干支對 姓名人物對 虛字對(이상 外編 7종).

18) 『詩學含英』의 39류 : 天文類 時令類 時序類 地輿類 宮室類 君道類 臣道類 百官類 仕進類 人倫類 師友類 人品類 釋老類 麗人類 文學類 仕宦類 志氣類 人事類 遊眺類 慶弔類 祖餞類 謝惠類 珍寶類 服飾類 飮食類 器用類 音樂類 書畫類 百草類 百花類 百穀類 蔬菜類 百果類 樹木類 竹木類 飛禽類 走獸類 鱗介類 昆蟲類.

19) 王力, 『韓語詩律學』(山東敎育出版社, 1989), 第十四節, 「對仗的種類」.

20) 簡明勇, 『律詩硏究』(五洲出版社, 臺北, 1973) 第四篇 「律詩之對仗硏究」, 제2~3장.

기존에 알려진 대우법 가운데는 바로 이런 어휘의 영역 분류에 기초한 것이 대단히 많았다. 실자대(實字對) 허자대(虛字對) 허실대(虛實對) 쌍성대(雙聲對) 첩운대(疊韻對) 첩자대(疊字對) 동의자대(同義字對) 반의자대(反義字對) 연면자대(連綿字對) 동류대(同類對) 이류대(異類對) 인접대(隣接對) 등이 다 그런 것들이다.

(1) 실자대(實字對) 허자대(虛字對) 허실대(虛實對)

실자(實字)란 산(山) 천(川) 초(草) 목(木) 조(鳥) 수(獸) 운(雲) 우(雨) 등 실물이 존재하는 실체사(實體詞)를 가리키고, 허자(虛字)란 상(上) 하(下) 우(優) 열(劣) 호(好) 오(惡) 제(啼) 소(笑) 등 실물이 존재하지 않는 비실체사(非實體詞)를 가리킨다. 따라서 실자대(實字對)란 실체사간의 대우, 허자대(虛字對)란 비실체사간의 대우, 허실대란 실체사와 비실체사 간의 대우라 하겠는데, 공해(空海)가 적명대(的名對)의 하위 개념으로 언급한 실명대(實名對) 허명대(虛名對) 등이 이와 흡사하다.21)

> 身事豈能遂   입신의 일을 어찌하면 이룰까?
> 蘭花又已開   난초 꽃은 또 이미 피어나네.
> 病令新作少   병은 새로 짓는 글을 적게 하고,
> 雨阻故人來   비는 벗이 찾아옴을 막는구나.22)

당나라 시인 가도(賈島)의 오언율시「병기(病起)」에서 3-4행 함련

---

21) 空海,『文鏡秘府論』(學海出版社, 臺北, 1974) 東卷, 二十九種對, 第一的名對 "日月光天德 山河壯帝居" 주석에 "有虛名實名 上對實名也"라 한 데서 이를 확인할 수 있다.
22) 賈島,『長江集』卷6,「病起」, 頷聯과 頸聯.

과 5-6행 경련을 옮겨본 것이다. 이 시에서 '신작(新作)'과 '고인(故人)'은 '글'과 '사람'이란 실체가 있으니 실자대(實字對)라 할 수 있고, 기(豈)와 우(又), 수(遂)와 개(開), 소(少)와 래(來) 등은 모두 실체가 없으므로 허자대(虛字對)라 할 수 있다. 그리고 입신출세를 지칭하는 '신사(身事)'와 질병을 의미하는 '병(病)'은 모두 실물이 존재하지 않는 허자(虛字)이고, '난화(蘭花)'와 '우(雨)'는 모두 '난초꽃'과 '비'를 가리키는 실자(實字)이니, 신사(身事)와 난화(蘭花), 병(病)과 우(雨)는 허실대(虛實對)라고 할 수 있겠다.

방회(方回. 1227~1305)는 『영규율수(瀛奎律髓)』에서 바로 이 시를 인용하여 "어리석은 이들은 신세(身世)와 난화(蘭花)의 대우가 마땅치 않다고 하겠지만 자세히 음미해보면 특별한 맛이 있다. 그 아래 다시 우(雨)로 병(病)에 대우를 한 것도 부적절해 보이나 뜻이 딱 맞으니, 참으로 좋은 시다."[23)라고 평한 바 있다. 실자는 실자끼리 허자는 허자끼리 대우함이 원칙이지만 경우에 따라 실자와 허자 간의 허실대가 훨씬 더 적절할 수도 있음을 지적한 것이며, 장사서(張思緒) 또한 이 시에 나타난 신세(身世)와 난화(蘭花)의 대우를 허실대의 대표적 사례로 소개하기도 하였다.[24)

실자대와 허자대는 실사대(實詞對) 허사대(虛詞對)와는 다른 것이다. 실사(實詞)란 사물의 이름이나 동작 상태 등을 나타내는 명사 대명사 동사 형용사 등을 가리키고, 허사(虛詞)란 문장에서 보조적

---

23) 方回, 『瀛奎律髓』 卷26, 變體類, 五言, 賈島의 「病起」, "昧者 必謂身事不可對蘭花二字 然細味之 乃殊有味 以十字一串貫意 而一情一景 自然明白 下聯更用雨字對病字 甚爲不切 而意極切眞 是好詩 變體之妙者也".
24) 張思緒, 『詩法槪述』(上海古籍出版社, 1988), 第三節 詩的對仗, 「虛實對」 조항.

기능을 하는 부사 개사(介詞) 어조사 등을 가리킨다. 따라서 실사대란 명사와 명사, 대명사와 대명사, 동사와 동사, 형용사와 형용사 등 실사(實詞) 간의 대우를, 허사대란 부사와 부사, 연개사와 연개사, 어조사와 어조사 등 허사(虛詞) 간의 대우를 지칭하는 문법적 개념이며, 실물의 존재 여부와는 상관이 없다. 그리고 실사(實詞) 가운데 동사 형용사는 물론 명사 중에도 실체가 존재하지 않는 허자(虛字)가 많으니, 이를 통해서도 양자가 서로 다른 개념임을 알 수 있다.

(2) 쌍성대(雙聲對) 첩운대(疊韻對) 첩자대(疊字對)

쌍성(雙聲)이란 성부(聲部)가 같고 운부(韻部)는 다른 어휘, 첩운(疊韻)이란 성부는 다르지만 운부가 같은 어휘를 말한다. 예컨대, 유련(留連)의 유(留. liu)와 련(連. lian)은 성부가 'l'로 동일하고 운부는 'iu'와 'ian'으로 서로 다르며, 독대(獨待)의 독(獨. du)과 대(待. dai)도 성부가 'd'로 동일하고 운부는 'u'와 'ai'로 서로 다른데, 이런 어휘를 쌍성자라고 한다. 그리고 적력(滴瀝)의 적(滴. di)과 력(瀝. li)은 성부가 'd'와 'l'로 서로 다르지만 운부는 'i'로 같고, 배회(徘徊)의 배(徘. pai)와 회(徊. huai)도 성부는 'p'와 'h'로 서로 다르지만 운부는 'ai'로 같은데, 이런 어휘를 첩운자라고 하였다.

쌍성대란 바로 유련(留連) 독대(獨待) 참치(參差) 초체(迢遞) 등처럼 성부가 같은 쌍성자 간의 대우를, 첩운대란 적력(滴瀝) 배회(徘徊) 몽롱(朦朧) 소요(逍遙) 등처럼 운부가 같은 첩운자간의 대우를 말하며, 쌍성과 쌍성이나 첩운과 첩운이 아닌 쌍성과 첩운 간의 대우를 특별히 쌍성첩운대(雙聲疊韻對)라고 하였다. 그리고 첩자대(疊字對)는 조조(朝朝) 야야(夜夜) 처처(處處) 가가(家家) 등 동일한 글자

를 중첩시킨 첩어(疊語) 대우를 가리키는데, 연주대(連珠對) 수주대(垂珠對) 등으로 일컫기도 하였다.25)

① **參差**連曲陌 이리저리 굽은 길에 연이어져,
　迢遞送斜暉 아득히 석양에 객을 전송하네.26)

② 疏雲雨**滴瀝** 성근 구름에 빗방울 떨어지고,
　薄霧樹**朦朧** 옅은 안개에 나무가 몽롱하네.27)

③ **鶴下**雲汀近 학은 구름 낀 물가로 내리고,
　鷄棲草屋同 닭은 초가집에 함께 깃드네.28)

④ 燕子**家家**入 제비는 집집이 찾아들고,
　楊花**處處**飛 버들 꽃은 곳곳에 날리네.29)

①은 성부가 같은 참치(參差)와 초체(迢遞) 간의 쌍성대, ②는 운부가 같은 적력(滴瀝)과 몽롱(朦朧) 간의 첩운대, ③은 쌍성자인 학하(鶴下)와 첩운자인 계서(鷄棲) 간의 쌍성첩운대, ④는 동일한 글자를 중첩한 가가(家家)와 처처(處處) 간의 첩자대의 예이다. 공해(空

---

25) 魏慶之,『詩人玉屑』卷7, 屬對,「六對」, "唐上官儀曰 詩有六對 … 三曰連珠對 蕭蕭赫赫是也". 張正體,『詩學』下冊(商貿印書館, 1975) 第八章: 詩的對仗硏究,「垂珠對」, "垂珠對 就是詩的對仗 上句連續用兩相同之字重疊 而其下句 亦同樣應用此種方式 如珠下垂不絶 故亦稱爲聯綿對 在前人之作品中 有句首重字 句腹重字 句尾重字等三種方式". 張正體가 垂珠對를 聯綿對라고도 하였다는 것은 부정확한 견해로 판단된다. 疊字는 聯綿字가 아니고, 疊字對와 다른 聯綿對가 따로 존재하기 때문이다. 아래 1절 3항 聯綿字對와 2절 3항 聯綿對 참고.
26) 李商隱(唐),『李義山詩集』卷上,「落花」頷聯.
27) 空海,『文鏡秘府論』東卷, 二十九種對,「第七賦體對」, 作者未詳의 古詩.
28) 杜甫(唐),『補注杜詩』卷32,「向夕」頸聯.
29) 孟浩然(唐),『孟浩然集』卷4,「賦得盈盈樓上女」頸聯.

海)는 이와 같은 쌍성 첩운 첩자 등의 대우가 한(漢)나라 때 유행한 부(賦)에서 널리 활용하던 방식이었다고 하여 부체대(賦體對)라고 명명하기도 하였다. 그리고 그 활용 위치에 따라 구수(句首) 구복(句腹) 구미(句尾) 등으로 구분하여 구수쌍성(句首雙聲) 구복쌍성(句腹雙聲) 구미쌍성(句尾雙聲) 구수첩운(句首疊韻) 구복첩운(句腹疊韻) 구미첩운(句尾疊韻) 등과 같이 구분해 보이기도 하였다.30)

(3) 동의자대(同義字對) 반의자대(反義字對) 연면자대(聯綿字對)

동의자(同義字)란 권(卷)과 책(冊), 노(奴)와 복(僕), 질(疾)과 병(病), 절(絶)과 단(斷) 처럼 뜻이 서로 같은 동의어(同義語)를, 반의자(反義字)란 사(死)와 생(生), 진(進)과 퇴(退), 상(上)과 하(下), 유(有)와 무(無), 원(遠)과 근(近) 등처럼 뜻이 서로 상반되는 반의어(反義語)를 가리킨다. 그런데 동의자의 경우 뜻이 완전히 같다고 말하기 어려운 경우가 많고 또 어휘 자체가 매우 제한적이어서 여기에 병(兵)과 과(戈), 조(阻)와 절(絶), 류(流)와 망(亡), 장(長)과 구(久), 학(學)과 문(問) 등처럼 뜻이 꼭 일치하지는 않지만 서로 유사한 유의어(類義語)를 두루 동의자의 범주에 포괄시켜 같은 의미로 사용하기도 하였다. 이런 동의자와 반의자는 시문에서 개별 글자로는 물론, 노복(奴僕) 질병(疾病) 상하(上下) 원근(遠近) 장구(長久) 등처럼 하나의 어휘로 연결시켜 사용하기도 하였는데, 이처럼 연결시켜 사용하는 어휘를 연용자(連用字)로 따로 분류하여 동의연용자(同義連用

---

30) 空海, 『文鏡秘府論』(學海出版社, 臺北, 1974) 東卷, 二十九種對, 第七賦體對, "賦體對者 或句首重字 或句首疊韻 或句腹疊韻 或句首雙聲 或句腹雙聲 如此之類 名爲賦體對 似賦之形體 故名賦體對".

字) 반의연용자(反義連用字) 등으로 명명하기도 하였다.

　연면자(聯綿字)란 연면자(連綿字)로도 표기하였다. 두 글자 이상을 결합시켜 새로운 독자적 어휘를 만든 것이니, 참치(參差) 원앙(鴛鴦) 요조(窈窕) 황당(荒唐) 호접(胡蝶) 진진(津津) 금슬(琴瑟) 같은 어휘가 그런 예이다. 연면자는 두 글자 이상을 결합시킨 것이란 점에서 연용자와 크게 다르지 않다. 그러나 이를 낱자로 분리하면 고유 의미를 상실하게 된다는 점에 근본적 차이가 있다. 예컨대, 질병(疾病) 같은 연용자는 질(疾)과 병(病)으로 분리해도 의미상 큰 차이가 없다. 그러나 연면자인 금슬(琴瑟)을 금(琴)과 슬(瑟)로 분리하면 '우정'이나 '애정'을 뜻하는 고유 의미를 상실하고 다만 거문고[琴]와 비파[瑟]란 악기를 나타낼 뿐인 것과 같은 것이다. 이런 연면자 중에는 참치(參差) 같은 쌍성자, 요조(窈窕) 같은 첩운자, 진진(津津) 같은 첩자를 다수 포함하기도 하였는데, 이는 소리가 아닌 의미를 중심으로 따로 구분해서 나타난 결과이다.

　동의자대란 동의자와 동의자, 반의자대란 반의자와 반의자, 연면자대란 연면자와 연면자 간의 대우를 가리키는데, 이런 일반적 관례와 달리 동의자와 반의자를 대비할 경우 이를 따로 구분해서 '동의반의대'라고도 하였다.

　　① **詩書**淃**牆壁** 시서는 벽장 속에 묻히고,
　　　奴僕且**旌旄** 노복도 또한 깃발을 잡네.31)

　　② 江流**天地**外 강물은 천지 밖에 흐르고,
　　　山色**有無**中 산색은 있는 듯 없는 듯.32)

---
31) 仇兆鰲, 『杜詩詳註』 卷4, 「避地」 頷聯.

③ **社稷**依明主 사직은 밝은 군왕께 기대고,
   安危托婦人 안위는 부인에게 부탁했네.33)

④ **敏捷**詩千首 시 천 수 민첩하게 짓건만,
   飄零酒一杯 술 한 잔으로 떠도는 신세.34)

①은 비슷한 의미로 결합된 시서(詩書)와 노복(奴僕), 장벽(牆壁)과 정모(旌旄) 간의 동의자대, ②는 상반된 의미로 결합된 천지(天地)와 유무(有無) 간의 반의자대, ③은 동의자 사직(社稷)과 반의자 안위(安危) 간의 동의반의대, ④는 연면자 민첩(敏捷)과 표령(飄零) 간의 연면자대이다.

동의자대와 반의자대는 위와 같이 2자 이상이 결합된 연용 형태가 아니라 시(詩)와 서(書), 천(天)과 지(地), 유(有)와 무(無), 안(安)과 위(危)처럼 낱자 형태로 나누어 대비한 경우도 많이 있으며, 장정체(張正體)는 이런 부류를 더욱 세분하여 부자(父慈):자효(子孝) 같은 상향(相向), 희(喜):비(悲)와 선(善):악(惡) 같은 상배(相背), 장(長):구(久)와 선(善):량(良)같은 상련(相聯), 안(安):복(福)과 춘화(春花):추실(秋實) 같은 상우(相偶) 등으로 구분하기도 하였다.35)

---

32) 王維(唐), 『王右丞集箋注』 卷8, 「漢江臨帆」 頷聯.
33) 方回(元), 『瀛奎律髓』 卷30, 邊塞類. 戎昱의 「和蕃」 頷聯.
34) 杜甫(唐), 『補注杜詩』 卷24, 「不見」 頸聯.
35) 張正體, 『詩學』 下冊(商貿印書館, 1975) 第八章 : 詩的對仗研究, 第二節:詩的對仗方法, (1)字義相稱法에서 ①兩事相向의 예로 天과 地, 日과 月, 父慈와 子孝를, ②兩事相背의 예로 喜와 悲, 善과 惡, 口蜜과 腹劍을, ③兩事相聯의 예로 久와 長, 善과 良, 天香과 國色을, ④兩事相偶의 예로 光과 影, 安과 福, 春花와 秋實을 제시하여 설명하였다.

(4) 이류대(異類對), 동류대(同類對), 인근대(隣近對)

이류대(異類對)는 대우 문제가 본격적인 관심사로 부각된 초창기부터 상관의(上官儀) 교연(皎然) 공해(空海) 등이 부단히 제기했던 것이다. 이류대란 글자 그대로 '서로 다른 부류간의 대우'라고 할 수 있는데, 공해는 천(天)과 산(山), 조(鳥)와 화(花), 풍(風)과 충(蟲), 리(鯉)와 연(燕), 금(琴)과 주(酒)가 그런 예라고 하였다.36) 동류대(同類對)는 이와 반대로 '같은 부류간의 대우'라고 할 수 있는데, 상관의가 6대(對) 중 하나로 처음 제시하였고, 원긍(元兢)이 이를 다시 동대(同對)라고 명명한 바 있으며, 경(輕)과 박(薄), 운(雲)과 무(霧), 풍(風)과 연(烟), 상(霜)과 설(雪), 화(花)와 엽(葉), 동(東)과 서(西), 남(南)과 북(北), 청(靑)과 황(黃), 적(赤)과 백(白), 소(宵)와 야(夜), 산(山)과 악(岳), 강(江)과 하(河), 대(臺)와 전(殿), 궁(宮)과 당(堂), 도(途)와 로(路) 등을 그런 예로 제시하였다.37) 그리고 또 인근대(鄰近對)는 같지도 다르지도 않은 '서로 가까운 부류 사이의 대우'라고 할 수 있는데, 교연은 이를 8대(對) 중 하나로 제시하면서 사생(死生) 환오(歡娛) 경중(輕重) 거래(去來) 등이 그런 예라고 하였다.38)

그러나 이런 설명만으로는 이류대 동류대 인근대의 실상을 이해

---

36) 空海, 『文鏡秘府論』(學海出版社, 臺北, 1974) 東卷, 二十九種對, 第六異類對, "異類對者 上句安天 下句安山 上句安雲 下句安微 上句安鳥 下句安花 上句安風 下句安樹 如此之類 名爲異類對 … ".
37) 空海, 『文鏡秘府論』(學海出版社, 臺北, 1974) 東卷, 二十九種對, 第十四同對, "同對者 若大谷 廣陵 薄雲 輕霧 此大與廣 薄與輕 其類是同 故謂之同對 同類對者 雲霧 星月 花葉 風煙 霜雪 酒觴 東西 南北 青黃 赤白 丹素 朱紫 宵夜 朝旦 山岳 江河 臺殿 宮堂 車馬 途路".
38) 空海, 『文鏡秘府論』(學海出版社, 臺北, 1974) 東卷, 二十九種對, 第十八鄰近對. 예문 생략.

하기 어려우며 오히려 혼란스럽기까지 하다. 남(南)과 북(北)은 의미가 상반되는데 동류대라 하였고, 리(鯉:잉어)와 연(燕:제비)은 다 같은 동물인데 이류대라 하였으며, 경중(輕重)과 거래(去來)는 의미가 상반되는데 또 인근대라고 했기 때문이다. 그렇다면 이류 동류 인근의 판단 기준은 무엇이었을까? 『시액(詩腋)』에서 36종, 『사림전액(詞林典腋)』에서 37종, 『시학함영(詩學含英)』에서 39종으로 구분한 것이 바로 그것이며, 이를 재정리한 왕력 간명용 등의 어휘 분류가 또한 바로 그것이다. 이를 참고하면 남(南) 북(北)은 의미가 상반되지만 방위를 나타내는 동일 어휘 군, 리(鯉:잉어) 연(燕:제비)은 모두 동물이지만 어류와 조류로 다른 부류, 경중(輕重)과 거래(去來)는 반의어라는 점에서 일치하는 것임을 알 수 있다. 그래서 이런 어휘 분류에 기초하여 동일한 부류 내의 대우를 동류대, 서로 다른 부류간의 대우를 이류대, 비슷한 부류간의 대우를 인근대라고 하였던 것이다.

  그러나 구체적인 사례를 검토해 보면 이들의 구분이 쉽지 않음을 알 수 있다. 시대와 사람에 따라 어휘 분류에 일정한 편차가 있었던 만큼 이류대와 동류대의 판단 또한 다른 경우가 적지 않았기 때문이다. 특히 인근대는 동류와 이류의 구분 자체가 애매한 경우가 있는데다가 이를 근거로 이웃 관계의 성립 여부를 다시 판단해야 하기 때문에 더욱 어려웠다. 그래서 인근대의 범주를 제시한 예는 찾아보기가 어려운데, 왕력이 천문(天文)과 시령(時令), 천문(天文)과 지리(地理), 지리(地理)와 궁실(宮室), 궁실(宮室)과 기물(器物) 등으로 제시한 약 20여 종이 유일하게 참고할 만하다.39)

---

39) 왕력이 제시한 이류 20종은 ①天文과 時令, ②天文과 地理, ③地理와 宮室, ④宮室과 器物, ⑤器物과 衣飾, ⑥器物과 文具, ⑦衣飾과 飮食, ⑧文具와 文學, ⑨草木花

2) 적용 부위에 따른 대우

대우는 한 연 내에서 출구와 대구의 동일 부위 간에 적용함이 원칙이다. 그러나 실제 작품을 검토해 보면 예외가 너무 많다. 출구와 대구가 각각 독자적으로 대우를 형성한 경우도 있고, 연의 범위를 넘어 연과 연 사이에 대우를 형성한 경우도 있으며, 한 행 전체가 모두 대우인 경우도 있고, 그 절반만 대우인 경우도 있다. 그리고 부위를 달리하여 앞 행 1-2자와 뒤 행 3-4자, 앞 행 3-4자와 뒤 행 1-2자 등처럼 서로 엇갈리게 대우를 한 경우도 있고, 한 행 내의 대우와 두 행 사이의 대우를 동시에 구사한 경우도 있으며, 동일한 글자를 연이어 반복한 대우도 있고, 1자 이상씩 건너뛰어 반복한 대우도 있다. 그래서 이런 다종다양한 대우의 적용 부위를 근거로 삼아 또 다양한 대우의 개념이 등장하였는데, 전구대(全句對), 반구대(半句對), 당구대(當句對), 격구대(隔句對), 착종대(錯綜對), 쌍의대(雙擬對), 연면대(聯綿對) 등이 모두 그런 것이다.

(1) 전구대(全句對)와 반구대(半句對)

전구대(全句對)란 상응하는 두 행이 전체적으로 완전히 대를 이룬다는 뜻으로, 글자마다 모두 대가 된다고 해서 자자대(字字對)라고도 하였다. 그리고 반구대(半句對)는 그 절반 정도만 대를 이룬다는 뜻으로, 오언시의 경우 전반부 2자나 후반부 3자, 칠언시의 경우 전반부 4자나 후반부 3자, 즉 상체(上體)나 하체(下體) 중 어느 한

卉와 鳥獸蟲魚, ⑩形體와 人事, ⑪人倫과 代名詞, ⑫疑問代名詞와 副詞, ⑬方位와 數字, ⑭人名과 地名, ⑮數字와 色彩, ⑯同義字와 反義字, ⑰同義字와 連綿字, ⑱反義字와 連綿字, ⑲副詞와 連介詞, ⑳連介詞와 助詞 등이다.

부분만 대가 되도록 한 것을 말하는데, 공해는 이를 편대(偏對)라고 하였다.40)

① 南北鴻鴈路 남쪽 북쪽은 기러기가 다니는 길,
   東西日月門 동쪽 서쪽은 일월이 출입하는 문.41)

② <u>古墓</u>犁爲田 옛날 무덤은 갈아서 밭이 되었고
   <u>松柏</u>摧爲薪 솔과 잣나무는 꺾여 땔감 되었네.42)

①은 어린이들의 초학교재로 흔히 사용한 『추구(抽句)』 가운데 한 구절인데, 앞 뒤 행의 문법적 구성이 동일함은 물론, 남북(南北)과 동서(東西), 홍안(鴻雁)과 일월(日月), 로(路)와 문(門) 등 개별 어휘의 품사와 어휘 영역이 모두 정교하게 부합하는 전구대의 예이다. ②는 「고시십구수(古詩十九首)」의 일부인데, 공해는 이 시구를 편대(偏對) 곧 반구대의 예로 제시하였다. 각 행의 하체(下體) 3자는 모두 대우가 정연하지만, 상체 2자가 전자는 고(古)가 묘(墓)를 수식하는 수식구조, 후자는 송(松)과 백(柏)이 나란한 병렬구조로 어휘 구성과 품사가 합치되지 않기 때문이다. 전구대와 반구대 중 어떤 것이 더 바람직한지는 획일적으로 말하기 어렵다. 그러나 일반적으로 전구대가 반구대보다 어렵고 정교한 것으로 간주하며, 반드시 대우를 적용해야 할 함련과 경련에는 전구대를, 대우에서 비교적 자유로운 수련

---

40) 空海, 『文鏡秘府論』(學海出版社, 臺北, 1974) 東卷, 二十九種對, 第十三偏對 주석 "詩曰 蕭蕭馬鳴 悠悠旆旌 謂非極對也 又曰 古墓犁爲田 松柏摧爲薪 又曰 日月光太淸 列宿曜紫薇 … ".
41) 作者未詳, 『抽句』.
42) 蕭統(梁), 『文選』 卷29, 雜詩, 「古詩十九首」 제14수, 5-6행.

과 미련에는 반구대를 구사하는 경향이 있었다.

(2) 당구대(當句對)와 격구대(隔句對)

대우는 한 연 내의 출구와 대구 간의 구간대(句間對)가 원칙이다. 그러나 경우에 따라 출구는 출구대로 대구는 대구대로 각각 자체 내의 상체와 하체 사이에 대우를 하기도 하였는데, 이런 것을 시구 내에서의 대우라 하여 당구대(當句對) 혹은 본구자대(本句自對)라 하였고, 취구대(就句對) 혹은 구대(句對)라고도 하였다.43) 격구대(隔句對)란 이와 반대로 두 연을 아울러 앞 연의 출구와 뒤 연의 출구, 앞 연의 대구와 뒤 연의 대구가 짝이 되도록 한 것이다. 그래서 연의 범위를 넘어 한 구식 건너뛴 대우라고 하여 격구대라 하였고, 이렇게 건너뛰어 결부시키는 형상이 접부채와 같다고 하여 이를 선대(扇對) 선면대(扇面對) 선대격(扇對格) 등으로 일컫기도 하였다.44)

① 白雪樓中一望鄕　백설루에서 한 번 고향 바라보니,
　青山簇簇水茫茫　푸른 산 빽빽하고 물은 아득하네.45)

② 相思復相憶　그리워하고 또 추억하면서,
　夜夜淚漸衣　밤마다 눈물로 옷깃 적시고,

---

43) 陶宗儀, 『說郛』 卷33, 「詩體」, "有就句對 又曰當句對 如少陵 小院迴廊春寂寂 浴鳧飛鷺晚悠悠 李嘉祐 孤雲獨鳥川光暮 萬里千山海氣秋 是也 前輩於文 亦多此體 如王勃龍光射牛斗之墟 徐孺下陳蕃之榻 乃就句對也".
44) 陶宗儀, 『說郛』 卷33, 「詩體」, "有扇對 又謂之隔句對 如鄭都官 昔年共照松溪影 松折碑荒僧已無 今日還思錦城事 雪消花謝夢何如 是也 蓋以第一句對第三句 第二句對第四句". 李睟光, 『芝峯類說』 卷9, 文章部2, "扇對格者 以第三句對第一句 以第四句對第二句也 … 唐詩中 此類甚多".
45) 白居易(唐), 『白氏長慶集』 卷15, 「登郢州白雪樓」 起承句.

空嘆復空泣 공연히 한탄하고 또 울건만,
朝朝君未歸 아침마다 그대 돌아오지 않네.46)

①은 1행과 2행 사이에 대우가 제대로 성립하지 않는다. 그런데 2행을 보면 상체 청산족족(青山簇簇)과 하체 수망망(水茫茫) 사이에 산(山)과 수(水), 족족(簇簇)과 망망(茫茫)이 문법적 기능이나 품사는 물론 어휘의 성질까지 동일하도록 정연하게 짝을 맞추었다. 한 구 내에서 자체적으로 대우를 구사한 전형적인 당구대이다. ②는 상관의(上官儀)가 격구대의 예로 제시한 것인데, 1행과 2행, 3행과 4행 사이에는 대우가 성립하지 않는다. 그런데 1행 상사부상사(相思復相思)와 3행 공탄부공읍(空嘆復空泣), 2행 야야루점의(夜夜淚漸衣)와 4행 조조군미귀(朝朝君未歸)는 글자마다 모두 짝을 맞춘 자자대(字字對)임을 한 눈에 알 수 있으니, 전형적인 격구대라고 할만하다. 그리고 제1행과 제3행, 제2행과 제4행이 각각 한 행씩 건너뛰어 정확하게 부합하는 모습이 접부채를 접거나 펼쳐놓은 형상과 유사하여 선대 혹은 선면대라고 한 이유를 이해할 만하다.

(3) 착종대(錯綜對) 쌍의대(雙擬對) 연면대(聯綿對)

대우는 두 행간의 같은 부위 글자끼리 짝이 되도록 함이 원칙이다. 앞 행 제1자와 뒤 행 제1자, 앞 행 제2자와 뒤 행 제2자가 짝이 되도록 하는 등의 방식이다. 그런데 착종대(錯綜對)는 이런 원칙을 벗어나 서로 다른 부위 간에 대우가 되도록 한 것으로, 이 때문에 '엇갈림대우'라고 하였으며, 교고대(交股對) 교락대(交絡對)47) 차대(蹉對)라

---

46) 魏慶之, 『詩人玉屑』 卷7, 屬對, 「六對」, "唐上官儀曰 詩有六對 … 又曰 詩有八對 … 八曰隔句對 相思復相憶 夜夜淚沾衣 空歎復空泣 朝朝君未歸 是也".

고도 하였다. 모두 '교차시켜' 혹은 '어긋나게' 짝한다는 뜻으로 착종과 대동소이한 뜻이다.

> 裙拖<u>六幅湘江</u>水 치마 여섯 폭을 소상강물 흐르듯 끌고,
> 鬢聳<u>巫山一段</u>雲 머리채는 한 자락 무산 구름이 솟은 듯.[48]

이군옥(李群玉)이 정승상(鄭丞相)과 함께 술을 마실 때 그 자리에 동참한 기녀에게 써주었다는 칠언율시의 수련이다. 이 시는 두 행간의 대우가 아주 부정확하다. 제1-2자와 제7자를 제외한 나머지가 서로 짝이 되지 않기 때문이다. 그러나 앞 행 제3-4자 육폭(六幅)과 뒤 행 제5-6자 일단(一段), 앞 행 제5-6자 상강(湘江)과 뒤 행 제3-4자 무산(巫山)을 엇갈리게 맞추어보면 정연하게 대우가 됨을 알 수 있다. 서로 다른 부위에서 어긋나게 짝을 맞추어 착종대를 구사한 것이다. 이와 같은 착종대는 시의 표현을 부드럽게 하기 위해, 혹은 평측을 맞추기 위해 용납한 일종의 변칙적 대우법이다. 위의 시에서도 무산일단운(巫山一段雲)을 일단무산운(一段巫山雲)이라 하여 육폭상강수(六幅湘江水)와 짝이 되도록 할 수 있지만, 이렇게 하면 평측이 어긋나서 일단(一段)과 무산(巫山)의 위치를 착종시킨 것이다. 그래서 착종대는 반드시 대우를 해야 할 함련이나 경련보다 위의 시처럼 대우에서 비교적 자유로운 수련이나 미련에 구사하는 경우가 많았다.

---

47) 張正體, 『詩學』下冊(商貿印書館, 1975), 第八章 : 詩的對仗硏究, 第一節:詩的對仗名目, 「交股對」, "所謂交股對 卽詩中的對仗 一句中有兩種相反的意思 而上句與下句 又是把相反的字 交叉相對 此種對仗 名爲交股對 亦稱交絡對".
48) 李群玉, 『李羣玉詩後集』卷3, 「同鄭相幷歌姬小飮因以贈獻」 首聯.

쌍의대(雙擬對)란 한 행 내에서 동일한 글자를 반복하여 당구대(當句對)가 되도록 하고, 다음 행에서도 같은 방식을 되풀이하여 구간대(句間對)가 동시에 성립되도록 만든 것인데, 구내와 구간에서 쌍방향으로 대우가 되는 방식이라고 하여 쌍의대(雙擬對)라고 하였다. 그리고 반드시 동일한 글자를 한 글자 이상씩 건너 뛰어 반복함으로써 바로 연이어 반복한 연면대(聯綿對)와 차별성이 있도록 해야 하였고, 반복하는 부위 또한 상응하는 두 행간에 반드시 같도록 해야 하는 등 까다로운 조건들이 있었다. 그래서 일반적 대우보다 훨씬 더 정교하고 수준 높은 대우법으로 간주하였다.

① 一山門作兩山門 한 산문이 두 산문으로 되었으니,
　兩寺原從一寺分 두 절이 원래 한 절에서 나뉘었지.
　東澗水流西澗水 동쪽골짝 물 서쪽골짝 물로 흐르고,
　南山雲起北山雲 남산의 구름 북산 구름으로 퍼지네.49)

② 自去自來堂上燕 절로 왔다 갔다 하는 마루 위 제비,
　相近相親水中鷗 서로 가깝고 서로 친한 물 속 오리.50)

③ 花開花謝春何管 꽃이 피고 진들 봄이 어찌 상관할까,
　雲去雲來山不爭 구름이 가든 오든 산은 다투지 않네.51)

①의 제1행은 산(山)과 문(門)을 상체와 하체에 3자씩 거리를 두고 반복한 당구대이고, 제2행은 사(寺)를 또한 3자 거리를 두고 반복한 당구대이며, 제1행 산(山)과 제2행 사(寺)가 다시 행간의 동일 부위

---

49) 白居易, 『白香山詩集』 卷39, 「寄韜光禪師」, 首聯 頷聯.
50) 杜甫, 『補注杜詩』 卷21, 「江村」 頷聯.
51) 金時習, 『梅月堂詩集』 卷4, 詩, 「乍晴乍雨」 頸聯.

에서 구간대가 되도록 하였다. 제3행과 제4행도 이와 마찬가지이고, 위에 제시하지는 않았지만 이 시의 경련 "전대에 피는 꽃을 후대에서 보고[前臺花發後臺見], 상계의 종소리를 하계에서 듣네[上界鍾聲下界聞]"까지 같은 방식인데, 이런 점에서 이 시는 전형적인 쌍의대의 예라고 할 만하다.

②와 ③은 ①과 비슷하면서도 조금 다르다. ②의 앞 행은 상체(上體)에서 자(自)를 1자 간격으로 반복한 당구대이고, 뒤 행도 상체(上體)에서 상(相)을 1자 간격으로 반복한 당구대이며, 앞 행 자(自)와 뒤 행 상(相)이 행간의 동일 부위에서 다시 구간대를 형성하였다. ③의 대우 방식은 ②와 완전히 동일하다. 이처럼 ②와 ③은 상체와 하체 사이가 아니라 상체(上體) 4자 내에서 당구대를 하고, 같은 글자를 3자 간격이 아니라 1자 간격으로 반복했다는 점이 ①과 다른데, 장정체(張正體)는 ② ③처럼 1자 간격으로 동일한 글자를 반복한 쌍의대를 두 글자가 다른 한 글자를 구슬처럼 소중하게 감싸고 있는 형국이라 하여 특별히 공벽대(拱璧對)라고 하였다.52)

연면대(聯綿對)란 공해가 문단의 공통적 대우 방식 11종 가운데 하나로 제시했던 것인데,53) 연면자대(聯綿字對)와는 다른 것이다. 연면자대란 참치(參差) 앵무(鸚鵡) 금슬(琴瑟) 등처럼 두 글자 이상

---

52) 張正體, 『詩學』下冊(商貿印書館, 1975), 第八章 : 詩的對仗研究, 第一節:詩的對仗名目, 「拱璧對」, "拱璧對 是上句中所述 其上句第一字用花字 而第三字亦是用花字 以兩花字拱 第二字 而其下句亦同 此種對仗就稱爲拱璧對 例自去自來梁上燕 相親相近水中鷗 上例乃杜甫之淸江詩七律頷聯 其上句第一三字用自字 共一去字 而下句的一三字 則用相字 拱一親字 此種對仗方式 卽稱爲拱璧對".

53) 空海, 『文鏡秘府論』東卷, 二十九種對, "一曰的名對(亦名正名對 亦名正對) 二曰隔句對 三曰雙擬對 四曰聯綿對 五曰互成對 六曰異類對 七曰賦體對 八曰雙聲對 九曰疊韻對 十曰迴文對 十一曰意對 右十一種 古人同出斯對".

을 결합시켜 새롭게 창출한 어휘, 곧 연면자를 대비한 대우법을 가리킨다. 그러나 연면대는 연면자를 대비한 것이 아니다. 특정 부위에 동일 글자를 연면(聯綿), 곧 연속적으로 사용한 대우법을 가리킬 뿐이다.

① 看<u>山山</u>已峻 산을 보니 산은 이미 높고,
　望<u>水水</u>仍淸 물을 보니 물은 이에 맑네.54)

② 望<u>日日</u>已晚 해를 바라보니 해가 이미 저물고,
　懷<u>人人</u>不歸 님을 그려도 님은 돌아오지 않네.55)

③ 碧水接<u>天天</u>接水 푸른 물 하늘에 닿고 하늘은 물에 닿고,
　薄雲如<u>霧霧</u>如雲 옅은 구름 안개 같고 안개는 구름 같네.56)

①과 ②는 작자 미상의 시로, 공해가 연면대의 예문으로 제시한 것이다. ①의 경우 앞 행에서는 산(山) 자를 제2자 제3자 부위에 연이어 썼고, 뒤 행에서는 수(水) 자를 제2자 제3자 부위에 연이어 썼으며, ②도 같은 방식으로 동일한 부위에 일(日)과 인(人)을 연이어 반복하였다. 공해는 이처럼 오언시 제2자와 제3자 부위에 동일 글자를 연이어 반복한 것을 연면대라고 일컬었다.57) 그리고 제2자는 목적어, 제3자는 주어로 문법적 성질이 다르고, 제2자는 상체, 제3자는 하체에 각각 소속되어 독립성이 강하다. 따라서 같은 글자를 연이어 썼지만

---

54) 空海, 『文鏡秘府論』東卷, 二十九種對, 「第四聯綿對」에 인용한 시.
55) 空海, 『文鏡秘府論』東卷, 二十九種對, 「第四聯綿對」에 인용한 시.
56) 李奎報, 『東國李相國全集』卷13, 古律詩, 「興天寺江上偶吟」, 首聯.
57) 空海, 『文鏡秘府論』(學海出版社, 臺北, 1974) 東卷, 二十九種對, 第四聯綿對, "聯綿對者 不相絶也 一句之中 第二字第三字是重字 旣卽名爲聯綿對 但上句如此 下句亦然".

첩자나 연면자가 아니며, 첩자대나 연면자대는 더욱 아니다.

공해는 연면대가 오언시 제2자와 제3자에 적용하는 것이라고 하였다. 그러나 반드시 이 부위에 제한되지는 않았던 것으로 보인다. ③에서 볼 수 있는 바와 같이 칠언시의 경우 상체 끝 자인 제4자와 하체 첫 자인 제5자에 적용한 사례가 무수하고, 여타 다른 부위에도 이런 표현법을 구사한 예가 적지 않게 보이기 때문이다. 따라서 연면대는 쌍의대와 달리 독립적 기능을 가진 동일 글자를 연속적으로 반복한 것이란 자체에 핵심적 특징이 있으며, 적용 부위와는 별 상관이 없는 것으로 판단된다.

기타 투춘체(偸春體)와 봉요체(蜂腰體)도 대우의 부위와 관련이 있다. 투춘체는 3-4행 함련에 구사해야 할 대우를 1-2행 수련에 미리 구사한 방식을 말하고, 봉요체란 함련의 대우 자체를 아예 생략한 형식을 말한다. 투춘체는 설중매(雪中梅)가 봄기운을 훔쳐 눈 속에서 미리 꽃을 피우는 것에 비유한 표현이고, 봉요체는 함련의 대우를 생략하고 경련에만 대우를 한 긴장된 모습이 잘록한 벌의 허리를 연상시킨다고 해서 그렇게 표현하였다. 그러나 모두 근체시의 획일적 대우 방식에 식상한 문인들이 파적거리로 삼았을 뿐, 작품의 비중이 높지 않고 주류적 경향도 되지 못하였다.

3) 기타 특이한 몇 가지 대우

대우법 가운데는 어휘의 종류나 적용 부위만으로 설명하기 어려운 방식이 몇 가지 더 있다. 측대(側對) 차대(借對) 유수대(流水對) 같은 것이 그런 예이다. 측대(側對)란 원긍(元兢)이 처음 제기했던 것으로,58) 상응하는 부위의 두 글자가 전체가 아닌 일부 측면(側面)

에서만 부합하는 대우법을 가리킨다. 예컨대 풍익(馮翊:지명)과 용수(龍首:산 이름)를 대비할 경우 풍(馮) 자의 일부인 마(馬)와 용수의 용(龍)이 같은 의미 계열로 짝을 이루고, 익(翊) 자의 일부인 우(羽)가 용수의 수(首)와 같은 의미 계열로 짝을 이루는 등의 방식이다.59) 상관의는 이외에 천류(泉流:흐르는 샘)와 적봉(赤峯:붉은 봉우리)을 대비할 때 천(泉)의 일부인 백(白)과 적봉의 적(赤)이 색깔로, 영언(英彦:큰 인물)과 계주(桂酒:계수나무 술)를 대비할 때 영(英)의 일부인 초(艹)와 계주의 계(桂)가 초목으로 짝을 이루는 등과 같은 것을 측대의 또 다른 예로 제시하였다.60)

이런 측대의 의미에 주목하여 쌍성대와 첩운대를 측대에 포함시키기도 하였다. 쌍성은 운부는 다르고 성부가 같은 글자, 첩운은 성부는 다르고 운부가 같은 글자인데, 모두 소리가 부분적으로만 일치하는 글자라고 하여 측대의 일종으로 간주하였던 것이다. 그래서 형태적 측면에서 부분적으로 부합하는 것은 절측대(切側對) 혹은 자측대(字側對)라 하고, 소리의 측면에서 성부가 일치하는 쌍성은 쌍성측대(雙聲側對), 운부가 일치하는 첩운은 첩운측대(疊韻側對)라고도 하였다.61) 그러나 측대는 대우의 효과가 매우 미미하여 정상적인 대우의

---

58) 空海,『文鏡秘府論』(學海出版社, 臺北, 1974) 東卷, 二十九種對, "十二曰平對 十三曰奇對 十四曰同對 十五曰字對 十六曰聲對 十七曰側對 右六種對 出元兢髓腦".
59) 空海,『文鏡秘府論』(學海出版社, 臺北, 1974) 東卷, 二十九種對, 第十七側對, "元氏曰 側對者 若馮翊龍首 此爲馮字半邊有馬 與龍爲對 翊字半邊有羽 與首爲對 此爲側對".
60) 空海,『文鏡秘府論』(學海出版社, 臺北, 1974) 東卷, 二十九種對, 第十七側對, "又如泉流赤峯 泉字其上有白 與赤爲對 凡一字側耳 卽是側對 不必兩字皆須側也 … 英彦與桂酒 卽字義全別 然形體卽字義半同".
61) 空海,『文鏡秘府論』(學海出版社, 臺北, 1974) 東卷, 二十九種對, 第二十七 雙聲側

부차적인 방법 정도로만 간주하였으며, 우리나라에서는 측대라는 용어 자체를 찾아보기 어렵다.

차대(借對)는 측대와 달리 원긍(元兢) 이래 교연(皎然) 공해(空海) 등 많은 사람이 부단히 제기했던 중요한 대우법 가운데 하나이다. 차대란 특정 글자가 가진 시 내적 용법과 무관하게 그 글자와 소리가 같은 다른 글자 혹은 그 글자에 내포된 다른 의미를 차용하여 대우를 구성하는 방식으로, 가대(假對) 가차대(假借對) 가차격(假借格)62) 등으로 일컫기도 하였다. 그리고 소리가 같은 다른 글자를 빌려오는 것을 차음대(借音對) 혹은 차성대(借聲對), 그 글자의 다른 의미를 빌려오는 것을 차의대(借義對)로 구분하였으며, 원긍(元兢)은 차음대를 성대(聲對),63) 차의대를 자대(字對)64)라고도 하였다.

① 廚人具雞黍 요리사는 닭고기 기장밥 마련하고,
　稚子摘**楊**梅 어린아이는 양매(과수이름)를 따네.65)

對, 第二十八 疊韻側對 조항 참고.
62) 假借格이란 용어는 李睟光의 『芝峯類說』 卷9 文章部2에서 확인할 수 있다. "詩有 假借格 如孟浩然詩 庖人具雞黍 稚子摘楊梅 以雞對楊 張子容詩 樽開栢葉酒 燈落 九枝花 以栢對九 佳矣 然庾肩吾詩 聊開栢葉酒 試奠五辛盤 蓋襲用此耳".
63) 空海, 『文鏡秘府論』(學海出版社, 臺北, 1974) 東卷, 二十九種對, 第十六聲對, "或 曰聲對者 若曉路秋霜 路是道路 與露非對 以其與露同聲故 或曰聲對者 謂字意俱 別 聲作對是".
64) 空海, 『文鏡秘府論』(學海出版社, 臺北, 1974) 東卷, 二十九種對, 第十五字對, "或 曰字對者 若桂楫荷戈 荷是負之義 以其字草名故 與桂爲對 不用對 但取字爲對也" 張正體는 『詩學』 210쪽에서 원긍이 말한 字對를 借字對 혹은 次字面對라고 하면서 借義對와 다른 별개의 借對라고 하였다. 그러나 여기서 예시한 '荷'자는 시 속에서의 의미(멜 하)와 무관하게 '연꽃'이란 글자 그대로의 의미를 빌어 桂자와 대우를 한 것이므로 借義對로 보아도 문제가 없다. 따라서 張正體처럼 借字對를 借音對나 借義對와 다른 별개의 것으로 설정할 필요는 없을 듯하다.

② 野鶴淸晨出 들의 학은 맑은 새벽에 나오고,
   山精白日藏 산정기는 밝은 햇빛에 감춰지네.66)

③ 酒債尋常行處有 술 빚은 매양 가는 곳마다 있고,
   人生七十古來稀 인생 칠십은 옛날부터 드물었네.67)

④ 洞庭惡浪君山碧 동정호 거친 물결 속에 군산이 푸르고,
   樊口輕車我馬黃 번구촌 경쾌한 수레에 내 말은 지쳤네.68)

　①에서 앞 행 제4자 계(鷄)와 뒤 행 제4자 양(楊)이 하나는 동물 하나는 식물로 영역이 달라서 대가 되지 않는 듯하다. 그러나 양(楊)과 음이 같은 양(羊) 자를 빌려오면 다 같은 동물류로 정연한 대를 이루게 된다. ②에서도 앞 행 제3자 청(淸)과 뒤 행 제3자 백(白)이 하나는 '맑은' 날씨를, 다른 하나는 '흰' 색깔을 나타내고 있어서 대우가 되지 않는 듯하다. 그러나 청(淸)과 음이 같은 푸를 청(靑) 자를 빌려오면 정연한 색채 대우를 이루게 된다. 이처럼 시 속의 특정 글자가 그와 음이 같은 다른 글자를 빌려와서 간접적으로 대우가 구성되도록 하는 방식을 차음대(借音對)라고 하였다.
　③에서 앞 행 제3-4자 심상(尋常)은 '언제나'라는 의미이고 뒤 행 칠십(七十)은 '70'살이란 숫자를 의미하여 대가 되지 않는 듯하다. 그런데 이 시 주석에 심상(尋常)의 심(尋)은 길이의 단위로 8척(尺)을, 상(常)은 그 두 배인 16척(尺)을 가리킨다 하였으니,69) 이런 의미를

---

65) 孟浩然, 『孟浩然集』卷4,「裵司戶員司士見尋」頸聯.
66) 杜甫, 『補注杜詩』卷18,「陪廣文遊何將軍山林」頸聯.
67) 杜甫, 『補注杜詩』卷19「曲江二首」중 제2수 頷聯.
68) 張問陶,「詠懷舊遊」,『詩法槪述』103쪽「假對」에서 재인용.
69) 杜甫,『補注杜詩』卷18,「陪廣文遊何將軍山林」頸聯, "鶴曰 賈誼傳 彼尋常之汙瀆

빌려오면 70이라는 나이와 정연한 숫자 대우를 이룬다.

④도 앞 행 군산(君山)의 군(君)은 동정호 가운데 있는 산 이름이고 뒤 행 아마(我馬)의 아(我)는 '나'를 가리키는 대명사여서 대가 되지 않는 듯하다. 그러나 군(君) 자가 2인칭대명사로 '너', '그대'라는 의미를 동시에 가지고 있으니 이런 의미를 빌려오면 '아(我)'와 정연하게 대명사 대를 이룬다. 이처럼 시 속의 특정 글자가 가지고 있는 다른 의미를 빌려와서 간접적으로 대우가 되도록 하는 방식을 차의대(借義對)라고 하였다.

위에 인용한 차대의 예문은 『산당사고(山堂肆考)』『고금사문류취(古今事文類聚)』『몽계필담(夢溪筆談)』 등 여러 시화에서 두루 언급한 바 있다. 그리고 "산에 거주한 지 이제 10년[住山今十載], 내일이면 또 옮겨 간다네[明日又遷去]"에서는 천(遷) 자의 음이 (千)과 같음을 끌어와 십(十)과 짝이 되게 하고, "어찌 황금 문을 넓힐까[何用金扉敞], 끝내 석숭의 집에서 취하리[終醉石崇家]"에서는 석(石) 자가 석숭이란 인물의 성(姓)이지만 '돌'이란 의미를 끌어와 금(金)과 대응시키며, 마협하(馬頰河) 웅이산(熊耳山)은 각각 강과 산의 이름이지만 말[馬]과 곰[熊] 뺨[頰]과 귀[耳]의 의미를 끌어와서 또 다른 차원의 대우가 되게 하는 등 차대를 언급한 예가 허다하다.70) 그만큼 차대가 흥미로운 대우 방식으로 문인들에게 널리 주목받았음을 말해 주는 것이다.

兮 應劭曰 八尺曰尋 倍尋爲常 故以對七十".
70) 陳郁(宋), 『藏一話腴』 外編, 卷上, "月中桂詩云 根非生下土 葉不墜秋風 山行云 開尋樵子徑 偶到葛洪家 僧遷居云 住山今十載 明日又遷居 蓋以下土秋風 樵子葛洪 遷居十載 假對也".

유수대(流水對)는 차대만큼 널리 주목받지는 못하였지만, 그래도 비교적 많은 문인들이 언급했던 중요한 대우법 중 하나이다. 『두시상설(杜詩詳說)』에서는 물이 물길을 따라 흐르듯 두 행간의 의미가 연이어지는 것을 유수대라고 한다고 하였다.71) 그리고 『당음계첨(唐音癸籤)』에서는 또 5언시의 경우 2행 10자, 칠언시의 경우 2행 14자가 합쳐 하나의 뜻을 나타내는 것을 각각 십자격(十字格) 십사자격(十四字格)이라 하는데, 바로 이런 표현법을 유수대라 한다고 하였다.72) 유수대가 어휘의 대비보다 10자 혹은 14자로 연계된 의미의 연결성에 초점이 있는 대우임을 지적한 것이다.

① 一從歸白社 한번 백사로 돌아와서는,
不復到靑門 다시 청문에 가지 않네.73)

② 直愁騎馬滑 다만 말 타기 미끄러울까 해서
故用泛舟回 일부러 배를 띄워서 돌아가네.74)

①과 ②는 어휘 차원의 대우가 그다지 정교하지 못하다. ①의 일종(一從)과 불부(不復), ②의 직수(直愁)와 고용(故用)이 그렇고, ①의 사(社)와 문(門), ②의 마(馬)와 주(舟)도 문법적 기능은 같지만 의미

---

71) 張思緒, 『詩法槪述』 106쪽 「流水對」 재인용, "如杜甫詩 風月自淸夜 江山非故園 以淸夜對故園 似不甚相當 但合上下句觀之 語意一貫 實其安帖 此種對仗 黃白山 稱爲流水對 言其如水之順流而下也".
72) 李晬光, 『芝峯類說』 卷9, 文章部2, "五言律詩 於對聯中 十字作一意 謂之十字格 如唐詩 我家襄水曲 遙隔楚雲端 聊因送歸客 更此望鄕關 是也". 胡震亨, 『唐音癸籤』 卷4, 「流水對」, "嚴羽卿 以劉眘虛 滄浪千萬里 日夜一孤舟 爲十字格 劉長卿 江客不堪頻北望 塞鴻何事又南飛 爲十四字格 謂兩句只一意也 盖流水對耳".
73) 王維, 『王右丞集箋注』 卷7, 「輞川閑居」 首聯.
74) 杜甫, 『補注杜詩』 卷25, 「放船」 頷聯.

영역이 달라서 정교한 대우라고 하기 어렵다. 그러나 의미상으로는 "한번 백사로 돌아오고 난 이후로는 다시 청문에 가지 않았다", "말 타기가 미끄러울까 걱정이 되어 일부러 배를 타고 돌아간다."라고 한 것처럼, 두 행이 각각 시간의 선후, 원인과 결과 등의 관계로 결합하여 하나의 일관된 뜻을 구현하였다. 별개의 사안을 두 행에 병렬시켜놓은 것이 아니라 그야말로 물이 흐르듯 하나의 의미로 연결시켜 놓았던 것이다. 왕력은 이런 사실에 주목하여 "보통의 대장은 모두 두 가지 사물(事物)을 나란히 병행하여 표현한다. 그래서 원칙적으로 출구(出句)를 대구(對句)로, 대구(對句)를 출구(出句)로 바꾸어도 의미에 큰 변화가 없다. 그러나 어떤 대장(對仗)은 한 가지 뜻으로 이어져 그 위치를 전도시킬 수 없는데, 이런 것을 유수대라 한다."75) 고 하였다. 유수대가 단어보다 문장의 차원, 어휘의 영역보다 의미의 통일성, 내용의 병렬성보다 그 순차적 긴밀성에 핵심적 특징이 있는 대우법임을 단적으로 지적한 말이다.

이밖에도 전근대시대 문인들이 언급한 대우법이 대단히 많다. 앞에서 뒤로 읽으나 뒤에서 앞으로 읽으나 다 의미가 통하는 회문구끼리의 대우인 회문대(回文對), 앞에서 질문하고 뒤에서 대답하는 형식의 문답대(問答對), "나아가 덕을 베풀자니 지혜가 모자라고[進德智所拙] 물러나 농사짓자니 힘이 부족하네[退耕力不任]" 처럼 상충하는 두 의미를 결합시켜 구성한 배체대(背體對), 천지(天地) 일월(日月) 금은(金銀) 등처럼 상호관계가 특별히 밀접한 어휘 간의 호성

---

75) 王力, 『漢語詩律學』, "普通的對仗 都是並行的兩件事物 依原則說 它們的地位是可以互換的 卽使出句換對句 對句換出句 意思還是一樣 但是 偶然有一種對仗 却是一意相承 不能顚倒 這叫做流水對".

대(互成對), 어휘의 성질이나 영역과 상관없이 의미만으로 구성하는 의대(意對), 보통의 일상적 대우를 가리키는 평대(平對), 기발한 기교가 감추어진 기대(奇對), 고의로 대우를 구사하지 않는 총부대(總不對) 등이 다 그런 것이다.76) 그러나 이에 대해서는 적용 방법에 대한 이견이 있고(背體對, 互成對),77) 대우 방식이라기보다 기교와 수준을 가리키는 용어라고 할 것도 있다(平對, 奇對). 그리고 우리나라 문인들이 특별히 주목한 것도 아니어서 모두 검토 대상에서 제외하였다.

3. 대우의 원칙과 기피

한시의 대우법이 어휘의 문법적 성질이나 의미 영역, 적용 부위와 그 방법 등에 따라 대단히 다양함은 앞에서 검토한 바와 같다. 그렇다면 이처럼 다양한 대우법을 구체적으로 작품 창작에 활용할 때 대략 어떤 원칙을 따랐을까? 그리고 수많은 대우 방식 가운데 문인들이 특별히 꺼리거나 기피했던 사항은 또 어떤 것이 있을까? 여기서는 바로 이런 사항에 대하여 간략하게 검토해보고자 한다.

---

76) 回文對 背體對 意對 總不對 등은 空海의 『文鏡秘府論』 東卷 二十九種對에, 問答對는 張正體의 『詩學』에, 互成對 平對 등은 『文鏡秘府論』과 『詩學』에, 奇對 巧對 등은 『文鏡秘府論』과 『詩人玉屑』卷7 屬對 조항에 간단한 설명과 예문이 있어서 참고할 수 있다.

77) 背體對의 경우 進德과 退耕의 句間背體인지 進德과 智所拙, 退耕과 力不足의 句內背體인지에 대한 이견이 있고, 互成對의 경우도 天과 地, 日과 月, 金과 銀같은 어휘적 차원의 互成인지 天地 日月 金銀 등 互成語의 句間對偶인지에 대한 이견이 있다. 權鎬鍾, 「文鏡秘府論의 對偶論 硏究 I」(『중국어문학』 16집, 1989)와 「文鏡秘府論의 對偶論 硏究 II」(『中語中文學』 11집, 1990) 참고.

1) 대우의 적용 원칙

대우는 우선 율시 배율 절구 등과 같은 시 형식에 따라 그 적용 부위에 일정한 원칙이 있었다. 먼저 율시의 경우, 3-4행 함련과 5-6행 경련에는 반드시 대우를 함이 원칙이었다. 지금까지 창작된 율시 가운데 이 원칙을 어긴 작품은 거의 찾아보기 어렵다. 다만 함련의 대우를 1-2행 수련에 미리 당겨놓은 투춘체(偸春體)나 고의로 이를 생략한 봉요체(蜂腰體) 같은 데서 일부 사례를 확인할 수 있는데, 이런 변체(變體)는 그 수가 적고 예외적인 것에 불과하여 중요하게 고려할 가치가 없다.

그렇다면 1-2행 수련과 7-8행 미련은 어떤가? 수련의 경우, 칠언 율시는 대우를 한 예가 많지 않았다. 칠언시가 수구(首句)에 압운을 함이 원칙이어서 압운과 대우를 동시에 고려하기가 쉽지 않았기 때문이다. 반면 오언율시는 대우를 한 것이 함련과 경련에만 대우를 한 것과 거의 비슷할 정도로 많다. 오언시는 수구에 압운을 하지 않는 것이 원칙이어서 압운의 제약이 특별하지 않았기 때문이다. 그리고 미련은 칠언과 오언을 막론하고 대우를 한 예가 아주 드물었다. 시 전체를 마무리하는 부분이어서 대우보다 산구(散句)로 의미 자체를 총결하는데 치중하려고 했기 때문인 듯하다.

율시의 대우는 이처럼 전체적으로 함련 경련에만 한 것이 가장 많았고, 여기에 수련을 포함한 것이 그 다음, 미련을 포함한 것이 또 그 다음이며, 수련부터 미련까지 모두 대우를 한 경우는 아주 드물었다. 그럼에도 불구하고, 함련 경련을 포함하여 그 이상에 대우를 한 부대장(富對仗)이면 모두 정격(正格)으로 간주하였으며, 함련 경련에도 못 미치는 빈대장(貧對仗)일 경우에만 변격(變格)으로 간주하였다.

배율은 율시 중간의 함련과 경련 부위를 확대해 놓은 율시의 확장 형태이다. 그래서 수련과 미련을 제외한 중간 모든 연에 대우를 함이 원칙이었다. 반면 절구는 대우에서 자유로워서 1-2행 기련(起聯)에만 할 수도 있고, 3-4행 후련(後聯)에만 할 수도 있으며, 모두 다 할 수도 있고, 다 하지 않을 수도 있었다. 절구가 이처럼 대우에서 자유로웠던 것은 율시의 반을 자른 형식이기 때문이란 설명이 있다.

① 율시 수련 함련 절취 : 3-4행에만 대우가 있는 절구
② 율시 경련 미련 절취 : 1-2행에만 대우가 있는 절구
③ 율시 함련 경련 절취 : 1-4행 모두 대우가 있는 절구
④ 율시 수련 미련 절취 : 1-4행 모두 대우가 없는 절구

율시의 기본형식에서 ①처럼 앞부분 4행을 취하면 전련이 산구(散句) 후련이 대우인 전산후대격(前散後對格), ②처럼 뒷부분 4행을 취하면 전련이 대우 후련이 산구인 전대후산격(前對後散格), ③처럼 중간 4행을 취하면 전체가 모두 대우가 되는 사구전대격(四句全對格), ④처럼 수련과 미련을 따로 취하면 전체가 모두 산구인 사구전산격(四句全散格)이 된다. 그러나 이는 절구가 율시와 달리 처음부터 대우에서 자유로웠던 고체절구(古體絶句)를 근간으로 성립되었음을 간과한 것으로, 절구를 율시 형식에 억지로 끼워 맞춘 설명에 가까우며, 어떤 경우나 모두 정격(正格)으로 간주하였다.

형식별로 반드시 대우를 하도록 규정된 함련과 경련은 당연히 그 표현효과를 극대화시킬 수 있는 수준 높은 대우를 지향하였다. 상응하는 두 부위의 문법적 구성은 물론 어휘까지 정교하게 부합하는 공

정(工整)한 공대(工對), 기발하고도 교묘한 교대(巧對)를 추구하였던 것이다. 그렇다면 이른바 공정한 대우를 지칭하는 공대(工對) 교대(巧對)란 도대체 어떤 방식을 가리키는가? 이는 기본적으로 어휘의 영역 분류에 기초하였다. 전근대시대 때 『시액(詩腋)』(36종), 『사림전액(詞林典腋)』(37종), 『시학함영(詩學含英)』(39종) 등에서 분류한 것이 바로 그것인데, 근대 학자들이 여기에 문법적 지식을 가미하여 다시 분류 정리하기도 하였다.

1. 천문(天文) : 天 空 日 月 風 火 雨 露 霜 雪 雲 霧 煙 氣 陰 陽 등
2. 시령(時令) : 年 月 日 時 春 夏 秋 冬 晝 夜 朝 晚 晨 夕 午 宵 등
3. 지리(地理) : 山 川 土 地 巖 石 城 市 道 路 郡 縣 島 嶼 峽 谷 등
4. 궁실(宮室) : 宮 室 廟 堂 樓 臺 窓 戶 倉 庫 垣 墻 房 舍 館 閣 등
5. 기물(器物) : 枕 席 床 榻 香 燭 鼓 角 刀 劍 鐘 鼓 燈 鏡 舫 車 등
6. 의식(衣飾) : 衣 裳 冠 帽 巾 帶 杖 屨 靴 屐 簪 纓 扇 旒 珮 釵 등
7. 음식(飮食) : 飯 饌 菜 蔬 酒 肴 茶 菓 饘 羹 湯 餠 醬 藥 粥 蜜 등
8. 문구(文具) : 紙 筆 墨 硯 書 冊 琴 瑟 卷 軸 簫 笛 簡 策 籌 筒 등
9. 문학(文學) : 文 字 章 句 詩 書 詞 賦 典 籍 圖 畵 碑 碣 歌 辭 등
10. 초목화과(草木花果) : 草 木 枝 葉 菊 花 松 柏 楊 柳 桃 李 柑 橘 등
11. 조수충어(鳥獸蟲魚) : 燕 雀 鴻 雁 牛 馬 鷄 犬 龍 蛇 虫 蟬 鯉 魚 등
12. 형체(形體) : 心 身 耳 目 手 足 顔 面 胸 背 齒 牙 聲 音 容 色 등
13. 인사(人事) : 品 行 恩 怨 愛 憎 意 志 談 笑 歌 舞 醉 夢 功 名 등
14. 인륜(人倫) : 父 母 兄 弟 君 臣 夫 婦 子 女 朋 友 農 工 商 王 등
15. 대명대(代名對) : 吾 我 余 予 汝 爾 君 子 他 誰 何 孰 或 自 者 등
16. 방위대(方位對) : 東 西 南 北 前 後 左 右 上 下 中 外 裏 邊 등
17. 숫자대(數字對) : 一 十 百 千 萬 孤 獨 兩 數 幾 半 再 群 諸 衆 등
18. 색채대(色彩對) : 靑 黃 黑 白 紅 綠 赤 紫 翠 蒼 朱 金(黃) 銀(白) 등
19. 간지대(干支對) : 子 丑 寅 卯 辰 巳 午 未 申 酉 戌 亥 甲 乙 丙 丁 등

20. 인명대(人名對) : 왕명을 포함한 사람의 이름 자 호 시호 관직명 등
21. 지명대(地名對) : 특정 지역의 국호를 포함한 산명 수명 지명 등
22. 동의연용자(同義連用字) : 行役 鼓鼙 등 비슷한 뜻을 연이어 쓴 자
23. 반의연용자(反義連用字) : 興亡 今古 등 상반된 뜻을 연이어 쓴 자
24. 연면자(連綿字) : 寂寞 凄凉 蟋蟀 鴛鴦 등 연접시켜 만든 합성어
25. 중첩자(重疊字) : 處處 寂寂 時時 厭厭 등 동일한 글자의 중첩어
26. 부사(副詞) : 猶 雖 且 更 已 將 卽 皆 豈 每 亦 却 欲 莫 不 未 등
27. 연개사(連介詞) : 與 和 共 同 幷 還 於 而 則 于 因 爲 등
28. 조사(助詞) : 也 矣 焉 旃 哉 歟 (與) 乎 耶 爾 然 止 之 등 어조사[78]

　왕력이 11류 28종으로 구분한 어휘 분류 내역을 간단하게 요약 정리해 본 것이다. 그는 이를 근거로 공대(工對) 인대(隣對) 관대(寬對)란 개념을 제시하였다. 그가 말한 공대(工對)란 위에 제시한 여러 부류 가운데 특정 한 부류 내에서만 제한적으로 어휘를 선택하여 적용한 엄정한 대우를, 인대(隣對)란 천문(天文)과 시령(時令), 방위(方位)와 숫자(數字), 동의자(同義字)와 반의자(反義字) 등처럼 동일 부류는 아니지만 서로 매우 가까운 부류간의 대우를, 관대(寬對)란 이런 부류를 넘나들며 비교적 자유롭게 구사한 느슨한 대우를 가리킨다. 대우의 공정성(工精性) 여부에 대한 판단이 바로 이런 어휘의 영역 분류와 그 활용 범위에 근거하였던 것이다.

　이는 왕력 만의 생각이 아니었다. 전근대시대의 각종 어휘 분류가 실상 모두 대우의 공정성 추구와 관련이 깊고, 간명용(簡明勇)이 명사 어휘를 성명(姓名) 지명(地名) 천문(天文) 시령(時令) 등 23종으로 세분하여 이를 특별히 공교로운 대우, 즉 특공대(特工對)라고 하였던

---

[78] 王力, 『漢語詩律學』, 제14節 「對仗의 種類」 참고.

것도 같은 생각을 반영한 것이었으며,79) 여타 학자들이 대우의 공정성 여부를 판단한 주요 근거도 대부분 여기에 기초하였다. 그래서 여러 부류를 넘나들며 구사한 느슨한 관대(寬對) 보다 운(雲)과 우(雨)(천문류), 강(江)과 산(山)(지리류), 가(歌)와 무(舞)(음악류), 노(老)와 병(病)(인사류) 등처럼 특정 부류 내의 어휘를 엄선하여 대비한 공대(工對)를 가장 공정한 것으로 간주하였고, 서로 비슷한 어휘를 대비한 인대(隣對) 가운데서도 산(山.지리류)과 운(雲.천문류), 시(詩.문학류)와 주(酒.음식류), 인(人.인사류)과 물(物.기물류), 병(兵.기물류)과 마(馬.조수충어류) 등처럼 언제나 긴밀하게 대칭적으로 사용하는 어휘의 대비를 공정한 것으로 간주하였다.80)

대우의 공정성 여부를 판단하는 또 다른 중요한 근거 중 하나는 이를 실제 적용하는 범위와 방법에 관련되어 있었다. 상체나 하체 중 어느 한 부분에만 적용한 반구대(半句對) 보다 전체 모두에 적용한 전구대(全句對) 자자대(字字對)를 당연히 더 공정한 것으로 간주하였고, 평범한 구간대(句間對) 보다 당구대(當句對)와 구간대(句間對)를 동시에 활용한 쌍의대(雙擬對) 연면대(聯綿對) 등을 훨씬 더 공정한 것으로 간주하였다. 원긍(元兢)은 또 차음대(借音對)와 차의대(借義對)를 아주 기발한 대우라고 하여 기대(奇對)라고 하였고, 쌍성자 첩운자 동의자 반의자 연면자 등 특색 있는 어휘를 활용한 것도 모두 공대라고 하였다.81) 어휘의 영역 분류와 다른 차원에서 이를

---

79) 簡明勇, 『律詩硏究』(五洲出版社, 臺北, 1973), 第四篇 律詩之對仗硏究, 제3장 「特工對」.
80) 魏慶之가 『詩人玉屑』 卷7 屬對에서 巧對 屬對精切 佳對 등으로 제시한 작품도 대부분 이런 어휘 분류와 관련되어 있음을 확인할 수 있다.
81) 空海, 『文鏡秘府論』(學海出版社, 臺北, 1974) 東卷, 二十九種對, 「奇對」, "奇對者

어떤 부위에 어느 정도 범위에서 어떤 방식으로 활용하는가에 따라 공정성 여부를 판단했던 것이다.

그래서 율시의 함련과 경련처럼 반드시 대우를 적용해야 할 부위에는 공정한 대우를 원칙으로 하였다. 그리고 대우를 해도 좋고 하지 않아도 무방한 율시의 수련이나 미련, 절구의 기련과 후련 등은 이에 구애를 받지 않았다. 다양한 부류를 넘나든 이류대(異類對)와 관대(寬對), 절반 정도만 대우를 구사한 반구대(半句對), 한 행 내에서 대우를 구사한 당구대(當句對), 대우의 부위를 어긋나게 조합한 착종대(錯綜對) 등을 비교적 자유롭게 활용하였던 것이다. 그러나 작가의 시상(詩想)을 왜곡시키지 않는 범위 내에서는 어디서나 가능한 공정한 대우를 지향하고자 하였으며, 왜곡될 경우엔 공정한 대우보다 시상(詩想)의 순조로운 표현을 우선함이 원칙이었다.

2) 대우의 기피 사항

대우의 기피사항은 한 마디로 '중복의 기피'라고 요약할 수 있다. 근체시는 제한된 짧은 형식 속에 작자의 마음을 담아내야 하기 때문에 중복을 싫어하는 경향이 매우 강하였다. 제목에 이미 쓴 글자를 본문에 다시 사용하려 하지 않을 정도로 글자의 중복을 기피하였고, 각 행의 끝 글자는 '사성체용(四聲遞用)의 원칙'에 따라 가능한 평성 상성 거성 입성을 두루 바꾸어 사용하고자 하였으며, 시행의 문법적 구성 형태도 동일한 방식을 피하고자 하였다. 대우의 '중복 기피'도

若馬頰河 熊耳山 此馬熊是獸名 頰耳是形名 旣非平常 是爲奇對 他皆效此 又如漆沮四塞 漆與四是數名 又兩字各是雙聲對 又如古人名 上句用曾參 下句用陳軫 參與軫者 同是二十八宿名 若此者 出奇而取對 故謂之奇對 他皆效此".

바로 그 연장선상에 있다고 하겠는데, 크게 한 연 내에서의 동자상대(同字相對)와 동의상대(同意相對)의 기피, 두 연간의 동일구식(同一句式)과 동류어휘(同類語彙)의 기피로 나누어 볼 수 있다.

첫째, 한 연 내에서의 동자상대 기피란 출구와 대구 간의 동일 부위에 동일한 글자를 중복시키는 것을 기피한다는 뜻이다. 동자상대는 "죄가 미심쩍으면 가볍게 처벌하고[罪疑惟輕], 공은 미심쩍어도 무겁게 보상한다[功疑惟重]"82)는 표현에서 같은 부위에 '의(疑)' 자를 중복하고, "선비는 글로 법을 어지럽히고[儒以文亂法], 협객은 무력으로 법을 범한다[俠以武犯禁]"83)라는 표현에서 같은 부위에 '이(以)' 자를 중복한 것처럼 선진시대 고문(古文)이나 한부(漢賦) 변려문(騈儷文) 등에는 흔히 사용한 방식이었다. 그런데 대우가 근체시의 표현법으로 수용된 이후부터는 이를 적극적으로 피하고자 하였으며, 여기에 바로 이전시대 대우법과 중요한 차이가 있다.

　　汝書猶在壁　　그대 책은 그대로 벽에 있건만
　　汝妾已辭房　　그대 첩은 이미 방을 떠나갔네.84)

두보가 전란 중에 동생의 소식을 듣고 그 감회를 적은 「득사제소식(得舍弟消息)」이란 오언율시의 경련(頸聯) 부분이다. 앞 행 제1자와 뒤 행 제1자에 모두 동생을 가리키는 여(汝) 자를 사용하였는데, 앞의 함련(頷聯)도 대우를 적용하지 않아서 이 시가 애초부터 대우를 전혀 유념하지 않고 지은 것임을 알 수 있다. 대우의 형식보다

---

82) 『書傳』 卷3, 「虞書」.
83) 『韓非子』 卷19, 「五蠹」.
84) 杜甫, 『補注杜詩』 卷19, 「得舍弟消息」 頸聯.

의미에 초점을 두고 앞에 '여(汝)' 자를 반복하여 동생을 생각하는 마음을 강조했을 뿐인데, 이처럼 상응하는 동일 부위에 동일한 글자를 반복하는 것을 가능한 기피하고자 하였다.

둘째, 한 연 내에서의 동의상대(同意相對) 기피란 출구와 대구에 비슷한 내용을 반복 진술하는 방식을 기피했다는 뜻이다. 동의상대는 어휘가 동의어(同義語)로 서로 비슷하면서 의미 또한 서로 같은 경우도 있고, 어휘나 전고는 다르지만 결국 그것이 나타내는 의미가 동일한 경우도 있는데, 같은 의미를 반복해놓은 형상이 마치 손바닥을 합쳐놓은 것 같다고 해서 합장(合掌)이라고 비판하기도 하였다.

漢祖想枌楡　　고조 유방은 분유를 그리워하고,
光武思白水　　후한 광무제는 백수를 생각하네.85)

진(晉)나라 장맹양(張孟陽)이 지은 시의 일부이다. 앞 행의 한조(漢祖)는 한 고조 유방(劉邦)을, 뒤 행의 광무(光武)는 후한 광무제 유수(劉秀)를 가리킨다. 그리고 분유(枌楡)는 고조의 고향인 강소성(江蘇省) 풍현(豊縣) 분유사(枌楡社)를, 백수(白水)는 광무제의 고향인 하남성(河南省) 남양현(南陽縣) 백수향(白水鄕)을 가리킨다. 그러니까 이 시는 앞 뒤 행이 모두 나라를 개창한 황제가 자기 고향을 그리워했다는 뜻인데, 전고는 다르지만 내용이 손바닥을 합친 듯 일치한다. 유협은 『문심조룡(文心雕龍)』 「여사(麗辭)」에 바로 이 시를 인용한 다음, 이와 같은 대우방식을 정대(正對)라고 명명하였으며, 정대는 상반된 고사를 근거로 한 반대(反對)와 달리 아주 열등한

---

85) 劉勰, 『文心雕龍』 「麗辭」 第35에 인용된 張載의 「七哀詩」.

Ⅵ. 대우는 어떻게 적용하는가 437

대우법이라고 단언하였다.86) 그리고 청나라 때 황숙림(黃叔琳)이 당나라 시인 허혼(許渾)의 시집 『정묘집(丁卯集)』과 위장(韋莊)의 시집 『완화집(浣花集)』에 수록된 작품의 격이 낮은 것은 거기에 정대(正對)가 많기 때문이라고 비판한 적이 있는데,87) 이를 보면 위진시대부터 청나라 때까지 줄곧 동의상대가 문인들의 기피 대상이었음을 알 수 있다.

셋째, 두 연 사이의 동일구식(同一句式) 기피란 서로 이어지는 두 연의 문법적 구성 방식이 동일함을 기피한다는 뜻이다. 한 연 내에서는 반드시 출구와 대구의 문법적 구성 방식이 동일해야 대우를 형성할 수 있다. 그러나 이를 다음 연까지 반복하면 결국 전체 4행의 문법적 구성이 모두 같아지는데, 바로 이와 같은 지루한 반복을 기피했다는 뜻이며, 특히 함련과 경련의 동일구식을 가장 기피하였다.

山城依曲渚　산 성은 굽이진 물가에 의지하고,
古渡入修林　옛 나루는 긴 숲속으로 들어갔네.
長日多飛絮　긴 햇살에 나는 버들개지들 많고,
遊人愛綠陰　나들이하는 이는 녹음을 사랑하네.88)

위의 시를 보면 우선 함련의 출구와 대구가 모두 주어 산성(山城)과 고도(古渡), 목적어 곡저(曲渚)와 수림(修林), 서술어 의(依)와 입(入)이 2-1-2자 형태로 구성되어 있음을 알 수 있다. 그런데 그 다음

---

86) 劉勰, 『文心雕龍』, 「麗辭」 第35, "麗辭之體 凡有四對 言對爲易 事對爲難 反對爲優 正對爲劣 … 漢祖想枌楡 光武思白水 此正對之類也".
87) 周振甫, 『文心雕龍注釋』(里仁書局, 臺北, 1984), 「麗辭」 第35의 뒷부분 評文三, "黃評:丁卯浣花詩格之卑 只爲正對多也".
88) 徐璣(宋), 『二薇亭詩集』, 「春日送張提擧園池」 頸聯.

연을 보면, 장일(長日)과 비서(飛絮)의 역할이 부분적으로 도치된 듯하나, 그 앞 함련과 동일한 2-1-2자 구식임을 알 수 있으며, 전체 4행이 모두 제1자는 제2자를 수식하는 형용사, 제2자는 명사, 제3자는 서술어 겸 동사, 제4자는 제5자를 수식하는 형용사, 제5자는 명사로 기능하여 개별 어휘의 문법적 성질까지 대체로 일치함을 알 수 있다. 율시의 핵심 부위에 해당하는 함련과 경련 전체 4행에 판에 박은 듯한 구식을 반복적으로 되풀이하여 결국 지극히 단조롭고 변화가 없는 모양이 되었는데, 이처럼 동일한 구식에 기초한 대우를 가능한 기피하고자 하였다.

마지막으로 두 연 사이의 동류어휘(同類語彙) 기피란 두 연의 같은 부위에 같은 부류 어휘를 거듭 사용함을 기피한다는 뜻이다. 한 연 내에서는 출구와 대구의 동일 부위에 동일 부류의 어휘를 선택하여 적용함이 공대(工對)를 만드는 대표적 방식 중 하나이다. 그런데 이를 두 연에 걸쳐 반복하면 동일구식(同一句式)의 경우와 마찬가지로 너무 지루하고 변화가 없게 되는데, 이를 기피했던 것이다.

巫峽啼猿數行淚　무협 원숭이 울 때 눈물 몇 줄기며,
衡陽歸雁幾封書　형양 기러기 날 때 편지 몇 통일까.
淸楓江上秋天遠　청풍강 가에는 가을하늘 아득하고,
白帝城邊古木疏　백제성 변에는 고목나무 듬성하리.89)

고적(高適)이 협중(峽中)과 장사(長沙)로 각각 좌천되어 떠나는 이소부(李少府)와 왕소부(王少府)를 전송하며 지어준 칠언율시의 함련과 경련이다. 이 시의 함련은 문법적 구성은 물론 상응하는 글자

---

89) 高適,『高常侍集』卷7,「送李少府貶峽中王少府貶長沙」, 頷聯 頸聯.

의 품사나 그 어휘의 귀속 영역까지 세밀하게 고려한 아주 공정한 대우이고, 경련 또한 천(天)과 목(木)이 인근대(隣近對)인 것을 제외하면 모두 공정한 대우라고 할 만하다. 그리고 두 연을 연계할 경우에도 앞 연은 주어 누(淚) 서(書)와 서술어 수행(數行) 기봉(幾封)이 도치된 형태인데 반해, 뒤 연은 주어 추천(秋天) 고목(古木)이 서술어 원(遠) 소(疏)의 앞에 자리하였으니, 연간에 구식의 변화까지 도모한 썩 잘된 대우라고 할 수 있을 듯하다.

문제는 각 행 제1-2자 무협(巫峽) 형양(衡陽) 청풍(淸楓) 백제(白帝) 등이 모두 지명류(地名類)라는 점이다. 앞 연에서 이미 이소부의 좌천 지역인 무협과 왕소부의 좌천지역인 형양을 언급했는데, 뒤 연에 다시 무협에 있는 백제성과 형양에 있는 청풍강을 동일한 부위에 거듭 구사하여 흠이 되었다는 말이다.

이와 같은 동류어휘는 인명 지명 관직명 숫자 초목 조수충어(鳥獸蟲魚) 등 명사와 고유명사 어휘의 반복을 특히 더 심하게 기피하고자 하였다. 다른 어떤 어휘보다 뜻이 단순하고 명백한 만큼 이를 반복할 경우 그 단조로운 중복성이 더욱 분명하게 부각되기 때문이었을 것이다. 그래서 『시인옥설(詩人玉屑)』에서는 인명을 즐겨 사용한 시를 죽은 사람을 점고하는 장부 같다고 하여 점귀부(點鬼簿)라 하고, 숫자를 즐겨 사용하는 것을 수학자에 빗대어 산박사(算博士)라고 풍자하기까지 하였다.[90]

---

[90] 魏慶之, 『詩人玉屑』 卷11, 詩病, 「點鬼簿算博士」, "王楊盧駱有文名 人議其疵曰 楊好用古人姓名 謂之點鬼簿 駱好用數對 謂之算博士".

Ⅶ. 한시의 표현은 무엇이 다른가

　한시는 역사적 사실 기록이나 철학적 논리 정립을 위한 글과는 물론, 능문(能文)을 추구하는 여타 산문과도 뚜렷이 구별되는 시다운 격식을 부단히 추구해왔다. 예사 산문과 비교할 수 없을 정도로 짧은 형태를 보편화시켰고, 한 구에 5자 혹은 7자를 규칙적으로 반복하는 방식이 일반화되었으며, 시적 리듬감을 극대화하기 위해 압운 평측 대우 등과 같은 형식적 요건을 다양하게 구비하였다. 이와 더불어 짧은 형식 속에 시적 표현 효과를 최대한 구현할 수 있도록 글자의 선택과 활용에서부터 구(句)와 연(聯)의 구성 방식, 장(章)과 편(篇)의 짜임새에 이르기까지 고유한 장치를 다양하게 마련하였으며, 문법적으로도 생략, 도치, 변용 등 색다른 표현법을 추구하였다. 본 장에서는 이처럼 한시에 고유하거나 상대적으로 두드러진 몇 가지 표현법을 전통적으로 널리 적용해온 자법(字法) 구법(句法) 편장법(篇章法) 등으로 구분하여 검증해본다.

1. 글자의 선택과 적용 : 자법(字法)

1) 낱자의 중요성

한시 가운데 역사적으로 가장 오랜 기간에 걸쳐 가장 널리 향유한 대표적인 양식은 절구와 율시다. 절구는 오언이 20자 칠언이 28자이고, 율시는 오언이 40자 칠언이 56자로, 적게는 20자 많아도 56자를 넘지 않는 범위에서 한 수를 완성하였다. 10행 20자의 목판에 새길 경우 1~3줄에 불과할 정도로 간결하며, 그 짧은 형식 속에 작자의 정서와 미적 감흥을 최대한 완성도 높게 담아내고자 하였다.

이 때문에 한시에서 개별 글자 하나하나는 산문의 그것과는 비교할 수 없을 정도로 무거운 비중과 역할을 가진다. 당말(唐末) 오대(五代) 때 오언율시에 특히 뛰어난 것으로 널리 알려진 유소우(劉昭禹)는 이런 사실을 일찍이 간파하고 오언율시를 사십현인(四十賢人)이라고 일컬은 바 있다. 그 형식에 담을 수 있는 전체 40자 가운데 1자도 허튼 자가 끼어들어서는 안 되며, 40자 모두가 하나같이 존귀한 현인(賢人) 같은 존재가 되어야 함을 이렇게 상징적으로 표명한 것이다.

> "유소우(劉昭禹)는 자가 휴명(休明)이니, 무주(婺州) 사람이다. 젊어서 임관(林寬)을 스승으로 삼고 시를 지음에 각고의 노력을 하였다. …… 일찍이 사람들과 시를 논하면서, '오언율시는 40명의 현인(賢人)과 같으니, 백정이나 술장사 같은 자는 하나도 써서는 안 된다. 시구를 찾는 것은 옥이 든 상자를 파내는 것 같아서 땅 밑에 반드시 그 뚜껑이 있을 것이니, 심혈을 기울여서 찾는다면 반드시 보물을 얻을 것이다.'라고 하였다."[1]

『당시기사(唐詩紀事)』「유소우(劉昭禹)」조항에 수록된 글의 일부이다. 여기서 유소우는 오언율시를 40명의 현인이 모여 있는 것과 같다고 하였다. 그리고 그 가운데 천박한 도고(屠酤), 즉 짐승 잡는 백정이나 술파는 술장수 같은 비천한 존재가 하나라도 끼어들면 안 된다고 하였다. 40자 모두가 예외 없이 지혜롭고 존귀한 현인(賢人) 같은 존재가 되어야 한다는 뜻이다. 이와 더불어 그는 시를 짓는 행위를 땅 속에서 옥 상자를 발굴해내는 작업에 빗대어 말하기도 하였다. 그래서 땅을 깊이 파면 필시 그 아래 보물 상자의 뚜껑이 드러날 것이니, 심혈을 기울여 찾는다면 반드시 그 속에 갈무리된 옥을 얻게 될 것이라고 하였다. 스스로 사십 현인에 비유하여 말한 바 있던 주옥같은 시를 얻기 위해서 세심한 주의와 지극한 정성이 필요함을 이렇게 말한 것이다.

이후 사십현인(四十賢人)은 '글자 하나하나가 모두 주옥같은 이상적인 오언율시'의 별칭처럼 되었다. 그리고 '땅 속에서 옥 상자를 발굴한다.'는 굴득옥갑(掘得玉匣) 또한 '좋은 시구를 찾아내는 성실한 창작 행위'를 가리키는 일종의 성어(成語)처럼 문인 비평가들이 즐겨 애용하였다. 남송(南宋) 때 위경지(魏慶之)의 『시인옥설(詩人玉屑)』을 비롯하여, 이후 등장한 『천중기(天中記)』 『오대시화(五代詩話)』 『십국춘추(十國春秋)』 『절강통지(浙江通志)』 『황명통지(皇明通志)』 등 여러 문헌에서 이와 관련된 사실을 지속적으로 언급한 것이 그 대표적인 사례들이다.2)

---

1) 計有功(宋), 『唐詩紀事』(四庫全書 集部 詩文評類) 卷46, 「劉昭禹」, "昭禹 字休明 婺州人也 少師林寬 爲詩刻苦 … 嘗與人論詩曰 五言如四十箇賢人 著一字如屠沽不得 覓句者 若掘得玉合子 底必有蓋 但精心求之 必獲其寶".

특히 사십현인(四十賢人)은 칠언율시에 확대 적용하여 오십육성현(五十六聖賢)이란 말을 파생시키기도 하였고, 이 글귀를 좋아한 나머지 현판에 새겨 걸고자 하는 사람이 등장하기도 하였으며, 개별 글자 하나하나의 가치를 강조하는 그 상징적 의미를 모든 한시에 두루 적용해야 마땅하다는 주장을 낳기도 하였다.

"금(金)나라 한림학사 조병문(趙秉文)이 일찍 승지 당회영(党懷英)이 시를 논한 것을 진술하여 말하기를 '율시는 공교롭기가 가장 어렵다. 56자가 모두 성현(聖賢) 같아야 하고, 그 가운데 1자라도 단련을 거치지 않은 것이 있으면 곧 한 명의 백정이나 술장수가 그 사이에 끼어든 것과 같다.'고 하였다. 살펴보건대 이는 오대(五代) 사람 유소우(劉昭禹)가 한 말을 당회영이 진술한 것일 따름이다"3)

왕사정(王士禎. 1634~1711)이 『향조필기(香祖筆記)』에 기록해 놓은 것이다. 이를 보면 금(金)나라 때 당회영(党懷英. 1134~1211)이 '율시는 56자가 모두 성현(聖賢) 같아야 하고, 그 가운데 1자라도 단련을 하지 않은 것이 있으면 백정이나 술장수 같이 미천한 존재가 끼어든 듯하다'고 하였음을 알 수 있다. 그러나 왕사정도 지적하였듯이, 이는 사십현인(四十賢人)을 칠언율시에 확대 적용한 것에 다름 아니다. 사십(四十)을 칠언율시에 맞게 오십육(五十六)으로, 현인(賢人)을 의미가 대동소이한 성현(聖賢)으로 교체했을 뿐이며, 이렇게 함으

---

2) 南宋 魏慶之의 『詩人玉屑』 卷3, 明 陳耀文의 『天中記』 卷37, 王士禎의 『五代詩話』 卷7, 淸 吳任臣의 『十國春秋』 卷73, 沈翼機의 『浙江通志』 卷181, 『皇明通志』 卷35 등에 관련 기사가 있다.

3) 王士禎(淸), 『香祖筆記』(四庫全書 子部 雜家類) 卷3, "金翰林學士趙秉文 嘗述党承旨懷英論詩云 律詩最難工 五十六字 皆如聖賢 中有一字不經鑪錘 便如一屠沽兒廁其間也 按此五代人劉昭禹語 党述之耳".

로써 칠언율시 또한 낱자 모두가 존귀해야 함을 부각시켰던 것이다.

"몽고 출신 법시범(法時帆) 선생은 시를 잘 짓고 특히 오언율시에 뛰어나서 세상 사람들이 그 시를 전해가며 읊조렸다. 내가 하루는 선생을 서울 집으로 찾아뵈었더니, 나에게 사십현인지실(四十賢人之室)이란 작은 한 편액을 써 달라고 하셨다. 이 때 오난설(吳蘭雪)4) 사인(舍人)도 함께 자리에 있다가 그 말의 출처를 물으니, 선생께서 말씀하시기를 ' …… 옛 사람이 오언율시를 논함에 40명의 현인(賢人)과 같아서 그 가운데 하나라도 백정이나 술장수가 있어서는 안 된다 하였다. 그리고 40명이 또 모름지기 사람마다 모두 지기(知己)이고 마음 마다 꼭 부합해야 바야흐로 빼어난 경지에 이를 수 있다' 하였다. 내가 말하기를 '이를 보면 무릇 고체와 근체 오언과 칠언이 다 그러하니, 마치 사람 몸에 조금이라도 한 점 아프고 가려운 데가 있으면 온 몸이 편치 못한 것과 같겠지요.' 하였더니, 선생과 오난설(吳蘭雪)이 모두 내가 말귀를 안다[知言]고 하셨다."5)

전영(錢泳. 1759~1844)이 『복원담시(覆園譚詩)』에 소개해 놓은 일화이다. 이를 보면 오언율시에 뛰어난 법시범(法時帆)이 '사십현인지실(四十賢人之室)'이란 글귀를 현판에 새겨 걸고자 하였던 사실을 알 수 있다. 그리고 40개 글자가 모두 현인(賢人) 같아야 한다는

---

4) 吳蘭雪은 吳嵩梁(1766~1834)을 가리킨다. 자는 子仙이고, 호는 蘭雪이며, 翁方綱의 제자이다. 청나라 때 서화가로, 조선후기 金正喜 李尙迪 申緯 등과 두루 교분이 있었다.
5) 錢泳, 『履園叢話』(中華書局, 1979) 卷8,「譚詩」, "蒙古法時帆先生工詩 尤長五律 爲世傳誦 余一日謁先生於京邸 索余書一小額曰 四十賢人之室 是時吳蘭雪舍人亦在座 因問所出 先生曰 … 昔人論五言律詩 如四十賢人 其中著一屠酤兒不得 而四十人中 又須人人知己 心心相印 方臻絶詣 余謂見此則凡古今體五七言皆然 如人之身 微有一點痛癢 則滿身不適也 先生與蘭雪 俱以余知言".

유소우(劉昭禹)의 논리를 더욱 구체화시켜 이들이 모두 지기(知己)가 되어 심심상인(心心相印), 곧 마음과 마음이 서로 모두 일치해야 비로소 높은 경지에 이를 수 있다고도 하였다. 낱자 자체가 존귀한 존재여야 함은 물론, 이들 상호 간에 또한 지기(知己)처럼 깊이 마음을 주고받고 조화를 이루어야 한다는 뜻이다.

전영은 여기서 한 걸음 더 나아간 견해를 피력하기도 하였다. 오언율시를 두고 거론했던 현인(賢人) 지기(知己) 심심상인(心心相印) 등이 오언율시에 국한된 문제가 아니라 고체시든 근체시든 오언시든 칠언시든 모두 다 그래야 한다고 한 것이 바로 그것이다. 그리고 '사람 몸에 어느 한 부분이라도 아프고 가려운 곳이 있으면 온 몸이 편치 못한 것과 같다'는 비유를 추가하여 시의 형식이 무엇이든 작은 한 부분이라도 결함이 있으면 결국 전체가 온전할 수 없다고 일반화시켰던 것이다.6)

이처럼 한시는 길이가 짧고 글자 수가 적었던 만큼 전통적으로 개별 글자 하나하나의 가치를 특별히 중시하였다. 그래서 어느 한 글자도 허투루 쓸 수 없었으며, 최종적으로 시어를 선택하여 적용하기까지 무수한 고뇌와 수정 과정을 반복하였다. 송나라 때 시인 당경(唐庚. 1071~1121)은 「자설(自說)」에서 한시를 짓는 과정에서의 이와 같은 고충을 아래와 같이 아주 구체적으로 언급한 적이 있다.

"시는 가장 어려운 일이다. 내가 다른 글에는 막히지 않았는데, 오직 시를 지음에는 대단히 고심하였다. 여러 날 애써 읊조려야 겨우 한 편

---

6) 黃庭堅의 『山谷集』 別集 卷6에 "唐人吟詩 絶句云 如二十箇君子 不可著一箇小人也"란 글이 있다. 이를 보면 개별 글자의 가치를 강조하는 이런 논법을 절구에도 적용했음을 알 수 있다.

을 완성할 수 있는데, 처음 읽을 때는 부끄러운 곳을 알지 못하지만, 우선 두었다가 다음날 가져다 읽으면 온갖 흠이 드러나고, 곧 다시 여러 날 애써 읊조리며 반복해서 고치면 이전보다 조금씩 나아짐이 있었으나 또 며칠 지나 꺼내 읽어보면 결함이 다시 나타났다. 무릇 이같이 하기를 서너 번 하고나서야 비로소 감히 남에게 보여주는데, 그런데도 끝내 빼어날 수가 없었다. 이하(李賀)의 어머니가 이하를 꾸짖으며 '이 아이가 필시 심장을 토해내고야 말려고 한다.' 하였으니, 지나친 말이 아니다. 지금 군자들이 걸핏하면 수많은 시를 지어 내면서 조금도 개의치 아니하니, 참으로 귀할 수가 있으랴!"7)

이 글에서 당경은 시를 짓는 일이 참으로 어려운 과정임을 진솔하게 토로하였다. 애써 지어놓고 보면 마땅치 않은 흠이 드러나고, 여러 날에 걸쳐 수정을 하고나면 조금 나아지는듯하다가 다시 문제가 드러나며, 이런 과정을 서너 번 반복하고 나서야 감히 남에게 보여주지만, 그래도 신통치 못한 것이 시라고 하였다. 그리고 이하(李賀)의 예를 들어 시를 짓는 행위를 작자의 '심장을 토해내고야 말려는 일'이라고 하였다. 한 자 한 자가 모두 성현이요 지기(知己) 같은 존재가 되는 수준 높은 한시를 짓기 위해서는 참으로 피나는 노력과 정성이 필요함을 이렇게 말하였으며,8) 이와 더불어 특별한 고민 없이 가볍

---

7) 唐庚,『眉山文集』卷10, 雜文,「自說」, "詩最難事也 吾於他文 不至蹇澁 惟作詩甚苦 悲吟累日 僅能成篇 初讀時 未見可羞處 姑置之 明日取讀 瑕疵百出 輒復悲吟累日 反復改正 比之前時 稍稍有加焉 復數日 取出讀之 病復出 凡如此數四 方敢示人 然終不能奇 李賀母責賀日 是兒必欲嘔出心乃已 非過論也 今之君子 動輒千百言 略不經意 眞可貴哉".

8) 唐庚의「自說」에서 언급한 이 말은 후대 많은 문인 비평가들에게 한시 창작에서 유념해야 할 일종의 格言처럼 수용된 듯하다. 魏慶之의『詩人玉屑』卷8 鍛鍊「總論」, 胡仔의『漁隱叢話』前集 卷8, 王士禎의『居易錄』卷11, 周召의『雙橋隨筆』卷7 등에

게 시를 지어내던 당시의 세태를 은근히 비판하였던 것이다.

2) 단어의 선택 기준

그렇다면 좋은 한시를 짓기 위해 필요한 단어의 선택 기준은 무엇이었을까? 단어의 선택은 실상 개인의 창작 정황과 깊이 맞물려 있다. 어떤 시대 어떤 작가가 어떤 목적으로 어떤 제재를 대상으로 어떤 시를 지으려고 하는가에 따라 적합한 단어가 언제든 달라질 수 있으며, 따라서 이런 창작 정황이야말로 단어의 선택에서 가장 우선적으로 고려해야 할 일차적 기준이라고 할 것이다. 그러나 이런 개인적 정황과 무관하게 오랜 세월에 걸쳐 많은 시인들이 암묵적으로 준수해 온 보편적 기준 또한 없지 않았다. 범제(範題) 중운(重韻) 중자(重字) 난자(難字) 허자(虛字) 등이 그런 것이다.

첫째, 범제(範題)가 되지 않는 글자를 선택한다는 점이다. 범제란 제목에 제시한 것과 동일한 글자를 본문에 거듭 사용하는 것을 말하는데, 본문 글자가 제목 글자를 침범한 형국이라고 해서 범제(犯題)라고 하였다.9) 제목에 제시한 글자의 반복을 극구 회피했던 이유는 제목 또한 시의 일부로 간주하였기 때문이다. 한시란 본래 짧은 형식 속에 풍부한 의미를 함축적으로 제시하려고 하는데, 산문에서도 꺼리는 이런 중복이 결코 바람직하지 않으리라는 판단이 작용한 결과

서 모두 이 예문을 확인할 수 있다.
9) 犯題의 대상은 주로 5자 미만의 간단한 제목일 경우에 해당하며, 5자 이상 길게 풀어서 제시한 줄글 형태의 제목일 경우 범제를 문제 삼지 않았다. 그리고 犯題 여부에 특히 유의한 부분은 절구의 承句와 轉句, 율시의 頷聯과 頸聯 부분이었으며, 제목 글자를 對偶 방식으로 활용할 경우 역시 犯題를 문제 삼지 않았다. 韶園 李壽洛 선생께 견문한 사항이다.

일 터이다.

  그러나 근체시가 등장하기 이전에는 이런 원칙이 없었고, 범제(犯題)란 말도 존재하지 않았다. 대부분의 글이 제목이 없었고, 있다 해도 작품의 일부로 고려해야 할 만큼 중요한 의미를 가진 예가 흔치 않았기 때문이다.

> ① 『시경(詩經)』「관저(關雎)」 제1장 : 關關雎鳩 在河之洲 窈窕淑女 君子好逑(꽌꽌 우는 물수리, 하수 물가에 있네. 아리땁고 착한 아가씨, 군자의 좋은 짝일세)
>
> ② 한 무제(武帝) 「추풍사(秋風辭)」: 秋風起兮白雲飛 草木黃落兮雁南歸 … (가을바람 일어나, 흰 구름 날리네. 초목은 누렇게 떨어지고, 기러기는 남으로 날아가네 …)
>
> ③ 악부(樂府) 「북방유가인(北方有佳人)」 : 北方有佳人 絶世而獨立 … (북방에 아름다운 사람 있어서, 세상에 빼어나 우뚝 섰네 …)
>
> ④ 고시십구수(古詩十九首) 중 「행행중행행(行行重行行)」 : 行行重行行 與君生別離 … (가고 가고 또 가고 가서, 그대와 생이별 하였네.)

  위는 근체시가 등장하기 이전의 대표적 양식이었던 『시경(詩經)』 초사(楚辭) 악부시(樂府詩) 제언체고시(齊言體古詩) 등에서 각 1수씩을 가려 그 앞부분 일부를 제시해 본 것이다. 이를 보면 ①과 ②는 제일 앞 첫 번째 단어를 제목으로 삼았고, ③과 ④는 첫 번째 시구 자체를 제목으로 삼았음을 알 수 있다. 이런 예는 시에 한정된 것이 아니었다. 『논어』「학이(學而)」가 '학이시습지(學而時習之)'로 시작하고, 『맹자』「공손추(公孫丑)」는 '공손추문왈(公孫丑問曰)'로, 『예기』「곡례(曲禮)」는 '곡례왈(曲禮曰)'로 시작한 등에서 알 수 있듯이, 경전이나 산문에도 이런 예가 허다하였다. 당초 제목이 없던 것을 후대에 책자 형태로 편찬하면서 각 편의 첫째 단어나 첫째 구절 혹은 글 속의 특정 어휘를 가져다 임의로 제목을 삼은 경우가 많았기 때문이다.

제목을 걸고 지은 경우도 사정은 다르지 않았다. 악부시의 경우 무산고(巫山高) 유소사(有所思) 절양류(折楊柳) 종군행(從軍行) 등 기존에 이미 있던 제목을 그대로 가져와서 사용하는 것이 일종의 양식적 특징처럼 인식되었고, 제언체 고시 가운데서도 잡시(雜詩) 고의(古意) 의고(擬古) 고절구(古絶句) 등 특별한 의미 없이 편의상 붙여놓은 제목을 무수하게 발견할 수 있다. 제목을 작품의 일부로 간주해야 할 정도로 비중 있게 고려하지 않았음을 단적으로 보여주는 것이다. 따라서 이런 시대에는 제목 글자를 꼭 회피해야 할 필요가 없었고, 범제(犯題)란 말도 성립되기 어려웠다.

그러나 근체시가 일반화된 당나라 이후부터는 사정이 달라졌다. 절구 율시 등 짧고 정형화된 시를 즐겨 창작하면서 제목까지 시의 중요한 일부로 고려하기 시작하였다. 그래서 제목 속에 본문에 곧바로 드러내기 어려운 창작 동기나 상황, 핵심적 제재, 궁극적으로 지향하는 의미 등 작품 이해를 위해 꼭 필요한 요소를 직간접적으로 담아놓기 시작하였던 것이다.10) 이와 같은 경향은 특정 사물을 집중

---

10) 물론 당나라 이후에도 전과 같은 상투적이고 인습적인 제목 부여가 적지 않게 지속되었다. 宿昔 能畵 歷歷 提封(杜甫의 경우) 碧城 錦瑟(李商隱의 경우) 등과 같이

적으로 읊은 영물시(詠物詩)에 특히 두드러지게 나타났다고 하는데, 어떤 경우에는 제목을 보지 않고서는 작품 내용 자체를 정확하게 이해하기 어려운 수수께끼 같은 예도 있었다.

> 不論平地與山尖　평지든 산꼭대기든 할 것 없이,
> 無限風光盡被占　무한한 풍광이 다 점유 당했네.
> 采得百花成蜜後　온갖 꽃 채집해서 꿀을 만든 뒤,
> 爲誰辛苦爲誰甛　누가 고생하고 누가 달콤해할까.11)

당나라 때 나은(羅隱. 833~909)이 지은 절구시다. 언뜻 보면 이 시가 무엇을 말하는지 분명하지 않다. 산과 들 할 것 없이 더 넓은 자연 풍광을 두루 차지하고 있는 존재, 온갖 꽃을 가져다 꿀을 만드는 존재, 애쓴 보람도 없이 달콤한 그 꿀을 다 빼앗기고 마는 존재, 그것이 무엇일까? 바로 벌이며, 동시에 산야 곳곳에서 노동에 종사하는 백성을 비유하였다. 이 때 제목 봉(蜂)을 보면 중요한 의미가 있음을 알 수 있다. 바로 이 시의 핵심 제재를 제시한 것이기 때문이다. 따라서 이 시에서 제목 봉(蜂)은 시의 중요한 한 부분이라 할 수 있으며, 그래서 본문에 '봉'자를 다시 쓰지 않았다.

"위야(魏野)의 탁목(啄木) 시에 '온 숲을 쪼아 다 없앤다면[千林啄如盡] 배가 조금 굶주린들 무엇이 나쁠까[一腹餒何妨]' 하였는데, 마땅히 '온 숲의 좀벌레를 제거한다면[千林蠹如去]'이라고 고쳐야 제목 글

시의 첫 머리 2자를 가져다가 제목을 삼기도 하였고, 별 다른 의미 없는 絶句 偶題 偶吟 같은 것을 적당히 제목으로 부여한 것 또한 이전시대 전통의 연장선상에서 이해할 수 있다.
11) 羅隱,『羅昭諫集』(四庫全書, 集部, 別集類) 卷4,「蜂」.

자를 범하지 않고 또 좀벌레를 제거해야 한다는 풍자의 뜻이 있음을 알 수가 있다."12)

송나라 때 구양수(1007~1072)가 위야(魏野. 960~1019)의 「탁목조(啄木鳥:딱다구리)」란 시를 비평한 글의 일부이다. 「탁목조(啄木鳥)」는 본래 오언율시 2수 연작시인데,13) 구양수가 비평대상으로 삼은 것은 제1수의 함련(頷聯) 부분으로, 사마광(司馬光)을 비롯한 많은 문인들이 풍자의 뜻을 담은 명구(名句)로 널리 칭송한 바 있다.14) 문제는 천림탁여진(千林啄如盡)의 '탁(啄)'자가 제목 「탁목조(啄木鳥)」의 '탁(啄)'자를 범하였다는 점이다. 그래서 구양수는 이를 마땅히 '천림두여거(千林蠹如去)'로 고쳐야 범제를 피할 수 있고 또 풍자의 뜻도 잘 드러날 것이라고 하였다. 그래서인지 후대에 간행된 거의 모든 문헌에서는 이를 '천림두여진(千林蠹如盡)'으로 고쳐놓았는데, 이를 통해 범제를 피하려는 경향이 문단에 널리 보편화되었음을 분명히 알 수 있다.

둘째, 중운(重韻)이 되지 않는 글자를 선택한다는 점이다. 중운이란 중압운(重押韻), 즉 압운 부위에 동일한 글자를 중복 사용하는 것을 말한다. 압운은 매구운(每句韻)의 경우 모든 구 끝부분에, 격구운(隔句韻)의 경우 짝수 구 끝부분에 둔다. 정해진 부위에 같은 운목

---

12) 孫奕, 『示兒篇』 卷10, 「白雲黃雲」 조항, "歐公詩話云 魏野啄木云 千林啄如盡 一腹餒何妨 宜改作千林蠹如去 却不犯題上字 又見其有諷去蠹之意". 歐公은 宋나라 때 『六一詩話』를 지은 歐陽脩를 가리키는 듯하다.
13) 魏野, 『東觀集』 卷9, 「啄木鳥」 제1수, "爪利觜還剛 殘陽啄更忙 千林蠹如盡 一腹餒何妨 形小過槐陌 聲高近草堂 豈能同燕雀 惟解占高梁".
14) 『詩人玉屑』 卷9를 비롯하여 『詩話總龜』 卷13, 『詩林廣記』 卷9 등 많은 詩話書에 이 기사가 있다.

(韻目) 글자를 규칙적으로 반복함으로써 산문과 다른 시적 리듬감을 구현하려고 했던 것이다. 따라서 여기에 같은 글자를 중복한다고 운율미가 반감될 까닭은 없으며, 실제 근체시가 성립되기 이전에는 이를 폭넓게 용인하였다.

"「문왕유성(文王有聲)」 첫 장은 '유성(有聲)'자를 연속 2번 썼고, 「소민(召旻)」 마지막 장은 '백리(百里)'자를 연속 2번 썼다. 또 「행로(行露)」 첫 장 같은 경우 첫 구에 '로(露)'자를 쓰고 끝 구에 '로(露)'자를 썼고, 또 「간혜(簡兮)」 마지막 장 같은 경우 '인(人)'자를 연속 3번 썼으며, 「나(那)」는 '성(聲)' 자를 연속 3번 썼고, 한 글자를 거듭 쓴 것은 이루 다 말할 수 없다. 한나라 이후도 그랬다. ⋯⋯ 소무(蘇武)의 「골육연지엽(骨肉緣枝葉)」 한 수는 '인(人)'자를 2번, 「결발위부부(結髮爲夫婦)」 한 수는 '시(時)'자를 2번, 진사왕(陳思王)의 「기부사(棄婦詞)」는 '정(庭)'자 2번, '령(靈)'자 2번, '명(鳴)'자 2번, '성(成)'자 2번, '녕(寧)'자 2번을 썼고, 완적(阮籍)의 영회시(詠懷詩) 「작작서퇴일(灼灼西隤日)」 한 수는 '귀(歸)'자를 2번, 장협(張恊)의 잡시(雜詩) 「흑려약중연(黑蜧躍重淵)」 한 수는 '생(生)'자를 2번, 사령운(謝靈運)의 「군자유소사행(君子有所思行)」은 '귀(歸)'자를 2번, 양(梁) 무제(武帝)의 「찬공자정언경술회시(撰孔子正言竟述懷詩)」는 '반(反)'자를 2번, 임방(任昉)의 「곡범복야(哭范僕射)」 시는 '생(生)' 자를 2 번, '정(情)'자를 3번, 심약(沈約)의 「종산(鍾山)」 시는 '족(足)'자를 2번 썼다. 그러니 중운(重韻)을 꺼림은 수(隋) 당(唐) 시대부터였을 것이다."15)

---

15) 顧炎武, 『日知錄』卷21, 「古人不忌重韻」, "文王有聲首章 連用二有聲字 召旻卒章 連用二百里字 又如行露首章 起用露字 末用露字 又如簡兮卒章 連用三人字 那連用三聲字 其重一字者 不可勝述 漢以下亦然 … 蘇武骨肉緣枝葉一首 二人字 結髮爲夫婦一首 二時字 陳思王棄婦詞 二庭字二靈字二鳴字二成字二寧字 阮籍詠懷詩 灼灼西隤日一首 二歸字 張恊雜詩 黑蜧躍重淵一首 二生字 謝靈運君子有所思行 二歸字 梁武帝撰孔子正言竟述懷詩 二反字 任昉哭范僕射詩 二生字三情字 沈約

고염무(顧炎武. 1613~1673)가 쓴 「고인불기중운(古人不忌重韻)」이란 글의 일부이다. 이 글에서 고염무는 시경시대부터 위진남북조 시대에 이르기까지 수많은 시인들이 중운(重韻)을 널리 사용해 왔음을 상세하게 예를 들어 제시하였다. 그리고 이를 근거로 수(隋) 당(唐) 이전에는 중운을 꺼리지 않았음을 구체적으로 논증하였으며, 근체시가 보편화된 수(隋) 당(唐) 이후에 와서야 비로소 중운을 회피하려는 경향이 문단에 확산되기 시작하였다고 추정하였다.

고염무가 지적한 것처럼 실제 당나라 이전에는 중운 문제를 언급한 예를 찾아보기 어렵다. 그런데 이후에는 이를 비평의 중요한 기준으로 제기하였으며, 마땅히 삼가야 할 대상으로 거론한 예를 다양하게 찾아볼 수 있다.

> "옛 사람의 시에 잘못 중운(重韻)과 중자(重字)를 쓴 것이 있으나 모두 점검을 잘못한 부분이니, 반드시 이런 방식을 빌어다 스스로 글을 지어서는 안 된다. 또 풍우운뢰(風雨雲雷)를 두 연(聯)에 연이어 쓰고 일이삼사(一二三四)가 여덟 구 가운데 여섯 번이나 보이는 것 같음을 지금 표준으로 삼을 수 있겠는가?"16)

"「백량(栢梁)」 시에서 중운(重韻)을 한 것은 1인당 1구를 지어서이니, 그래서 중운(重韻)을 범해가며 우열을 다투었다. 「초중경처(焦仲卿妻)」 시에 중운(重韻)이 많게 된 것은 장편 서사시여서 가려 쓸 수가

鍾山詩 二足字 然則重韻之有忌 其在隋唐之代乎". 동일한 기사가 宋 王觀國의 『學林』「詩重韻」, 明 胡震亨의 『唐音癸籤』 卷4 등에 두루 실려 있다.

16) 胡震亨, 『唐音癸籤』(四庫全書, 詩文評類) 卷4, "古人詩 有誤用重韻重字者 皆是失黙檢處 必不可借以自文 又如風雨雲雷 有二聯中接用者 一二三四 有八句中六見者 今可以爲法邪".

없어서이니, 중운을 범함이 바로 무한히 흘러넘친 소치임을 알겠다. 이 두 편 외에 중운(重韻)을 한 것은 당연히 우연한 잘못에 속한다. 두보의「음중팔선가(飲中八仙歌)」는 '선(船)'자를 2번, '면(眠)'자를 2번, '천(天)'자를 2번, '전(前)'자를 3번 압운하였는데, 체제가 「백량(栢梁)」시와 아주 비슷해서 중운을 했을 뿐이다. 한퇴지의 여러 시 같은 경우는 지금 지으면서 지난 전례를 모방하여 여러 번 중운을 하였으니, 참으로 추한 여인이 굳이 (서시의) 눈살 찌푸림을 흉내 낸듯하여, 추함을 더함은 있었으나 아름다움을 더하지는 못하였다."17)

호진형(胡震亨. 1600년경)이 『당음계첨(唐音癸籤)』에서 언급한 내용이다. 이를 보면 당나라 이후 중운(重韻)을 한시 표현의 중대한 결함으로 인식하기 시작하였음을 분명히 알 수 있다. 그리고 이런 논리를 비평에 적극 활용하여, 초기 연구시(聯句詩)의 대표작인 「백량(栢梁)」시나 장편 서사시의 일종인 「초중경처(焦仲卿妻)」처럼 특별한 경우를 제외하고는 고시에서 조차 중운을 사용한 것이 실수이거나 제대로 점검하지 못한 소치라고 비판하였다. 그리고 여러 차례 중운을 범한 바 있는 한퇴지의 예를 들어 이전 시대의 중운 방식을 답습하는 것이 마치 추녀가 미녀 서시(西施)의 눈살 찌푸림을 흉내 내는 것과 같아서 추함만 더할 뿐 아름다움을 더하지는 못하였다고 하였다.18)

---

17) 胡震亨, 『唐音癸籤』(四庫全書, 詩文評類) 卷4, "栢梁押重韻者 人占一句 故犯重韻以爭勝也 焦仲卿妻重韻爲多者 長篇敍事 無庸簡擇 重犯正見 滔莽之致也 此二詩外 有重押者 當屬偶誤 杜子美飲中八仙歌 押二船字 二眠字 二天字 三前字 體正類栢梁 故重用韻耳 若韓退之諸詩 以今裁而倣往例 屢押重韻 正如東眉故蹙饗痕 增醜有之 益姸則未也".
18) 張思緒는 『詩法槪述』 207쪽의 '重字' 조항에서 "一韻之中的同義字 也算重字 如麻韻的花葩 陽韻的芳香 尤韻的憂愁 同押于一詩 雖造句各殊 究竟重複可厭 亦應避

이처럼 근체시의 등장과 함께 중운을 기피하는 경향이 확산된 이유는 근체시의 운각(韻脚) 부위에 특별히 중요한 기능이 있기 때문이다. 운각은 2구 1연 내에서 의미 표현은 물론 세밀한 가락 변화(평측)를 일차 완성하는 자리였고, 또 다른 운각과의 관계 속에서 보다 큰 차원의 새로운 가락(압운)을 창출하는 핵심 부위였다. 따라서 여기에 동일한 글자를 반복할 경우 표현의 중복감이나 단조로움이 다른 부위보다 훨씬 강하게 부각된다고 할 수 있겠는데, 바로 이런 한계를 극복하고자 했던 것이다. 그래서 가능한 동일한 글자가 아닌, 운부는 같지만 성부는 다른 글자를 활용하고자 하였으며, 이렇게 함으로써 시적 리듬감과 표현의 풍부함을 동시에 구현하려고 했던 것이다.

셋째, 중자(重字)는 피하되, 특별한 경우에만 제한적으로 허용한다는 점이다. 중자란 시의 본문에 동일한 글자를 중복 사용하는 것을 말한다. 이런 의미에서 중운(重韻) 또한 중자의 일종이라고 할 만하다. 운각 부위도 당연히 시 본문의 일부에 포함되는 것이기 때문이다. 그러나 중운은 운각 글자끼리의 중복에 한정된 개념이지만, 중자는 오히려 이를 제외한 여타 일반적 중복, 예컨대 운각과 여타 본문 글자의 중복, 혹은 여타 본문 글자끼리의 중복을 주로 가리킨다는 점에 중요한 차이가 있다.

之爲可"라고 하여 麻운목의 花자와 葩자, 陽 운목의 芳자와 香자, 尤운목의 憂자와 愁자 등처럼 글자는 달라도 의미가 같은 것까지 重字로 간주해야 한다고 하였다. 여기서 그가 말한 重字는 重韻을 가리킴이 분명한데, 이런 同義字까지 重韻으로 간주하여 피해야 한다고 한 근거는 밝히지 않았다. 반면 王力은 장편 배율의 경우 重韻을 해도 무방하다 하면서 '배율은 글자 수가 많으므로 同字韻脚이 적용된 부위의 거리가 서로 멀수록 重韻의 감각을 희박하게 하기 때문이다'(『漢詩韻律論』 144쪽)고 하였다. 이로 볼 때 重韻의 회피 정도에 대해서는 의견이 동일하지 않았던 듯하다.

중자 또한 근체시가 등장하기 이전에는 거리낌 없이 사용해 왔고, 이를 두고 특별히 시비를 한 예를 찾아보기 어렵다. 그런데 근체시가 등장한 이후에는 사정이 달라졌다. 제한된 글자로 보다 풍부하고 깊은 뜻을 담아내기 위해 가능한 다양한 글자를 고루 활용하고자 하였으며, 사십현인(四十賢人)이니 오십육성현(五十六聖賢)이니 하는 말에 잘 드러나듯, 글자마다 독립적이고 다른 의미를 담고자 하였다. 그래서 중운(重韻)은 물론 중자(重字)까지 시의 결함으로 지적하게 되었던 것이다.

"왕유의 시 '한 번 백사(白社)로 돌아가고 나서, 다시는 청문(靑門)에 오지 않았네. 푸른 줄풀[靑菰]은 물가에 비취고, 흰 새[白鳥]는 산으로 나르네.'에19) 청(靑)자와 백(白)자가 거듭 나오니, 점검(檢點)을 잘못함이 있어서이다."20)

명나라 때 왕세무(王世懋. 1536~1588)가 『예포힐여(藝圃擷餘)』에 기록해 놓은 기사이다. 이 글에서 왕세무는 왕유(王維)의 대표작 가운데 하나인 「망천한거(輞川閑居)」의 중자 문제를 거론하였다. 그가 거론한 것은 이 시의 수련(首聯)과 경련(頸聯) 부분인데, 수련에서 이미 사용했던 청(靑)자와 백(白)자를 경련에 다시 활용하여 중자가 되었다고 지적하면서 점검을 잘못한 소치라고 비판하였다.

---

19) 王維의 「輞川閑居」란 오언율시인데, 전편은 "一從歸白社 不復到靑門 時倚簷前樹 遙看原上村 靑菰臨水映(映一作拔) 白鳥向山翻 寂寞於陵子 桔槹方灌園"이다. 『王右丞集箋注』(四庫全書 別集類) 卷7에 수록되어 있다.
20) 王世懋, 『藝圃擷餘』(四庫全書, 詩文評類), "王摩詰詩 一從歸白社 不復到靑門 靑菰臨水映 白鳥向山翻 靑白重出 有失檢點".

"근체시를 지을 때, 한 수 안에 같은 글자가 있을 수 없다. 이는 시의 결함[詩病] 중 하나이니, 마땅히 힘써 피하도록 해야 한다. 이전 시대 유명 문인들도 우연히 중자를 범한 것이 있다. 그러나 이를 본받아서는 안 된다."21)

"율시는 한 편이 짧아서 글자에 모름지기 변화가 많아야 생동하는 [靈活] 아름다움을 가진다. 그러므로 글자의 중복 사용을 반드시 피해야 한다. 이전 사람의 시에 혹 이런 예가 있기는 하나 또한 본받을 것이 못된다."22)

중국 학자 장사서(張思緖) 간명용(簡明勇) 등이 중자 문제와 관련하여 언급한 내용이다. 이들 또한 그간의 연구 결과를 토대로 근체시에서 중자를 기피하고자 했던 사실을 분명하게 지적하였다. "근체시는 길이가 짧아서 글자의 변화가 많아야 생동감을 가질 수 있다. 따라서 동일한 글자를 중복 사용하는 것은 바로 이런 변화와 생동감을 약화시키는 시병(詩病)이 되니 반드시 피해야 한다. 혹 이전의 시 가운데 이런 예가 있을지라도 본받을 것이 못된다."는 것이 이들이 말한 핵심적 요지였다.

중자는 특히 대장(對仗) 부위에서 가장 꺼렸다. 대장은 한 연 내에서 출구(出句)와 대구(對句)를 동일한 방식으로 상호 대응시키는 것을 말하는데, 문법적 구성 방식은 동일하지만 그 의미는 서로 달라야 했으며, 의미가 유사할 경우 이를 합장(合掌)이라 하여 결함으로 간

---

21) 張思緖, 『詩法槪述』(1988), 207쪽, "作近體詩 一首詩裏面不能有相同的字 這是詩病之一 應當力求避免 前代名家也偶有犯重字的 但不可爲訓".
22) 簡明勇, 『律詩硏究』(臺灣, 五洲出版社, 1973), 「律詩之修辭硏究」, 151쪽, "律詩篇短 字須多變化 方有靈活之美 故字必須避免重複使用 惟前人詩或有此例 亦不足爲法".

주하였다. 이와 마찬가지로 개별 글자도 그 계열은 천문류(天文類) 지리류(地理類) 인사류(人事類) 등 서로 같거나[工對] 비슷한[隣對] 계열 내에서 선택하는 것을 높이 평가하였지만 글자 자체는 다른 것이라야 했으며, 동일한 글자끼리 대응시킬 경우 이를 동자상대(同字相對)라고 하여 결함으로 간주하였다. 그래서 대장 부위에서는 다른 어떤 부위에서보다 특히 더 중자를 기피하고자 하였던 것이다.

그렇다면 어떤 경우에 중자를 허용했을까? 대략 세 가지 경우가 있었던 듯하다. 하나는 첩어(疊語) 형태일 경우이고, 다른 하나는 한 구 내에서 단구중자(單句重字) 형태로 사용하는 것이었으며, 또 다른 하나는 앞 구와 뒤 구의 연결부위, 곧 앞 구 끝 자와 뒤 구 첫 자에 바로 연환(連環)시켜 사용할 경우였다.

①-2 漠漠水田飛白鷺　아득한(漠漠) 무논엔 백로가 날고
　　　陰陰夏木囀黃鸝　어둑한(陰陰) 나무엔 꾀꼬리 지저귀네.23)
①-1 無邊落木蕭蕭下　끝없이 낙엽은 쓸쓸히(蕭蕭) 떨어지고,
　　　不盡長江滾滾來　쉼없이 장강은 도도히(滾滾) 흘러오네.24)

②-1 山北山南細路分　산 북쪽 산 남쪽으로 가는 길 나뉘었고,
　　　松花含雨落繽紛　송화 꽃 비 머금고 어지럽게 떨어지네.25)

---

23) 王維, 『王右丞集箋注』 卷10, 「積雨輞川莊作」, "積雨空林烟火遲 蒸藜炊黍餉東菑 漠漠水田飛白鷺 陰陰夏木囀黃鸝 山中習靜觀朝槿 松下淸齋折露葵 野老與人爭席罷 海鷗何事更相疑".
24) 杜甫, 『補註杜詩』 卷26, 「登高」, "風急天高猿嘯哀 渚淸沙白鳥飛迴 無邊落木蕭蕭下 不盡長江滾滾來 萬里悲秋常作客 百年多病獨登臺 艱難苦恨繁霜鬢 潦倒新停濁酒杯".
25) 李崇仁, 『陶隱集』 卷3, 「題僧舍」, "山北山南細路分 松花含雨落繽紛 道人汲井歸茅舍 一帶靑煙染白雲".

②-2 終日芒鞋信脚行 종일 짚신신고 발길 닿는 대로 가서,
　　　<u>一山</u>行盡<u>一山</u>靑 한 산을 다 가니 또 한 산이 푸르네.26)

③-1 故人南郡去　고인은 남군으로 떠나가더니,
　　　去索作碑錢　떠나가 비문 지을 돈을 구하네.27)

①은 동일한 글자를 첩어 형태로 사용한 것이다. ①-1 막막(漠漠)과 음음(陰陰)은 모두 구의 상체(上體)에서, ①-2 소소(蕭蕭)와 곤곤(滾滾)은 모두 구의 하체(下體)에서 사용하였다. 이와 같은 첩어는 시적 표현 기세(語氣)를 강화함으로써 예술적 효과를 한층 더 증대시키는 기능이 있다고 하는데,28) 명나라 때 왕사정(王士禎. 1634~1711)은 실제 이 시구를 예시한 다음 ①-1은 시의 소산(蕭散)한 정취를, ①-2는 시의 비장(悲壯)한 정취를 더욱 잘 드러나게 하는 예술적 효과가 있다고 지적한 바 있다.29)

②는 한 구 내에서 같은 글자를 반복한 단구중자(單句重字)의 예이다. ②-1은 상체(上體) 산남산북(山南山北)에서 산(山)자를 제1자 제3자로 1자씩 건너 반복하였고, ②-2 일산행진일산청(一山行盡一山靑)

---

26) 金時習, 『梅月堂集』卷3, 「贈峻上人」20수 중 제8수, "終日芒鞋信脚行 一山行盡一山靑 心非有想奚形役 道本無名豈假成 宿露未晞山鳥語 春風不盡野花明 短筇歸去千峰靜 翠壁亂煙生晚晴".

27) 杜甫, 『補注杜詩』卷22, 「聞斛斯六官未歸」, "故人南郡去 去索作碑錢 本賣文爲活 翻令室倒懸 荊扉深蔓草 土銼冷踈煙 老罷休無賴 歸來省醉眠".

28) 張思緖, 『詩法槪述』(1988), 158쪽, "詩用疊字 可以加重語氣 使詩的藝術效果 更見增强".

29) 王士禎, 『古夫于亭雜錄』(四庫全書 雜家類) 卷2, "七言律 有以疊字益見悲壯者 如杜子美 '無邊落木蕭蕭下 不盡長江滾滾來', '江天漠漠鳥雙去 風雨時時龍一吟' 是也. 有以疊字益見蕭散者 如王摩詰 '漠漠水田飛白鷺 陰陰夏木囀黃鸝' 徐昌穀 '開軒歷歷明星夕 隱几蕭蕭古木秋' 王敬美 '山鳥自呼泥滑滑 行人相對馬蕭蕭' 是也".

은 일산(一山) 2자를 각각 상체 일산행진(一山行盡)과 하체 일산청(一山靑)의 제1~2자로 대응시켜 반복하였다. 이외에도 여러 형태의 단구중자가 있다. 백견전행황견수(白犬前行黃犬隨)30)의 견(犬)자처럼 상체 제2자와 하체 제2자를 반복하기도 하였고, 아견옹의옹무정(兒牽翁衣翁撫頂)31)의 옹(翁)자처럼 상체 제3자와 하체 제1자를 반복하기도 하였으며, 동망망춘춘가련(東望望春春可憐)32)의 망(望)자 춘(春)자처럼 곧바로 연결시켜 연용(連用) 형태로 사용하기도 하였다. 평측 규칙 때문에 반복 자체가 불가능했던 제2자와 제4자, 제4자와 제6자를 제외하고는 사실상 모두 가능하였으며, 이렇게 함으로써 평측과 또 다른 차원의 가락미를 추구하였다.

③은 앞 구 끝부분과 뒤 구 첫 부분에 거(去)자를 반복해 놓은 것이다. 이처럼 구와 구의 연결 부위에 동일한 글자를 반복한 것은 한 구 내에서 같은 자를 연이어 사용한 연용(連用)과 구별하여 연환(連環)이라 하였다. 이 글자를 매개로 앞 구와 뒤 구가 마치 고리[環]처럼 연결[連]된 형국이 되었다는 의미이다. 이런 연환 방식의 중자는 고시 표현법 중의 하나로 오래 활용해 왔고, 두 시구 사이의 밀접한 연결 관계[纏綿繾綣]를 부각시키고, 반복하여 다함이 없는[反復不盡] 정서를 표현하는데 적합하다는 평가를 받았다. 그래서 근체시가 등장한 이후에도 여러 방식으로 이를 계승하고자 하였다. 형식적 제약이 상대적으로 느슨한 수련(首聯)과 미련(尾聯)에 주로 활용하기도 하였고, 동일한 글자는 아니지만 진(塵)자와 토(土)자, 벽(碧)자와

---

30) 李達, 『蓀谷詩集』 卷6, 「祭塚謠」 제1구.
31) 成俔, 『虛白堂集』 卷2, 「宮村詞」 제13구.
32) 『唐音』 卷5, 七言律詩, 蘇頲의 「奉和春日幸望春宮應製」 제1구.

석(石)자, 상(裳)자와 의(衣)자 등처럼 앞 구 끝 글자 일부를 분리하여 다음 구 첫 글자로 활용하기도 하였으며, 전편을 모두 이런 방식으로 연결하여 이른바 옥연환체(玉連環體)라는 잡체시 형식을 만들어내기도 하였다.

　기타 동자이의(同字異義), 즉 같은 글자의 뜻을 달리해서 쓰는 방식의 중자를 허용하기도 하였다. 유우석(劉禹錫)이 백락천(白樂天)에게 보낸 「기락천(寄樂天)」이란 작품이 그런 예이다. 유우석은 이 시 함련 출구에서 '눈 속 높은 산은 머리 일찍 희고[雪裏高山頭白早]'라 하고, 다시 경련 출구에서 '우공이 반드시 문을 높일 경사가 있나니[于公必有高門慶]' 라고 하여 고(高)자를 두 번 썼다. 그리고 주석을 달아 "고산(高山)의 고(高)자는 '높다'는 뜻이고, 고문(高門)의 고(高)자는 '높인다'는 뜻이니, 이렇게 뜻을 달리해서 거듭 활용하는 것은 옛 시의 전통이므로 잘 알아야 한다."33)고 하였다. 동자이의(同字異義) 방식의 중자는 허용해도 무방하다는 의미이다.

　그러나 이에 대해서는 논란이 적지 않았다. 송나라 심괄(沈括. 1031~1095)은 전혀 문제가 없는 방식이라고 하였지만, 호순척(胡舜陟. 1083~1143)은 유우석의 바로 그 시구를 제시하면서 '당나라 사람은 글자의 중첩 사용을 꺼렸다[唐人忌重疊用字]'고 하여 반대 의사를 분명히 하였다. 금(金)나라 왕약허(王若虛. 1174~1243)는 이런 문제를 아예 논의할 가치가 없는 것으로 치부하기도 하였고,34) 명나라

---

33) 劉禹錫,『劉賓客文集』外集 卷1,「蘇州白舍人寄新詩 有歎早白無兒之句 因以贈之」, "莫嗟華髮與無兒 却是人生久遠期 雪裏高山頭白早 海中仙果子生遲 于公必有高門慶 謝守何煩曉鏡悲 幸免如新分非淺 祝君長詠夢熊詩 注高山本高 于門使之高 二義故殊 古之詩流曉此".『才調集』(卷5)에는 이 시의 제목을 줄여「寄樂天」이라 표기하였다.

사진(謝榛. 1495~1575)은 유우석 시의 주석까지 두루 다 검토한 다음, 바람직한 방법은 아니지만 대우와 관련된 함련 경련이 아닌 부위에서는 제한적으로 허용할 수도 있겠다는 입장을 보였다.35)

이처럼 중자는 주로 첩어일 경우, 단구 형태일 경우, 연환 형태일 경우 등 몇 가지를 중심으로 허용해 왔는데, 그것이 특정한 시적 표현 효과 창출을 위한 방법의 일종이었다는 점에 중요한 특징이 있다. 첩어를 통해 작품의 어기(語氣)를 강화하고, 단구중자를 통해 평측과 별개의 리듬감을 보완하며, 연환중자를 통해 반복부진(反復不盡)한 정서를 부각시키고자 했다는 점이 바로 그것이다. 글자의 반복을 조건 없이 허용한 것이 아니라 특수한 시적 표현 효과와 관련하여 제한적으로 허용한 것이다.36)

넷째, 난자(難字)를 피하고자 한다는 점이다. 난자란 글자 그대로 평소에 잘 쓰지 않는 생소하고 어려운 글자를 말한다. 시에 이런 글자를 쓰게 되는 데는 대략 두어 가지 이유가 있다. 하나는 평측이나 압운 등 정해진 격식에 맞는 글자를 모색하다가 궁여지책으로 이런 글자를 쓰게 되는 것인데, 시에 익숙하지 않은 초심자들에게 흔히

---

34) 王若虛,『滹南集』卷38,「詩話」, "崔護詩云 去年今日此門中 又云人面只今何處去 沈存中日 唐人工詩 大率如此 雖兩今字不恤也 劉禹錫詩云 雪裏高山頭白早 又云 于公自有高門慶 自注云 高山本高 于門使之高 二義殊 三山老人曰 唐人忌重疊用字 如此二說 何其相反歟 予謂此皆不足論也". 沈存中은 송나라 沈括의 자이고, 三山老人은 송나라 胡舜陟 호이다.

35) 謝榛,『四溟詩話』(『詩法槪述』207쪽 재인용-), "劉禹錫贈白樂天 兩聯用兩高字 雪裏高山頭白早 于公必有高門慶 自注曰 高山本高 高門使之高 二義不同 自怨如此 兩聯最忌重字 或犯首尾可矣".

36) 重字를 활용한 시구의 표현 효과에 대해서는 金俊淵의「唐代 七言絶句에서의 重字 活用 硏究」(『中國學報』64집, 한국중국학회, 2011) 참고. 이 논문은 唐代 칠언절구를 중심으로 重字의 출현 동인과 예술적 활용 문제를 집중적으로 검토하였다.

나타나는 현상이다. 다른 하나는 남보다 좋은 시를 지어보이겠다는 승부욕 때문에 고의로 이런 글자를 찾아 쓰는 것인데, 심덕잠은 아래와 같이 이를 경계한 바 있다.

"옛 사람은 글자 다듬기를 그만두지 않았다. 그러나 뜻으로 좋지, 글자로 좋지는 않았다. 그러므로 평범한 글자로 빼어남을 보이고, 일상적 글자로 험난함을 보이며, 묵은 글자로 참신함을 보이고, 소박한 글자로 빛남을 보였다. 근래에 싸워서 이길 마음을 가진 자는 글자만 어렵게 할 따름이다."37)

이 글에서 심덕잠(沈德潛. 1673~1769)은 글자보다 중요한 것은 뜻이며, 좋은 시는 결국 글자로 좋은 것이 아니라 뜻으로 좋다고 하였다. 그리고 고인의 예를 들어 좋은 시는 평범한 글자로 빼어남을, 일상적 글자로 험난함을, 익숙한 글자로 참신함을, 소박한 글자로 빛남을 드러내는 것이라고 하였으며, 그런데도 승부욕을 품은 사람들이 다듬기에 골몰하다가 결국 글자만 어려운 시를 짓게 된다고 비판하였다. 글자 연마보다 뜻을 설정함이 더욱 중요하다고 강조하려는 글이지만, 이를 통해 자연스럽게 어렵고 생소한 글자를 쓰는 것이 바람직하지 않다는 생각을 드러내었다.

이와 같이 어려운 글자를 피해야 한다는 견해는 근체시 성립 이전부터 이미 있었다. 남북조시대 때 유협(劉勰. 465~521)이 『문심조룡(文心雕龍)』에서 "진(晉) 나라 이래로 글자를 씀에 대체로 간단하고 평이함을 추구하여, 마침내 모두 쉽게 아는 글자를 썼으니 누가 다시

---

37) 沈德潛, 『說詩晬語』(『詩法槪述』 206쪽), "古人不廢煉字法 然以意勝而不以字勝 故能平字見奇 常字見險 陳字見新 朴字見色. 近人挾以斗勝者 難字而已".

어려운 글자를 쓰려고 하겠는가. 이제는 한 글자라도 괴이하면 모든 구절에 놀라고, 세 사람이 알아보지 못하면 곧 글자 도깨비[字妖]가 된다."38)고 한 것이 바로 그런 예이다. 그래서 후대에 와서는 "시란 언어 표현이 비근하면서도 가리키는 뜻이 심원해야 절묘함을 얻을 수 있다"39)는 생각이 널리 자리 잡았으며, 이런 생각을 비평에 적용하여 난자(難字) 문제를 아주 구체적으로 지적하기에 이르렀다.

"시를 지음에 어려운 글자를 쓰면 안 된다. …… 시가 어려운 글자를 운으로 쓴 것은 육조(六朝) 시대부터 시작되었다. 유신(庾信)의 '길이 대신 손 안에 합(浛)한다[長代手中浛]'40)와 심약(沈約)의 '원컨대 어수(魚鱐)로 돌아가[願言反魚鱐]'41)와 같은 것이니, 이로부터 어렵고 난삽한 데로 흘렀다. 당나라 육구몽(陸龜蒙)의 '물에 넣을 백 척 홍(篊)을 짜 만들다[織作中流萬尺篊]'42)와 위장(韋庄)의 '견수(汧水)가 유유히 병(絣)같이 흐른다[汧水悠悠去似絣]'43)의 홍(篊) 병(絣) 두 자는 근체

---

38) 劉勰, 『文心雕龍』, 「練字第三十九」, "自晉來用字 率從簡易 時并習易 人誰取難 今一字詭異 則群句震驚 三人不識 則將成字妖矣". 풀이는 朱振甫 『文心雕龍注釋』 (里仁書局, 1984) 736쪽 "從晉代以來 所用文字 大都要求簡單平易 當時都用容易識的字 誰再去用難字呢 現在只要一個字怪異 就使人對許多句子都感到震驚 三個人不識的字 就要成爲字妖了"를 참고하였다.
39) 黃庭堅, 『山谷集』, 別集 卷6, "蓋詩之言近而指遠者 乃得詩之妙".
40) 庾信, 『庾子山集』卷4, 「贈別」, "藏啼留送別 拭淚强相參 誰言畜衫袖 長代手中浛".
41) 『藝文類聚』卷31, "梁范雲 贈沈左衛詩曰 伊昔露嘉惠 出入承明宮 遊息萬年下 經過九龍中 越鳥憎北樹 胡馬畏南風 願言反魚鱐 津梁肯見通".
42) 陸龜蒙, 『甫里集』卷8, 七言律詩, 「寄吳融」, "一夜秋聲入井桐 數枝危綠怕西風 霏霏曉砌烟華上 淅淅疎簾雨氣通 君整輪蹄名未了 我依琴鶴病相攻 到頭江畔從漁事 織作中流萬尺篊".
43) 韋莊, 『浣花集』卷3, 「汧陽間」, "汧水悠悠去似絣 遠山如畫翠眉橫 僧尋野渡歸吳嶽 雁帶斜陽入渭城 邊靜不收蕃帳馬 地貧惟賣隴山鸚 牧童何處吹羌笛 一曲梅花出塞聲". 이 시의 제목이 『全唐詩』(卷699)에서는 문집과 같지만, 『石倉歷代詩選』

시에서 더욱 쓰지 않아야 마땅하다."44)

사진(謝榛. 1495~1575)이 『사명시화(四溟詩話)』에서 언급한 내용이다. 사진은 여기서 유신(庾信) 시의 함(浛)자, 심약(沈約) 시의 수(蓨)자, 육구몽(陸龜蒙) 시의 홍(羄)자, 위장(韋庄) 시의 병(絣)자 등을 어려운 글자의 대표적인 예로 적시하였다.

실제 이 몇 글자는 시에서는 물론 문장에서도 잘 쓰지 않는 생소하고 어려운 글자들이다. 그래서 자연히 따로 주석을 달아 설명을 하지 않을 수 없었는데, 함(浛)자에 대해 "물을 진흙에 타는 것을 함(浛)이라 한다."45), "음은 함(含)이다. 적삼 소매를 적심이 물과 사물에 뒤섞는 것과 같음이다."46)라고 하고, 홍(羄)자에 대해 "고기 잡는 도구이다. 『유양잡조(酉陽雜俎)』에 '진(晉)나라 때 전당(錢塘)의 어떤 사람이 이것을 만들어 해마다 엄청난 양의 고기를 잡아서 만장홍(萬匠羄)이라고 하였다.'47)고 하였다"는 것이다.48) 그리고 마침내 근체시에서는 이런 어려운 글자를 쓰면 안 된다고 하였으며, 근대의

(卷102), 『陝西通志』 등에는 「汧陽閣」, 기타 韋穀의 『才調集』(卷3), 『唐詩鼓吹』(卷10), 『唐詩品彙』의 「唐詩拾遺」(卷10), 『全唐詩錄』(卷94) 등에는 모두 「汧陽縣閣」이라 표기하였다.

44) 謝榛, 『四溟詩話』(詩法槪述 206쪽), "作詩 不可用難字 … 詩用難字韻 起自六朝 若庾開府長代手中浛 沈東陽願言反魚蓨 從此流于艱澁 唐陸龜蒙 織作中流百尺羄 韋庄 汧水悠悠去似絣 羄絣二字 近體尤不宜用".

45) 庾信, 『庾開府集箋注』 卷5, 「贈別」, "按以水和泥曰浛 音含".

46) 庾信, 『庾子山集』 卷4, 「贈別」, "音含 言濕衫袖 若水和物也".

47) 楊愼, 『升庵集』 卷67, 「萬尺羄」 조항, "陸魯望寄吳子華詩 到頭江畔尋漁事 織作中流萬尺羄 羄取魚具也 酉陽雜俎 晉時錢塘有人作羄 年取魚億計 號萬匠羄". 판본에 따라 羄과 羄을 혼용하였는데, 의미는 차이가 없다.

48) 기타 위의 시에 나온 蓨는 마디풀과의 다년초인 羊蹄草 혹은 고을이름을, 汧은 강물 이름을, 絣은 고대 氏族들이 잡색실로 짠 베 이름을 가리키는 말이다.

연구자들 또한 이런 관점을 반영하여 "어려운 글자는 뜻이 난삽하여 독자가 정확하게 이해할 수 없게 하므로 운각은 물론 본문에서도 쓰면 안 되니 백해무익할 뿐"49)이라 하였다.

다섯째, 허자(虛字)의 선택에 특히 신중해야 한다는 점이다. 허자란 실제 존재하는 사물을 가리키는 명사형 어휘, 곧 실자(實字)와 상대되는 말로, 전근대시대에는 대개 명사(名詞)가 아닌 여타 어휘 전체를 포괄적으로 지칭하였다. 그러다가 청나라 말 마건충(馬建忠. 1845~1900)이 근대적 문법 연구서인 『마씨문통(馬氏文通)』(1898년)을 저술한 이후 그 의미를 보다 세분하여 실질적 뜻이 없으면서 문법적으로 문장 구성에 보조적 역할을 하는 어기사(語氣詞) 개사(介詞) 연사(連詞) 부사(副詞) 조동사(助動詞) 대명사(代名詞) 등을 주로 일컫게 되었는데, 이를 넓은 의미에서의 허자와 구분하여 따로 허사(虛詞)라고 하였다. 그러니까 허자(虛字)는 명사형 실자(實字)가 아닌 어휘 전체에 대한 범칭이고, 허사(虛詞)는 허자(虛字) 가운데 특히 동사 형용사 등을 제외한 보다 엄밀한 의미에서의 문법적 보조사라고 할 수 있겠는데, 북경대학에서 간행한 『고한어허사사전(古漢語虛詞詞典)』을 참고하여 대표적인 허사 몇 가지를 제시해보이면 아래와 같다.50)

---

49) 張思緖, 『詩法槪述』(1988), 206쪽, "詩中不宜用難字 因爲字義艱深 就會使詞意晦澁 使讀者不能得到明确的槪念 … 除韻脚字外 中間的字 也不宜用難字 這和韻脚字 同樣是有害無益的".

50) 『古漢語虛詞詞典』(北京大學, 1996)은 語氣詞 介詞 連詞(접속사) 副詞 助詞 助動詞 代詞(대명사) 嘆詞(감탄사) 등 8종을 허사로 보아 837개 단어를 수록하였다. 반면 같은 대학 출판 『現代漢語虛詞詞典』에는 助動詞 代詞 嘆詞를 虛詞에서 제외하였다. 그리고 조동사 得 可 등을 부사로 처리하는 등 구체적 내용에도 다른 점이 많았는데, 이로 보아 虛詞의 범위에 대해서는 중국 학계에도 적지 않은 이견이 있는

○ 어기사(語氣詞) : 문장 끝에서 판단 의문 감탄 등을 나타내는 것. 종결사.
예) 야(也:~이다), 의(矣:이라), 재(哉:~이로다), 여(與:~인져), 여(歟:~인져, ~인가?), 호(乎:~인져, ~인가?), 사(邪:~인가?), 야(耶~인가?), 이(耳:뿐이다), 이이(而已: 따름이다)

○ 개사(介詞) : (대)명사 앞에서 시간 장소 방향 대상 목적 등을 나타내는 것. 영미어의 전치사(前置詞)나 우리말 격조사(格助詞)와 유사한 기능이 있음.
예) 이(以:~로), 어(於:~에), 우(于:~에), 호(乎:~에), 여(與:~와), 급(及:~와), 종(從:~부터), 자(自:~부터), 유(由:~부터), 대(對:~에게), 비(比:~에 비해), 피(被:~되다), 위(爲:~되다)

○ 연사(連詞) : 문장과 문장 혹은 문장 중 두 성분을 이어주는 것. 접속사.
예) 이(而:그리고, 그런데, 그러나), 즉(則:~라면), 이차(而且:그리고 또), 비단(非但:~뿐만아니라), 단시(但是:다만), 인위(因爲:~때문에), 고(故:~그러므로), 억(抑:혹 아니라면)

○ 부사(副詞) : 동사 형용사 혹은 다른 부사나 문장 전체를 수식하는 것.
예) 즉(卽:곧), 우(又:또), 역(亦:또), 유(猶:오히려), 증(曾:일찌기), 지(只:다만), 졸(卒:마침내), 방(方:바야흐로), 장(將:장차), 내(乃:이에), 수(遂:드디어), 환(還:도리어)

○ 조동사(助動詞) : 본동사 앞에서 그 보조적 기능을 수행하는 것.
예) 가(可:~할 만하다, ~할 수 있다), 득(得:~해야 한다, ~할 수 있다), 능(能:~할 수 있다), 극(克:~할 수 있다), 요(要:~해야 한다), 족(足:~할만하다), 과(過:~한 적이 있다)

○ 대명사(代名詞) : 사람이나 사물의 이름을 대신해서 나타내주는 것.
예) 사(斯:이, 지시), 이(伊:이. 지시), 자(玆:이, 지시), 저(這:이, 지시), 기(其:그, 지시), 지(之:그것. 지시), 소(所:~바, 불완전), 하(何:어찌, 의문), 갈(曷:어찌, 의문)

위와 같은 허사는 문법적 보조사에 불과하지만, 정확한 문장 표현

듯하다.

을 위해 없어서 안 될 중요한 요소들이다. 그러나 한 구를 5자 혹은 7자로 균일하게 완성해야 하는 짧은 한시에서 이를 두루 갖추어 쓰기가 어려웠으며, 시가 문장처럼 문법적으로 꼭 완결된 표현을 지향해야만 하는 것도 아니었다. 말로 다하기 어려운 언외지의(言外之意)를 구현함에 있어서 명백하고 완결된 문장 표현보다 오히려 다소 불완전하고 애매해 보이는 표현이 훨씬 효율적일 수도 있었던 것이다. 그래서 간결한 표현에 함축적 의미를 담고자 하는 근체시의 등장과 함께 독립적 의미가 약한 이런 보조적 어휘를 가능한 생략하거나 피하고자 하였으며, 의도적으로 쓸 경우에도 특별히 조심하고 신중하였다.

① 시구를 지음에 반드시 상세하고[詳] 간략한[略] 용사(用事)가 정교해야 하고, 더욱이 허자(虛字)가 없어야 한다.51)

② 조맹부(趙孟頫)가 말하기를, "시를 지음에 허자를 써서는 특히 안 된다. 중간 두 연(聯)을 실자(實字)로 채워야 비로소 좋다"라고 하였다.52)

③ 무릇 시를 지음에 실자(實字)가 많으면 건강하고[健], 허자(虛字)가 많으면 허약하다[弱].53)

---

51) 黃庭堅, 『山谷集』, 別集 卷6, "作詩句 要須詳略用事精切 更無虛字也".
52) 陶宗儀, 『輟耕錄』(世界書局, 1978) 卷9, 「詩法」, "趙魏公云 作詩用虛字 殊不可 中兩聯塡滿方好 出處纔使唐已下事 便不古". 元 陸友仁의 『研北雜志』 卷下, 明 胡震亨의 『唐音癸籤』 卷3 등에 "律詩不可多用虛字 中兩聯塡實方好"라고 한 것을 번역에 참고하였다.
53) 仇兆鰲, 『杜詩詳註』補注 卷下, "凡作詩實字多則健 虛字多則弱".

④ 한퇴지의 시 "바람은 능히 가시연꽃 싹을 꺾고[風能折芡觜] 이슬이 또한 배의 뺨을 물들이네[露亦染梨腮]"에 대하여, 황정견(黃庭堅)이 말하기를 "능(能)자는 마땅히 릉(稜:위세) 자로 쓰고, 역(亦)자는 마땅히 액(液:액체)자로 써야 한다."고 하였다. 시에 허자(虛字)가 없을 수는 없지만, 그러나 허자를 쓰되 적절하지 않으면 범범해진다.54)

⑤ 시에 실자(實字) 쓰기는 쉽지만 허자(虛字) 쓰기는 어렵다. 성당(盛唐) 사람은 허자(虛字)를 잘 썼으니, 그 여닫고 부름[開合呼喚]과 멀리 떨치고 굽이침[悠揚委曲]이 모두 여기에 있었다. 그러나 잘 쓰지 못하면 유약하고 느슨하며 산만하여[柔弱緩散] 다시 떨칠 수가 없으니 또한 깊이 경계해야 마땅하다.55)

①은 시구에 허자가 없어야 함을 직설적으로 말하였고, ②는 특히 대우 부위에서 허자를 피해야 함을 강조하였으며, ③은 실자(實字)를 많이 써야 건강한데 허자를 많이 쓰면 시가 허약하게 된다고 문제점을 지적하였다. ④는 한퇴지 시에서 능(能) 역(亦) 같은 허자를 릉(稜:위세) 액(液:진액) 같은 실자(實字)로 바꾸어야 한다고 비판했던 예를 인용하여 잘못 쓴 허자의 부작용을 말하였고, ⑤도 또한 허자 쓰기의 어려움을 말하면서 제대로 쓰지 못할 경우 시 전체가 맥 빠지게 만드니 깊이 경계해야 마땅하다고 하였다. 하나같이 모두 허자는 가능한 쓰지 않는 것이 좋고, 쓰려고 해도 잘 쓰기 어려우며, 제대로 쓰려면 특별히 주의를 기울여야 한다고 지적하였던 것이다.

---

54) 方回,『瀛奎律髓』卷12, 雍陶의「和劉補闕秋園行寓興六首」, "昌黎詩 風能折芡觜 露亦染梨腮 山谷謂能當作稜 亦當作液 詩中不可無虛字 然用虛字而不切則泛也".
55) 李東陽,『懷麓堂詩話』, "詩用實字易 用虛字難 盛唐人善用虛 其開合呼喚 悠揚委曲 皆在於此 用之不善 則柔弱緩散 不復可振 亦當深戒".

그러나 방회(方回. 1227~1305)도 지적했듯이 시에 허자가 없을 수는 없으며, 모든 허자를 무조건 피하려 했던 것도 아니다. 허자 가운데 문법적 보조사라 할 수 있는 허사(虛詞)는 위와 같이 가능한 피하려 했던 것이 분명하다. 그러나 동사 형용사 혹은 이와 연계된 허자의 경우 실자(實字)의 구체적 동작이나 상태 정도 등을 나타내는 중요한 역할을 하였으며, 이런 글자를 어떻게 선택하느냐에 사실상 시의 성패가 달려있기도 하였다. 그래서 기교에 뛰어난 시인일수록 실자(實字) 보다 오히려 허자의 선택에 많은 공을 들였으며, 이렇게 함으로써 남달리 절묘한 표현을 창출하고자 하였다.

① 소동파가 여러 사람들에게 글짓기를 가르치면서 혹 말(辭)은 많지만 뜻이 적거나, 혹 허자(虛字)가 적거나 실자(實字)가 적으면, 모두 지적해서 가르쳐주었다.56)

② 두심언(杜審言)의 「조춘유망(早春遊望)」 시는 『당삼체시(唐三體詩)』에서 첫 번째 작품으로 뽑아 놓은 것이다.57) 첫 구는 '홀로 벼슬하는 사람이 있어[獨有宦遊人]'이고, 제7구는 '홀연히 옛 가락의 노래를 듣고[忽聞歌古調]'인데, 절묘함이 독유(獨有)와 홀문(忽聞) 네 허자(虛字)에 있다.58)

①은 소동파가 글짓기를 가르치면서 말만 많고 뜻이 적은 글, 실자

---

56) 周煇(宋), 『淸坡雜志』(四庫全書 小說家類) 卷7, "東坡敎諸子作文 或辭多而意寡 或虛字少 實字少 皆批諭之".

57) 周弼, 『三體詩』 卷3, 五言律, 四實, 「早春游望」, "獨有宦遊人 偏驚物候新 雲霞出海曙 梅柳渡江春 淑氣催黃鳥 晴光轉綠蘋 忽聞歌古調 歸思欲沾巾".

58) 楊愼(明), 『升菴集』 卷54, 「杜審言詩」, "杜審言早春遊望詩 唐三體選爲第一首是也 首句獨有宦遊人 第七句忽聞歌古調 妙在獨有忽聞四虛字".

(實字)가 적은 글 등과 함께 허자(虛字)가 적은 글 또한 바람직하지 못하다고 가르쳐주었다는 내용이다. ②는 두심언(杜審言)의 오언율시「조춘유망(早春游望)」의 절묘함이 바로 부사와 동사의 연결 형태인 독유(獨有) 홀문(忽聞) 등 4자의 허자(虛字)에 있다고 지적한 것인데, 이렇듯 허자의 활용 문제에 초점을 맞춰 비평한 예를 여러 문헌에서 다양하게 찾아볼 수 있다.59) 허자의 선택이 어렵고 신중한 문제이면서 동시에 그만큼 가치 있는 시적 표현 수단의 하나로 인식하기도 하였음을 보여주는 것이다.

시어의 선택에서는 이처럼 범제(犯題) 중운(重韻) 중자(重字) 난자(難字) 허자(虛字) 등 5가지 기준을 우선 중요하게 고려하였다. 물론 이 외에도 특별히 유의한 기준들이 여럿 있다. "시적 리듬감을 강화하기 위해 성부(聲部)가 동일한 쌍성자(雙聲字)나 운부(韻部)가 동일한 첩운자(疊韻字)의 활용에 유의한다.", "1자가 1단어인 단사(單詞)와 2자 이상이 1단어인 복사(複詞)를 적절하게 섞어 활용하여 표현상의 변화를 도모한다.", "속된 말(俚語)과 편벽한 방언[偏方之言]을 쓰면 안 된다."60)고 한 것 등이 모두 그런 것이다. 그러나 이런 기준은 특별히 구속력을 가지는 것은 아니었으며, 개인의 창작 상황과 성향에 따라 언제든 취사선택할 수 있는 가변의 영역이기도 하였다.

3) 자안(字眼)과 연자(煉字)

자안(字眼)이란 눈이 되는 글자, 곧 시에서 가장 중요하고 핵심적

---

59) 方回의『瀛奎律髓』에 이런 예가 많다. 예컨대『瀛奎律髓』卷25, 陳師道「別負山居士」에 "更病可無醉 所用可字 不容不拗 此詩全在虛字上着力"이 그런 예이다.
60) 吳景旭,『歷代詩話』卷67,「詩法」, "不可用俚語偏方之言".

인 글자를 가리키는 말이다. 위진남북조시대 때 장승요(張僧繇. 502
~549)가 남경의 안락사(安樂寺) 벽에 용 4마리 그렸는데, 그 중 한
마리에 눈동자를 그려 넣자 바로 생명을 얻어 하늘로 승천하였다는
고사가 있다. 널리 알려진 화룡점정(畵龍點睛)의 고사이다. 또 당나
라 때 고개지(顧愷之)는 초상화를 그려놓고 간혹 몇 년이 지나도록
눈동자를 그려 넣지 않을 때가 있었다. 그래서 그 까닭을 물었더니
'사지가 아름답고 추함은 본래 그림의 묘처(妙處)와 무관하고, 그림
속 인물의 정신이 드러나게 그림은 바로 그 눈에 달려있다'라고 답하
였다.61) 눈이란 이처럼 대상에 생명력을 불어넣고 그 정신세계를 드
러내는 핵심적 요체를 상징하는데, 자안(字眼) 이란 바로 시에서 이
런 눈에 해당하는 글자를 가리킨다.

　자안(字眼)은 그 적용 대상과 범위에 따라 구안(句眼) 혹은 시안
(詩眼)이라고도 하였다. 특정 시구를 대상으로 할 때는 시구에서 눈
이 되는 글자라 하여 구안(句眼)이라 하였고, 특정 시 전체를 대상으
로 할 때는 시 전체에서 눈이 되는 글자라 하여 시안(詩眼)이라 하였
다. 그래서 흔히 이를 구분하지 않고 혼용하기도 하였는데, 특히 구안
(句眼)과는 대개 동일한 의미로 사용하였다. 양재(楊載. 1271~1323)
가『시법가수(詩法家數)』에서 "시구 가운데 자안(字眼)이 있어야 한
다."62)고 했을 때의 자안(字眼)이 바로 그런 예이다. 시구 가운데 눈
이 되는 글자란 곧 구안(句眼)을 뜻하는데, 이를 곧 자안이라고 했던
것이다. 이런 용법은 방회(方回)의 다음 글에 더욱 분명히 드러난다.

---

61)『晉書』卷92, 列傳62, 文苑傳,「顧愷之」, "愷之每畵人成 或數年不點目睛 人問其
　　故 答曰 四體姸蚩 本無關少於妙處 傳神寫照 正在阿堵中". 阿堵는 눈의 別稱.
62) 楊載,『詩法家數』(律詩硏究 152쪽 재인용), "句中要有字眼".

"도화(桃花)와 유엽(柳葉)의 대우는 사람마다 할 수 있지만, 오직 홍(紅)자 아래 놓은 입(入)자 한 자와 청(靑)자 아래 놓은 귀(歸)자 한 자는 곧 두 시구의 자안(字眼)이다. 전첨(轉添)과 갱각(更覺) 또한 두 시구의 자안(字眼)이다"63)

위에서 거론한 시구는 두보의 「봉수이도독표장조춘작(奉酬李都督表丈早春作)」이란 시의 함련과 경련이다. 이 시의 함련은 "나그네 삶에 수반된 근심은 점점 더하고[轉添愁伴客], 사람을 따라오는 늙음을 다시 깨닫겠네[更覺老隨人]"이고, 경련은 "발그레 물이 든 복사꽃은 곱고[紅入桃花嫩], 푸른 빛 돌아온 버들잎은 새롭네[靑歸柳葉新]"이다. 방회는 여기서 전첨(轉添) 갱각(更覺) 입(入) 귀(歸)가 모두 각 시구의 자안(字眼)이라 하였다. 각 시구에 눈이 되는 글자, 곧 구안(句眼)을 바로 자안이라 하였던 것이다.64)

시안(詩眼)도 자안(字眼)이나 구안(句眼)과 같은 의미로 사용할 때가 많았다.65) 시 한 편의 눈에 해당하는 부위가 특정 시구 한 두 글자로 집약될 때가 흔히 있었기 때문이다. 그러나 그렇지 않을 때도 있었다. 한 구 자체가 시의 눈인 것도 있고, 몇 구가 모여 시의 눈이 되기도 하였다. 그리고 한 구의 눈인 일구지안(一句之眼)은 물론, 몇

---

63) 方回,『瀛奎律髓』卷10, 杜甫「奉酬李都督表丈早春作」, "桃花對柳葉 人人能之 唯紅字下着一入字 靑字下着一歸字 乃兩句字眼是也 轉添更覺 亦是兩句字眼". 두보 시는 "力疾坐淸曉 采詩悲早春 轉添愁伴客 更覺老隨人 紅入桃花嫩 靑歸柳葉新 望鄕應未已 四海尙風塵"이다.
64) 方回는『桐江集』卷3「跋兪則大詩」에서도 "一首中必當有一聯佳 一聯中必當有一句勝 一句中必當有一字眼"이라 하여 字眼을 句眼과 같은 개념으로 사용하였다.
65) 紀昀(淸),『瀛奎律髓刊誤』(『詩法槪述』150쪽), "岑參宿關西客舍寄山東嚴許二山人詩 孤燈燃客夢 寒杵擣鄕愁 燃字擣字 開後來詩眼之派". 잠삼의 시는『瀛奎律髓』卷29에 수록되어 있다. 여기서 詩眼은 字眼 句眼과 그 의미가 대동소이한 듯하다.

구의 눈[數句之眼], 한 편의 눈[一篇之眼], 심지어 전집의 눈[全集之眼]까지 모두 시안이라 하였다.66) 시에서 눈이라 할 수 있는 글자[字] 시구[句] 한 수(首) 한 편(篇) 등에 대한 포괄적 범칭으로 훨씬 폭넓게 사용했던 것이다.67) 따라서 시안(詩眼)은 시의 요체가 되는 부위를 가리킨다는 점에서는 자안(字眼) 구안(句眼)과 대동소이한 의미이지만, 그 구체적 지시 내용과 범위에는 일정한 차이가 있는 말이라 할 것이다.

그렇다면 눈이 되는 글자는 어떤 부위에 있으며, 그 성질은 또 어떤 것인가? 송나라 위경지(魏慶之)는 오언시의 경우 각 구의 제3자, 칠언시의 경우 각 구의 제5자가 눈이 된다고 하였다.68) 그러나 원나라 양재(楊載)는 이에 반대하였다. 시구에서 눈은 허리[腰]에 있기도 하고, 무릎[膝]에 있기도 하며, 혹 발[足]에 있기도 하여 일정하지 않다고 하였다.69) 명나라 조방(趙汸) 또한 같은 견해를 보였다. 그는 두보의 오언율시를 구체적으로 예시하면서 제2자가 눈이 되는 예, 제3자가 눈이 되는 예, 구말(句末:제5자)이 눈이 되는 예, 제1자와 제5자가 동시에 눈이 되는 예 등 여러 사례를 보여주었다.70) 눈의 위치

---

66) 劉熙載(淸),『藝槪』,「詞曲槪」, "詩眼有全集之眼 有一篇之眼 有數句之眼 有一句之眼 有以數句爲眼者 有以一句爲眼者 有以一二字爲眼者"

67) 劉熙載(淸),『藝槪』,「詞曲槪」, "余謂眼乃神光所聚 故有通體之眼 有數句之眼 前前後後 無不待眼光照映 若舍章法而專求字句 縱爭奇競巧 豈能開闔變化 一動萬隨耶".

68) 魏慶之,『詩人玉屑』卷8,「句中有眼」, "古人煉字 只于眼上煉 蓋五字詩 以第三字爲眼 七字詩 以第五字爲眼也".

69) 楊載,『詩法家數』(『律詩硏究』152쪽 재인용), "句中要有字眼 或腰 或膝 或足 無一定處也".

70) 仇兆鰲,『杜詩詳註』卷6,「春宿左省」, "趙汸曰唐人五言 工在一字 謂之句眼 如此二詩(「春宿左省」과 「晩出左掖」. 필자 주) 三四動字多字 五六濕字低字之類 乃眼之

가 정해져 있는 것이 아니라 작품에 따라 얼마든지 달라질 수 있으며, 하나가 아닌 복수의 눈도 존재할 수 있음을 말하고자 하였던 것이다.

이처럼 눈의 부위는 일정하지 않다는 것이 통설이다. 그리고 오언시는 제3자, 칠언시는 제5자가 눈이라고 했던 위경지의 견해는 그런 예가 상대적으로 많았음을 지적한 말 정도로 이해된다. 이는 여러 문헌에 실제로 오언시의 제2자 제3자 제5자, 칠언시의 제2자 제4자 제5자 제7자 등을 눈으로 지적한 사례가 많다는 데서도 거듭 확인할 수 있는데, 대표적인 몇 가지 사례를 예시하면 아래와 같다.

 ① 오언 제2자를 눈이라고 한 예
  紅**入**桃花嫩 붉은 색 찾아든 복사꽃은 곱고,
  靑**歸**柳葉新 푸른 색 돌아온 버들잎 새롭네.71)

 ② 오언 제3자를 눈이라고 한 예
  孤燈**燃**客夢 외로운 등불은 나그네 꿈 태우고,
  寒杵**擣**鄕愁 차가운 공이는 향수를 자아내네.72)

 ③ 오언 제5자를 눈이라 한 예
  星臨萬戶**動** 별빛은 뭇 집에 내려와 움직이고,
  月傍九宵**多** 달빛은 더 넓은 하늘가에 많구나.73)

在句底者 何將軍山林詩 卑枝低結子 接葉暗巢鶯 低與暗 乃眼之在第三字者 雨抛金鎖甲 苔臥綠沈槍 抛與臥 乃眼之在第二字者 剩水滄江破 殘山碣石開 綠垂風折笋 紅綻雨肥梅 皆一句中具二字眼 剩破殘開垂折綻肥是也". 吳景旭 또한 『歷代詩話』卷67「詩法」에서 제2자, 제3자, 제5자, 제2자 5자 등이 字眼이 되는 예를 따로 구분해서 제시한 바 있다.

71) 杜甫,「奉酬李都督表文早春作」頸聯. 원시는 "力疾坐淸曉 來詩悲早春 轉添愁伴客 更覺老隨人 紅入桃花嫩 靑歸柳葉新 望鄕猶未已 四海尙風塵"이다.
72) 岑參의「宿關西客舍寄嚴許二山人」頷聯. 원시는 "雲送關西雨 風傳渭北秋 孤燈燃客夢 寒杵擣鄕愁 灘上思嚴子 山中憶許由 蒼生今有望 飛詔下林丘"이다.

④ 칠언 제2자를 눈이라고 한 예
   雲橫秦嶺家何在 구름 비낀 진령에 집은 어디인가,
   雪擁藍關馬不前 눈에 싸인 남관에 말이 가지 않네.74)

⑤ 칠언 제4자를 눈이라고 한 예
   白玉堂深曾草詔 백옥당 깊은 데서 조서를 기초했고,
   水晶宮冷近題詩 수정궁 찬 데서 근래 시를 지었네.75)

⑥ 칠언 제5자를 눈이라고 한 예
   貪逢大敵能無懼 큰 적수 만나길 탐했으니 두려움 없을 손가,
   強畫修眉每未工 긴 눈썹 억지로 그려도 매번 공교롭지 않네.76)

⑦ 칠언 제7자를 눈이라고 한 예
   靑楓江上秋帆遠 청풍강 위에는 가을 돛단배 멀고,
   白帝城邊古木疏 백제성 가에는 고목이 듬성하네.77)

①에 대해서는 "홍(紅)자 아래 입(入)자를 쓰고 청(靑)자 아래 귀(歸)자를 쓴 것이 곧 두 구의 자안(字眼)이다."78) "입(入)자와 귀(歸)

---

73) 杜甫의「春宿左省」頷聯. 원시는 "花隱掖垣暮 啾啾栖鳥過 星臨萬戶動 月傍九霄多 不寢聽金鑰 因風想玉珂 明朝有封事 數問夜如何"이다.
74) 韓愈의「左遷至藍關示姪孫湘」頸聯, 원시는 "一封朝奏九重天 夕貶潮陽路八千 欲爲聖明除弊事 肯將衰朽惜殘年 雲橫秦嶺家何在 雪擁藍關馬不前 知汝遠來應有意 好收吾骨瘴江邊"이다.
75) 曾吉甫 시구. 全體詩 未詳.『詩人玉屑』『歷代詩話』등 여러 시화서에 수록.
76) 陳師道의「贈王聿脩商子常二首」중 제1수의 頷聯. 원시는 "欲作新詩挑兩公 含毫不下思無窮 貪逢大敵能無懼 強畫脩眉每未工 長病忍狂妨痛飮 晚雲朝雨滯晴空 正須好句留春住 可使風飄萬點紅"이다.
77) 高適의「送李少府貶峽中王少府貶長沙」頸聯. 원시는 "嗟君此別意何如 駐馬銜杯問謫居 巫峽啼猿數行淚 衡陽歸雁幾封書 靑楓江上秋天遠 白帝城邊古木疏 聖代卽今多雨露 暫時分手莫躊躇"이다.

자가 눈이 되었다."79) 는 지적이 있다. ②에 대해서도 제3자인 "연(燃)자와 도(搗)자 두 자가 눈으로 돌출하였다."80) "연(燃)자 도(搗)자가 훗날 시안(詩眼)의 유파를 열었다."81)는 지적이 있다. 여타의 경우도 대부분 유사한 지적이 있는데,82) 이를 통해 이른바 자안(字眼)이 시구 상의 여러 부위에 다양하게 존재할 수 있음을 분명히 알 수 있다.83)

흥미로운 사실은 눈(眼)으로 지적한 글자가 대부분 명사형 실자(實字)가 아닌, 그것의 동작이나 상태 정도 등을 묘사하는 동사(動詞) 형용사(形容詞) 부사(副詞) 등 허자(虛字)라는 점이다. ①의 입(入:들다)과 귀(歸:돌아오다), ②의 연(燃:태우다)과 도(搗:찧다), ③의 동(動:움직이다)과 다(多:많다), ④의 횡(橫:비끼다)과 옹(擁:둘러

---

78) 方回, 『瀛奎律髓』 卷10, 杜甫의 「奉酬李都督表丈早春作」, "紅字下着一入字 青字下着一歸字 乃兩句字眼是也".
79) 方回, 『瀛奎律髓』 卷43, 黃庭堅의 「十二月十九日夜中發鄂渚曉泊漢陽親舊載酒追送聊爲短句」, "紅入桃花嫩 青歸柳葉新 以入字歸字爲眼".
80) 方回, 『瀛奎律髓』 卷29, 岑參의 「宿關西客舍寄山東嚴許二山人時天寶高道擧徵」, "燃搗二字眼突".
81) 紀昀, 『瀛奎律髓刊誤』(『詩法槪述』 150쪽), "燃字搗字 開後來詩眼之派".
82) ③은 仇兆鰲 『杜詩詳註』 卷6 「春宿左省」에 "星臨萬戶動 月傍九宵多 動字多字 晚出左掖 樓雪融城濕 宮雲去殿低 濕字低字 乃眼之在句底者"라 하였고, ⑤는 『詩人玉屑』 卷8 「句中有眼」, 『漁隱叢話』 後集 卷34, 『歷代詩話』 卷60 등에 모두 "白玉堂中曾草詔 水晶宮裏近題詩 … 蓋句中有眼也"라 하였으며, ⑥은 方回의 『瀛奎律髓』 卷42 「贈王聿脩商子常」에 "能字每字 乃是以虛字爲眼"이라 하였다. 나머지 ④와 ⑦은 『律詩硏究』 153~4쪽에서 재인용하였다.
83) 『瀛奎律髓』 卷43, 黃庭堅의 「十二月十九日夜中發鄂渚曉泊漢陽親舊載酒追送聊爲短句」, "凡爲詩 非五字七字皆實之難 而虛字有力之爲難 紅入桃花嫩 青歸柳葉新 以入字歸字爲眼 凍泉依細石 晴雪落長松 以依字落字爲眼 欅柳枝枝弱 枇杷樹樹香 以弱字香字爲眼". 이 또한 시안의 부위가 다양할 수 있음을 단적으로 보여주는 좋은 근거이다.

싸다), ⑤의 심(深:깊다)과 냉(冷:차다), ⑥의 능(能:~수 있다)과 매(每:매번), ⑦의 원(遠:멀다)과 소(疏:듬성하다) 등 전체 14자 가운데 명사로 쓰인 글자는 하나도 없으며, 동사가 제일 많고, 그 다음이 형용사이며, 그 다음은 허사(虛詞)로 분류한 부사와 조동사였다. 그러니까 이른바 자안(字眼)은 사물 자체보다 그 동작이나 상태 정도 등을 묘사한 글자에 집중된 것이라고 할 수 있으며, 이를 어떻게 구사하느냐에 작품의 성패가 달려 있는 것으로 보았다. "시구에는 반드시 눈이 있어야 하고, 눈은 곧 허자(虛字)이며, 시구의 생동(生動) 여부 또한 허자의 운용을 제대로 하느냐에 달려있다. 그러므로 시구에 눈이 없으면 곧 죽은 시구[死句]가 된다."84)고 한 것은 바로 이를 단적으로 지적한 말이다.

이 때문에 유능한 시인일수록 자안(字眼) 글자의 선택과 적용에 특히 많은 주의를 기울였다. 그래서 적합한 어휘를 찾기 위해 정성을 다하였고, 일차 시를 완성하고 난 뒤에도 이에 대한 수정과 다듬기를 부단히 반복하였다.

"왕언장(汪彦章)이 임천(臨川) 군수로 옮겨가자, 증길보(曾吉甫)가 시로 맞이하여 '백옥당에서 일찍이 조서를 기초하였고[白玉堂中曾草詔] 수정궁에서 근래 시를 지었네[水晶宮裏近題詩]'라고 하였다. 먼저 한자창(韓子蒼)에게 보여주었더니, 한자창이 두 자를 고쳐 '백옥당 깊은 데서 일찍이 조서를 기초하였고[白玉堂深曾草詔], 수정궁 서늘한 데서 근래 시를 지었네[水晶宮冷近題詩]'라고 하니 훨씬 탁월하여 전과 같지 않았다. 대개 시구 가운데 눈이 있어서이니, 옛 사람은 글자를

---

84) 張思緖, 『詩法槪述』, 「句法」, 152쪽, "詩句必須有眼 而所謂眼者 就是虛字 詩句的 生動與否 又在于是否善于運用虛字 … 所以句中無眼 就成死句".

단련할 때 다만 눈이 되는 글자[字眼]에 단련하였다."85)

증길보(曾吉甫)가 왕언장(王彦章)의 군수 부임을 환영하는 시를 지었는데, 한자창(韓子蒼)이 먼저 이 시를 보고 각 구의 제4자, 즉 특별한 의미가 없던 중(中)자와 리(裏)자를 심(深)자와 냉(冷)자로 고쳐주자 처음과 다른 좋은 시가 되었다는 일화이다. 위경지는 이를 소개하면서 두 자가 바로 각 시구의 눈이었음을 지적하였으며, 옛사람은 눈이 되는 글자의 단련을 통해 시적 표현 효과를 극대화하였다고 하여 자안(字眼) 글자의 단련에 특별히 유의할 필요가 있음을 은근히 강조하였다.86)

"왕안석(王安石)의 절구에 '경구는 과주 물 건너편이고[京口瓜洲一水閒], 종산은 다만 몇 겹 산 너머일세[鍾山祇隔數重山]. 봄바람에 또 강남 언덕 푸른데[春風又**綠**江南岸], 밝은 달은 언제나 돌아갈 나를 비출꼬[明月何時照我還]' 하였다. 오중 땅 선비가 그 초고를 집에 보관하였는데, 처음에는 '또 강남 언덕에 이르니[又到江南岸]'라 하였고, '도(到)'자에 동그라미를 쳐서 지우고 주석을 달아 '좋지 않다'고 하여 '과(過)'자로 고쳤으며, 다시 동그라미를 쳐서 지우고 '입(入)'으로 고치고, 곧 다시 '만(滿)'자로 고쳐, 무릇 이와 같이 10여 자를 하고 나서야 비로소 '녹(綠)'자로 정하였다. 황정견의 시 '돌아가는 제비는 조금도 3월 일이 없는데[歸燕略無三月事], 높은 매미는 가지 하나로 울고 있네[高蟬正**用**一枝鳴]'는 '용(用)'자를 처음에는 '포(抱)'라 하였고, 또 고쳐 '점

---

85) 魏慶之, 『詩人玉屑』 卷8, 「句中有眼」, "汪彦章 移守臨川 曾吉甫以詩迓之云 白玉堂中曾草詔 水晶宮裏近題詩 先以示子蒼 子蒼爲改兩字云 白玉堂深曾草詔 水晶宮冷近題詩 迥然與前不侔 蓋句中有眼也 古人煉字 只于眼上煉".
86) 이 일화는 이후 『漁隱叢話』後集 卷34, 『歷代詩話』 卷60 등에 두루 전사되어 字眼 글자의 단련을 강조하는 대표적 사례로 널리 활용되었다.

(占)'이라고 하였으며, '재(在)'라고 하고, '대(帶)'라고 하고, '요(要)'라고 하다가, '용(用)'자에 이르러서야 비로소 확정하였다."87)

왕안석과 황정견이 눈이 되는 글자의 선택과 적용에 많은 고심과 수정을 반복했던 사실을 단적으로 보여주는 일화이다. 왕안석은 제3구 '춘풍우록강남안(春風又綠江南岸)'의 녹(綠)자를 당초 도(到)자에서 과(過) 입(入) 만(滿) 등으로 10여 차례나 고친 다음에야 비로소 녹(綠)자로 확정하였고, 황정견 또한 '고선정용일지명(高蟬正用一枝鳴)'의 용(用)자를 당초 포(抱)자에서 점(占) 재(在) 대(帶) 요(要) 등으로 여러 차례 수정을 거듭하다가 마침내 용(用)자로 확정했다는 내용이다. 글자마다 의미와 색깔이 다르지만 그 가운데 어떤 것이 가장 적합할지 고심에 고심을 거듭하였던 것이다.

이런 자안(字眼) 글자의 수정과 관련하여 생긴 말이 바로 일자사(一字師)이다. 일자사란 한 글자만 고쳐주고 스승이 되었다는 뜻인데, 당나라 정곡(鄭谷)이 제기(齊己. 864~943)의 시 한 자를 고쳐준 데서 유래하였다. "정곡이 원주(袁州)에 있을 때 제기(齊己)가 시를 가지고 찾아뵈었다. 조매(早梅)란 시에 '앞마을 깊은 눈 속에[前村深雪裏], 간밤에 몇 가지 피었네[昨夜數枝開]'라고 하였는데, 정곡이 이를 보고 웃으며 '수지(數枝)는 일찍[早]과 어울리지 않으니 일지(一

---

87) 洪邁(宋), 『容齋隨筆』, 續筆 卷8, 「詩詞改字」, "王荊公絶句云 京口瓜洲一水閒 鍾山秖隔數重山 春風又綠江南岸 明月何時照我還 吳中士人 家藏其草 初云又到江南岸 圈去到字 注曰不好 改爲過 復圈去而改爲入 旋改爲滿 凡如是十許字 始定爲綠 黃魯直詩 歸燕略無三月事 高蟬正用一枝鳴 用字初曰抱 又改曰占 曰在曰帶曰要 至用字始定". 왕안석 시는 『臨川文集』 卷29의 「泊船瓜洲」이고, 황정견 시는 『山谷集』 外集 卷13의 「登南禪寺懷裴仲謀」이다. 『山谷集』에는 '高蟬正用一枝鳴'이 '殘蟬猶占一枝鳴'으로 표기되어 있다.

枝)라 함이 좋겠다.'하였다. 제기가 깜짝 놀라 의관을 정제하고 머리가 땅에 닿도록 절을 올렸다. 이때부터 사람들이 정곡을 제기의 일자지사(一字之師)라 하였다."88)는 내용이다. 수(數)자를 일(一)자로 고치기만 했을 뿐인데 깊은 눈 속에 일찍 피어나는 매화의 모습을 훨씬 정교하게 드러냈으니 큰절을 올릴 만도 하였다. 이후 위경지(魏慶之)는 일자사(一字師)라는 제목을 걸고 이런 일화를 소개하였다.

"소초재(蕭楚才)가 율양현(溧陽縣)을 맡았을 때 장영(張詠)이 목사(牧使)였다. 어느 날 식사에 초대를 받아 가서 공(公:장영)의 책상을 보니 절구 한 수가 있는데, '홀로 아무 일 없이 태평함이 한스러우니[獨**恨**太平無一事], 강남에서 늙은 상서 심심해 죽겠구나[江南閒殺老尙書]'라고 하였다. 소초재가 '한(恨)'자를 '행(幸)'자로 고쳤다. 공이 나와 원고를 보고는 '누가 내 시를 고쳤나?' 하였다. 좌우에서 사실대로 답하니, 소초가 말하기를 '공과 더불어 몸을 보전하려 함입니다. 공은 공(功)이 높고 벼슬이 무거워 간악한 사람들이 질시하고 있는 때입니다. 또 천하가 통일되었는데 공이 홀로 태평함을 한스러워함은 어찌해서입니까?' 하였다. 공이 '소초 아우는 일자지사(一字之師)다'고 하였다."89)

소초재(蕭楚才)가 장영(張詠. 946~1015)의 절구시를 보고 혹 태평

---

88) 陶岳(宋),『五代史補』卷3,「僧齊己」, "鄭谷在袁州 齊己因攜所撰詩往謁焉 有早梅詩曰 前村深雪裏 昨夜數枝開 谷笑謂曰 數枝非早 不若一枝則佳 齊己矍然不覺兼三衣 叩地膜拜 自是士林 以谷爲齊己一字之師". 이 시에서 三衣는 승려가 입는 세 가지 袈裟, 곧 大衣 五條 七條를, 膜拜는 合掌한 손을 이마에 대고 땅에 엎드려 절하는 승려의 禮拜 행위를 가리킨다.
89) 魏慶之(南宋),『詩人玉屑』卷6,「一字師」, "蕭楚才知溧陽縣 張乖崖作牧 一日召食 見公几案有一絶云 獨恨太平無一事 江南閒殺老尙書 蕭改恨作幸字 公出視藁曰 誰改吾詩 左右以實對 蕭曰 與公全身 公功高位重 姦人側目之秋 且天下一統 公獨恨太平何也 公曰蕭弟一字師也". 蕭林의 호가 楚才, 張詠의 호가 乖崖이다. 江南通志 卷195,『四庫全書總目』卷152「乖崖集提要」등에서 이런 사실을 확인할 수 있다.

성세를 원망하는 뜻으로 오해할 여지가 있는 한(恨)자를 행(幸)자로 고쳐주고 일자사(一字師)가 되었다는 것인데, 이 일화는 정곡(鄭谷)과 제기(齊己)의 고사보다 문단에 더 널리 알려졌다. 위경지와 비슷한 시대의 『어은총화(漁隱叢話)』에는 물론, 『왕직방시화(王直方詩話)』『강남통지(江南通志)』『사고전서총목(四庫全書總目)』「괴애집제요(乖厓集提要)」 등 낱낱이 거론하기 어려울 정도로 많은 문헌에서 소개하였던 것이다.90)

위경지와 비슷한 시대에 대식(戴植) 또한 「일자사(一字師)」라는 제목으로 관련 일화를 정리해서 소개한 바 있다.91) 그리고 나중에는 한시가 아닌 여타 분야에서도 이 말을 널리 확대해서 사용하였다. 문장의 글자 수정에 이를 응용하기도 하였고,92) 일상적 담화 도중에 사실의 교정과 관련하여 이 말을 끌어 쓰기도 하였으며,93) 아예 산문 문구의 일부로 삽입해서 활용하기도 하였다.94) 그리고 다른 사람의 시 가운데 자안(字眼)이 되는 핵심 글자만 절묘하게 수정하여 자기 시로 둔갑시킨 경우도 있으며, 그것이 도리어 천고의 명구(名句)로

---

90) 胡仔(宋)의 『漁隱叢話』 前集 卷25 「王元之」 조항, 曾慥(宋)의 『類說』 卷57 「王直方詩話」, 『江南通志』 卷195, 『四庫全書總目』 卷152 「乖厓集提要」 등에서 확인하였다.
91) 戴植(宋), 『鼠璞』 卷上, 「一字師」.
92) 『江南通志』 卷67, 人物, 南昌府, 宋, "王允文 字文伯 豊城人 乾道進士 有聲 從陸子靜學 精詣力踐 諸公爭館致之 彭龜年 薦于楊萬里 示以近作虞雍公碑 有諒彼高宗之語 允文引詩凉彼武王 以證其誤 萬里謝曰一字之師也".
93) 羅大經(南宋), 『鶴林玉露』 卷13, "楊誠齋 在館中 與同舍談 及晉于寶 一吏進曰 乃干寶 非于也 問何以知之 吏取韻書以呈 干字下 注云晉有干寶 誠齋大喜曰 汝乃吾一字之師".
94) 史天秩의 「謝及第啓」(五百家播芳大全文粹 卷37)에 "不辭一字之師 謾習三冬之學"이라 한 것, 何偉然(明)의 「答高洪父」(黃宗羲 『明文海』 卷162)에 "詩中更削 眞爲一字之師"라고 한 것 등이 그런 예이다.

알려지기도 하였다. 자안에 대한 연탁 솜씨를 잘못 발휘하여 일자사(一字師)가 시 도둑이 된 것이라 할 만한데, 이마저도 글자 다듬기의 절묘함으로 칭송하였다.95) 그만큼 자안(字眼)에 대한 연마를 중시하였던 것이다.

2. 시구의 구성과 문법 : 구법(句法)

1) 시구의 구성 원칙

시구는 5자 1단위의 오언구와 7자 1단위의 칠언구가 가장 일반적이다. 시경시대에는 고대 산문 형식과 크게 다르지 않은 사언구가 주를 이루었다. 그러나 한나라 때부터는 1자를 더한 오언구가 이를 대체하였고, 남북조시대부터는 다시 2자를 더 보탠 칠언구 형식이 일반화되었다. 그래서 이후 오언과 칠언이 고체시는 물론 근체시의 중심적 형식으로 확고하게 자리를 잡았던 것이다.

오언은 사언에 1자를 더 보탠 형식에 불과하다. 그러나 이를 통해 가변적이고 역동적인 구식을 갖춤으로써 문법적 조직에서는 물론 의미의 표현 방식에서도 +1이 아닌 그 제곱의 가능성을 열었으며, 칠언구는 더 말할 나위도 없다. 그래서 이와 더불어 시구의 표현 효과를 극대화 할 수 있는 방안에 대해서도 자연스럽게 관심이 깊어졌는데,

---

95) 鄭方坤(淸), 『全閩詩話』 卷1, 「江爲」, "江爲詩 竹影橫斜水淸淺 桂香浮動月黃昏 林君復 只改二字 爲疎影暗香 以詠梅 遂成千古絶調 詩字黙化之妙 如丹頭在手 瓦礫皆金 ○殘雪未消雙鳳闕 新春先入五侯家 晚唐張蠙詩也 劉孟熙易殘以霽 易新春以春風 攘爲已作 遂以此得名 人或少之 然竹影橫斜水淸淺 桂香浮動月黃昏 非江爲詩乎 林君復易疎暗二字 竟成千古名句 所云一字之師 與活剝生吞者有別也".

많은 문인들이 공통적으로 지향한 몇 가지 원칙이 있었다.

첫째, 의미의 다층적 구성을 지향하였다는 점이다. 의미의 다층적 구성이란 글자 하나하나가 모두 독립적인 한 층위에서 중요한 의미 단위로 기능하여 5자 혹은 7자가 전체적으로 여러 층위에서 유기적으로 통합된 모양이 되도록 한다는 뜻인데, 간명용(簡明勇)은 두보의 칠언율시「등고(登高)」96)의 경련(頸聯)을 예시하면서 2구 1연이 각 5층씩 전체 10개의 층위로 구성되어 있다고 지적한 바 있다.

   1-1층 : 作客   : 나그네가 되다.
   1-2층 : 常作客   : 늘 나그네가 되다.
   1-3층 : 秋常作客 : 가을에 늘 나그네가 되다.
   1-4층 : 悲秋常作客 : 서글픈 가을 늘 나그네가 되다.
   1-5층 : 萬里悲秋常作客: 먼 곳에서 서글픈 가을 늘 나그네 되다.
   2-1층 : 登臺   : 대에 오르다.
   2-2층 : 獨登臺   : 홀로 대에 오르다.
   2-3층 : 病獨登臺 : 병들어 홀로 대에 오르다.
   2-4층 : 多病獨登臺 : 병 많은 몸으로 홀로 대에 오르다.
   2-5층 : 百年多病獨登臺: 한 평생 병 많은 몸으로 홀로 대에 오르다.

위를 보면 글자 한 자씩을 더해갈 때마다 마치 화가가 밑그림 위에 필요한 여러 색채를 차례로 한 층씩 더 입혀 나가듯 의미의 층위가 한 단계씩 누적되어 감을 알 수 있다. 시구는 바로 이렇게 역할이 뚜렷한 글자 하나하나가 제각각 독립적인 의미의 층위로 작용하여 결국 이들이 두텁게 축적된 형태가 되도록 해야 바람직하다는 것인

---

96) 杜甫,「登高」, "風急天高猿嘯哀 渚淸沙白鳥飛回 無邊落木蕭蕭下 不盡長江滾滾來 萬里悲秋常作客 百年多病獨登臺 艱難苦恨繁霜鬢 潦倒新停濁酒杯".

데, 이렇게 함으로써 한 구절에 여러 층위의 의미가 복합적으로 함유될 수 있는 표현, 곧 일구함수층지의(一句含數層之意)를 추구하고자 하였던 것이다.

둘째, 표현의 완결성을 지향하였다는 점이다. 표현의 완결성이란 오언은 5자로 완결되어 더 추가할 여지가 없고, 칠언은 7자로 완결되어 더 삭감할 여지가 없어야 하며, 오언에 2자를 추가하면 칠언이 될 수 있거나, 칠언에 2자를 삭감하면 오언이 될 수 있는 그런 불완전한 형태가 되어서는 안 된다는 말이다.

칠언은 보통 오언 구 앞에 2자를 추가한 형태로 이해한다. 그래서 운율의 측면에서 오언 구 '○○●●○'앞에 2자를 더하면 '●●○○●●○'이 되고, '●●○○●'앞에 2자를 더하면 '○○●●○○●'이 된다는 식으로 설명한다. 그리고 이와 같은 생각의 연장선상에서 실제 오언에 형용사 부사 첩어 등 수식 성분을 더하여 칠언구를 만들기도 하고, 칠언에서 이를 삭감하여 오언구로 만들기도 하였다.

그러나 칠언은 오언과 뚜렷하게 변별되는 중요한 차이가 있다. 글자는 2자가 더 많은데 불과하지만 이에 따른 표현 방식의 변화는 오언과 차원을 달리한다고 해도 좋을 정도로 다양하였고, 기본 가락도 2-2-1자의 3단 변화가 아닌 2-2-2-1자의 4단 변화 형태가 기본이었다. 그래서 오언은 오언대로 칠언은 칠언대로 각각 고유한 구식(句式)에 어울리는 구성을 해야 마땅하다는 견해가 널리 공감대를 형성하였는데, 아래 예문에서 이런 견해를 직접적으로 확인할 수 있다.

"칠언구에서 만약 2자를 잘라내어 오언을 만들 수 있다면 곧 시가 되지 않는다."[97]

"그대 시는 결어(結語)가 너무 갑자기 바뀌어 칠언율시와 절구 등이 더욱 편법(篇法)을 이루지 못하였다. 또한 음절(音節)이 부족한데 백년(百年) 만리(萬里)는 어찌 그리 거듭 중첩되게 나오는지. 칠언에서 만약 위 2자를 잘라낼 수 있다면 어찌 꼭 칠언으로 할 필요가 있겠는가. 내가 시를 아는 사람도 아니면서 편협한 견해를 심하게 말하였으니, 그대 스스로 판단하시기를 바랄 뿐이네."98)

첫 번째 예문은 청나라 모춘영(冒春榮)이 『심원시설(甚原詩說)』에서 언급한 것인데, 그는 여기서 칠언구가 만약 그 중 2자를 잘라내어 오언구로 만들 수 있는 형태라면 시가 될 수 없다고 단정하였다. 2자가 없어도 무방하여 칠언구로서의 완결성이 떨어진다고 보았기 때문이다. 두 번째 예문은 명나라 이몽양(李夢陽. 1475~1529)이 하씨(何氏) 시의 구법(句法)과 편법(篇法) 상의 문제점을 지적한 것인데, 편법에서는 전체 내용과 동떨어진 결어(結語)가 문제이고, 구법에서는 오언과 칠언의 완결성 부족이 문제라고 지적하였다. 그가 말한 백년(百年) 만리(萬里) 등은 오언을 칠언으로 만들 때 흔히 추가한 대표적인 어휘들이다. 그런데 이런 어휘를 어찌 그리 중첩해서 사용하였냐고 힐난하였다. 오언이 되어야 마땅할 것을 상투적 어휘 2자를 더하여 칠언구로 해서 되겠느냐는 호된 비판에 다름 아니다. 그리고 다시 '만일 칠언에서 2자를 잘라낼 수 있다면 어찌 꼭 칠언으로 할 필요가 있겠는가.'라고 하여 칠언구의 완결성 부족 문제를 심각

---

97) 冒春榮, 『甚原詩說』 卷2, "七言句 若可截去二字作五言 便不成詩.
98) 李夢陽, 『空同子集』 卷62, 「再與何氏書」, "君詩結語太咄易 七言律與絶句等 更不成篇 亦寡音節 百年萬里 何其屢見而疊出也 七言若剪得上二字 言何必七也 僕非知詩者 劇譚偏見 幸君自裁之耳".

하게 시비하였던 것이다.

　이처럼 시구의 구성에서 오언은 오언대로 칠언은 칠언대로 더 이상 추가하거나 삭감할 여지가 없을 정도로 완결성을 구비해야 하며, 각각의 구식에 적합하고 그 특색을 살려낼 수 있는 형태가 되어야 한다는 것이 일종의 원칙처럼 인식되었다. 특히 칠언은 오언에 비해 표현 가능성이 배가되었던 만큼 더욱 어렵게 생각하였으며, 오언과 변별되는 시구 구성을 위해 많은 주의를 기울였다.99)

　셋째, 실자(實字)와 허자(虛字)의 조화로운 구성을 지향하였다는 점이다. 실자(實字)란 구체적 사물을 나타내는 실체사(實體詞), 곧 명사형 어휘를 가리킨다. 그리고 허자(虛字)란 실체사가 아닌 여타 어휘, 곧 사물의 동작이나 형상 상태 정도 등을 나타내는 동사(動詞) 형용사(形容詞) 부사(副詞)와 문법적으로 보조적인 역할을 하는 어기사(語氣詞) 개사(介詞) 연사(連詞) 조동사(助動詞) 등을 두루 가리키는데, 특히 후자는 허자(虛字) 가운데서도 허사(虛詞)라고 하여 따로 구분하기도 하였다.

　한시에서 허사(虛詞)는 독립적 의미가 약하고 문법적 보조기능에 치우쳐 가능한 피하고자 하였다. 그러나 동사 형용사 부사와 같은 허자(虛字)는 사물의 움직임이나 형상 상태 등을 묘사하는 중요한 어휘로 시와 문장을 막론하고 어디에나 없을 수 없으며, 특히 시에서는 특정 시구에서 구안(句眼) 역할을 하는 경우가 많았다. 그래서 실자(實字)와 조화롭게 구성하여 시적 표현효과를 극대화하고자 하였다.

---

99) 吳喬의 『圍爐詩話』 卷2 "七律造句 比五言爲難 以其近于流俗也", 朱庭珍의 『筱園詩話』 卷3 "七律貴有奇句 然須奇而不詭於正 若奇而無理 殊傷雅音 所謂奇過則凡也" 등에서 이를 확인할 수 있다.

① 소동파가 여러 사람들에게 글짓기를 가르치면서 혹 말[辭]은 많지만 뜻이 적거나, 혹 허자(虛字)가 적거나 실자(實字)가 적으면, 모두 비평해서 가르쳐주었다.100)

② 시 가운데 허자가 없을 수 없다. 그러나 적절하게 쓰지 못하면 범범해진다.101)

③ 시에 실자(實字) 쓰기는 쉽지만 허자(虛字) 쓰기는 어렵다. 성당(盛唐) 사람은 허자(虛字)를 잘 썼으니, 그 여닫고 부름[開合呼喚]과 멀리 떨치고 굽이침[悠揚委曲]이 모두 여기에 있었다. 그러나 잘 쓰지 못하면 유약하고 느슨하여[柔弱緩散] 다시 떨칠 수가 없으니 또한 깊이 경계해야 마땅하다.102)

　①은 소동파가 사람들에게 글짓기를 가르치면서 허자가 적어서도 안 되고, 실자가 적어서도 안 되며, 양자를 적절하게 섞어 구성해야 좋은 글이 될 수 있다고 가르쳐주었다는 내용이다. ②는 시에 허자를 쓰지 않을 수 없다는 전제 아래, 허자의 경우 실자보다 더 적절하고 의미 있게 사용하도록 유의해야 함을 강조한 것이다. ③은 성당시의 중요 특징 가운데 하나가 바로 허자를 잘 사용한 데 있음을 지적하였다. 그리고 동시에 허자는 실자 보다 쓰기 어렵고 혹 잘못 쓸 경우 시를 유약하고 느슨하게 만들 수 있으니 경계해야 마땅하다고 주의

---

100) 周煇(宋), 『清坡雜志』(四庫全書 小說家類) 卷7, "東坡教諸子作文 或辭多而意寡 或虛字少 實字少 皆批諭之".
101) 方回, 『瀛奎律髓』 卷12, 雍陶의 「和劉補闕秋園行寓興六首」, "詩中不可無虛字 然用虛字而不切則泛也".
102) 李東陽, 『懷麓堂詩話』, "詩用實字易 用虛字難 盛唐人善用虛 其開合呼喚 悠揚委曲 皆在於此 用之不善 則柔弱緩散 不復可振 亦當深戒".

를 환기시켰다. ①은 송나라 소동파의 견해이고, ②는 원나라 방회(方回)의 견해이며, ③은 명나라 이동양(李東陽)의 견해이다. 그러니까 송대 이후 실자와 허자의 조화로운 활용 문제가 주요 문인 비평가들에게 지속적인 관심의 대상이었던 셈인데,103) 장사서(張思緒)는 이를 참고하여 아래와 같이 정리하였다.

"한 구(句) 가운데는 또 실체사(實體詞)와 비실체사(非實體詞)를 알맞게 배합해야 하고 순전히 실자(實字)를 쓸 수는 없으니, 반드시 허자와 실자가 서로 호응해야 시구가 비로소 생동감이 있고 매끈하다. 대개 한 구 가운데 반드시 한 곳 혹은 두 곳에 허자를 써서 이전 사람들이 이를 구안(句眼)이라 일컬었으니, 시구에 구안이 없으면 죽은 시구가 된다."104)

장사서의 주장은 아주 간단하면서도 분명하다. 시구는 반드시 실자와 허자를 균형 있게 배합해야 하고, 양자가 서로 호응할 때 비로소 생동감이 넘치고 매끈할 수 있으며, 그 가운데 특히 구안(句眼)이 되는 허자가 없으면 결국 죽은 시구가 될 것이니 그 사용에 특별히 유의할 필요가 있다고 하였던 것이다.

넷째, 동일한 구식(句式)의 중복을 기피하였다는 점이다. 동일한 구식의 중복 기피는 동일한 글자의 중복 기피와 마찬가지로 단순 반복을 지양함으로써 제한된 형식 속에 보다 다채로운 표현법을 구현

---

103) 『杜詩詳註』 補注 卷下에는 "用虛字 宋人之習氣也"라 하여 虛字의 사용이 宋代 문인들이 즐겨 활용하던 익숙한 시구 구성방식이었음을 지적하였다.

104) 張思緒, 『詩法槪述』 145쪽, 「句法」, "一句之中 又要求實體詞和非實體詞配搭均稱 不能全用實字 必須虛實相應 句子才生動流利 大約一句之中 須有一處或兩處用虛字 前人稱句眼 句中無眼 則成死句".

하려고 한 것이다. 물론 전편의 구식을 모두 다르게 하려고 했던 것은 아니다. 율시의 대장(對仗) 부위에서는 마땅히 연 내의 출구(出句)와 대구(對句) 간의 구식이 서로 같아야 하였고, 이렇게 함으로써 표현의 조화와 긴장감을 배가시키려 하였다. 그러나 대장 부위가 아닌 곳에서는 가능한 다른 구식을 구사하고자 하였으며, 대장 부위라 할지라도 연 간의 구식, 즉 함련과 경련의 구식은 서로 다르게 하였고, 이를 같게 할 경우 중대한 결함의 하나인 합장(合掌)으로 간주하였다.

六月人間暑氣融　　유월 세간엔 더운 기운 무르녹는데,
江樓終日足淸風　　강루에는 종일 맑은 바람 넉넉하네.
山容水色無今古　　산 모습 물빛은 고금에 변함없건만,
俗態人情有異同　　세태와 인정은 같고 다름이 있구나.
舴艋獨行明鏡裏　　거룻배는 홀로 맑은 물위에 떠가고,
鷺鷥雙去畵圖中　　노자는 쌍쌍이 그림 속을 날아가네.
堪嗟世事如銜勒　　아하, 세상사 재갈과 굴레 같아서,
不放衰遲一禿翁　　노쇠한 대머리 노인을 놔주지 않네.

김부식의 「관란사루(觀瀾寺樓)」란 칠언율시이다. 이 시를 보면 제3~4행 함련(頷聯)과 제5~6행 경련(頸聯)의 각 연내에서의 문법적 구성 방식이 동일함을 알 수 있다. 3행과 4행은 주어4자+서술어1자+간접목적어2자이고, 서술어의 위치와 주어(山容水色, 俗態人情) 간접목적어(今古, 異同)의 내적 구성방식까지 모두 동일하다. 5행과 6행도 마찬가지다. 두 행이 모두 주어2자+서술어2자+간접목적어3자이고, 주어(舴艋, 鷺鷥) 서술어(獨行, 雙去) 간접목적어(明鏡裏, 畵圖

中)의 내적 구성방식 또한 동일하다. 대장 부위의 연 내에서는 출구와 대구의 구식을 이처럼 동일하게 하였던 것이다.

그러나 연간의 구식, 즉 함련과 경련의 구식은 완전히 달랐다. 함련은 주어4자+서술어1자+간접목적어2자 형태이고, 경련은 주어2자+서술어2자+간접목적어3자 형태로, 각종 문법 요소의 글자 수와 위치 및 세부 구성방식을 모두 달리 하였다. 수련(首聯)과 미련(尾聯)도 마찬가지다. 서술어의 위치만 보아도 제1행은 제7자[融], 제2행은 제5자[足]가 서술어이고, 제7행은 제5자[如], 제8행은 제1~2자[不放]가 서술어이며, 제7행에는 제8행까지 연계되는 서술어 '감차(堪嗟)'가 하나 더 있다. 대장 부위인 함련 경련과는 물론 대장과 무관한 수련 미련 자체 내에서도 각각 다른 구식을 구사하였던 것이다. 그러니까 대장 부위 내에서의 출구(出句)와 대구(對句)를 제외하고는 사실상 모든 시구에서 서로 다른 방식을 보여준 셈인데, 이렇게 함으로써 동일 구식의 단순 반복이 초래할 수 있는 단조로움을 극복하고 표현상의 변화와 다양성을 실현하고자 하였다.

동일한 구식의 중복 기피는 시구 전체의 중복을 기피하는데 그치지 않았다. 앞부분 일부의 표현방식이 중복되는 것을 평두(平頭), 끝부분 일부 표현 방식이 중복되는 것을 상미(上尾)라고 하여 이 또한 기피 대상으로 삼았는데, 『두시상주(杜詩詳注)』에서 이와 관련된 구체적인 사례를 찾아 볼 수 있다.

"북주(北周) 왕포(王褒)의 시에,
高箱照雲母 높은 상자엔 운모가 빛나고,
壯馬飾當顱 씩씩한 말은 이마를 꾸몄네.
單衣火浣布 홑옷은 화완포105)로 만들었고,

利劍水精珠 예리한 검은 수정구슬 같네.

라고 하였는데, 각 구에 4가지 사물(高箱, 壯馬, 單衣, 利劍)을 거듭 썼고, 각 사물마다 하나는 허자(虛字:高, 壯, 單, 利) 하나는 실자(實字: 箱, 馬, 衣, 劍)를 썼으니 또한 평두(平頭)이다.

또 두지(杜摯)의 시에,
伊摯爲媵臣 이윤은 유신씨의 잉신이[106] 되고,
呂望身操竿 여망은 몸소 낚시 대를 잡았네.
夷吾困商販 관중은 장사꾼으로 고생을 했고,
甯戚對牛歎 영척은 소를 대하여 탄식하였지.
食其處監門 역이기는 문지기 자리에 있었고,
淮陰饑不餐 한신은 굶주려도 먹지 못하였네.

라고 한 것과 같은 경우, 거듭 고인(伊摯, 呂望, 夷吾, 甯戚, 食其, 淮陰)을 끌어와서 모두 구 앞머리에 두었으니 이 또한 평두(平頭)이다[107]"

위의 예문에서 구조오(仇兆鰲)는 남북조시대 왕포(王褒)와 당나라 두지(杜摯)의 시를 예로 들었다. 이 가운데 왕포의 시는 각 구 제2자로 상자[箱] 말[馬] 옷[衣] 칼[劍]과 같은 사물 이름을 4차례 연이어

---

105) 火浣布 : 石綿으로 만든 불에 타지 않는 직물을 가리킨다.
106) 媵臣 : 제후의 딸이 시집갈 때 수행하는 신하. 湯王을 만나기 위해 有莘氏의 媵臣이 되어 鼎俎를 지고 가서 맛있는 음식으로 탕왕을 설득했다는 伊尹負鼎의 고사를 말함.
107) 仇兆鰲,『杜詩詳注』卷1,「鄭駙馬宅宴洞中」, "周王褒詩 高箱照雲母 壯馬飾當顱 單衣火浣布 利劍水精珠 四句疊用四物 而每物各用一虛一實字面 亦平頭也 又如 杜摯詩 伊摯爲媵臣 呂望身操竿 夷吾困商販 甯戚對牛歎 食其處監門 淮陰饑不餐 疊引古人 皆在句首 是亦平頭也".

반복하였고, 그 앞 제1자에 다시 높은[高] 씩씩한[壯] 홀[單] 예리한 [利] 등과 같은 수식어를 덧붙여 첫머리 2자가 모두 허자1자+실자1자 형태가 되도록 구성하여 평두(平頭)가 되었다고 하였다. 그리고 두 지의 시는 각 구 제1~2자로 이지(伊摯) 여망(呂望) 이오(夷吾) 영척 (甯戚) 이기(食其) 회음(淮陰)108) 등 옛 사람의 이름을 6차례나 반복 하여 평두(平頭)가 되었다고 하였다. 시구 앞머리의 일부 표현 방식 이 동일한 것을 평두라고 비판하였던 것이다.

"이 시의 하단 6구는 모두 시구 끝에 허자 1자와 실자 2자를 사용하 였다. 왕모가 내려오다[降王母], 함관에 가득하다[滿函關], 궁중 부채 를 펴다[開宮扇], 천자 얼굴을 알다[識聖顏], 세밑에 놀라다[驚歲晚], 조정 반열을 점검하다[點朝班] 등처럼 구법이 서로 비슷하여 상미첩족 (上尾疊足)의 병을 범하고 말았다."109)

두보의 「추흥팔수(秋興八首)」 중 제5수를 논평한 글이다. 여기서 구조오(仇兆鰲)는 수련(首聯)을 제외한 나머지 6행이 모두 제5자에 내려오다[降] 가득하다[滿] 펴다[開] 알다[識] 놀라다[驚] 점검하다

---

108) 伊摯는 商나라 湯王 때의 伊尹이다. 성은 伊이고 이름은 摯이다. 呂望은 周나라 文王 때의 姜太公이다. 본성은 姜이고, 선조가 呂땅에 봉해져 呂로 고쳤다. 이름은 尙이고, 호가 太公望이다. 夷吾는 齊나라 桓公 때의 管仲이다. 이름은 夷吾이고 자 는 仲이며 시호는 敬이다. 그래서 敬仲이라고도 하였다. 甯戚은 齊나라 桓公 때의 大夫이다. 食其는 漢 高祖 劉邦의 참모 酈食其이다. 淮陰은 한나라 통일에 큰 공을 세운 韓信이다. 당초 楚王에 봉해졌는데, 모반할 기미가 보인다고 하여 淮陰侯로 강등되었다.

109) 仇兆鰲, 『杜詩詳注』卷17, 「秋興八首」 중 제5수, "此章下六句 俱用一虛字二實字 於句尾 如降王母 滿函關 開宮扇 識聖顏 驚歲晚 點朝班 句法相似 未免犯上尾疊足 之病矣". 제5수 원문은 "蓬萊高闕對南山 承露金莖霄漢間 西望瑤池降王母 東來紫 氣滿函關 雲移雉尾開宮扇 日繞龍鱗識聖顏 一臥滄江驚歲晚 幾回靑瑣點朝班"이다.

[點] 등 허자 1자를 놓고 제6~7자에 왕모(王母:서왕모) 함관(函關:함곡관) 궁선(宮扇:궁중 부채) 성안(聖顔:천자 얼굴) 세만(歲晚:세밑) 조반(朝班:조정 반열) 등 실자(實字) 2자를 놓은 사실에 주목하였다. 그리고 이를 상미첩족지병(上尾疊足之病), 즉 시구 끝에 동일한 표현 방식을 중첩시킨 병통이 있다고 하였다. 끝부분 일부 표현법이 유사한 것을 상미(上尾)라고 비판했던 것이다.

평두와 상미는 앞부분 혹은 끝부분 일부 표현법이 상호 중복되는 것이어서 한 구 전체가 중복되는 것보다는 중복의 의미가 약하다고 할 수 있다. 그럼에도 불구하고 이런 표현법이 시구의 가락을 판에 박은 듯이 딱딱하게 만들고 유창하지 못하게 하는 방식이라고 하여 엄중하게 비판하였으며, 가능한 이런 단순 반복을 회피함으로써 가락과 표현상의 단조로움을 극복하고자 하였던 것이다.110)

문법적 구성방식상의 중복 기피는 의미상의 중복기피와도 연계되었다. 위경지(魏慶之)는 『시인옥설(詩人玉屑)』「구법(句法)」조항에 양구불가일의(兩句不可一意), 즉 '두 구가 한 가지 뜻이 되도록 해서는 안 된다'는 항목을 따로 설정하여 상구(上句)와 하구(下句) 간의 의미 중복을 피해야 한다는 논지를 피력한 바 있다.111) 그리고 다시 '구법은 마땅히 중첩시키지 않도록 해야 한다'는 구법부당중첩(句法不當重疊) 항목을 설정해서 상구(上句)와 하구(下句) 사이는 물론,

---

110) 張思緖, 『詩法槪述』 145쪽, 「句法」, "詩句多限于五言或七言 因爲每句字數相同 容易流于刻板 所以要講究句法 在一首里 特別是近體詩 要求句式錯綜變化 不能 雷同一致 尤其忌諱平頭上尾 使句調呆板而不流暢".
111) 魏慶之, 『詩人玉屑』 卷3, 「句法」, '兩句不可一意', "晋宋間詩人 造語雖秀拔 然大抵上下句 多出一意 如魚戱新荷動 鳥散餘花落 蟬噪林逾靜 鳥鳴山更幽之類 非不工矣 終不免此病".

한 구 내에서조차 비슷한 의미의 표현을 중첩시켜서는 안 된다고 하면서 '두견성리사양모(杜鵑聲裏斜陽暮)'란 시구를 예로 들었다. '두견새 소리 속에 저녁이 저물어가네'라는 의미인데, 사양(斜陽:지는 해)과 모(暮:저물다)가 사실상 같은 의미여서 중첩되는 결함이 있다는 것이다.112) 문법적 구성 방식에서는 물론 의미의 표현 방식에서도 중복을 극구 회피하고자 했던 단적인 예이다.

시구의 구성에서는 이처럼 의미의 다층성, 표현의 완결성, 실자(實字)와 허자(虛字)의 조화, 동일한 구식과 의미의 중복 기피 등 4가지 원칙을 우선적으로 고려하였다. 그리고 가락의 유연성을 보완하기 위해 첩자(疊字) 쌍성(雙聲) 첩운(疊韻) 등을 각 구의 정절(頂節) 두절(頭節) 복절(腹節) 각절(脚節) 등 여러 부위에 활용하기도 하였는데, 기존 연구에 이를 예시한 바 있어서 생략한다.113)

2) 시구의 구성 방법

시구를 구성하는 방법은 크게 운율적 측면, 문법적 측면, 의미적 측면 등 3가지로 나누어 살펴볼 수 있다. 운율은 한 구 내에서의 평성과 측성의 변화 규칙에 관련된 것이고, 문법은 말 그대로 한 구의 구문(句文)을 문법적으로 조직하는 방법에 관한 것이며, 의미는 한

---

112) 魏慶之, 『詩人玉屑』 卷3, 「句法」, '句法不當重疊', "淮海小詞云 杜鵑聲裏斜陽暮 東坡曰 此詞高妙 但旣云斜陽 又云暮 則重出也 欲改斜陽作簾櫳 余曰旣言孤館閉春寒 似無簾櫳 公曰 亭傳雖未必有簾櫳 有亦無害 余曰 此詞本摸寫牢落之狀 若曰簾櫳 恐損初意 先生日極難得好字 當徐思之 然余因此 曉句法不當重疊".
113) 疊字의 활용 사례는 簡明勇의 『律詩研究』 155쪽 「疊字之使用」 조항, 雙聲과 疊韻의 활용 사례는 范況의 『中國詩學通論』 231쪽 「雙聲疊韻」 조항에 각각 다양한 사례를 수집하여 소개한 바 있다.

구 내의 상체(上體)와 하체(下體) 혹은 한 연 내의 출구(出句)와 대구(對句) 간의 의미를 연계시키는 방법에 관한 것이다.

이 가운데 첫째, 평성과 측성의 변화 규칙은 근체시 성립과 더불어 분명하게 확정되었다. 오언시의 경우 제1~2자 두절(頭節), 제3~4자 복절(腹節), 제5자 각절(脚節), 칠언시의 경우 제1~2자 정절(頂節), 제3~4자 두절(頭節), 제5~6자 복절(腹節), 제7자 각절(脚節) 등 각각 2자를 변화의 기본 단위로 삼았고, 그 가운데 제2자 제4자 제6자를 변화의 거점인 절주점(節奏點)으로 삼았다. 그래서 이를 중심으로 평성과 측성을 정연하게 교체하였는데, 구체적 구성 방식을 간단히 예시하면 아래와 같다.

	五言詩						七言詩					
	上體		下體				上體			下體		
	頭節		腹節		脚節		頂節		頭節		腹節	脚節
	1	2	3	4	5		1	2	3	4	5	6	7
2-2-1형	측	측	평	평	측	2-2-2-1형	평	평	측	측	평	평	측
	평	평	측	측	평		측	측	평	평	측	측	평
3-2형	측	측	측	평	평	2-3-2 형	평	평	측	측	측	평	평
	평	평	평	측	측		측	측	평	평	평	측	측

운율적 측면에서의 구성 방법은 위와 같이 오언시의 경우 2-2-1형과 3-2형 등 2가지가 있었고, 칠언시의 경우 2-2-2-1형과 2-3-2형 등 2가지가 있었다. 그래서 오언은 오언대로 칠언은 칠언대로 각각 2가지 방식에 준하여 구성하였으며, 특히 제2자 제4자 제6자 등 절주점에서의 평측 변화에 유의하였다. 제2자와 제4자의 평측이 같으면 안 된다는 이사부동(二四不同), 제2자와 제6자의 평측이 같아야 한다는 이육동(二六同) 등이 일종의 격언(格言)처럼 인식된 것은 이들

부위의 비중이 그만큼 높았음을 단적으로 보여주는 것이다. 운율적 측면에서의 구성은 예외 없이 모두 이를 준수해야 하였고, 이를 어길 경우 변격(變格)으로 간주하였다. 구성 방식이 아주 간명하면서도 엄격했던 것이다.

둘째, 문법적 측면에서의 구성 방식은 이와 달리 아주 다양하고 복잡하였다. 서술어가 하나뿐인 단문(單文)인가? 서술어가 둘 이상인 복문(複文)인가? 서술어 자체가 없는 불완전문(不完全文)인가? 주어 서술어 목적어 등 주요 성분이 어떤 자리에 있는가? 이들의 품사(品詞)는 무엇이고, 글자 수는 몇 자이며, 상호 간의 관계는 또 어떠한가? 등등 고려할 사항이 대단히 많았기 때문이다.

그러나 이를 한꺼번에 고려하고자 하면 기준이 너무 복잡하고 결과 또한 지나치게 번다하여 구식을 파악하는데 오히려 혼란을 초래할 수 있다. 그래서 우선 기준을 단순화시켜 큰 틀을 파악해 볼 필요가 있겠는데, 서술어를 중심으로 하는 것이 가장 유용한 방법일 듯하다. 대부분의 시구에서 서술어가 눈[句眼]의 역할을 할 뿐만 아니라, 그것이 등장하는 위치와 자수에 따라 구식 자체가 달라지기 때문이다. 서술어를 중심으로 검토할 때 오언구의 구식은 대략 아래와 같은 10~15종으로 파악된다.

  ① 제1자가 서술어인 경우(1-4, 혹은 1-2-2형)
   喜/無多屋宇 집들이 많이 없음을 기뻐하고,
   幸/不碍雲山 구름 산 막히지 않아 다행스럽네.

  ② 제2자가 서술어인 경우(1-1-3, 혹은 2-3형)
   犬/迎/憎閑客 개는 심심하기를 싫어하는 객을 맞이하고,

鴉/護/落巢兒 까마귀는 둥지에서 떨어진 새끼를 감싸네.
참고① : 제1자가 제2자 수식(2-3형)
忽過新豊市 갑자기 신풍시를 찾았다가,
還歸細柳營 다시 세류영으로 돌아갔네.

③ 제3자가 서술어인 경우(2-1-2형)
蟬聲/集/古寺 매미 소리는 옛 절에 모이고,
鳥影/度/寒塘 새 그림자는 찬 못을 지나네.
참고② : 제2자가 제3자 수식(1-2-2형)
味/豈同/金菊 맛이 어찌 금빛 국화와 같겠는가
香/宜配/綠葵 향기 마땅히 푸른 해바라기에 짝하네.
참고③ : 제1-2자가 제3자 수식(3-2형)
一從歸/白社 한번 백사로 돌아오면서부터,
不復到/靑門 다시는 청문에 오지를 않았네.

④ 제4자가 서술어인 경우.(2-2-1 혹은 2-3형)
淅淅風/生/砌 쉭쉭 바람이 섬돌에 일고
團團日/隱/牆 둥근 해는 담장으로 숨네
참고④ : 제3자가 제4자 수식(2-2-1 혹은 2-3형)
靑山/空有/淚 푸른 산에 공연히 눈물 흘리고
白月/豈知/心 밝은 달이 어찌 마음을 알까

⑤ 제5자가 서술어인 경우(2-2-1 혹은 4-1형)
明月/松間/照 밝은 달은 솔 틈에 비치고,
淸泉/石上/流 맑은 물은 돌 위에 흐르네.
참고⑤ : 제4자가 제5자 수식(2-1-2 혹은 2-3형)
萬里/春/應盡 만리에 봄은 응당 다하였고,
三江/雁/亦希 삼강에 기러기 또한 드물리라.

⑥ 제1, 2자가 서술어인 경우.(2-3형)
　　翻動/神仙窟 신선의 굴을 뒤집어 흔들고,
　　封題/鳥獸形 조수 형태라고 봉하여 썼네.

⑦ 제3, 4자가 서술어인 경우(2-2-1 혹은 2-1-2형)
　　松風/**吹解**/帶 솔 바람이 불어 허리띠 풀고,
　　山月/**照彈**/琴 산 달이 비춤에 거문고 타네.

⑧ 제4, 5자가 서술어인 경우(2-1-2 혹은 2-3형)
　　道路/時/**通塞** 도로는 때로 뚫렸다 막히고,
　　江山/日/**寂廖** 강산은 날마다 적료하구나.

⑨ 제3, 5자가 서술어인 경우(2-3형)
　　羌婦/**語**還**哭** 강부는 말하다가 다시 울고,
　　胡兒/**行**且**歌** 호아는 가다가 또 노래하네.

⑩ 서술어 자체가 없는 경우(2-2-1 혹은 4-1형)
　　故國風雲氣 고국은 풍운의 기운
　　高堂戰伐塵 고당엔 전쟁의 먼지114)

①②③④⑤는 서술어가 1자이면서 각 구의 제1자부터 제5자까지 각각 다른 부위에 자리한 경우이고, ⑥⑦⑧⑨는 서술어가 2자이면서 제1~2자, 제3~4자, 제4~5자, 제3자와 제5자 등 각각 다른 부위에 자리한 경우이며, ⑩은 서술어 자체가 없는 경우이다. 그리고 ②③④⑤에 추가한 참고①~⑤는 모두 동사 앞에 부사 1~2자를 더하여 홀과(忽

---

114) ①「茅堂檢校」, ②「陪鄭廣文」, ③「和裴迪」, ④「春日江村」), ⑥「路逢襄陽」, ⑧「歸夢」, ⑨「日暮」, ⑩「中夜」와 참고②「佐還山後」참고⑤「送友人」등은 모두 杜甫 시이고, ⑤山居秋暝, ⑦「酬張少府」, 참고①「觀獵」, 참고③「輞川閑居」등은 王維 시이며, 참고④「赴新安」은 劉長卿 시다.

過) 기동(豈同) 불부도(不復到) 공유(空有) 역희(亦希) 등처럼 2~3자가 함께 서술어 기능을 하는 형태인데, 이 또한 참고①은 제1~2자, 참고②는 제2~3자, 참고③은 제1~3자, 참고④는 제3~4자, 참고⑤는 제4~5자 등으로 시구 내에서 자리를 각각 달리하였다.

서술어를 기준으로 할 경우 오언구의 구식은 위와 같이 10종, 변용 방식까지 감안할 경우 대략 15종 가량 확인할 수 있다. 그러나 이는 제한된 자료를 대상으로 단일 기준을 적용하여 파악한 것에 불과하며, 여타 문법 요소의 위치, 자수, 품사 등을 함께 고려한다면 훨씬 더 다양하게 나누어 볼 수 있다. 왕력은 오언구를 서술어가 하나뿐인 단구식(單句式), 서술어가 둘 이상인 복잡구(複雜句), 서술어가 없는 불완전구 등 3부류로 구분한 다음, 여기에 다시 다양한 문법적 기준을 종합적으로 고려하여 단구식(單句式)을 29류 57종, 복잡구를 49류 88종, 불완전구를 17류 54종, 도합 95류 199종으로 구분한 바 있다. 그리고 오언구를 칠언구로 만드는 방법 7종을 따로 제시하였는데, 그렇다면 칠언구의 구식은 최소한 199×7=1393종이나 되는 셈이다. 분류 기준과 방법에 따라 문법적 구식이 얼마나 다양할 수 있는지 실증적으로 보여주었던 것이다.

문법적 구식은 이처럼 다양하고 복잡함에도 불구하고 많은 문인들이 특별히 세심한 주의를 기울였다. 근체시의 대장 부위에서는 출구(出句)와 대구(對句)의 문법적 구성 방식을 동일하게 해야 하는데, 문법적 구식에 대한 이해 정도가 바로 대장 표현의 성패와 직결되었기 때문이다. 그리고 극구 회피하고자 했던 동일한 구식의 반복 여부 또한 문법적 구식을 가장 중요한 판단 근거로 삼았다. 그래서 많은 시인들이 번거로움을 무릅쓰고 문법적 구성 방식을 정확하게 파악하고자 노력하였던 것이다.

  셋째, 의미적 측면에서의 구성 방법에 대해서는 청나라 오경욱(吳景旭)이 『역대시화(歷代詩話)』에서 비교적 자세히 소개한 바 있다. 그는 이 책 「구법(句法)」조항에서 문답(問答) 당대(當對) 상응하호(上應下呼) 상호하응(上呼下應) 행운유수(行雲流水) 등 약 12종의 구성법을 제시하였는데, 그 가운데 의미적 측면과 직결되고 구체적 내용을 파악할 수 있는 몇 가지를 간추려보면 대략 다음과 같은 것이 있다.

    ① 문답(問答) : 먼저 묻고 다시 여기에 답하는 형태로 구성
        ①-1 : 誰其獲者婦與姑 얻은 자 누구인가, 며느리와 시어미일세.
        ①-2 : 何日東歸花發時 어느 날 동으로 돌아갈까, 꽃이 필 때지.

    ② 당대(當對) : 상호 대비되는 사실을 대응시키는 형태로 구성
        ②-1 : 白狐跳梁黃狐立 흰 여우는 뛰 놀고, 누른 여우는 서있네.
        ②-2 : 婦女行泣夫走藏 아낙은 가며 울고, 지아비는 달아나 숨네.

    ③ 상호하응(上呼下應) : 앞에 현상을 묘사하고, 뒤에 비유를 제시
        ③-1 : 林花著雨臙脂濕 숲 꽃이 비를 맞아 연지 빛 촉촉한 듯.
        ③-2 : 水荇牽風翠帶長 마름이 바람에 끌려 푸른 띠 기다란 듯.

    ④ 상응하호(上應下呼) : 앞에 비유를 제시하고, 뒤에 현상을 묘사
        ④-1 : 素練抹林雲氣薄 흰 비단을 숲에 펼친 듯 구름 기운 얇네.
        ④-2 : 明珠穿草露華新 구슬을 풀에 꿴 듯 이슬 젖은 꽃 새롭네.

    ⑤ 행운유수(行雲流水) : 표현과 의미가 모두 사리에 어긋나지 않게 구성
        ⑤-1 : 春日鶯啼脩竹裏 봄날 꾀꼬리는 긴 대숲 속에서 우네.

⑤-2 : 仙家犬吠白雲中 신선의 개는 흰 구름 가운데서 짖네.

⑥ 언도이순(言倒理順) : 표현은 사리에 어긋나나 이치는 순조롭게 구성115)

⑥-1 : 海岸夜深常見日 해안이라 밤이 깊은데 늘 해를 보네.
⑥-2 : 寒巖四月始知春 찬 바위 4월에야 비로소 봄을 아네.

⑦ 양구성일구(兩句成一句) : 두 구가 합쳐 한 문장이 되도록 구성.
屢將心上事 여러 차례 마음속의 일을,
相與夢中論 서로 함께 꿈에서 논하네.
*십자격(十字格) 혹은 십자구법(十字句法)이라고도 함116)

위와 같이 오경욱(吳景旭)은 의미적 측면에서의 구성 방법을 ①묻고 거기에 바로 답하는 형식의 문답(問答), ②서로 대비되는 사실을 한 구에 나란히 대응시키는 당대(當對), ③현상을 먼저 묘사한 다음 그 현상에 상응하는 비유를 뒤에 제시하는 상호하응(上呼下應), ④비유를 먼저 제시한 다음 그 비유와 관련된 현상을 뒤에 묘사하는 상응하호(上應下呼), ⑤표현과 의미가 모두 사리에 맞고 거슬림이 없는 행운유수(行雲流水), ⑥표현이 사리에 어긋난듯하면서도 특정 상황을 전제할 경우 더욱 이치에 잘 부합하는 언도이순(言倒理順), ⑦두 구를 합쳐서 하나의 문장이 완결되도록 구성하는 양구성일구

---

115) 밤이 깊은데 해를 본다거나 4월이 되어서야 봄이 온 줄 안다고 한 것은 비정상이다. 밤에는 해가 아닌 달을 보아야 정상이고, 봄은 3월에 시작되어야 정상이기 때문이다(言倒). 그러나 해안과 산중임을 고려하면 그렇지 않다. 해안은 산중에 해가 질 때 해가 남아있고 산중이 깊은 밤일 때 이미 해가 떠오른다. 그리고 산중은 그늘이 깊어서 봄이 늦게 오고 겨울이 일찍 온다(理順). 따라서 이런 표현은 표면상 사리에 어긋난듯하면서도 사실은 해안과 산중 상황을 더욱 실감나게 드러내는 표현 방법이라 할 것인데, 이를 언도이순(言倒理順)이라 하였다.
116) 吳景旭, 『歷代詩話』(四庫全書 集部 詩文評類) 卷67, 「句法」.

(兩句成一句) 등 7종 가량을 예문과 함께 제시하였다.

오경욱이 제시한 이런 몇 가지 구성법은 여러 시문집에서 다양한 실례를 확인할 수 있다. 그리고 다른 사람 가운데도 이와 유사한 지적을 한 예가 적지 않다. 예컨대 ①문답(問答)과 관련하여 위경지가 구중유문답지사(句中有問答之詞:시구에 문답 표현이 있다)란 항목을 설정하여 이를 구체적으로 언급한 것,117) ⑦양구성일구(兩句成一句)와 관련하여 채몽필(蔡夢弼)이 오언시에서는 이를 십자격(十字格)이라 한다고 하면서 두보의 시를 예시한 것,118) 방회(方回)가 다시 이를 십자구법(十字句法)이라 하면서 자신의 시 비평에 적용한 것119) 등이 모두 그런 예이다. 따라서 오경욱이 제시한 구성법은 독단적 판단이라기보다 기존의 견해를 종합한 것에 가깝다고 할 수 있으며, 그만큼 그가 제시한 몇 가지 구성법이 문단에 널리 공감대를 형성한 것이라 할 수 있겠다.

이 외에도 의미적 측면에서의 구성법을 거론한 예가 몇 가지 더 있다. 위경지(魏慶之)가 『시인옥설(詩人玉屑)』에서 제시한 절구(折句) 동정구(動靜句) 개합구(開闔句) 등이 바로 그런 예인데, 절구(折句)와 동정구(動靜句)는 한 구 내에서의 의미 구성 방식, 개합구(開闔句)는 두 구 사이의 의미 연계 방식의 일종이었다.

---

117) 魏慶之,『詩人玉屑』卷3,「句法」, '句中有問答之詞', "古人造語 俯仰紆餘各有態 小麥青青大麥枯 誰當穫者婦與姑 丈夫何在西擊胡 凡此句中 每涵問答之詞 大麥乾枯小麥黃 問誰腰鎌胡與羌 句法實有所自".
118) 蔡夢弼,『草堂詩話』(四庫全書 集部 詩文評類), "丹陽葛常之韻語陽秋曰 五言律詩 於對聯中 十字作一意 詩家謂之十字格 如老杜放船詩云 直愁騎馬滑 故作泛舟迴 對雨詩云 不愁巴道路 恐濕漢旌旗 江月詩云 天邊長作客 老去一霑巾 是也".
119) 方回,『瀛奎律髓』卷24,「贈別何邕」제3-4구 '悲君隨燕雀 薄宦走風塵'에 대한 평가, "三四係十字句法".

① 구양수(歐陽脩)의 시에 "조용히 대나무를 사랑할 땐 야사를 찾아오고[靜愛竹時來野寺]), 홀로 봄 찾아 우연히 시내 다리 건너네[獨尋春偶過溪橋]"라고 하였는데, 세속에서 이를 절구(折句)라고 하였다.120)

② '이르다는 뜻[早意]'을 쇠잔해 늦은[殘晚] 가운데 두고, '고요하다는 뜻[靜意]'을 시끄러운 움직임[喧動] 가운데 둔다. 당나라 시에 "바다에는 해가 쇠잔해가는 밤에 떠오르고[海日生殘夜], 강에는 봄이 한 해가 저문 시절 들어오네[江春入暮年]." 라고 하였으니, 이르다는 뜻을 쇠잔해 늦은 가운데 두었다. "놀란 매미는 작별의 버드나무로 옮겨가고[驚蟬移別柳], 싸우는 참새는 한가한 뜨락으로 떨어지네[鬪雀墮閒庭]." 라고 한 것도 있는데, 고요한 뜻을 시끄럽게 움직이는 가운데 두었다.121)

③ 소식(蘇軾)의 「차운유경문견기(次韻劉景文見寄)」 시에 "열사의 가풍으로 어찌 이렇게 시를 지었나[烈士家風安用此], 서생의 습성이 아직 없을 수 없었나 보네[書生習氣未能無]." 라고 하였는데, 기윤(紀昀)은 이것이 개합구(開闔句)라고 하였다.122)

---

120) 魏慶之, 『詩人玉屑』 卷3, 「句法」, 折句, "六一居士詩云 靜愛竹時來野寺 獨尋春偶過溪橋 俗謂之折句". 六一居士의 시는 「退居述懷寄北京韓侍中二首」 중 제2수로, 원시는 "書殿宮臣寵並叨 不同憔悴返漁樵 無窮與味閒中得 强牛光陰醉裏銷 靜愛竹時來野寺 獨尋春偶過溪橋 猶須五物稱居士 不及顏回飮一瓢"이다.
121) 魏慶之, 『詩人玉屑』 卷3, 「句法」, '置早意於殘晚中 置靜意於喧動中', "唐詩曰 海日生殘夜 江春入暮年 置早意於殘晚中 有曰 驚蟬移別柳 鬪雀墮閒庭 置靜意於喧動中".
122) 紀昀, 『瀛奎律髓刊誤』(詩法槪述 148쪽 재인용), "蘇軾 次韻劉景文見寄詩云 烈士家風安用此 書生習氣未能無 紀昀說 此開闔句". 여기에 인용한 소동파 시는 『瀛奎律髓』 卷42에 수록되어 있는데, 원시는 "淮上東來雙鯉魚 巧將詩信渡江湖 細看落墨皆松瘦 想見掀髥正鶴孤 烈士家風安用此 書生習氣未能無 莫因老驥思千里 醉後哀歌缺唾壺"이다. 劉景文은 劉平의 次子로, 그의 家系에 대한 사항은 『蘇詩補注』 卷34 해당 시 하단 주석에 자세하다.

④ 시는 열고 닫음[開闔]을 귀하게 여긴다. 무릇 시를 지음에 사람들로 하여금 제1구를 읽으면 제2구가 있음을 알게 하고, 제2구를 읽으면 제3구가 있음을 알게 하여, 차례로 전편을 마쳐야 바야흐로 지극히 묘하게(至妙) 된다.123)

①②④는 『시인옥설(詩人玉屑)』에, ③은 『영규율수간오(瀛奎律髓刊誤)』에 기록된 것이다. 이 가운데 ①절구(折句)는 제4자(時, 偶)를 중심으로 시구의 의미가 앞부분 3자(靜愛竹, 獨尋春)와 뒷부분 3자(來野寺, 過溪橋)로 정연하게 구분되는 것인데, 이처럼 중간에서 꺾어진 형태라 하여 절구(折句) 혹은 절요구(折腰句)라 하였다.124) 그리고 오경욱(吳景旭)은 이를 상삼하사(上三下四)라고 하였는데,125) 제4자를 뒤의 3자와 합쳐서 파악했을 뿐 내용은 다르지 않다. 절구에 대해서는 이 외에도 『금수만화곡(錦繡萬花谷)』『산당사고(山堂肆考)』 등 여러 책에서 언급한 바 있어서126) 의미적 측면에서 대단히 중요한 구성법 가운데 하나로 인식되었음을 알 수 있다.

②동정구(動靜句)는 동(動:움직임)의 뜻을 정(靜:고요함) 가운데 표현하고, 정(靜)의 뜻을 동(動) 가운데 표현하여 동(動)과 정(靜)의 의미가 더욱 뚜렷하게 드러나도록 구성하는 방법을 가리키는데, 이

---

123) 魏慶之, 『詩人玉屑』 卷5, 「初學蹊徑」, 詩意貴開闔, "凡作詩 使人讀第一句 知有第二句 讀第二句 知有第三句 次第終篇 方爲至妙".
124) 范德機(元), 『詩學禁臠』(김준연, 『唐代 七言律詩 硏究』 103쪽 재인용), "七言律詩 有上三下四格 謂之折腰句".
125) 吳景旭, 『歷代詩話』 卷67, 「句法」, '上三下四', "鳳凰樂奏鈞天曲 烏鵲橋通織女河".
126) 편자미상(宋)의 『錦繡萬花谷』 卷21, 『山堂肆考』 卷128 拗句 조항 등에서 언급하였다. 이 가운데 『錦繡萬花谷』의 기록 내용은 "折句格 歐公詩 靜愛竹時來野寺 獨尋春偶過溪橋 俗謂之折句 盧贊元雪詩 想行客過梅橋滑 免老農憂麥隴乾 效此格也"이다.

를 조(早:일찍함)와 만(晩:늦음), 지(遲:느림)와 속(束:빠름) 등 여타 상반되는 대비적 표현에 널리 확대해서 사용하기도 하였다. 위에서는 일찍 떠오르는 해와 쇠잔해가는 늦은 밤, 일찍 찾아드는 새봄과 마지막 남은 늦겨울, 시끄러운 매미소리와 조용한 버드나무, 다투는 참새소리와 한가로운 뜰 등을 서로 대비시켜 표현하였는데, 송나라 때 혜홍(惠洪)은 『냉재야화(冷齋夜話)』에서 아예 '시에 동정의 뜻을 둔다[詩置動靜意]'는 항목을 따로 설정하여 이를 보다 광범위하게 논증하기도 하였다. '바람은 고요한데 꽃은 오히려 떨어지고[風定花猶落]'는 정(靜) 중에 동(動)의 뜻을 보인 것이고, '새는 우는데 산은 더욱 그윽하네[鳥鳴山更幽]'는 동(動) 중에 정(靜)의 뜻을 드러낸 것이라고 지적한 것이 바로 그런 예이다.127)

　③개합구(開闔句)는 상구(上句)와 하구(下句)가 마치 문을 열고 닫듯 특정한 문제를 제기하고 해결하는 방식으로 연결시키는 형태를 말하는데128), 위에서는 소동파의 「차운유경문견기(次韻劉景文見寄)」의 경련(頸聯)을 예로 들었다. 제5행 '열사의 가풍으로 어찌 이런 시를 지었나[烈士家風安用此]'는 유경문(劉景文)이 선대부터 충성스러운 무인(武人) 집안사람인데 어찌 이렇게 문인도 짓기 어려운 좋은 시를 지어 보냈나 하고 의문을 제기한 것이다. 그리고 제6행

---

127) 釋惠洪(宋),『冷齋夜話』卷5,「詩置動靜意」,"荊公曰 前輩詩云 風定花猶落 靜中見動意. 鳥鳴山更幽 動中見靜意. 山谷曰 此老論詩 不失解經旨趣 亦何怪耶 唐詩有曰 海日生殘夜 江春入舊年者 置早意于殘晚中 有曰 驚蟬移別柳 鬪雀墮閑庭者 置靜意于喧動中 東坡作眉子硏詩 其略曰 君不見長安畫手開十眉 橫雲却月爭新奇 遊人指黙小鬢處 中有漁陽胡馬嘶 用此微意也".

128) 張思緖,『詩法槪述』, 148쪽, "今按所謂開闔 就是一開一闔 猶如門戶的一開一閉 故曰開闔 如蘇軾上句 用安用此 是啓開 下句用未能無 是關闔 這樣的句子 雖說一正一反 其實幷不矛盾".

'서생의 습성이 아직 없을 수 없었나 보네[書生習氣未能無]'는 무인 집안임에도 불구하고 문인다운 습성과 기질이 아직 남아 있어서 이렇듯 좋은 시를 지을 수 있었을 것이라고 제5행에 대한 답을 제시하여 문제를 해결하였다. 이 두 구는 결국 유경문이 무인집안 사람이면서도 이렇듯 시재(詩才)가 뛰어나서 드높은 기상이 쉽게 도달할 수 없는 경지라고 극구 칭찬한 것인데,129) 이런 의미를 앞 행에서 문제를 제기하고 뒤 행에서 이를 해결하는 개합(開闔) 방식으로 표현한 것이다.

시구의 구성 방법은 이와 같이 운율 문법 의미 등 크게 3가지 측면으로 구분해 볼 수 있다. 이 가운데 운율적 측면은 개별 작자가 함부로 변경할 수 있는 것이 아니었다. 문단 공통의 격식으로 확정되어 있어서 누구나 예외 없이 이를 준수해야 하였다. 반면 문법적 측면과 의미적 측면에서의 구성법은 경우와 상황에 따라 비교적 자유롭게 운용할 수 있었다. 서술어를 기준으로 할 경우 약 10~15종의 문법적 구성법을 비롯하여 약 10여종의 의미적 구성법 또한 작가가 필요할 때마다 적합한 방법을 선택하여 적용하면 그만이었다. 이런 측면에서 시구의 구성은 불변의 운율적 구성법에 가변의 문법적 구성법과 의미적 구성법을 알맞게 녹여낸 결과라 할 수 있겠다.

그렇다면 세 가지 구성법의 상호 관계는 어떨까? 여기에 대해서는 아직 정리된 견해를 찾아보기 어렵다. 다만 운율상 구식과 별개로 송독(誦讀) 상의 휴지(休止)를 중심으로 구분한 예가 더러 있는데, 송독할 때는 자연스럽게 각 구의 문법과 의미까지 함께 고려하기 마

---

129) 方回,『瀛奎律髓』卷43,「次韻劉景文見寄」주석, "坡詩亦足敵景文 三四勁健 五六言景文家世壯烈 而能詩氣象 崔屼未易攀也".

련이므로, 그것이 문법적 측면과 의미적 측면을 아울러 반영한 것이라고 할만하다. 왕력은 이런 송독 상의 휴지를 의의(意義) 상의 절주(節奏)라고 하면서 오언구를 대상으로 9종의 형식을 제시한 바 있고, 범황은 이를 인위적 운율과 구별되는 자연절주[自然之節]라고 하면서 오언구식 3종 칠언구식 3종을 제시하였다. 그리고 장사서는 오언은 3음절(音節) 칠언은 4음절로 구성된다는 전제 아래 오언구식 2종 칠언구식 2종을 제시하였고, 간명용은 또 평측과 다른 정돈(停頓:호흡단락)이라고 하면서 오언구식과 칠언구식 각 4종을 제시한 바 있는데,130) 이를 간단히 정리하면 아래와 같다.

		5언구		7언구		
韻律句式		2-2-1 측측평평측 평평측측평	3-2 측측측평평 평평평측측	2-2-2-1 평평측측평평측 측측평평측측평	2-3-2 평평측측측평평 측측평평평측측	
誦讀句式		2-2-1, 2-3(最多), 2-1-2, 1-2-2, 1-3-1, 1-1-3, 3-2, 4-1, 1-4 등 5언 전체 9종				王力
		2-3, 4-1	3-2	4-3, 6-1	5-2	范況
		2-2-1	2-1-2	2-2-2-1	2-2-1-2	張思緒
		常例 2-3, 4-1	偶例 3-2, 1-4	常例 4-3, 2-5	偶例 3-4, 5-2	簡明勇

위에서 볼 수 있듯이 송독상 구식 파악은 사람마다 달랐다. 왕력은 오언구만 9종으로 세분하였고, 범황은 오언과 칠언을 각 3종, 장사서는 각 2종, 간명용은 각 4종으로 구분하였는데, 왜 그렇게 했는지 아무도 구체적 근거를 밝히지 않았다. 그리고 왕력은 "의의(意義)상 절주(節奏)는 편의상 그렇게 분석해 본 것일 뿐 꼭 그렇게 할 필요는

---

130) 王力은 『漢詩韻律論』128쪽, 范況은 『中國詩學通論』223쪽, 張思緒는 『詩法概述』146쪽, 簡明勇은 『律詩硏究』157쪽을 참고하였다.

없다."고 하면서 2-3을 2-2-1, 4-1을 2-2-1, 3-2을 2-1-2로 세분해도 좋다고 하였다.131) 편의상 시도해본 것일 뿐 특별한 이론에 근거한 것이 아니라는 말이다.

그럼에도 불구하고 송독상 구식이 운율상 구식과 무관한 것은 아님을 알 수 있다. 운율상 구식 2-2-1과 연계된 송독상 구식 2-2-1, 2-3, 4-1 등은 모두 운율상 구식 2-2-1을 그대로 준수하거나 앞부분 2-2를 합쳐 4-1, 뒷부분 2-1을 합쳐 2-3으로 파악한 것에 다름 아니고, 운율상 구식 3-2와 연계된 3-2, 2-1-2, 1-4 등 또한 모두 운율상 구식 3-2를 그대로 준수하거나 앞부분 3을 2-1로 나누어 2-1-2, 앞부분 3을 1-2로 구분하여 1-4로 파악한 것이며, 칠언구의 경우도 대동소이하였다. 그리고 오언구의 경우 2-3, 4-1, 칠언구의 경우 4-3, 2-5 같은 형태의 짝·홀 구성이 일반적인 상례(常例)이고, 운율상의 구식과 상충되는 3-2, 1-4나 3-4, 5-2같은 홀·짝 구성 형태는 흔히 볼 수 없는 우례(偶例)라 하였는데,132) 이 또한 송독상 구식이 2자 1단위의 변화에 기초한 운율상의 구식을 고려하여 양자가 상호 조화되도록 하고자 한 결과임을 보여준다.

그러나 송독상의 구식이 운율상 구식에 완전히 종속되지는 않았다. 오언의 경우, 운율상 구식과 완전히 합치되는 2-2-1형보다 오히

---

131) 王力, 『漢詩韻律論』(洪瑀欽譯, 영남대출판부, 1983), 129~130쪽.
132) 簡明勇, 『律詩硏究』162쪽, "句式之別 槪如上列 然其運用有常偶之不同 常例多 偶例少 蓋律詩旣以平仄構成音節 故句式所構成之音節 亦宜與平仄相同 平仄譜中 以兩字爲一音節 … 七律之第二四六字爲節奏點 五律之第二四字爲節奏點 凡節奏 點之處 卽爲語氣停頓之所 句式之用 亦在顯明語氣之停頓 若然則兩種停頓之所 當求其一致爲善 故七律之句式 以上二下五 上四下三爲常例 而上三下四 上五下 二爲偶例 五律則以上二下三 上四下一爲常例 而以上一下四 上三下二 爲偶例也".

려 2-3형이 더 많았는데, 이는 끝에 한 자가 한 절(節)을 차지하여 형용사나 타동사 외에는 쉽게 사용할 수 없는 한계가 있었기 때문이었다. 그리고 운율상 구식 2-2-1과 거리가 먼 2-1-2형도 많이 활용하였는데, 이는 대체로 앞 2자가 주어, 뒤 2자가 목적어, 가운데 1자가 동사인 형태로, 형식상 대단히 안정되어 문인들이 특별히 선호하였기 때문이었다.133) 운율상 구식과 합치하지 않아도 표현상의 효과를 고려하여 다양한 변형을 용인했던 것이다.

따라서 운율 문법 의미 등 3측면의 시구 구성은 운율을 근간으로 삼고, 문법과 의미상으로도 여기에 조화로운 구성이 되도록 유의하되, 표현 효과를 고려하여 다양한 변용을 동시에 허용한 느슨한 통일 관계라 할 수 있겠다.

3) 시구의 문법적 특징

시구는 산문과 달리 엄격한 표현상의 제약을 수반하였다. 오언시는 반드시 매구 5자 칠언시는 매구 7자로 맞추어야 하였고, 모든 행은 평성과 측성의 변화 규칙을 준수해야 하였다. 짝수 행 끝에는 압운을 해야 하였고, 함련과 경련은 대장(對仗)이 되도록 문법적 구성 방식을 동일하게 다듬어야 하였다. 그러면서 동시에 짧은 형식 속에 일상적 언어 표현의 수준을 넘어서는 넓고도 깊은 시상을 구현하려고 했던 것이다. 그래서 자연스럽게 일반 산문에 비해 상대적으로 두드러진 몇 가지 문법적 특징을 보여주었는데, 생략(省略) 도치(倒置) 품사(品詞)의 가변성 등이 대표적이다.

---

133) 王力, 『漢詩韻律論』(洪瑀欽譯, 영남대출판부, 1983) 130쪽.

Ⅶ. 한시의 표현은 무엇이 다른가 513

첫째 생략의 경우, 우선 독립적인 뜻이 없으면서 문법적으로 보조적인 역할을 하는 어기사(語氣詞:종결사), 개사(介詞:조사), 연사(連詞:접속사), 부사(副詞), 조동사(助動詞) 등 각종 허사류(虛詞類)가 일차적 생략 대상이었다. 이에 대해서는 앞에서 이미 간단하게 언급한 바 있는데, 구체적 예문을 통해 살펴보자.

① 誰將獨夫手 누가 독부의 손에 들려주어서,
　剖出比干心 비간의 심장을 갈라내게 했던가? 134)
　산문일 경우 : 誰將獨夫之手 以剖出比干之心乎
　　　　　　　　　　　(연사)(개사)　　(연사)(어기사)

② 日出寒山外 해는 한산 밖에서 떠오르고,
　江流宿霧中 강은 밤안개 속으로 흘러가네.135)
　산문일 경우 : 日出於寒山之外 江流於宿霧之中
　　　　　　　　　(개사)　(연사)　　(개사)(연사)

③ 多年柏巖住 여러 해 동안 백암에 살면서도,
　不記柏巖名 백암 이름을 기억하지 못하네.136)
　산문일 경우 : 多年住於柏巖 尙不能記柏巖之名
　　　　　　　　　　　(개사)　(부사)(조동사)(연사)

④ 今日江南老 오늘은 강남의 늙은이지만
　他時渭北童 지난날엔 위북 아이였다네.137)

---

134) 李奎報, 『東國李相國集』卷1, 古律詩, 「詠筆管」제5~6구. 원시는 "憶爾抽碧玉 孤直挺寒林 風霜苦不死 反見鋒刃侵 誰將獨夫手 剖出比干心 爲汝欲雪憤 當書直言箴"이다.
135) 仇兆鰲, 『杜詩詳註』卷11, 「客亭」제3~4구, 원시는 "秋窓猶曙色 落木更高風 日出寒山外 江流宿霧中 聖朝無棄物 衰病已成翁 多少殘生事 飄零任轉蓬"이다.
136) 方回, 『瀛奎律髓』卷47, 周賀의 「柏巖禪師」제7~8구, 원시는 "野寺絶依念 靈山曾遍行 老來披衲重 病後讀經生 乞食嫌村遠 尋溪愛路平 多年柏巖住 不記柏巖名"이다.

산문일 경우 : 今日**雖是**江南之老 他時**乃是**渭北之童**也**
　　　　　　　(부사+개사)　　　　(부사+개사) (어기사)

　위는 몇몇 시구를 산문 형태로 간단히 풀어 본 것이다. 이를 보면 산문이라면 당연히 있을법한 주요 어휘, 예컨대 명사와 명사를 연결하는 연사 지(之. ~의), 명사 앞에 장소를 나타내는 개사 어(於. ~에), 수단을 나타내는 개사 이(以. ~로), 문장 끝에서 판단을 나타내는 어기사 야(也. ~이다), 의문을 나타내는 어기사 호(乎. ~인가), 동사를 수식하는 부사 상(尙. 오히려), 부사와 개사의 결합 형태인 수시(雖是. 비록~지만) 내시(乃是. 곧 ~이다) 등을 예외 없이 생략하였음을 알 수 있다.

　물론 이들 시구는 다른 문장으로 풀어쓸 여지가 있고, 그에 따라 생략 대상으로 삼은 어휘 또한 다르게 파악할 수 있다. 그러나 산문에 흔히 등장하는 연사(連詞) 개사(介詞) 어기사(語氣詞) 부사(副詞) 등 문법적 보조사를 과감하게 생략한 것은 분명하며, 이 점은 기존 연구에서도 누차 지적한 바 있다. "산문은 짝수로 된 안정된 짜임새를 좋아해서 흔히 연개사(連介詞)를 첨가한다. 그러나 시구는 홀수의 짜임새이면서 동시에 거의 모든 연개사(連介詞)를 기피하므로 즉(則) 이(而) 어(於) 시(是) 등과 같은 글자를 찾아보기 어렵다.", "산문은 판단구 대부분이 야(也) 자를 써서 끝맺거나 내(乃) 시(是) 자 등을 주어와 판단어 사이에 두기도 한다. 그러나 시의 판단구 앞에는 야(也) 내(乃) 시(是) 등과 같은 글자를 쓰지 않는 것이 상례(常例)이

---

137) 仇兆鰲, 『杜詩詳注』卷20, 「社日」 2수 중 제2수의 제3~4구. 원시는 "陳平亦分肉 太史竟論功 今日江南老 他時渭水童 歡娛看絶塞 涕淚落秋風 鴛鷺回金闕 誰憐病峽中"이다.

다.", "어조사는 산문에서와 같이 더러 사용한 예가 있지만 가능한 사용하지 않으려는 것이 일반적 경향이다. 어조사 중에는 재(哉) 자가 비교적 자주 나타나고, 호(乎) 여(與) 야(耶) 야(也) 의(矣) 등은 거의 나타나지 않는다."138)고 한 것 등이 모두 이런 시적 표현의 특징을 지적한 말이다.

허사(虛詞)와 달리 독립적인 뜻이 분명하고 문법적으로 중요한 기능이 있음에도 불구하고 이를 과감하게 생략한 경우도 있다. 정상적인 문장이라면 반드시 구비해야 할 서술어를 생략한 것이 대표적인 사례라고 하겠는데, 이럴 경우 문법적으로 주술관계를 제대로 완비하지 못한 불완전구가 되어버린다.

孤舟鴨江水　　외로운 배로 압록강을 건너고,
匹馬鳳凰山　　필마를 타고 봉황산을 지나가네.139)

위의 시구를 문면 그대로 풀이하면 '외로운 배 압록강 물', '한 필 말 봉황산'이 되는데, 무슨 뜻인지 분명치 않다. 고주(孤舟) 압강수(鴨江水) 필마(匹馬) 봉황산(鳳凰山) 같은 명사어만 열거했을 뿐, 이들의 관계를 나타내는 서술어를 생략하여 문법적으로 불완전한 시구가 되었기 때문이다. 그럼에도 이를 '외로운 배로 압록강을 건너고', '필마를 타고 봉황산을 지나네.'라고 풀이한 것은 제목을 참고한 결과이다. 이 시구는 윤계선(尹繼善. 1577~1604)이 선조32년(1599) 중국

---

138) 洪禹欽 編譯, 『漢詩韻律論』, 「近體詩의 語法」, 137~142쪽에서 단편적이기는 하지만 이런 취지로 언급한 내용을 확인할 수 있다.
139) 吳世昌, 『槿墨』(성균관대학교 출판부) 350번 항목에 고문서 형태로 수록된 자료이다.

으로 사신가는 조익(趙翊. 1556~1613)을 전송하며 써준 32행 배율시 중 제3~4구에 해당하는데, 이 시의 제목에 중국까지 가는 동안 지나가게 될 주요 지역에 대한 기록, 곧 노정기(路程記) 대신 지어준 것임을 밝혀 놓았다.140) 그래서 고주(孤舟)와 압강수(鴨江水), 필마(匹馬)와 봉황산(鳳凰山) 사이에 '도(渡)', '과(過)'같은 서술어가 생략되었음을 알 수 있으며, 자연스럽게 압록강은 배를 타고 건너고, 봉황산은 말을 타고 지난다는 의미로 풀이할 수 있다.

　　故國猶兵馬　　고국에는 여전히 전란이 지속되고,
　　他鄕亦鼓鼙　　타향에서 또한 전쟁 북소리 듣네.141)

두보가 성도(成都) 피난시절에 지었다는 「출곽(出郭)」이란 시의 경련(頸聯)이다. 이 또한 문면에 드러난 표현만으로는 무슨 뜻인지 불분명하다. 고국(故國)과 병마(兵馬), 타향(他鄕)과 고비(鼓鼙) 사이에 부사 유(猶:여전히)와 역(亦:또한) 1자씩만 두었을 뿐, 정작 이들의 수식 대상인 동사를 생략했기 때문이다. 그럼에도 위와 같이 풀이한 것은 창작 배경을 감안한 결과이다. 이 시는 당나라 숙종(肅宗) 상원(上元) 1년(760)에 지었는데, 이 때 두보의 고향에는 사조의(史朝義)가 그 아비 사사명(史思明)을 살해한 다음 왕위 쟁탈전을 벌이느라 전쟁이 지속되었고, 피난지 성도(成都) 지역 또한 검남동천절도병마사(劍南東川節度兵馬使) 단자장(段子璋)이 반란을 일으

---

140) 이 시의 제목은 '送僚丈趙棐仲 臨別 罰呈戲律 替路記'이다. 棐仲은 趙翊의 字이다.
141) 郭知達, 『九家集註杜詩』 卷21, 오언율시 「出郭」 頸聯, 전체 시는 "霜露晚凄凄 高天逐望低 遠烟鹽井上 斜景雪峰西 故國猶兵馬 他鄕亦鼓鼙 江城今夜客 還與舊烏啼"이다.

커 이를 토벌하는 전쟁이 그치지 않았다. 그래서 앞 구는 고향에 전쟁이 지속되고 있는 상황을, 뒤 구는 피난지 성도에도 전쟁이 그치지 않는 상황을 나타낸 것임을 알 수 있으며,142) 고국(故國)과 병마(兵馬) 사이에 조(遭) 환(患) 유(有), 타향(他鄕)과 고비(鼓鼙) 사이에 문(聞) 민(悶) 우(遇) 등과 같은 종류의 동사가 생략된 표현임을 미루어 짐작할 수 있다.

이 두 가지 사례는 모두 서술어가 하나 뿐인 단구(單句) 형태에서 서술어를 생략한 것이다. 그러나 서술어의 생략은 이 보다 훨씬 다양하고 복잡한 방식으로 존재하였다. 서술어가 둘 이상인 복잡구(複雜句)에서 그 일부만 생략한 경우도 있고, 서술어의 일부는 생략하면서 이를 수식한 부사는 그대로 남겨둔 경우도 있으며, 부사까지 모두 생략하여 전체가 명사 나열형이 되어버린 경우도 있었다.

① 春浪櫂聲急 봄 물결 일어 노 젓는 소리 급하고,
夕陽帆影殘 석양이 지니 돛 그림자 쇠잔하네.143)

② 卷簾惟白水 발을 걷으니 오직 맑은 물 흐르고,
隱几亦靑山 안석에 기대어 또 청산을 마주하네.144)

---

142) 郭知達, 『九家集註杜詩』 卷21, 「出郭」 주석, "上句言史朝義 下句言叚子璋 是年五月甲戌 史朝義殺其父思明而襲僞位 尙在公之故鄕 不無兵馬也 四月壬午 劒南東川節度使兵馬使叚子璋反 西川節度使崔光遠 遣牙將花驚定 平之斬其首 定旣勝 乃大掠東州 至天子聞之而怒 則至八九月間 驚定之兵方息 公在成都 可謂之他鄕聞有此鼓鼙也 公欲歸鄕則有思明之兵 今在蜀中則新有叚子璋及花驚定之亂 是以歎耳".
143) 白居易, 『白氏長慶集』 卷24, 「渡淮」 頸聯. 전체 시는 "淮水東南闊 無風渡亦難 孤煙生乍直 遠樹望多圓 春浪棹聲急 夕陽帆影殘 淸流宜映月 今夜重吟看"이다. 『漢詩韻律論』 139쪽에 이 시 春浪 뒤에 方生, 夕陽 뒤에 轉淡 같은 술어가 생략되었음을 지적한 바 있다.

③ 渭北春天樹 위수 북쪽의 나는 봄날 나무 같고,
　江東日暮雲 강동 땅 그대는 저물녘 구름 같네.145)

④ 書生鄒魯客 서생은 추로의 나그네요,
　才子洛陽人 재자는 낙양의 인물일세.146)

①은 서술어가 둘인 복잡구에서 앞부분 제1~2자 춘랑(春浪) 석양(夕陽)과 관련된 서술어를 생략한 형태이다. ②는 서술어가 둘인 복잡구에서 뒷부분 제4~5자 백수(白水) 청산(靑山)에 관련된 서술어를 생략하고 이를 수식한 부사 유(惟) 역(亦)만 남겨둔 형태이다. ③은 제5자 수(樹) 운(雲)의 동작이나 상태를 나타내는 서술어를 생략하였고, ④는 제1~2자 서생(書生) 재자(才子)와 제3~5자 추로객(鄒魯客) 낙양인(洛陽人)을 연결하는 서술어를 생략하였는데, 이렇게 해서 모두 명사 나열형이 되었다.

인명 지명 등과 같은 고유명사 또한 독립적인 의미가 분명한 것임에도 불구하고 즐겨 생략 대상으로 삼았다. 그러나 고유명사의 생략은 전체를 생략한 것이 아니라 일부만 줄여 표현하는 것이 일반적이었는데, 『단연적록(丹鉛摘錄)』 『두시군(杜詩攟)』 등에 이와 관련된

---

144) 두보 문집에는 없고 『漁隱叢話』 後集 卷11, 『歷代詩話』 卷38 등 여러 詩話書에 두보가 지은 「悶」이란 제목의 작품으로 누차 인용된 사실을 확인하였다.

145) 郭知達, 『九家集注杜詩』 卷18, 「春日憶李白」 頸聯. 전체 시는 "白也詩無敵 飄然思不羣 淸新庾開府 俊逸鮑參軍 渭北春天樹 江東日暮雲 何時一樽酒 重與細論文"이다. 渭北에 있는 두보가 江東에 있는 李白을 그리워하는 마음을 표현한 것이다. 이 시구에서 樹는 두보를, 雲은 이백을 상징하며, 이를 근거로 친구를 그리워한다는 의미의 雲樹之嘆이란 성어가 생겨났다.

146) 趙殿成, 『王右丞集箋注』 卷8, 「送孫二」 頷聯. 『漢詩韻律論』 125쪽에 書生과 才子 뒤에 서술어 是 자가 생략되었다고 지적한 바 있다. 전체 시는 "郊外誰相送 夫君道術親 書生鄒魯客 才子洛陽人 祖席依寒草 行車起暮塵 山川何寂寞 長望淚沾巾"이다.

저간의 사정을 구체적으로 지적한 예가 보인다.

"시인은 옛 사람의 성명을 일컬음에 많이들 잘라내어 음운(音韻)에 편하도록 하였으니, 사마장경(司馬長卿)을 일컬어 마경(馬卿)이라 하고 동방삭(東方朔)을 일컬어 방삭(方朔)이라고 한 것과 같은 것이다. 당시(唐詩)에 동원공(東薗公)을 일컬어 원공(薗公)이라 한 것이 있는데, 대개 또한 이런 예이다."147)

"오언 칠언시는 표현 방도가 좁아서 글자 사용을 줄이지 않을 수 없다. 예컨대 완화계(浣花溪)를 화계(花溪)라 하고, 금관성(錦官城)을 금성(錦城)이라 해도 모두 글이 타당하고, 사마장경(司馬長卿)을 마경(馬卿)이라 하고 동방삭(東方朔)을 방삭(方朔)이라 해도 사용에 익숙하여 이상함을 깨닫지 못한다. 유뢰지(劉牢之)를 유뢰(劉牢)라 하고 제갈량(諸葛亮)을 갈량(葛亮)이라 함은 거칠고, 구십구천(九十九泉)을 십구천(十九泉)이라 해도 절로 잘못된 기록이 아니니, 어찌 여기에까지 이르렀던가."148)

위를 보면 고유명사를 줄여서 표현한 데 두어 가지 이유가 있었음을 알 수 있다. 하나는 오언 혹은 칠언의 형식적 제약에 효과적으로 부응하기 위해서였고, 다른 하나는 음운(音韻) 조화를 가능한 편리하게 구현하기 위해서였다. 그래서 완화계(浣花溪) 금관성(錦官城) 같은 지명을 화계(花溪) 금성(錦城)으로, 사마장경(司馬長卿) 동방

---

147) 楊愼(明), 『丹鉛摘錄』 卷3, "詩人稱古人姓名 多剪截 便於音韻 如稱司馬長卿爲馬卿 稱東方朔爲方朔 唐詩有稱東薗公爲薗公者 蓋亦此例".
148) 唐元竑(明), 『杜詩攟』 卷1, "五七言爲途窄矣 用字不得不減 如浣花溪曰花溪 錦官城曰錦城 皆文而妥 馬卿方朔 用慣不覺劉牢 葛亮傖矣 九十九泉曰十九泉 自非誤記 何至于此".

삭(東方朔) 같은 인명을 마경(馬卿) 방삭(方朔)으로 표현하였으며, 다소 무리하고 생소한 줄임 표현, 예컨대 유뢰지(劉牢之)를 유뢰(劉牢)로, 제갈량(諸葛亮)을 갈량(葛亮)으로, 구십구천(九十九泉)을 십구천(十九泉)으로 표현하는 등과 같은 예가 나타났다고 하였다. 고유명사의 줄임 표현이 근체시 표현 격식상의 제약과 한계를 극복하기 위한 방편 중의 하나로 문단에 널리 활용되었던 사정을 단적으로 지적한 것이라고 하겠다.

① 多病**馬卿**無日起 병 많은 장경은 일어날 날이 없고
　窮途阮籍幾時醒 막다른 길 완적은 언제 깨어날까149)

② 纔見**龔黃**臨玉臺 막 공황이 옥대에 다다름을 보았고,
　更聞**頗牧**出銀臺 또 파목이 은대를 나갔다고 들었네.150)

①의 마경(馬卿)은 한나라 문인 사마상여(司馬相如)을 가리키는 말로, 사마는 성(姓)이고 장경(長卿)은 자이다. 그래서 성의 일부인 사(司)와 자의 일부인 장(長)을 생략하고 마경(馬卿)이라 하였는데, 이는 다음 행의 완적(阮籍)과 표현 상 짝을 맞추기 위한 방법 중 하나였다. ②의 공황(龔黃)은 한(漢) 선제(宣帝) 때 지방관으로 명성을 날린 공수(龔遂)와 황패(黃覇)을 가리키고, 파목(頗牧)은 전국시대

---

149) 仇兆鰲, 『杜詩詳注』 卷20, 「卽事」 제5~6구. 원시는 "天畔羣山孤草亭 江中風浪雨冥冥 一雙白魚不受釣 三寸黃甘猶自靑 多病馬卿無日起 窮途阮籍幾時醒 未聞細柳散金甲 腸斷秦州流濁涇"이다.

150) 조선 金光煜(1580~1656)의 칠언율시 頷聯이다. 제목은 未詳이며, 『槿墨』 362로 수록되어 있다. 전체 시는 "憂時聖慮曾徘徊 簡拔終歸濟世才 纔見龔黃臨玉臺 更聞頗牧出銀臺 西南捍衛須雙妙 棣萼聲華動八垓 我昔龍門執鞭客 送君今日重銜哀"이다.

조(趙)나라 장수로 명성을 날린 염파(廉頗)와 이목(李牧)을 가리킨다. 4명의 인물을 거론하면서 전자는 성 1자씩. 후자는 이름 1자씩만 제시하였으며, 전자는 문신(文臣)을, 후자는 무신(武臣)을 등장시켜 앞 뒤 구의 의미가 정연하게 짝이 되도록 하였다.

이와 같은 고유명사의 줄임 표현은 후대로 갈수록 활용 범위가 넓어지고 생략 방법이 다양해졌으며, 일부는 관용어로 정착되기도 하였다. 굴원(屈原)과 송옥(宋玉)을 굴송(屈宋), 소무(蘇武)와 이릉(李陵)을 소리(蘇李), 혜강(嵇康) 완적(阮籍)을 혜완(嵇阮), 심전기(沈佺期) 송지문(宋之問)을 심송(沈宋), 이백(李白) 두보(杜甫)를 이두(李杜), 소식(蘇軾) 황정견(黃庭堅)을 소황(蘇黃)이라 한 것은 모두 이름을 생략하고 성 1자만으로 표현한 것이다. 백이(伯夷) 숙제(叔齊)를 이제(夷弟), 염파(廉頗) 이목(李牧)을 파목(頗牧)이라 한 것은 이와 반대로 성을 생략하고 이름 1자만으로 표현한 것이고, 사마장경(司馬長卿)을 마경(馬卿), 반고(班固)와 사마천(司馬遷)을 반마(班馬)라고 한 것은 이름과 성의 일부를 동시에 생략한 것이며, 호음(湖陰) 정사룡(鄭士龍) 소재(蘇齋) 노수신(盧守愼) 지천(芝川) 황정욱(黃廷彧) 등을 호소지(湖蘇芝)라 하여 각각의 호(號) 1자씩으로 표현하기도 하였다. 지명도 마찬가지이다. 감숙(甘肅)을 감(甘), 절강(浙江)을 절(浙), 청해(靑海)를 청(靑), 사천(四川)을 천(川), 강소(江蘇)를 소(蘇), 서장(西藏)을 장(藏)으로 줄여서 표현한 예가 이루 다 열거하기 어려울 정도로 속출하였던 것이다.

이런 표현 방식은 오랜 세월에 걸쳐 많은 문인들이 사용했던 만큼 한시는 물론 여타 산문 가운데서도 어렵지 않게 찾아 볼 수 있으며, 한시를 포함한 한문 전체의 공통적 특징이라 해도 좋을 법하다. 그러나 한시의 경우 상대적으로 이런 표현의 활용 폭이 넓고 정도가 더 심하였다. 글자 수가 5자 7자 등으로 엄격하게 제한되어 있었고, 출구(出句)와 대구(對句) 간에 짝을 맞추어 표현해야 하는 대우법(對偶法)이 중요한 격식 가운데 하나였기 때문에, 이런 격식에 효과적으로 부응하기 위해서는 예사 산문보다 훨씬 더 과감하고 광범위하게 이런 표현을 구사할 수밖에 없었던 것이다.

둘째, 도치(倒置) 또한 한시의 문법적 특징을 보여주는 중요한 표현법 가운데 하나이다. 주지하다시피 한문은 고립어이다. 따라서 개별 어휘의 문법적 역할에 따른 어형 변화가 전혀 없으며, 어순에 따라 그 역할을 파악할 수밖에 없다. 따라서 한문에서 어순(語順)은 문법적 역할을 판단하는 중요한 기준이라고 할 수 있으며, 이를 뒤집어 놓을 경우 의미상 심각한 혼란을 야기할 수 있다.

그런데 한시에서는 이런 도치의 표현법을 대담하게 구사하였다. 그것이 평측 압운 대우 등 엄정한 격식에 편리하게 대응하는 방법일 수 있고, 특정 어휘를 전면에 내세워서 강조를 하는 방법이 될 수도 있었기 때문이다. 그리고 더 근본적으로는 전후의 어순을 뒤집고 비틀어서 문법적으로 순조롭게 잘 짜인 산문보다 오히려 단순하게 말하기 어려운 작자의 미묘한 시적 감흥 정취 분위기 등을 다소 애매하지만 훨씬 더 조밀하게 드러낼 수 있는 장점이 있었기 때문이었다.[151] 그래서 정상적인 문법에 어긋남에도 불구하고 과감하게 이런 도치의 표현법을 즐겨 구사하였던 것이다.

---

[151] 劉若愚의 『中國詩學』 68쪽에 "시에 있어서 도치법은 말을 壓縮해 주어서 경제적일뿐만 아니라 韻律의 嚴格한 制約 속에서도 리듬의 변화를 이룰 수 있도록 하여 준다"는 지적도 대략 이런 취지를 반영한 언급으로 판단된다.

① 春日繁魚鳥 봄날에 물고기와 새가 번성하고,
  江天足芰荷 강에는 마름과 연꽃이 넉넉하네.

② 夜足霑沙雨 밤이면 모래 적시는 비가 넉넉하고,
  春多逆水風 봄에는 물에 거슬리는 바람이 많네.152)

 위의 ①과 ②는 주어와 서술어의 어순을 각각 다른 방식으로 도치시킨 예이다. ①에서 주어는 각 구의 제4~5자로 배치한 어조(魚鳥)와 지하(芰荷)이다. 그리고 서술어는 중간에 제3자로 배치한 번(繁)과 족(足)인데, 주어 뒤에 와야 할 서술어를 주어 앞에 배치하여 주+술 관계를 술+주 관계로 도치시켰다. ②도 비슷하다. ②의 주어는 각 구의 제5자로 배치한 우(雨)와 풍(風)이고, 제3~4자로 배치한 점사(霑沙)와 역수(逆水)는 모두 주어 우(雨)와 풍(風)을 수식한다. 그리고 서술어는 제2자로 배치한 족(足)과 다(多)인데, 주어 뒤에 와야 할 서술어를 주어를 수식하는 제3~4자(霑沙와 逆水) 앞에 제2자로 배치하여 수식어+주어+서술어 관계를 서술어+수식어+주어 관계로 도치시켰다. 이처럼 주술관계를 다양하게 도치한 예는 이루 다 열거하기 어려울 정도로 많다.

③ 楚塞三湘接 삼상은 초나라 변방에 맞닿고,
  荊門九派通 구파는 형문 지역으로 통하네.

④ 明月松間照 밝은 달은 솔 사이를 비추고,
  淸泉石上流 맑은 물은 돌 위를 흘러가네.153)

---

152) ①은 杜甫의 오언율시 「暮春陪李尙書李中丞過鄭監湖亭汎舟得過字」頷聯, ②는 동일인의 오언율시 「老病」頷聯에 해당한다.

위의 ③과 ④는 서술어와 목적어를 도치한 예이다. ③에서 주어는 제3~4자인 삼상(三湘)과 구파(九派)이고, 서술어는 제5자인 접(接)과 통(通)이다. 따라서 주술관계는 문법적으로 문제가 없다. 그러나 술어 뒤에 와야 할 목적어 초새(楚塞) 형문(荊門) 등을 각 구 제1~2자로 앞세워 주+술+목이 되어야 할 구문을 목+주+술 형태로 도치시켰다. ④에서 주어는 제1~2자인 명월(明月)과 청천(淸泉)이고 서술어는 제5자인 조(照)와 류(流)이다. 따라서 여기서도 주술관계는 문제가 없다. 그러나 술어 뒤에 와야 할 목적어 송간(松間) 석상(石上) 등을 주어와 술어 사이에(제3~4자) 배치하여 주+술+목 형태를 주+목+술 형태로 도치시켰고, 이렇게 함으로써 ③과 또 다른 방식의 도치법을 보였다. 이처럼 서술어와 목적어를 도치한 예 또한 주어와 서술어를 도치한 예 못지않게 많다.

　주어와 서술어 혹은 서술어와 목적어를 간단히 도치시킨 예는 한시가 아닌 문장에서도 어렵지 않게 찾아볼 수 있다. 그러므로 이런 정도를 한시 표현의 특징이라고 하기에는 다소 한계가 있다. 그러나 한시의 도치는 이런 정도에 그치지 않는다. 주어와 서술어, 서술어와 목적어를 복합적으로 도치시키기도 하고, 여타 각종 문법 요소까지 두루 착종(錯綜)시켜 한 구 내에서 구체적으로 어떤 자가 주어이고 서술어이며 목적어인지 문법적 관계 자체를 분명하게 판단하기 어려운 경우도 흔히 있다.

---

153) ③과 ④는 모두 王維의 오언율시로, ③은 「漢江臨汎」 수련, ④는 「山居秋興」 함련 부분이다. ③에서 三湘은 湘江의 지역에 따른 별칭으로 瀟湘 資湘 沅湘 등이고, 九派는 양자강이 廬江 潯陽지역에서부터 아홉 갈래로 나뉘어 흐르는 것을 말한다.

⑤ 綠垂風折筍 바람에 꺾인 죽순은 푸른빛 드리우고,
　紅綻雨肥梅 비에 살찐 매화는 붉은 꽃 터트리네.

⑥ 竹喧歸浣女 빨래하던 여인 돌아감에 대숲 왁자하고,
　蓮動下漁舟 고기잡이배가 내려가니 연꽃 흔들흔들.154)

　위의 ⑤와 ⑥은 주술 관계가 분명하지 않다. 그래서 개별 어휘의 정확한 의미와 쓰임새, 개별 어휘 상호간의 관계 등을 세밀하게 살펴보지 않을 수 없다. 그리고 여기에 문법적 구성 방식을 동일하게 해야 하는 출구(出句)와 대구(對句) 간의 대우(對偶)의 원칙을 동시에 고려하면 그 문맥이 대략 드러난다. ⑤의 경우, 제2자 수(垂)와 탄(綻)이 술어이고, 제5자 순(筍)과 매(梅)가 주어이며, 제1자 녹(綠)과 홍(紅)은 목적어, 제3~4자 풍절(風折)과 우비(雨肥)는 주어 순(筍)과 매(梅)를 수식한다. 그러니까 수식어+주어+술어+목적어[風折筍垂綠 雨肥梅綻紅]로 표현할 것을 목적어+술어+수식어+주어 순으로 도치시킨 것이다.155) ⑥의 경우는 제4~5자 완녀(浣女)와 어주(漁舟)가 주어, 제3자 귀(歸)와 하(下)는 목적어가 없는 자동형 술어, 제2자 훤(喧)과 동(動)은 목적어가 있는 타동형 술어이며, 제1자 죽(竹)과 련(蓮)은 제2자 타동형 술어와 연계된 목적어이다. 주어+제1술어(자동형)+제2

---

154) ⑤는 두보의 「陪鄭廣文遊何將軍山林」 10수 연작시 중 제4수 함련이고, ⑥은 王維의 율시 「山居秋興」 경련이다.
155) 『九家集註杜詩』 주석에 "趙云 上句義言風折筍垂綠 下言雨肥梅綻紅"이라 하고, 『杜詩詳註』 補註 卷下에도 "盖綠而垂者 風折之筍 紅而綻者 雨肥之梅"라 하였으며, 王力 또한 「漢詩韻律論」(135쪽)에서 이를 주어 목적어가 모두 도치된 예로 제시하면서 "風折之筍垂綠 雨肥之梅綻紅"으로 풀이한 바 있다. 다만 『杜詩詳註』에서는 이와 달리 "綠筍風垂折 紅梅雨綻肥"로 풀이하기도 하였는데, 이렇게 할 경우에도 도치의 설명에는 문제가 없다.

술어(타동형)+목적어[浣女歸喧竹 漁舟下動蓮]로 표현할 것을 목적어+제2술어(타동형)+제1술어(자동형)+주어로 도치시킨 것이다. 주어 술어 목적어를 복합적으로 도치시켜 비속(鄙俗)하지 않고 노건(老健)한 경구(警句)를 만들 수가 있었다.156)

위경지(魏慶之)는 이처럼 주어 술어 목적어 수식어 등 각종 문법적 요소를 복잡하게 뒤섞어 놓는 표현방법을 착종구법(錯綜句法)이라고 명명한 바 있다.157) 그리고 아래와 같은 두보의 시구를 대표적인 예로 제시하였다.

⑦ 香稻啄餘鸚鵡粒 앵무새는 향기로운 벼 알을 쪼다 남기고,
　碧梧棲老鳳凰枝 봉황은 벽오동 가지에 깃들어 늙어가네.

두보의 율시 「추흥(秋興)」 8수 중 제8수 함련에 해당하는 부분이다. 이 시구를 보면 참으로 당황스럽다. 문법적 관계가 쉽게 드러나지 않기 때문이다. 그러나 자세히 보면 이것이 앵무탁여향도립(鸚鵡啄餘香稻粒) 봉황서로벽오지(鳳凰棲老碧梧枝)를 착종시킨 것임을 알 수 있다.158) 주어 앵무(鸚鵡)와 봉황(鳳凰)을 제5~6자로 배치하고, 술어 탁여(啄餘)와 서로(棲老)를 제3~4자로 주어 앞에 배치하였

---

156) 『九家集註杜詩』 주석에서는 이렇게 해서 句法이 老健하게 되었다고 하였고, 『杜詩詳註』 補註 卷下에서는 "若曰 綠笋風垂折 紅梅雨綻肥 鄙而俗矣"라고 한 바 있다.
157) 魏慶之, 『詩人玉屑』 卷3, 句法, 錯綜句法 조항.
158) 이 시구가 '鸚鵡啄殘紅稻粒 鳳凰棲老碧梧枝'의 착종임은 『杜詩詳註』 補註 卷下의 "如紅稻啄殘鸚鵡粒 碧梧棲老鳳凰枝 盖言紅稻也 乃鸚鵡啄殘之粒 碧梧也 乃鳳凰棲老之枝 無限感慨 若曰鸚鵡啄殘紅稻粒 鳳凰棲老碧梧枝 直而率矣"와 『詩人玉屑』 卷3 句法 錯綜句法 조항의 "老杜云 紅稻啄殘鸚鵡粒 碧梧棲老鳳凰枝 … 以事不錯綜 則不成文章 若平直敍之 則曰 鸚鵡啄殘紅稻粒 鳳凰棲老碧梧枝 以紅稻於上 以鳳凰於下者 錯綜之也" 등에서 두루 확인할 수 있다.

으며, 목적어 향도립(香稻粒)과 벽오지(碧梧枝)를 분리하여 일부는 술어(제3~4자) 앞에 제1~2자(香稻와 碧梧)로, 일부는 주어(제5~6자) 뒤에 제7자(粒과 枝)로 착종시켰던 것이다. 주어 술어 목적어의 어순은 물론, 목적어를 다시 나누어 제1~2자와 제7자로 멀리 떼어놓음으로써 지극히 단조로울 수 있는 시구를 감개(感慨)가 무한하여 오래 음미하도록 만들었던 것이다.159)

⑧ 竹光樽映吟風葉 바람에 흔들리는 댓잎 빛이 술잔에 비치고,
梅影牕斜入月梢 달빛에 든 매화가지 그림자가 창에 비끼네.160)

위는 조선시대 한시 중에서 착종구법의 예를 하나 가려 본 것이다. 이 시구 또한 어려운 용사(用事)가 개재된 것이 아님에도 불구하고 문법적 관계가 복잡하게 도치되어 의미가 불분명하다. 출구의 경우 대나무, 빛, 술잔, 비취다, 읊조리다, 바람, 잎 등이 서로 어떻게 연계되는지, 대구의 경우 매화, 그림자, 창, 비끼다, 들다, 달, 가지 등이 어떻게 서로 연계되는지 파악하기가 쉽지 않다. 그러나 각 어휘의 쓰임새와 상호간의 연결 가능성, 출구와 대구의 대우관계 등을 종합적으로 고려해 보면 이것이 음풍죽엽광영준(吟風竹葉光映樽) 입월매초영사창(入月梅梢影斜牕)을 도치시킨 형태임을 알 수 있다.161) 주어의 일부인 제1자 죽(竹)과 매(梅)는 의미상 엽(葉)과 초(梢)로

---

159) 단조로울[直率] 수 있는 시구를 感慨가 무한하도록 하였다는 것은 『杜詩詳註』 補註 卷下의 주석을, 오래 음미하도록 만들었다는 것은 張思緖의 『詩法槪述』 148쪽 '錯綜句' 조항의 "這種句法的好處 是耐人咀嚼"이란 지적을 참고하였다.
160) 鄭宗魯, 『立齋集』 卷1, 칠언율시 「偶題次杜韻」 頷聯.
161) 의미상 '竹葉吟風光映樽 梅梢入月影斜牕'으로 풀이할 수도 있을 듯하다.

연결될 수밖에 없고, 음풍(吟風)과 입월(入月)은 각 시구 내에서 이 보다 더 잘 어울리는 어휘를 찾기 어려우며, 출구의 준영(樽映) 또한 대구의 창사(牕斜)가 사창(斜牕)을 도치시킨 형태임을 감안할 때 영 준(映樽)을 도치시킨 것임을 알 수 있다. 그러니까 제4자 술어(映, 斜)를 중심으로 목적어(樽, 牕)를 술어 앞에 제3자로, 주어 중 일부 (竹光, 梅影)는 목적어 앞에 제1~2자로, 다시 일부(葉, 梢)는 술어 뒤에 제7자로 배치하였던 것이다.

이 외에도 도치의 방법은 대단히 다양하였다. 고탑잔나장(古塔殘 羅將) 청천창백안(淸川漲伯顔)162) 처럼 주어 나장탑(羅將塔) 백안 천(伯顔川) 같은 고유명사를 고탑(古塔)과 나장(羅將), 청천(淸川)과 백안(伯顔)으로 나누어 시구 앞뒤에 뒤집어 배치하기도 하였고, 문 법적으로 공천원(共天遠:하늘과 함께 멀다) 동월고(同月孤:달과 같 이 외롭다)로 표현해야 할 것을 도치시켜 천공원(天共遠) 월동고(月 同孤)로 표현하기도 하였으며,163) 휘적종지하총령(翬翟從知荷寵 靈)164)처럼 배경 사실을 모르고는 의미 파악 자체가 어려울 정도로

---

162) 尹繼善,「送僚丈趙棐仲臨別罰呈戱律替路記」, 槿墨350번. "옛 나장탑은 쇠잔하 고, 맑은 백안천은 불어났네."라는 의미이다. 羅將塔은 요동 八渡河 근처에 있는 탑 이름이고, 伯顔川 또한 요동에 있는 물 이름인데, 元나라 승상 伯顔이 여기에 머물렀다고 하여 이름하였다.
163) 杜甫,「江漢」의 함련. 전체 시는 "江漢思歸客 乾坤一腐儒 片雲天共遠 永夜月同 孤 落日心猶壯 秋風病欲蘇 古來存老馬 不必取長途"이다.
164) 조선 洪命亨(1581~1636)이 李廷龜가 광해군8년(1616) 恭成王后冠服奏請使로 중국에 사신 가는 것을 전송하며 지은 칠언율시의 제6구이다. 광해군은 죽은 생모 恭嬪金氏를 恭成王后로 추증하고 이정구를 冠服奏請使로 중국에 파견하여 왕후의 관복을 요청하였다. 이 시는 바로 이 때 지은 것으로 翬翟은 왕후의 복식, 靈은 죽은 恭嬪金氏의 영령을 가리키며, '사신을 다녀온 이후 공빈김씨의 영령이 중국 황제로 부터 왕후의 복식을 하사받는 은총을 입을 줄 알겠다'는 뜻이다. 따라서 문법적으로

심하게 착종시킨 경우도 있었고, 아예 한 구 혹은 한 연 전체를 앞뒤로 서로 도치시켜놓기까지도 하였다.165) 순조로운 문법적 구성을 과감하게 탈피함으로써 압운 평측 대우 등 엄정한 격률에 효율적으로 부응함은 물론, 이런 방식으로 야기되는 단절과 고립을 통해 개별 시어의 이미지에 주목하게 하고, 결과적으로 시적 긴장감과 생동감이 넘치는 신선한 표현을 지향하고자 하였던 것이다.166)

셋째, 품사(品詞)의 가변성(可變性) 또한 한시에 두드러진 문법적 특징 가운데 하나이다. 품사의 가변성이란 특정 어휘의 문법적 기능을 본래 기능과 다르게 변용할 수 있다는 의미로, 중국 수사학(修辭學)에서는 이를 전류(轉類) 혹은 전품(轉品)이라고 하였다. 그리고 명사를 동사나 형용사로 변용하는 명사전류(名詞轉類), 동사를 명사나 형용사로 변용하는 동사전류(動詞轉類), 형용사를 명사나 동사로 변용하는 형용사전류(形容詞轉類), 감탄사 수사(數詞) 대명사 등을 동사나 부사처럼 변용하는 기타전류(其他轉類) 등 4종을 제시하였는데,167) 이런 품사의 변용이 특정 어휘의 표현 용량(容量)을 확대하

는 '從知靈荷翬翟寵'이라 해야 할법한데, 먼저 翬翟을 앞으로 끌어내어 강조하고, 다시 주어 靈를 제일 뒤로 미루어 押韻을 맞추어 '翬翟從知荷寵靈'이라 표현한 것이다. 시 전문은 "尙書持節上靑冥 華夏爭瞻舊使星 已信文章驚海宇 更看詞義動天庭 驊騮且莫辭辛苦 翬翟從知荷寵靈 多病未能攀四牡 不堪離恨滿西坰"이다. 槿墨 367번 수록.

165) 簡明勇, 『律詩硏究』 166쪽 '倒裝句', '倒裝聯' 조항 참고.
166) 倒置의 표현 효과는 詩話 가운데서 다양한 예를 찾아볼 수 있으니, 李東陽 「懷麓堂詩話」의 "詩用倒字倒句法 乃覺勁健"같은 것이 그런 예이다. 근대 연구서인 「唐詩의 構文, 用語, 그리고 心象」(下)(『중국어문학』 제14집) 340쪽 倒置 조항에서도 "구문이 도치돼 자연스런 흐름이 방해될 때 일어나는 긴장은 맥박과 힘의 느낌을 두드러지게 한다. 이런 이유로 도치는 동적인 특징의 하나로 간주될 수 있다. … 생동감을 전해줄 수 있다. … " 등 도치의 효과를 다양하게 지적하여 참고할 수 있다.

고 역량(力量)을 강화시키는 효과가 있다고 지적하기도 하였다.

① 명사전류
동사로 활용 : 원래 의미에 동작과 행위의 느낌을 증가시킨다.
형용사로 활용 : 원래 의미에 색채 상태 성질 표현을 강화시킨다.
② 동사전류
명사로 활용 : 동중정(動中靜) 혹은 정중동(靜中動)의 표현효과가 있다.
형용사로 활용 : 대상의 특징을 특별히 돌출 부각시키는 효과가 있다.
③ 형용사전류
명사로 활용 : 성질 상태 등을 응고(凝固)시켜 질감(質感)을 갖게 한다.
동사로 활용 : 동작과 색채를 모두 강렬하게 묘사하는 효과가 있다.

위는 『한어수사예술대사전(漢語修辭藝術大詞典)』을 참고하여 명사전류 동사전류 형용사전류 등이 구체적으로 어떤 표현효과가 있는지 간단히 정리해 본 것이다.168) 이를 보면 특정 어휘의 품사를 변용할 경우, 본래의 기능은 물론 변용 이후 품사의 기능까지 함께 발휘하는 효과가 있다고 하였음을 알 수 있다. 한시는 바로 이와 같은 품사의 전용을 광범위하게 허용한 데 중요한 특징이 있다.

---

167) 楊春霖 등, 『漢語修辭藝術大辭典』(陝西人民出版社, 1995) 267쪽, 「轉類」.
168) 이는 필자가 『漢語修辭藝術大辭典』 267쪽 「轉類」 도입부에 소개해 놓은 내용 가운데 일부만 임의로 간추려 정리해 본 것이며, 원본의 내용은 훨씬 더 구체적이고 자세하다.

① 명사를 동사로 변용한 예
　　子能渠細石　그대는 작은 돌로 도랑을 만들었고
　　吾亦沼淸泉　나 또한 맑은 샘으로 못을 만드네.169)

② 명사를 형용사로 변용한 예
　　雲霞出海曙　구름과 노을은 새벽 바다에 나고
　　梅柳渡江春　매화와 버들은 봄 강을 건너네.170)

③ 동사를 형용사로 변용한 예
　　淚逐勸杯下　눈물은 권하는 술잔을 따라 흐르고,
　　愁連吹笛生　근심은 부는 피리에 연이어 생기네.171)

④ 동사를 부사로 변용한 예
　　猶瞻太白雪　오히려 태백산의 눈을 바라보고
　　喜遇武功天　기쁘게 무공현의 하늘을 만났네.172)

⑤ 형용사를 동사로 변용한 예
　　驟雨淸秋夜　소나비가 가을밤을 말끔하게 하여,
　　金波耿玉繩　달빛이 별들을 더욱 반짝이게 하네.173)

⑥ 자동사를 사동사로 변용한 예
　　感時花濺淚　시절을 느끼니 꽃이 눈물 흘리게 하고,
　　恨別鳥驚心　이별을 한하니 새가 마음 놀라게 하네.174)

---

169) 杜甫,「自瀼西荊扉且移居東屯茅屋四首」(『杜詩詳註』卷20) 중 제3수 頷聯.
170) 杜審言,「和晉陵陸丞早春遊望」(『唐詩鏡』卷3) 頷聯.
171) 杜甫,「泛江送客」(『杜詩詳註』卷12) 頸聯.
172) 杜甫,「喜達行在所三首」(『九家集註杜詩』卷19) 중 제3수 頷聯.
173) 杜甫,「江邊星月二首」(『補註杜詩』卷34) 중 제1수 首聯.
174) 杜甫,「春望」(『杜詩詳註』卷4) 頷聯.

위는 품사의 가변성이 한시에 어떻게 나타나는지 구체적인 예를 제시해 본 것이다.175) ①과 ②는 명사전류이다. ①에서 거(渠:도랑)와 소(沼:못)는 보통명사인데 여기서는 도랑을 만들고 못을 만든다는 서술형 동사의 의미로 사용하였고,176) ②에서 서(曙:새벽)와 춘(春:봄) 또한 명사인데 여기서는 그 앞의 명사 해(海:바다)와 강(江:강)을 수식하는 형용사처럼 사용하였다.177) ③과 ④는 동사전류이다. ③에서 권(勸)은 대부분 동사(권하다)로 사용하지만 여기서는 명사 배(杯:술잔)을 수식하는 형용사로 사용하였고, ④에서 희(喜)는 동사(기뻐하다) 혹은 형용사(기쁘다)로 사용하는 것이 보통이지만 여기서는 출구의 부사 유(猶:오히려)와 짝을 이루어 부사처럼(기쁘게) 사용하였다.178) ⑤는 형용사전류로 청(淸:맑다) 경(耿:밝다) 같은 형용사를 동사의 의미(말끔히 하다. 반짝이게 하다)로 사용하였고,179) ⑥은 보통 자동사로 사용하는 천(濺:흘리다) 경(驚:놀라다) 등을 사역동사의 의미(흘리게 하다. 놀라게 하다)로 사용하였던 것이다.180)

---

175) 王力, 『王力文集』 卷14, 「漢語詩律學上」, 309쪽, 詞的變性 참고.
176) 이 시의 주석 "趙汸云 渠之沼之 實字作活字用 遠注 細石通渠 淸泉作沼 兩句用 倒裝法" 참고.
177) 이 시 주석 "三四如精金百鍊 雲霞出海曙 梅柳渡江春 曙春一字一句 古人琢意之 妙" 참고.
178) 이 시 주석 "太白山也 武功縣名 屬鳳翔 … 趙云太白山在郿縣 郿則鳳翔之屬縣 也 武功 在唐不屬鳳翔 但近耳 公詩兩句 所以顯行歸行在也 于太白言雪 則太白之 雪 冬夏不消 必曰武功天者 古語有之 武功太白去天三百 言最高處也 亦以寓親近 行在之意乎" 참고.
179) 이 시 주석 "趙曰 金波言月 玉繩言星"과 王力의 "驟雨使秋夜更淸 金波使明星更 明"(『漢語詩律學上』 310쪽) 이란 풀이 참고.
180) 이 시 주석 "花鳥平時可娛之物 見之而泣 聞之而悲 則時可知矣"란 주석과 王力 의 "花使淚濺 鳥使心驚"(『漢語詩律學上』 310쪽)이란 풀이 참고.

이와 같은 품사의 변용은 산문에서도 어렵지 않게 발견할 수 있다. 이기기(利其器)의 이(利)나 우기사지인자(友其士之仁者)의 우(友)처럼181) 형용사 혹은 명사로 주로 사용하는 단어를 동사로 변용하기도 하고, 박아이문(博我以文)의 박(博)처럼182) 형용사로 주로 사용하는 단어를 동사로 변용하기도 하였다. 그러나 산문과 달리 시에서는 품사의 변용을 보조하는 기(其) 이(以) 등과 같은 문법적 보조사를 과감히 생략하였다. 그리고 여기에 다시 다양한 방식의 도치법을 동시에 가미함으로써 개별 어휘의 문법적 가변성을 크게 확장시켰다. 바로 이 점에 한시의 문법적 특징이 있으며, 이 때문에 시의 해석이 다소 애매하면서도 의미가 한층 더 풍부해지기도 하였던 것이다.

태(太) 최(最) 증(曾) 첨(僉) 등과 같은 부사를 예사롭지 않게 변용한 것도 품사의 가변성 차원에서 거론할만한 것이다. 먼저 태(太) 최(最)의 경우, 태평(太平) 태심(太甚) 태다(太多) 최고(最高) 최장(最長) 최대(最大) 최선(最善) 등에서 볼 수 있는 바와 같이 평안하다[平] 심하다[甚] 많다[多] 높다[高] 길다[長] 크다[大] 훌륭하다[善] 등과 같은 형용사 앞에 정도부사로 사용하는 것이 일반적이다. 그런데 한시에서는 태향(太向) 최간(最看) 등처럼 이를 동사 앞에 사용하기도 하였다.

① 知君苦思緣詩瘦 알겠네, 그대 고심해서 시 짓느라 수척하고,

---

181) 『論語』卷15,「衛靈公」, "子貢問爲仁 子曰工欲善其事 必先利其器 居是邦也 事其大夫之賢者 友其士之仁者"에 나오는 것으로, 전자는 '그 연장을 날카롭게 만들다', 후자는 '선비 중에서 어진 자를 벗 삼다'는 의미이다.
182) 『論語』卷9,「子罕」, "夫子 循循然善誘人 博我以文 約我以來"에 나오는 것으로 '글로써 나를 넓혀주시다'는 의미이다.

太向交遊萬事慵 아주 교유를 향해서는 만사가 다 게으른 줄.183)

② 雲路何人見高志 구름길에 어떤 이가 높은 뜻 드러내는가,
最看西面赤闌前 가장 서쪽 붉은 난간 앞쪽에서 보는구나.184)

①에서 태(太)는 '교유하는 벗에 대하여 만사가 아주 게으르다'는 의미에서185) '아주'에 해당하는 부사로, 용(慵)자와 결합하여 태용(太慵)이라 할 만한 것이다. 그런데 여기서는 이를 독립시켜 동사 향(向)자 앞에 둠으로써 그 의미가 동사 향(向)을 포함한 시구 전체에 미치도록 하였다. ②에서 최(最)는 '서쪽 붉은 난간 가장 앞쪽으로 나서서 본다'는 의미에서 '가장'에 해당하는 부사로, 보통의 경우 전(前)자와 결합하여 최전(最前)이라고 할 만하다. 그런데 여기서는 제일 앞쪽 간(看)자 앞으로 옮겨 사용함으로써 동사 간(看)자를 포함한 시구 전체에 그 의미가 미치도록 하였다. 이와 같은 용법은 문장에서는 전례를 찾아보기 어렵다. 그런데 시에서는 ①②처럼 시구 앞에 사용하기도 하고, 기타 시구 중간이나 끝에 사용하기도 하였는데,186) 이를 통

---

183) 杜甫, 『補註杜詩』 卷26, 「暮登四安寺鐘樓寄裴十」 尾聯.
184) 殷堯藩, 「和趙相公登鶴雀樓」(『唐詩品彙』 卷87) 尾聯. 원시는 "危樓高架沈寥天 上相門登立綵斾 樹色到京三百里 河流歸漢幾千年 晴峯聳日當周道 秋穀垂花滿舜田 雲路何人見高志 最看西面赤闌前"이다.
185) 이 시 補註에 "趙曰 緣苦詩之故 其在交游也 萬事皆慵廢矣"라고 한 풀이를 참고하였다.
186) 明 李東陽의 「病起飮鳴治小樓奉謝二首」(『懷麓堂集』 卷97) 중 제1수 首聯 "太向交游萬事慵 眼看春盡不相逢", 潘希曾의 「丙戌元日贛州作」(『竹澗集』 卷4) 頸聯 "光陰太向詩書欠 塵俗還兼簿領纏", 唐 陸龜蒙의 「奉和太湖詩二十首」(『甫里集』 卷2) 중 제10수 明月灣 제5~6행 "擇此二明月 洞庭最看奇", 元 丁復의 「贈齊生侍大父僉憲海南」(『檜亭集』 卷8) 尾聯 "驄馬繡衣純祖武 最看蚤歲遂相從", 吳偉業의 「送同官出牧」(『梅村集』 卷13) 尾聯 "扶風馮翊皆難治 努力諸公奏最看" 등이 그런

해 정도부사의 변용이 시구의 문법적 구성 방식과 연계된 중요한 특징 가운데 하나임을 알 수 있다.

증(曾:일찍이) 첨(僉:다 같이) 같은 부사를 시구 끝에 독립적으로 사용한 것도 변용 표현의 일종이라 할만하다. 증(曾)은 보통 증유(曾有) 증불(曾不) 등처럼 동사나 조동사 앞에 사용하거나, 하증(何曾) 해증(奚曾) 등처럼 의문사와 결부시켜 사용하는 것이 일반적이다.187) 첨(僉) 또한 첨왈(僉曰) 첨동(僉同) 첨모(僉謀) 등처럼 동사 앞에 대명사 혹은 부사로 사용하는 것이 일반적이며,188) 문법적으로 수식할 대상이 없는 문장 끝 부분에 독립적으로 사용한 예는 거의 찾아볼 수 없다. 그런데 시에는 이를 구말(句末)에 독립시켜 사용한 예가 적지 않은데, 아래가 바로 그런 예이다.

③ 幽尋得此地 깊이 찾아들어 이 땅을 얻은 이가
   詎有一人曾 어찌 일찍 한 사람인들 있었으랴189)

④ 取舍斷在獨 취하고 버림은 홀로 판단함에 달렸나니
   豈必詢謀僉 어찌 반드시 다 함께 의논해 도모하랴190)

예이다.
187) 楊春霖 등,『漢語修辭藝術大辭典』(陝西人民出版社, 1995) 465쪽 曾자 설명 참고. 曾은 동사나 문장 전체를 수식하는 부사로, 曾爲 曾有처럼 동사 앞에 자리한 경우도 있고, 曾不 曾無처럼 부정사 앞에 자리한 경우도 있으며, 何曾 奚曾처럼 의문사와 연계시켜 사용하기도 하고, 가끔은 曾鳥獸之不若也처럼 명사 앞에 놓는 경우도 있다는 설명이 있어서 참고할 수 있다.
188) 楊春霖 등,『漢語修辭藝術大辭典』(陝西人民出版社, 1995) 174쪽 皆자 설명 참고. 僉자에 대한 설명이 따로 없어서 유사한 皆자 설명을 참고하였다. 皆好之 皆稱 皆告 등처럼 동사 앞에 사용하여 주어가 가리키는 사람 혹은 사물이 모두 어떤 행위를 하거나 상황에 놓였음을 가리킨다.
189) 王維,『王右丞集箋註』卷7, 오언율시「韋給事山居」首聯.

③에서 증(曾)은 '어찌 일찍이 이 깊숙한 곳을 한 사람이라도 찾아온 적이 있었을까'란 의미에서 '일찍이'에 해당하는 부사로, 문법적으로 당연히 동사 유(有)자 앞에 와야 할듯한데 이를 시구 끝부분에 독립시켰다. ④에서 첨(僉)은 '어찌 꼭 다 함께 모여 취하고 버릴지를 의논해서 도모해야 하겠는가'란 의미에서 '다 함께'에 해당하는 것으로 동사 순모(詢謀) 앞에 와야 마땅할듯한데 이를 시구 끝부분으로 독립시켜다. 이와 같은 표현법은 문장에서는 전례를 찾아보기 어려울 정도로 특이한 것인데, 시에서는 필요에 따라 이런 표현을 과감하게 구사하였던 것이다.191)

위와 같이 시구는 생략(省略) 도치(倒置) 품사(品詞)의 변용 등을 폭넓게 허용하고, 이에 따라 문법적으로 불완전함은 물론, 의미가 애매한 경우도 허다하였다. 그럼에도 이런 표현을 즐겨 구사한 것은 그것이 오히려 더 큰 시적 표현 효과가 있기 때문이었다. 흄(T.E.Hulme. 1883~1917)은 "산문은 수학 공식처럼 정해진 보이지 않는 규칙(문법)에 따라 표현을 해나가지만, 시는 이런 산문의 특성을 피하려는 노력"이라고 하였다. 그리고 고우공(高友工)과 매조린(梅祖麟) 또한 "문법적인 문장[構文]은 추진력이 있어서 우리를 한 문장에서 다음 문장으로 넘어가도록 재촉하여 읽은 내용을 추상적으로 바꾸어버린다. 그러나 시의 본질은 직관과 관련된 것이지 추상과 무관하다. 시의 임무는 우리가 끊임없이 구체적 사물을 보게

---

190) 王安石, 『臨川文集』 卷12, 「和平甫舟中望九華山二首」 중 제2수.
191) 元稹(唐)「紀懷贈李六戶曹崔二十功曹五十韻」排律의 제25~26구 "煉足良甘分 排衙苦未曾", 王安石(宋)「送鄆州知府宋諫議」(『臨川文集』 卷16) 長篇의 제21~22 구 "進律朝章舊 疏恩物議僉", 程公許(宋)「上曹憲使五十韻」(『滄洲塵缶編』 卷11) 排律의 제17~18구 "振采賢關闢 疏榮物議僉"등이 그런 예이다.

하는 것이며, 심상을 조성하고 느리게 읽게 함으로써 그렇게 만든다. 문법적인 문장[構文]은 이와 반대되는 효과가 있기 때문에 당연히 시적 표현 효과가 없으며, 시에서는 이런 구문을 완전히 없애야 한다."고 하였다.192) 문법적으로 불완전한 표현의 불연속성 단절성 고립성 등이 시의 거침없는 산문적 진행을 막고 개별 어휘의 심상에 유의하도록 만듦으로써 오히려 더 큰 시적 표현 효과를 거둘 수 있다는 말이다. 그래서 시는 문법에 근거하면서도 문법의 한계를 뛰어넘고자 하였으며, 여기에 시와 산문의 핵심적 차이가 있다. 시를 문법만으로 읽을 수 없는 이유 또한 바로 여기에 있다.

3. 전편의 구성 방법 : 편·장법(篇章法)

1) 편·장법의 의미

편·장법이란 여러 시구를 조합하여 1장(章) 혹은 1편(篇)을 완성시키는 총체적인 구성방법을 가리키는 말이다. 한시에서 편과 장은 대개 같은 개념으로 사용해 왔다. 1장이 곧 1편인 경우가 많았기 때문이다. 그러나 편은 장보다 상위 개념이 분명한 것으로 판단된다. 『시경』 305편 뒤에는 예외 없이 모두 1편이 몇 장으로 구성되어 있는지 밝혀 놓았다. 「관저(關雎)」 뒤에 '관저삼장(關雎三章) 일장사구(一章四句) 이장팔구(二章八句)'라고 해놓은 것이 그런 예이다. 이는 「관

---

192) 이 단락의 기술 내용은 洪仁杓·禹在鎬譯, 『唐詩의 構文, 用語, 그리고 心象』(『中國語文學』 13집), 329~330쪽에 번역 인용한 내용을 재인용하였다. 다만 당초 번역 인용문의 표현이 번역 투가 지나치게 강하여 필자가 핵심 내용을 중심으로 간추려 재정리하는 과정을 거쳤다.

저」 1편이 한 장(제1장)은 4구로, 두 장(제2장과 제3장)은 8구로 구성되어 있음을 가리키는 것인데, 이를 통해 아주 오래 전부터 편을 장보다 더 큰 개념으로 사용해왔음을 알 수 있다.

이런 예는 문장과 관련한 용례에서도 마찬가지로 발견할 수 있다. 명나라 때 고기(高琦)는 『문장일관(文章一貫)』이란 책에서 『위문쇄어(緯文瑣語)』를 인용하여 "편(篇) 가운데 하찮은 장(章)이 있어서는 안 되고, 장(章) 가운데 하찮은 구(句)가 있어서는 안 된다"[193)]고 한 적이 있다. 장을 편에 소속된 하위 개념으로 보았던 것이다. 이 책에서 고기가 말한 장이란 실제 편보다는 작으면서 구보다는 큰, 한 편의 글에서 문단 구분이 가능한 정도의 독립적인 의미 단락 정도를 지칭하였다.

이런 점을 고려할 때 한시에서의 편법과 장법도 일정하게 구분하여 사용할 필요가 있을 듯하다. 『시경』처럼 여러 장이 연이어진 연작시(連作詩), 혹은 단락 구분이 가능할 정도로 긴 장편시(長篇詩)의 전체적인 구성법은 편법(篇法)이라 하고, 연작시 안에 포괄된 개별 작품, 혹은 전체가 1수(首)로 끝나는 짧은 단형시(短型詩)의 구성법은 장법(章法)이라고 하는 것이 바람직할 것으로 판단된다.

편·장법은 개별 시구에 적절한 자리와 역할을 부여하고, 이를 통해 전편에 유기적인 질서를 구축하는 방법이다. 그래서 일찍부터 많은 문인들이 특별한 관심을 가지고 그 중요성을 거듭 강조해 왔다. 심덕잠(沈德潛)이 "시는 반드시 법을 따져야 하니, 난잡하여 장법이 없으면 시가 아니다."[194)] 라고 한 것이나, 서증(徐增)이 "내가 좋은 시구

---

193) 高琦(明), 『文章一貫』(奎章閣本), 「篇法」, 13면, "緯文瑣語云 篇中不可有冗章 章中不可有冗句 句中不可有冗字".

를 얻어서 대단히 기뻐한 적이 있다. 그런데 시를 완성하고 보니 좋은 시구를 다 고쳐서 좋은 점을 보지 못하게 되었다. 이를 통해 옛 사람들이 장법 때문에 좋은 시구를 없애버림이 많음을 알게 되었다."195)라고 한 것이 다 그런 예이다. 장법을 제대로 강구하지 않으면 난잡하여 시가 될 수 없고, 장법 때문에 개별적으로 좋은 시구를 고치거나 버릴 수밖에 없었던 경우가 자고이래로 많았음을 이렇게 지적한 것이다.

① 장법을 이루지 못하면 산만하고 난잡하여, 선후 간의 시작과 끝맺음[起結], 머금고 계승하는 차례, 얕고 깊고, 열고 닫고, 작고 크고, 멀고 가깝고, 비고 찬 구분이 없어서, 이를 마주함에 사람을 혼미하게 하여 시원스럽지 못하다.196)

② 대개 시로 성정(性情)을 펼쳐내는데, 전체 시가 하나의 종지(宗旨)를 말함에 만약 억지로 8구(句)를 끌어 모아 서로 연결이 되지 않는다면 어떻게 뜻을 드러내겠는가? 그러므로 율시의 장법(章法)은 혈맥이 관통하고 하나의 기운으로 혼연히 이루어져 정연히 차례가 있고 처음과 끝이 상응함을 가장 중요시한다. 마치 상산(常山)의 뱀이 머리를 묶으면 꼬리가 오고, 꼬리를 묶으면 머리가 오며, 중간을 묶으면 머리와 꼬리가 함께 오듯이 해서, 전혀 아무

---

194) 沈德潛, 『說詩粹語』(『百種詩話類編』下, 「詩論類」 3, 1423쪽), "詩貴性情 亦須論法 雜亂無章 非詩也".
195) 徐增, 『而庵詩話』(『百種詩話類編』下, 「詩論類」 3, 1411쪽), "余嘗得佳句喜極 及至詩成時 改却到不見好處 方歇手 乃知古人爲了章法 塗抹佳句至多也".
196) 方東樹, 『昭昧詹言』 卷14(김준연, 『唐代七言律詩研究』 105쪽 재인용), "章法不成就則率漫復亂 無先後起結 銜承次第 淺深開合 細大遠近虛實之分 令人對之惛昧 不得爽豁".

렇게나 끌어 모으고 쌓아놓은 흔적이 없어야 비로소 장법에 훌륭한 것이다.197)

①은 장법을 제대로 강구하지 않았을 경우의 문제점을, ②는 바람직한 장법의 형상을 말한 것이다. 내용은 간단하다. "장법을 제대로 강구하지 않으면 작품의 내적 질서가 결핍되어 혼란스러울 수밖에 없다. 그러므로 무질서하게 시구를 끌어 모아놓은 형국이 되어서는 안 되며, 뱀의 머리를 묶으면 꼬리가 다가오고 꼬리를 묶으면 머리가 다가오며 중간을 묶으면 머리와 꼬리가 동시에 다가오듯, 시 또한 시작과 중간 및 끝 부분의 혈맥이 서로 관통하여 잘 조응하도록 해야 마땅하다"는 것이다.

이처럼 편·장법에 대해서는 오랜 세월을 두고 많은 문인들이 거듭 그 중요성을 강조해 왔다. 그렇다면 이들이 구체적으로 제시한 편·장법의 실체는 어떤 것일까? 이는 대체로 짧은 절구나 율시의 장법과 상대적으로 편폭이 긴 장편 고시와 배율 및 연작시 등의 편법으로 크게 구분해서 살펴볼 수 있을 듯하다.

2) 절구, 율시의 장법

절구와 율시의 장법으로 가장 널리 알려진 것은 기승전결(起承轉結)이다. 절구 4행이 기승전결로 구성된다는 사실은 앞에서 이미 한 차례 지적한 바 있다.198) 따라서 여기서 이를 재론할 필요는 없을

---

197) 簡明勇, 『律詩研究』 167~168쪽, "蓋詩以宣達性情 全詩在說明一種宗旨 若强湊八句 互不連綴 何以見意 故律詩章法 最重血脈貫通 一氣渾成 井然有次 首尾相應 如常山之蛇 繫頭則尾至 繫尾則頭至 繫中則 頭尾俱至 絕無攢湊堆垜之跡 方是善於章法者也".

듯하다. 그러나 기승전결의 구성법은 절구에만 한정된 것이 아니었다. 율시의 구성 또한 여기에 근거하고 있으며, 심지어 연작시나 장편고시까지 모두 이를 기초로 구성해야 한다고 할 정도로 중요하게 여겼다.

"혹자가 시를 지으며 손써야 할 점에 대하여 물으니, 선생께서 대답하였다. '시를 지어 법도를 이룸에는 기(起) 승(承) 전(轉) 합(合) 4자가 있다. 절구로 말하면, 제1구가 기이고, 제2구가 승이며, 제3구가 전이고, 제4구가 합이다. 율시는 제1연이 기이고, 제2연이 승이며, 제3연이 전이고, 제4연이 합이다. 혹 한 제목에 두 수를 지으면 두 수를 통틀어 기승전결을 삼는다 …… 3수 이상 및 고시와 장율(長律:배율)을 짓는다 해도 또한 이 방법으로 강구한다.'"199)

오경욱(吳景旭)이 『역대시화(歷代詩話)』에서 한 말이다. 여기서 오경욱은 기승전결이 절구는 물론 율시 연작시 장편고시 배율 등에 두루 적용되는 것이라고 하였다. 그래서 절구는 각 구(句)별로, 율시는 각 연(聯)별로 기승전결의 구조를 강구해야 하며, 한 편이 2수 이상으로 구성된 연작시나 장편고시 및 배율의 경우에도 기본적으로는 모두 이런 구성법을 강구해야 한다고 하였다. 그러니까 기승전결이 사실상 모든 한시에서 일차적으로 고려해야 할 가장 중요한 편·장법이란 뜻이다.

---

198) 본서 Ⅳ장 2절 '절구의 개념과 양식적 특징' 참고.
199) 吳景旭, 『歷代詩話』(四庫全書 集部 詩文評類) 卷67, 「詩法正論」, "或問作詩下手處 先生日 作詩成法 有起承轉合四字 以絶句言之 第一句是起 第二句是承 第三句是轉 第四句是合 律詩則第一聯是起 第二聯是承 第三聯是轉 第四聯是合 或一題而作兩詩 則兩詩通爲起承轉合 … 如作三首以上及作古詩長律 亦以此法求之".

기승전결을 율시까지 포함한 근체시의 가장 핵심적 장법으로 제기한 사람은 오경욱만이 아니었다. 원나라 때 양재(楊載.1271~1323)가 이미 "율시의 요법(要法)은 기승전합"200)이라고 천명한 바 있고, 같은 시대 범준(范梈. 1272~1330) 또한 이를 시의 4가지 법[詩四法]으로 구체화시켜 "기(起:제1연)는 평안하고 바름을 귀하게 여기고[貴平直], 승(承:제2연)은 조화로워야 하며[要春容], 전(轉:제3연)은 변화해야 하고[要變化], 합(合:제4연)은 깊고 유장해야 한다[要淵永]."201)고 하였다. 그리고 명·청시대 이후에는 더욱 많은 문인들이 이와 유사한 견해를 피력 바 있는데, 이동양(李東陽. 1447~1516) 왕사정(王士禎. 1634~1711) 구조오(仇兆鰲.1638~1717) 등이 대표적이다.

  ① 율시는 기승전합의 법도가 없게 해서는 안 된다. …… 만약 아울러 이를 폐기한다면 또한 어떻게 율시를 짓겠는가.202)

  ② 묻건대 '율시에서 기승전합의 법도를 따져야 합니까?' 하니, 대답하기를 '고문(古文)과 금문(今文)은 물론, 고체시와 근체시 모두 기승전합 4자를 떠나서는 안 된다'"라고 하였다.203)

---

200) 吳景旭, 『歷代詩話』(四庫全書本) 卷67에서 재인용, "律詩要法 起承轉合".
201) 宮夢仁, 『讀書紀數略』(四庫全書本) 卷31, "范德機 詩四法. 起貴平直 承要春容 轉要變化 合要淵永". 王士禎의 『師友詩傳續錄載』(四庫全書本)에 "范德機謂第一聯爲起 第二聯爲承 第三聯爲轉 第四聯爲合"이라 한 것으로 范梈의 詩四法이 律詩 각 聯을 대상으로 한 것임을 알 수 있다.
202) 李東陽, 『懷麓堂詩話』(四庫全書本), "律詩起承轉合 不爲無法 但不可泥 泥於法而爲之 則撐拄對待 四方八角 無圓活生動之意 然必待法度旣定 從容閑習之餘 或溢而爲波 或變而爲奇 乃有自然之妙 是不可以强致也 若幷而廢之 亦奚以律爲哉".
203) 王士禎, 『師友詩傳續錄』(四庫全書本), "問律詩論起承轉合之法否 答勿論古文今文 古今體詩 皆離此四字不可".

③ 율시의 체제는 수련(首聯)을 기(起), 미련(尾聯)을 합(闔)으로 삼고, 3~4구로 위(수련)를 받들며, 5~6구로 아래(미련)로 전환하니, 이것은 하나로 정해진 장법(章法)이다.204)

④ 대개 기승전합의 장법은 당시(唐詩)가 대체로 그러하니, 당나라 율시의 장법은 왕왕 기승전합의 법도 가운데 있었다.205)

위를 보면 명·청대부터 근대 연구자들에 이르기까지 많은 사람들이 지속적으로 기승전결을 절구는 물론 율시에까지 적용할 수 있는 근체시의 가장 핵심적 장법이라고 말하였음을 알 수 있다. 율시에 기승전결의 장법이 없어서는 안 되고, 당나라 이래 율시가 대부분 시상을 일으키는 수련(首聯:起), 이를 이어받는 함련(頷聯:承), 그 다음으로 전환하는 경련(頸聯:轉), 전체를 마무리하는 미련(尾聯:結, 闔) 등으로 구성되어 있으며, 이것이 바로 율시에 하나로 확정된 장법이라 하였던 것이다.

그렇다면 기승전결 각 부위는 구체적으로 어떤 모양이 되어야 바람직한가? 여기에 대해서는 절구보다 주로 율시를 대상으로 논의를 해왔는데, 먼저 그간에 제기된 주목할 만한 견해를 간단히 정리해보면 대략 아래와 같다.

□ 수련(首聯)의 표현법
① 우뚝 돌출(突兀)함을 귀하게 여긴다.206)

---

204) 仇兆鰲, 『杜詩詳注』(張思緖, 『詩法槪述』 138쪽 재인용), "律體 以首尾爲起闔 三四承上 五六轉下 此一定章法也".
205) 簡明勇, 『律詩硏究』, 「章法」, 167쪽, "蓋起承轉合之章法 爲唐詩之大凡 唐代律詩之章法 往往在起承轉合規矩之中也".

② 굳세고 높게 돌출함을 귀하게 여긴다.207)
③ 폭죽처럼 갑자기 울려 쉽게 통하도록 한다.208)
④ 장중한 봉우리가 전편을 무겁게 눌러 덮는 형세로 한다.209)
⑤ 평안하고 바르게 하며, 갑작스러움을 경계한다.210)
⑥ 결코 거칠게 대강 말해서는 안 된다.211)

□ 함·경련(頷·頸聯)의 표현법
① 함련은 수련의 우뚝함을 계승하여 천천히 부응하게 한다.212)
② 함련은 수련을 계승하여 용이 여의주를 놓치지 않듯이 한다.213)
③ 함련은 조화로워야 하며, 촉박함을 경계한다.214)
④ 경련은 변화를 시켜야 하며, 뜻 잃음을 경계한다.215)
⑤ 경련은 뜻을 변화시켜 번개가 산을 갈라서 보는 이가 놀라듯 한다.216)
⑥ 경련은 우뚝하게 별도의 한 경지를 연다.217)
⑦ 함·경련을 먼저 짓고 기련 미련을 뒤에 보완하기도 한다.218)

---

206) 沈德潛,『說詩晬語』, "起手貴突兀".
207) 薛雪,『一瓢詩話』, "起句貴遒勁高突 故以不對爲宜".
208) 楊載,『詩法家數』, "凡起句 當如爆竹 驟響易徹".
209) 方東樹,『昭昧詹言』, "起句須莊重峯勢 鎭壓含蓋得一篇體勢 忌用宋人輕側之筆".
210) 吳景旭,『歷代詩話』卷67, "起處要平直 … 起處戒陡頓".
211) 薛雪,『一瓢詩話』, "發端斷不可草率 要知發端草率 下無聲勢".
212) 沈德潛,『說詩晬語』, "三四貴勻稱 承上斗峭而來 宜緩脈赴之".
213) 楊載,『詩法家數』, "頷聯要接破題 要如驪龍之珠 抱而不脫".
214) 吳景旭,『歷代詩話』卷67, "承處要春容 … 承處戒促廹".
215) 吳景旭,『歷代詩話』卷67, "轉處要變化 … 轉處戒落魄".
216) 楊載,『詩法家數』, "頸聯 與前聯之意應相避 要變化 如疾雷破山 觀者驚愕".
217) 沈德潛,『說詩晬語』, "五六必聳然挺拔 別開一境 上旣和平 至此必須振起也".
218) 謝榛,『四溟詩話』, "詩以兩聯爲主 起結補之 渾然一氣 … 范德機曰 律詩先得中四句 當以神氣爲主 全篇渾成 無餖飣之迹".

⑧ 한 연은 인사(人事), 한 연은 경물(景物)을 섞어서 읊는다.219)
⑨ 함·경련의 구식(句式)을 달리하여 합장(合掌)이 되지 않게 한다.
⑩ 함·경련은 대우(對偶)를 한다. 당·송시 대부분이 대우를 하였다.

□ 미련(尾聯)의 표현법
① 붓을 일으켜 거꾸로 들어가듯 앞과 서로 조응(照應)해야 한다.220)
② 새로운 뜻으로 끝맺어도 수련의 뜻과 부합해야 묘하다.221)
③ 말은 다해도 뜻은 무궁해야 한다.222)
④ 시는 이미 다했는데 맛이 길어야 참으로 훌륭하다.223)
⑤ 종을 치듯이 맑은 소리가 여운이 있어야 한다.224)
⑥ 깊고 유장해야 하며, 의미 없이 끊어짐을 경계한다.225)
⑦ 뜻이 높고 크고 깊고 멀고 침착해야 하고, 얄팍하고 경박함을 꺼린다.226)

수련은 제목 바로 다음에 처음으로 나오는 것으로, 파제(破題)라는 별칭에 잘 나타나듯, 제목과 관련된 사항을 폭죽처럼 굳세고 우뚝

---

219) 胡應麟, 『詩藪』 內篇 卷4, "作詩 不過情景二端 如五言律體 前起後結 中四句 二言景 二言情 此通例也 初唐 多于首二句言景對起 止結二句言情 雖豊碩 往往失之繁雜 晚唐則第三四句 多作一串 雖流動 往往失之輕猥 俱非正體 … 此初學入門第一義 不可不知".
220) 施補華, 『峴傭說詩』, "收處須有完固之力 … 收處作回顧之筆 兜裹全篇 恰如起筆倒入者相照應".
221) 楊載, 『詩法家數』, "尾聯能開一步 別運生意結之 然亦有合起意者亦妙".
222) 楊載, 『詩法家數』, "結句或就題結 或開一步 或繳前聯之意 或用事必放一句作散場 如剡溪之棹 自去自回 言有盡而意無窮".
223) 楊萬里, 『誠齋詩話』, "詩已盡而味方永 乃善之善也".
224) 謝榛, 『四溟詩話』, "凡結句 當如撞鍾 清音有餘".
225) 吳景旭, 『歷代詩話』 卷67, "合處要淵永 … 合處戒斷送".
226) 方東樹, 『昭昧詹言』, "結句大約別出一層 補完題意 須有不盡遠想 大槪如此 不可執着 結句要出場用意須高大深遠沈着 忌淺近浮佻".

하게 치고 나와야 하며, 장중한 봉우리가 전체를 무겁게 눌러 덮는 형상이 좋다고 하였다. 함련은 수련의 우뚝함을 천천히 계승하여 용이 여의주를 놓치지 않듯 앞과 조화롭게 구성하는 것이 중요하며, 경련은 번개가 산을 가르듯 별도의 한 세계를 열어 전환시킴으로써 보는 이가 놀랍도록 하는 것이 좋다고 하였다. 그리고 마지막 미련은 앞부분 전체의 내용과 조응해야 하며, 종소리처럼 맑은 여운이 있고, 말은 다해도 뜻은 다하지 않는 무궁한 맛이 있어야 바람직하다고 하였다. 사람마다 강조한 내용이 모두 같은 것은 아니지만, 각 부분의 이상적 형태를 대략 기(起) 승(承) 전(轉) 결(結)의 문자적 의미에 부합하는 방식으로 제시하였던 것이다.

절구는 이 가운데 특히 전구(轉句)에서의 변화를 강조하였다. "절구시는 제3구를 위주로 하니, 반드시 작자의 속뜻을 담아 실재 사실로 적어야 한다. 그러면 전환에 힘이 있어서 중심적 뜻이 깊고 유장하게 된다."227) "칠언절구를 지을 때 마땅히 애써야 할 곳은 제3구이니 제3구가 바로 전환의 방향키[轉柂]"이다.228) "제3구는 위와 아래의 관건(關鍵)으로 가장 요긴한 부분이다. 이전 사람들이 절구 학습 방법을 가르칠 때 이 부분이 잘 된 작품을 익숙하게 읽도록 한 것은 확실히 절구에 입문하는 최고의 비결이었다."229)고 한 것 등이 모두

---

227) 徐思曾, 『文體明辨』 卷16, 「絶句詩」, "大抵絶句詩 以第三句爲主 須以實事寓意 則轉換有力 旨趣深長"

228) 施補華, 『峴傭說詩』(『百種詩話類編』 下 體製類三 各體詩), "七絶用意 宜在第三句 第四句只作推宕 或作指點 則神韻自出--故第三句是轉柂處 求之古人 雖不盡合 然法莫善於此也".

229) 鴻齋石川英(日本), 『詩法詳論』(石版本, 동경, 1893), 「絶句」, "三句爲一詩上下關鍵 最著緊要 前人教人學作絶句 須熟讀此種詩者 亦確是入門第一妙訣".

그런 예라고 할 것이다.230)

  율시는 이와 달리 함련과 경련을 중요하게 여겼다. 사진(謝榛. 1495~1575)이 『사명시화(四溟詩話)』에서 "율시는 함련과 경련을 위주로 하고 기련(起連)과 결련(結聯)으로 이를 보완한다."231)고 한 것이 이를 단적으로 지적한 말이다. 그래서 이 부위에서는 다른 부위와 달리 몇 가지 특별한 표현법을 강조하였다. 각 연의 출구(出句)와 대구(對句) 사이에 반드시 대우(對偶)를 강구해야 하고, 인사(人事)와 경물(景物)을 호환(互換)하여 정경교융(情景交融)이 되도록 표현해야 한다고 하였다.

  율시에서 대우(對偶)는 함련과 경련을 포함한 그 이상에서 할 수 있었다. 함련 경련에 수련을 포함하기도 하고, 미련을 추가하기도 하며, 전편에 걸쳐 모두 대우를 할 수도 있었다. 그러나 수련이나 미련에서는 실상 대우를 하지 않는 것이 일반적이었다. 수련의 경우 대우에 구속되면 처음부터 기세 좋게 내달리는 활달한 표현이 어려울 수 있기 때문이었고, 미련 또한 전편의 뜻을 마무리하여 여운이 남도록 하는데 오히려 방해가 될 수 있기 때문이었다.232) 그러나 함련 경련에는 반드

---

230) 이 외에도 오경욱이 ①首句起 ②次句起 ③三句起 ④扇對 ⑤間對 ⑥順去 ⑦藏咏 ⑧中斷別意 ⑨四句不聯 ⑩借喩 등 10종을 간단한 예문과 함께 絶句의 10종 篇法으로 제시하면서 "右十法 絶句之篇法也 此最爲緊 推此以往 思過半矣"라고 한 것이 있어서 참고할 수 있다.

231) 謝榛, 『四溟詩話』, "詩以兩聯爲主 起結補之 渾然一氣 … ".

232) 簡明勇, 『律詩硏究』 171쪽, "起句貴遒勁高突 故以不對爲宜 若起句對仗 則常爲對仗所拘 而顯呆板拘絆之象 何得占濶地步 展其麒驥馳騁之勢乎 然亦有用對仗得勢者 此爲偏例 可所偶得 不必强求也". 177쪽, "律詩尾聯 旣欲其照應全篇 又欲其韻味雋永 餘意無窮 故以散行而不對仗爲宜 前人雖亦有尾聯用對者 究爲少見 不必資爲楷式也".

시 대우를 강구해야 하였으며, 이를 어길 경우 변격(變格)으로 간주하였다. 그리고 대장 방식 또한 서로 다르게 하여 합장(合掌)을 기피하는 등 아주 세심한 주의를 기울였던 것이다.

정경교융도 마찬가지다. 다른 연에서는 정경교융을 특별히 강조한 예를 찾아보기 어렵다. 그런데 함련과 경련에서는 인간의 일인 정(情)과 객관적 사물인 경(景)을 서로 조화롭게 제시하는 것을 바람직하게 여겼으며, 이것이 한시 창작에서 몰라서는 안 될 대단히 중요한 법도라고 주장하기까지 하였다.

> ① 시를 짓는 것은 정(情)과 경(景) 두 가지 단서에 지나지 않는다. 오언율시의 경우, 전련(前聯:首聯)에서 일으키고 후련(後聯:尾聯)에서 마무리하며, 중간 4구에서 2구는 경(景)을 말하고 2구는 정(情)을 말하니, 이것이 통상적인 예이다 …… 이는 초학자가 시에 입문할 때 가장 중요한 것이니 몰라서는 안 된다.233)

> ② 근체시의 중간 2연은 하나는 정(情), 하나는 경(景)을 씀이 일정한 법(法)이다. 오건(吳騫)의 『배경루시화(拜經樓詩話)』에 '율시의 중간 두 연은 왕왕 한 연은 정을 묘사하고 한 연은 경을 제시하는데, 정을 묘사한 연은 활발함이 많고, 활발하면 정신과 기운이 생동하며, 경을 제시한 연은 딱딱함이 많고, 딱딱하면 격조와 법도가 단정하고 자세하니, 이것이 일정한 법이며 또한 자연스러운 글이다'고 하였다.234)

---

233) 胡應麟, 『詩藪』 「內篇」 卷4, "作詩 不過情景二端 如五言律體 前起後結 中四句 二言景 二言情 此通例也 … 此初學入門第一義 不可不知".
234) 王夫之, 『薑齋詩話』, "近體中二聯 一情一景 一法也 吳騫拜經樓詩話曰 律詩中二聯 往往一聯寫情 一聯卽景 情聯多活 活則神氣生動 景聯多板 板則格法端詳 此一定之法 亦自然之文也".

③ 시 가운데는 정(情)이 있고 경(景)이 있어야 한다. 또한 율시로써 간단하게 말해보자면 (중간의) 4구 2연이 반드시 정(情)과 경(景)이 서로 호환되어야 비로소 중복되지 않는다.235)

위는 호응린(胡應麟. 1551-1602) 왕부지(王夫之. 1619-1692) 이중화(李重華) 등 명나라 이래 유명한 문인 비평가들의 정경교융과 관련된 언급을 간단히 적시해본 것이다. 이를 보면 이들이 율시의 중간 4구인 함련과 경련에 정과 경을 섞바꾸어 제시하는 정경교융이 없을 수 없으며, 이것이 시를 짓는 자연스러운 통례(通例)이고 또한 법도(法度)라고 거듭 강조하였음을 알 수 있다.236) 그리고 창작 순서상 함련과 경련을 먼저 짓고 수련과 미련을 나중에 지어 붙이는 경우가 흔히 있었는데, 이 또한 율시의 장법에서는 함련과 경련이 가장 중심적 자리에 있었던 것과 일정한 관련이 있다.237)

율시의 장법은 또 전해후해(前解後解)로 설명한 경우도 있다. 전해(前解)란 율시의 전반부 수련과 함련 전체 4구를 하나의 단위로 묶어서 일컫는 말이고, 후해(後解)란 후반부 경련과 미련 전체 4구를 다른 하나의 단위로 나누어 일컫는 말이다. 이는 본래 김성탄(金聖嘆.1608~1661)이 당나라 율시를 설명하면서 처음 제기한 것인데, 비

---

235) 李重華, 『貞一齋詩說』, "詩中有情有景 且以律詩淺言之 四句兩聯 必須情景互換 方不複沓".
236) 楊載의 『詩法家數』에 기록된 "前聯旣詠狀 後聯須寫人事 兩聯最忌同律", 王士禛의 『師友詩傳續錄』(四庫全書本)에 수록된 "問律詩中二聯 必應分情與景耶 抑可不拘耶 答不論者非 拘泥者亦非 大槪二聯中 須有次第 有開闔" 등에서도 이런 견해를 확인할 수 있다.
237) 謝榛이 『四溟詩話』에서 "范德機曰 律詩先得中四句 當以神氣爲主 全篇渾成 無餖飣之迹"라 한 것과 施補華가 『峴傭說詩』에서 "今人作律詩 往往先作中二聯 然後裝成首尾"라 한 데서 이런 사정을 짐작할 수 있다.

슷한 시기에 서증(徐增.1612~?)이 이를 계승하여 율시를 이해하는 대단히 유용한 방법의 하나로 제기하고,238) 자신이 직접 『설당시(說唐詩)』22권을 지어 이를 당시(唐詩) 설명에 구체적으로 적용해보이면서 세상에 널리 알려지게 되었다.

서증은 실제 율시를 전해와 후해로 크게 나누어 보는 것이 율시를 이해하는 정법안장(正法眼藏)이라고 하였다. 말이나 글로 구체화시켜 표현할 수는 없지만 감추어진 진리를 바로 볼 수 있는 바른 안목(法眼)이란 뜻이다. 그래서 그는 전해 후해를 알지 못하면 장법을 이룰 수 없다고 하였고, 이를 근거로 당시(唐詩)와 그 이전 시대 시를 관찰해보니 마치 부절(符節)이 부합하듯 딱 맞아떨어져서 환하게 그 진면목을 비춰볼 수 있었다239)고 하면서 김성탄의 안목과 식견에 탄복하였다.

그러나 전해후해는 기승전결과 별개의 것이 아니다. 율시가 기승전결에 기초하고 있음은 그대로 수용하면서, 이를 다시 전반부와 후반부로 구분하여 전체에 대한 이해를 한층 심화시키려고 한 것일 뿐이다. 그리고 해(解)란 본래 악부시에서 노랫말의 1절 2절 등을 구분하기 위해 절(節)에 상응하는 개념으로 적용해 온 것이다. 따라서 음악이 아닌 시에 적용하는 것이 바람직하지 않으며, 오히려 천착과 견강부회의 부작용을 초래한다는 호된 비판을 받기도 하였다.240) 그

---

238) 徐增, 『而庵詩話』, "聖嘆唐才子書 其論律分前解後解 截然不可假借 聖嘆身在大光明藏中 眼光照徹 便出一手 吾最服膺其瞻識".
239) 徐增, 『而庵詩話』, "不知解數 則不成章法 總不出頓挫與起承轉合諸法耳 … 解數起承轉合 何故而知其爲正法眼藏也 夫作詩 須從看詩起 吾以此法 觀唐詩及唐已前詩 無不煥然照面 若合符節 故知其爲正法眼藏無疑也".
240) 徐增, 『說唐詩』(四庫全書本) 주석, "國朝徐增撰 增字子能 長洲人 所錄唐詩三百

래서 이를 율시의 장법 설명에 활용한 예가 없지는 않았지만,241) 기승전결처럼 보편적으로 인정받지는 못하였다.

3) 장편・연작시의 편법

장편시와 연작시의 경우도 기본적으로는 기승전결의 편법에 근거하였다. 왕사정(王士禎)이 "고문(古文) 금문(今文)은 물론, 고체시와 근체시도 모두 기승전결 4자를 떠날 수는 없다"242)고 하고, 오경욱이 "한 제목에 2수 이상을 짓는 연작시와 고시 및 배율(排律) 또한 기승전결을 강구해야 한다"243)고 한 데서 이런 사실을 분명히 확인할 수 있다. 이와 더불어 장편・연작시는 작품의 편폭이 길었던 만큼 전체적인 통일성과 함께 그 내적 구성상의 변화와 다양성을 특별히 강조하였다.

> ① 장편에는 모름지기 절주(節奏)가 있어서 잡음[操]과 놓음[縱], 바름[正]과 변함[變]이 있어야 한다. 만약 평온하게 펼쳐놓기만 한다면 비록 길어도 유익할 것이 없다. 당시(唐詩)에 꾸불꾸불한 변화

餘首 一一推闡其作意 其說悠謬支離 皆不可訓 至於分解之說 始於樂府如陌上桑等篇所註 一解二解三解 字尙不拘句數 晉魏所歌古辭 如白頭吟 塘上行等篇 乃註四句爲一解 所謂古歌以四句爲一解 倚歌以一句爲一解是也 然所說 乃歌之節奏非詩之格律 增與金人瑞遊 取其唐才子書之說 以分解之說 施於律詩 穿鑿附會 尤失古人之意".
241) 淸 雍正 연간에 王堯衢가『古唐詩合解』16권을 편찬하면서 이런 설명을 한 예가 있다.
242) 王士禎,『師友詩傳續錄』(四庫全書本), "勿論古文今文 古今體詩 皆離此四字不可".
243) 吳景旭,『歷代詩話』(四庫全書 集部 詩文評類) 卷67,「詩法正論」, "或一題而作兩詩 則兩詩通爲起承轉合 … 如作三首以上及作古詩長律 亦以此法求之".

가 기뻐할만한 점이 있지만, 오직 두보만이 그치고 꺾임[頓挫]과 일어나고 엎드림[起伏]의 변화가 무쌍하여 놀랄만하니, 대개 그 음향(音響)과 격률(格律)의 서로 잘 어울림이 여러 작품을 둘러봄에 모두 그 기풍 아래 있었다.244)

② 고시를 지음에는 해수(解數:章節의 수)를 위주로 한다. 그러나 반드시 변환(變換)을 시켜야 하니, 그렇지 않고 4구씩 획일적으로 배열해 내려간다면 무슨 생동하는 뜻이 있으리오.245)

①에 말한 조종(操縱) 정변(正變) 돈좌(頓挫) 기복(起伏) 등이 정확하게 무엇을 가리키는지는 단정하기 어렵다. 그러나 그것이 긴장과 이완, 순접과 역접, 휴지와 전환, 높고 낮은 억양 등의 변화를 강조한 것은 분명하다. 그래서 이런 변화가 어우러진 절주(節奏)가 있어야 하며, 그렇지 않고 평탄하게 늘어놓기만 해서는 아무리 길어도 소용이 없다고 하였다. ②도 마찬가지다. 장편 고시를 지을 때 몇 단락으로 구성할 것인가 하는 문제가 중심이기는 하지만 그 안에 반드시 변화가 있어야 하며, 판에 박은 듯 획일적으로 시구를 배열해서는 생동하는 뜻이 있을 수 없다고 하였다.

그렇다면 이런 견해를 담아내기 위해 유의한 구체적인 장치는 어떤 것이 있을까? 고전에서 이와 관련한 언급을 찾아보기는 어렵다. 다만 장편고시의 편법을 설명하면서 오언의 경우 분단(分段) 과맥

---

244) 李東陽, 『懷麓堂詩話』(四庫全書本), "長篇中 須有節奏 有操有縱 有正有變 若平鋪穩布 雖多無益 唐詩類 有委曲可喜之處 惟杜子美 頓挫起伏 變化不測 可駭可愕 蓋其音響與格律正相稱 回視諸作 皆在下風".
245) 徐增, 『而庵詩話』, "作古詩 以解數爲主 然須變換 不然 以四句板板排下去 有何生趣".

(過脈) 회조(回照) 찬탄(讚歎) 등 4가지를, 칠언의 경우 분단(分段) 과단(過段) 돌올(突兀) 자관(字貫) 찬탄(讚歎) 재기(再起) 귀제(歸題) 송미(送尾) 등 8가지를 제시한 것이 있어서 참고할 수 있는 정도이다. 이 가운데 분단(分段) 찬탄(讚歎)은 오언과 칠언에 공통적이고, 오언의 과맥(過脈)과 칠언의 과단(過段)은 사실상 내용이 대동소이하다. 따라서 전체적으로 9가지 가량을 유의했던 것으로 판단되는데, 간단히 그 요지를 정리하면 대략 아래와 같다.

① **분단(分段)** : 전체의 단락 구분. 오언 칠언 공통.
전체를 몇 단락, 각 단락은 몇 절, 각 절은 몇 구로 할 것인지 정하고, 균형을 맞추어서 지나치게 길고 짧음이 없도록 한다. 장편은 난잡할까 걱정되니 한 가지 의미로 한 단락을 삼는다.

② **과맥(過脈)** : 단락 간의 맥락 연결. 오언 칠언 대동소이.
단락 사이의 2구를 활용하여 한 구는 위를 마무리하고, 한 구는 아래를 만들어낸다.

③ **돌올(突兀)** : 갑작스럽게 다른 말을 함. 칠언.
단락 사이를 연결하는 과구(過句)를 쓰지 않고 갑자기 다른 일을 말하는 방법이다.

④ **자관(字貫)** : 전후 글자의 중첩과 연결. 칠언.
앞 뒤 서너 자를 중첩하거나 두 세 자로 일관시키면 정신이 지극하고 읊조리기 좋다.

⑤ **회조(回照)** : 중도에 제목과의 연관성 환기. 오언.
열 걸음에 한 번 머리를 돌려 제목에 비춰보아야 한다.

⑥ **찬탄(讚歎)** : 한가한 말로 찬탄함. 오언 칠언 공통.
다섯 걸음에 한번 쉬며 한가한 말로 찬탄해야 심히 촉박하지 않다.

⑦ **재기(再起)** : 앞에 말한 일을 다시 제기함. 칠언.
앞에서 말한 일을 다시 제기하여 반복하는 정감이 있도록 한다.

⑧ 귀제(歸題) : 시작 부분을 되돌아봄. 칠언.
본말(本末) 한 두 구를 앞의 기구(起句)와 연계함이니, 고수(顧首)라고도 한다.
⑨ 송미(送尾) : 전편의 마무리 방법. 칠언.
여운이 있는 뜻으로 마무리한다. 혹 상반되게 쓰고, 혹 비유를 쓰기도 한다.246)

위는 『역대시화(歷代詩話)』에서 9가지 사항과 관련된 요지를 간추려 본 것이다. 이 가운데 일부는 의미가 다소 불분명하고, 또 상호 겹치는 점이 있는 듯도 하다. 그러나 이를 통해 장편고시의 편법이 위의 9가지 사항, 즉 전체적인 단락의 규모를 먼저 나누어 설정하는 ①분단(分段), 단락 연결 방법상의 ②과맥(過脈)과 ③돌올(突兀), 어휘상 글자를 중첩시켜 일관성을 부여하는 ④자관(字貫), 제목과의 연계성을 환기시키는 ⑤회조(回照), 표현상 흐름이 촉박하지 않도록 하는 ⑥찬탄(讚嘆), 앞에 말한 일을 거듭 제기하여 반복의 정서를 유발하는 ⑦재기(再起), 본말이 되는 한 두 구를 처음 기구(起句)와 연계시키는 ⑧귀제(歸題), 여운이 있게 마무리하는 ⑨송미(送尾) 등 9가

---

246) 吳景旭, 『歷代詩話』, 「篇法」의 五言長古篇法과 七言長古篇法에서 핵심적 요지만 간추린 것이다. 五言長古篇法에 ①先分爲幾段幾節 每節句數多少 要略均齊 … 杜却不甚如此太拘 然亦不太長不太短也(長篇怕亂雜 一意爲一段:당초 讚嘆 조항에 기록) ②過句名爲血脈 引過次段 過處用兩句 一結上 一生下 爲最難 非老手未易了也 ⑤回照 謂十步一回頭 要照題目 ⑥五步一消息 要閒語讚歎 方不甚迫促이란 기록과 七言長古篇法에 ①分段如五言 ②過段亦如之 稍有異者 ③突兀萬仞 則不用過句 陡頓便說他事 ④字貫 前後重三疊四 用兩三字貫串 極精神好誦 ⑥讚歎 如五言 ⑦再起 且如一篇三段 說了前事 再提起從頭說去 謂反覆有情 ⑧歸題 乃本末一二句 繳上起句 又謂之顧首 ⑨送尾 則生一段餘意結末 或反用 或比喩用이란 기록 내용을 참고하였다.

지를 기승전결의 일반적 구성법에 더하여 중요하게 고려하였음을 알 수 있다.

배율이나 연작시의 경우, 이런 요소를 명시적으로 언급한 예가 없다. 다만 근대 연구자 가운데 배율과 관련하여, 첫 단락에 전체 요지를 제시하고 그 다음 여러 단락에서 이를 하나씩 풀어가는 방법, 첫 두 구에 요지를 제시하고 그 다음 두 단락에서 이를 하나씩 풀어가는 방법, 전체를 두 단락으로 나누어 각 단락 앞부분에 요지를 제시하고 각각 풀어나가는 방법 등을 지적한 예가 있고,247) 연작시와 관련하여 얕은 데서 깊은 데로 들어가는 유천입심(由淺入深), 반대 상황에서 바른 상황으로 나아가는 유반급정(由反及正), 각 장별로 한 가지 일을 읊어 여러 장이 합쳐 한 편이 되는 합수장성편(合數章成篇) 등을 지적한 예가 있다.248) 그러나 이는 제한된 작품의 사례 분석을 통해 유추한 개별적인 견해일 뿐이며, 세부 구성 요소를 따로 제시한 것도 아니다. 이런 점을 감안할 때 배율이나 연작시의 편법은 주로 기승전결의 기본적 구성법에 장편고시에서 유의한 몇 가지 핵심적 요소를 알맞게 절충하는 방향으로 구현했을 것으로 추정된다.

4) 편·장법의 변용과 승화

율시의 기승전결은 하나의 연(聯)을 기본 단위로 삼는다. 오경욱(吳景旭)이 "율시는 제1연이 기이고, 제2연이 승이며, 제3연이 전이고, 제4연이 합(合)이다."라 하고, 구조오(仇兆鼇)가 "율시의 체제는

---

247) 范況, 『中國詩學通論』 220쪽 참고.
248) 范況, 『中國詩學通論』 203쪽 참고.

수련(首聯)을 기, 미련(尾聯)을 합(闔)으로 삼고, 3~4구로(함련) 위를 받들며, 5~6구로(경련) 아래로 전환하니, 이것이 일정한 장법(章法)이다."249)라고 한 것은 모두 이런 관점을 반영한 견해였다. 그러나 다음 예문을 보면 율시의 장법이 이런 방식에 국한된 것이 아니었음을 알 수 있다.

① 기승전합의 장법이 모두 이와 같지만, 그것이 제 몇 연(聯) 제 몇 구(句)인지에 구속될 필요는 없다.250)

② 기승전합의 장법을 준용하는 것에 또한 두 가지 형태가 있다. 하나는 전연(前聯)이 기(起), 그 다음 연이 승(承), 제3연이 전(轉), 마지막 연이 합(合)이 되는 것이고, 하나는 수련(首聯)이 기(起), 중간의 두 연(함련과 경련)이 승(承), 제7구가 전(轉), 제8구가 합(合)이 되는 것이니, 두보의「강촌(江村)」같은 시가 이런 것이다.251)

①은 율시가 기승전결의 장법을 준수하기는 하지만, 어디까지가 기 승 전 결에 해당하는지 구체적인 부위까지 구애될 필요는 없다고 하였다. 기승전결의 장법을 연(聯) 단위로 고정할 필요가 없다는 말이다. ②는 여기서 한 걸음 더 나아가 기승전결의 장법을 준용하는 방식이 2가지가 있다고 하면서 연(聯)을 기초로 한 것과 전혀 다른 새로운 방법을 하나 더 제시해 보였다. 1~2구 수련이 기, 3~6구 함

---

249) 仇兆鰲,『杜詩詳註』(張思緒,『詩法槪述』138쪽 재인용-), "律體 以首尾爲起闔 三四承上 五六轉下 此一定章法也".
250) 王士禎,『師友詩傳續錄』, "起承轉合章法 皆是如此 不須拘定第聯第幾句也".
251) 吳喬,『圍爐詩話』, "邉起承轉合之法者 亦有二體 一者 … 前聯爲起 … 次聯爲承 … 第三聯爲轉 … 末聯爲合 … 一者首聯爲起 中二聯爲承 第七句爲轉 第八句爲合 如杜詩之江村是也".

련과 경련이 합쳐서 승, 7~8구 미련을 분리하여 제7구가 승, 제8구가 결이라고 한 것이 바로 그것이다. 전체적인 순서가 흐트러진 것은 아니지만, 중간의 두 연은 합치고 마지막 한 연은 분리하여 기승전결의 적용 부위 자체를 완전히 달리 파악하였던 것이다.

이런 논리의 연장선상에서 아예 기승전결의 장법에 얽매일 필요가 없다는 주장이 제기되기도 하였다. "기승전결이 하나의 방법이기는 하나, 초당 성당시대의 율시를 가져다 검증해보건대, 누가 이 법을 고지식하게 준수한 자가 있었던가? 장법은 장(章)을 이루는 것보다 더 요긴할 것이 없으니, 기승전결의 법을 정립하면 (오히려) 장(章)을 이루지 못한다."252)고 한 것이 바로 그런 예이다. 기승전결의 적용 방법적 차원을 넘어 아예 이를 부정하다시피 할 정도였던 것이다.253)

연작시의 편법도 마찬가지다. 연작시도 "한 제목에 두 수를 지으면 두 수를 통틀어 기승전결로 삼고, 3수 이상일 경우도 이 방법으로 강구한다."254)고 한 것으로 보아 기본적으로 기승전결에 근거하여 구성한 것은 분명한 듯하다. 그러나 구체적 적용 방식은 일정할 수가 없었다. 4수일 경우는 자연스럽게 각 1수씩 차례로 기승전결이 될

---

252) 王夫之,『姜齋詩話』卷2, "起承轉收 一法也 試取初盛唐律詩驗之 誰必株守此法者 法莫要於成章 立此四法 則不成章矣".
253) 김준연『唐代七言律詩硏究』106쪽에 관련 논의가 있어서 참고할 수 있다. 그리고 范況의『中國詩學通論』219~220쪽에 율시의 장법을 兩層遙頂格(수련과 경련의 의미, 함련과 미련의 의미가 상호 연되는 방식) 兩段分截格(수련 함련이 한 의미, 경련 미련이 또 다른 한 의미가 되는 방식) 單抛雙綰法(수련 출구가 독립적이고, 수련 대구의 의미가 함련 경련에 부연되었다가, 미련에서 전체가 통합되는 방식) 등 3종으로 구분한 것도 이런 관점을 반영한 것으로 보인다.
254) 吳景旭,『歷代詩話』(四庫全書 集部 詩文評類) 卷67,「詩法正論」, "或一題而作兩詩 則兩詩通爲起承轉合 … 如作三首以上及作古詩長律 亦以此法求之".

수 있지만, 2~3수 연작이거나 5수 이상 연작일 경우 상황이 아주 복잡하였다. 예컨대 두보의 연작시 「강촌(羌邨)」 3수의 경우, 제1수 12구, 제2수 12구, 제3수 16구였는데, 제1수는 12구 전체가 기(起), 제2수는 앞부분 4구가 승(承) 중간 4구가 전(轉) 끝 4구가 결(結)이며, 제3수는 다시 앞부분 8구가 승(承) 중간 4구가 전(轉) 마지막 4구가 결(結)이 되는 방식이었던 것이 바로 그런 예이다.255) 기승전결의 기본적인 틀만 반영하였을 뿐 구체적 적용 방식은 경우와 상황에 따라 지극히 다양할 수밖에 없었던 것이다.

그래서 편·장법은 기본적으로 강구하지 않을 수 없는 것이지만, 궁극적으로는 그 경직된 제약성을 뛰어넘을 수 있어야 바람직하다는 견해가 널리 공감대를 형성하였다. 대상과 정황에 맞게 변용하고 승화시킴으로써 있으면서도 없는 듯하고, 없으면서도 있는듯하게 구현하는 것을 최선으로 여겼다는 말이다.

① 자미공(紫微公)이 「하균보집서(夏均父集序)」를 지어 말하기를, '시를 배움에는 마땅히 활법(活法)을 알아야 한다. 이른바 활법이란 법도를 두루 구비하면서도 법도 밖으로 나올 수 있고, 변화가 헤아릴 수 없으면서도 또한 법도에 어긋나지 않음이다. 이 도(道)는 대개 정해진 법이 있으면서도 정해진 법이 없고, 정해진 법이 없으면서도 정해진 법이 있음이니, 이를 아는 자라면 함께 활법을 말할 수 있겠다'고 하였다.256)

---

255) 范况, 『中國詩學通論』, 「章法」 202~203쪽의 「羌邨」 장법 분석 내용 참조.
256) 劉克莊(宋), 『後村集』卷24, 「江西詩派小序」 呂紫微 조항, "紫微公 作夏均父集序云 學詩當識活法 所謂活法者 規矩備具 而能出於規矩之外 變化不測 而亦不背於規矩也 是道也 盖有定法而無定法 無定法而有定法 知是者 則可以與語活法矣".

② 시는 성정(性情)을 귀하게 여기지만 또한 반드시 법도를 따져야
하니, 난잡하여 장법이 없으면 시가 아니다. 그러나 이른바 장법이
란 가지 않을 수 없는 곳에 가고, 그치지 않을 수 없는 곳에 그쳐서,
기복(起伏) 조응(照應) 승접(承接) 전환(轉換)이 절로 그 가운데
신명스럽게 변화해야 한다. 만약 이곳에서는 마땅히 어떻게 해야
하고 저곳에서는 마땅히 어떻게 해야 한다는 데 집착하여, 뜻으로
법을 운용하지[以意運法] 못하고, 도리어 뜻으로 법을 따른다면
[以意從法], 죽은 법[死法]이다. 시험 삼아 천지 사이에 물이 흐르
고, 구름이 떠 있고, 달이 뜨고, 바람이 불어옴을 보건대, 어디에선
들 죽은 법[死法]에 집착했던가.257)

①에서 자미공(紫微公)은 송나라 때 강서시파(江西詩派)의 대표
적 문인 비평가였던 여본중(呂本中. 1084~1145)을 가리키니, 그의
호가 바로 자미(紫微)이다. 여본중은 시를 공부하는 사람은 마땅히
활법(活法)을 알아야 한다고 하였다. 활법이란 법도를 두루 구비하면
서도 법도에 얽매이지 않고, 헤아릴 수 없는 변화가 있으면서도 끝내
법도에 어긋나지 않는, 그래서 정해진 법이 있으면서도 없는 듯하고
없으면서도 있는 듯한 경지라고 하였다. ②는 청나라의 대표적인 문
인 비평가로 수많은 시문선집을 편찬한 바 있는258) 심덕잠(沈德潛.
1673~1769)이 『설시수어(說詩晬語)』에서 한 말이다. 그는 먼저 시에
반드시 장법이 있어야 함을 전제하였다. 그러나 스스로 그 법을 운용

---

257) 沈德潛, 『說詩晬語』(『百種詩話類編』下, 詩論類3), "詩貴性情 亦須論法 雜亂無
章 非詩也 然所謂法者 行所不得不行 止所不得不止 而起伏照應 承接轉換 自神明
變化于其中 若泥定此處應如何 彼處應如何 不以意運法 轉以意從法 則死法矣 試
看天地間水流雲在月到風來 何處着得死法".
258) 古詩選集인 『古詩源』, 唐詩選集인 『唐詩別裁』, 唐明清詩選集인 『國朝詩別裁集』,
唐宋古文選集인 『唐宋八家文讀本』 등이 확인된다.

하지[運法] 못하고 따르기만 하여[從法] 이곳에서는 마땅히 어떻게 해야 하고 저곳에서는 마땅히 어떻게 해야 한다고 집착을 하면 이는 활법(活法)이 아니라 사법(死法)이라고 하였다. 그러므로 시는 기복(起伏) 조응(照應) 승접(承接) 전환(轉換) 등을 모두 물이 흘러가고 바람이 불어오듯 자연스럽고 신명한 변화가 있도록 활법(活法)으로 운용해야 마땅하다고 하였다. 편·장법이 중요하지만 궁극적으로는 그 경직성을 변용하고 승화시켜야 한다는 말에 다름 아니다.

이 외에도 편·장법과 관련하여 참고할만한 견해가 적지 않다. 근체시의 경우 시를 처음 시작하는 기구(起句)의 표현을 어떻게 할 것인가 하는 것이 중요한 관심 대상이었고,259) 율시의 경우 특히 수련(首聯)의 창작을 다른 연보다 어려워하면서260) 이 부분의 표현을 효과적으로 할 수 있는 방법에 대한 논의가 많았으며,261) 장편고시의 경우 사실을 진술하는 서술[敍], 문제를 따지는 의론[議], 객관적 대상에 대한 묘사[寫] 등 서의사(敍議寫) 3법(法)의 운용 문제가 거론되기도 하였다.262) 그러나 본고에서는 이런 세부적 문제까지 모두 검토할 여유를 갖지 못하였다.

---

259) 楊載의 『詩法家數』에 "或對景興起 或比起 或引事起 或就題起"라 한 것이 그런 예이다.
260) 嚴羽의 『滄浪詩話』에 "對句好可得 結句好難得 發句好尤難得", 楊愼의 『升庵詩話』에 "五律起句最難", 楊載의 『詩法家數』에 "五言七言 句語雖殊 法則則一 起句尤難"이라고 한 등에서 이를 확인할 수 있다.
261) 游藝子六氏가 ①實敍 ②狀景 ③問答 ④頌美 ⑤弔古 ⑥傷今 ⑦懷愁 ⑧感歎 ⑨時序 ⑩直入 ⑪引端 ⑫虛發 ⑬反題故事 ⑭順題故事 ⑮或聯句 등 15종을 起句의 작성법으로 제시한 것(簡明勇, 『律詩研究』 171쪽 참고) 등이 그런 예이다.
262) 范況, 『中國詩學通論』, 「章法」 199쪽, "且須具有敍議寫三法 又須將敍議寫三者 顚倒夾雜 使人迷離不測 詩乃入妙".

Ⅷ. 한시의 비유 전통은 어떠한가

　　비유란 특정 사물을 다른 속성의 사물에 견주어 말하는 방법이다. 아름다운 여인을 꽃에 견주어 말하고, 고상한 선비를 학(鶴)에 견주어 말하는 등과 같은 것이다. 이 때 견줌을 통해 말하려는 원래 사물은 원관념(原觀念. tenor), 견줌의 수단으로 끌어들인 다른 사물은 보조관념(補助觀念. vehicle)이라 하는데, 양자의 성격과 상호 관계의 방식을 조율함으로써 신선하고 구체적인 형상을 창출하고 또 새로운 경험을 할 수 있도록 한다. 한시에 이런 비유가 언제부터 등장하여 어떻게 확장되어 갔는지 분명하지 않다. 그러나 기존 작품을 검토해보면 서구의 문학이론에서 흔히 거론하는 각종 비유의 양상들이 한시에 오히려 훨씬 오래 전부터 더 다양한 형태로 존재하였음을 확인할 수 있다. 본 장에서는 이런 다양한 비유의 양상 가운데 특히 두드러진 몇 가지 방법과 특징을 간단하게 검증해보고자 한다.

1. 시경 비(比) 흥(興)의 전통

한시의 비유는 현존 최고(最古)의 시집인 『시경』에서 이미 확인할 수 있다.[1] 주지하다시피 『시경』은 부(賦) 비(比) 흥(興) 등 3가지 진술 방식을 가지고 있었다. 송나라 주희(朱熹)는 이에 대하여 부(賦)란 "일을 부연 진술하여 바로 말하는 것", 비(比)란 "저 사물로 이 사물을 비견함", 흥(興)이란 "먼저 다른 사물을 말하여 읊을 바의 글을 이끌어냄"이라고 하였다.[2] 그리고 「시유육의도(詩有六義圖)」에서 이를 재론하여 부(賦)란 "일을 바로 진술함이니, 그 이름을 바로 가리키고 그 일을 바로 진술함이다" 하였고, 비(比)란 "저것으로 이것을 나타냄이니, 사물을 끌어와서 말함이다" 하였으며, 흥(興)이란 "사물에 의탁하여 말을 일으킴이니, 본래 오직 그 일만 말하는데, 공연히 두 구(句)를 끌어와 (시상을) 일으키고, 이를 계기로 안배해감이다."[3]고 하였다. 사실을 그대로 직술(直述)하는 부는 논외로 치더라도, 비란 저것으로 이것을 견주어 말하는 비유(比喩), 흥이란 비유와 유사한 연상적(聯想的) 표현이라 하였던 것이다.

이와 같은 풀이는 주희가 처음 시도한 것이 아니었다. 한나라 이래 정중(鄭衆.?~83) 정현(鄭玄.127~200) 공영달(孔穎達.574~648) 같은 경학자를 비롯하여, 지우(摯虞.250~300) 종영(鍾嶸.?~518) 유협

---

1) 『詩經』에 대한 일반적 사항은 Ⅲ장 2절 '시경의 형성과 양식적 특징' 참고.
2) 『詩經』 國風 「葛覃」 제1장 주석에 "賦者 敷陳其事 而直言之者", 「螽斯」 제1장 주석에 "比者 以彼物比此物也", 「關雎」 제1장 주석에 "興者 先言他物 以引其所詠之詞也"란 풀이가 있다.
3) 『詩集傳』 「詩有六義圖」 설명, "興者 託物興詞 … 本專言其事 而虛用兩句釣起 因而按續去者 興也 比者 以彼狀此 … 引物爲說者 比也 … 賦者 直陳其事 … 直指其名 直敍其事者 賦也".

(劉勰.465~521) 등 수많은 문인 비평가들이 비슷한 견해를 표명하였는데, 우선 이를 간단히 정리하면 아래와 같다.

① 비란 사물에 빗대어 견줌이고, 흥이란 일을 사물에 기탁함이다.4)

② 비는 현실의 잘못을 감히 배척하여 말하지 못해서 비견할 부류(比類)를 가져와 말함이고, 흥은 현실의 훌륭함에 아첨하기를 꺼려 선한 일을 가져다 권유(勸喩)함이다.5)

③ 비란 사물에 빗대어 견줌이니, ~같다 말하는 것들이 모두 비의 표현이다. 흥이란 일을 사물에 기탁함이니, 곧 흥이란 일으킴이다. 비유할 것을 가져오고 유사한 것을 끌어와서 자기 마음을 일으킴이니, 시문에서 초목금수를 거론하여 뜻을 보인 것들이 모두 흥의 표현이다.6)

④ 비란 비슷한 데 비견한 표현이고, 흥이란 감흥을 가지는 표현이다.7)

⑤ 글은 이미 다했는데 뜻은 남음이 있음이 흥이고, 사물을 통해 뜻을 비유함이 비이다.8)

⑥ 비란 붙임이고, 흥이란 일으킴이다. 이치에 붙이는 것은 딱 맞는 부류로 일을 가리킴이고, 정감을 일으키는 것은 은미한데 의지해

---

4) 鄭衆, 『周禮』「春官」大師 조항 주석, "比者 比方于物也 興者 托事于物".
5) 鄭玄, 『周禮』「春官」大師 조항 주석, "比 見今之失 不敢斥言 取比類以言之 興 見今之美 嫌于諂諛 取善事以勸喩之".
6) 孔穎達, 『毛詩正義』, "比者 比方于物 諸言如者 皆比辭也 興者 托事于物 則興者 起也 取譬引類 起發己心 詩文諸舉草木鳥獸以見意者 皆興辭也".
7) 摯虞, 『文章流別論』, "比者 喩類之言也 興者 有感之辭也".
8) 鍾嶸, 「詩品序」, "文已盡而意有餘 興也 因物喩志 比也".

서 의론을 지향함이니, 정감을 일으킴으로 흥체(興體)가 성립 되었고, 이치에 붙임으로 비유의 예가 생겨났다.9)

위를 보면 오랜 시간적 거리에도 불구하고 비와 흥에 대한 풀이가 대단히 유사하였음을 알 수 있다.10) 비의 경우, '사물에 빗대어서 견줌', '비견할 부류를 가져와서 말함', '비슷한 데 비견한 표현', '딱 맞는 부류를 가져와서 일을 가리킴'이라 하였는데, 이는 서구에서 아리스토텔레스 이래 말한 비유의 의미, 곧 '어떤 사물에다 다른 것에 속하는 이름을 갖다 붙이는 것'11)이라는 풀이와 아주 흡사하다. 그리고 흥은 '일을 사물에 기탁함', '유사한 것을 끌어와 자기 마음을 일으킴', '감흥을 가지는 표현', '정감을 일으켜 은미하게 의론을 지향함'이라 하였는데, 오늘날 이에 정확하게 부합하는 용어를 찾아보기 어렵지만, 사물을 끌어와 정감과 감흥을 일으키는 수법이란 점에서 시적 연상(聯想)이나 상징(象徵)과 상통하는 표현 방식으로 보인다.12)

---

9) 劉勰, 『文心雕龍』, "比者 附也 興者 起也 附理者 切類以指事 起情者 依微以擬議 起情故興體以立 附理故比例以生".
10) 賦比興의 개념에 대해서는 金英美 「詩經賦比興硏究」(숙명여대 석사논문, 1984), 朴順哲 「詩經에서의 賦比興의 作詩方式에 관한 小考」, (『중국인문과학』 31집, 2005), 김근 「賦比興의 槪念과 機能에 관한 현대적 재조명」, (『中國語文學誌』 25집. 2007), 劉懷榮 『賦比興與中國詩學硏究』(人民出版社, 2007) 등이 있어서 참고할 수 있다.
11) 李商燮, 『文學批評用語辭典』「比喩」 조항 참고.
12) 興의 개념은 매우 독특하고 풀이 또한 다양하여 단정적으로 말하기 어렵다. 그러나 張善國이 『三百篇演論』(商務印書局, 1980)에서 일본 元貞公幹의 견해를 인용하여 興을 比(위의 2구)와 賦(아래 2구)가 결합된 형태로 본 것, 朱自淸이 「關于興詩的意見」(古典文學論文集, 台北, 1982)에서 앞 2구가 뒤 2구를 환기시키는 象徵的 기능이 있다고 한 것 등을 참고할 때, 흥이 연상 상징 등 비유적 기능이 있는 것이라고 해도 무리가 없을 듯하다.

① 關關雎鳩 在河之洲 꽌꽌 하고 우는 물수리, 하수 물가에 있네.
窈窕淑女 君子好逑 아리땁고 착한 아가씨, 군자의 좋은 짝일세.13)

② 綠兮衣兮 綠衣黃裳 녹색 윗옷이여, 녹색 윗옷에 누른 치마로다.
心之憂矣 曷維其亡 마음의 근심이여, 언제나 잊을 수가 있을까.14)

①은 「관저(關雎)」 제1장으로 주자가 흥이라고 판별한 것인데, 앞 2구에 작자가 읊고자 하는 내용과 직접 관련이 없는 듯한 사물(짝을 구하는 물수리)을 먼저 제시하고, 이 구절의 연상과 상징을 통해 그 다음 2구(배필을 구하는 군자)를 제시한 형태이다. ②는 「녹의(綠衣)」 제2장으로 주자가 비(比)라고 판별한 것인데, 저고리가 미천한 녹색이고 치마가 고귀한 황색이라고 하였다. 상하 간에 존비(尊卑)가 바뀐 상황으로, 처와 첩의 지위가 전도되었음을 이렇게 비유하였다.15) 『시경』 305편 가운데는 이처럼 전편이 모두 흥인 작품이 52편, 전편이 모두 비인 작품이 21편, 전편이 모두 부인 작품이 160편이고, 기타 흥과 비가 섞인 작품이 11편, 비와 부가 섞인 작품이 8편, 흥과 부가 섞인 작품이 38편 가량 된다.16) 사실을 있는 그대로 진술한 부체(賦體)가 전체적으로 다수를 차지하기는 하지만, 비와 흥에 기초한 작품

---

13) 『詩經』 周南 「關雎」 제1장, "關關雎鳩 在河之洲 窈窕淑女 君子好逑".
14) 『詩經』 邶風 「綠衣」 제1장, "綠兮衣兮 綠衣黃裳 心之憂矣 曷維其亡".
15) 『詩經』 邶風 「綠衣」 주석, "比也 綠 蒼勝黃之間色 黃 中央土之正色 間色賤而以爲衣 正色貴而以爲裏 言皆失其所也 … 莊公惑於嬖妾 夫人莊姜 賢而失位 故作此詩 言綠衣黃裏 以比賤妾尊顯而正嫡幽微 使我憂之 不能自已也(제1장 주석). 比也 上曰衣 下曰裳 記曰 衣正色 裳間色 今以綠爲衣 而黃者自裏轉而爲裳 其失所益甚矣(제2장 주석)".
16) 金英美, 「詩經 賦比興 硏究」(숙명여대 석사논문. 1984) 25~32쪽 '毛詩 鄭箋 詩集傳의 作品別 賦比興 區分 比較' 도표 참고.

또한 30% 가량이나 되었던 것이다.

　주목할 만한 사실은 부로 판별한 작품 가운데도 다양한 비유 방식이 개재하고 있다는 점이다. 부 비 흥의 판별은 당초 한 편(篇) 전체를 기준으로 삼았다.17) 그리고 후대에 주자가 이를 장(章) 단위로 나누어 판별하기도 하였지만, 장 보다 하위 단위인 구나 어휘 차원에는 이런 개념 자체를 적용하지 않았다. 최소한 장(章) 이상의 단위에 적용한 개념이었던 것이다. 그래서 구절과 어휘에는 장 단위에서의 흥이나 비와 무관하게 여러 비유가 개재하였는데, 아래의 예를 통해 이를 확인할 수 있다.

　　　手如柔荑　　손은 보드라운 새싹 같고,
　　　膚如凝脂　　피부는 응긴 기름과 같고,
　　　領如蝤蠐　　목은 굼벵이 모양과 같고,
　　　齒如瓠犀　　치아는 박속의 씨앗 같고,
　　　螓首蛾眉　　매미 머리 나비 눈썹으로,
　　　巧笑倩兮　　예쁜 보조개 지어 웃음에,
　　　美目盼兮　　아름다운 눈 선명하구나.18)

　위풍(衛風) 「석인(碩人)」 제2장인데, 주석에는 이 장을 분명히 부(賦)라고 판별해놓았다. 그런데 손은 막 자라나는 보드랍고 흰 새싹[柔荑]에, 피부는 하얗고 윤기 있는 응고된 기름[凝脂]에, 목은 희고 기다란 나무 굼벵이[蝤蠐]에, 치아는 깨끗하고 가지런한 박속 씨앗

---

17) 毛詩와 鄭玄의 주석 등에서 모두 한 편 전체를 대상으로 판별한 것을 확인할 수 있다.
18) 『詩經』 衛風 「碩人」 제2장.

[瓠犀]에 비유하였고, 머리는 이마가 넓고 반듯한 매미 곤충[螓]에, 눈썹은 가늘고 길게 굽은 누에나방[蛾]에 비유하였는데,19) 앞 4구는 모두 원관념과 보조관념 사이에 여(如) 자를 개입시킨 직유법이고, 뒤의 한 구는 아무런 글자도 개입시키지 않은 은유적 표현법을 보였다. 장(章) 전체로는 부(賦)라고 하였지만 구나 어휘 차원에서는 오히려 대부분 직유 혹은 은유의 표현법을 구사했던 것이다.

『시경』 가운데는 이와 같은 예가 허다하다. "누가 씀바귀를 쓰다고 하는가[誰謂荼苦], 그 달기가 냉이 같은 걸[其甘如薺]"처럼 한 장(章) 전체로는 부이고 흥[賦而興]이라 하였지만 그 장 내에서는 한 구 단위로 비유를 한 예도 있고, "그대 신혼을 즐거워함이[宴爾新昏], 형 같고 아우 같네[如兄如弟]", "하루를 보지 못함이[一日不見], 석 달 같구나[如三月兮]" 처럼 한 장 전체로는 부라고 하였지만 그 장 내에서는 위와 아래 두 구를 연결하여 비유가 성립되도록 한 표현법 또한 많이 있었다.20)

『시경』은 단순한 한시 모음집이 아니다. 지난날 유가를 대표해 온 오경(五經) 가운데 하나로, 국가적 차원에서 특별히 존숭한 것이었다. 그래서 한시에 입문하는 사람이면 누구나 반드시 읽어야 할 필수 독서 대상이었고, 개별 작품 한 구절 한 구절은 물론, 작품 속에 구현된 갖가지 표현 방식 또한 시대와 지역을 초월하여 언제나 중요한 관심 대상이었다. 그래서 초사(楚辭) 악부시(樂府詩) 제언체 고시(齊

---

19) 「碩人」朱熹 주석의 "茅之始生曰荑 言柔而白也 凝脂 脂寒而凝者 亦言白也 蝤蠐 木虫之白而長者 瓠犀 瓠中之子 方正潔白而比次整齊也 螓 如蟬而小 其額廣而方正 蛾 蠶蛾也 其眉細而長曲 倩 口輔之美也 盼 黑白分明也" 참고.

20) 『詩經』 邶風 「谷風」 제2장, "誰謂荼苦 其甘如薺"와 "宴爾新昏 如兄如弟" 주석에는 '賦而比也'라 하였고, 鄭風 「子衿」 "一日不見 如三月兮" 주석에는 '賦也'라고 하였다.

言體古詩) 근체시(近體詩) 등으로 이어가면서 『시경』에서 제시한 비와 흥의 비유법을 부단히 주목하는 한편, 그때마다 필요한 방식으로 이를 새롭게 다듬고 응용해나갔던 것이다.

① 이소(離騷)의 글은 시경에 의거하여 흥(興)을 취하고 비슷한 부류를 끌어와 비유(譬諭) 하였다. 그래서 착한 새와 향기로운 풀로 충성스럽고 꿋꿋함에 짝지우고[配], 나쁜 새와 악취 나는 사물로 참소하고 아첨함을 비겼으며[比], 신령하고 안목이 긴 미인으로 군왕을 비견하고[媲], 복비처럼 빼어난 여인으로 어진 신하를 비유했으며[譬], 규룡과 난새 봉황으로 군자를 가탁하고[托], 회오리 바람과 구름 무지개를 소인으로 여겼다[爲].21)

② 모시(毛詩)는 금석(金錫)으로 밝은 덕을 말하였고[喩], 옥 그릇으로 빼어난 백성을 비유하였으며[譬], 명충나방 애벌레로 가르침에 빗대었고[類], 매미로 울부짖음을 그렸으며[寫], 빨래함으로 마음의 근심을 빗대었고[擬], 자리를 걷어치움으로 뜻이 견고함을 비겼으니[方], 무릇 이런 긴절한 형상이 모두 비[比]의 뜻이다.22)

①은 후한 왕일(王逸.89~158)이 「이소경서(離騷經序)」에서 한 말이다. 여기서 그는 굴원의 대표적 초사 작품인 「이소(離騷)」가 『시경』

---

21) 王逸, 『楚辭章句』 卷1, 「離騷經序」, "離騷之文 依詩取興 引類譬諭 故善鳥香草以配忠貞 惡禽臭物以比讒佞 靈修美人以媲君王 宓妃佚女以譬賢臣 虯龍鸞鳳以托君子 飄風雲霓以爲小人".
22) 劉勰, 『文心雕龍』 「比興」, "毛詩 金錫以喩明德 珪璋以譬秀民 螟蛉以類敎誨 蜩螗以寫號呼 浣衣以擬心憂 席卷以方志固 凡斯切象 皆比義也". 金錫은 衛風 「淇奧」의 "有匪君子 如金如錫", 珪璋은 大雅 「卷阿」의 "顒顒卬卬 如圭如璋", 螟蛉은 小雅 「小宛」의 "螟蛉有子 蜾蠃負之", 蜩螗은 大雅 「蕩」의 "咨女殷商 如蜩如螗", 浣衣는 邶風 「柏舟」의 "心之憂衣 如匪澣衣", 席卷은 같은 「柏舟」의 "我心匪席 不可卷也"에 근거한 말이다.

에 의거하여 흥(興)을 취하고 비슷한 유를 끌어와 비유를 하였다고 하면서, 실제 어떤 표현이 어떤 대상을 비유한 것인지 구체적인 예를 들어 밝혔다. ②는 남북조시대 유협(劉勰. 565~521)이 『문심조룡(文心雕龍)』「비흥(比興)」조항에서 『시경』에서 말한 비가 실제 어떤 표현법인지 다양한 예를 들어 논증한 것인데, 이를 종합하여 비란 특정한 의미에 긴밀하게 부합하는 사물을 끌어와서 형상화하는 것이라고 결론지었다. 『시경』에서 마련된 비와 흥의 전통이 초사로 자연스럽게 계승되었음은 물론, 남북조시대에 이르기까지 수많은 문인들이 지속적으로 한시의 비유적 표현과 관련된 핵심적인 전범으로 주목하였음을 보여주는 것이다.

> ③ 비와 흥은 모두 사물에 의탁하여 마음을 붙여 짓는 것이다. 대개 있는 그대로 바로 진술하면[正言直述] 다하기가 쉬워 감발되기 어렵다. 오직 기탁(寄託)한 바가 있어서 형용하여 묘사하고 반복하여 읊조려서 사람이 스스로 터득하여 말은 다해도 뜻은 다함이 없게 해야 하니, 그러면 정신이 시원하게 날아 움직여 자신도 모르게 손으로 춤추고 발로 뛴다.23)

> ④ 당시(唐詩)는 뜻이 있고 비와 흥에 의탁해서 섞어서 써내었으니, 그 표현이 완곡하면서 은미하고, 송시(宋詩)도 뜻은 있지만 오직 부(賦) 뿐이고 비와 흥이 적어서 그 표현을 곧이곧대로 직술(直述)한다.24)

---

23) 李東陽, 『懷麓堂詩話』, "比與興 皆托物寓情而爲之者也 蓋正言直述 則易于窮盡 而難於感發 惟有所寄託 形容摹寫 反復諷咏 以使人之自得 言有盡而意無窮 則神爽飛動 手舞足蹈而不自覺".
24) 吳喬, 『圍爐詩話』, "唐詩有意 而托比興以雜出之 其辭婉而微 宋詩亦有意 唯賦而

⑤ 비와 흥은 모두 비록 사물에 의탁한 비유이지만, 그러나 흥은 은미하고 비는 드러나며, 흥은 완곡하고 비는 바르며, 흥은 넓고 비는 좁다. 유협은 비의 뜻을 논하면서 금석(金錫) 규장(圭璋) 한의(澣衣) 석권(席卷) 등을 비라고 하였으니, 그렇다면 비란 저것으로 이것을 견주는 것으로 문장의 비유와 같으니, 흥과 결코 서로 같지 않다.25)

③은 명나라 이동양(李東陽.1447~1516)이 비와 흥의 시적 효과를 부에 대비해서 논의한 것인데, 이 글에서 그는 시를 지을 때 사실을 그대로 정언직술(正言直述)하는 부의 표현은 뜻이 다하기가 쉬워 감발되기 어렵다고 하면서, 마음을 사물에 의탁하는 비와 흥의 표현법을 활용해야 말은 다해도 뜻이 다함이 없고 정신이 시원하게 날아 움직여 자신도 모르게 손으로 춤추고 발로 뛰게 된다고 하였다. 언외지의(言外之意)가 있는 수준 높은 시를 짓기 위해서는 비와 흥의 표현법을 활용해야 바람직하다는 말이다. ④는 청나라 초기에 오교(吳喬. 1611~1695)가 당시와 송시를 비교해서 논의한 것인데, 당시는 비와 흥에 의탁하였기 때문에 표현이 완곡하고 은미하지만, 송시는 비와 흥이 적고 부에 편중되어서 표현이 직술적이라고 비판하였다. 비와 흥의 표현법이 당시의 시적 성취에 중요하게 기여하였음을 염두에 둔 말이다. 마지막으로 ⑤는 청나라 진계원(陳啓源.?~1689)이 비와 흥의 공통점과 차이점을 말한 것인데, 둘이 모두 사물에 의탁한 비유의 수법이란 점은 동일하지만, 흥은 비보다 은미하고 완곡하며

少比興 其辭徑以直".
25) 陳啓源, 『毛詩稽古編』(四庫全書本), "比興雖皆託喩 但興隱而比顯 興婉而比直 興廣而比狹 劉舍人論比義 以金錫圭璋澣衣席卷之類當之 然則比者以彼況此 猶文之譬喩 與興絶不相似也".

범위가 넓다고 하였다. 이전 시대 유협의 풀이까지 두루 참작하여 비와 흥의 함의를 한층 더 깊이 있게 검증한 예이다.

이처럼 『시경』에서 제시된 비와 흥의 전통은 오랜 세월을 두고 수많은 문인 비평가들이 부단히 가다듬고 응용해 온 한시 비유법의 핵심적 근간이었다. 그리고 작가의 정서를 사물에 의탁하여 그려냄으로써 완곡하고 은미한 표현으로 독자를 감발시키는 고전적인 비유의 전범이 되었으며, 초사부터 당시(唐詩)에 이르기까지 각종 한시의 저변에 깊이 자리를 잡고서 각각의 시적 성취에 직·간접적으로 기여하였다.

2. 용사의 유래와 적용 양상

1) 용사의 개념과 유래

용사(用事)는 비(比) 흥(興)과는 다른 차원에서 활용해 온 한시의 중요한 표현법 가운데 하나이다. 그리고 활용해 온 시간이 오래고 활용의 폭이 넓었던 만큼 수많은 문인 비평가들이 이에 대한 논란을 벌인 바 있고, 오늘날 국내외 연구자들 또한 한시와 관련한 가장 중요한 연구 대상의 하나로 주목하고 있다.26)

---

26) 중국 쪽 연구는 吳台錫 「江西詩派에서의 點鐵成金·換骨奪胎論의 生成과 適用에 관한 硏究」,(『中國語文學』 19집,1991), 金炳基 「黃庭堅 點鐵成金 換骨法 脫胎法 再論」,(『中語中文學』 57집, 2014)에서, 국내 연구는 崔信浩 「초기 詩話에 나타난 용사이론의 양상」,(『고전문학연구』 1집, 1972), 宋載邵 「漢詩 用事의 比喩的 機能」,(『한국한문학연구』 8집, 1985), 金元重 「用事攷-文心雕龍을 中心으로-」,(『중국어문학』 23집, 1994), 鄭堯一 「點化·蹈襲·換骨奪胎·點鐵成金의 槪念 硏究」,(『漢文敎育硏究』 10집, 1995), 金成龍 「용사의 이해」,(『호서어문연구』 4집, 1996), 윤인현 「用事와 點化의

용사가 무엇인지 한 마디로 단정하기는 어렵다. 용사의 사(事)가 지시하는 내용과 용(用) 자의 함의에 대한 해석이 일정하지 않기 때문이다. 그러나 그것이 한자문화권 지식인들이 널리 공유하고 있던 경서(經書) 역사서 제자백가 시문 등에 존재하는 각종 유의미한 지식정보[事]를 작품 창작에 적극 활용[用]하고자 한 것이라는 점, 이를 통해 작품에서 말하고자 하는 의미와 정서의 표현력 전달력 효율성 권위 등을 배가시키고자 한 것이라는 점, 그리고 작가의 창의적 연상에 주로 의거한 일반적 비유와 달리 고전과의 상호 텍스트성을 기초로 삼아 인유(引喩. allusion) 환유(換喩. metonymy) 계고(稽古. exemplum) 패러디(parody) 등 특수한 시적 효과를 구현할 수 있는 유효한 수단으로 인식하였다는 점 등에 대해서는 별다른 이견이 없을 듯하다.27)

용사는 옛 일을 끌어와 활용한다는 의미에서 용전(用典) 용구(用舊) 인사(引事) 사사(使事), 유사한 사례를 들어 자신이 말하려고 하는 바를 비견한다는 의미에서 비사(比事) 비류(比類) 사류(事類)28) 등 여러 용어로 일컬었다. 한문에서 이런 용사의 활용 전통은 대단히 오래 되었다. 유협(劉勰)은 『문심조룡(文心雕龍)』「사류(事類)」에서

차이」,(『한국고전연구』 4집, 1998), 具本哲 「用事의 개념과 범주에 대한 재검토」,(『국문학연구』 19집, 2009) 등을 통해 개략적 상황을 살펴볼 수 있었다.

27) 引喩의 효과는 劉若祐, 換喩의 효과는 金成龍, 稽古의 효과는 金元重의 논문에서 지적한 바 있다. 다만 패러디는 텍스트를 戲畵化하는 경향이 강하여 이를 존중하고 준수하려는 용사와 구분할 필요가 있다는 견해가 있다.

28) 用舊 引事 事類 등은 『文心雕龍』「事類」의 "事類者 蓋文章之外 據事而類義 援古以證今者也" "用舊合機" "引事乖謬" 등에서, 使事는 『滄浪詩話』 詩篇의 "其作多務使事 不問興致"와 『詩人玉屑』 用事 조항의 "使事要事自我使 不可反爲事使"에서, 比事는 『詩品』 "夫屬詞比事 乃爲通談".에서 용례를 확인할 수 있다.

유사한 사례를 들어 자신이 말하고자 하는 뜻을 비견하고[擧事以類義], 옛 것을 원용하여 지금을 증명하는[援古以證今] 이른바 사류(事類)의 표현 방식이 『주역(周易)』『서전(書傳)』같은 옛 경전에서 이미 확인된다고 말한 바 있다.29) 그리고 이런 전통이 초사를 거쳐 한부(漢賦)로 확대되어간 사정을 아래와 같이 지적하였다.

"저 굴원(屈原)과 송옥(宋玉)이 지은 글을 보건대 『시경』에 의거한다고 하였는데, 비록 고사(古事)는 인용하였으나 옛 표현[舊辭]을 따오지는 않았다. 오직 가의(賈誼)의 「복조부(鵩鳥賦)」가 비로소 갈관자(鶡冠子)의 말을 이용하였고, 사마상여(司馬相如)의 「상림부(上林賦)」가 이사(李斯)의 글을 모아서 인용하였는데, 이는 (전체 내용의) 만분의 일일 뿐이다. 양웅(揚雄)의 「백관잠(百官箴)」에 이르러 자못 시서(詩書:경서)를 참작하였고, 유흠(劉歆)의 「수초부(遂初賦)」가 기전(紀傳:역사서)에서 두루 따다가 썼으며, 최인(崔駰) 반고(班固) 장형(張衡) 채옹(蔡邕)에 이르러 마침내 경전과 역사를 채집해 모아서 꽃과 열매로 널리 펼쳐내어 서적으로 인해 효과를 거두었으니, 모두 후인들의 모범이고 법식이다.30)

---

29) 劉勰, 『文心雕龍』「事類」, "事類者 蓋文章之外 擧事以類義 援古以證今者也 昔文王繇易 剖判爻位 旣濟九三 遠引高宗之代 明夷六五 近書箕子之貞 斯略擧人事 以徵義者也 至若胤征羲和 陳政典之訓 盤庚誥民 敍遲任之言 此全引成辭 以明理者也 然則明理引乎成辭 徵義擧乎人事 迺聖賢之鴻謨 經籍之通矩也".

30) 劉勰, 『文心雕龍』「事類」, "觀夫屈宋屬篇 號依詩人 雖引古事 而莫取舊辭 唯賈誼鵩賦 始用鶡冠之說 相如上林 撮引李斯之書 此萬分之一也 及揚雄百官箴 頗酌於詩書 劉歆遂初賦 歷敍於紀傳 至於崔班張蔡 遂挹撫經史 華實布濩 因書立功 皆後人之範式也". 「鵩鳥賦」에서 『鶡冠子』「世兵」의 말을 활용한 것, 「上林賦」에서 李斯의 「上秦王逐客書」를 모아 인용한 것, 揚雄의 「百官箴」(「十二州牧箴」「二十五官箴」 등)에서 『詩經』『書傳』『左傳』 등을 참작한 것, 劉歆의 「遂初賦」가 『左傳』에 근거한 것 등은 周振甫의 『文心雕龍註釋』에 그 내역을 밝혀 놓아서 참고할 수 있다.

위의 글에서 유협은 굴원과 송옥의 초사 작품이『시경』구절을 그대로 가져다쓰지는 않았지만 그 고사(古事)를 활용한 바 있다고 하였다. 그리고 한나라 이후 가의(賈誼)의「복조부(鵩鳥賦)」, 사마상여(司馬相如)의「상림부(上林賦)」, 유흠(劉歆)의「수초부(遂初賦)」등 여러 부(賦)를 통해 이전 시대의 글을 활용하는 경향이 크게 확산되었으며, 후한시대 최인(崔駰) 반고(班固) 장형(張衡) 채옹(蔡邕) 등에 이르러 마침내 경서와 역사서를 널리 채집 활용하여 작품의 표현효과를 성취함으로써 후대 글쓰기의 모범적인 법식(範式)이 되었다고 하였다. 초사에서 한부(漢賦)를 거쳐 용사의 활용이 지속적으로 확산되어간 사정을 이렇게 말한 것이다. 그래서 양웅과 반고 이후로는 경서와 전적을 한문 표현 방식의 보물창고 혹은 문학적 발상의 신비한 터전으로 간주하였고, 작품을 창작할 때 여기서 재료를 가져와 마음껏 활용하지 않는 사람이 없었다고 하였다.31)

이처럼 용사는 한문의 표현 격식이 다양하게 확충되는 한(漢)나라 때부터 이미 고전적인 표현 수단의 하나로 자리를 잡기 시작하였다. 이렇게 된 까닭이 무엇인지는 정확하게 알기 어렵다. 그러나 그 이면에 모든 가치의 근거를 고전에서 찾고자 한 한자문화권의 독특한 상고사상(尙古思想), 모범적 전통의 계승을 새로운 세계의 창조보다 우선시 했던 유가의 술이부작(述而不作) 정신, 말한 사람은 죄를 면하고[言之者無罪] 듣는 사람은 경계할 수 있도록[聞之者足以戒] 현실 문제를 완곡하게 부각할 수 있는 방법적 대안, 지식의 유통 구조가 주로 암송에 근거할 수밖에 없었던 고대사회의 문화적 상황, 글쓰

---

31) 劉勰,『文心雕龍』「事類」, "夫經典沈深 載籍浩澣 實群言之奧區 而才思之神皐也 揚班以下 莫不取資 任力耕耨 縱意漁獵 操刀能割 必列膏腴".

기 주체였던 지식인들의 학술 지향성과 현학적 태도 등 여러 요소가 복합적으로 작용한 결과임은 틀림없어 보인다.

어떻든 한나라 때부터 이미 한문 표현의 고전적 수단으로 자리 잡기 시작한 용사는 위진남북조시대에 이르러 그 활용 범위와 깊이를 한층 더하였다. 주지하다시피 위진남북조 시대에는 문학적 글쓰기를 사상 정립을 목적으로 하는 철학적 글쓰기나 사실 기록을 목적으로 하는 역사적 글쓰기와 다른 독립적인 무엇으로 인식하기 시작하였다. 능문(能文), 즉 글 표현 자체의 능숙함을 추구하는 문예적 글쓰기를 지향하면서 이에 부합하는 여러 표현 장치를 강구하였던 것이다. 이런 경향을 반영하여 문장에서는 짝 맞춤 표현과 고사의 활용을 핵심적 특징으로 하는 변려문(騈儷文)이 크게 성행하였고, 시에서도 압운 평측 대우 등을 강구한 새로운 형식을 두루 탐색해나갔다.

이때부터 용사는 이전 시대와 다른 차원에서 주목되었다. 간단한 어휘로 풍부한 의미를 담아낼 수 있는 경제적인 표현 방법, 전대의 경험을 통해 제한된 능력으로 무한한 세계를 형상화 할 수 있는 효과적인 표현 수단 등 문학다운 표현을 구현할 수 있는 방법의 하나로 그 가치를 새롭게 인식하였던 것이다. 한시에서 용사 문제가 본격적으로 거론된 것도 바로 이때부터였다. 4구 8구 등 짧고 간결한 시형식이 문단에 널리 확산됨에 따라 표현은 간단하면서도 깊은 의미를 담아낼 수 있는 경제적이고 효과적인 표현 수단의 마련이 문장보다 오히려 더 절실한 상황이 되었기 때문이다.

"글을 지으며 고사(古事)에 비견함은 곧 보통 하는 말이다. 국가를 경영하는 문서라면 응당 널리 고전에 바탕을 두어야 하고, 덕을 헤아리고 시비를 따져 아뢰는 글이라면 마땅히 옛 사례를 궁구해야 하겠지만,

성정(性情)을 읊조리는 것까지 또 어찌 용사(用事)를 귀하게 여기랴. '군왕을 생각하는 마음이 흐르는 물과 같다[思君如流水]' 함은 눈에 보인 광경이고, '높은 누대에 서글픈 바람이 많다[高臺多悲風]' 함 또한 오직 본 그대로이다. '맑은 새벽 언덕 머리에 오른다[淸晨登隴首]' 함에 아무 고사가 없고, '밝은 달이 쌓인 눈을 비춘다[明月照積雪]'함이 어찌 경전과 역사기록에서 나왔겠는가. 고금의 훌륭한 시어를 보면 대부분 남의 것을 빌려다 넣지 않고 모두 바로 찾아내었다. 그런데 안연지(顔延之)와 사장(謝莊)이 (용사를) 아주 번다하고 빽빽하게 하여 한 시대에 변화를 일으켰으니, 이 때문에 대명(大明. 457~464) 태시(泰始. 465~471) 연간에는 문장이 자못 책을 베껴놓은 것 같았다. 근래에 임방(任昉) 왕융(王融) 등이 표현에서 기발함을 귀하게 여기지 않고 꼭 용사를 새롭게 함을 다투니, 이후로 작자들이 점차 습속을 이루어 마침내 시구에 빈말[虛語]이 없고, 말에 빈 자[虛字]가 없도록 메워 넣는데 속박되어 글을 좀먹음이 이미 심하다"32)

종영(鍾嶸. 468~518)이 『시품(詩品)』에서 한 말이다. 종영은 위진 남북조시대에 문장은 물론 시에까지 용사(用事)의 풍조가 널리 확산된 정황을 비교적 자세하게 지적하였다. 그는 용사란 국가를 경영하는 공문서[經國文符], 덕을 헤아리고 시비를 따져 아뢰는 상주문(上奏文) 등 문장에 필요한 것이지 개인의 성정(性情)을 읊조리는 시에서 귀하게 여길 필요는 없는 것이라고 하였다. 그럼에도 불구하고

---

32) 鍾嶸, 『詩品』 卷2, "夫屬詞比事 乃爲通談 若乃經國文符 應資博古 撰德駁奏 宜窮往烈 至乎吟詠情性 亦何貴於用事 思君如流水 旣是卽目 高臺多悲風 亦唯所見 淸晨登隴首 羌無故實 明月照積雪 詎出經史 觀古今勝語 多非補假 皆由直尋 顔延謝莊 尤爲繁密 於時化之 故大明泰始中 文章殆同書抄 近任昉王元長(融)等 辭不貴奇 競須新事 爾來作者 寖以成俗 遂乃句無虛語 語無虛字 拘攣補衲 蠹文已甚". 『古詩紀』(四庫全書本) 卷145, 「詩品中」 주석에 '思君如流水'는 徐幹의 「雜詩」, '高臺多悲風' 은 陳思의 「雜詩」, '明月照積雪'은 謝康樂의 「歲暮」에 나오는 시구임을 밝혀 놓았다.

안연지(顔延之.384~456) 사장(謝莊.421~466) 등이 번다하게 용사를 하여 문단의 풍조를 변화시켰고, 그 결과 대명(大明.457~464) 태시(泰始.465~471) 연간에는 마치 글이 남의 책을 베껴놓은 것처럼 되었다고 하였다. 그리고 이후 임방(任昉.460~508) 왕융(王融.467~493) 같은 인물이 서로 다투어 용사를 새롭게 하고자 하고, 그것이 일종의 풍속을 형성하여 마침내 지나친 용사의 폐단이 도리어 글 자체를 심하게 좀먹는 형편이 되었다고 하였다. 위진남북조시대에 문장은 물론 한시에서 용사를 활용하는 경향이 크게 성행하였음을 이렇게 지적한 것이다.

① 성정(性情)을 읊조리는 것까지 또 어찌 용사(用事)를 귀하게 여기랴.33)

② 만년에 점점 시 짓기를 좋아하여 마음을 깊이 기울였는데, 용사(用事)가 지나치게 많고 대우(對偶)의 구사가 부드럽지 못하였다.34)

③ 시에는 다섯 격[五格]이 있으니, 용사를 하지 않음이[不用事] 첫째이고, 용사를 함이 둘째이며 …… 바로 용사함[直用事] 셋째이고 …… 용사함이 있다가 없다가 함이 넷째이고 …… 용사함이 있다가 없다가 한데 정(情)과 격(格)이 모두 낮음이 다섯째이다.35)

④ 용사(用事)는 그 내력에 구애될 필요가 없다.36)

---

33) 鍾嶸, 『詩品』卷2, "至乎吟詠情性 亦何貴於用事".
34) 『南史』, 「任昉傳」, "晚節轉好著詩 欲以傾沈 用事過多 屬對不得流便".
35) 皎然, 『詩式』卷1, "詩有五格 不用事第一 作用事第二 … 直用事第三 … 有事無事第四 … 有事無事情格俱下第五".
36) 嚴羽, 『滄浪詩話』「詩篇」, "滄浪詩話 "用事不必拘來歷".

⑤ 시에서 용사(用事)를 널리 구사한 것은 안연지(顏延之)에게서 시작되어 두보에게서 극에 달하였다.37)

위는 위진남북조시대 ①종영(鍾嶸.468~518)의 『시품(詩品)』과 ②임방(任昉.460~508)의 열전, 당나라 ③교연(皎然. 730~799)의 『시식(詩式)』, 송나라 ④엄우(嚴羽.?)의 『창랑시화(滄浪詩話)』와 ⑤장계(張戒.?)의 『세한당시화(歲寒堂詩話)』 등에서 용사와 관련된 사항을 간단히 적시해 본 것이다. 이를 보면 『시품(詩品)』에서 용사(用事)란 말을 사용한 이래, 이 말이 당송시대를 거치면서 이런 유의 표현 방식을 가리키는 대표적인 용어로 정착하였음을 알 수 있다. 그리고 ⑤ 『세한당시화(歲寒堂詩話)』를 통해 한시에서의 용사가 안연지(顏延之.384~456)부터 본격화되었다고 한 견해를 거듭 확인할 수 있으며, 기타 ①~④를 통해 용사의 적정성, 용사 내용과 출처의 상관성 등 여러 가지 사항이 문단의 중요한 논의 대상으로 부각되었음을 알 수 있다.

당나라 교연(皎然. 720~793)은 이런 논의의 연장선상에서 용사를 기준으로 한시의 품격(品格)을 5종으로 구분해 보인 바 있다(③). 그리고 송나라 위경지(魏慶之)는 『시인옥설(詩人玉屑)』에 용사 조항을 별도로 설정하여 약 37개 조목에 걸쳐 관련 사항을 자세하게 소개하기도 하였다.38) 이런 과정을 통해 용사는 그 가치에 대한 평가가

---

37) 張戒, 『歲寒堂詩話』 卷上, "詩以用事爲博 始於顏光祿 而極于杜子美".
38) 魏慶之, 『詩人玉屑』 卷7, 「用事」. 37개 항목은 ①三易 ②詩不貴用事 ③不可有意用事 ④使事不爲事使(2條) ⑤反其意而用之(2條) ⑥用事要無迹 ⑦事如己出天然渾厚 ⑧用其事而隱其語 ⑨作詩須飽材料 ⑩兩句用一事 ⑪用自己詩爲故事 ⑫用其意用其語 ⑬妙於用事 ⑭不拘故常 ⑮用事天然 ⑯用事親切 ⑰用事的當 ⑱用事精確(3條) ⑲用事精密(2條) ⑳敍事詳盡 ㉑用人名 ㉒用經史中語 ㉓皆用古語 ㉔一字不苟

긍정적이든 부정적이든 한시의 표현에서 간과할 수 없는 중요한 문제가 되었으며, 이후 중국에서는 물론 한자문화권 전체에 다종다양한 논의를 촉발시켰던 것이다.

2) 용사의 대상과 적용 방법

용사의 대상은 시대와 활용 주체에 따라 너무 다양하여 어디까지가 용사의 대상이었다고 규정하는 자체가 어려울 정도이다. 선진 육경(先秦六經), 삼국 칠경(三國七經), 당 구경(唐九經), 송 십삼경(宋十三經) 등 유가의 핵심 경전(經典)은 말할 것도 없고, 『사기(史記)』 『한서(漢書)』 『후한서(後漢書)』 등 삼사(三史)를 비롯한 후대의 각종 역사서(歷史書), 초사(楚辭) 『문선(文選)』 및 이후 제가의 주요 시문(詩文), 기타 제자백가 불경(佛經) 도장(道藏) 전기(傳記) 잡록(雜錄) 등 숱한 문헌과 신화(神話) 전설(傳說) 민담(民譚) 구전(口傳)에 이르기까지 모두 용사의 대상이 될 수 있었다.

이 때문에 용사에서는 활용 가능한 사실을 얼마나 많이 알고 있는가 하는 지식의 풍부성, 사실에 대한 정보가 얼마나 정확한가 하는 정보의 정확성, 사실 자체에 압도당하지 않고 자기 방식으로 활용할 수 있는가 하는 주체성, 사실과 작품이 얼마나 잘 어울리는가 하는 조화성 등이 늘 중요한 관심 대상이었다.

① 문장은 학식에 말미암고 재능은 내면에서 나온다 …… 학식은 넉넉하나 재능이 부족하기도 하고, 재능은 풍부하나 학식이 빈

㉕不可牽强 ㉖不可牽出處 ㉗晦翁詩 ㉘誠齋論用經語 ㉙誠齋論用事以俗爲雅 ㉚誠齋論使事法 ㉛陵陽論用事 ㉜誤用事(3條) ㉝失事實 ㉞用事失照管 ㉟用事未盡善 ㊱用事重疊 ㊲率爾用事 등이다.

약하기도 한데, 학식이 빈약하면 일과 뜻[事義]을 인증(引證)하기 어렵고, 재능이 부족하면 정서 표현[辭情]이 힘들다.39)

② 시를 지음에는 모름지기 뱃속에 재료를 넉넉히 가지고 있어야 한다. : 이상은(李商隱) 시는 즐겨 고사[故實]를 축적하였다 ······ ······ 한 편 가운데 용사를 한 것이 열에 일곱 여덟이나 되니, 이로써 무릇 작자는 모름지기 뱃속에 재료를 넉넉히 가지고 있어야 함을 알겠다.40)

③ 학식이 넉넉하고 이를 요약해서 활용함이 용사를 잘 하는 것이다.41)

④ 고사를 인용함이 적합하여 자기 입에서 나온 것과 다름이 없어야 하니, 고사를 인용함이 어긋나고 잘못되면 비록 천년을 전해가더라도 흠이 된다.42)

⑤ 잘못된 용사 : 당나라 사람은 시를 전문적인 분야로 여겼는데, 비록 용사를 잘 하기로 세상에 이름 난 사람이라 하더라도 혹 작은 오류를 면치 못하였다 ······ 선배들이 늘 말하기를, '용사는 비록 마음과 눈에 훤히 알고 있을지라도 또한 그 시대에 나아가 검토하

---

39) 劉勰, 『文心雕龍』「事類」, "文章由學 能在天資 ··· 有學飽而才餒 有才富而學貧 學貧者 迍邅於事義 才餒者 劬勞於辭情". 周振甫는 『文心雕龍注釋』(里仁書局, 1984)에서 이 구절을 "文章需要學問 才能在於天資 ··· 缺少學問的 在引證事義上 發生困難 缺少才能的 在表現文情上 顯得勞累"로 풀이한 바 있다.
40) 魏慶之, 『詩人玉屑』卷7, 「用事」, "作詩須飽材料 : 李商隱詩 好積故實 ··· 一篇中 用事者十七八 以是知凡作者 須飽材料".
41) 魏慶之, 『詩人玉屑』卷1, 「白石詩說」(姜夔), "學有餘而約以用之 善用事者也".
42) 劉勰, 『文心雕龍』「事類」, "凡用舊合機 不啻自其口出 引事乖謬 雖千載而爲瑕".

고 살펴보아야 하니, 그러면 기억이 굳건하여 잘못하지 않는다.'
하였으니, 명언(名言)이라고 하겠다.43)

⑥ 사실 파악을 잘못함 : 두목(杜牧)의 화청궁(華淸宮) 시에 말하기를 …… 매우 인구에 회자되었다. 당서(唐書) 본기(本紀)에 의하면 명황(明皇)은 10월에 여산에 행차하였다가 봄이 되면 곧 궁으로 돌아와서 6월에 여산에 있은 적이 없었다. 그러나 여지(荔枝)는 한 여름이라야 바야흐로 익으니, 글 뜻은 비록 좋지만 사실이 잘못되었다.44)

위는 『문심조룡(文心雕龍)』 『시인옥설(詩人玉屑)』 『백석도인시설(白石道人詩說)』 등에서 용사 관련 사항을 몇 가지 간추려 본 것인데, ①~③은 활용 주체가 갖추어야 할 지식의 풍부성 관련, ④~⑥은 사실에 대한 정보의 정확성 관련이다. ①~③에서는 모두 작자가 학식이 넉넉하여 시를 짓는데 필요한 재료가 풍부해야 함을 강조하였다. 이유는 간단하다. 그래야 지식을 마음껏 활용하여 용사를 제대로 할 수 있으며, 그렇지 못할 경우 시를 통해 말하고자 하는 일과 뜻[事義]을 인증(引證)하기 어렵기 때문이라 하였다.

④~⑥에서는 정보의 정확성 문제를 강조하였다. 지식이 풍부하고 용사에 능숙한 사람이라도 정보에 오류가 없을 수 없으니, 마음과 눈으로 훤히 알법한 사실이라고 할지라도 반드시 그 시대에 나아가

---

43) 魏慶之, 『詩人玉屑』 卷7, 「用事」, "誤用事 : 唐人以詩爲專門之學 雖名世善用故事者 或未免小誤 … 前輩每云 用事雖了在心目間 亦當就時討閱 則記牢而不誤 端名言也".
44) 魏慶之, 『詩人玉屑』 卷7, 「用事」, "失事實 : 杜牧華淸宮詩云 … 尤膾炙人口 據唐紀 明皇以十月幸驪山 至春卽還宮 是未嘗六月在驪山也 然荔枝盛夏方熟 詞意雖美 而失事實".

정확성 여부를 살펴보아야 하며, 이런 과정을 거치지 않고 잘못 오용할 경우 천년을 가도 흠이 될 것이라고 하였다.

⑦ 능양이 용사를 논함[陵陽論用事] : 일을 부림[使事]은 일을 내 스스로 부려야지, 내가 도리어 일에 부려져서는 안 된다 …… 일은 부릴 수 있으면 부리고 억지로 부릴 필요는 없다.45)

⑧ 일을 부려야지 일에 부려지면 안 됨[使事不爲事使] : 왕안석이 일찍 말하기를 '시인이 일을 너무 많이 부림을 병통으로 여기는데, 이는 다들 그 제목과 부합하는 것을 가져다 비슷하게 만들어서이다. 이렇게 함은 곧 일을 짜깁기 함[編事]이니, 비록 공교로운들 무슨 도움이 되겠는가. 만약 스스로 자기 생각을 내어, 일을 빌려와 서로 밝히고, 변화된 모습이 섞여 나오게 할 수 있다면, 용사가 비록 많은들 또한 어찌 해롭겠는가?'라고 하였다. 그러므로 공의 시에 …… 같은 유는 모두 뜻이 본래의 일과 비슷하지 않으니, 이것이 참으로 이른바 일을 부림(使事)이다.46)

⑨ 억지로 끌어오면 안 됨[不可牽强] : 시의 용사는 억지로 끌어오면 안 된다. 반드시 쓰지 않을 수 없게 된 뒤에 써야하니, 그러면 일과 표현이 하나가 되어 인위적으로 안배하고 끌어 모은 흔적을 보이지 않는다.47)

---

45) 魏慶之, 『詩人玉屑』 卷7, 「用事」, "陵陽論用事 : 使事要事自我使 不可反爲事使 … 事可使卽使 不須强使耳".
46) 魏慶之, 『詩人玉屑』 卷7, 「用事」, "使事不爲事使 : 荊公嘗云 詩家病使事太多 蓋皆取其與題合者類之 如此乃是編事 雖工何益 若能自出己意 借事以相發明 變態錯出 則用事雖多 亦何所妨 故公詩如 … 之類 皆意與本處不類 此眞所謂使事也."
47) 魏慶之, 『詩人玉屑』 卷7, 「用事」, "不可牽强 : 詩之用事 不可牽强 必至於不得不用而後用之 則事辭爲一 莫見其按排鬪湊之迹".

⑩ 용사는 흔적이 없어야 함[用事要無迹] : 두보가 말하기를 '시를 지으면서 용사를 함은 물에 소금을 타서 물을 마셔보아야 소금 맛을 안다고 한 선가(禪家)의 말처럼 해야 한다' 하였으니, 이 말은 시인이 숨겨온 비밀을 담고 있다[秘密藏] …… 용사를 잘 하는 사람은 바람을 묶고 그림자를 잡듯이 하니, 어찌 흔적이 있겠는가.48)

위의 ⑦~⑩은 『시인옥설(詩人玉屑)』「용사(用事)」에서 인용한 것인데, ⑦⑧은 활용의 주체성, ⑨⑩은 작품과의 조화성 관련이다. ⑦⑧에서는 용사의 활용과 관련된 3가지 개념을 들어 말하였다. 사실을 끌어와서 유사하게 짜깁기하는 수준의 편사(編事), 자기 생각을 중심으로 자유자재로 활용하고 변용할 수도 있는 사사(使事), 자신이 일을 부리고 활용하는 것이 아니라 일에 얽매여 자신이 오히려 부림을 당하는 반위사사(反爲事使) 등이 그것이다. 그래서 바람직한 용사는 사사(使事)가 되어야 하며, 편사(編事)나 반위사사(反爲事使)가 되어서는 안 된다고 하였다.49)

⑨⑩에서는 사실을 억지로 끌어와서는 안 되며, 작품과 어우러져 흔적이 없도록 해야 함을 강조하였다.50) 이를 위해 수중착염(水中着鹽) 계풍포영(繫風捕影) 비밀장(秘密藏) 같은 성어를 동원하였다. 수중착염(水中着鹽)이란 물에 소금을 타면 완전히 녹아들어 양자를 구

---

48) 魏慶之,『詩人玉屑』卷7,「用事」, "用事要無迹 : 杜少陵云 作詩用事 要如禪家語 水中着鹽 飮水乃知鹽味 此說 詩家秘密藏也 … 善用事者 如繫風捕影 豈有迹耶".
49) 魏慶之,『詩人玉屑』卷7,「用事」, "用經史中語 : 大率詩語 出入經史 自然有力 然須是看多做多 使自家機杼風骨先立 然後使得經史中全語作一體也"도 동일한 견해이다.
50) 李奎報,『東國李相國集』卷20,「論詩中微旨略言」에서 九不宜體의 하나로 제시한 强人從己體, 즉 "語未順 勉引用之" 또한 바로 이를 지적한 예이다.

분하기 어려우며, 물을 마셔보아야 비로소 소금 맛을 알게 된다는 불교 성어이다. 계풍포영(繫風捕影)이란 바람과 그림자를 잡는다는 의미로 불가능하거나 허망한 일을 가리키는데, 여기서는 흔적이 남지 않는 용사를 비유하였다. 비밀장(秘密藏)이란 석가모니가 열반에 들기 직전 하루 밤 낮에 걸쳐 행한 설법을 기록한 열반경(涅槃經)을 말하는데, 그 속에 줄곧 감추어온 비밀을 담았다고 하여 비밀장이라고 하였다. 그러니까 용사는 수중착염(水中着鹽) 계풍포영(繫風捕影) 처럼 작품에 완전히 녹아들어 흔적이 없도록 해야 하며, 이것이야말로 시인들이 숨겨온 창작의 비밀장이란 뜻이다.

이처럼 용사의 대상이나 적용 방법과 관련해서는 적용 주체가 갖추어야 할 학문과 지식의 풍부성, 관련 사실에 대한 정보 내용의 정확성, 활용 방법상의 주체성과 작품과의 조화성 등이 핵심적 관심 사항이었다. 이 가운데 위경지(魏慶之)는 용사의 정확한 활용과 작품과의 관련성 문제를 특히 중시하여「용사정확(用事精確)」「용사친절(用事親切)」,「용사적당(用事的當)」,「용사정밀(用書精密)」,「용사천연(用事天然)」,「사여기출 천연혼후(事如己出天然渾厚)」등 여러 조목에 걸쳐 이를 거듭 논증한 바 있다.

하나 더 유의해야 할 필요가 있는 것은 용사의 편벽성 문제이다. 용사는 작가와 비슷한 지식 수준에 있는 독자라면 그 내용을 자연스럽게 이해할 수 있어야 한다. 그래야 고사가 환기시키는 의미를 공유하여 시적 표현 효과를 제대로 달성할 수 있을 터이기 때문이다. 그래서 "속어(俗語)나 구석진 말을 쓰면 안 된다"[51], "문장은 육경(六

---

51) 吳景旭,『歷代詩話』卷67,「詩法」, "事文類聚 事不可用多宋事也 又不可用俚語偏方之言 摘用史記 西漢書 東漢書 新舊唐書 晉書".

經)과 삼사(三史), 시는 『문선(文選)』과 이백 두보 한유 유종원을 중심으로 하고, 그 밖의 문집은 쓰지 않아야 마땅하다."52)는 등 대상을 제한하여 지나치게 편벽되지 않도록 경계해야 한다는 주장이 제기되기도 하였다. 그러나 이런 주장이 많지는 않았다. 각 시대마다 지식 획득과 직결된 교육이나 과거시험의 과목 등이 대략 정해져 있었고, 이를 통해 획득한 지식의 내용과 범위가 보편성을 가지고 있었으며, 여기에 근거한 용사 또한 특별히 제한을 하지 않아도 암묵적으로 소통 가능한 방향을 지향하였기 때문이다.

그렇다면 용사를 구체적으로 적용한 방법에는 어떤 것이 있을까? 여기에 대해서도 많은 논란이 있었다. 고인의 성명을 활용하는 방법, 관직명을 활용하는 방법, 말 표현을 활용하는 방법, 관련 사실을 활용하는 방법, 원래 의미대로 활용하는 직용(直用), 반대로 뒤집어 활용하는 반용(反用), 말 표현과 뜻을 함께 활용하는 방법, 말 표현은 숨기고 사실만 활용하는 방법, 뜻은 버리고 말 표현만 활용하는 차용(借用), 사람을 사물에 혹은 사물을 사람에 가탁하는 가용(假用), 시구 일부에만 적용하는 부분용사(local allusion), 시 전편에 효과가 미치도록 하는 전체용사(gloval allusion) 등 이루 다 열거하기도 어려울 정도인데, 이 가운데 중요한 몇 가지만 간단히 살펴보자.

① 뜻을 뒤집어 활용함[反其意而用之] : 문인이 고사를 활용함에 그 일을 바로 활용하기도 하고, 그 뜻을 뒤집어 활용하기도 한다. …… 그 일을 바로 활용함은 사람들이 다 할 수 있지만, 그 뜻을 뒤집어 활용함은 학업이 높은 사람으로서, 고사에 구애받는 보통의 견해

---

52) 崔滋, 『補閑集』 卷中, "文安公(兪升旦)嘗曰 凡爲國朝制作 引用古事 於文則六經三史 詩則文選李杜韓柳 此外諸家文集 不宜據引爲用".

를 뛰어넘어, 앞 사람의 진부한 자취를 융통성 없이 답습이나 하지 않는 사람이 아니고서야 어떻게 이런 수준에 이르겠는가.53)

② 뜻을 뒤집어 활용함[反其意而用之] : 방옹(放翁)이 촉(蜀)에서 벼슬할 때 해당시(海棠詩)가 가장 많았다. …… 이는 선배들이 번안법(飜案法)이라고 한 것이니, 대개 그 뜻을 뒤집어 활용하였다.54)

③ 일은 활용하고 말 표현은 감춤 : 두보의 「희제산수도(戲題山水圖)」 시에 …… 얼핏 읽어보면 용사가 아닌 것 같다. '사내가 이미 갑옷투구 입고서, 길게 읍(揖)하며 상관을 작별하네.'는 갑옷과 투구를 입은 병사가 절[拜]을 하지 않았음을 용사하였고, '부인이 군대에 있어 병사들 사기가 오르지 않을까 걱정일세.'는 군대에 어찌 여자가 있으랴 하는 말을 용사하였는데, 모두 그 일만 활용하고 그 말 표현은 감추었다."55)

①②에서는 고사를 활용하는 방법 2가지를 제시하였다. 하나는 원래 의미를 그대로 활용하는 직용(直用)이고, 다른 하나는 그 뜻을 뒤집어 활용하는 반용(反用)인데, 후자는 특별히 번안법(飜案法)이라고 하였다. 그리고 직용(直用)이야 누구나 할 수 있지만 반용(反用)은

---

53) 魏慶之, 『詩人玉屑』 卷7, 「用事」, "反其意而用之 : 文人用故事 有直用其事者 有反其意而用之者 … 直用其事 人皆能之 反其意而用之者 非學業高人 超越尋常拘攣之見 不規規然蹈襲前人陳迹者 何以臻此".
54) 魏慶之, 『詩人玉屑』 卷7, 「用事」, "反其意而用之 : 放翁仕於蜀 海棠詩最多 … 此前輩所謂飜案法 蓋反其意而用之".
55) 魏慶之, 『詩人玉屑』 卷7, 「用事」, "用其事而隱其語 : 老杜戲題山水圖云 … 乍讀似非用事 如乾男兒旣介冑 長揖別上官 用介冑之士不拜 婦人在軍 兵氣恐不揚 用軍中豈有女子乎 皆用其事而隱其語". '乾男兒旣介冑 長揖別上官'은 「垂老別」, '婦人在軍中 兵氣恐不揚'은 「新婚別」 시구이다.

융통성 없이 그저 답습만 하는 수준을 뛰어넘는, 학업과 안목이 특별히 높은 사람이라야 해낼 수 있는 경지라고 하였다. 반용(反用)을 직용(直用)보다 훨씬 고차원적인 방법으로 평가한 것인데, 이와 흡사한 견해를 서거정의 『동인시화(東人詩話)』에서도 찾아볼 수 있다.56)

③에서는 고사를 활용하기는 하지만 그와 관련된 말 표현을 일체 숨겨버리는 방법을 소개하였다. 이런 방법이 어떤 장점이 있는지는 분명하게 말하지 않았다. 그러나 '얼핏 보면 용사가 아닌 것 같다'고 하여 용사의 흔적을 최소화시켜 작품 속에 완전히 녹여내는 데 유효한 방법이었음을 알 수 있다.

  ④ 뜻을 활용하고 말 표현을 활용함 : 뜻을 용사함도 있고 말 표현을 용사함도 있다. 이의산(李義山)의 '바다 밖에 한갓 또 구주(九州)가 있다고 들었네.'는 그 뜻은 양귀비가 봉래산에 있었음을 용사하였지만, 그 말은 추연(鄒衍)이 '구주 밖에 또 구주가 있네.'라 한 것을 용사하였다. 이렇게 한 뒤에 깊고 온전하며 웅건하고 아름답다.57)

  ⑤ 시인이 옛 사람의 말 표현만 차용(借用)하고 그 뜻은 쓰지 않음이 가장 절묘한 방법이니, 황산곡(黃山谷)의 성성모필(猩猩毛筆) 시

---

56) 徐居正, 『東人詩話』卷下, "古人用事 有直用其事 有反其意而用之者 直用其事 人皆能之 反其意而用之 非材料卓越者 自不能到", "趙先生嘗詠秋穫詩 有磨鎌似新月之句 語予曰 韓退之詩云 新月似磨鎌 吾用此語而反其意 此謂飜案法 學詩者不可不知已" 등과 같은 것이다.

57) 魏慶之, 『詩人玉屑』卷7, 「用事」, "用其意用其語 : 有意用事 有語用事 李義山海外徒聞更九州 其意則用楊妃在蓬萊山 其語則用鄒子云 九州之外更有九州 如此然後 深穩健麗". 李義山의 '海外徒聞更九州'는 「馬嵬」2수 중 제2수 시구이고, 그 아래 주석에 이것이 鄒衍의 '九州之外 復有九州'란 말을 용사한 것임을 밝혀놓았다. '楊妃在蓬萊山'은 白樂天의 「長恨歌」에서 양귀비의 죽은 넋이 봉래산에 살고 있는 것으로 묘사한 것을 염두에 둔 말이다.

가 이런 예이다. 성성이가 신발 신기를 즐겨서 이 때문에 완부(阮孚)의 일을 용사하였고, 그 털로 붓을 만들어 책을 베꼈으니 이 때문에 혜시(惠施)의 일을 용사하였다. 모두 사람을 빌려 사물을 읊은 것이지, 애초부터 성성모필(猩猩毛筆)의 일이 아니었다.58)

⑥ 무릇 고사의 활용은 동일하지 않아서 혹 이름을 활용하기도 하고 혹 언행(言行)을 활용하기도한다. …… 고인의 이름을 활용함[用古人名]이다. …… 사람의 이름을 가탁해서 활용함[假用名]이다. …… 고인의 관직을 활용함[用古人官]이다. …… 관직 이름을 가탁해서 활용함[假用官名]이다. …… 고인의 말 표현을 활용함[用古人語]이다. …… 고인의 말 표현을 차용함[借用古人語]이다. …… 고인의 일을 차용함[借用古人事]이다. …… 시인은 차용함을 귀하게 여긴다. 그러나 활용이 공교롭지 못하면 뜻이 상반되고 말이 생소하다.59)

④는 이의산(李義山)의 '해외도문갱구주(海外徒聞更九州)'란 시구가 표현은 추연(鄒衍)의 '구주밖에 또 구주가 있네.'에서 끌어왔고, 의미는 백낙천(白樂天)이 「장한가(長恨歌)」에서 죽은 양귀비의 넋이 봉래산(蓬萊山)에 있다고 읊었던 것을 나타냈다고 하였다. 그러니까 A와 B 두 가지 고사를 동시에 활용하여 B라는 의미를 A의 말로 표현하는 방법이란 뜻인데, 이렇게 함으로써 시가 깊고 온전하며 응

---

58) 魏慶之, 『詩人玉屑』卷7, 「用事」, 誠齋論使事法, "詩家借用古人語 而不用其意 最爲妙法 如山谷猩猩毛筆是也 猩猩喜着屐 故用阮孚事 其毛作筆 用之抄書 故用惠施事 皆借人以詠物 初非猩猩毛筆事也". 山谷의 猩猩毛筆은 「和錢穆父詠猩猩毛筆」이란 작품으로, 원문은 "愛酒醉魂在 能言機事疎 平生幾兩屐 身後五車書 物色看王會 勳勞足石渠 拔毛能濟世 端爲謝楊朱"이다.
59) 崔滋, 『補閑集』卷下, "凡用故事不同 或名號 或言行 … 用古人名 … 假用名 … 用古人官 … 假用官名 … 用古人語 … 借用古人語 … 借用古人事 … 詩家貴借用 然用之不工 則意反而語生".

건하고 아름다운 효과를 거두었다고 하였다.

⑤는 차용(借用), 즉 고사를 활용하되 그 고사의 상세한 배경 이야기나 본래 의미에 구애받지 않고 말 표현의 문자적 의미 일부만 차용하는 방법을 가리키는데, 황산곡의 「화전목부 영성성모필(和錢穆父詠猩猩毛筆)」이란 시를 통해 그것이 절묘한 방법이라고 소개하였다. ⑥은 고려시대 최자(崔滋)가 『보한집(補閑集)』에 기록한 것인데, 그는 여기서 고인의 이름 관직명 고사 표현 등을 그대로 활용하는 용(用), 가탁해서 활용하는 가용(假用),60) 빌려 활용하는 차용(借用) 등으로 구분하여 작품과 함께 소개하였다. 고려에서도 중국 못지않게 용사의 방법을 정확하게 인식하였음을 보여준다.

특히 유의할 필요가 있는 것은 시구의 용사이다. 한시를 창작하기 위해서는 널리 알려진 좋은 시를 먼저 최소한 100수 정도는 외워야 한다는 말이 있다. 한시 창작이 좋은 시를 감상하고 암송하는데서 시작하였음을 보여주는 말이다. 그래서인지 한시 가운데는 이전 시구를 활용한 표현이 유난히 많은데, 앞의 ⑩에서는 이것이 바로 창작의 비밀을 담고 있는 비밀장(秘密藏)이라 하였다. 의식적이든 무의식적이든 이런 용사의 방식이 그만큼 문단에 널리 용인되었음을 말해주는 것이다. 시구를 활용한 용사 또한 그 방법이 대단히 다양하였는데, 중요한 몇 가지만 제시하면 아래와 같다.

① 일부 표현을 따와서 활용하는 방법
春風春雨花經眼 봄바람 봄비에 꽃잎이 눈에 스치고,

---

60) 假用이란 얼음을 氷氏子로 표현하고 돈을 孔方兄으로 표현하는 것처럼 사물을 사람에 가탁하여 활용하는 방법을 가리켰는데, 역으로 사람을 꽃이나 鶴 등 특정 사물에 가탁하여 활용한 표현 또한 假用의 일종이다.

江北江南水拍天 강북 강남에 물결이 하늘에 닿네.61)
* 황정견(黃庭堅)이 두보 한유 시구의 일부를 따와 활용함.

> 杜甫 : 且看欲盡花經眼 莫厭傷多酒入脣62)
> 韓愈 : 潮陽未到吾能說 海氣昏昏水拍天63)

② 2자를 추가하여 5언을 7언으로 만드는 방법

巫山夜足沾沙雨 무산 밤에 모래 적시는 비가 넉넉하고,
隴水春多逆水風 농수 봄날 물에 거슬리는 바람이 많네.
* 백거이(白居易)가 두보 시구에 각 2자를 추가함

> 杜甫 : 夜足沾沙雨 春多逆水風64)

③ 2자를 추가하여 5언을 7언으로 변용하는 방법

百年中去夜分半 백년 가운데 반은 밤으로 보내고,
一歲無多春暫來 일 년에 잠깐 오는 봄은 짧구나.
* 황정견이 백거이 시구의 위치를 변용하고 2자를 추가함

> 白居易 : 百年夜分半 一歲春無多65)

---

61) 黃庭堅,「次韻元明奉寄子由」頷聯. "半世交親隨逝水 幾人圖畫入凌煙 春風春雨花經眼 江北江南水拍天 欲解銅章行問道 定知石友許忘年 脊令各有思歸恨 日月相催雪滿顚".
62) 杜甫,「曲江」2수 중 제1수 頷聯. "一片花飛減却春 風飄萬點正愁人 且看欲盡花經眼 莫厭傷多酒入脣 江上小堂巢翡翠 苑邊高塚臥麒麟 細推物理須行樂 何用浮名絆此身".
63) 韓愈,「題臨瀧寺」結句. "不覺離家已五千 仍將衰病入瀧船 潮陽未到吾能說 海氣昏昏水拍天".
64) 王楙(宋),『野客叢書』卷7,「損益前人詩語」, "子美詩 夜足沾沙雨 春多逆水風 樂天詩 巫山夜足沾沙雨 隴水春多逆水風 白用杜句如此".
65) 朱翌(宋),『猗覺寮雜記』(四庫全書本) 卷上, "魯直云 百年中半夜分去 一歲無多春暫來 全用樂天寄元九一聯云 百年夜分半 一歲春無多 亦演爲七言". 白居易 시는「勸酒寄元九」제9~10구인데, 장편시여서 원문은 생략함.

④ 2자를 삭감하여 7언을 5언으로 만든 방법
　　水田飛白鷺 무논에는 백로가 날아가고,
　　夏木囀黃鸝 여름 나무엔 꾀꼬리가 우네.
　* 이가우(李嘉祐)가 왕유의 시구에서 각 2자를 삭감함
　　　王維：漠漠水田飛白鷺 陰陰夏木囀黃鸝66)

⑤ 2자를 삭감하여 7언을 5언으로 변용하는 방법
　　閶闔開黃道 궁궐 문 앞 황도가 열리고,
　　衣冠拜紫宸 관리들이 대궐에 절을 하네.67)
　* 두보가 왕유 시구에서 2자는 삭감하고 2자는 변용함
　　　王維：九天閶闔開宮殿 萬國衣冠拜冕旒

⑥ 구법은 그대로 두고 시어 일부만 교체하는 방법
　　春陰滿四野 봄 그늘은 사방 들판에 가득하고,
　　夏樹多奇花 여름 나무엔 기이한 꽃들이 많네.68)
　* 이익이 도연명 시구에서 실자(實字) 2자만 교체함
　　　陶淵明：春水滿四澤 夏雲多奇峯

　　流水歸成澤 물은 흘러서 돌아가 못을 이루고,

---

66) 王維가 李嘉祐 시구에 2자를 더하였다는 설도 있으나,『中國詩學通論』227쪽「採成句而增字減字者」에 "王維詩 漠漠水田飛白鷺 陰陰夏木囀黃鸝 李嘉祐詩云 水田飛白鷺 夏木囀黃鸝 此減七字爲五字 而風韻不如"라고 한 것을 참고하여 李嘉祐가 王維 시구를 줄인 것으로 보았다.
67) 陳師道,『後山集』卷23,「後山詩話」, "王摩詰云 九天宮殿開閶闔 萬國衣冠拜冕旒 子美取五字 閶闔開黃道 衣冠拜紫宸 而語益工".
68) 李瀷,『星湖僿說』,「詩文門」, 奪胎換骨(『韓國詩話叢編』6책 722쪽), "余一日與兒輩論詩 試依奪胎換骨法 成數聯 如陶詩春水滿四澤 夏雲多奇峰 水澤雲峰是實字 餘皆虛字 乃存虛而換實曰 春陰滿四野 夏樹多奇花 又存實而換虛曰 流水歸成澤 晴雲逗作峰".

晴雲逗作峯 맑은 구름 머뭇대며 봉우리 만드네.
  * 이익이 도연명 시구에서 허자(虛字) 3자만 교체함

　　　| 陶淵明：春水滿四澤 夏雲多奇峯 |

⑦ 구법만 바꾸고 시어는 대부분 재활용하는 방법
　　莫作秋蟲促機杼 가을벌레가 베짜기 재촉하게 하지 마오,
　　貧家能有幾絇絲 빈가에서 몇 꾸러미나 가질 수 있겠소.69)
  * 황정견이 왕안석 시구에서 10자를 재배치함

　　　| 王安石：只向貧家促機杼 幾家能有一絇絲 |

⑧ 시구 전체를 거의 변동 없이 활용하는 방법
　　雲白山靑萬餘里 흰 구름 푸른 산 만여 리나 되는데,
　　愁看直北是長安 수심에 겨워 북쪽으로 장안을 보네.70)
  * 두보가 심전기 시구 앞부분에서 1자만 교체함

　　　| 沈佺期：雲白山靑千萬里 幾時重謁聖明君 |

　　溪水碧於前渡日 시냇물은 전에 건널 때보다 푸르고,
　　桃花紅似去年人 복사꽃은 지난날 그 사람과 같구나.71)
  * 왕둔옹(王鈍翁)이 최화(崔華) 시구에서 각 1자씩만 교체함

　　　| 崔華：溪水碧于前渡日 桃花紅似去年時 |

---

69) 黃庭堅,『山谷內集詩注』卷7,「往歲過廣陵 … 」尾聯. 주석에 이 구절이 王安石의 促織詩에 나오는 "只向貧家促機杼 幾家能有一絇絲"에서 나왔다는 기록이 있다.
70) 杜甫,「小寒食舟中作」尾聯, "佳辰强飯食猶寒 隱几蕭條戴鶡冠 春水船如天上坐 老年花似霧中看 娟娟戱蝶過閒幔 片片輕鷗下急湍 雲白山靑萬餘里 愁看直北是長安".
71) 王士禛,『香祖筆記』卷1, "太倉崔擧人華 字不雕 貧而工詩 嘗有句云 溪水碧于前渡日 桃花紅似去年時 … 後汪鈍翁 在京師 亦有句云 溪水碧於前渡日 桃花紅似去年人 謂非取崔前語乎".

위의 ①~⑧은 이전의 시구를 활용한 방식과 관련하여 비교적 널리 알려진 몇 가지를 간추려 예시해 본 것이다. 이 가운데 ①은 기존 시구에서 일부 시어만 따와서 자신의 작품 속에 활용한 방법, ②③은 5언 시구에 2자를 추가하여 7언으로 재활용한 방법, ④⑤는 7언 시구에서 2자를 감하여 5언으로 재활용한 방법, ⑥⑦은 기존 시구의 형태는 그대로 두고 어휘나 구성 방식 일부를 변용한 방법, ⑧은 기존 시구 전체를 거의 변동 없이 그대로 활용한 방법이다. 이 가운데 ②③④⑤는 모두 2자를 더하거나 삭감한 것이지만, ③과 ⑤는 ②④와 달리 기존 시구에서 시어의 위치나 어휘 일부를 변용한 차이가 있고, ⑥⑦은 기존 시구의 문법적 구성 방식인 구법과 시상의 표현 수단인 어휘 가운데 ⑥은 구법에, ⑦은 어휘에 초점을 두고 변용한 차이가 있는 것이다.

시구를 활용한 용사는 이처럼 이전 시구 가운데 자신의 정황에 부합하는 것을 가려 부분적으로 적취(摘取) 추가(追加) 삭감(削減) 변용(變用) 하는 형태가 가장 일반적이었다. 그러나 이런 차원을 넘어 아예 시 전체를 대상으로 한 경우도 없지 않았다. 시구의 반 이상을 가져와 일부만 변용한 경우도 있었고, 시구를 그대로 가져오지는 않았지만 주요 어휘 대부분을 재활용한 경우도 있었다. 정민수(鄭民秀)의 「박연폭포(朴淵瀑布)」, 임춘(林椿)의 「모춘문앵(暮春聞鶯)」 등이 바로 그런 예이다.

⑨ 정민수는 낙척한 선비이다. 일찍이 박연폭포(朴淵瀑布)에 놀러간 적이 있었다. 의관이 남루하고 지팡이를 짚고 오니, 유생들이 많이 모여 있다가 그 사람됨을 멸시하여 말하기를 '그대도 시를 지을 수 있는가' 하였다. 정민수가 시를 적어 '나는 듯 삼천 척을 흘러내리

니[飛流直下三千尺], 하늘에서 은하수가 떨어지나 하였네[疑示銀河落九天]' 하였다. 사람들이 서로 어울려 냉소짓다가, 곧 마무리하기를 '이백의 이 시구를 이제 시험해보니[謫仙此句今方驗], 여산폭포가 박연폭포보다 꼭 낫지는 않겠네[未必廬山勝朴淵]'라고 하니, 이에 크게 놀라 윗자리로 모셔 공경하였다.72)

⑩ 임춘도 한 절구가 있어서, '농가에 오디 익고 보리가 처음 영그니[田家椹熟麥初稠], 푸른 나무에 처음 꾀꼬리 소리 듣겠네[綠樹初聞黃栗留]. 낙양의 풍류객을 알기라도 하는 듯[似識洛陽花下客], 은근히 재잘거리기를 그치지 않네[慇懃百囀未曾休]' …… 임춘의 시는 구양수(歐陽脩)의 '4월 농가에 보리 이삭 영그니[四月田家麥穗稠], 뽕나무에 오디 나고 새들 지저귀네[桑枝生椹鳥嗚喉]. 봉성의 푸른 나무 얼마나 많은지[鳳城綠樹知多少], 꾀꼬리는 어디에서 날아왔는가[何處飛來黃栗留].' 하는 시에 근본 하였으니, 뜻을 훔칠 뿐만 아니라 표현도 그대로 훔쳤다.73)

⑨에서 정민수는 이백의 「망여산폭포(望廬山瀑布)」 제2수74) 전체를 용사 대상으로 삼았다. 그래서 비류직하삼천척(飛流直下三千尺)

---

72) 徐湄, 『靑邱詩話拾遺稿』(『韓國詩話叢編』 13책) 36쪽 鄭民秀, "鄭民秀 落拓士也 嘗遊朴淵瀑布 衣冠藍縷 負杖而至 有儒士多集 侮其爲人 謂曰汝能作詩乎 民秀書曰 飛流直下三千尺 疑示銀河落九天 諸人相與冷笑 卽尾之曰 謫仙此句今方驗 未必廬山勝朴淵 乃大驚 上座而敬之". 구양수 시는 「夏享太廟 攝事齋宮 聞鴬 寄原甫」란 제목으로 『文忠公集』 卷13에 수록되어 있다.

73) 曹伸, 『謏聞瑣錄』(『詩話叢林』 卷1), "任西河春 亦有一絶云 田家椹熟麥初稠 綠樹初聞黃栗留 似識洛陽花下客 慇懃百囀未曾休 … 林詩本歐陽公 四月田家麥穗稠 桑枝生椹鳥嗚喉 鳳城綠樹知多少 何處飛來黃栗留 非盜竊意 仍竊其語也". 任은 林의 오자. 『西河集』(卷3) 「暮春聞鶯」에는 기구 椹熟을 三月, 결구 曾을 能으로 기록하였고, 『櫟翁稗說』에는 기구 麥初稠의 初를 將으로 기록하였다.

74) 李白, 「望廬山瀑布」, 2수 중 제2수, "日照香爐生紫煙 遙看瀑布掛前川 飛流直下三千尺 疑是銀河落九天".

의시은하락구천(疑示銀河落九天) 두 구는 이백의 시구를 그대로 옮겨놓았고, 여기에 박연폭포와 대비하는 두 구를 추가하여 자기 시로 완성하였다. ⑩에서는 임춘의 「모춘문앵(暮春聞鶯)」이 구양수의 「하향태묘…(夏享太廟…)」 시를 용사했음을 말하였는데, 시구를 통째로 옮겨놓지는 않았으나 전가(田家) 심(椹) 맥조(麥稠) 녹수(綠樹) 황률류(黃栗留) 같은 핵심어와 그 의미를 그대로 다시 활용하였다. 그래서 조신(曹伸)은 이 시를 두고 뜻을 훔쳤을 뿐만 아니라 표현까지 또한 훔친 것이라고 호되게 비판하였던 것이다.

주목할 사실은 이런 용사의 주체가 두보 백거이 황정견 임춘 등 대부분 국내외 유명 시인들이란 점이다. 시구의 용사가 일부 어설픈 시인의 부도덕한 표절 행위가 아니라 적합한 표현을 탐색하는 과정에서 누구나 활용해 온 보편적 방법이었음을 말해주는 것이다. 그래서 양만리(楊萬里. 1127~1206)는 옛 시인들의 좋은 표현을 2~3자씩 가져다 쓸 필요가 있다고 하면서 황정견이 두보와 한유의 시구를 가져온 바로 위의 ①을 직접 거론한 바 있다.75) 그리고 왕무(王楙)는 『야객총서(野客叢書)』에 「손익전인시어(損益前人詩語)」란 항목을 따로 설정하여 왕유 두보 이백 백거이 같은 유명 시인들이 이전의 시구를 어떻게 첨삭하고 변용하였는지 상세하게 밝혀 보이기도 하였다.76)

---

75) 楊萬里, 『誠齋詩話』(四庫全書本), "初學詩者 須用古人好語 或三字 或兩字 … 春風春雨花經眼 江北江南水拍天 春風春雨 江北江南 詩家常用 杜云且看欲盡花經眼 退之云海氣昏昏水拍天 此以四字合三字 入口便成詩句 不生硬 要誦詩之多 擇字之精 始乎摘用 久而自出肺腑 縱橫出沒 用亦可 不用亦可".

76) 王楙(宋), 『野客叢書』 卷7, 「損益前人詩語」, "僕謂此非襲用前人句也 以前人詩語 而以己意損益之 在當時自有此體 … 增前人之語者如此 又有損前人句語者 … 有 全用前人一句 而以己意貼之者 … 有以前人五字句衍爲七字句者 … 李肇謂王維好 竊人對 范元實謂老杜不免蹈襲 斯見謬矣".

환골탈태(換骨奪胎) 점철성금(點鐵成金) 장점(粧點) 점화(點化) 암합(暗合) 등과 같은 용어는 모두 이런 용사를 정당화하고 미화하는 관점에서 사용한 것들이다. 환골탈태란 도가에서 내단(內丹)을 수련하는 아홉 단계, 즉 구층연단법(九層煉丹法)의 제4층인 환골법(換骨法)과 제7층인 탈태법(奪胎法)를 합쳐놓은 말인데,77) 육체적으로 속인의 골격을 신선의 골격으로 바꾸고[換骨], 정신적으로 속인의 생각을 근본에서부터 앗아버리듯[奪胎], 기존 시구를 단련하여 외적인 표현과 내적인 의미가 한 층 높은 차원에서 거듭 나도록 잘 가다듬고 변용함을 상징하는 의미로 사용하였다.

> "황산곡(黃山谷)이 말하길, '시의(詩意)는 무궁한데 사람의 재능은 유한(有限)하니, 유한한 재능으로 무궁한 시의를 추구함은 비록 도연명이나 두보라 할지라도 공교로울 수가 없다. 그러나 그 시의는 바꾸지 않고 말 표현을 만들어냄을 환골법(換骨法)이라 하고, 그 시의를 엿보아 들어가서 형용함을 탈태법(奪胎法)이라 한다. …… 무릇 이런 유는 모두 환골법이고 …… 무릇 이런 유는 모두 탈태법(奪胎法)이니, 공부하는 사람이 몰라서는 안 된다.'라고 하였다."78)

황산곡(黃山谷. 1045~1105)이 환골탈태를 용사의 방법론으로 처음 제기하면서 한 말이다.79) 황산곡은 여기서 기존 시의(詩意)는 바

---

77) 金炳基, 「黃庭堅 點鐵成金 換骨法 脫胎法 再論」, 『中語中文學』 57집, 2014) 4쪽 참고.
78) 惠洪, 『冷齋夜話』 卷1, 「換骨奪胎法」, "山谷云 詩意無窮 而人之才有限 以有限之才 追無窮之意 雖淵明少陵不得工也 然不易其意而造其語 謂之換骨法 窺入其意而形容之 謂之奪胎法 … 凡此之類 皆換骨法也 … 凡此之類 皆奪胎法也 學者不可不知".
79) 黃山谷 문집에는 본 인용문이 없다. 그래서 『冷齋夜話』에 이를 처음 수록한 저자 惠洪이 換骨奪胎說의 실제 주창자라는 학설이 있다. 그러나 전통시대 문헌이 이런

꾸지 않고 그와 관련된 말 표현을 새롭게 만들어내는 것[不易其意而造其語]을 환골법(換骨法)이라 하고, 기존 시의(詩意)를 엿보아 들어가서 형용하는 것[窺入其意而形容之]을 탈태법(奪胎法)이라고 하였다. 그가 말한, 기존 시의를 바꾸지 않음[不易]과 엿보아 들어감[窺入], 말 표현을 만들어 냄[造語]과 형용함[形容]이 어떻게 다른지 다소 애매하고 추상적이어서 양자를 정확하게 구분하기는 어렵다. 그러나 구층연단법에서 육신의 골격을 바꾸는 제4층 환골법보다 정신의 근원을 바꾸는 제7층 탈태법이 훨씬 높고 원숙한 단계임을 고려할 때, 시의를 바꾸지 않고[不易] 말 표현을 새롭게 만드는[造語] 환골법보다 시의를 엿보고 들어가[窺入] 이를 새롭게 형용(形容)하는 탈태법이 내적 의미에 있어서나 외적 말 표현에 있어서 변용의 폭이 훨씬 넓고 또 원숙한 방식을 가리키는 것은 분명해 보인다.80) 황산곡은 이런 환골법과 탈태법을 구체적 예문과 함께 제시한 다음, 공부하는 사람이 몰라서는 안 된다고 강조하였는데, 이후 환골탈태는 시구의 변용을 정당화하는 대표적 논리의 하나로 널리 유행하였다.

점철성금(點鐵成金)도 도가에서 쇠를 다루어 황금으로 만드는 신비한 기술을 가리키는 말이었다. 양생술(養生術)로 불로장생(不老長生)을 돕고, 쇠를 황금으로 변화시켜 부자를 만들어 줄 수 있다고 하면서 신도를 포교하는 말이었다고 하는데,81) 황정견이 이를 가져

사실 여부와 상관없이 대부분 黃山谷의 說로 기록하여, 이를 그대로 따랐다.
80) 王構(元), 『修辭鑑衡』 卷1, 「奪胎換骨」 조항에 "奪胎者 因人之意 觸類而長之 雖不盡爲因襲 又能不至於轉易 蓋亦大同而小異耳 冷齋夜話云 規模其意而形容之謂之奪胎 換骨者 意同而語異也 冷齋云 不易其意而造其語 謂之換骨"라고 한데서 奪胎를 換骨보다 한층 더 변용 가능성이 큰 것으로 본 것을 거듭 확인할 수 있다.
81) 金炳基, 「黃庭堅 點鐵成金 換骨法 脫胎法 再論」(『中語中文學』 57집, 2014) 16

와 용사를 미화하는 용어로 활용하였다.

"스스로 말을 만들기가 가장 어렵다. 두보가 시를 짓고 한퇴지가 문장을 지음에 한 글자도 유래가 없는 곳이 없었는데, 후세 사람들이 독서 양이 적어서 이 때문에 한퇴지와 두보가 스스로 이 말을 만들었다고 여겼을 뿐이다. 옛날에 문장을 잘 짓는 사람은 참으로 만물을 도야(陶冶)할 수 있었으니, 비록 옛 사람의 진부한 말[陳言]을 가져올지라도 글 속에 넣음에 마치 영단(靈丹) 한 톨처럼 쇠를 다루어 황금을 만들듯이 한다."[82]

황산곡은 이 글에서 우선 시와 문장을 막론하고 새로운 말 표현을 만들기가 지극히 어려운 일이라고 하였다. 그래서 대표적 시인인 두보나 대표적 문장가인 한퇴지 같은 인물까지도 그들의 시문에 어느 한 부분이라도 유래가 없는 글자가 없었으며, 다만 후세 사람들이 독서가 부족하여 그 유래를 알아차리지 못할 따름이라 하였다. 그러면서 글을 잘 짓는 사람은 새로운 말을 잘 만드는 것이 아니라 묵은 말[陳言]을 잘 다듬어 활용할 줄 아는 사람이라고 하면서 이를 쇠를 단련하여 황금을 만드는 행위에 비유하였다. 쇠를 단련할 때 영단 한 톨을 집어넣으면 쇠가 황금으로 변하듯, 고인의 진부한 말을 영단처럼 절묘하게 사용하여 무쇠 같은 시를 황금으로 만들 수 있다는 뜻이다.

점화(點化)란 '단련하여 변화시킨다'는 뜻으로, '쇠를 단련하여 황

쪽 참고.
82) 黃庭堅, 『山谷集』 卷19, 「答洪駒父書」, "自作語最難 老杜作詩 退之作文 無一字無來處 蓋後人讀書少 故謂韓杜自作此語耳 古之能爲文章者 眞能陶冶萬物 雖取古人之陳言 入於翰墨 如靈丹一粒 點鐵成金也".

금으로 변화시킨다'는 점철성금에서 나온 말이고, 장점(粧點) 또한
'꾸미고 단련한다'는 뜻으로 점화(點化)와 대동소이하며, 이 때문에
양자를 합쳐 장점점화(粧點點化)라고도 하였다. 암합(暗合)은 자기
도 모르게 우연히 옛 시구와 합치하게 되었다는 뜻인데, 의도적으로
알고서 변용한 것으로 보아 이를 환골탈태라고 한 경우도 있다.83)
용어의 쓰임새가 조금씩 다르기는 하지만, 기존 시구의 변용을 폭넓
게 용인하고 정당화하는 관점을 반영한 것이란 점에서는 큰 차이가
없다. 그리고 "왕유(王維)가 이가우(李嘉祐) 시를 점화(點化)하여 정
채로움이 100배나 되었다."84) "소동파가 백낙천의 시어를 가져다 썼
지만 특별한 풍미(風味)를 만들어 내었으니, 쇠를 단련하여 황금으
로 만드는 솜씨[黠鐵成黃金手]가 아니고는 이렇게 할 수 없다"85)는
등 이런 용례를 허다하게 발견할 수 있다.

3) 용사의 효용과 부작용

용사가 고전과의 상호 텍스트성을 기초로 연상(聯想. association)

---

83) 위의 ㉠을 두고 『茗溪漁隱叢話』에서는 暗合이라 하였는데, 劉大杰이 이를 다시
換骨奪胎의 대표적 사례로 든 것이 그런 예이다. 『茗溪漁隱叢話』, 前集 卷48, "荊公
詩 祇向貧家促機杼 幾家能有一鉤絲 山谷詩云 莫作秋蟲促機杼 貧家能有幾鉤絲
荊公又有小立佇幽香之句 山谷亦有小立近幽香之句 語意全然相類 二公豈竊詩者
王直方云當是暗合 寧其然乎". 劉大杰, 『中國文學發展史』(華正書局, 1976) 667쪽,
"答洪駒父書 白居易有詩云 百年夜分半 一歲春無多 黃增四字云 百年中去夜分半
一歲無多春再來 王安石有詩云 祇向貧家促機杼 機家能有一釣絲 黃詩改換五字云
莫作秋蟲促機杼 貧家能有機釣絲 這此都是脫胎換骨的例子".
84) 徐居正, 『東人詩話』下, "王維 唐賢之傑然者也 然喜用古語 如水田飛白鷺 夏木囀
黃鸝 本李嘉祐詩也 維加漠漠陰陰四字 評者以爲王維爲嘉祐點化 精彩百倍".
85) 周紫芝(宋), 『竹坡詩話』, "東坡作送人小詞云 故將別語調佳人 要看梨花枝上雨 雖
用樂天語 而別有一種風味 非黠鐵成黃金手 不能爲此也".

상징(象徵. symbol) 인유(引喩. allusion) 환유(換喩. metonymy) 계고(稽古. exemplum) 등 다양한 비유적 기능을 발휘함은 앞에서 이미 지적한 바 있다. 그러나 용사의 효능은 이런 정도에 그치지 않는다. 원관념과 직접 연계시켜 직유의 기능을 발휘하는 경우도 있고, 원관념을 생략하여 은유와 마찬가지의 효능을 발휘하기도 하였다.

① 擧聲我問影 내 소리 높여 그림자에게 물었더니,
影也無一辭 그림자는 또 한 마디 말도 않네.
有如回也愚 안회의 어리석음과 같음이 있어,
默識而深思 말없이 인식하고 깊이 생각하였네.86)

② 一旦金城如解瓦 하루아침에 견고한 성 기와 풀리듯 무너지고,
千尺翠巖名落花 천 척 푸른 바위를 낙화암이라 이름 하였네.
野人耕種公侯園 촌사람들 공후의 동산에 밭 갈아 씨 뿌리고,
殘碑側畔**埋銅駝** 쇠잔한 비 언덕에 기울고 **동타는 매몰되었네**.87)

①에서 안회의 어리석음[回也愚]은 『논어(論語)』「위정(爲政)」에서 공자가 "내가 안회와 더불어 종일토록 말함에 아무 말이 없어 어리석은 것 같더니, 물러나 그 사생활을 살펴보니 또한 넉넉히 깨우쳤으니, 안회는 어리석지 않도다."88)라고 한 구절을 용사한 것이다. 그리고 여(如) 자를 매개로 이를 아무 말 없이 자신의 행동을 따라 하기만 하는 그림자와 직접 연결시켜 보조관념으로 설정함으로써 직유의 기능을 발휘하였다. ②에서 매동타(埋銅駝)는 진(晉)나라 곽삭(郭

---

86) 李達衷, 『霽亭集』 卷1, 「贈影」 제15~18구.
87) 李穀, 『稼亭集』 卷14, 「扶餘懷古」 제9~12구.
88) 『論語』「爲政」, "子曰吾與回 言終日 不違如愚 退而省其私 亦足以發 回也不愚".

索)이 천하가 어지러워질 것을 미리 예견하고 낙양 성문 앞에 설치한 구리 낙타[銅駝]가 장차 가시덤불 속에 묻힘을 보게 될 것이라고 말한 사실을 용사한 것이다. 그런데 여기서는 용사의 원관념에 해당하는 백제의 멸망과 직접 연계하는 매개어를 생략하였다. 그래서 결과적으로 은유와 유사한 기능을 발휘하였는데, 용사는 이처럼 원관념이 생략된 형태가 일반적이었다.

특히 한시에서 용사를 즐겨 활용한 것은 간결한 표현으로 복잡한 사실이나 사건 전체, 특정 인물의 일대기나 행위 전체를 끌어와 표현의 경제성은 물론, 축자적(逐字的) 의미 이상의 여분의 의미, 곧 언외지의(言外之意)를 담아낼 수 있기 때문이었다. 용사는 "과거와 연상의 고리를 불러일으킴으로써 문자적 표현 이상의 여분의 의미를 구성하고 현재 문맥의 의미를 확장할 수 있다. 그렇기 때문에 용사는 서술을 위한 대용품이 아니라 부가적(附加的) 함축과 연상을 이끌어 들이는 하나의 수단이 된다"[89] "전고(典故) 자체는 작지만 완벽한 하나의 세계이며, 몇몇 글자의 이면에 자그마한 하나의 세계를 깊숙이 감추고 있다. 이 때문에 전고는 큰 상징 작용과 분위기를 용이하고 풍부하게 만든다."[90]는 등의 지적은 모두 이런 효능을 지적한 것에 다름 아니다.

그러나 용사가 이처럼 늘 긍정적 기능만 발휘한 것은 아니었다. 이미 있는 전고를 활용한다는 점에서 독창성 결핍의 위험을 안고 있었고, 기존 시구를 즐겨 활용함으로써 남의 시구를 표절(剽竊) 혹은 도습(蹈襲) 했다는 비판의 소지가 있었다. 그래서 어설픈 용사를 비

---

[89] 劉若愚著 李章佑譯, 『中國詩學』, 「引喻 引用 派生語」, 186쪽.
[90] 徐復觀, 『中國文學論集』, 「詩詞的創造過程及其去表現效果」, 128쪽.

판하고 과다한 용사를 경계하는 견해 또한 대단히 광범위하게 등장하였는데, 다음과 같은 몇 가지 용어가 바로 이를 보여주는 것이다.

① 달제어(獺祭魚) : 수달이 물고기를 잡아 죽 늘어놓음.
: 여러 서적에서 용사할 자료를 가려 뽑아 좌우에 죽 벌여놓음.91)
② 활박생탄(活剝生呑) : 산 채로 껍질을 벗기고 날것을 그대로 먹음.
: 남의 시를 별 가공도 하지 않고 그대로 자기 것으로 만듦.92)
③ 점금성철(點金成鐵) : 황금을 다루어 무쇠를 만듦.
: 황금 같이 귀한 금을 다루다가 도리어 무쇠같이 천하게 만듦.
④ 옥상가옥(屋上加屋) : 집 위에 집을 하나 더 올려 지음.
: 남의 집 위에 집을 하나 더 올린 격으로 독창성이 부족함.
⑤ 옥하가옥(屋下加屋) : 남의 집 밑에 집을 하나 더 지음.
: 남의 집 아래 집을 하나 지은 격으로 독창성이 부족함.
⑥ 졸도이금체(拙盜易擒體) : 어설픈 도둑이 쉽게 붙잡히는 형태.
: 고인의 뜻을 도적질하는 솜씨가 졸렬하여 쉽게 발각됨.93)
⑦ 점귀부(點鬼簿) : 귀신을 점고하는 장부.
: 용사가 과다함,94) 혹은 옛 사람의 이름을 많이 끌어 씀.95)
⑧ 퇴타사시(堆垜死屍) : 죽은 시체를 쌓아놓음.
: 옛 사람 관련 사실을 지나치게 많이 사용함. 점귀부(點鬼簿)와 같은 의미.96)

---

91) 『御定全唐詩錄』 卷75, 「李商隱」, "楊文公談苑 義山爲文 多簡閱書冊 左右鱗次 號獺祭魚".
92) 王世貞, 『弇州續稿』 卷202, 文部, 書牘, 苔愼侍御, "活剝生呑 蓋譏其全用他人語記".
93) 李奎報, 『東國李相國集』 卷20, 「論詩中微旨略言」, "攬取古人之意 善盜猶不可 盜亦不善 是拙盜易擒體也 … 能免此不宜體格而後 可與言詩矣".
94) 許顗(宋), 『彦周詩話』(四庫全書本), "凡作詩 若正爾塡實 謂之點鬼簿 亦謂之堆垜死屍". 崔滋, 『補閑集』 卷下, "詩家作詩 多使事 謂之點鬼簿".
95) 魏慶之, 『詩人玉屑』, 「用事」, "前輩譏作詩多用古人名姓 謂之點鬼簿".
96) 江少虞(宋), 『事實類苑』(四庫全書本) 卷40, "堆垜死屍 : 魯道善用事 若正爾塡塞

⑨ 발총수(發塚手) : 옛 선현들의 무덤을 파헤치는 솜씨.
: 무덤 속 옛 성현의 말을 끌어와 자신의 시를 꾸미는 행위.97)
⑩ 재귀영거체(載鬼盈車體) : 귀신을 수레에 가득 실어놓은 형태.
: 시 한 편 안에 옛 사람의 이름을 많이 활용함.98)
⑪ 능범존귀체(陵犯尊貴體) : 존귀한 분을 능멸하고 침범하는 형태.
: 공자 맹자 등 존귀한 분의 말을 끌어 쓰기를 좋아함.99)

위의 ①~⑪은 한자문화권에서 용사의 부작용을 경계하면서 흔히 사용해 온 말이다. 이 가운데 ①은 용사의 대상 자체에 지나치게 골몰함을 비판한 것이다. ②~⑥은 용사의 방법이 어설프거나 노골적인 폐단을 주로 비판한 것인데, 이렇게 할 경우 신의(新意)를 창출하기 어려움은 물론 표현까지 그르치고 생소하게 만든다는 지적이 있었다.100) ⑦~⑪은 지나치게 과다한 용사의 폐단을 주로 지적한 것인데, 이렇게 하면 군더더기가 많이 생겨 글이 유려하지 못하게 된다는 비판이 있었다.101) 그래서 지나친 용사는 표절과 다름없다고 비판하기도 하였고, 환골탈태니 점철성금이니 하는 것조차 사실은 교활한 표절에 불과할 따름이라고 하여102) 용사 자체를 부정하기까지 하였다.

故實 舊謂之點鬼簿 今謂之堆垛死屍".
97) 『莊子』, 雜篇, 「則陽」, 儒以詩禮發冢 주석, "游說之士 借詩書聖賢之言 以文其姦".
98) 李奎報, 『東國李相國集』卷20, 「論詩中微旨略言」, "一篇內 多用古人之名 是載鬼盈車體也".
99) 李奎報, 『東國李相國集』卷20, 「論詩中微旨略言」, "好犯丘軻 是陵犯尊貴體也".
100) 崔滋, 『補閑集』卷下(아세아문화사 1972), "大抵用事之聯 罕有新意 唯假借爲用 如有新意 然失實", "詩家貴借用 然用之不工 則意反而語生".
101) 江進之(明), 『雪濤小書』, 「詩忌」, "凡詩 不能不使故事 然忌堆積 堆積便贅矣". 『南史』, 「任昉傳」, "晚節轉好著詩 欲以傾沈 用事過多 屬對不得流便".
102) 李睟光, 『芝峯類說』卷9, 文章部2, 詩, "唐人作詩 專主意興 故用事不多 宋人作詩 專尙用事 而意興則少 至於蘇黃 又多用佛語 務爲新奇 未知於詩格如何 近世此弊益甚

용사의 활용 전통이 오래고 그 시적 효능 또한 다양하고 심대함을 부정할 수야 없겠지만, 표절이나 도습과의 경계가 모호하여 그만큼 부작용에 대한 경계 또한 적지 않았던 것이다.

3. 기타 몇 가지 특징적인 비유

기타 비유법 가운데는 이른바 차대(借代)라는 것을 우선 주목할 필요가 있다. 차대란 특정 사물의 이름을 바로 말하지 않고 밀접한 관련이 있는 다른 사물의 이름을 빌려[借] 대신 말하는[代] 것으로, 환명(換名) 대체(代替) 대칭(代稱) 환유법(換喩法) 제유법(提喩法) 등으로도 일컬었다.103) 제유법(提喩法. synecdoche)이란 빵이 식량을, 들이 국토를, 강태공이 낚시꾼을 비유하듯, 동일한 사물의 일부분으로 전체를 제시하는 방법이다. 환유법(換喩法. metonymy)이란 요람이 탄생을, 무덤이 죽음을 대신 말하듯, 유관한 사물의 핵심적 특징으로 보편적 관념을 환기시키는 방법이다. 이처럼 부분이나 특징으로 전체나 보편적 관념을 대신 나타내는, 제유와 환유를 모두 포괄하는 비유법을 보통 대유법(代喩法)이라 하는데, 차대란 바로 이런 대유법과 유사한 개념이다.

차대의 표현법은 한시가 아닌 일반 문장에서도 흔히 볼 수 있다.

一篇之中 用事過半 與剽竊古人句語 相去無幾矣". 王若虛(金),『滹南集』卷40,「詩話」, "魯直論詩 有奪胎換骨 點鐵成金之喩 世以爲名言 以予觀之 特剽竊之黠者耳".
103) 楊春霖 劉帆主編,『漢語修辭藝術大辭典』(陝西人民出版社, 1995),「借代」64쪽, "不直接說(寫)出事物的本名 而借用同它密切相關的事物名稱來代替的修辭方式叫借代. 又稱爲:換名, 代替, 代稱, 換喩法, 提喩法等".

황발(黃髮:누런 머리털)로 노인을 대신 표현하고, 수초(垂髫:늘어뜨린 단발머리)로 어린 아이를 대신 표현하며, 상(霜:서리)이 백발(白髮)을, 병혁(兵革:병기와 갑옷)이 전쟁을 환기하도록 사용한 것 등이 모두 그런 예이다. 그러나 한시에는 이와 조금 다른 차원에서의 차대가 널리 존재하였다. 이전의 시문이나 문헌 가운데서 일부 어휘만 차용하여 그것으로 그 어휘가 포함된 시문의 한 구 혹은 전체 의미를 대신하도록 사용한 것이 바로 그런 예이다. 이와 같은 예는 『시경』 어구를 활용한 데서 특히 두드러지게 나타나는데, 대표적인 몇 가지만 예시해보면 대략 아래와 같은 것이 있다.

① 한 구 내에서 앞 2자로 전체 의미를 대신함.
  연이(燕爾) : 신혼(의 즐거움).
  예) "**燕爾**新婚 如兄如弟"(邶風「匏有苦葉」)
② 한 구 내에서 뒤 2자로 전체 의미를 대신함.
  패금(貝錦) : 없는 말을 꾸며 모함함.
  예) "萋兮斐兮 成是**貝錦** 彼譖人者 亦已太甚"(小雅「巷伯」)
③ 한 구 내에서 짝수 자로 전체 의미를 대신함.
  거저(居諸) : 세월. 일월.
  예) "日**居**月**諸** 胡迭而微"(邶風「柏舟」)
④ 한 구 내에서 홀수 자로 전체 의미를 대신함.
  고복(顧復) : 부모가 자식을 양육함.
  예) "**顧**我**復**我 出入腹我"(小雅「蓼莪」)
⑤ 두 구에서 뒤 구로 앞 구의 의미를 대신함.
  백붕(百朋) : 군자를 만나는 선물.
  예) "旣見君子 **百朋**之錫"(周南「汝墳」)
⑥ 두 구의 각 끝 자로 전체 의미를 대신함
  호시(怙恃) : 부모.

예) "無父何怙 無母何恃"(小雅「蓼莪」)
⑦ 홀수 구 첫 자로 전체 의미를 대신함.
　형비(衡泌) : 가난한 삶. 안빈락도(安貧樂道).
　예) "**衡**門之下 可以棲遲 **泌**之洋洋 可以樂飢"(陳風「衡門」)
⑧ 홀수 구 끝 자로 전체 의미를 대신함.
　빈조(蘋藻) : 제사 준비, 혹은 제물.
　예) "于以采**蘋** 南澗之濱 于以采**藻** 于彼行潦"(召南「采蘋」)
⑨ 제목으로 전체 의미를 대신함.
　벌목(伐木) : 벗을 그리는 마음.
　예) 小雅「伐木」제 1장 전체104)

위를 보면 『시경』 시구를 활용하여 부분으로 전체를 대신한 표현법이 대단히 다양하게 존재하였음을 알 수 있다. 한 구 내에서 앞 2자 혹은 뒤 2자로 전체 구를 대신하기도 하고(①②), 중간의 짝수 글자 혹은 홀 수 글자로 전체 구를 대신하기도 하였다(③④). 두 구 가운데 뒤의 구로 앞 구의 의미를 대신하기도 하고(⑤), 각 구의 끝 글자로 전체를 대신하기도 하며(⑥), 홀수 구의 첫 글자 혹은 끝 글자로 전체 의미를 대신하기도 하고(⑦⑧), 제목으로 시 전체를 대신한 경우도 있었다(⑨).

문제는 이런 어휘들이 그 자체로는 별 의미가 없다는 점이다. 예컨대, ①의 연이신혼(燕爾新婚)에서 연이(燕爾)는 '그대의 ~를 즐김'이란 의미로 독자적 어휘가 되기 어렵다. 그리고 바로 이어 신혼(新婚)이란 말이 있음에도 불구하고 이를 생략하고 오히려 연이(燕爾)를 제시하여 신혼이란 말을 대체하였다. ③의 일거월저(日**居**月**諸**)도

---

104) 『詩經』 小雅「伐木」제1장, "伐木丁丁 鳥鳴嚶嚶 出自幽谷 遷于喬木 嚶其鳴矣 求其友聲 相彼鳥矣 猶求友聲 矧伊人矣 不求友生 神之聽之 終和且平".

마찬가지이다. 여기서 거(居)와 저(諸)는 아무 의미가 없는 어조사일 뿐이다. 그리고 시구 자체에 해(日)와 달(月)이 있음에도 불구하고 이를 버리고 오히려 그 사이에 끼어있는 어조사 거(居) 저(諸)로 해와 달을 대신 표현하였다. 기타 자개의 비단 무늬[貝錦.②]도 없는 말을 꾸며대는 모함 행위와 아무 관련이 없고, 수많은 벗[百朋.⑤]도 군자를 만나게 해줌과 직접적 관련이 없으며, 나무를 베는 것[伐木.⑨] 또한 벗을 그리워하는 마음과 상관이 없다. 다만 그것이 포함된 시구의 앞과 뒤 혹은 전체를 환기하는 매개어로서 의미가 있을 뿐이다. 그러니까 별 의미 없는 매개어를 제시하여 그와 관련된 시구 혹은 시 전체를 대신 환기시킴으로써 참 의미가 드러나도록 하는 표현법이었던 것이다.

① 필위(弼違) : 잘못을 지적해서 보필함.
  예) "予**違**汝**弼** 汝無面從"(『書經』「益稷」)
② 백공거사(百工居肆) : 함께 공부하여 학업을 이룸.
  예) "**百工居肆** 以成其事 君子學 以致其道"(『論語』「子張」)
③ 구시(久視) : 오래 생존함.
  예) "長生**久視**"(『道德經』)
④ 헌발(獻發) : 새해가 되고 봄기운이 피어남.
  예) "**獻**歲**發**春兮 汨吾南征"(楚辭「招魂」)
⑤ 운수(雲樹) : 친구끼리 멀리 떨어져 그리워함.
  예) "渭北春天**樹** 江東日暮**雲**"(杜甫「春日憶李白」)
⑥ 의구(衣狗) : 변화(무쌍한 세계).
  예) "天上浮雲如白**衣** 斯須改變如蒼**狗**"(杜甫「可嘆」제1~2구)
⑦ 설홍-유조(雪鴻留爪) : 인생(행적)무상.
  예) "人生到處知何似 應似飛**鴻**蹈**雪**泥 泥上偶然**留**指**爪** 鴻飛那

復計東西"(蘇軾 「和子由澠池懷舊」제2~3구)
⑧ 심수(尋數) : 하찮은 문구나 따짐.
예) "須知三絶韋編者 不是<u>尋</u>行<u>數</u>墨人"(朱熹 「易」제1수)

위는 『시경』이 아닌 여타 시문에서 부분으로 전체를 대신한 몇 가지 예를 제시해 본 것이다. ①필위(弼違)는 내 잘못을 그대가 보필하라는 문구[予違汝弼]를 대신한 표현이고 ②백공거사(百工居肆)는 목수들이 모여 집을 짓는다는 의미지만, 실상은 그 다음에 오는 군자가 공부하여 그 도를 성취한다[君子學 以致其道]는 뜻을 비유한 것이며, ③구시(久視)는 오래 산다는 의미로 그 앞의 장생(長生)을 대신한 말이고, ④헌발(獻發)은 그 사이에 놓인 세(歲:새해)와 춘(春:봄)을 환기하는 매개어로 의미가 있다. 그리고 ⑤~⑧의 운수(雲樹:구름, 나무) 의구(衣狗:옷, 개) 설홍유조(雪鴻留爪:눈 녹은 진흙에 기러기가 남긴 발자국) 심수(尋數:찾고 헤아림) 등은 모두 시구의 일부분인데, 이를 통해 시구 혹은 시 전체의 의미를 환기하고 대체함으로써 '멀리 있는 친구를 그리워함', '변화무쌍한 세계', '인생무상', '하찮은 문구나 찾는 행위' 등을 나타내었다.

이와 같은 방식의 차대는 차용과 환기의 대상이 구체적 사물이 아니라 기존 시문 중심이란 점에서 용사의 일종으로 보아도 무방하다. 그러나 특정 대상을 두고 부분으로 전체를 제시하고 특징적 일면으로 보편적 관념을 환기하는 방법에 있어서는 전형적인 대유법(代喩法)의 일종이라 할 수 있겠는데, 한시에는 바로 이런 표현이 시대와 지역을 초월하여 널리 성행하였다.

하나 더 주목할 필요가 있는 것은 차유(借喩)이다. 차유란 원관념을 생략하고 보조관념만 제시하는 비유법이다. 보통 비유는 원관념과 보조관념을 동시에 제시한다. 그래서 양자 사이에 매개어를 개입시켜 직접 연결하면 직유(直喩), 매개어를 생략하고 간접적으로 연결하면 은유(隱喩)가 되는데, 차유는 원관념을 아예 생략하고 이에 따라 양자를 연결하는 매개어까지 모두 생략하였다. 그래서 결국 보조관념만 남게 되는데, 보조관념을 빌어 원관념을 대신한 형태라고 하여 차유(借喩)라 하였다.

① 繰成白雪桑重綠 흰 고치로 실을 켜니 뽕나무 다시 푸르고,
　割盡黃雲稻正青 누른 보리 다 베어 내자 벼 이삭 푸르네.105)

② 胡馬依北風 오랑캐 말은 북쪽 바람에 기대고,
　越鳥巢南枝 월나라 새는 남쪽 가지에 깃드네.106)

③ 醫得眼前瘡 눈앞의 상처야 고칠 수 있겠지만,
　剜却心頭肉 심장의 살점을 잘라 버리는 것을.107)

①은 어휘적 차원에서 차유를 활용한 예이다. ①에서 백설(白雪:흰 눈)은 흰 누에 고치를, 황운(黃雲:누른 구름)은 누렇게 익은 보리를 비유한 말이다. 그러나 시 속에 백설과 황운의 원관념에 해당하는 흰 고치나 누런 보리를 일체 제시하지 않았으며, 매개어 또한 모두 생략하였다. 백설과 황운이란 보조관념만 빌려 누에고치와 익은 보

---

105) 王安石, 『臨川文集』 卷27, 「木末」. "木末北山煙冉冉 草根南澗水泠泠 繰成白雪桑重綠 割盡黃雲稻正青".
106) 古詩十九首 中 「行行重行行」 제7~8구. "行行重行行 與君生別離 相去萬餘里 各在天一涯 道路阻且長 會面安可知 胡馬依北風 越鳥巢南枝 相去日已遠 衣帶日已緩 浮雲蔽白日 遊子不顧返 思君令人老 歲月忽已晚 棄捐勿復道 努力加餐飯".
107) 聶夷中, 「傷田家」, (『古文眞寶』 前集 卷1) 제3~4구. "二月賣新絲 五月糶新穀 醫得眼前瘡 剜却心頭肉 我願君王心 化作光明燭 不照綺羅筵 徧照逃亡屋".

리를 비유한 것이다.

②는 시구 차원에서 차유를 활용한 예이다. 호마(胡馬:오랑캐 말)는 북쪽 흉노 땅에서 온 말을 가리키고, 월조(越鳥:월나라 새)는 남쪽 월나라 지역에서 날아 온 새를 가리킨다. 그러므로 호마가 북풍에 기대고 월조가 남쪽 가지에 깃듦은 본래 근거지였던 고토(故土)를 그리워하는 행위라고 하겠는데, 이를 통해 멀리 떠나 있는 님이 자신을 그리워하는 마음을 비유하였다.108) 원관념은 물론 매개어까지 모두 생략하고 보조관념만으로 '님을 그리워하는 마음'을 비유하였던 것이다.

③은 두 구를 결합하여 차유를 한 예이다. 눈앞의 상처를 치료하기 위해 심장의 살점을 도려내는 것은 당면한 문제 해결을 위해 생명의 원천을 손상시키는 행위를 말하는데, 이를 통해 5월이나 되어야 나올 고치실을 2월에 미리 빌려 세금으로 내고, 8월이나 되어야 나올 햇곡을 5월에 미리 빌려 세금으로 내는, 참으로 고단한 민생의 어려움을 비유하였다. 두 구를 결합한 표현이지만 모두가 민생의 어려움을 비유하는 보조관념일 뿐이며, 원관념과 매개어는 일체 개입시키지 않았던 것이다. 이와 같은 차유는 시 전편에 걸쳐 적용된 경우도 적지 않았다.

    煮豆燃豆萁 콩을 삶는데 콩깍지를 태우니,
    豆在釜中泣 콩이 솥 안에서 우는구나.
    本是同根生 본래 한 뿌리에서 자랐건만,

---

108) 楊春霖 劉帆主編, 『漢語修辭藝術大辭典』(陝西人民出版社, 1995), 「借喩」 15쪽, "這兩句詩 以胡馬越鳥不忘故土 知道戀舊 表示鳥獸尙且有情 遠離的親人當更加是".

相煎何太急   들볶음이 어찌 이리도 급한가.109)

위문제(魏文帝) 조비(曹丕)가 동생 조식(曹植)으로 하여금 일곱 걸음 만에 짓도록 했다는 유명한 「칠보시(七步詩)」이다. 이 시에서 콩은 조식 자신을 비유하였고, 콩깍지는 형 조비를 비유하였으며, 콩이 솥 안에서 우는 것은 조식이 소리 내어 우는 형상을, 본래 한 뿌리에서 자라난 것은 두 사람이 모두 같은 아버지에게서 태어난 형제임을 비유하였다.110) 그래서 시 전체가 껍데기 같은 존재에 불과한 형이 콩알처럼 알찬 동생을 불같이 들볶고 못살게 괴롭힘을 비유하였는데, 개별 어휘와 시구는 물론 시 전편을 모두 원관념과 매개어를 생략한 보조관념만으로 구성하였다. 이처럼 시 전편을 모두 보조관념의 제시 형태로 구성한 시는 「첩박명(妾薄命)」 등 남성 작가가 여성 화자를 설정하여 간접적인 표현을 구사한 작품 계열에111) 특히 많이 존재하였다.

마지막으로 하나 더 유의할 필요가 있는 것은 허사(虛詞)의 생략으로 직유가 은유처럼 된 경우가 적지 않다는 점이다. 한시의 경우 문장 끝에서 판단 의문 감탄 등을 나타내는 종결사(語氣詞), 명사 앞에서 시간 장소 방향 목적 등을 나타내는 개사(介詞), 문장과 문장

---

109) 曹植, 「七步詩」,(『古文眞寶』 前集 卷1). 판본에 따라 제1구와 제2구 사이에 '漉豉以爲汁 其在釜下然' 두 구가 추가된 것이 있다.
110) 曹植, 「七步詩」,(『古文眞寶』 前集 卷1) 주석, "豆者 子建自喩 豆萁 喩文帝也", 豆在釜中 聲如涕泣之狀" "文帝與子建同父 猶萁與豆 同根而生也".
111) 陳師道가 스승 曾鞏을 그리워하며 지었다는 「妾薄命」 같은 작품이 대표적이다. 『後山集』 卷1, 「妾薄命」 2수 중 제1수, "二首主家十二樓 一身當三千 古來妾薄命 事主不盡年 起舞爲主壽 相送南陽阡 忍着主衣裳 爲人作春姸 有聲當徹天 有淚當徹泉 死者恐無知 妾身長自憐".

혹은 문장 중 두 성분을 연결하는 접속사[連詞], 기타 부사(副詞) 조동사(助動詞) 등 독립적인 의미가 비교적 약한 각종 문법적인 보조사를 대부분 생략하였다. 한 구를 5자 혹은 7자로 균일하게 완성해야 하는 짧은 한시에서 이런 문법적 요소를 두루 갖추기 어려웠고, 시가 문장처럼 꼭 문법적으로 완결되어야 하는 것도 아니었기 때문이다. 그래서 간결한 표현에 함축적 의미를 담고자 하는 근체시의 등장과 함께 문법적 보조사를 과감하게 생략하거나 피하고자 하였는데, 직유법에 사용하는 '~같다'는 의미의 사(似) 여(如) 유(猶) 같은 부사도 예외가 아니었다. 그래서 본래 직유의 의미를 가진 표현이었지만 외형상 은유와 다름없는 형태가 된 경우가 허다하였다.

① 鴨頭新綠水 새 봄 푸른 물빛은 오리 머리 같고,
雁齒小紅橋 작고 붉은 교량은 기러기 이빨 같네.112)

② 酒徒漂落風前燕 비틀거리는 술꾼은 바람 앞 제비 같고,
詩社飄零霜後桐 쇠락한 시사는 서리 맞은 오동나무 같네.113)

①은 '새봄 푸른 물빛은 오리 머리 같고[新綠水似鴨頭]', '작고 붉은 교량은 기러기 이빨 같네[小紅橋如雁齒]'로 풀이할 수 있는 것이다. 그런데 보조관념 압두(鴨頭)와 안치(雁齒)를 원관념 신록수(新綠水)와 소홍교(小紅橋) 앞에 배치하는 전치식(前置式)으로 만들고, 양자를 직접 매개하는 허사 '사(似)'를 생략하여, 결과적으로 은유와

---

112) 白居易, 『白氏長慶集』 卷23, 「新春江次」 頸聯. 전체 시는 "浦乾潮未應 堤濕凍初銷 粉片粧梅朶 金絲刷柳條 鴨頭新綠水 鴈齒小紅橋 莫怪珂聲碎 春來五馬驕"이다.
113) 蘇舜欽, 『蘇學士集』 卷7, 「滄浪懷貫之」, "滄浪獨步亦無惊 聊上危臺四望中 秋色入林紅黯澹 日光穿竹翠玲瓏 酒徒漂落風前燕 詩社凋零霜後桐 君又暫來還徑去 醉吟誰復伴衰翁".

같은 형태가 되었다.

　②는 '비틀거리는 술꾼은 바람 앞 제비 같고[酒徒漂落 有如風前之燕]', '쇠락한 시사는 서리 맞은 오동나무 같네[詩社飄零 恰似霜後之桐]'라고 풀이할 수 있다. 여기서는 ①과 달리 보조관념 풍전연(風前燕)과 상후동(霜後桐)을 원관념 주도표락(酒徒漂落)과 시사표령(詩社飄零) 뒤에 배치하는 후치식(後置式)으로 만들었다. 그러나 양자를 직접 매개하는 허사 '여(如)'자는 마찬가지로 생략하였으며, 그래서 외형상 은유와 다름없이 되었다.114) 이처럼 한시에는 시적 표현 효과에 있어서 직유와 다름없는 것이 허사의 생략으로 인해 은유처럼 표현된 경우가 적지 않게 존재하였다.

　이 외에도 한시에는 여러 특징적 비유법이 존재하였다. 하나의 원관념을 대상으로 여러 보조관념을 반복적으로 제시하는 박유(博喩) 혹은 연비(聯比), 원관념과 보조관념을 각각 개별 구로 독립시켜 표현하는 확유(擴喩), 원관념과 보조관념이 구분되지 않고 상호 비유가 되는 호유(互喩), 원관념이 보조관념을 수식하는 형태의 축유(縮喩), 보조관념을 비교하는 형식으로 제시하는 교유(較喩), 사람을 사물에 혹은 사물을 사람에 비견하는 비의(比擬) 등이 다 그런 것이다. 그러나 이런 비유는 한시가 아닌 여타 언어권의 시문에서도 비교적 널리 등장하여 본고의 검토 대상에서 제외하였다.

---

114) 王力의 『漢詩韻律論』 140쪽을 참고하였다. 왕력은 이 시구가 ①은 新綠水似鴨頭 小紅橋如雁齒으로, ②는 酒徒漂落 有似風前之燕 詩社飄零 恰似霜後之桐으로 풀이할 수 있는데, 시이기 때문에 직유를 매개하는 如 似 등과 같은 글자를 생략하고 그 속에 이를 숨겨놓은 형태라고 하였다.

참고문헌

▶ 국내

강민호, 「중국고전시의 대장 미학에 대한 재고」, 『중국어문학』 55집, 영남중국어문학회, 2010.

강민호, 「압운의 미학으로 본 차운시의 특성에 대한 연구」, 『중국문학』 72집, 한국중국어문학회, 2012.

강민호, 『두보 배율 연구』, 서울대학교출판문화원, 2014.

姜寔鎭, 「朝鮮의 韻書硏究(1)」, 『中國語文論集』 8집, 대한중국학회, 1993.

姜聲尉, 「拗와 拗救 : ≪唐詩三百首≫를 중심으로」, 『中國文學』 23집, 한국중국어문학회, 1995.

姜聲尉, 「和韻詩의 類型과 特性考」, 『中國文學』 30집, 한국중국어문학회, 1998.

姜聲尉, 「詩眼論」, 『중국문학』 46집, 한국중국어문학회, 2006.

姜鎬天, 「朝鮮朝 漢字音 整理의 歷史的 硏究」, 청주대 박사학위논문, 1991.

姜必任, 「中國 初期 唱和詩 硏究」, 『中語中文學』 39집, 한국중어중문학회, 2006.

고광민, 「章法學을 활용한 중국어 독해 및 작문 수업 안」, 『중국어문학지』 38집, 중국어문학회, 2012.

具本衒, 「用事의 개념과 범주에 대한 재검토」, 『국문학연구』 19집, 국어국문학회, 2009.

具本衒, 「漢詩에서의 用事 활용 양상 연구」, 『국문학연구』 22집, 국어국문학회, 2010.

權鎬鍾, 「文鏡秘府論의 對偶論 硏究(一)」, 『중국어문학』 16집, 영남중국어문학회, 1989.

權鎬鍾, 「文鏡秘府論의 對偶論 硏究(二)」, 『중어중문학』 11집, 한국중어중문학회, 1990.

김 근, 「賦比興의 槪念과 機能에 관한 현대적 재조명」, 『中國語文學誌』 25집. 중국어문학회, 2007.

金炳基, 「黃庭堅 點鐵成金 換骨法 脫胎法 再論」, 『中語中文學』 57집, 한국

중어중문학회, 2014
金甫暻,「詩歌創作에 있어서 次韻의 效果와 意義에 대하여」,『中國語文論叢』45집, 중국어문연구회, 2010.
金相都,「用事의 理解」,『대구어문논총』10집, 대구어문학회, 1992.
金相洪,「韓國의 集句詩 研究」,『한문학논집』5집, 근역한문학회, 1987.
金相洪,『漢詩의 理論』, 고려대학교출판부, 1997.
金善祺,「高麗詩論 중의 用事論 考察」,『어문연구』11집, 어문연구학회, 1982.
김성룡,「用事의 이해」,『호서어문연구』4집, 호서대 국어국문학과, 1996.
김성룡,「용사론의 시학적 의의」,『국어국문학』120집, 국어국문학회, 1997.
金英美,「詩經 賦比興 研究」, 숙명여대 석사논문. 1984.
金元重,「用事攷-文心雕龍을 中心으로-」,『중국어문학』23집, 영남중국어문학회, 1994.
김윤조,「한국 漢詩에 있어서 五言絶句의 형식적 특징에 대한 검토」,『대동한문학』38집, 대동한문학회, 2013.
김준연,『당대 칠언율시 연구』, 역락, 2004.
金俊淵,「唐代 七言絶句에서의 重字 活用 研究」,『中國學報』64집, 한국중국학회, 2011.
金興圭,「朝鮮後期의 詩經論과 詩意識」, 고려대학교 민족문화연구소, 1982.
김흥규,『한국 현대시를 찾아서』, 한샘, 1993.
김희자,「조찬한 조위한 권필이 함께 수창한 聯句詩 고찰」,『인문학연구』99집, 충남대, 2015.
朴琪鳳 譯,『漢字正解』(李樂毅著), 比峰出版社, 1995.
朴魯春,「回文體 詩歌 고찰」, 건국대학교 석사논문, 1970.
朴順哲,「詩經에서의 賦比興의 作詩方式에 관한 小考」,『중국인문과학』31집, 중국인문학회, 2005.
朴用萬,「江華學派의 聯句詩에 대한 고찰」,『한국한시연구』12집, 한국한시학회, 2004.

朴浚鎬, 「六言詩에 대하여」, 『대동한문학』 12집, 대동한문학회, 2000.
徐鏡普, 「近體詩形式考」, 『논문집』 2집, 청구대학, 1959.
宋載邵, 「漢詩 用事의 比喩的 機能」, 『한국한문학연구』 8집, 한국한문학회, 1985.
申用浩, 「近體詩와 對仗」, 『한문교육연구』 13집, 한국한문교육학회, 1999.
申用浩, 『漢詩形式論』, 전통문화연구회, 2001.
申柱錫, 「五言詩 起源에 대한 小考」, 『중국문화연구』 6집, 중국문화연구학회, 2005.
심경호, 『조선시대 漢文學과 詩經論』, 一志社, 1999.
심경호, 『한시의 세계』, 문학동네, 2006.
심경호, 「한국의 韻書와 운서 활용 방식」, 『한자한문연구』 5호, 고려대 한자한문연구소, 2009.
沈成鎬, 「楚辭의 形成背景」, 『중국문학연구』 10집, 한국중문학회, 1992.
안대회, 『18세기 한국한시사연구』, 소명출판, 1999.
安秉禧, 「壬辰亂 直前 國語史資料에 관한 二三問題에 대하여」, 『진단학보』 33집, 진단학회, 1970.
吳台錫, 「江西詩派에서의 點鐵成金·換骨奪胎論의 生成과 適用에 관한 硏究」, 中國語文學 19집, 영남중국어문학회, 1991.
윤인현, 「用事와 點化의 差異」, 『한국고전연구』 4집, 한국고전연구학회, 1998.
尹柱弼, 「楚辭收容의 역사적 전재와 비판적 역사의식」, 『한국한문학연구』 9-10합집, 한국한문학회, 1987.
이규호, 「층시의 문학사적 전개양상」, 『국어국문학』 91집, 국어국문학회, 1984.
이규운, 「高琦의 文章一貫考 - 篇章句字法중심으로-」, 『한자한문교육』 23호, 한국한자한문교육학회, 2009.
이남면, 「조선중기 배율 창작에 대하여」, 『한국한문학연구』 62집, 한국한문학회, 2016.

이미진,「正祖의 聯句詩 창작과 그 의미」,『대동한문학』 41집, 2014.
이미진,「朝鮮中期 雜體詩 創作에 대한 硏究」, 경북대 박사논문, 2014.
이미진,「離合體 漢詩의 淵源과 조선 문인들의 창작 양상」,『韓國漢文學研究』 66집, 2017.
李炳赫,「韓國 科文 硏究-詩賦를 中心으로」,『東洋學』 16집, 단국대 동양학연구소, 1986.
이상섭,『문학연구의 방법』, 탐구당, 1972.
李商燮,『文學批評用語辭典』, 민음사, 1976.
李章佑 譯,『中國詩學』, 범학도서, 1976.
李章佑 譯,『中國文學의 理論』, 범학도서, 1978.
李章佑 譯,『中國文學의 綜合的 理解』, 태양문화사, 1978.
이종묵,「成俔 擬古詩 硏究」, 서울대학교 석사논문, 1990.
이종묵,『한국한시의 전통과 문예미』, 태학사, 2002.
李鍾殷 鄭珉,『韓國歷代詩話類編』, 아세아문화사, 1988.
李鍾振,「唐七言의 審美特性과 그 演變-詩話를 중심으로」,『중국문학』 40집, 한국중국어문학회, 1998.
張裕昇,「朝鮮時代 科體詩 硏究」,『한국한시연구』 11집, 한국한시학회, 2003.
정경일,『한국 운서의 이해』, 아카넷, 2002.
정 민,『한시 미학 산책』, 솔출판사, 1996.
정 민,『초월의 상상』, 휴머니스트, 2002.
鄭堯一,「點化 蹈襲 換骨奪胎 點鐵成金의 槪念 硏究」,『漢文敎育硏究』 10집, 한국한문교육학회, 1995.
조동일,『문학연구방법』, 지식산업사, 1980.
趙鍾業,『韓國詩話叢編』, 태학사, 1996.
池浚模,『漢詩作法』, 필사본, 1991.
진재교,『이조 후기 한시의 사회사』, 소명출판, 2001.
車相轅,『中國古典文學評論史』, 범학도서, 1975.

車柱環, 『中國詩論』, 서울대학교출판부, 1989.
최경환, 「韓國 題畫詩의 陳述樣相 硏究」, 서강대 박사학위논문, 1992.
崔信浩, 「초기 詩話에 나타난 用事理論의 樣相」, 『고전문학연구』 1집, 한국고전문학회, 1972.
최창록, 『한국도교문학사』, 국학자료원, 1997.
許敬震 譯, 『韓國歷代漢詩詩話』, 연세대출판부, 1980.
洪瑀欽 譯, 『漢詩韻律論』, 영남대학교출판부, 1983.
洪仁杓 禹在鎬譯, 「唐詩의 構文 用語 그리고 心象」, 『중국어문학』 13-14집, 영남중국어문학회, 1987-8.
黃渭周, 「朝鮮後期 小樂府 硏究」, 한국학중앙연구원 한국학대학원 석사논문, 1984.
黃渭周, 「朝鮮前期 樂府詩 硏究」, 고려대학교 박사논문, 1990.
黃渭周, 「文館詞林의 實體」, 『韓國의 哲學』 19집, 경북대 퇴계연구소, 1991.
黃渭周, 「朝鮮前期의 漢詩選集」, 『정신문화연구』 제20-3호, 한국학중앙연구원, 1997.
黃渭周, 「漢詩의 分類基準과 그 적용 양상」, 『대동한문학』 11집, 대동한문학회, 1999.
黃渭周, 「科擧試驗 硏究의 現況과 課題」, 『大東漢文學』 38집, 대동한문학회, 2013.
黃渭周, 「漢詩 詩語 선택의 몇 가지 原則」, 『한국한문학』 66집, 한국한문학회, 2017.
黃渭周, 「漢時講座」, 『선비문화』 1~32호, 南冥學硏究院, 2004~2017.

▶ 해외

柯慶明, 『境界的 探究』, 臺北, 聯經出版事業公司, 1977.
簡明勇, 『律詩硏究』, 五洲出版社, 1973.
啓 功, 『詩文聲律論稿』, 中華書局, 1990.
高友工, 梅祖麟, 『Syntax, Diction and Imagery in Tang poetry』, Harbard gernal.
桂五十郞, 『漢籍解題』, 東京 明治書院, 1919.
郭紹虞, 『中國文學批評史』, 百花文藝出版社, 1998.
裘惠楞, 「說詩眼」, 『浙江師大學報』 第1期, 1995.
屈萬里, 『詩經詮釋』, 屈萬里先生全集⑤, 臺灣 聯經出版事業公司, 1983.
丌婷婷, 『兩漢樂府硏究』, 臺灣 學海出版社, 1980.
吉川幸次郞, 『中國文學論集』, 東京, 新潮社, 1966.
羅根澤, 『樂府文學史』, 臺灣 文史哲出版社, 1972.
段玉裁, 『說文解字注』, 四部刊要, 經部, 小學類, 1983.
臺靜農, 『百種詩話類編』, 대북, 藝文印書局, 1974.
鈴木虎雄, 『支那文學硏究』, 東京 弘文堂, 1967.
白川靜, 『字統』, 東京 平凡社, 1984.
范 況, 『中國詩學通論』, 臺北, 河洛圖書出版社, 1980.
范善均, 「楚辭의 句法이 後代의 文體에 미친 影響」, 『중국문학』 2집, 한국중국어문학회, 1974.
傅錫壬註譯, 『新譯楚辭讀本』, 臺灣 三民書局, 1975.
傅璇琮, 『唐代科學與文學』, 文史哲出版社, 台北, 1994.
北京大學, 『古漢語虛詞詞典』, 北京大學出版社, 1996.
北京大學, 『現代漢語虛詞詞典』, 北京大學出版社, 1998.
上海古籍出版社, 『古典文學三百題』, 1996.
蘇雪林, 『詩經雜俎』, 臺灣 商務印書館, 1995.
小倉進平, 『朝鮮語學史』, 刀江書院, 1940.
蕭滌非, 『漢魏六朝樂府文學史』, 長安出版社, 1976.

松浦友久,『李白研究』, 東京 三省堂, 1979.
沈文凡,『排律文獻學研究』, 陝西師範大學 박사논문, 2005.
楊春霖,『漢語修辭藝術大事典』, 陝西人民出版社, 1996.
鄢化志,『中國古代雜體詩通論』, 北京大學出版社, 2001.
呂樹坤,『詩詞趣話與詩詞格律』, 新華書店, 1991.
吳小平,「論五言律詩的形成」,『文學遺產』, 1987.
王　力,『漢語詩律學』, 山東教育出版社, 1989.
王永義,『格律詩寫作技巧』, 青島出版社, 1998.
王兆鵬,『唐代科擧考試詩賦用韻研究』, 齊魯書社, 2004.
袁行霈,『中國詩歌藝術研究』, 北京大學出版社, 1996.
袁行霈,『中國文學史』, 高等敎育出版社, 北京, 1999.
魏慶之,『詩人玉屑』, 보경문화사, 1984.
劉文蔚,『詩學含英』, 廣益書局, 上海, 鑄記書局, 石印本.
劉若愚,『The art of chinese poetry』, 시카고대학 출판부, 1962.
劉若愚,『Chinese theories of literature』, 시카고대학 출판부, 1975.
劉懷榮,『賦比興與中國詩學研究』, 人民出版社, 2007.
林世楨,『古典文學三百題』, 上海古籍出版社, 1996.
張思緒,『詩法槪述』, 上海古籍出版社, 1988.
張善國,『三百篇演論』, 商務印書局, 1980.
張正體,『詩學』, 臺灣商務印書館, 1974.
張正體 張婷婷,『中華韻學』, 臺灣商務印書館, 1978.
褚大慶,「高麗詩人林惟正的集句詩創作源流及其意義」,『한국학연구』29집, 2008.
褚斌杰,『中國古代文體槪論』, 北京大學出版部, 1990.
佐藤保,「中國舊詩와 分析批評」,『중국어문학』14-15집, 1988.
趙　益,「轉讀試解」,『中國語文學』40집, 2002.
朱光潛 지음 장상홍 옮김,『시론』, 동문선, 1991.
朱任生,『詩論分類纂要』, 台北, 商務印書館, 1971.

朱自淸,「關于興詩的意見」,『古典文學論文集』, 台北, 1982.
周振甫,『文心雕龍註釋』, 臺北 里仁書局, 1984.
陳伯海,『唐詩學引論』, 上海, 知識出版社, 1990.
陳植鍔 지음 임준철 옮김,『중국 시가의 이미지』, 한길사, 2013.
陳寅恪,「四聲三問」,『陳寅恪先生文集』, 臺灣 里仁書局, 1981.
秦惠民,『中國古代詩體通論』, 華中科技大學出版部, 2001.
蔡英俊外,『抒情的境界』, 中國文化新論 文學篇1, 民國72年(1983).
夏傳才,『詩經語言藝術新編』, 語文出版社, 北京, 1996.
韓曉光,「杜甫近體詩中的重字運用」,『杜甫硏究學刊』2004年 第2期, 2004.
鴻齋石川英,『詩法詳論』, 石版本, 동경, 1893.
華正書局,『中國文學發展史』, 臺北 華正書局, 1977.
黃慶萱,『修辭學』, 三民書局, 中華民國64.
侯健等 著, 임춘성 역,『문학이론학습』, 제3문학사, 1989.

William Empson,『Seven Types of Ambiguity』, New York : New Directions, 1967.

William Hung,『Tu Fu(杜甫) : China's Greatest Poet』, Havard University Press, 1952.

Achilles Fang,『Fenollosa and Pound』, Harvard Journal of Asiatic Studies, Vol 20, 1957.

R. Wellek and A. Warren,『Theories of Literature』, NewYork, 1942.

황위주 黃渭周

경북대학교 국어교육과를 졸업하고, 한국학중앙연구원과 고려대학교에서 한문학으로 석사 박사학위를 받았다. 현재 경북대학교 한문학과 교수로 재직 중이며, 영남문화연구원장 대동한문학회장을 역임하였다. 저서로『조선전기 악부시 연구』가 있고,『재영남일기』『영영일기·영영장계등록』(공저) 같은 탈초 번역서가 다수 있으며, 논문으로「한문자의 수용시기와 초기 정착과정」「한문학 연구에 있어서 동아시아 담론의 의미」「關于韓國本中國詩選集編纂的研究」「과거시험 연구의 현황과 과제」등이 있다.

한시란 무엇인가

2018년 2월 20일 초판 1쇄

지은이 ‖ 황위주
펴낸이 ‖ 엄승진
편집 디자인 ‖ 한용희
펴낸곳 ‖ 도서출판 지성인
주 소 ‖ 서울 영등포구 여의도동 11-11 한서빌딩 1209호
메 일 ‖ Jsin2011@naver.com
연락주실 곳 ‖ T) 02-761-5915, F) 02-6747-1612
ISBN ‖ 978-89-97631-85-8 93800
정가 40,000원

잘못 만들어진 책은 본사나 구입하신 곳에서 교환하여 드립니다.
이 책은 저작권법에 의해 보호를 받는 도서이오니 일부 또는 전부의 무단 복제를 금합니다.

「이 도서의 국립중앙도서관 출판예정도서목록(CIP)은 서지정보유통지원시스템 홈페이지 (http://seoji.nl.go.kr)와 국가자료공동목록시스템(http://www.nl.go.kr/kolisnet)에서 이용하실 수 있습니다.(CIP제어번호: CIP2018002842)」